本教材第6版曾获首届全国教材建设奖全国优秀教材二等奖

"十二五"普通高等教育本科国家级规划教材

全国优秀畅销书

东北财经大学会计学系列教材

U0656792

国家重点学科
国家级特色专业 / 国家级一流本科专业
国家级精品课程 / 国家级精品资源共享课

8th Edition

第8版

*Intermediate Financial Accounting*

# 中级财务会计

刘永泽　陈立军　主编

东北财经大学出版社
Dongbei University of Finance & Economics Press
大连

**图书在版编目（CIP）数据**

中级财务会计 / 刘永泽，陈立军主编．—8版．—大连：东北财经大学出版社，2024.6（2025.7重印）

（东北财经大学会计学系列教材）

ISBN 978-7-5654-5245-1

Ⅰ.中… Ⅱ.①刘… ②陈… Ⅲ.财务会计-高等学校-教材 Ⅳ.F234.4

中国国家版本馆CIP数据核字（2024）第081221号

东北财经大学出版社出版

（大连市黑石礁尖山街217号 邮政编码 116025）

网 址：http://www.dufep.cn

读者信箱：dufep@dufe.edu.cn

辽宁新华印务有限公司印刷 东北财经大学出版社发行

幅面尺寸：200mm×270mm 字数：874千字 印张：33 插页：1

2024年6月第8版 2025年7月第3次印刷

责任编辑：李 彬 王 丽 王芃南 责任校对：刘贤恩

高 铭 吴 茜 周 慧

封面设计：张智波 版式设计：原 皓

定价：53.90元

# 东北财经大学会计学系列教材编委会

# 卷首语

谁都不能否认，经济与会计的关系越来越密切，尤其是经济全球化的趋势让全世界的会计准则制定机构都走上了会计准则的国际趋同和等效之路；谁也不能否认，中国的会计改革紧跟了国家和世界经济发展的步伐，尤其是 20 世纪 90 年代初至今，会计改革经历了与国际接轨、趋同和等效的阶段；谁都必须承认，会计人才的培养要适应经济与社会的发展变化，尤其要适应社会主义市场经济建设的需要。另外，一整套优秀的系列教材对于培养会计人才的重要性是显而易见的，尤为重要的是教材必须紧跟时代进步的节奏，把握好经济与会计发展的脉搏。

纵观"东北财经大学会计学系列教材"的生命线会发现，她之所以能常青，正是上述认识指引的硕果。

20 世纪 90 年代初，我们编写了东北财经大学第 1 套会计学系列教材，其奉行的理念是：积数十年教材编写之经验，融十几位教授之心血，编系列精品教材。我们一直坚持这样的原则，前后共出版过 4 套系列教材，每一套系列教材都修订过若干次，总销量近千万册，其"足迹"遍布祖国的大江南北。在 30 多年中，东北财经大学会计学系列教材伴随着一批又一批的大学生成长，并且以教材编写为契机，在高等学府中培养了一代又一代的教师精英。

从时间上来推算，本套会计学系列教材是 30 多年中的第 5 套。本套会计学系列教材的第 1 版诞生于 2007 年 1 月，正好踏着 2006 年财政部发布"企业会计准则"体系的节拍。在此期间，我们又理解和掌握了更新的会计准则与规范，积累和运用了更多的专业知识，尤其是对新商科建设和数智人才培养对会计教材提出的新要求有了更深刻的认识。鉴于此，我们才有了这一次的修订，并以新版的形式呈现在读者面前。

东北财经大学会计学系列教材坚持以习近平新时代中国特色社会主义思想为指导，深入贯彻党的二十大精神，全面贯彻党的教育方针，落实立德树人根本任务。本次修订的主要依据是财政部最近几年来修订或发布的企业会计、行政事业会计、税收、财务管理、管理会计等方面的法规：

• 就企业会计准则而言，2017 年以来，财政部发布修订后的《企业会计准则第 22 号——金融工具确认和计量》《企业会计准则第 23 号——金融资产转移》《企业会计准则第 14 号——收入》《企业会计准则第 7 号——非货币性资产交换》等 8 项准则，印发了《企业会计准则解释第 13 号》《企业会计准则解释第 14 号》，这些准则及其解释公告对财务会计类教材影响比较大；同时，我们根据 2019 年度一般企业财务报表格式对相关内容进行了调整。

• 从管理会计来看，财政部发布了《管理会计基本指引》，分 3 批发布了 34 项《管理会计应用指引》，不仅有利于加强管理会计指引体系建设，还将对制定案例示范起统领作用。

• 从成本会计来看，继《企业产品成本核算制度（试行）》发布后，财政部又发布了《企业产品成本核算制度——石油石化行业》《企业产品成本核算制度——钢铁行业》《企业产品成本核算制度——电网经营行业》等，对大中型石油化工企业等的成本核算业务进行规范。

•从审计来看，中国会计准则、审计准则与国际会计准则和审计准则持续趋同；内部控制审计指引出台；会计师事务所组织形式不断创新；会计师事务所做大做强战略实施和注册会计师执业领域不断拓展；风险导向审计模式进一步推广等；中国注册会计师协会借鉴国际审计准则研究的最新成果，修订并增加了审计报告相关准则。

•财政部和国家档案局联合发布的新《会计档案管理办法》自2016年1月1日起施行。

•财政部和国家税务总局发布《关于调整增值税税率的通知》，自2018年5月1日起执行。

这些对会计学系列教材建设都提出了新的挑战。同时，数智经济时代的到来，也对会计学教材建设提出了新要求。

在修订的过程中，我们更加注重提升教材配套平台建设的质量：

•关于习题与案例。按照修订后的教材内容更新习题与案例。一是加大习题量，适当提高习题的难度。二是更换部分案例，使案例与实践更加贴近，学生通过案例的学习得到进一步启发。三是配置阶段性综合习题，根据内容模块设置习题，便于学生综合性地理解和掌握相关章节的知识，循序渐进，达到深入学习的效果。

•关于电子课件。电子课件的制作摒弃了复制主教材各级标题的简单做法，由各主教材的作者亲自主持制作，这样能更好地把握授课内容，对各章节的内容进行更深入的讲解和逻辑勾勒，真正起到辅助和深化的作用。

•关于教学大纲。本套教材配有电子版教学大纲，为教师提供课时分配、重难点提示、教学结构等参考信息，进一步方便教师教学。

•关于慕课资源。《基础会计》《中级财务会计》《高级财务会计》《管理会计》等书的配套慕课在中国大学MOOC平台上播放。其中，《管理会计》配套慕课获评"首批国家级线上线下混合式一流本科课程"。

•关于在线组卷。东北财经大学出版社网站的"会员中心"提供"在线组卷"功能，本套书所有教材都可以在线组卷，所有题目都来自教材的配套习题。

•关于课程思政。为了适应新时代会计教学改革的需要，本版教材尝试融入课程思政教学等相关知识，这既是对教材知识体系的必要补充，也进一步体现了教材应担负的立德树人使命，更是为人工智能环境下会计教学形式的创新创造条件。

为保证质量，我们陆续推出新版东北财经大学会计学系列教材，分别有：《基础会计》《中级财务会计》《高级财务会计》《成本会计》《管理会计》《财务管理》《会计信息系统》《内部控制》《财务分析》《财务分析（数智版）》《会计学》《审计》《审计（精编版）》，共计13种。值得一提的是，截至目前：

•入选"十二五"普通高等教育本科国家级规划教材的有7种，普通高等教育"十一五"国家级规划教材的有4种，"十二五"普通高等教育本科省级规划教材的有9种；

•入选普通高等教育精品教材的有1种；

•荣获全国优秀畅销书奖的有6种，省级优秀畅销书奖的有6种；

•所支撑的课程获得国家级精品课程称号的有5种，所支撑的课程获得省级精品课程称号的有6种；

•获得国家级精品资源共享课称号的有5种，获得省级精品资源共享课称号的有2种；

•荣获2020年首届辽宁省教材建设奖优秀教材奖的有4种；

•荣获2021年首届全国教材建设奖全国优秀教材奖的有1种。

由于我们的时间和精力有限，教材中难免存在缺点乃至谬误，我们恳请广大读者批评指正。

每次修订仅仅是一个新的起点，而不是终点，我们将随着经济的发展与会计环境的变化不断修订，使东北财经大学会计学系列教材紧随时代步伐，及时反映学科的最新进展。

**东北财经大学会计学系列教材编委会**

# 课程思政与专业教育融合路线图

**理论探讨**
- 第一章　持续推动企业会计准则体系高质量建设与实施
- 第四章　丰富会计理论与方法　助力创新驱动发展战略

**民族自信**
- 第三章　规范数据资源入表　服务数字中国建设
- 第三章　勇于实践　敢为天下先——数据资源入表侧记

**诚信守法**
- 第一章　增强会计人员自身的诚信意识
- 第二章　依法治国是长治久安的重要保障
- 第二章　康美药业巨额货币资金"消失"之谜
- 第十一章　运用法律手段依法维权
- 第十五章　因业绩承压还是行业接轨

**可持续发展**
- 第六章　树立绿色及可持续发展的理念
- 第七章　研发投入是创新的物质基础和保证
- 第十章　从弃置费用的会计核算看生态环境的改善
- 第六章　实行矿山环境治理恢复基金，助力金山银山

**职业道德**
- 第十四章　育人的根本在于立德
- 第十五章　高素质人才更应自觉遵守职业道德

**社会责任**
- 第五章　立足投资效益　心系社会责任
- 第五章　投资决策中的企业社会责任考量
- 第十三章　坚持把社会效益放在首位、社会效益与经济效益相统一
- 第十三章　担责任　系天下——2023 全球企业社会责任案例巡展

**家国情怀**
- 第三章　规范数据资源入表　服务数字中国建设

**创新能力**
- 第四章　天津金融创新"破题"
- 第七章　华为——创新典范、市场引领者
- 第十四章　HW 的核心竞争力在于长期在研发领域的投资与研发能力

**理性投资**
- 第八章　"5·17 房地产新政"概览
- 第八章　房地产金融新政密集落地，楼市活跃度明显提升
- 第九章　呈报长期资产的真实价值
- 第十一章　中小股东的维权和权益保护

# 第8版前言

《中级财务会计》（第8版），是在第7版教材的基础上，吸收了国内外优秀财务会计教材的精华，结合中国国情编写而成的。本书是"东北财经大学会计学系列教材"之一，也是国家级精品课程"中级财务会计"的主教材，继入选"十二五"普通高等教育本科国家级规划教材，并获评全国优秀畅销书后，又于2020年荣获首届辽宁省教材建设奖优秀教材奖。本教材第6版曾获首届全国教材建设奖全国优秀教材二等奖。本书在编写过程中突出了以下特点：第一，以国际会计惯例和最新企业会计准则为依据。本书根据最新的国际会计准则和我国最新的企业会计准则，对各项会计业务的处理既阐述了理论依据，又示范了实务方法。第二，以会计的基本理论为基础。本书改变了以往财务会计教材只是具体解释企业会计准则与制度的做法，而是以会计的基本理论为基础，着重论述了各会计要素确认、计量的基本原则，从理论上讲清楚各项业务的处理方法，使学生不但"知其然"，而且"知其所以然"。第三，注重理论联系实际。本书很好地处理了会计理论与中国实际相结合的问题。各章的例题均以我国上市公司会计实务为基础，并结合我国的具体会计准则加以说明。

2017年财政部发布修订后的《企业会计准则第22号——金融工具确认和计量》《企业会计准则第23号——金融资产转移》《企业会计准则第24号——套期会计》《企业会计准则第37号——金融工具列报》《企业会计准则第16号——政府补助》《企业会计准则第14号——收入》。

2017年12月，财政部针对2017年施行的《企业会计准则第42号——持有待售的非流动资产、处置组和终止经营》和《企业会计准则第16号——政府补助》的相关规定，发布了《关于修订印发一般企业财务报表格式的通知》，对一般企业的财务报表格式进行了修订。2018年6月，财政部再次修订了一般企业财务报表格式，并规范了执行新金融准则和新收入准则的企业财务报表格式及未执行新金融准则和新收入准则的企业财务报表格式。

2018年财政部、国家税务总局发布了《关于调整增值税税率的通知》，调整了增值税税率；发布《关于统一增值税小规模纳税人标准的通知》，调整工业企业和商业企业小规模纳税人的年销售额标准。

2019年财政部发布了《关于修订印发2019年度一般企业财务报表格式的通知》和《企业会计准则解释第13号》，发布修订的《企业会计准则第7号——非货币性资产交换》和《企业会计准则第12号——债务重组》；同年财政部、国家税务总局、海关总署发布了《关于深化增值税改革有关政策的公告》。

2020年财政部印发了《关于印发〈新冠肺炎疫情相关租金减让会计处理规定〉的通知》，发布了收入准则和租赁准则的应用案例。

2021年财政部印发了《企业会计准则解释第14号》和《企业会计准则解释第15号》，并开通了会计准则实施问答和会计准则实务问答。2022年财政部印发了《企业会计准则解释第16号》。2023年财政部印发了《企业会计准则解释第17号》《企业数据资源相关会计处理暂行规定》。

教育是民族振兴、社会进步的重要基石，是功在当代、利在千秋的德政工程。党的二十大报告指出，教育、科技、人才是全面建设社会主义现代化国家的基础性、战略性支撑。其中，教育摆在首位。在中华民族伟大复兴战略全局和世界百年未有之大变局的时代背景下，教育肩负着特殊而重大的使命，直接关系到党和国家事业发展全局，战略地位和作用更加凸显。

党的二十大报告中强调：培养什么人、怎样培养人、为谁培养人是教育的根本问题。育人的根本在于立德。全面贯彻党的教育方针，落实立德树人根本任务，培养德智体美劳全面发展的社会主义建设者和接班人。我们要紧紧围绕提高人才自主培养质量，推进人才培养模式改革，系统构建创新人才培养体系，提升拔尖创新人才培养能力，源源不断地输送能够担当民族复兴大任的时代新人。

基于上述原因，第8版教材不仅体现我国企业会计准则理论的深度与广度，更充分体现了时效性，即与会计实务工作密切联系，力求与实务同步，并能用财务会计理论指导会计实务工作。

本次修订增设了"思政课堂"栏目，其形式是文字表述与教材内容相关又能体现党的二十大精神，或用思政案例体现育人理念；增加了对企业数据资源的内容及相关会计处理的规定；进一步丰富了"延伸阅读"栏目，以二维码的形式加入更多的知识点，使教材更加立体化，同时扩展了教学资源；增加了章后自测题，用以检测所学内容的熟练程度及实务操作的能力；为方便读者读懂报表，在各章适当位置加入列报说明，简要介绍某科目或某要素在报表中以什么项目列报，在附注中如何披露等；部分例题以相关准则为基础进行修改，加入服务业、互联网行业等占比较大的行业案例，从而拓展了教材适用范围；本书增加的思政内容顺应了课程改革的要求，丰富了教学内容，让会计学科内容更具深度，将思政教育融入专业教育之中，作者团队对"中级财务会计"这门课程中的思想政治教育元素进行了积极的探索和挖掘。

本次修订单独设置了"课程思政与专业教育融合路线图"，在会计专业知识中融入民族自信、诚信守法、职业道德、社会责任、可持续发展、家国情怀等元素，旨在引导学生弘扬信以立身、俭以养德的中华民族传统美德，树立正确的金钱观、消费观、价值观。书中还强调了主动学习和创新的重要性，旨在激发学生的主动学习意识，培养学生的创新精神。

本书适用于会计学专业本科生教学，同时也可供企业经济管理人员，尤其是会计人员培训和自学之用。本书是在学完《基础会计》，掌握了会计的基本理论、基本方法之后，对财务会计理论和方法的进一步深化。因此，本书旨在承前启后，使其成为从基础会计学迈向会计学专业课程的一座桥梁。

本书在编写过程中，得到了东北财经大学出版社领导及编辑的大力支持和热心帮助，同时许多同行和读者也给本书提出了宝贵的意见，在此一并表示衷心的感谢。

本书由中国内部控制研究中心主任、国家级教学名师、全国重点学科带头人、博士生导师刘永泽教授总体策划，由刘永泽教授和陈立军教授任主编，负责全书写作大纲的拟订和编写的组织工作，并对全书进行了总纂。具体编写分工如下：第一、十二章由刘永泽教授撰写；第二、六、七章由许龙德副教授撰写；第三、四（其中的第四节由魏红元讲师撰写）、五、八、十三章由崔凤鸣副教授撰写；第十章由耿玮副教授撰写；第九、十一、十四、十五章由陈立军教授撰写。东北财经大学出版社王丽为本书收集了部分思政素材。

由于时间仓促，修改工作量大，加之水平有限，书中不足之处在所难免，欢迎广大读者和同行批评指正。

编 者

2024年6月

# 目　录

# 第一章 总 论

## 第一节 财务会计及其特点

### 一、财务会计的特征

财务会计是当代企业会计的一个重要组成部分，它是运用簿记系统的专门方法，以通用的会计原则为指导，对企业资金运动进行反映和控制，旨在为投资者、债权人提供会计信息的对外报告会计。财务会计同管理会计相配合并共同服务于市场经济条件下的现代企业。财务会计作为传统会计的发展，同旨在向企业内部管理当局提供经营决策所需信息的管理会计不同，财务会计旨在向企业外部的投资人、债权人和其他与企业有利害关系的外部集团，提供投资决策、信贷决策和其他类似决策所需的会计信息。这种会计信息最终表现为通用的会计报表和其他会计报告。财务会计与管理会计相比有如下几方面的特征：

（一）财务会计以计量和传送信息为主要目标

财务会计不同于管理会计的特点之一，是财务会计的目标主要是向企业的投资者、债权人、政府部门，以及社会公众提供会计信息。从信息的性质看，主要是反映企业整体情况，并着重历史信息。从信息的使用者看，主要是外部使用者，包括投资人、债权人、社会公众和政府部门等。从信息的用途看，主要是利用信息了解企业的财务状况和经营成果。而管理会计的目标则侧重于规划未来，对企业的重大经营活动进行预测和决策，以及加强事中控制。

（二）财务会计以会计报告为工作核心

财务会计作为一个会计信息系统，是以会计报表作为最终成果。会计信息最终是通过会计报表反映出来。因此，财务报告是会计工作的核心。现代财务会计所编制的会计报表是以公认会计原则为指导而编制的通用会计报表，现代财务会计将会计报表的编制放在最突出的地位。而管理会计并不把编制会计报表当作它的主要目标，只是为企业的经营决策提供有选择的或特定的管理信息，其业绩报告也不对外公开发表。

（三）财务会计仍然以传统会计模式作为数据处理和信息加工的基本方法

为了提供通用的会计报表，财务会计还要运用较为成熟的传统会计模式作为处理和加工信息的方法。传统会计模式是历史成本模式，其特点是：

（1）会计反映依据复式簿记系统。复式簿记系统以账户和复式记账为核心，以凭证和账簿组织为形式，包括序时记录、分类记录、试算平衡、调整分录和对账结账等一系列步骤。

（2）收入与费用的确认，以权责发生制为基础。财务会计对收入的确认采用实现原则，对于费用的确认采用实现原则，而不是等到企业收入或付出现金时才确认和记录。

（3）会计计量遵循历史成本原则。历史成本原则的核心是指资产、负债等要素应按交易或事项发生时所确认的交换价格作为最初入账的计量标准。

### （四）财务会计以公认会计原则和行业会计制度为指导

公认会计原则是指导财务会计工作的基本原理和准则，是组织会计活动、处理会计业务的规范。公认会计原则由基本会计准则和具体会计准则组成。作为补充，根据不同的行业特点，又制定了不同的行业会计制度。这都是我国财务会计必须遵循的规范。而管理会计则不必严格遵守公认的会计原则。

**【思政课堂】　　　　　　　增强会计人员自身的诚信意识**

提供真实、准确、完整的反映经济活动状况和经营成果的会计信息，是对会计人员的基本要求。[1]提供虚假会计信息是违反会计准则、破坏会计真实性的违法行为，极大地影响了利益相关者的使用，影响到相关决策。[2]此外，会计行业还存在贪污腐败行为，对社会风气造成极大的不良影响。无论是提供虚假信息，还是贪污腐败，都是会计诚信缺失的表现。对正处在发展阶段的我国会计行业来说，会计诚信缺失影响着整个会计行业的信息真实状况，破坏了市场规则，影响社会经济安定。

加强会计人员的自我教育，是培养会计人员良好的道德品质、解决会计诚信缺失的关键。要加强会计诚信建设，使诚信成为会计人员的内在品质，让会计人员从行为上、思想上真正改变自身。会计诚信建设是一个漫长的过程，它需要会计人员长期坚持，是不断提高自身修养、改造自身的过程。会计人员要增强自身的诚信意识，在工作中不断反省自身，不断深化诚信意识，从而加强自身的职业道德精神。[3]

## 二、财务会计的目标

财务会计的目标也称财务报告目标或财务报表目标，是指在一定的会计环境中，人们期望通过会计活动达到的结果。或者说是财务会计系统要达到的目的和要求。在美、英、澳等国家将其作为制定或修订财务会计概念框架的逻辑起点，其主要解决：第一，向谁提供会计信息，或者说谁是会计信息的使用者；第二，提供什么样的会计信息，即会计信息的使用者需要什么样的会计信息。

财务报告的目标最初是向资源所有者（股东）如实反映资源的受托者（经营者）对受托资源的管理和使用情况，即反映企业管理层受托责任的履行情况，以有助于评价企业的经营管理状况和资源使用的有效性，人们将其称之为受托责任观。随着股份制经济的发展和资本市场的完善，会计信息的使用者及其对会计信息的需求也发生了极大的变化。因此，财务报告的目标主要强调向财务报告的使用者提供对他们的决策有用的信息，即企业编制财务报告的目的主要是满足财务报告使用者的信息需要，有助于财务报告使用者作出经济决策，人们将这种观点称之为决策有用观。受托责任观与决策有用观并非矛盾，财务报告既可以满足其使用者作经济决策的需要，也可以反映企业管理层受托责任的履行情况。各个国家财务报告目标的区别主要是两者的侧重点不同，因此，许多国家都提出了双重目标。我国就是其中之一。

我国的财务会计报告目标是向财务会计报告使用者提供与企业财务状况、经营成果和现金流量等有关的会计信息，反映企业管理层受托责任履行情况，有助于财务会计报告使用者作出经济

[1]　郭梦强，张黎萍. 我国会计诚信缺失原因及治理策略 [J]. 纳税，2020（25）：97-98.
[2]　李涛. 浅谈会计诚信缺失的成因及对策研究 [J]. 中国战略新兴产业（理论版），2019（1）：199.
[3]　邱文秀. 会计诚信危机的原因分析及解决对策 [J]. 环球市场，2019（7）：74.

决策。一方面，向财务报告使用者提供对决策有用的信息；另一方面，要如实反映企业管理层受托责任的履行情况。根据这一目标的要求，财务报告所提供的会计信息应当如实反映企业拥有或者控制的经济资源，对经济资源的要求权，以及经济资源要求权的变化情况；如实反映企业各项收入、费用、利得和损失的金额及其变动情况；如实反映企业各项经营活动、投资活动和筹资活动所形成的现金流入和现金流出情况等。从而有助于投资者、债权人以及其他使用者正确合理地评价企业的财务状况，有助于作出合理的经济决策，有助于评价企业经营管理层受托责任的履行情况和资源的使用效率。根据财务报告的目标，财务会计的作用具体来说可以概括为以下几个方面：

**（一）帮助投资者和债权人作出合理的决策**

财务会计的最主要目标就是帮助投资者和债权人作出合理的投资和信贷决策。一般认为，最为关注企业会计信息的莫过于投资者和债权人。而这类使用者的决策对于资源的分配具有重大影响。此外，符合投资者和债权人需要的信息，一般对其他使用者也是有用的。因此，财务会计把服务于投资者和债权人作为其主要目标。投资者和债权人所需要的经济信息包括企业某一时日的财务状况，某一期间的经营绩效和财务状况的变动。但从决策有用性的观点看，不论是投资者还是债权人甚至企业职工，其经济利益都同企业未来的现金流动密切相关，例如，投资者应分得的股利，债权人应得到的贷款本金及利息，职工应得的工资和奖金等，都需要预期现金流量的信息。

**（二）考评企业管理当局管理资源的责任和绩效**

企业的经济资源均为投资者及债权人所提供，委托企业经营者保管和经营，投资者和债权人与经营者之间存在着一种委托和代理关系。投资者和债权人要随时了解和掌握企业经营者管理和运用其资源的情况，以便考评经营者的经营绩效，适时改变投资方向或更换经营者。这就要求企业财务报告提供这方面的信息，说明企业的经营者怎样管理和使用资源，向所有者报告其经营管理情况，以便明确经营责任。

**（三）为国家提供宏观调控所需要的特殊信息**

国家是国民经济的组织者与管理者，为了达到这一目标，国家还要求从一切企业编报的会计报表中，获取进行宏观调控所需要的特殊信息。国家不仅是通用报表的使用者，而且是特殊报表的使用者，社会主义国家更是如此。

**（四）为企业经营者提供经营管理所需要的各种信息**

企业管理人员也要利用企业的会计信息对企业的生产经营进行管理。通过对企业财务状况、收入与成本费用的分析，可以发现企业在生产经营上存在的问题，以便采取措施，改进经营状况。财务会计信息系统应怎样处理数据和加工信息，最后将提供什么样的财务报表，在很大程度上取决于会计目标，目标指引着财务会计信息系统的运行方向。

**三、财务会计信息的使用者**

一个企业必须发布各种各样的会计信息，以满足信息使用者的需要，这些会计信息需求因企业的规模、是否由公众持股以及管理政策等而有所不同。有些会计信息的需求可能是由法律规定的，例如，所得税法要求每个企业的会计系统能够计量该企业应税收入并对企业所得税申报单中每个项目的性质和来源进行解释；证券法律要求股份公司依照规定编制财务报表，报送证监会，并提供给公众。有些会计信息需求是由于实际需要而产生的，例如，每个企业需要知道应向每个客户收取的金额和欠每个债权人的金额。

总的来说，会计信息需求来自企业外部和内部两方面，它们分别是会计信息的外部使用者和内部使用者。

**（一）会计信息的外部使用者**

会计信息的外部使用者是与企业具有利益关系的个人和其他企业，但他们不参与该企业的日常管理。其具体包括：

（1）股东。企业的股东最关心公司的经营，他们需要评价过去和预测未来。有关年度财务报告是满足这些需要的最重要的手段，季度财务报告、半年度财务报告也是管理部门向股东报告的重要形式。向股东提供这些报告是会计信息系统的传统职责，股东借助财务报告反映的常规信息，获得有关股票交易和股利支付的情况，从而作出决策。

（2）债权人。企业债权人对公司的信誉、偿债能力，以及企业的未来发展是非常关心的。公司的财务报告是这些信息的一个重要来源。债权人需要的有关借贷业务的常规信息，是通过与借款单位的会计信息交换得来的。

（3）政府机关。政府的许多机关需要有关企业的信息。税务机关需要有关公司利润和向国家缴纳税额的信息；社会保障机关需要有关企业缴纳各项社会保障基金的信息；国有企业还必须向国家财政、审计机关提供财务报告，以便接受经济监督；很多外国政府需要经营国际业务的企业报告企业在他们国家内所从事的经济活动的信息。

（4）职工。作为一个利益集团，职工个人期望定期收到工资和薪金，并同时得到有关企业为个人提供社会保障的各类基金方面的信息和企业的某些综合性信息，诸如工资平均水平、福利金和利润等，职工代表大会、工会也会代表职工要求得到这些信息，这些信息的大部分是由会计信息系统提供的。

（5）供应商。企业往往有很多的原材料、产成品或可供销售的商品。采取赊销方式的供应商需要了解客户的有关经营稳定性、信用状况以及支付能力等方面的信息。

（6）顾客。在市场经济体制下，企业的顾客可以说是最重要的外部利益集团。顾客对于信息的需要，包括有关企业及其产品的信息，如价格、性能、企业信誉、企业商业信用方面的政策、可得到的折扣额、支付的到期日以及所欠金额等。这些常规的信息一般也是由会计系统提供。

以上列举了企业外部需要会计信息的主要集团，除这些集团以外尚有许多其他集团需要这种信息。其包括：

（1）信用代理人，这类机构专门公布有关公司信用的信息。

（2）工商业协会，这类机构公布某一行业的有关信息，需要利用会计信息进行行业管理。

（3）竞争者，它们对公司的价格政策和获利能力感兴趣。

（4）企业组织所在的社区。

（5）财务分析师，他们向委托人提出投资建议。

（6）关心公司某个方面经济活动的公民。

向企业外部的使用者提供的会计信息，绝大部分是属于"强制性的"或是"必需的"。例如，向政府机构报送的应税收益和代扣税款的报表，以及向股东报送的财务报告，均属于强制性的信息。又比如，向顾客提供的有关产品的信息和账单，向贷款人提供的信用能力信息是属于必需的信息，会计报告这些信息具有一定程度的强制性。需要指出的是，企业向外界提供的决策性信息是由管理当局提供的，但管理当局并不是提供会计信息的唯一渠道，但外界作决策所依据的会计信息的公允性和准确性，最后必须而且只能由企业最高管理当局负责。但仅提供一套单一的财务信息满足如此众多的使用者的需求即使有可能，也是相当困难的。因此，对外财务报告主要面向两个团体——投资者和债权人，包括当前的和潜在的投资者和债权人，他们是主要的财务信息外部使用者。通过满足投资者和债权人的财务信息需求，也为很多其他财务信息使用者提供了有用的信息。另外，某些财务信息的外部使用者，比如政府机构，能够得到公众通常无法取得的信息。因此，它们不像投资者和债权人那样依赖公开的信息。

（二）会计信息的内部使用者

一个企业组织的各级管理部门为了履行职责都需要信息，不论是负责完成全公司目标的最高级管理部门，还是负责完成一项具体目标的某一个经营管理部门。目前，会计是为大多数企业和组织提供"正式"会计信息的主要信息系统。正式的信息系统是指其对指定信息的生成和报告负有明确的职责。会计信息系统对收集到的全部数据进行加工，将信息报送给企业管理部门；管理部门收到并利用这些信息作出有关决策。管理部门的决策又反过来影响企业组织内部的经营管理，包括对会计信息系统的影响，同时也影响着企业组织与其外部环境的关系。企业的内部员工也要使用会计信息。会计信息内部使用者包括：董事会，首席执行官（CEO），首席财务官（CFO），副董事长（主管信息系统、人力资源、财务等），经营部门经理，分厂经理，分部经理，生产线主管等。每位员工使用会计信息的具体目标不同，但这些目标的宗旨是一样的，都是旨在帮助企业实现其总体的战略和任务。所有企业都遵循与他们的会计信息系统设计有关的规则以确保会计信息的规范性并保护企业的资产，但是关于报告的类型或能产生的会计信息种类并没有什么规则。只要快速地审视一个企业的内部，就会看到在员工决策过程中产生和使用的会计信息的多样性。与外部的信息需要对比，向内部报送的会计信息显然具有较多的"自由性"。因此，设计满足企业经营管理需要的会计信息系统，比设计外部报表面临着更大的困难。

**四、财务会计信息的质量要求**

财务会计目标解决了信息使用者需要什么样的信息，在总体上规范了信息的需求量，即在信息提供的"多与少"上作出了界定。但是合乎需要的信息还有一个"好与坏"的问题，即信息的质量问题。所有对决策有用的信息在质量上必须达到一定的质量要求。

会计信息应具备可靠性、相关性、可理解性、可比性、实质重于形式、重要性、谨慎性和及时性等八大基本特征。

**（一）可靠性**

可靠性是指会计信息必须是客观的和可验证的。信息如果不可靠，不仅对决策无帮助，而且会造成决策失误。因此，可靠性是会计信息的重要质量特征。一项信息是否可靠则取决于以下三个因素，即真实性、可核性和中立性。

（1）真实性。真实性就是要如实表达，即会计核算应以实际发生的经济业务为依据，内容真实、数字准确、资料可靠，会计的记录和报告不加任何掩饰。

（2）可核性。可核性是指信息经得住复核和验证，即由独立的、专业的和文化素养基本相同的人员，分别采用同一计量方法，对同一事项加以计量，能得出相同的结果。

（3）中立性。中立性是指会计信息应不偏不倚，不带主观成分。将真相如实地和盘托出，结论让用户自己去判断。会计人员不能为了某些特定利益者的意愿或偏好而对会计信息作特殊安排，故意选用不适当的计量和计算方法，隐瞒或歪曲部分事实，来诱使特定的行为反应。会计信息的可靠性一方面取决于会计人员的工作质量，但又不完全为会计人员所左右，有时会计人员受环境和会计方法本身的局限，对提高会计信息的可靠性无能为力。

## （二）相关性

相关性是指会计信息与信息使用者所要解决的问题相关联，即与使用者进行的决策有关，并具有影响决策的能力。相关性的核心是对决策有用。一项信息是否具有相关性取决于预测价值和反馈价值。

（1）预测价值。如果一项信息能帮助决策者对过去、现在及未来事项的可能结果进行预测，则该项信息具有预测价值。决策者可根据预测的结果，作出其认为最佳的选择。因此，预测价值是构成相关性的重要因素，具有影响决策者决策的作用。

（2）反馈价值。一项信息如果能有助于决策者验证或修正过去的决策和实施方案，即具有反馈价值。把过去决策所产生的实际结果反馈给决策者，使其与当初的预期结果相比较，验证过去的决策是否正确，总结经验防止今后决策时再犯同样的错误。反馈价值有助于未来决策。

信息反馈价值与信息预测价值同时并存，相互影响。验证过去才有助于预测未来，不明白过去，预测就缺乏基础。

## （三）可理解性

可理解性是指会计信息必须能够被使用者所理解，即会计信息必须清晰易懂。信息若不能被使用者所了解，即使质量再好，也没有任何用途。信息是否能被使用者所理解，取决于信息本身是否易懂，也取决于使用者理解信息的能力。可理解性是决策者与决策有用性的联结点。如果信息不能被决策者理解，那么这种信息毫无用处。因此，可理解性不仅是衡量信息的一个质量标准，也是一个与使用者有关的质量标准。会计人员应尽可能传递表达易被人理解的会计信息，而使用者也应设法提高理解信息的能力。

## （四）可比性

可比性是指一个企业的会计信息与其他企业的同类会计信息尽量做到口径一致，相互可比。不同企业的会计信息或同一企业不同时期的会计信息如能相互可比，就会大大增强信息的有用性。一家企业的会计信息若能与其他企业类似的会计信息相比较，能与本企业以前年度同日期或其他时点的类似会计信息相比较，就不难发现它们之间相似、相异之处，发现本企业当前生产经营管理上存在的问题。

为保证会计信息的可比性，就必须有统一的会计准则和会计制度来保证不同企业的信息共性，这就是会计信息的统一性。没有这种统一性就无法保证会计指标口径一致，相互可比。为了使同一企业不同时期的会计信息具有可比性，会计人员在处理会计事项时，所采用的会计方法和会计程序前后各期应具有连贯性，前后一致。这就要求企业对会计方法或原则的选用应慎重，一旦选用，除非有正当理由，不得任意变动，以确保会计信息的可比性。统一性和一贯性是构成可比性的两个因素，作为会计信息的质量要求，它们从属于可比性。

## （五）实质重于形式

实质重于形式原则要求"企业应当按照交易或事项的经济实质进行会计确认、计量，而不应当仅仅按照他们的法律形式作为会计确认、计量的依据"。在会计确认、计量过程中，可能会碰到一些经济实质与法律形式不吻合的业务或事项，例如，融资租入的固定资产，在租期未满以前，从法律形式上讲，所有权并没有转移给承租人，但是从经济实质上讲，与该项固定资产相关的收益和风险已经转移给承租人，承租人实际上也能行使对该项固定资产的控制，因此承租人应该将其视同自己的固定资产，一并计提折旧和大修理费用。遵循实质重于形式原则，体现了对经济实质的尊重，能够保证会计确认、计量的信息与客观经济事实相符。

### （六）重要性

重要性原则要求企业"在会计确认、计量过程中对交易或事项应当区别其重要程度，采用不同的核算方式。对资产、负债、损益等有较大影响，并进而影响财务会计报告使用者据以作出合理判断的重要会计事项，必须按照规定的会计方法和程序予以处理，并在财务会计报告中予以充分、准确的披露；对于次要的会计事项，在不影响会计信息真实性和不至于导致财务会计报告使用者作出错误判断的前提下，可适当简化处理"。坚持会计处理的重要性原则，必须在保证会计报表和会计信息质量的前提下进行，兼顾全面性和重要性。之所以强调重要性原则，在很大程度上是考虑会计信息的效用和核算成本之间的比较。企业的经济业务纷繁复杂，要将所有零散的经济数据全部转化成会计报表中详细罗列的指标，不但没有必要，而且还会冲淡重点，有损会计信息的使用价值，甚至影响决策。强调重要性原则一方面可以提高核算的效率，减少不必要的工作量；另一方面可以使会计信息分清主次，突出重点。对某项会计事项判断其重要性，在很大程度上取决于会计人员的职业判断。但一般来说，重要性可以从质和量两方面进行判断。从性质方面讲，只要该会计事项发生就可能对决策有重大影响时，则属于具有重要性的事项。从数量方面讲，当某一会计事项的发生额达到总资产的一定比例（如5%）时，一般认为其具有重要性。判断某一会计事项重要与否，更重要的是应当考虑经济业务的性质。如果特定的经济决策确实需要某一方面的会计资料，即使相应的核算成本很高，在总资产中占的比重很小，也应将其作为重要事项来核算。

### （七）谨慎性

谨慎性原则要求企业在进行会计确认、计量时，"不得多计资产或收益，少计负债或费用，不得计提秘密准备"。通常的处理原则是，应预计可能产生的损失，但不预计可能产生的收益和过高估计资产的价值。遵照这一原则，可使本期可能产生的损失不致递延至下期反映，增加下期负担，从而使各期的经营成果更加真实。谨慎性原则要求体现于会计确认、计量的全过程，包括会计确认、计量、报告等会计确认、计量的各个方面。在会计确认方面，要求确认标准和方法建立在稳妥合理的基础之上；从会计计量来说，要求不得高估资产和利润的数额；从会计报告来说，要求会计报告向会计信息使用者提供尽可能全面的会计信息，特别是应报告可能发生的风险损失。但是，企业不能漫无边际、任意使用或歪曲使用谨慎性原则，否则将会影响会计确认、计量的客观性，造成会计秩序的混乱。

### （八）及时性

及时性是指信息在对用户失效之前就提供给用户。要求企业对已经发生的交易或事项，应当及时进行确认、计量和报告，不得提前或延后。

会计信息的价值在于帮助会计信息的使用者作出经济决策，因此，具有时效性。任何信息如果要影响决策，就必须在决策之前提供，相关信息如果不能及时提供，相关也就变成不相关了，成为了无用的信息。当然，及时提供的信息如不相关，也是无用的信息。在会计确认、计量和报告过程中贯彻及时性：一是要求及时收集会计信息，即在经济业务发生后，及时收集整理各种原始单据或者凭证；二是要求及时处理会计信息，即按照企业会计准则的规定，及时对交易或事项进行确认、计量，并编制财务报告；三是要求及时传递会计信息，即按照国家规定的期限，及时地将编制的财务报告传递给财务报告使用者，便于其及时使用和决策。

## 五、社会环境对会计的影响

财务会计作为会计的一个子系统，必然存在于一定的环境之中，并随着客观环境的变化而发展变化。会计环境,是指会计赖以存在的政治环境、经济环境、法律环境、文化环境等客观环境。不同国家的政治、经济、法律和文化环境,都使得不同国家的会计有着不同的特点。这是因为,现代会计作为一个信息管理系统总是服务于一定社会经济环境之下的利益主体,通过会计核算反映和监督利益主体的经济活动,为特定主体的利益服务。各利益主体的经济活动总是受一定的社会经济环境影响和制约的,是在一定的社会经济环境的约束下所进行的经济行为。因此,会计也只有适应其所处的社会经济环境,并为其所处的社会经济环境服务,才能得以存在和发展。

**(一) 政治环境**

政治环境包括政治体制、政治路线、政治思想和政治领导。政治因素在整个社会环境中起一种基础性的决定作用,它决定着国家在特定时期的经济、法律和科技等方面的目标导向和发展水平。一个国家的政治制度不但对经济和法律具有制约作用,而且不可避免地决定着会计法规体系和管理体制。我国政府宏观调控的力量较强,会计在管理体制上必然实行"统一领导,分级管理"。应该指出的是,并非所有政治环境因素都会对会计产生直接影响,有的是潜移默化地影响人们的行为从而对会计产生影响。

**(二) 经济环境**

经济环境包括物质资料的生产及其相应的交换、分配和消费等各种经济活动,及其相应的经济制度和经济管理体制。如市场经济和计划经济,市场经济还可以细分为不同类型的市场经济。美国实行竞争性市场经济,公有化程度低,证券市场发达,企业的证券化融资比重较大,强调计税依据以税法为准。因而,美国财务会计的目标主要是保护权益性资本投资者的利益,企业会计不以税收为导向。法国实行有计划的资本主义市场经济,公有化经济比重高,政府在资源配置上力量很强,证券市场不发达,股份公司相对其他国家的地位要低一些。因此,法国企业会计以税收为导向,强调会计为宏观经济服务,重视社会责任目标。我国实行的是社会主义市场经济,国有企业数量多,是国民经济的支柱,因此,我国的会计目标必然体现这一要求。一般情况下,若政府在经济管理中的力量大,则政府对会计的直接管理程度就强;反之,则弱。如美国政府决策的集中程度弱,政府对资源配置的力量弱,所以,美国政府对会计管理较弱,主要由民间会计团体来完成,我国与法国和日本比较接近,是由政府管理全国的会计工作。

**(三) 法律环境**

法律环境包括立法、司法和监督制度,以及国家对法治的方针等。国际上通常存在两大法律体系,即大陆法系与英美法系。实施大陆法系的国家,政府往往借助于法律手段对经济活动进行全面干预,整个社会的经济活动都处于国家详尽而完备的法律管制之下,一般由国家制定统一的会计制度。实施英美法系的国家,法律间接地对会计施加影响,法律对经济活动的约束比较笼统、灵活,经济活动得以在比较宽松的条件下进行。其会计规范往往采用公认会计原则的形式,会计准则的制定主要由民间团体来完成。具体的会计事务主要是依据会计人员的职业判断。企业可根据自己的情况选择会计处理程序或方法。实施大陆法系的国家,会计往往受到政府的严格管制,会计人员所应用的会计原则,一般都体现在政府的法律、法规之中,会计准则以法律形式颁布,具有指令性、强制性和统一性的特点。我国属于大陆法系国家,全国实行统一的企业会计制度,由政府进行会计立法。

**(四) 文化环境**

文化环境是指特定国家或地区在社会历史发展过程中形成的价值观和人生观等。著名学者霍夫斯泰德(Hofestede)认为,一国文化模式的特征主要应从如下四方面加以反映:

（1）崇尚个人主义还是集体主义。

（2）权力距离大小。

（3）对不明朗因素反应的强弱。

（4）阳刚还是阴柔。

社会文化环境对会计的影响是不直接的、多维的。例如，美国是一个崇尚个人主义的国家，社会结构松散，社会的权力距离较小，人们在家庭和机构中注重权力的均衡，人与人之间强调平等。企业的职员希望上司在作决策时会咨询他们的意见，人们注重成就感、英雄感、决断能力及物质上的成功。相应地，美国政府在会计管理上的作用有限，强调专业导向、行业自律，在会计准则的制定与实施上，强调可选择性；在会计职业上，会计人员的专业水平较高，会计职业的地位也较高，具有较高的权威性；在信息披露上，美国公司的财务会计报表以充分披露而闻名；在会计处理方法上强调真实反映，会计核算方法偏向于乐观、大胆创新甚于墨守成规。法国和德国的社会文化环境与美国的社会文化环境截然不同：不像美国那样崇尚个人主义，权力距离较大，对不明朗因素反应较强，不像美国那样偏重阳刚。与此相对应，德国在会计管理上，强调立法管理，由政府和民间会计团体来管理会计工作，法国则更强调政府管理；在会计准则的制定与实施上，两国均强调指令性、强制性和统一性；在会计职业上，两国会计团体规模相对较小，职业地位比美国低；在信息披露上，公司一般不超过法律和欧盟指令的最低要求，偏向于保密；在会计核算上，两国均采取保守态度，严格遵守历史成本原则，广泛提取各种"准备金"。我国长期以来，儒家文化占主流，"尊上"是中国传统的文化习惯，习惯于"照章办事"。在这种环境中，不适合采用公认会计原则和职业判断方式，在现阶段，统一会计制度形式比较适合我国国情。社会经济环境制约和影响着会计，但会计也并不是被动的，会计对社会经济环境也存在着反作用。会计通过核算和监督活动，也对其所处的社会经济环境产生一定的影响，在一定的程度上促进和推动了社会经济的发展，进而推动社会经济环境中其他方面的变化。因此，我们在研究会计与客观环境的关系时，应坚持辩证的观点：一方面，要承认客观环境决定会计的发展；另一方面，要明确会计不是完全消极被动的，它可以反作用于客观环境。会计一经建立就有力地促进了经济和政治的发展。

**【思政课堂】　　　　持续推动企业会计准则体系高质量建设与实施**

服务经济高质量发展，提升我国经济的创新力和竞争力，需要企业会计准则体系及时跟进；服务资本市场全面深化改革，需要企业会计准则体系作为制度保证；服务财会监督职能，需要企业会计准则体系作为评判准绳；服务提高国际双向投资水平、促进国内国际双循环，需要企业会计准则体系作为重要规则标准；服务会计改革与构建发展新格局，需要企业会计准则体系提供有力支撑。

持续推动企业会计准则体系高质量建设与实施，是一项重大的历史任务。

# 第二节　会计的基本假设和会计确认、计量的基础

## 一、会计的基本假设

会计所处的环境极为复杂，会计面对的是变化不定的社会经济环境。会计人员在会计核算过程中，面对这些变化不定的经济环境，就不得不作出一些合理的假设，对会计核算的对象及环境

作出一些基本规定，即建立会计核算的基本前提，也称之为会计假设。

会计假设不是毫无根据的虚构设想，而是在长期的会计实践中，人们逐步认识和总结形成的，是对客观情况合乎事理的推断。会计假设规定了会计核算工作赖以存在的一些基本前提条件，是企业设计和选择会计方法的重要依据。只有规定了这些会计假设，会计核算才能得以正常进行下去。所以，会计假设既是会计核算的基本依据，又是制定会计准则和会计核算制度的重要指导思想。会计的基本假设通常包括四个：

**（一）会计主体**

会计主体又称会计实体，是指会计工作为之服务的特定单位。会计主体可以是一个特定的企业，也可以是一个企业的某一特定部分（如分厂、分公司、门市部等），也可以是由若干家企业通过控股关系组织起来的集团公司，甚至可以是一个具有经济业务的特定非营利组织。

会计主体这一假设认为，一个会计主体不仅和其他主体相对独立，而且独立于所有者之外。会计为之服务的对象是一个独立的特定经济实体，这一假设包含了以下三个方面的意思：对于企业会计来说，核算的只能是企业本身的生产经营活动，企业的会计核算只能站在企业自身的角度，来反映核算经济活动。确定会计主体，就是要明确为谁核算，核算谁的经济业务。为此，《企业会计准则》明确指出："会计核算应当以企业发生的各项经济业务为对象，记录和反映企业本身的各项生产经营活动。"这是因为，企业的生产经营活动是由各项具体的经济活动构成的，而每项经济活动都是与其他有关经济活动相联系的，企业本身的经济活动也总是与其他企业或单位的经济活动相联系的。为了正确计量和确认资产、负债和所有者权益，以及企业的收益，必须以会计为之服务的特定实体的权利义务为界限，相对独立于其他主体。企业的经济活动独立于企业的投资者。

会计主体主要是规定会计核算的范围，它不仅要求会计核算应当区分自身的经济活动与其他企业单位的经济活动，而且必须区分企业的经济活动与投资者的经济活动。企业会计记录和会计报表涉及的只是企业主体的活动。例如，当企业所有者与经营者为同一个人时，由于会计为之服务的对象是企业，就需要把业主的个人消费与企业开支分开，及时结算企业与业主之间的往来，否则就无法计量企业的费用和利润，也无法进行经济效益的分析和比较。所以，从根本上来讲，将企业作为会计主体来进行核算，反映了企业经营者正确计算并严格考核企业盈亏的要求。另外，从进一步记录财产和收支的角度来看，所有者的财产一旦投入某一个企业，就应在账簿上独立地记录，分清那些与企业的生产经营无关而属于所有者本人的财产收支或其他经济往来。会计主体与法律主体（即法人）是有区别的。会计主体可以是法人，如企事业单位，也可以是非法人，如独资企业或合伙企业。例如，独资企业与合伙企业通常不具有法人资格，它们所拥有的财产和所负担的债务，在法律上仍视为业主或合伙人的财产与债务，但在会计核算中，则把它们作为独立的会计主体来处理。再如，集团公司由若干具有法人地位的企业所组成，但在编制集团公司合并报表时，只能把集团公司看作是一个独立会计主体，需要采用特定的方法把集团公司所属企业之间的债权、债务相互抵销，并扣除由于所属企业之间的销售活动而产生的利润。

**（二）持续经营**

持续经营是指企业或会计主体的生产经营活动将无限期地延续下去，也就是说，在可预见的未来，不会进行清算。从企业经营的存续时间来看，存在两种可能：一种是企业在近期可能面临破产清算；另一种是在可预见的将来，企业会持续经营下去。不同的可能性决定了企业采用不同的方法进行核算。为了使会计核算中使用的会计处理方法保持稳定，保证企业会计记录和会计报表真实可靠，因此，《企业会计准则》规定："会计核算应当以企业持续、正常的生产经营活动为前提。"也就是说，企业可以在持续经营的基础上，使用它所拥有的各种资源，依照原来的偿还条件来偿还它所负担的各种债务。会计核算上所使用的一系列的会计处理方法都是建立在持续经营的前提基础上的，从而解决了很多常见的财产计价和收益确认问题。例如，由于假定企业可以持续不断地经营下去，企业的资产价值将以历史成本计价，而不是采取现行市价或清算价格。正由于企业以持续经营为假设前提，企业才可以采用权责发生制作为确认收入或费用的标志，而不以是否收或付货币资金为依据。由于企业持续经营前提的存在，才产生企业资本保全的问题，从而产生了会计核算中正确区分资本性支出与收益性支出的必要。

### （三）会计分期

会计分期是指将企业持续不断的生产经营活动分割为一定的期间，据以结算账目和编制会计报表，从而及时地提供有关财务状况和经营成果的会计信息。持续经营的假定，意味着企业经营活动在时间的长河中无休止地运行，那么，在会计实践活动中，会计人员提供的会计信息，应从何时开始，又在何时终止呢？显然，要等到企业的经营活动全部结束时，再进行盈亏核算和编制报表是不可能的。所以，会计核算应当划分会计期间，即人为地将持续不断的企业生产经营活动划分为一个个首尾相接、等间距的会计期间，通常为一年，可以是日历年，也可以是营业年。我国规定以日历年作为企业的会计年度，即以公历 1 月 1 日至 12 月 31 日为一个会计年度。此外，企业还需按半年、季、月份编制报表，即把半年、季度、月份也作为一种会计期间。

会计期间的划分对于确定会计核算程序和方法具有极为重要的作用，由于有了会计期间才产生了本期与非本期的区别，由于有了本期与非本期的区别，才产生了权责发生制和收付实现制，才使不同类型的会计主体有了记账的基准。例如，划分会计期间后，就产生了某些成本，要在不同的会计期间进行摊销，分别列为当期费用和下期费用的问题。采用权责发生制会计后，对于一些收入和费用按照权责关系需要在本期和以后会计期间进行分配，确定其归属的会计期间。为此需要在会计处理上运用预收、应收、应付等会计方法。

在数智经济时代，现代信息技术使得会计数据可实时取得，每一天都可以取得资产负债和盈亏数据，不用等到月末和年末才能输出资产负债表和利润表。会计分期只是适应外部需求者的习惯性要求，如税务部门、统计部门、证监会等。

### （四）货币计量

货币计量是指企业在会计核算过程中采用货币为计量单位，记录、反映企业的经营情况。企业在日常的经营活动中，有大量的错综复杂的经济业务。在企业的整个生产经营活动中所涉及的业务又表现为一定的实物形态，如厂房、机器设备、现金、各种存货等。

由于它们的实物形态不同，可采用的计量方式也多种多样。为了全面反映企业的生产经营活动，会计核算客观上需要一个统一的计量单位作为会计核算的计量尺度。因此，会计核算就必然选择货币作为会计核算的计量单位，以货币形式来反映企业的生产经营活动的全过程，这就产生了货币计量这一会计核算前提。所以，《企业会计准则》规定，会计核算应以人民币为记账本位币。

但在数智经济时代，会计不仅以货币为计量单位，同时运用大数据和人工智能等现代信息技术，将不能用货币计量的非财务、非结构性数据等原来无法直接量化的信息转化为数据，如将各种业务数据、文档、图片、视频、音频等信息转化为数据并进行运算。

### 二、会计确认、计量的基础

企业应当以权责发生制为基础进行会计确认、计量和报告，而不应以收付实现制为基础。权责发生制同时也是企业确认收益的基本原则，权责发生制是指凡是当期已经实现的收入和已经发生或应负担的费用，不论款项是否收付，都应作为当期收入和费用处理；凡是不属于当期的收入和费用，即使款项已经在当期收付，也不应作为当期的收入和费用。按照权责发生制，对于收入的确认应以实现为原则，判断收入是否实现，主要看产品是否已经完成销售过程，劳务是否已经提供，如果产品已经完成销售过程，劳务已经提供，并已取得收款的权利，收入就算实现，而不管是否已经收到货款，都应计入当期收入。对费用的确认应以发生为原则，判断费用是否发生，主要看与其相关的收入是否已经实现，费用应与收入相配比。如果某项收入已经实现，那么与之相关的费用就已经发生，而不管这项费用是否已经付出。在确认收入的同时确认与之相关的费用。与权责发生制相对应的是收付实现制。在收付实现制下，对收入和费用的入账，完全按照款项实际收到或支付的日期为基础来确定它们的归属期。根据权责发生制进行收入与成本费用的核算，能够更加准确地反映特定会计期间真实的财务状况及经营成果。

# 第三节  会计确认与计量

为了实现财务会计目标，必须使用财务会计特有的技术，即会计确认和会计计量。财务会计的主要内容就是对会计六大要素的确认与计量和财务报告的编制。因此，会计确认与计量是财务会计的核心内容。在现代会计中会计确认和会计计量既有区别又有联系。

## 一、会计确认

会计确认是指把一个事项作为资产、负债、收入和费用等正式加以记录和列入财务报表的过程。会计确认包括用文字和数字来描述一个项目，其数额包括在财务报表的合计数之内。会计确认还包括对项目事后发生变动或清除的确认。会计确认实际上是分两次进行的，第一次解决会计的记录问题，第二次解决财务报表的披露问题。前者称为初始确认，后者称为再确认。

### （一）初始确认与再确认

初始确认是将某项目或业务记为某会计要素或项目。会计的初始确认要解决的首要问题是确定企业各项经济业务产生的经济数据中哪些应在复式簿记系统中记录。企业在经营过程中产生的经济数据并非都是会计信息，如企业职工和干部素质的变化、设备利用率的高低、经济合同的履行情况等，都不能直接用货币形式加以计量，即不符合会计要素的定义，不能作为会计信息系统的处理对象。所以，会计的初始确认首先要解决在众多的经济数据中，哪些是会计信息，将会计信息从这些经济数据中分离出来。

初始确认要解决的第二个问题是，要记入会计信息系统的经济数据，在何时、应记入何种会计科目。也就是说要对这些会计信息进行重新分类，将这些经济数据转化为会计语言，记录到会计账簿中。在这个过程中最重要的是确认的时点，即何时确认？何时，是指哪一个会计期间。凡是本期购买的资产、承担的负债、发生的收入、应付的费用均必须在本期记录，既不能提前，也不能推迟，否则就会扭曲当期的财务状况和经营业绩。从会计程序上看，初始确认主要是对原始凭证的审核、记账凭证的编制、账户的设置和账簿的登记等。

通过初始确认，已将这些会计信息记录到各个账户中。如企业取得的机器设备、建成的厂房建筑物都记入了"固定资产"账户；企业采购的钢材记入了"原材料"账户；企业收到的货款记入了"银行存款"账户等。但这些会计信息还是比较分散、零乱，不能成为有用的指标体系，会计信息的使用者还不能直接使用。因此，还需要进一步整理加工：在初始确认的基础上，对数据进行筛选、浓缩，最终列示在财务报表中。反映在财务报表中的信息，不是单个账簿信息的移位和简单相加合并，而是把这些信息进行了重新的分类和组合，丰富了信息的内涵，增大了信息的使用价值，形成了一套科学的指标体系。

从会计账簿的会计信息到财务报告信息，是财务会计加工信息的第二阶段，也就是会计的再确认。再确认的主要任务是编制和分析财务报表。再确认有四个特点：第一，它的数据来自日常记录；第二，对会计要素的表述既用数字表述，也用文字表述；第三，把账簿记录转化为报表的要素，有一个挑选、分类、汇总或细化的加工过程；第四，在财务报表中的表述，资产负债表和利润表是以权责发生制为基础，现金流量表是以收付实现制为基础。

**（二）会计确认的标准**

为了做好会计的初始确认和再确认，应当遵循确认标准。会计确认标准是对会计确认行为的基本约束，指明了解决各种会计确认问题的方向。会计确认的标准是从会计信息质量的特征推导而得出的，同时又有助于形成财务报告要素的定义，有助于解决编制财务报告的各种问题。美国FASB于1984年在第5号财务会计概念公告《企业财务报表项目的确认和计量》中提出了会计确认的四个标准，即可定义性、可计量性、相关性和可靠性。

**1.可定义性**

可定义性，是指被确认的项目应符合财务报表某个要素的定义。如确认的资产必须符合资产的定义，确认的债务必须符合负债的定义，确认的收入、费用也必须符合相关要素的定义。

**2.可计量性**

可计量性是指被确认的项目应具有一个相关的计量属性，足以充分可靠地予以计量。具体来说就是被确认的会计要素必须能够用货币进行计量，凡是不能可靠地用货币计量的要素就不能加以确认。

**3.相关性**

这里所说的相关性与前面会计信息质量要求中提到的相关性是一个概念。就是说被确认的会计要素应当对信息的使用者有用，确认会计信息必须与使用者的信息需求密切联系起来，不同使用者的决策可能需要不同的会计信息，所以，应根据相关性进行会计确认，在确认时应尽量排除不相关的会计信息，确认相关的会计信息。

**4.可靠性**

这里所说的可靠性与前面会计信息质量要求中提到的可靠性是一个概念。就是说被确认的会计信息是真实的、可验证的和不偏不倚的。不可靠的会计信息在会计上是不能予以确认的。

**（三）会计确认的时间基础**

会计确认的时间基础是指对会计要素确认的时间，对资产负债来说，是否即期确认；对收入费用来说，是否在发生的当期确认。确认的时间基础，对收入和费用比资产和负债更为重要，因为，收入和费用的确认更为复杂。资产和负债通常都是单项交易，属于时点概念，所以，只要交易成立，符合资产要素和负债要素的确认标准，就可以进行确认。收入和费用则不同，它们是反映企业经营业绩的期间概念。在一个会计期间内，会发生许多笔收入和费用，过程的起点和结束参差不齐，发生的收入和费用同其实现的期间经常出现跨期。因此，有两种确认的基础可供选择：一是收付实现制；二是权责发生制。现代财务会计的确认基础是选择了权责发生制，即收取收入的权利发生时才确认收入、支付费用的义务发生时确认费用。收入以实现为原则，费用以配比为原则。

权责发生制并不仅仅是收入费用的确认基础，同时也是资产和负债的确认基础，每当确认一项收入时，必然同时以相同的金额确认一项资产的增加或一项负债的减少；而确认费用时，又必然同时以相同的金额确认一项资产的减少或一项负债的增加。

## 二、会计计量

会计计量与会计确认是密不可分的，没有纯粹的会计确认，也没有纯粹的会计计量，因此，必须将两者结合起来才有意义。会计计量是指将符合确认条件的会计要素登记入账，并列报于财务报表且确定其金额的过程。计量是一个模式，它由两个要素构成，即计量单位和计量属性。

### （一）计量单位

任何计量都必须首先确定采用的计量单位，对会计计量来说，计量必须以货币为计量单位。作为计量单位的货币通常是指某国、某地区的法定货币，如人民币、美元、日元等。在不存在恶性通货膨胀的情况下，一般都以名义货币作为会计的计量单位。按名义货币计量的特点是，无论各个时期货币的实际购买力如何发生变动，会计计量都采用固定的货币单位，即不调整不同时期货币的购买力。

### （二）计量属性

计量属性是指被计量对象的特性或外在表现形式，即被计量对象予以数量化的特征。从某种意义上讲，一种计量模式区别于另一种计量模式的标准就是计量属性。会计的计量属性主要包括历史成本、重置成本、可变现净值、现值和公允价值等。

1. 历史成本

历史成本又称实际成本，是指企业取得或建造某项财产物资时实际支付的现金及现金等价物。在历史成本计量模式下，资产按照其购置时支付的现金或现金等价物的金额，或者是按照购置资产时所付出的对价的公允价值计量。负债按照其因承担现时义务而实际收到的款项或者资产的金额，或者承担现时义务的合同金额，或者按照日常活动中为偿还负债预期需要支付的现金或现金等价物的金额计量。

2. 重置成本

重置成本是指如果在现时重新取得相同的资产或与其相当的资产将会支付的现金或现金等价物，或者说是指在本期重购或重置持有资产的成本，也叫现行成本。重置成本更具有相关性，有利于资本保全。在重置成本计量模式下，资产按照其正常对外销售所能收到现金或现金等价物的金额计量。负债按照现在偿付该项债务所需支付的现金或现金等价物的金额计量。

3. 可变现净值

可变现净值是指资产在正常经营状态下可带来的未来现金流入或将要支付的现金流出，又称为预期脱手价格。在可变现净值计量模式下，资产按照正常对外销售所能收到现金或现金等价物的金额扣减该资产至完工时估计将要发生的成本、估计的销售费用以及相关税金后的金额计量。

4. 现值

现值是指在正常经营状态下资产所带来的未来现金流入量的现值，减去为取得现金流入所需的现金流出量现值。在现值计量模式下，资产按照预计从其持续使用和最终处置中所产生的未来净现金流入量的折现金额计量；负债按照预计期限内需要偿还的未来净现金流出量的折现金额计量。该计量属性考虑了货币的时间价值，最能反映资产的经济价值，与经济决策更具有相关性，但其可靠性较差。

**5.公允价值**

公允价值，是指市场参与者在计量日发生的有序交易中，出售一项资产所能收到或者转移一项负债所需支付的价格。

市场参与者，是指在相关资产或负债的主要市场（或最有利市场）中，同时具备下列特征的买方和卖方：①市场参与者应当相互独立，不存在《企业会计准则第36号——关联方披露》所述的关联方关系；②市场参与者应当熟悉情况，能够根据可取得的信息对相关资产或负债以及交易具备合理认知；③市场参与者应当有能力并自愿进行相关资产或负债的交易。

有序交易，是指在计量日前一段时期内相关资产或负债具有惯常市场活动的交易。

企业以公允价值计量相关资产或负债，应当考虑该资产或负债的特征。相关资产或负债的特征，是指市场参与者在计量日对该资产或负债进行定价时考虑的特征，包括资产状况及所在位置、对资产出售或者使用的限制等。

企业以公允价值计量相关资产或负债，应当假定出售资产或者转移负债的有序交易在相关资产或负债的主要市场进行。不存在主要市场的，企业应当假定该交易在相关资产或负债的最有利市场进行。

主要市场，是指相关资产或负债交易量最大和交易活跃程度最高的市场。最有利市场，是指在考虑交易费用和运输费用后，能够以最高金额出售相关资产或者以最低金额转移相关负债的市场。其中，交易费用是指在相关资产或负债的主要市场（或最有利市场）中，发生的可直接归属于资产出售或者负债转移的费用。交易费用是直接由交易引起的、交易所必需的、而且不出售资产或者不转移负债就不会发生的费用。

**（三）各种计量属性之间的关系**

在各种会计计量属性中，历史成本通常反映的是资产或负债过去的价值，而重置成本、可变现净值、现值和公允价值通常反映的是资产或者负债的现时成本或者现时价值，是与历史成本相对应的计量属性。但它们之间具有密切联系，一般来说，历史成本可能是过去环境下某项资产或负债的公允价值，而在当前环境下某项资产或负债的公允价值也许就是未来环境下某项资产或负债的历史成本。公允价值可以是重置成本，也可以是可变现净值和以公允价值为计量目的的现值，但必须同时满足公允价值的三个条件。

# 第四节　财务报告要素

财务报告要素是会计工作的具体对象，是会计用以反映财务状况，确定经营成果的因素，财务报告要素分为反映财务状况的要素和反映经营成果的要素。

## 一、反映财务状况的要素

财务状况要素是反映企业在某一日期经营资金的来源和分布情况的各项要素。一般通过资产负债表反映。财务状况要素由资产、负债和所有者权益三个要素所构成。

**（一）资产**

"资产是指企业过去的交易或者事项形成的，由企业拥有或者控制的、预期会给企业带来经济利益的资源。"（见《企业会计准则——基本准则》）资产包括各种财产、债权和其他权利。这个定义强调了资产的三个特征：

（1）资产是由过去的交易、事项所形成的。也就是说，资产必须是现时资产，而不是预期的资产，是由于过去已经发生的交易或事项所产生的结果。至于未来交易或事项以及未发生的交易或事项可能产生的结果，则不属于现在的资产，不得作为资产确认。

（2）资产是企业拥有或控制的。一般来说，一项资源要作为企业的资产予以确认，对于企业来说，要拥有其所有权，可以按照自己的意愿使用或处置。对于一些特殊方式形成的资产，企业虽然对其不拥有所有权，但能够实际控制的，也应将其作为企业的资产予以确认，如融资租入固定资产。

（3）资产预期会给企业带来经济利益，即资产是可望给企业带来现金流入的经济资源。资产必须具有交换价值和使用价值，可以可靠地计量，即可以用货币进行计量。

资产按其流动性一般分为流动资产和非流动资产。

流动资产是指预计能够在一个正常营业周期中变现、出售或耗用，或主要为交易目的而持有，如货币资金、交易性金融资产、应收票据、应收账款及预付账款及存货等。

非流动资产是指流动资产以外的资产。如果资产预计不能在一个正常营业周期中变现、出售或耗用，或者持有资产的主要目的不是为了交易，这些资产都应当归类为非流动资产，如债权投资、其他债权投资、长期股权投资、投资性房地产、固定资产、无形资产、开发支出、递延所得税资产等。

数智经济时代，数据成为新的关键生产要素。会计要素发生了很大的变化，数据资源作为资产入账，即数字资产已成为会计要素之一。数字资产（Digital Assets）是指企业或个人拥有或控制的，以电子数据形式存在的，在日常活动中持有以备出售或处于生产过程中的非货币性资产。如全国高速公路ETC通行数据、上海合合信息科技股份有限公司旗下全资子公司生腾的数据产品启信宝。根据数据资源的持有目的、形成方式、业务模式以及与数据资源有关的经济利益的预期消耗方式等分别计入无形资产和存货。

**（二）负债**

"负债是指企业过去的交易或事项形成的、预期会导致经济利益流出企业的现时义务。"（见《企业会计准则——基本准则》）负债具有如下基本特点：

（1）负债是企业的现时义务。负债作为企业承担的一种义务，是由企业过去交易或事项形成的、现已承担的义务。如银行借款是因为企业接受了银行贷款形成的，如果没有接受贷款就不会发生银行借款这项负债。应付账款是因为赊购商品或接受劳务形成的，在这种购买未发生之前，相应的应付账款并不存在。

（2）负债的清偿预期会导致经济利益流出企业。无论负债以何种形式出现，其作为一种现时义务，最终的履行预期均会导致经济利益流出企业。具体表现为交付资产、提供劳务、将一部分股权转让给债权人等。对此，企业不能或很少可以回避。从这个意义上讲，企业能够回避的义务，不能确认为一项负债。

负债按偿还期长短可分为流动负债和非流动负债。流动负债是指可以合理地预计、需要动用流动资产或者用其他流动负债加以清偿的短期负债。流动负债一般包括短期借款、应付账款、其他应付款、一年内到期的长期负债、预收账款、应付职工薪酬、应付利息和应付税金等。这些项目的清偿到期日不超过一年或一个营业周期（两者孰长）。

非流动负债是指需在下一年或下一个营业周期内动用流动资产或承担新的流动负债加以清偿的负债，包括长期借款、应付债券、长期应付款等。

### （三）所有者权益

"所有者权益是指企业资产扣除负债后由所有者享有的剩余权益。"（见《企业会计准则——基本准则》）所有者权益是投资人对企业净资产的所有权。所有者权益是企业的主要资金来源，它等于全部资产减全部负债后的净额。企业所有者拥有的权益，最初以投入企业资产的形式取得，形成投入资本。随着企业生产经营活动的开展，投入资本本身增值，增值部分形成盈余公积和未分配利润，这部分资金归所有者所有，与投入资本一起构成企业的所有者权益。我国企业会计准则规定，基于公司制的特点，所有者权益的项目通常由实收资本（或股本）、其他权益工具、资本公积、其他综合收益和留存收益（盈余公积和未分配利润）构成。

利得是指由企业非日常活动所形成的、会导致所有者权益增加的、与所有者投入资本无关的经济利益的流入。损失是指由企业非日常活动所发生的、会导致所有者权益减少的、与向所有者分配利润无关的经济利益的流出。它是企业除了费用或分配给所有者之外的一些边缘性或偶发性支出。一般来说，利得和损失与收入和费用不同，它们之间不存在配比关系。按照我国会计制度的规定，利得和损失分为直接计入所有者权益的利得和损失与直接计入当期损益的利得和损失。一般来说，已实现的利得和损失计入当期损益，未实现的利得和损失计入其他综合收益。

### 二、反映经营成果的要素

经营成果是指企业在一定时期内生产经营活动的结果，具体地说，它是指企业生产经营过程中取得的收入与耗费相配比的差额。经营成果要素一般通过利润表来反映，由收入、费用和利润三个要素构成。

### （一）收入

收入，是指企业在日常活动中形成的、会导致所有者权益增加的、与所有者投入资本无关的经济利益的总流入。对于某一会计主体来说，收入表现为一定期间现金的流入或其他资产的增加或负债的清偿。但不是所有的现金流入都是企业的收入，因为有些现金收入并不是由于企业销售商品、提供劳务及提供他人使用本企业的资产而引起的，如因股东投资、企业借债增加的现金流入就不是收入。收入有广义和狭义两种理解。广义收入把所有的经营和非经营活动的所得都看成是收入，就是说企业净资产增加的部分都看作收入。广义的收入则包括营业收入、投资收益、公允价值变动收益、资产处置收益、其他收益和营业外收入等。狭义收入则仅仅把经常的、主体性的经营业务中取得的收入作为收入，即营业收入，它包括主营业务收入和其他业务收入。会计上通常所指的收入是狭义收入。

### （二）费用

费用是指企业在销售商品、提供劳务等日常活动中所发生的经济利益的流出。它是企业在获取收入过程中的必要支出。费用是相对于收入而言的，没有收入就没有费用。因此，费用必须按照一定的期间与收入相配比。如一定期间的产品销售收入必须与当期的产品销售成本相配比。费用也有广义和狭义之分。广义费用认为费用包括各种费用和损失。而狭义的费用只包括为获取营业收入提供商品或劳务而发生的耗费。也就是说，凡是同提供商品或劳务相联系的耗费才作为费用，狭义费用不包括损失。狭义费用和损失有一点是共同的，即它们都会导致业主权益即资本的减少。所不同的是，狭义费用仅仅指与商品或劳务的提供相联系的耗费，但损失只是一种对收益的纯扣除。会计上通常所指的费用是狭义费用，主要包括营业成本、管理费用、销售费用、研发费用、财务费用。

## （三）利润

延伸阅读1-1

我国企业会计准则

利润是企业在一定期间生产经营活动的最终成果，也就是收入与费用配比相抵后的差额。收入大于费用的净额为利润，如收入小于费用，其净额则为亏损。利润总额包括营业利润、营业外收支净额，其中，营业利润=营业收入–营业成本–税金及附加–销售费用–管理费用–研发费用–财务费用+其他收益+投资收益（或–投资损失）+公允价值变动收益（或–公允价值变动损失）–信用减值损失–资产减值损失+资产处置收益（或–资产处置损失）。

以上六大财务报告要素相互影响，密切联系，全面综合地反映了企业的经济活动。

## □ 复习思考题

1. 说明财务会计与管理会计的区别与联系。

2. 试举五个会计信息使用者，并说明他们怎样使用信息。

3. 为什么会计主体概念在会计中具有重要作用？试举四个会计主体的例子。

4. 何谓可靠性？可靠性是否意味着真实？

5. 可靠性与一贯性、统一性是什么关系？

6. 持续经营假设与会计分期假设是什么关系？

7. 何谓谨慎性原则？它与客观性原则有无矛盾？

8. 简述各财务会计要素之间的关系。

9. 何谓会计确认？初始确认与再确认是什么关系？

10. 什么是会计计量？会计计量属性有哪些？各种计量属性有何利弊？

自测题

# 第二章 货币资金

## 第一节 现 金

### 一、现金的管理

#### (一) 现金的定义及特征

货币资金是指企业的生产经营资金在周转过程中处于货币形态的那部分资金。它对企业日常的交易和事项的进行都是必需的。在企业的日常生产经营过程中，会发生大量的、重复性的有关货币资金的支付和收款业务。比如，由于采购材料、支付职工薪酬、支付各项生产费用、缴纳税费和归还银行借款等所发生的支付业务；由于销售产品、吸收投资者投资、取得银行借款等所发生的收款业务。这些交易和事项的完成都离不开货币资金。货币资金包括现金、银行存款和其他货币资金三个部分。

延伸阅读2-1

制造业企业
资金循环图

现金是通用的交换媒介，也是对其他资产计量的一般尺度。现金转化为企业其他形式的资产一般是没有任何难度的。会计上的现金有狭义现金和广义现金之分。狭义的现金仅指库存现金，即企业金库中存放的现金，包括人们经常接触的纸币和硬币等。广义的现金包括库存现金、银行存款以及其他可以普遍接受的流通手段。这些流通手段主要包括：

（1）银行本票，即银行开具并支付的票据。

（2）银行汇票，即银行开具的指示另一银行支付给顾客指定收款人的票据。

（3）保付支票，即由银行存款户出具并由银行担保付款的支票。

（4）个人支票，即在银行立有户头的个人所开具的支票。

（5）邮政汇票，即邮局在办理汇兑业务时出具并承付的票据。

（6）旅行支票，即银行发行的具有固定面额供持票人在旅途中支付使用的支票。

企业持有的金融市场的各种基金、存款证以及其他类似的短期有价证券等项目不包括在现金之内。因为这些项目有时难以即时转化为现金，往往需要一定的时间间隔，或者因为一定条件的限制而不能作为现金来使用。诸如此类项目还包括：

（1）欠款客户出具的远期支票（作为企业的应收票据）。

（2）因出票人存款不足而被银行退回或出票人通知银行停止付款的支票（企业对此应从现金账户中划出，作为应收账款）。

（3）各种借据和职工借支的差旅费（属于企业的应收账款或其他应收款）。

目前，国际惯例中的现金概念是指广义的现金。我国的会计惯例中狭义的现金概念与广义的现金概念并存。在企业处理的日常交易业务中引用的是狭义的现金概念，如企业的零星销售业务收到的现金、日常支出业务支付的现金等。在企业提供的财务报告中（现金流量表）以及金融资产中所涉及的现金为广义现金概念，而且与国际上流行的广义现金概念相比，我国的现金概念所包括的内容还要广泛一些，它还包括现金等价物。关于这个问题在财务报告中会详细予以解释。本章中的现金为狭义的现金概念。

现金作为货币资金的重要组成部分，具有如下特征：

（1）货币性，是指现金具有的货币属性，即它起着交易的媒介、价值衡量的尺度、会计记录货币单位的作用。

（2）通用性，是指现金可以被企业直接用来支付其各项费用或者偿还其各项债务。

（3）流动性，是指现金的使用一般不受任何约定的限制，可以在一定范围内自由流动。现金是企业资产中流动性最强的货币性资产。流动性主要是指资产转换成现金或负债到期清偿所需的时间，亦指企业资源及负债接近现金的程度。

**（二）现金的使用范围与库存现金限额**

一个企业日常的支出业务既多又复杂，现金的通用性并不是指现金可以被用来支付企业的任何支出业务。现金的使用要遵循其使用范围的规定。这是现金管理的一项重要内容。我国政府颁布的《现金管理暂行条例》对现金的使用范围有明确的规定。《现金管理暂行条例》规定了在银行开立账户的企业可以用现金办理结算的具体经济业务。这些经济业务包括以下几个方面：

（1）职工工资、津贴。

（2）个人劳动报酬。

延伸阅读2-2

内部会计控制
规范——货币
资金（试行）

（3）根据国家规定颁发给个人的科学技术、文化艺术、体育等各种奖金。

（4）各种劳保、福利费用以及国家规定的对个人的其他支出。

（5）向个人收购农副产品和其他物资的价款。

（6）出差人员必须随身携带的差旅费。

（7）结算起点以下的零星支出（结算起点为1 000元）。

（8）中国人民银行确定需要支付现金的其他支出。

按照我国政府关于《内部会计控制规范——货币资金（试行）》的规定，一个企业必须根据《现金管理暂行条例》规定，结合本单位的实际情况，确定本单位现金的使用范围。不属于现金开支范围的业务应当通过银行办理转账结算。

为了满足企业日常零星开支所需的现金，企业的库存现金都要由银行根据企业的实际需要情况核定一个最高的限额，这个最高限额一般要满足一个企业3天至5天的日常零星开支所需的现金，边远地区和交通不便地区的企业库存现金可多于5天，但最多不能超过15天的日常零星开支。企业每日的现金结存数不得超过核定的限额，超过的部分应当及时送存银行，企业如需要增加或减少库存限额的，应当向开户银行提出申请，由开户银行核定。

**（三）现金的内部控制**

现金的流动性决定了现金内部控制的必要性。除了个人的道德与法治观念的建立之外，一个企业必须强调它的现金内部控制，要严格执行现金内部控制的措施与手段，建立健全现金的内部控制制度，这样才能防止现金的丢失、被盗，以及违法乱纪行为的发生，以保持现金流动的合理性、安全性，提高现金的使用效果与获利能力。现金的内部控制包括如下几个方面内容：

（1）实行职能分开原则。要求库存现金实物的管理与账务的记录应分开进行，不能由一个人兼任。企业库存现金收支与保管应由出纳人员负责。经管现金的出纳人员不得兼管收入、费用、债权、债务等账簿的登记工作以及会计稽核和会计档案保管工作；填写银行结算凭证的有关印鉴，不能集中由出纳人员保管，应实行印鉴分管制度。这样做的目的是便于分清责任，形成一种互相牵制的控制机制，防止挪用现金以及隐藏流入的现金。

（2）现金收付的交易必须要有合法的原始凭证。企业收到现金时，要有现金收入的原始凭证，以保证现金收入的来源合法；企业支付现金时，要按规定的授权程序进行，除小额零星支出须用库存现金外，其他应尽可能少用现钞，而用支票付款，同时要有确凿的原始凭证，以保证支付的有效性。对涉及现金收付交易的经济业务要根据原始凭证编制收付款凭证，并要在原始凭证与收付款凭证上盖上"现金收讫"与"现金付讫"印章。

（3）建立收据和发票的领用制度。领用的收据和发票必须登记数量和起讫编号，由领用人员签字，收回收据和发票存根，应由保管人员办理签收手续。对空白收据和发票应定期检查，以防止短缺。

（4）加强监督与检查。对企业的库存现金，除了要求出纳人员应做到日清月结之外，企业的审计部门以及会计部门的领导对现金的管理工作要进行经常性的与突击性的监督与检查，包括现金收入与支出的所有记录。对发现的现金溢余与短缺，必须认真及时地查明原因，并按规定的要求进行处理。

（5）企业的出纳人员应定期进行轮换，不得一人长期从事出纳工作。一个人长期从事一项工作会形成惰性，不利于提高工作效率，同时可能会隐藏工作中的一些问题和不足。出纳工作每日都与资金打交道，时间长了，容易产生麻痹和侥幸心理，增加犯罪的机会和可能。通过人员的及时轮换，不仅可以避免上述情况的出现，而且对工作人员本身也是一种保护，所以及时进行人员的轮换是非常必要的。

【思政课堂】　　　　　　　依法治国是长治久安的重要保障

习近平总书记在党的二十大报告中指出："全面依法治国是国家治理的一场深刻革命，关系党执政兴国，关系人民幸福安康，关系党和国家长治久安。"实行依法治国是国家长治久安的重要保障，是人民的最高利益，是社会稳定的根本保证。实行依法治国是社会和经济发展的客观需要。建立和完善社会主义市场经济体制，拥有一个成熟的市场经济必须有完备的法治体系来规范和保障。当前我国的法治建设取得了长足的进步，执法人员数量、素质和执法的效果也有很大的提高，在社会管理中起着重要的保障作用。但有的单位或个人出于一己私利在尊崇法治方面与人民的期待存在差距。特别是个别具有一定社会影响、担负一定社会责任的企业，内部资金管理、控制混乱，给国家和人民造成很坏的影响，让广大投资者蒙受无可挽回的损失。

## 二、现金的序时核算

现金的序时核算是指根据现金的收支业务逐日逐笔地记录现金的增减及结存情况。它的方法是设置与登记库存现金日记账。

库存现金日记账是核算和监督现金日常收付结存情况的序时账簿。通过它，可以全面、连续地了解和掌握企业每日现金的收支动态和库存余额，为日常分析、检查企业的现金收支活动提供资料。

库存现金日记账一般采用收入、付出及结存三栏式格式，见表2-1。

表2-1 库存现金日记账 人民币单位：元

| 2×24年 | | 凭证种类及号数 | 摘要 | 对方科目 | 收入 | 付出 | 结存 |
|---|---|---|---|---|---|---|---|
| 月 | 日 | | | | | | |
| 5 | 31 | | 本月合计 | | | | 650 |
| 6 | 1 | 现收601 | 零星销售收入 | 主营业务收入 | 702 | | |
| | 1 | 现付602 | 王刚差旅费 | 备用金 | | 500 | |
| | 1 | 银付601 | 提取现金 | 银行存款 | 1 000 | | |
| | 1 | 现付603 | 购买办公用品 | 管理费用 | | 200 | |
| | | | 本日合计 | | 1 702 | 700 | 1 652 |

本日余额＝昨日余额+本日收入合计-本日付出合计

1 652=650+（702+1 000）-（500+200）

库存现金日记账的收入栏和付出栏，是根据审核签字后的现金收、付款凭证和从银行提取现金时填制的银行存款付款凭证，按照经济业务发生的时间顺序，由出纳人员逐日逐笔地进行登记的。为了简化库存现金日记账的登记手续，对于同一天发生的相同经济业务，也可以汇总一笔登记。每日终了时，出纳人员应做好以下各项工作：

（1）在库存现金日记账上结出"本日收入"合计和"本日付出"合计，然后计算出本日余额，记入"结存"栏。

（2）以库存现金日记账上的本日余额与库存现金的实有额相核对，二者应一致。若不一致，应及时查明原因，进行调整，做到账实相符。

（3）将库存现金日记账上的本日余额与库存现金的限额相比较，超过限额数，要及时送存银行，不足限额部分，应向银行提取，以保证日常开支的需要。在每月终了时，还应在库存现金日记账上结出月末余额，并同库存现金总账科目的月末余额核对相符。

库存现金日记账的格式也可以采用多栏式库存现金日记账。在此种格式下，每月月末，要结出与"库存现金"科目相对应各科目的发生额合计数，并据以登记有关总账科目。由于采用多栏式库存现金日记账时所涉及的栏目很多，所以对库存现金的收入和支出一般都分别设置日记账予以核算，即库存现金收入日记账和库存现金支出日记账。多栏式库存现金日记账能够如实反映收入现金的来源和支出现金的用途情况，简化凭证编制手续。现金收入日记账是按照现金收入对方科目设置专栏的。每日终了，为了计算库存现金的结存额，核对账款，需要把库存现金支出日记账中的本日贷方合计数，过入库存现金收入日记账。

有外币现金的企业，应分别按人民币现金、各种外币现金设置"库存现金日记账"进行序时核算。

**三、现金的总分类核算**

**（一）现金核算的凭证**

企业发生现金的收付业务，必须取得或填制原始凭证，作为收付款的书面证明。例如，企业从银行提取现金，要签发现金支票，以支票存根作为提取现金的证明；将现金存入银行，要填写进账单，以银行加盖印章后退回的进账单回单作为存入现金的证明；收进零星小额销售款，应以销售部门开出的发票副本作为收款证明；支付职工差旅费的借款，要取得经有关领导批准的借款单，作为付款的证明等。所有这些作为收付款证明的原始凭证，财会部门要进行认真的审核。审核时应注意每笔款项收支是否符合现金管理制度的规定，是否符合开支标准，是否有批准的计划，原始凭证中规定的项目是否填写齐全，数字是否正确，手续是否完备等。经过审核无误后的原始凭证，即可据以填制收款凭证或付款凭证，办理现金收支业务。出纳人员在收付现金以后，应在记账凭证或原始凭证上加盖"收讫"或"付讫"的戳记表示款项已经收付。经过审核签证后的收、付款凭证，即可据以登记账簿。

收款凭证和付款凭证是用于现金和银行存款收付业务核算的依据。为了避免填制凭证和记账的重复，在实际工作中，对于从银行提取现金，或将现金存入银行时，应按照收付款业务涉及的贷方科目填制记账凭证。例如，从银行提取现金时只填制银行存款付款凭证，作为借记"库存现金"科目和贷记"银行存款"科目的依据，不再填制现金收款凭证；将现金存入银行时，只填制现金付款凭证，作为借记"银行存款"科目和贷记"库存现金"科目的依据，不再填制银行存款收款凭证。

**（二）科目设置及账务处理**

为了总括地反映和监督企业库存现金的收支结存情况，需要设置"库存现金"科目。该科目借方登记现金收入数，贷方登记现金的付出数，余额在借方，反映库存现金的实有数。库存现金总账科目的登记，可以根据现金收、付款凭证和从银行提取现金时填制的银行存款付款凭证逐笔登记，但是在现金收付款业务较多的情况下，这样登记必然会加大工作量，所以，在实际工作中，一般是把现金收付款凭证按照对方科目进行归类，定期（10天或半月）填制汇总收付款凭证，据以登记库存现金总账科目。

**【例2-1】**华联实业股份有限公司2×24年6月5日发生如下现金收入业务：收到零星销售收入565元（其中应交增值税65元），收到职工张义应交款项300元。

现金汇总收款凭证编制如下：

借：库存现金 865
　贷：主营业务收入 500
　　　应交税费——应交增值税（销项税额） 65
　　　其他应收款 300

**【例2-2】**华联实业股份有限公司2×24年6月8日发生如下现金支出业务：支付职工李强差旅费600元，购买办公用品支出现金200元，发放职工工资65 800元，现金送存银行1 200元。现金汇总付款凭证编制如下：

借：备用金 600
　　管理费用 200
　　应付职工薪酬 65 800
　　银行存款 1 200
　贷：库存现金 67 800

**（三）备用金的核算**

备用金是指企业预付给职工和内部有关单位用作差旅费、零星采购和零星开支，事后需要报销的款项。备用金业务在企业日常的现金收支业务中占有很大的比重，因此，对于备用金的预借和报销，既要有利于企业各项经济业务的正常进行，又要建立必要的手续制度，并认真执行。有关备用金的预借、使用和报销的手续制度基本内容如下：

（1）职工预借备用金时，要填写一式三联的"借款单"，说明借款的用途和金额，经本部门和有关领导的批准后，方可领取。

（2）职工预借备用金的数额应根据实际需要确定，数额较大的借款，应以信汇和电汇的方式解决，防止携带过多的现金，预借的备用金应严格按照规定的用途使用，不得购买私人物资。

（3）职工使用备用金办事完毕，要在规定期限内到财会部门报销，剩余备用金要及时交回，不得拖欠。报销时，应由报销人填写"报销单"并附有关原始凭证，经有关领导审批。

企业的财会部门对于备用金的预借、使用和报销负有重要责任，要严格掌握，认真进行审核。执行国家有关财经制度，不得任意提高开支标准，对于违反国家规定的开支，应坚持原则，拒绝支付或不予报销。

备用金的总分类核算，应设置"其他应收款"科目，它是资产类科目，用来核算企业除应收票据、应收账款、预付账款以外的其他各种应收、暂付款项，包括各种赔款、罚款、存储保证金、备用金、应向职工收取的各种垫付款项等。在备用金数额较大或业务较多的企业中，可以将备用金业务从"其他应收款"科目中划分出来，单独设置"备用金"科目进行核算。

备用金的明细分类核算：一般是按领取备用金的单位或个人设置三栏式明细账，根据预借和报销凭证进行登记。有的企业为了简化核算手续，用借款单的第三联代替明细账（借款单第一联是存根，第二联出纳据以付款），报销和交回现金时，予以注销。

备用金的管理办法一般有两种，一是随借随用、用后报销制度，适用于不经常使用备用金的单位和个人；二是定额备用金制度，适用于经常使用备用金的单位和个人。定额备用金制度的特点是对经常使用备用金的部门或车间，分别规定一个备用金定额。按定额拨付现金时，记入"其他应收款"或"备用金"科目的借方和"库存现金"科目的贷方。报销时，财会部门根据报销单据付给现金，补足用掉数额，使备用金仍保持原有的定额数。报销的金额直接记入"库存现金"科目的贷方和有关科目的借方，不需要通过"其他应收款"或"备用金"科目核算。

1.随借随用、用后报销制度业务例示

【例2-3】华联实业股份有限公司行政管理部门职工王刚，2×24年6月8日因公出差预借备用金350元，实际支出200元，经审核应予以报销，剩余现金150元交回财会部门。

预借时，应根据审核的借款单填制现金付款凭证，会计分录如下：

借：备用金——王刚　　　　　　　　　　　　　　　　　　　　　　　　350
　　贷：库存现金　　　　　　　　　　　　　　　　　　　　　　　　　　350

报销时，应根据审核的报销单填制转账凭证，会计分录如下：

借：管理费用　　　　　　　　　　　　　　　　　　　　　　　　　　200
　　贷：备用金——王刚　　　　　　　　　　　　　　　　　　　　　　200

剩余现金交回财会部门时，应填制现金收款凭证，会计分录如下：

借：库存现金　　　　　　　　　　　　　　　　　　　　　　　　　　150
　　贷：备用金——王刚　　　　　　　　　　　　　　　　　　　　　　150

【例2-4】华联实业股份有限公司行政管理部门职工李庆，2×24年7月9日因公出差预借备用金800元，实际支出960元，经审核应予以报销。

预借时，应根据审核的借款单填制现金付款凭证，会计分录如下：

借：备用金——李庆　　　　　　　　　　　　　　　　　　　　　　　800
　　贷：库存现金　　　　　　　　　　　　　　　　　　　　　　　　　800

报销时，应根据审核的报销单填制转账凭证，会计分录如下：

借：管理费用　960

　　贷：备用金——李庆　960

付出现金160元，填制现金付款凭证，会计分录如下：

借：备用金——李庆　160

　　贷：库存现金　160

2.定额备用金制度业务例示

【例2-5】华联实业股份有限公司会计部门对供应部门实行定额备用金制度。根据核定的定额，付给定额备用金2 000元。

借：备用金——供应部门　2 000

　　贷：库存现金　2 000

【例2-6】供应部门在一段时间内共发生备用金支出1 600元，持开支凭证到会计部门报销。会计部门审核以后付给现金，补足定额。

借：管理费用　1 600

　　贷：库存现金　1 600

【例2-7】会计部门因管理需要决定取消定额备用金制度。供应部门持尚未报销的开支凭证800元和余款1 200元，到会计部门办理报销和交回备用金的手续。

借：管理费用　800

　　库存现金　1 200

　　贷：备用金——供应部门　2 000

随借随用、用后报销制度与定额备用金制度业务处理比较见表2-2。

表2-2　　　　　　　　　　**两种备用金管理制度业务处理方法比较**

| | 预　借 | 报　销 | 注销备用金或其他应收款 |
|---|---|---|---|
| 随借随用、用后报销 | 借：备用金<br>　　贷：库存现金 | 借：管理费用<br>　　库存现金<br>　　贷：备用金<br>　　（或贷：库存现金） | 报销时已注销 |
| 定额备用金 | 借：备用金<br>　　贷：库存现金 | 借：管理费用<br>　　贷：库存现金 | 取消定额备用金时注销<br>会计分录为：<br>借：管理费用<br>　　库存现金<br>　　贷：备用金 |

### 四、现金的清查

为了保护现金的安全完整，做到账实相符，必须做好现金的清查工作。

现金清查的基本方法是清点库存现金，并将现金实存数与库存现金日记账上的余额进行核对。实存数是指企业金库内实有的现款额，清查时不能用借条等单据来抵充现金。每日终了应查对库存现金实存数与其账面余额是否相符。

定期不定期清查时，一般应组成清查小组负责现金清查工作，清查人员应在出纳人员在场时清点现金，核对账实，并根据清查结果填制"现金盘点报告单"，注明实存数与账面余额。如发现现金账实不符或有其他问题，应查明原因，报告主管负责人或上级领导部门处理。对于预付给职工或内部单位尚未使用的备用金或剩余备用金，应及时催促报销或交回，采用定额备用金制度的企业，一般是在年终时进行一次清理，收回拨付的定额数，下一年度再根据实际需要重新规定定额，拨付现金。

为了防止挪用现金，各部门或车间必须配备备用金负责人进行管理，财会部门应进行抽查。对于现金清查中发现的账实不符，即现金溢缺情况，通过"待处理财产损溢——待处理流动资产损溢"科目进行核算。现金清查中发现短缺的现金，应按短缺的金额，借记"待处理财产损溢——待处理流动资产损溢"科目，贷记"库存现金"科目；现金清查中发现溢余的现金，应按溢余的金额，借记"库存现金"科目，贷记"待处理财产损溢——待处理流动资产损溢"科目，待查明原因后按如下要求进行处理：

（1）如为现金短缺，属于应由责任人赔偿的部分，借记"其他应收款——应收现金短缺款"或"库存现金"等科目，贷记"待处理财产损溢——待处理流动资产损溢"科目；属于应由保险公司赔偿的部分，借记"其他应收款——应收保险赔款"科目，贷记"待处理财产损溢——待处理流动资产损溢"科目；属于无法查明的其他原因，根据管理权限，经批准后作为盘亏损失处理，借记"管理费用"科目，贷记"待处理财产损溢——待处理流动资产损溢"科目。

（2）如为现金溢余，属于应支付给有关人员或单位的，应借记"待处理财产损溢——待处理流动资产损溢"科目，贷记"其他应付款——应付现金溢余"科目；属于无法查明原因的现金溢余，经批准后作为盘盈利得处理，借记"待处理财产损溢——待处理流动资产损溢"科目，贷记"营业外收入——盘盈利得"科目。

【例2-8】华联实业股份有限公司2×24年5月10日，在对现金进行清查时，发现短缺60元。

借：待处理财产损溢——待处理流动资产损溢　　　　　　　　　　　　　　60
　　贷：库存现金　　　　　　　　　　　　　　　　　　　　　　　　　　　　60

【例2-9】上述现金短缺，无法查明原因，转入管理费用。

借：管理费用　　　　　　　　　　　　　　　　　　　　　　　　　　　　60
　　贷：待处理财产损溢——待处理流动资产损溢　　　　　　　　　　　　　60

【例2-10】华联实业股份有限公司2×24年6月15日，在对现金进行清查时，发生溢余80元。

借：库存现金　　　　　　　　　　　　　　　　　　　　　　　　　　　　80
　　贷：待处理财产损溢——待处理流动资产损溢　　　　　　　　　　　　　80

【例2-11】上述现金溢余原因不明，经批准记入"营业外收入"科目。

借：待处理财产损溢——待处理流动资产损溢　　　　　　　　　　　　　　80
　　贷：营业外收入——盘盈利得　　　　　　　　　　　　　　　　　　　　80

# 第二节　银行存款

### 一、开立和使用银行存款账户的规定

银行存款是指企业存放在本地银行的那部分货币资金。企业收入的一切款项，除留存限额内的现金之外，都必须送存银行。企业的一切支出除规定可用现金支付之外，都必须遵守银行结算办法的有关规定，通过银行办理转账结算。

银行是全国的结算中心，各企业必须在银行开设账户，以办理存款、取款和转账等业务。企业在银行开户时，应填制开户申请书，并出具下列开户证明文件：①营业执照；②法定代表人或

单位负责人有效身份证件；③法定代表人或单位负责人授权他人办理的，还应出具法定代表人或单位负责人的授权书以及被授权人的有效身份证件；④《人民币银行结算账户管理办法》等规定的其他开户证明文件。企业应当对开户申请书所列事项及相关开户证明文件的真实、有效性负责。

为了维护金融秩序，规范全国的银行账户的开立与使用，中国人民银行制定的《人民币银行结算账户管理办法》规定，一个企业可以根据需要在银行开立四种账户，包括基本存款账户、一般存款账户、临时存款账户和专用存款账户。

基本存款账户是存款人办理日常转账结算和现金收付需要开立的银行结算账户，企业职工薪酬等现金的支取只能通过本账户办理。

一般存款账户是存款人因借款或其他结算需要，在基本存款账户开户银行以外的银行营业机构开立的银行结算账户。

临时存款账户是存款人因临时需要并在规定期限内使用而开立的银行结算账户。企业设立临时机构、异地临时经营活动、注册验资，可以申请开立临时存款账户。

专用存款账户是存款人按照法律、行政法规和规章，对其特定用途资金进行专项管理和使用而开立的银行结算账户。企业的基本建设资金、更新改造资金，党、团、工会设在单位的组织机构经费等，可以申请开立专用存款账户。

一个企业只能在一家银行开立一个基本存款账户；不得在同一家银行的几个分支机构开立一般存款账户。企业在办理存款账户以后，在使用账户时应严格执行银行结算纪律的规定。具体内容包括：合法使用银行账户，不得转借给其他单位或个人使用；不得利用银行账户进行非法活动；不得签发没有资金保证的票据和远期支票，套取银行信用；不得签发、取得和转让没有真实交易和债权债务的票据，套取银行和他人的资金；不准无理拒绝付款、任意占用他人资金；不准违反规定开立和使用账户。

### 二、银行存款的序时核算

银行存款的序时核算是指根据银行存款的收支业务逐日逐笔地记录银行存款的增减及结存情况。它的方法是设置与登记银行存款日记账。

银行存款日记账是核算和监督银行存款日常收付结存情况的序时账簿。通过它，可以全面、连续地了解和掌握企业每日银行存款的收支动态和余额，为日常分析、检查企业的银行存款收支活动提供资料。

银行存款日记账一般采用收入、付出及结存三栏式格式，见表2-3。

表2-3　　　　　　　　　　　　银行存款日记账　　　　　　　　　　　人民币单位：元

| 2×24年 | | 凭证种类及号数 | 摘　要 | 对方科目 | 收入 | 付出 | 结存 |
|---|---|---|---|---|---|---|---|
| 月 | 日 | | | | | | |
| 5 | 31 | | 本月合计 | | | | 78 600 |
| 6 | 1 | 银付1 | 提取现金 | 库存现金 | | 10 000 | |
| | 1 | 银付2 | 支付大地公司货款 | 应付账款 | | 20 000 | |
| | 1 | 银收1 | 收取M公司款 | 应收账款 | 15 000 | | |
| | 1 | 银付3 | 支付差旅费 | 备用金 | | 800 | |
| | | | 本日合计 | | 15 000 | 30 800 | 62 800 |

银行存款日记账应由财会部门出纳人员根据银行存款收、付款凭证及存入银行现金时的现金付款凭证，按照经济业务发生的先后顺序，逐日逐笔登记，同时要逐日加计收入合计、付出合计和结存数，月末时还应结出本月收入、付出的合计数和月末结存数。

### 三、银行存款的总分类核算

银行存款的总分类核算是为了总括地反映和监督企业在银行开立结算账户的收支结存情况。在核算时，应设置"银行存款"科目。这是一个资产类科目，用来核算企业存入银行的各种存款。企业存入其他金融机构的存款，也在本科目内核算。企业的外埠存款、银行本票存款、银行汇票存款等在"其他货币资金"科目核算，不在本科目内核算。"银行存款"科目可以根据银行存款的收款凭证和付款凭证等登记。为了减少登记的工作量，在实际工作中，一般都是把各自的收付款凭证按照对方科目进行归类。定期（10天或半月）填制汇总收付款凭证，据以登记银行存款总账科目。企业收入银行存款时，借记"银行存款"科目，贷记"库存现金""应收账款"等科目；企业提取现金或支出存款时，借记"库存现金""应付账款"等科目，贷记"银行存款"科目。

【例2-12】华联实业股份有限公司2×24年7月2日发生如下收入银行存款业务：销售商品收到销售货款56 500元，其中增值税销项税额6 500元；收到购货单位预交的购货款30 000元。

银行存款汇总收款凭证编制如下：

| | |
|---|---:|
| 借：银行存款 | 86 500 |
| 贷：主营业务收入 | 50 000 |
| 应交税费——应交增值税（销项税额） | 6 500 |
| 预收账款 | 30 000 |

【例2-13】华联实业股份有限公司2×24年7月2日发生如下支付银行存款业务：采购生产产品用材料支付银行存款67 800元，其中增值税进项税额7 800元；购买不需安装设备支付银行存款33 900元，其中增值税进项税额3 900元，设备已运达企业；预付购买材料货款80 000元。

银行存款汇总付款凭证编制如下：

| | |
|---|---:|
| 借：材料采购 | 60 000 |
| 应交税费——应交增值税（进项税额） | 11 700 |
| 固定资产 | 30 000 |
| 预付账款 | 80 000 |
| 贷：银行存款 | 181 700 |

### 四、银行存款余额调节表

企业的往来结算业务大部分通过银行进行办理，为了正确掌握企业银行存款的实有数，需要定期将企业银行存款日记账的记录与银行转来的对账单进行核对，每月至少要核对一次，如二者不符，应查明原因，予以调整。企业银行存款日记账按时间的先后顺序记录了引起银行存款增减变动的每一笔经济业务，银行转给企业的对账单列示了从上次对账到本次对账之间银行对引起企业银行存款增减变动的经济业务所作的全部记录。一般情况下，二者是能够核对相符的，但也有核对不符的情况。造成不符的原因有两个方面，一是企业和银行双方存在一方或双方同时记账错误，如银行将企业支票存款串户记账，或者银行、企业记账时发生数字书写错误，如将数字501记为510等；二是存在未达账项。未达账项是指由于企业间的交易采用的结算方式涉及的收付款结算凭证在企业和银行之间的传递存在着时间上的先后差别，造成一方已收到凭证并已入账，而另一方尚未接到凭证仍未入账的款项。很显然，未达账项会使银行对账单上的存款余额同企业银行存款日记账的余额不相一致。未达账项归纳起来，一般有如下四种情况：

第一，企业已收款记账，而银行尚未收款记账。如企业将收到的转账支票存入银行，但银行尚未转账。

第二，企业已付款记账，而银行尚未付款记账。如企业开出支票并已根据支票存根记账，而持票人尚未到银行取款或转账。

第三，银行已收款记账，而企业尚未收款记账。如托收货款，银行已经入账，而企业尚未收到收款通知。

第四，银行已付款记账，而企业尚未付款记账。如借款利息，银行已经划款入账，而企业尚未收到付款通知。

上述第一、第四种情况会使得企业银行存款日记账余额大于银行对账单存款余额，第二、第三种情况会使得企业银行存款日记账余额小于银行对账单存款余额。

如上所述，由于记账错误和未达账项的存在，银行存款日记账的余额与银行对账单的余额是不相等的。此时，银行存款日记账的余额与银行对账单的余额有可能都不能代表企业银行存款的实有数。为了掌握企业银行存款的实有数，企业在收到银行转来的对账单以后，要仔细将企业银行存款日记账的记录与对账单的记录进行核对，判明企业和银行双方是否有记账错误，同时确定所有的未达账项。经过上述工作以后，可以通过编制银行存款余额调节表的方法来确定企业银行存款的实有数。

银行存款余额调节表的编制方法有三种：

第一种方法，根据错记金额和未达账项同时将银行存款日记账余额和对账单余额调整到银行存款实有数。计算公式如下：

$$银行对账单余额 + 企业已收银行未收款项 - 企业已付银行未付款项 + (或-) 银行错减或错增金额$$

$$= 企业银行存款日记账余额 + 银行已收企业未收款项 - 银行已付企业未付款项 + (或-) 企业错减或错增金额$$

第二种方法，根据错记金额和未达账项，以银行存款日记账余额为准，将对账单余额调整到银行存款日记账余额。计算公式如下：

$$企业银行存款日记账余额 = 对账单余额 + 银行未收款项 - 银行未付款项 + (或-) 银行错减或错增金额 - \left[ \frac{银行已收}{企业未收款项} - \frac{银行已付}{企业未付款项} \right] + (或-) 企业错减或错增金额$$

第三种方法，根据错记金额和未达账项，以银行对账单余额为准，将银行存款日记账余额调整到银行对账单余额。计算公式如下：

$$银行对账单余额 = 企业银行存款日记账余额 + 企业未收款项 - 企业未付款项 + (或-) 企业错减或错增金额 - \left[ \frac{企业已收}{银行未收款项} - \frac{企业已付}{银行未付款项} \right] + (或-) 银行错减或错增金额$$

从上述第二、第三种方法的计算公式可以看出，它们的计算程序是正好相反的，但其共同点是计算的过程只能检验企业或银行的错记金额及未达账项的确定是否准确，而不能确定企业银行存款的实有数。第一种方法不仅能检验企业或银行的错记金额及未达账项的确定是否准确，而且还能确定企业银行存款的实有数。因此，实务上经常采用第一种方法。下面举例说明第一种方法的应用过程。

【例2-14】华联实业股份有限公司2×24年12月31日银行存款日记账的余额为42 060元，银行对账单的余额为46 500元，经过对银行存款日记账和银行对账单的核对，发现的未达账项及错误记账情况如下：

（1）12月20日，委托银行收款，金额2 000元，银行已收妥入账，但企业尚未收到收款通知。

（2）12月份公司开出的转账支票共有3张，持票人尚未到银行办理转账手续，金额合计6 700元。

（3）12月22日，公司本月一笔销售货款2 600元存入银行，公司出纳误记为2 060元。

（4）12月25日，银行将本公司存入的一笔款项串记至另一家公司账户中，金额1 200元。

（5）12月29日，存入银行支票一张，金额1 500元，银行已承办，企业已凭回单记账，银行尚未记账。

（6）12月31日，银行代付电费2 100元，企业尚未收到付款通知。

根据上述资料编制银行存款余额调节表，见表2-4。

表2-4　　　　　　　　　　　　银行存款余额调节表

2×24年12月31日　　　　　　　　　　　　　　　　单位：元

| 项目 | 金额 | 项目 | 金额 |
|---|---|---|---|
| 银行对账单余额 | 46 500 | 企业银行存款日记账的余额 | 42 060 |
| 加： | | 加： | |
| 已存入银行，但银行尚未入账的款项 | 1 500 | 银行已收款入账，但收款通知企业尚未收到，而未入账的款项 | 2 000 |
| 银行串记金额 | 1 200 | 公司误记金额 | 540 |
| 减： | | 减： | |
| 支票已开出，但持票人尚未到银行转账的款项 | 6 700 | 银行已付款入账，但付款通知尚未到达企业，而未入账的款项 | 2 100 |
| 调整后的余额 | 42 500 | 调整后的余额 | 42 500 |

从表2-4可以看出，表中左右两方调整后的余额相等。这说明该公司银行存款的实有数既不是46 500元，也不是42 060元，而是42 500元。同时，又说明对未达账项以及企业与银行双方记账错误的认定也是正确的。值得注意的是，对于银行已经入账，而企业尚未入账的未达账项，应在收到有关收付款原始凭证后，才能进行账务处理，不能直接以银行转来的对账单作为原始凭证记账。

## 五、银行转账结算

转账结算是指企业单位之间的款项收付不是动用现金，而是由银行从付款单位的存款账户划转到收款单位的存款账户的货币清算行为。为了规范全国的银行结算工作以及方便各企业间的国内与国际交易业务，中国人民银行规定了可以使用的各种银行转账结算方式。这些银行转账结算方式有的适用于各企业在本国国内所从事的各种交易及往来业务，有的适用于国内企业与国外企业间的各种交易及往来业务。

**（一）国内转账结算方式**

适用于国内转账的结算方式包括票据结算方式、信用卡及其他结算方式。票据结算方式包括银行汇票、银行本票、支票和商业汇票等。其他结算方式包括汇兑、托收承付、委托收款等。下面分述之。

1.票据结算方式

（1）银行汇票

银行汇票是指由出票银行签发的，由其在见票时按照实际结算金额无条件支付给收款人或者持票人的票据。银行汇票的出票银行为银行汇票的付款人。企业与异地单位和个人的各种款项结算，均可使用银行汇票。银行汇票可以用于转账，填明"现金"字样的银行汇票也可以用于支取现金，其中现金银行汇票的申请人与收款人必须均为个人。银行汇票的提示付款期限自出票日起1个月。持票人超过付款期限提示付款的，代理付款人不予受理。

收款人受理申请人交付的银行汇票时，应在出票金额以内，根据实际需要的款项办理结算，并将实际结算金额和多余金额准确、清晰地填入银行汇票和解讫通知的有关栏内。未填明实际结算金额和多余金额或实际结算金额超过出票金额的，银行不予受理。银行汇票的实际结算金额不得更改，更改实际结算金额的银行汇票无效。银行汇票的实际结算金额低于出票金额的，其多余金额由出票银行退交申请人。

银行汇票可以背书转让给被背书人。银行汇票的背书转让以不超过出票金额的实际结算金额为准。未填写实际结算金额或实际结算金额超过出票金额的银行汇票不得背书转让。

申请人因银行汇票超过付款提示期限或其他原因要求退款时，应将银行汇票和解讫通知同时提交到出票银行。申请人缺少解讫通知要求退款的，出票银行应于银行汇票提示付款期满一个月后办理。银行汇票丢失，失票人可以凭人民法院出具的其享有票据权利的证明，向出票银行请求付款或退款。

（2）银行本票

银行本票是指由银行签发的，承诺自己在见票时无条件支付确定的金额给收款人或者持票人的票据。它适用于单位和个人在同一票据交换区域需要支付各种款项的结算。银行本票可以用于转账，也可以用于支取现金。申请人或收款人为单位的，不得申请签发现金银行本票。银行本票分为不定额本票和定额本票两种，其中定额本票分为1 000元、5 000元、10 000元和50 000元四种面额。银行本票的提示付款期限自出票日起最长不得超过2个月。持票人超过付款期限提示付款的，代理付款人不予受理。持票人可在票据权利时效内向出票银行作出说明，并提供本人身份证件或单位证明，可持银行本票向出票银行请求付款。银行本票的代理付款人是代理出票银行审核支付银行本票款项的银行。银行本票可以背书转让给被背书人。

申请人使用银行本票，应向银行填写"银行本票申请书"，填明收款人名称、申请人名称、支付金额、申请日期等事项并签章。申请人和收款人均为个人需要支取现金的，应在"支付金额"栏先填写"现金"字样，后填写支付金额。

银行本票若丢失，失票人可以凭人民法院出具的其享有票据权利的证明，向出票银行请求付款或退款。

（3）支票

支票是指出票人签发的，委托办理支票存款业务的银行在见票时无条件支付确定的金额给收款人或者持票人的票据。支票分为现金支票、转账支票和普通支票三种。在支票上印有"现金"

字样的支票为现金支票，现金支票只能用于支取现金；在支票上印有"转账"字样的支票为转账支票，转账支票只能用于转账；在支票上未印有"现金"或"转账"字样的为普通支票，普通支票可以用于支取现金，也可以用于转账。在普通支票左上角划两条平行线的，为划线支票，划线支票只能用于转账，不得支取现金。支票适用于单位和个人在同一票据交换区域的各种款项的结算。

支票的出票人为在经中国人民银行当地分支行批准办理支票业务的银行机构开立可以使用支票的存款账户的单位和个人。

支票的提示付款期限为自出票日起10日，中国人民银行另有规定的除外。超过提示付款期限提示付款的，持票人开户银行不予受理，付款人不予付款。

单位和个人签发支票的金额不得超过付款时在付款人处实有的存款额，同时不得签发空头支票、与预留银行签章不符的支票以及支付密码错误的支票。否则，银行应予以退票，并按票面金额处以5%但不低于1 000元的罚款；持票人有权要求出票人赔偿支票金额2%的赔偿金。对屡次签发的，银行应停止其签发支票。另外，单位和个人在签发支票时应使用碳素墨水或墨汁填写，中国人民银行另有规定的除外。

（4）商业汇票

商业汇票是指由出票人签发的，委托付款人在指定日期无条件支付确定的金额给收款人或者持票人的票据。这种结算方式要求在银行开立账户的法人以及其他组织之间，必须具有真实的交易关系或债权债务关系，如购买材料、销售商品等业务。这种结算方式同城和异地均可使用。

商业汇票的付款期限可由交易双方自行约定，但最长不得超过6个月。商业汇票的提示付款期限为自汇票到期日起10日。持票人应在提示付款期限内通过开户银行委托收款或直接向付款人提示付款。对异地委托收款的，持票人可匡算邮程，提前通过开户银行委托收款。持票人超过提示付款期限提示付款的，持票人开户银行不予受理。商业汇票可以背书转让，符合条件的商业汇票在尚未到期前可以向银行申请贴现，并按银行规定的贴现率向银行支付贴现息。

按承兑人不同，商业汇票可分为商业承兑汇票和银行承兑汇票两种。

商业承兑汇票由银行以外的付款人承兑，属于商业信用范畴。商业承兑汇票可以由付款人签发并承兑，也可以由收款人签发交由付款人承兑。收款人或者持票人在提示付款期限内应填写委托收款凭证，并连同商业承兑汇票送交银行办理收款。在收到银行转来的收款通知后，就可办理收款的账务处理。付款人收到开户银行转来的付款通知，应在当日通知银行付款。付款人在接到通知日的次日起3日内（遇法定休假日顺延）未通知银行付款的，银行视同付款人承诺付款，并应于付款人接到通知日的次日起第4日（遇法定休假日顺延）上午开始营业时，将票款划给持票人。银行在办理划款时，付款人存款账户不足支付的，应填制付款人未付票款通知书，连同商业承兑汇票邮寄持票人开户银行转交持票人。

银行承兑汇票由银行承兑，属于银行信用。银行承兑汇票应由在承兑银行开立存款账户的存款人签发。存款人应与承兑银行具有真实的委托付款关系，而且资信状况良好，具有支付汇票金额的可靠资金来源。银行承兑汇票的出票人应于汇票到期前将票款足额交存其开户银行。承兑银行应在汇票到期日或到期日后的见票当日支付票款。承兑银行如存在合法抗辩事由拒绝支付的，应自接到商业汇票的次日起3日内，作成拒绝付款证明，连同银行承兑汇票邮寄持票人开户银行转交持票人。如出票人于汇票到期日未能足额交存票款，承兑银行除凭票向持票人无条件付款外，对出票人尚未支付的汇票金额按照每天5‰计收利息。

**2.信用卡**

信用卡是指商业银行向个人和单位发行的，凭以向特约单位购物、消费和向银行存取现金，且具有消费信用的特制载体卡片。信用卡按使用对象分为单位卡和个人卡；按信誉等级分为金卡和普通卡。

凡在中国境内金融机构开立基本存款账户的单位可申领单位卡。单位卡可申领若干张，持卡人资格由申领单位法定代表人或其委托的代理人书面指定和注销。单位申领使用信用卡时，应按规定填制申请表，连同有关资料一并送交发卡银行。符合条件的单位应按银行的要求交存一定金额的备用金后，银行才能为申领人开立信用卡存款账户，并发给信用卡。信用卡备用金存款利息，按照活期存款利率及计息办法计算。单位卡账户的资金一律从其基本存款账户转账存入，不得交存现金，不得将销货收入的款项存入其账户。单位卡销户时账户余额要转入其基本存款账户，不能提取现金。

利用单位卡进行结算的商品交易、劳务供应款项的金额不能高于10万元。信用卡可以透支，但不能恶意透支，而且透支金额有明确的规定，金卡不能超过1万元，普通卡不能超过5 000元。信用卡透支期限最长为60天。

**3.其他结算方式**

（1）汇兑。汇兑是指汇款人委托银行将其款项支付给收款人的结算方式。企业与异地单位和个人的各种款项的结算，均可使用汇兑结算方式。汇兑分为信汇、电汇两种，由汇款人选择使用。

（2）托收承付。托收承付是指根据购销合同由收款人发货后委托银行向异地付款人收取款项，由付款人向银行承诺付款的结算方式。这种结算方式适用于商品交易，以及因商品交易而产生的劳务供应的款项。但有些交易，如代销、寄销、赊销商品的款项，不得办理托收承付结算。

采用托收承付进行结算的交易双方必须签有符合《中华人民共和国民法典》要求的购销合同，并在合同上订明使用托收承付结算方式进行结算。收付双方办理托收承付结算，必须坚持重合同、守信用的原则。收款人对同一付款人发货托收累计3次收不回货款的，收款人开户银行应暂停收款人向该付款人办理托收；付款人累计3次提出无理拒付的，付款人开户银行应暂停其向外办理托收。

在托收承付结算方式下，销货单位在按合同规定向购货单位发货以后，应填写一式五联的托收承付结算凭证，连同合同以及能够证明货物确实发出的发运证件送交银行办理托收。银行经审查同意办理托收以后，根据回单联进行销售货物的账务处理，待收到开户银行转来的收款通知时，可编制收款凭证，将款项入账。购货单位收到银行转来的付款通知以后，应在承付期内及时组织审查核对，安排资金，支付货款。

承付货款分为验单付款和验货付款两种方式，由收付双方选择使用，并在合同中明确加以规定。验单付款的承付期时间很短，仅为3天，从付款人开户银行发出承付通知的次日算起（承付期内遇法定休假日顺延）。付款人在承付期内，未向银行表示拒绝付款，银行即视作承付，并在承付期满的次日（遇法定休假日顺延）上午银行开始营业时，将款项主动从付款人的账户内付出，按照收款人指定的划款方式，划给收款人。验货付款的承付期时间长一些，为10天，从运输部门向付款人发出提货通知的次日算起。对收付双方在合同中明确规定，并在托收凭证上注明验货付款期限的，银行从其规定。付款人收到提货通知后，应即向银行交验提货通知。付款人在银行发出承付通知的次日起10天内，未收到提货通知的，应在第10天将货物尚未到达的情况通知银行。在第10天付款人没有通知银行的，银行即视作已经验货，于10天期满的次日上午银行开始营业时，将款项划给收款人；在第10天付款人通知银行货物未到，而以后收到提货通知没有及时送交银行，银行仍按10天期满的次日作为划款日期，并按超过的天数，计扣逾期付款赔偿金。

不论验单付款还是验货付款，付款人都可以在承付期内提前向银行表示承付，并通知银行提前付款，银行应立即办理划款；因商品的价格、数量或金额变动，付款人应多承付款项的，须在承付期内向银行提出书面通知，银行据以随同当次托收款项划给收款人。付款人不得在承付货款中，扣抵其他款项或以前托收的货款。付款人在承付期满日银行营业终了时，如无足够资金支付，其不足部分，即为逾期未付款项。对付款人逾期未付的款项，银行根据逾期付款金额和逾期天数按每天5‰计算逾期付款赔偿金。

付款人在承付期内如果有完整的拒付手续和充足的理由，可以向银行提出拒付。下列情况下，付款人在承付期内，可向银行提出全部或部分拒绝付款：

① 没有签订购销合同或购销合同未订明托收承付结算方式的款项。

② 未经双方事先达成协议，收款人提前交货或因逾期交货付款人不再需要该项货物的款项。

③ 未按合同规定的到货地址发货的款项。

④ 代销、寄销、赊销商品的款项。

⑤ 验单付款，发现所列货物的品种、规格、数量、价格与合同规定不符，或货物已到，经查验货物与合同规定或发货清单不符的款项。

⑥ 验货付款，经查验货物与合同规定或与发货清单不符的款项。

⑦ 货款已经支付或计算有错误的款项。

不属于上述情况的，付款人不得向银行提出拒绝付款。对于付款人提出拒绝付款的手续不全、依据不足、理由不符合规定和不属于上述七种拒绝付款情况的，以及超过承付期拒付和应当部分拒付提为全部拒付的，银行均不得受理，并应实行强制扣款。

（3）委托收款。委托收款是指收款人委托银行向付款人收取款项的结算方式。按银行结算办法的规定，单位和个人凭已承兑商业汇票、债券、存单等付款人债务证明办理款项的结算，均可以使用委托收款结算方式。这种结算方式在同城、异地均可以使用。

收款人委托银行向付款人收取款项时，应填写一式五联的委托收款结算凭证，连同有关债务证明送交银行办理委托收款手续，收款人开户行受理后，应将有关凭证寄交付款单位开户银行并由其审核后通知付款单位。付款人应于接到通知的当日书面通知银行付款。按照规定，付款人未在接到通知日的次日起3日内通知银行付款的，视同付款人同意付款，银行应于付款人接到通知日的次日起第4日上午开始营业时，将款项划给收款人。银行在办理划款时，付款人存款账户不足支付应付金额时，应通过被委托银行向收款人发出未付款项通知书。按照规定，债务证明留存付款人开户银行的，付款人开户银行应将其债务证明连同未付款项通知书邮寄被委托银行并转交收款人。付款人审查有关债务证明后，对收款人委托收取的款项产生异议，需要拒绝付款的，应在付款期内出具拒付理由书连同有关凭证向银行办理拒绝付款。

（二）国际结算方式

国际结算方式有三种，即信用证、托收和汇付。

1.信用证

信用证是一种由银行依照客户的要求和指示开立的有条件承诺付款的书面文件。一般为不可撤销的跟单信用证。"不可撤销"是指信用证已经开出，在有效期内未经受益人及有关当事人的同意，开证行不能片面修改和撤销，只要受益人提供的单据符合信用证的规定，开证行必须履行付款的义务。"跟单"是指信用证项下的汇票必须附有货运单据。目前，国际贸易普遍遵循《跟单信用证统一惯例》（即《UCP 600》）。《跟单信用证统一惯例》是确保在世界范围内将信用证作为可靠支付手段的准则，已被大多数国家和地区接受和使用。信用证属于银行信用，供销双方的权利和义务都会得到保障，因此，只要双方有合作的意愿，交易是很容易促成的。我国国内企业与国外企业间的贸易基本上都是采用这一结算方式进行结算的。至于国内企业间的贸易，虽然我国制定了《国内信用证结算办法》，但由于国内贸易的特点，利用这种结算方式进行结算的业务还是很少的。

信用证业务涉及六个方面的当事人：①开证申请人，是指向银行申请开立信用证的人，又称开证人。②开证行，是指接受开证申请人的委托开立信用证的银行，它承担保证付款的责任。③通知行，是指受开证行的委托，将信用证转交出口人的银行，它只证明信用证的真实性，不承担其他义务。④受益人，是指信用证上所指定的有权使用该证的人，即出口人或实际供货人。⑤议付银行，是指愿意买入受益人交来跟单汇票的银行。⑥付款银行，是指信用证上指定付款的银行，在多数情况下，付款银行即是开证行。

信用证结算方式的一般收付款程序是：①开证申请人根据合同填写开证申请书并交纳押金或提供其他保证，请开证行开证。②开证行根据申请书内容，向受益人开出信用证并寄交出口人所在地通知行。③通知行核对印鉴无误后，将信用证交受益人。④受益人审核信用证内容与合同规定相符后，按信用证规定装运货物、备妥单据并开出汇票，在信用证有效期内送议付行议付。⑤议付行按信用证条款审核无误后，将货款垫付给受益人。⑥议付行将汇票和货运单据寄给开证行或其特定的付款行索偿。⑦开证行审核单据无误后，付款给议付行。⑧开证行通知开证人付款赎单。

**2.托收**

托收是指出口商开立汇票连同货运单据委托出口地银行通过进口地代收银行向进口企业收款的结算方式。托收也称跟单托收，根据交单条件不同分为付款交单和承兑交单。付款交单是指进口商付清货款后才能取得单据，承兑交单是指进口商在承兑汇票后就能取得单据。

**3.汇付**

汇付是指交款人按约定的条件和时间通过银行把款项交收款人的结算方式。汇付分为信汇、电汇和票汇。汇付一般可用于预付货款，也可用于支付佣金、赔款和样品费等。

# 第三节　其他货币资金

## 一、其他货币资金的内容

其他货币资金是指除现金、银行存款之外的货币资金，具体内容包括外埠存款、银行汇票存款、银行本票存款、信用卡存款、信用证保证金存款以及存出投资款等。近几年，随着我国互联网科技的发展，出现了新的第三方支付平台，如微信、支付宝等，丰富了支付和销售业务结算的手段，促进了经济的发展，企业通过微信、支付宝平台转入的款项也包括在其他货币资金中。

延伸阅读2-3

第三方支付平台

（1）外埠存款，是指企业到外地进行临时或零星采购时，汇往采购地银行开立采购专户的款项。

（2）银行汇票存款，是指企业为取得银行汇票按照规定存入银行的款项。

（3）银行本票存款，是指企业为取得银行本票按照规定存入银行的款项。

（4）信用卡存款，是指企业为取得信用卡按照规定存入银行的款项。

（5）信用证保证金存款，是指企业为取得信用证按照规定存入银行的保证金。

（6）存出投资款，是指企业已存入证券公司但尚未购买股票、基金等投资对象的款项。

（7）微信、支付宝存款，是指企业发生有关收款业务通过微信、支付宝收入的款项。

**二、其他货币资金的核算**

为了总括地反映企业其他货币资金的增减变动和结存情况，企业应设置"其他货币资金"科目，以进行其他货币资金的总分类核算。同时为了详细反映企业各项其他货币资金的增减变动及结存情况，还应在"其他货币资金"总账科目下按其他货币资金的组成内容不同分设明细科目，并且按外埠存款的开户银行、银行汇票或银行本票的收款单位等设置明细账。

（1）外埠存款的核算。为满足企业临时或零星采购的需要，将款项委托当地银行汇往采购地银行开立采购专户时，借记"其他货币资金"科目，贷记"银行存款"科目；会计部门在收到采购员交来的供应单位的材料账单、货物运单等报销凭证时，借记"材料采购""应交税费"等科目，贷记"其他货币资金"科目；采购员在离开采购地时，采购专户如有余款，应将剩余的外埠存款转回企业当地银行结算户，会计部门根据银行的收账通知，借记"银行存款"科目，贷记"其他货币资金"科目。

**【例2-15】** 华联实业股份有限公司2×24年5月8日，因零星采购需要，将款项50 000元汇往上海并开立采购专户，会计部门应根据银行转来的回单联，填制记账凭证。

借：其他货币资金——外埠存款          50 000

 贷：银行存款              50 000

**【例2-16】** 2×24年5月18日，会计部门收到采购员寄来的采购材料发票等凭证，货物价款45 200元，其中应交增值税5 200元。

借：材料采购              40 000

  应交税费——应交增值税（进项税额）     5 200

 贷：其他货币资金——外埠存款        45 200

**【例2-17】** 2×24年5月20日，外地采购业务结束，采购员将剩余采购资金4 800元，转回本地银行，会计部门根据银行转来的收账通知填制记账凭证。

借：银行存款              4 800

 贷：其他货币资金——外埠存款         4 800

（2）银行汇票的核算。企业要使用银行汇票办理结算时，应填写"银行汇票委托书"，并将相应款项交存银行，取得银行汇票后，根据银行盖章退回的委托书存根联，借记"其他货币资金"科目，贷记"银行存款"科目。企业使用银行汇票后，应根据发票账单及开户银行转来的银行汇票第四联等有关凭证，借记"材料采购""应交税费"等科目，贷记"其他货币资金"科目。银行汇票如有多余款项或因超过付款期等而退回款项时，借记"银行存款"科目，贷记"其他货币资金"科目。

**【例2-18】** 2×24年6月10日，华联实业股份有限公司向银行提交"银行汇票委托书"，并交存款项25 000元，银行受理后签发银行汇票和解讫通知，根据"银行汇票委托书"存根联记账。

借：其他货币资金——银行汇票        25 000

　　贷：银行存款　25 000

　　【例2-19】2×24年6月11日，华联实业股份有限公司用银行签发的银行汇票支付采购材料货款22 600元，其中应交增值税2 600元，企业记账的原始凭证是银行转来的银行汇票第四联及所附发票等凭证。

　　借：材料采购　20 000
　　　应交税费——应交增值税（进项税额）　2 600
　　　贷：其他货币资金——银行汇票　22 600

　　【例2-20】2×24年6月12日，华联实业股份有限公司收到银行退回的多余款项收账通知。

　　借：银行存款　2 400
　　　贷：其他货币资金——银行汇票　2 400

　　（3）银行本票的核算。企业要使用银行本票办理结算时，应填写"银行本票申请书"，并将相应款项交存银行，取得银行本票后，根据银行盖章退回的申请书存根联，借记"其他货币资金"科目，贷记"银行存款"科目。企业付出银行本票后，应根据发票账单等有关凭证，借记"材料采购""应交税费"等科目，贷记"其他货币资金"科目。企业因本票超过付款期等而要求退款时，应填制一式两联的进账单，连同本票一并交存银行，根据银行盖章退回的进账单第一联，借记"银行存款"科目，贷记"其他货币资金"科目。银行本票核算的账务处理程序与银行汇票基本相同，不同的是二者涉及的明细科目不一样。

　　（4）信用卡存款的核算。企业申请使用信用卡时，应按规定填制申请表，并连同支票和有关资料一并送交发卡银行，根据银行盖章退回的进账单第一联，借记"其他货币资金"科目，贷记"银行存款"科目。企业用信用卡购物或支付有关费用，借记有关科目，如"管理费用""材料采购"等，贷记"其他货币资金"科目。企业信用卡在使用过程中，需要向其账户续存资金的，借记"其他货币资金"科目，贷记"银行存款"科目。

　　【例2-21】2×24年5月2日，华联实业股份有限公司因开展经济业务需要向银行申请办理信用卡，开出转账支票一张，金额100 000元，收到进账单第一联和信用卡。

　　借：其他货币资金——信用卡　100 000
　　　贷：银行存款　100 000

　　【例2-22】2×24年5月15日，华联实业股份有限公司用信用卡购买办公用品，支付价款60 000元，增值税专用发票注明应交增值税4 800元，共支付款项64 800元。

　　借：管理费用　60 000
　　　应交税费——应交增值税（进项税额）　4 800
　　　贷：其他货币资金——信用卡　64 800

　　【例2-23】2×24年6月8日，华联实业股份有限公司因信用卡账户资金不足，开出转账支票一张以续存资金，金额30 000元。

　　借：其他货币资金——信用卡　30 000
　　　贷：银行存款　30 000

　　（5）信用证保证金存款的核算。企业申请使用信用证进行结算时，应向银行交纳保证金，根据银行退回的进账单，借记"其他货币资金"科目，贷记"银行存款"科目。根据开证行交来的信用证来单通知书及有关单据列明的金额，借记"材料采购""原材料""库存商品""应交税费——应交增值税"等科目，贷记"其他货币资金"科目。

　　【例2-24】2×24年6月5日，华联实业股份有限公司因从国外进口货物向银行申请使用信用证进行结算，并按规定开出转账支票向银行交纳保证金 1 000 000 元，收到盖章退回的进账单第一联。

借：其他货币资金——信用证保证金      1 000 000

  贷：银行存款      1 000 000

【例 2-25】2×24 年 6 月 20 日，华联实业股份有限公司收到银行转来的进口货物信用证通知书，根据海关出具的完税凭证，进口货物的成本 1 100 000 元，应交增值税 143 000 元，货物已验收入库。

借：原材料      1 100 000

  应交税费——应交增值税（进项税额）      143 000

  贷：其他货币资金——信用证保证金      1 000 000

    银行存款      243 000

（6）存出投资款的核算。企业在向证券市场进行股票、债券投资时，应向证券公司申请资金账号并划出资金。会计部门应按实际划出的金额，借记"其他货币资金"科目，贷记"银行存款"科目；购买股票、债券时，应按实际支付的金额，借记"交易性金融资产"科目等，贷记"其他货币资金"科目。

【例 2-26】2×24 年 4 月 8 日，华联实业股份有限公司拟利用闲置资金进行证券投资，向某证券公司申请资金账号，并开出转账支票划出资金 3 000 000 元存入该账号，以便购买股票、债券等。

借：其他货币资金——存出投资款      3 000 000

  贷：银行存款      3 000 000

【例 2-27】2×24 年 4 月 15 日，华联实业股份有限公司利用证券投资账户从二级市场购买兴业银行股票 100 000 股，每股市价 13.50 元，发生交易费用 2 460 元，分类为以公允价值计量且其变动计入当期损益的金融资产。

借：交易性金融资产      1 350 000

  投资收益      2 460

  贷：其他货币资金——存出投资款      1 352 460

（7）微信、支付宝存款的核算。企业以单位名义开通微信、支付宝后，发生收款业务收入款项时，借记"其他货币资金——微信（或支付宝）"科目，贷记"主营业务收入""应交税费——应交增值税（销项税额）"等科目。发生购货业务支付款项时，借记"管理费用""原材料""应交税费——应交增值税（进项税额）"等科目，贷记"其他货币资金——微信（或支付宝）"科目。提取现金时，借记"银行存款"科目，贷记"其他货币资金——微信（或支付宝）"科目。

【例 2-28】2×24 年 8 月 10 日，华联实业股份有限公司零星销售商品，商品价款 8 000 元，增值税销项税额 1 040 元，通过微信收款 9 040 元。

借：其他货币资金——微信      9 040

  贷：主营业务收入      8 000

    应交税费——应交增值税（销项税额）      1 040

【例 2-29】2×24 年 8 月 25 日，华联实业股份有限公司购买商品一批，增值税专用发票注明商品价款 3 000 元，应交增值税 390 元。商品已到达企业，并验收入库，款项通过微信已支付。

借：库存商品     3 000

    应交税费——应交增值税（进项税额）    390

    贷：其他货币资金——微信     3 390

【例2-30】2×24年9月7日，华联实业股份有限公司通过微信提取现金5 000元。

借：银行存款     5 000

    贷：其他货币资金——微信     5 000

## ☐ 复习思考题

1.什么是货币资金？货币资金由哪几部分构成？

2.如何理解现金的概念及特征？

3.什么是库存现金限额？它是如何规定的？

4.现金内部控制的具体内容有哪些？

5.什么是备用金？其管理办法有几种？

6.现金清查结果查明原因后会计处理是如何规定的？

7.根据规定，企业可以开立哪些账户？各自用途如何？

8.什么是未达账项？未达账项包括哪几种？在编制银行存款余额调节表时应如何处理？

9.什么是银行转账结算？国内和国际结算方式分别包括哪些？

10.什么是其他货币资金？其包括哪几项内容？

思政案例

康美药业巨额
货币资金
"消失"之谜

自测题

# 第三章 存 货

## 第一节 存货及其分类

### 一、存货的定义与特征

存货，是指企业在日常活动中持有以备出售的产成品或商品、处在生产过程中的在产品、在生产过程或提供劳务过程中耗用的材料和物料等。存货具有如下主要特征：

（1）存货通常是一种具有物质实体的有形资产。存货主要包括原材料、在产品、产成品及商品、周转材料等各类具有物质实体的材料物资，因而有别于金融资产、无形资产等没有实物形态的资产。但是，企业持有的数据资源，如果符合存货的定义和确认条件，也应当确认为存货。

（2）存货属于流动资产，具有较大的流动性。存货通常都将在一年或超过一年的一个营业周期内被销售或耗用，并不断地被重置，因而属于一项流动资产，具有较强的变现能力和较大的流动性，明显不同于固定资产、在建工程等具有物质实体的非流动资产。

（3）存货以在正常生产经营过程中被销售或耗用为目的而取得。企业持有存货的目的在于准备在正常经营过程中予以出售，如商品、产成品以及准备直接出售的半成品等；或者仍处在生产过程中，待制成产成品后再予以出售，如在产品、半成品等；或者将在生产过程或提供劳务过程中被耗用，如材料和物料、周转材料等。企业在判断一个资产项目是否属于存货时，必须考虑持有该资产的目的，即在生产经营过程中的用途或所起的作用。例如，企业为生产产品或提供劳务而购入的材料，属于存货；但为建造固定资产而购入的材料，就不属于存货。再如，对于生产和销售机器设备的企业来说，机器设备属于存货；而对于使用机器设备进行产品生产的企业来说，机器设备则属于固定资产。此外，企业为国家储备的特种物资、专项物资等，并不参加企业的经营周转，也不属于存货。

（4）存货属于非货币性资产，存在价值减损的可能性。存货通常能够在正常生产经营过程中被销售或耗用，并最终转换为货币资金。但由于存货的价值易受市场价格以及其他因素变动的影响，其能够转换的货币资金数额不是固定的，具有较大的不确定性。当存货长期不能销售或耗用时，就有可能变为积压物资或者需要降价销售，给企业带来损失。

### 二、存货的确认条件

企业在确认某项资产是否作为存货时，首先要视其是否符合存货的定义，在此前提下，应当同时满足存货确认的两个条件，才能加以确认。

#### （一）与该存货有关的经济利益很可能流入企业

在通常情况下，随着存货实物的交付和所有权的转移，存货的控制权也一并转移。就销货方而言，转出存货的所有权一般可以表明丧失了对存货的控制权，即该存货所包含的经济利益已经流出企业；就购货方而言，转入存货的所有权则一般可以表明取得了对存货的控制权，即能够主导该商品的使用并从中获得几乎全部的经济利益。因此，存货确认的一个重要标志，就是企业是否拥有某项存货的所有权。一般来说，凡企业拥有所有权的货物，无论存放何处，都应包括在本企业的存货之中；而尚未取得所有权或者已将所有权转移给其他企业的货物，即使存放在本企业，也不应包括在本企业的存货之中。但需要注意的是，在有些交易方式下，存货实物的交付及所有权的转移与存货控制权的转移可能并不同步，此时，存货的确认应当注重交易的经济实质，而不能仅仅依据其所有权的归属。例如，在售后回购交易方式下，销货方在销售商品时，商品的所有权已经转移给了购货方，但由于销货方按合同约定将来要购回所售商品，因而购货方并没有真正取得对商品的控制权，交易的实质是购货方向销货方租赁资产或销货方以商品为质押向购货方融通资金，购货方不应将所购商品确认为其存货。再如，在分期收款销售方式下，销货方为了保证账款如期收回，通常要在分期收款期限内保留商品的法定所有权，直至账款全部收回，但销货方保留的这项权利通常不会对客户取得对所购商品的控制权形成障碍，从该项交易的经济实质来看，当销货方将商品交付购货方时，购货方就能够主导该商品的使用并从中获得几乎全部的经济利益，即已取得了对商品的控制权，购货方应将所购商品确认为其存货。

**（二）存货的成本能够可靠地计量**

存货作为资产的重要组成部分，在确认时必须符合资产确认的基本条件，即成本能够可靠地计量。成本能够可靠地计量，是指成本的计量必须以取得的确凿、可靠的证据为依据，并且具有可验证性。如果存货成本不能可靠地计量，则存货不能予以确认。例如，企业承诺购买的货物，由于目前尚未发生实际的购买行为，无法取得证实其成本的确凿、可靠的证据，因此不能确认为购买企业的存货。

### 三、存货的分类

存货分布于企业生产经营的各个环节，而且种类繁多、用途各异。为了加强存货的管理，提供有用的会计信息，应当对存货进行适当的分类。

**（一）存货按经济用途的分类**

不同行业的企业，由于经济业务的具体内容各不相同，因而存货的构成也不尽相同。例如，服务性企业的主要业务是提供劳务，其存货以办公用品、家具用具以及少量消耗性的物料用品为主；商业企业的主要业务是商品购销，其存货以待销售的商品为主，也包括少量的周转材料和其他物料用品；工业企业的主要业务是生产和销售产品，其存货构成比较复杂，不仅包括各种将在生产经营过程中耗用的原材料、周转材料，也包括仍然处在生产过程中的在产品，还包括准备出售的产成品。因此，存货的具体内容和类别应依企业所处行业的性质而定。以工业企业为例，存货按经济用途可作如下分类：

（1）原材料。原材料是指在生产过程中经加工改变其形态或性质并构成产品主要实体的各种原料及主要材料、辅助材料、外购半成品（外购件）、修理用备件（备品备件）、包装材料、燃料等。

（2）在产品。在产品是指仍处于生产过程中、尚未完工入库的生产物，包括正处于各个生产工序尚未制造完成的在产品，以及虽已制造完成但尚未检验或虽已检验但尚未办理入库手续的产成品。

（3）自制半成品。自制半成品是指在本企业已经过一定生产过程的加工并经检验合格交付半成品仓库保管，但尚未最终制造完成、仍需进一步加工的中间产品。自制半成品不包括从一个生产车间转给另一个生产车间待继续加工的在产品以及不能单独计算成本的在产品。

（4）产成品。产成品是指已经完成全部生产过程并验收入库，可以按照合同规定的条件送交订货单位，或者可以作为商品对外销售的产品。企业接受外来原材料加工制造的代制品和为外单位加工修理的代修品，制造和修理完成验收入库后，应视同企业的产成品。

（5）周转材料。周转材料是指企业能够多次使用但不符合固定资产定义、不能确认为固定资产的各种材料，主要包括包装物和低值易耗品。包装物，是指为了包装本企业产品而储备的各种包装容器，如桶、箱、瓶、坛、袋等，其主要作用是盛装、装潢产品；低值易耗品，是指在使用过程中基本保持其原有实物形态不变但单位价值相对较低、使用期限相对较短，或在使用过程中容易损坏，因而不能确认为固定资产的各种用具物品，如工具、管理用具、玻璃器皿、劳动保护用品，以及在经营过程中周转使用的包装容器等。

值得注意的是，随着信息技术的迅猛发展，我国产业数字化程度显著提高，数据资源对企业的价值创造发挥着越来越重要的作用，已经成为企业重要的资源之一。根据相关规定，企业自用的数据资源，符合无形资产的定义和确认条件的，应当确认为无形资产；日常活动中持有、最终目的用于出售的数据资源，符合存货的定义和确认条件的，应当确认为存货。因此，如果企业存在确认为存货的数据资源，则应形成一个单独的存货类型，企业应当设置相应的会计科目进行核算。

**（二）存货按存放地点的分类**

在生产经营过程中，企业不断地购进、耗用和销售存货，因而存货分布于供、产、销各个环节，按其存放地点可作下分类：

（1）在途存货。在途存货是指已经取得控制权但尚在运输途中或虽已运抵企业但尚未验收入库的各种材料物资及商品。

（2）在库存货。在库存货是指已经购进或生产完工并经过验收入库的各种原材料、周转材料、半成品、产成品以及商品。

（3）在制存货。在制存货是指正处于本企业各生产工序加工制造过程中的在产品，以及委托外单位加工但尚未完成的材料物资。

（4）在售存货。在售存货是指已发运给购货方但购货方尚未取得对商品的控制权或尚不能同时满足收入确认的前提条件，因而仍应作为销货方存货的发出商品、委托代销商品等。

**（三）存货按取得方式的分类**

存货按取得方式，可以分为外购存货、自制存货、委托加工存货、投资者投入的存货、以非货币性资产交换取得的存货、通过债务重组取得的存货、通过企业合并取得的存货、盘盈的存货等。

# 第二节　存货的初始计量

存货的初始计量，是指企业在取得存货时，对其入账价值的确定。存货的初始计量应以取得存货的实际成本为基础，实际成本包括采购成本、加工成本和使存货达到目前场所和状态发生的其他成本。由于存货的取得方式是多种多样的，而在不同的取得方式下，存货成本的具体构成内容并不完全相同。因此，存货的实际成本应结合存货的取得方式分别确定，作为存货入账的依据。

## 一、外购的存货

### （一）外购存货的成本

外购存货的成本是指存货从采购到入库前所发生的全部支出，即采购成本，一般包括购买价款、相关税费、运输费、装卸费、保险费以及其他可归属于存货采购成本的费用。

延伸阅读3-1

商业企业进货费用

购买价款，是指所购货物发票账单上列明的价款，但不包括按规定可予抵扣的增值税进项税额；相关税费，是指进口关税、购买存货发生的消费税以及不能从增值税销项税额中抵扣的进项税额等；其他可归属于存货采购成本的费用，是指存货采购过程中发生的除上述各项费用以外的仓储费、包装费、运输途中的合理损耗、大宗物资的市内运杂费、入库前的挑选整理费用等可直接归属于存货采购成本的费用。

应当注意的是，市内零星货物运杂费、采购人员的差旅费、采购机构的经费以及供应部门经费等，一般不应当包括在存货的采购成本中。

企业通过外购方式取得的确认为存货的数据资源，其采购成本包括购买价款、相关税费、保险费，以及数据权属鉴证、质量评估、登记结算、安全管理等所发生的其他可归属于存货采购成本的费用。

### （二）外购存货的会计处理

企业外购存货的方式包括现购方式、预付款购货方式和赊购方式三种。在不同的购货方式下，其会计处理有所不同。因此，企业外购的存货应当根据具体的购货方式，分别进行会计处理。

1.现购方式

在采用现购方式购入存货的情况下，由于企业距离采购地点远近不同、货款结算方式不同等原因，可能造成存货验收入库和货款结算并不总是同步完成。具体包括以下三种情况：

（1）存货验收入库和货款结算同时完成。在存货验收入库和货款结算同时完成的情况下，企业应于支付货款或开出、承兑商业汇票，并且存货验收入库后，按发票账单等结算凭证确定的存货成本，借记"原材料""周转材料""库存商品"等存货科目，按增值税专用发票上注明的增值税进项税额，借记"应交税费——应交增值税（进项税额）"科目，按实际支付的款项或应付票据面值，贷记"银行存款""应付票据"等科目。

【例3-1】华联实业股份有限公司购入一批原材料，增值税专用发票上注明的材料价款为50 000元，增值税进项税额为6 500元。货款已通过银行转账支付，材料也已验收入库。

借：原材料 50 000

　　应交税费——应交增值税（进项税额） 6 500

　　贷：银行存款 56 500

（2）货款已结算但存货尚在运输途中。在已经支付货款或开出、承兑商业汇票，但存货尚在运输途中或虽已运达但尚未验收入库的情况下，企业应于支付货款或开出、承兑商业汇票时，按发票账单等结算凭证确定的存货成本，借记"在途物资"科目，按增值税专用发票上注明的增值税进项税额，借记"应交税费——应交增值税（进项税额）"科目，按实际支付的款项或应付票据面值，贷记"银行存款""应付票据"等科目；待存货运达企业并验收入库后，再根据有关验货凭证，借记"原材料""周转材料""库存商品"等存货科目，贷记"在途物资"科目。

【例3-2】华联实业股份有限公司购入一批原材料，增值税专用发票上注明的材料价款为200 000元，增值税进项税额为26 000元；同时，销货方代垫运杂费6 600元，其中，允许抵扣的增值税税额为450元。上列货款及销货方代垫的运杂费已通过银行转账支付，材料尚在运输途中。

①支付货款，材料尚在运输途中。

增值税进项税额=26 000+450=26 450（元）

原材料采购成本=200 000+（6 600-450）=206 150（元）

借：在途物资　　　　　　　　　　　　　　　　　　　206 150
　　应交税费——应交增值税（进项税额）　　　　　　26 450
　　　贷：银行存款　　　　　　　　　　　　　　　　　　　　232 600

②原材料运达企业，验收入库。

借：原材料　　　　　　　　　　　　　　　　　　　　206 150
　　　贷：在途物资　　　　　　　　　　　　　　　　　　　　206 150

（3）存货已验收入库但货款尚未结算。在存货已运达企业并验收入库，但发票账单等结算凭证尚未到达、货款尚未结算的情况下，企业在收到存货时可先不进行会计处理。如果在本月内结算凭证能够到达企业，则应在支付货款或开出、承兑商业汇票后，按发票账单等结算凭证确定的存货成本，借记"原材料""周转材料""库存商品"等存货科目，按增值税专用发票上注明的增值税进项税额，借记"应交税费——应交增值税（进项税额）"科目，按实际支付的款项或应付票据面值，贷记"银行存款""应付票据"等科目。如果月末时结算凭证仍未到达，为全面反映资产及负债情况，应对收到的存货按暂估价值入账，借记"原材料""周转材料""库存商品"等存货科目，贷记"应付账款——暂估应付账款"科目，下月初，再编制相同的红字记账凭证予以冲回；待结算凭证到达，企业付款或开出、承兑商业汇票后，按发票账单等结算凭证确定的存货成本，借记"原材料""周转材料""库存商品"等存货科目，按增值税专用发票上注明的增值税进项税额，借记"应交税费——应交增值税（进项税额）"科目，按实际支付的款项或应付票据面值，贷记"银行存款""应付票据"等科目。

【例3-3】某年3月28日，华联实业股份有限公司购入一批原材料，材料已运达企业并已验收入库，但发票账单等结算凭证尚未到达。月末时，该批货物的结算凭证仍未到达，华联公司对该批材料估价35 000元入账。4月3日，结算凭证到达企业，增值税专用发票上注明的原材料价款为36 000元，增值税进项税额为4 680元，货款通过银行转账支付。

①3月28日，材料运达企业并验收入库，暂不作会计处理。

②3月31日，结算凭证仍未到达，对该批材料按暂估价值入账。

借：原材料　　　　　　　　　　　　　　　　　　　　35 000
　　　贷：应付账款——暂估应付账款　　　　　　　　　　　　35 000

③4月1日，编制红字记账凭证冲回估价入账分录。

借：原材料　　　　　　　　　　　　　　　　　　　　35 000
　　　贷：应付账款——暂估应付账款　　　　　　　　　　　　35 000

④4月3日，收到结算凭证并支付货款。

借：原材料　　　　　　　　　　　　　　　　　　　　36 000
　　应交税费——应交增值税（进项税额）　　　　　　4 680
　　　贷：银行存款　　　　　　　　　　　　　　　　　　　　40 680

2.预付款购货方式

在采用预付货款方式购入存货的情况下，企业应在预付货款时，按照实际预付的金额，借记"预付账款"科目，贷记"银行存款"科目；购入的存货验收入库时，按发票账单等结算凭证确定的存货成本，借记"原材料""周转材料""库存商品"等存货科目，按增值税专用发票上注明的增值税进项税额，借记"应交税费——应交增值税（进项税额）"科目，按存货成本与增值税进项税额之和，贷记"预付账款"科目。预付的货款不足、需补付货款时，按照补付的金额，借记"预付账款"科目，贷记"银行存款"科目；供货方退回多付的货款时，借记"银行存款"科目，贷记"预付账款"科目。

【例3-4】某年6月20日，华联实业股份有限公司向乙公司预付货款70 000元，采购一批原材料。乙公司于7月10日交付所购材料，并开来增值税专用发票，材料价款为62 000元，增值税进项税额为8 060元。7月12日，华联公司将应补付的货款60元通过银行转账支付。

（1）6月20日，预付货款。

借：预付账款——乙公司                        70 000

  贷：银行存款                        70 000

（2）7月10日，材料验收入库。

借：原材料                        62 000

    应交税费——应交增值税（进项税额）          8 060

  贷：预付账款——乙公司               70 060

（3）7月12日，补付货款。

借：预付账款——乙公司                     60

  贷：银行存款                     60

3.赊购方式

在采用赊购方式购入存货的情况下，企业应于存货验收入库后，按发票账单等结算凭证确定的存货成本，借记"原材料""周转材料""库存商品"等存货科目，按增值税专用发票上注明的增值税进项税额，借记"应交税费——应交增值税（进项税额）"科目，按应付未付的货款，贷记"应付账款"科目；待支付款项或开出、承兑商业汇票后，再根据实际支付的货款金额或应付票据面值，借记"应付账款"科目，贷记"银行存款""应付票据"等科目。

【例3-5】某年3月20日，华联实业股份有限公司从乙公司赊购一批原材料，增值税专用发票上注明的原材料价款为60 000元，增值税进项税额为7 800元。根据购货合同约定，华联公司应于4月30日之前支付货款。

（1）3月20日，赊购原材料。

借：原材料                        60 000

    应交税费——应交增值税（进项税额）          7 800

  贷：应付账款——乙公司               67 800

（2）4月30日，支付货款。

借：应付账款——乙公司                   67 800

  贷：银行存款                    67 800

如果赊购附有现金折扣条件，则其会计处理有总价法和净价法两种方法。在总价法下，应付账款按实际交易金额入账，如果购货方在现金折扣期限内付款，则取得的现金折扣应当作为购货价格的扣减，调减购货成本；在净价法下，应付账款按实际交易金额扣除现金折扣后的净额入账，如果购货方超过现金折扣期限付款，则丧失的现金折扣视为购货价格的增加，调增购货成本。

【例3-6】某年7月1日，华联实业股份有限公司从乙公司赊购一批原材料，增值税专用发票上注明的原材料价款为85 000元，增值税进项税额为11 050元。根据购货合同约定，华联公司应于7月31日之前支付货款，并附有现金折扣条件：如果华联公司能在10日内付款，可按原材料价款（不含增值税）的2%享受现金折扣；如果华联公司超过10日能在20日内付款，可按原材料价款（不含增值税）的1%享受现金折扣；如果超过20日付款，则须按交易金额全付。

如果华联公司采用总价法，其会计处理如下：

（1）7月1日，赊购原材料。

| | |
|---|---|
| 借：原材料 | 85 000 |
| 　　应交税费——应交增值税（进项税额） | 11 050 |
| 　　贷：应付账款——乙公司 | 96 050 |

（2）支付购货款。

①假定华联公司于7月10日支付货款。

现金折扣=85 000×2%=1 700（元）

实际付款金额=96 050-1 700=94 350（元）

| | |
|---|---|
| 借：应付账款——乙公司 | 96 050 |
| 　　贷：银行存款 | 94 350 |
| 　　　　原材料 | 1 700 |

②假定华联公司于7月20日支付货款。

现金折扣=85 000×1%=850（元）

实际付款金额=96 050-850=95 200（元）

| | |
|---|---|
| 借：应付账款——乙公司 | 96 050 |
| 　　贷：银行存款 | 95 200 |
| 　　　　原材料 | 850 |

③假定华联公司于7月31日支付货款。

| | |
|---|---|
| 借：应付账款——乙公司 | 96 050 |
| 　　贷：银行存款 | 96 050 |

如果华联公司采用净价法，其会计处理如下：

（1）7月1日，赊购原材料。

现金折扣=85 000×2%=1 700（元）

购货净额=85 000-1 700=83 300（元）

应付账款=96 050-1 700=94 350（元）

| | |
|---|---|
| 借：原材料 | 83 300 |
| 　　应交税费——应交增值税（进项税额） | 11 050 |
| 　　贷：应付账款——乙公司 | 94 350 |

（2）支付购货款。

①假定华联公司于7月10日支付货款。

| | |
|---|---|
| 借：应付账款——乙公司 | 94 350 |

贷：银行存款　　　　　　　　　　　　　　　　　　　　　　　94 350

②假定华联公司于7月20日支付货款。

借：应付账款——乙公司　　　　　　　　　　　　　　　　　94 350

　　原材料　　　　　　　　　　　　　　　　　　　　　　　　850

　　贷：银行存款　　　　　　　　　　　　　　　　　　　　　95 200

③假定华联公司于7月31日支付货款。

借：应付账款——乙公司　　　　　　　　　　　　　　　　　94 350

　　原材料　　　　　　　　　　　　　　　　　　　　　　　1 700

　　贷：银行存款　　　　　　　　　　　　　　　　　　　　　96 050

延伸阅读3-2

现金折扣

　　企业赊购存货的价款通常是按正常信用条件支付的，但也会发生超过正常信用条件支付货款、合同中存在重大融资成分的业务。例如，企业采用分期付款方式购买存货，若购货合同规定的付款期限比较长，合同价款明显高于现购价格，并且二者之间的差额是由卖方提供了较长时间的延期付款期间和现行市场利率两个因素共同影响所致，则在该项分期付款购货中销货方为企业提供了重大融资利益，即合同中存在重大融资成分。对于存在重大融资成分的购货，企业不能直接按合同价款确定购货成本，而应按合同价款的现值确定购货成本，并将合同价款与其现值之间的差额作为融资费用，在合同约定的分期付款期限内采用实际利率法进行摊销，计入各期财务费用。计算合同价款的现值时，应选择能够反映当前市场货币时间价值和延期付款债务特定风险的利率作为折现率，该折现率实质上是供货企业的必要报酬率，也是购货企业摊销融资费用的实际利率。企业在购入存货时，应按合同价款的现值，借记"原材料""周转材料""库存商品"等存货科目，按合同价款与其现值的差额，借记"未确认融资费用"科目，按合同价款，贷记"长期应付款"科目；分期支付合同价款时，按本期支付的金额，借记"长期应付款"科目，贷记"银行存款"等科目；分期摊销融资费用时，按本期摊销的金额，借记"财务费用"科目，贷记"未确认融资费用"科目。

　　**【例3-7】** 2×20年1月1日，华联实业股份有限公司采用分期付款方式从N公司购入一批原材料，合同价款500万元，增值税进项税额65万元。根据合同约定，全部价款（包括增值税税额）于每年年末等额支付，分5年付清。华联公司判断该项赊购存在重大融资成分，因而按照合同价款的现值确定存货入账成本，根据实际情况，选择6%作为折现率。N公司于分期收取货款的同时，为华联公司开具相应的增值税专用发票。

延伸阅读3-3

复利运算

　　（1）计算合同价款的现值和融资费用。

每年应付合同价款 $=\dfrac{5\,000\,000}{5}=1\,000\,000$（元）

每年应付增值税进项税额 $=\dfrac{650\,000}{5}=130\,000$（元）

　　查年金现值系数表可知，5期、6%的年金现值系数为4.21236379。合同价款的现值计算如下：

合同价款的现值 $=1\,000\,000×4.21236379=4\,212\,364$（元）

融资费用 $=5\,000\,000-4\,212\,364=787\,636$（元）

　　（2）编制融资费用分摊表。

　　华联公司采用实际利率法编制的融资费用分摊表，见表3-1。

表3-1 　　　　　　　　　　　**融资费用分摊表**

（实际利率法）　　　　　　　　　　　　　　　　　单位：元

| 日期 | 分期应付款 | 应分摊融资费用 | 应付本金减少额 | 应付本金余额 |
|---|---|---|---|---|
| ① | ② | ③=期初⑤×6% | ④=②-③ | 期末⑤=期初⑤-④ |
| 2×20年1月1日 | | | | 4 212 364 |
| 2×20年12月31日 | 1 000 000 | 252 742 | 747 258 | 3 465 106 |
| 2×21年12月31日 | 1 000 000 | 207 906 | 792 094 | 2 673 012 |
| 2×22年12月31日 | 1 000 000 | 160 381 | 839 619 | 1 833 393 |
| 2×23年12月31日 | 1 000 000 | 110 004 | 889 996 | 943 397 |
| 2×24年12月31日 | 1 000 000 | 56 603 | 943 397 | 0 |
| 合 计 | 5 000 000 | 787 636 | 4 212 364 | — |

（3）编制有关的会计分录。

①2×20年1月1日，购进原材料。

借：原材料　　　　　　　　　　　　　　　　　　　4 212 364
　　未确认融资费用　　　　　　　　　　　　　　　　787 636
　　贷：长期应付款——N公司　　　　　　　　　　　　　　5 000 000

②2×20年12月31日，支付合同款并分摊融资费用。

借：长期应付款——N公司　　　　　　　　　　　　　1 000 000
　　应交税费——应交增值税（进项税额）　　　　　　 130 000
　　贷：银行存款　　　　　　　　　　　　　　　　　　　1 130 000
借：财务费用　　　　　　　　　　　　　　　　　　　 252 742
　　贷：未确认融资费用　　　　　　　　　　　　　　　　 252 742

③2×21年12月31日，支付合同款并分摊融资费用。

借：长期应付款——N公司　　　　　　　　　　　　　1 000 000
　　应交税费——应交增值税（进项税额）　　　　　　 130 000
　　贷：银行存款　　　　　　　　　　　　　　　　　　　1 130 000
借：财务费用　　　　　　　　　　　　　　　　　　　 207 906
　　贷：未确认融资费用　　　　　　　　　　　　　　　　 207 906

④2×22年12月31日，支付合同款并分摊融资费用。

借：长期应付款——N公司　　　　　　　　　　　　　1 000 000
　　应交税费——应交增值税（进项税额）　　　　　　 130 000
　　贷：银行存款　　　　　　　　　　　　　　　　　　　1 130 000
借：财务费用　　　　　　　　　　　　　　　　　　　 160 381
　　贷：未确认融资费用　　　　　　　　　　　　　　　　 160 381

⑤2×23年12月31日，支付合同款并分摊融资费用。

借：长期应付款——N公司　　　　　　　　　　　　　1 000 000
　　应交税费——应交增值税（进项税额）　　　　　　 130 000

| | | |
|---|---|---|
| 　　　贷：银行存款 | | 1 130 000 |
| 　借：财务费用 | 110 004 | |
| 　　　贷：未确认融资费用 | | 110 004 |

⑥2×24年12月31日，支付合同款并分摊融资费用。

| | | |
|---|---|---|
| 　借：长期应付款——N公司 | 1 000 000 | |
| 　　　应交税费——应交增值税（进项税额） | 130 000 | |
| 　　　贷：银行存款 | | 1 130 000 |
| 　借：财务费用 | 56 603 | |
| 　　　贷：未确认融资费用 | | 56 603 |

**（三）外购存货发生短缺的会计处理**

企业在存货采购过程中，如果发生了存货短缺、毁损等情况，应及时查明原因，区别情况进行会计处理：

（1）属于运输途中的合理损耗，应计入有关存货的采购成本。

（2）属于供货单位或运输单位的责任造成的存货短缺，应由责任人补足存货或赔偿货款，不计入存货的采购成本。

（3）属于自然灾害或意外事故等非常原因造成的存货毁损，报经批准处理后，将扣除保险公司和过失人赔款后的净损失，计入营业外支出。

尚待查明原因的短缺存货，先将其成本转入"待处理财产损溢"科目核算；待查明原因后，再按上述要求进行会计处理。上列短缺存货涉及增值税的，还应进行相应处理。

**【例3-8】**华联实业股份有限公司从甲公司购入A材料2 000件，单位价格80元，增值税专用发票上注明的增值税进项税额为20 800元，款项已通过银行转账支付，但材料尚在运输途中。待所购材料运达企业后，验收时发现短缺50件，原因待查。

（1）支付货款，材料尚在运输途中。

| | | |
|---|---|---|
| 　借：在途物资 | 160 000 | |
| 　　　应交税费——应交增值税（进项税额） | 20 800 | |
| 　　　贷：银行存款 | | 180 800 |

（2）验收时发现短缺，原因待查，其余材料入库。

| | | |
|---|---|---|
| 　借：原材料 | 156 000 | |
| 　　　待处理财产损溢 | 4 000 | |
| 　　　贷：在途物资 | | 160 000 |

（3）材料短缺的原因查明，进行相应的会计处理。

①假定短缺的材料属于运输途中的合理损耗。

| | | |
|---|---|---|
| 　借：原材料 | 4 000 | |
| 　　　贷：待处理财产损溢 | | 4 000 |

②假定短缺的材料为甲公司发货时少发，经协商，由其补足材料。

| | | |
|---|---|---|
| 　借：应付账款——甲公司 | 4 000 | |
| 　　　贷：待处理财产损溢 | | 4 000 |

收到甲公司补发的材料时：

| | | |
|---|---|---|
| 　借：原材料 | 4 000 | |
| 　　　贷：应付账款——甲公司 | | 4 000 |

③假定短缺的材料为运输单位责任造成，经协商，由其全额赔偿。

借：其他应收款——××运输单位       4 520

   贷：待处理财产损溢       4 000

      应交税费——应交增值税（进项税额转出）       520

收到运输单位的赔款时：

借：银行存款       4 520

   贷：其他应收款——××运输单位       4 520

## 二、自制的存货

### （一）自制存货的成本

企业自制存货的成本主要由采购成本和加工成本构成，某些存货还包括使存货达到目前场所和状态所发生的其他成本。其中，采购成本是由自制存货所使用或消耗的原材料采购成本转移而来的，因此，自制存货成本计量的重点是确定存货的加工成本。

加工成本是指存货制造过程中发生的直接人工和制造费用。其中，直接人工是指企业在生产产品过程中，向直接从事产品生产的工人支付的职工薪酬；制造费用是指企业为生产产品而发生的各项间接费用，包括企业生产部门（如生产车间）管理人员的职工薪酬、折旧费、办公费、水电费、机物料消耗、劳动保护费、车间固定资产的修理费用、季节性和修理期间的停工损失等。

其他成本是指除采购成本、加工成本以外，使存货达到目前场所和状态所发生的其他支出。例如，为特定客户设计产品所发生的、可直接认定的设计费用；可直接归属于符合资本化条件的存货、应当予以资本化的借款费用等。其中，符合资本化条件的存货，是指需要经过相当长时间的生产活动才能达到预定可销售状态的存货。企业发生的一般产品设计费用以及不符合资本化条件的借款费用，应当计入当期损益。

企业通过数据加工取得的确认为存货的数据资源，其成本包括采购成本，数据采集、脱敏、清洗、标注、整合、分析、可视化等加工成本和使存货达到目前场所和状态所发生的其他支出。

企业在确定存货成本时必须注意，发生的下列支出应当于发生时直接计入当期损益，不应当计入存货成本：

（1）非正常消耗的直接材料、直接人工和制造费用。例如，企业超定额的废品损失以及因自然灾害而发生的直接材料、直接人工和制造费用损失。由于这些损失的发生无助于使该存货达到目前的场所和状态，因此，不能计入存货成本，而应将扣除残料和保险赔款后的净损失，计入营业外支出。

（2）仓储费用。这里所说的仓储费用，是指存货在采购入库之后发生的仓储费用，包括存货在加工环节和销售环节发生的一般仓储费用。但是，在生产过程中为使存货达到下一个生产阶段所必需的仓储费用，应当计入存货成本。例如，酿造企业为使产品达到规定的质量标准，通常需要经过必要的储存过程，其实质是产品生产过程的继续，是使产品达到规定的质量标准所必不可少的一个生产环节，相关仓储费用属于生产费用，应当计入存货成本，而不应计入当期损益。存货在采购过程中发生的仓储费用，也应当计入存货成本。

（3）不能归属于使存货达到目前场所和状态的其他支出。

（4）企业采购用于广告营销活动的特定商品，向客户预付货款未取得商品时，应作为预付账款进行会计处理，待取得相关商品时计入当期损益（销售费用）。

## （二）自制存货的会计处理

企业自制并已验收入库的存货，按计算确定的实际成本，借记"周转材料""库存商品"等存货科目，贷记"生产成本"科目。

**【例3-9】**华联实业股份有限公司的基本生产车间制造完成一批产成品，已验收入库。经计算，该批产成品的实际成本为60 000元。

| | |
|---|---|
| 借：库存商品 | 60 000 |
| 　贷：生产成本——基本生产成本 | 60 000 |

### 三、委托加工的存货

委托加工存货的成本，一般包括加工过程中实际耗用的原材料或半成品成本、加工费、运输费、装卸费等，以及按规定应计入加工成本的税金。

企业拨付待加工的材料物资、委托其他单位加工存货时，按发出材料物资的实际成本，借记"委托加工物资"科目，贷记"原材料""库存商品"等科目；支付加工费和往返运杂费时，借记"委托加工物资"科目，贷记"银行存款"科目；应由受托加工方代收代交的增值税，借记"应交税费——应交增值税（进项税额）"科目，贷记"银行存款""应付账款"等科目。需要交纳消费税的委托加工存货，由受托加工方代收代交的消费税，应分别以下情况处理：

（1）委托加工存货收回后直接用于销售，由受托加工方代收代交的消费税应计入委托加工存货成本，借记"委托加工物资"科目，贷记"银行存款""应付账款"等科目，待销售委托加工存货时，不需要再交纳消费税。

（2）委托加工存货收回后用于连续生产应税消费品，由受托加工方代收代交的消费税按规定准予抵扣的，借记"应交税费——应交消费税"科目，贷记"银行存款""应付账款"等科目；待连续生产的应税消费品生产完成并销售时，从生产完成的应税消费品应纳消费税额中抵扣。

委托加工的存货加工完成验收入库并收回剩余物资时，按计算的委托加工存货实际成本和剩余物资实际成本，借记"原材料""周转材料""库存商品"等科目，贷记"委托加工物资"科目。

**【例3-10】**华联实业股份有限公司发出一批A材料，委托乙公司加工成B材料（属于应税消费品）。发出A材料的实际成本为25 000元，支付加工费和往返运杂费15 000元，支付由受托加工方代收代交的增值税1 690元、消费税4 000元。委托加工的B材料收回后用于连续生产应税消费品。

（1）发出委托加工的A材料。

| | |
|---|---|
| 借：委托加工物资 | 25 000 |
| 　贷：原材料——A材料 | 25 000 |

（2）支付加工费和往返运杂费。

| | |
|---|---|
| 借：委托加工物资 | 15 000 |
| 　贷：银行存款 | 15 000 |

（3）支付增值税和消费税。

| | |
|---|---|
| 借：应交税费——应交增值税（进项税额） | 1 690 |
| 　贷：银行存款 | 1 690 |
| 借：应交税费——应交消费税 | 4 000 |

延伸阅读3-4

委托加工环节
消费税

  贷：银行存款               4 000

 （4）收回加工完成的B材料。

 B材料实际成本=25 000+15 000=40 000（元）

  借：原材料——B材料          40 000

   贷：委托加工物资           40 000

### 四、投资者投入的存货

  投资者投入存货的成本，应当按照投资合同约定的价值确定，但合同约定价值不公允的除外。在投资合同约定价值不公允的情况下，按照该项存货的公允价值作为其入账价值。

  企业收到投资者投入的存货时，按照投资合同约定的存货价值，借记"原材料""周转材料""库存商品"等科目，按增值税专用发票上注明的增值税进项税额，借记"应交税费——应交增值税（进项税额）"科目，按投资者在注册资本中应占有的份额，贷记"实收资本"或"股本"科目，按其差额，贷记"资本公积"科目。

  **【例3-11】**华联实业股份有限公司收到甲股东作为资本金投入的一批原材料。增值税专用发票上注明的原材料价格为650 000元，进项税额为84 500元，经投资各方确认，甲股东的投入资本按原材料发票金额确定，可折换华联公司每股面值1元的普通股股票500 000股。

  借：原材料              650 000

   应交税费——应交增值税（进项税额）    84 500

   贷：股本——甲股东          500 000

     资本公积——股本溢价       234 500

延伸阅读3-5

相关定义及
判断

### 五、以非货币性资产交换取得的存货

  非货币性资产交换是一种非经常性的特殊交易行为，是指企业主要以固定资产、无形资产、投资性房地产、长期股权投资等非货币性资产进行的交换。该交换不涉及或只涉及少量的货币性资产（即补价）。企业以非货币性资产交换取得的存货，其入账价值应当根据该项交换是否具有商业实质以及换入存货或换出资产的公允价值是否能够可靠地计量，分别以公允价值为基础计量或以账面价值为基础计量。

  （一）换入的存货以公允价值为基础计量

  1.换入存货以公允价值为基础计量的条件

  企业通过非货币性资产交换取得的存货，在同时满足下列条件时，其入账价值应当以公允价值为基础进行计量：

  （1）该项交换具有商业实质

  在确定非货币性资产交换是否具有商业实质时，企业应当重点考虑由于发生了该项资产交换预期使企业未来现金流量发生变动的程度，通过比较换出资产和换入资产预计产生的未来现金流量或其现值，确定非货币性资产交换是否具有商业实质。能够满足下列条件之一的非货币性资产交换具有商业实质：

  ① 换入资产的未来现金流量在风险、时间分布或金额方面与换出资产显著不同。通常情况下，只要换入资产和换出资产的未来现金流量在风险、时间分布或金额其中的某一个方面显著不同，即表明非货币性资产交换具有商业实质。

  ② 使用换入资产所产生的预计未来现金流量现值与继续使用换出资产所产生的预计未来现

金流量现值不同，且其差额与换入资产或换出资产的公允价值相比是重大的。如果按照第一个条件难以判断某项非货币性资产交换是否具有商业实质，即可根据第二个条件，通过计算换入资产和换出资产的预计未来现金流量现值并进行比较后判断。资产预计未来现金流量现值应当按照资产在持续使用过程中和最终处置时预计产生的税后现金流量，选择恰当的折现率折现后加以确定。

在判断非货币性资产交换是否具有商业实质时，企业还可以根据换入资产和换出资产是否属于同一类别进行分析。非货币性资产的类别是指在资产负债表中单独列示的非货币性资产项目，如固定资产、无形资产、投资性房地产、长期股权投资、存货等。不同类别的非货币性资产因其产生经济利益的方式不同，一般来说其产生的未来现金流量在风险、时间分布或金额方面也就不同，因而不同类别的非货币性资产之间的交换往往具有商业实质。

（2）换入资产或换出资产的公允价值能够可靠地计量

资产存在活跃市场，是资产公允价值能够可靠计量的明显证据，但不是唯一要求。符合下列情形之一的，均可以表明换入资产或换出资产的公允价值能够可靠地计量：

① 换入资产或换出资产存在活跃市场。对于存在活跃市场的非货币性资产，应当以该资产的市场价格为基础确定其公允价值。

② 换入资产或换出资产不存在活跃市场，但同类或类似资产存在活跃市场。对于同类或类似资产存在活跃市场的非货币性资产，应当以同类或类似资产的市场价格为基础确定其公允价值。

③ 换入资产或换出资产不存在同类或类似资产的可比市场交易，可以采用估值技术确定其公允价值。当采用估值技术确定资产的公允价值时，如果该公允价值估计数的变动区间很小，或者在公允价值估计数变动区间内，各种用于确定公允价值估计数的概率能够合理确定，也可以认为资产的公允价值能够可靠计量。

**2.换入存货以公允价值为基础计量的会计处理**

换入存货以公允价值为基础进行计量，应当以换出资产的公允价值加上应支付的相关税费，减去可抵扣的增值税进项税额，作为换入存货的入账成本；如果有确凿证据表明换入存货的公允价值更加可靠，应当以换入存货的公允价值（在相关增值税允许抵扣的情况下，指不含增值税的公允价值）加上应支付的相关税费，作为换入存货的入账成本。

在换入存货以公允价值为基础计量的情况下，无论是否涉及补价，只要换出资产的公允价值与其账面价值不同，就会涉及损益的确认。非货币性资产交换形成的损益，是指通过非货币性资产交换而实现的换出资产公允价值与其账面价值之间的差额，扣除相关税费后的净损益。企业应当将换出的资产视为按公允价值予以处置，在换出资产终止确认时，根据换出资产的不同类别，区分下列情况进行处理：

延伸阅读3-6
收入准则的相关规定

（1）换出资产为存货的，应当按照《企业会计准则第14号——收入》的相关规定进行会计处理，在换出存货的交易符合收入确认的前提条件时，一般应按换入存货（即取得的非现金对价）的公允价值确定交易价格，据以确认销售收入，并按换出存货的账面价值结转销售成本。

（2）换出资产为固定资产、在建工程、无形资产的，换出资产公允价值与其账面价值的差额，计入资产处置损益。

（3）换出资产为长期股权投资的，换出资产公允价值与其账面价值的差额，计入投资收益。

（4）换出资产为投资性房地产的，按换出资产的公允价值确认其他业务收入，按换出资产的账面价值结转其他业务成本。

【例3-12】华联实业股份有限公司以一项固定资产换入乙公司的一批商品。换出固定资产的账面原价为600 000元，累计折旧为120 000元，未计提减值准备，不含增值税的公允价值为400 000元，增值税销项税额为52 000元；换入商品不含增值税的公允价值为400 000元，可抵扣的增值税进项税额为52 000元。该项交换符合以公允价值为基础计量的条件，华联公司以公允价值为基础确定换入存货的成本。

| | | |
|---|---|---:|
| 借：固定资产清理 | | 480 000 |
| 　　累计折旧 | | 120 000 |
| 　　贷：固定资产 | | 600 000 |
| 借：库存商品 | | 400 000 |
| 　　应交税费——应交增值税（进项税额） | | 52 000 |
| 　　贷：固定资产清理 | | 400 000 |
| 　　　　应交税费——应交增值税（销项税额） | | 52 000 |
| 借：资产处置损益 | | 80 000 |
| 　　贷：固定资产清理 | | 80 000 |

如果非货币性资产交换涉及补价，则应按下列方法确定换入存货的成本：

（1）支付补价方，应当以换出资产的公允价值加上支付补价的公允价值和应支付的相关税费，减去可抵扣的增值税进项税额，作为换入存货的入账成本；如果有确凿证据表明换入存货的公允价值更加可靠，则应以换入存货的公允价值（在相关增值税允许抵扣的情况下，指不含增值税的公允价值）加上应支付的相关税费，作为换入存货的入账成本。

（2）收到补价方，应当以换出资产的公允价值加上应支付的相关税费，减去收取补价的公允价值和可抵扣的增值税进项税额，作为换入存货的入账成本；如果有确凿证据表明换入存货的公允价值更加可靠，则应以换入存货的公允价值（在相关增值税允许抵扣的情况下，指不含增值税的公允价值）加上应支付的相关税费，作为换入存货的入账成本。

【例3-13】华联实业股份有限公司以一批库存商品与乙公司的一批原材料进行交换，交易双方各自支付换入存货的运杂费1 600元，运费中允许抵扣的增值税税额均为90元。华联公司换出库存商品的账面余额为200 000元，不含增值税的公允价值为250 000元，增值税税额为32 500元，包含增值税的公允价值为282 500元；乙公司换出原材料的账面余额为255 000元，不含增值税的公允价值为260 000元，增值税税额为33 800元，包含增值税的公允价值为293 800元；华联公司另向乙公司支付银行存款11 300元作为补价。假定该项交换符合以公允价值为基础计量的条件，华联公司和乙公司均以公允价值为基础确定换入存货的成本并确认换出存货的收入。

（1）华联公司（支付补价方）以库存商品换入原材料的会计处理。

换入原材料入账成本=282 500+（1 600-90）+11 300-33 800=261 510（元）

换出库存商品的交易价格（不含增值税）$=\dfrac{293\,800-11\,300}{1+13\%}=250\,000$（元）

增值税进项税额=33 800+90=33 890（元）

| | | |
|---|---|---:|
| 借：原材料 | | 261 510 |
| 　　应交税费——应交增值税（进项税额） | | 33 890 |
| 　　贷：主营业务收入 | | 250 000 |
| 　　　　应交税费——应交增值税（销项税额） | | 32 500 |
| 　　　　银行存款 | | 12 900 |

| 借：主营业务成本 | 200 000 | |
| 贷：库存商品 | | 200 000 |

（2）乙公司（收到补价方）以原材料换入库存商品的会计处理。

换入库存商品入账成本=293 800+（1 600-90）-11 300-32 500=251 510（元）

换出原材料的交易价格（不含增值税）$=\dfrac{282\,500+11\,300}{1+13\%}=260\,000$（元）

增值税进项税额=32 500+90=32 590（元）

| 借：库存商品 | 251 510 | |
| 应交税费——应交增值税（进项税额） | 32 590 | |
| 银行存款 | 11 300 | |
| 贷：其他业务收入 | | 260 000 |
| 应交税费——应交增值税（销项税额） | | 33 800 |
| 银行存款 | | 1 600 |
| 借：其他业务成本 | 255 000 | |
| 贷：原材料 | | 255 000 |

**（二）换入的存货以账面价值为基础计量**

非货币性资产交换不具有商业实质，或者换出资产和换入存货的公允价值均不能可靠计量，即不能同时满足以公允价值计量的两个条件，应当以换出资产的账面价值为基础确定换入存货的成本，无论是否涉及补价，均不确认损益。

在非货币性资产交换不涉及补价的情况下，应当以换出资产的账面价值加上应支付的相关税费，减去可抵扣的增值税进项税额，作为换入存货的入账成本。

**【例3-14】**华联实业股份有限公司以一项无形资产换入乙公司的一批原材料。换出无形资产的账面原价为1 200 000元，累计摊销为280 000元，未计提减值准备，账面价值为920 000元，按计税价格计算的增值税销项税额为55 200元；换入原材料允许抵扣的增值税税额为112 190元。假定该项交换不符合以公允价值为基础计量的条件，华联公司以账面价值为基础确定换入原材料的成本。

换入原材料入账成本=920 000+55 200-112 190=863 010（元）

| 借：原材料 | 863 010 | |
| 应交税费——应交增值税（进项税额） | 112 190 | |
| 累计摊销 | 280 000 | |
| 贷：无形资产 | | 1 200 000 |
| 应交税费——应交增值税（销项税额） | | 55 200 |

如果非货币性资产交换涉及补价，则应按下列方法确定换入存货的成本：

（1）支付补价方，应当以换出资产的账面价值加上支付的补价的账面价值和应支付的相关税费，减去可抵扣的增值税进项税额，作为换入存货的入账成本。

（2）收到补价方，应当以换出资产的账面价值加上应支付的相关税费，减去收到的补价的公允价值和可抵扣的增值税进项税额，作为换入存货的入账成本。

**【例3-15】**华联实业股份有限公司以一批原材料换入丙公司的一批库存商品，交易双方各自支付换入存货的运杂费650元，运费中允许抵扣的增值税税额均为45元。华联公司换出原材料的账面余额为150 000元，按计税价格计算的增值税销项税额为19 760元；丙公司换出库存商品的账面余额为 120 000 元，按计税价格计算的增值税销项税额为 17 550 元；双方商定，丙公司另向华联公司支付银行存款 20 000 元作为补价。假定该项交换不符合以公允价值为基础计量的条件，华联公司和丙公司均以账面价值为基础确定换入存货的成本，双方换出的存货均不确认收入。

（1）华联公司（收到补价方）以原材料换入库存商品的会计处理。

换入库存商品入账成本=150 000+19 760+（650-45）-20 000-17 550=132 815（元）

增值税进项税额=17 550+45=17 595（元）

| | |
|---|---|
| 借：库存商品 | 132 815 |
| 　　应交税费——应交增值税（进项税额） | 17 595 |
| 　　银行存款 | 20 000 |
| 　贷：原材料 | 150 000 |
| 　　　应交税费——应交增值税（销项税额） | 19 760 |
| 　　　银行存款 | 650 |

（2）丙公司（支付补价方）以库存商品换入原材料的会计处理。

换入原材料入账成本=120 000+17 550+（650-45）+20 000-19 760=138 395（元）

增值税进项税额=19 760+45=19 805（元）

| | |
|---|---|
| 借：原材料 | 138 395 |
| 　　应交税费——应交增值税（进项税额） | 19 805 |
| 　贷：库存商品 | 120 000 |
| 　　　应交税费——应交增值税（销项税额） | 17 550 |
| 　　　银行存款 | 20 650 |

延伸阅读 3-7

债务重组

### 六、通过债务重组取得的存货

企业通过债务重组取得的存货，应当按照受让存货的成本计量。受让存货的成本，包括放弃债权的公允价值和使该资产达到当前位置和状态所发生的可直接归属于该资产的税金、运输费、装卸费、保险费等其他成本。增值税一般纳税人涉及增值税的存货，受让存货允许抵扣的增值税进项税额应当单独入账，不计入存货成本。

放弃债权的公允价值与其账面价值之间的差额，应当计入当期损益。具体地说，如果放弃债权的公允价值大于账面价值，应将其差额记入"投资收益"科目贷方；如果放弃债权的公允价值小于账面价值，应将其差额记入"投资收益"科目借方。

在放弃的债权未计提损失准备的情况下，企业收到抵债的存货时，按确定的受让存货成本，借记"原材料""周转材料""库存商品"等科目，按可抵扣的增值税进项税额，借记"应交税费——应交增值税（进项税额）"科目，按放弃债权的账面余额，贷记"应收账款"等科目，按应支付的相关税费，贷记"银行存款""应交税费"等科目，按照上列借方与贷方的差额，借记或者贷记"投资收益"科目；在放弃的债权已计提了损失准备的情况下，企业收到抵债的存货时，按确定的受让存货成本，借记"原材料""周转材料""库存商品"等科目，按可抵扣的增值税进项税额，借记"应交税费——应交增值税（进项税额）"科目，按放弃债权已计提的损失准备，借记"坏账准备"科目，按放弃债权的账面余额，贷记"应收账款"等科目，按应支付的相关税费，贷记"银行存款""应交税费"等科目，按照上列借方与贷方的差额，借记或者贷记"投资收益"科目。

【例 3-16】华联实业股份有限公司应收乙公司销货款 813 600 元，因乙公司现金周转发生困难，经协商，双方达成债务重组协议，乙公司以一批原材料抵债，该批原材料允许抵扣的增值税税额为87 750元。华联公司支付原材料运杂费6 700元，运费中允许抵扣的增值税税额为450元。华联公司应收乙公司销货款的公允价值为750 000元。

（1）假定华联公司未对该应收账款计提损失准备。

增值税进项税额=87 750+450=88 200（元）

原材料入账成本=750 000+6 700-88 200=668 500（元）

应确认投资损益=750 000-813 600=-63 600（元）

| | | |
|---|---|---|
| 借：原材料 | 668 500 | |
| 应交税费——应交增值税（进项税额） | 88 200 | |
| 投资收益 | 63 600 | |
| 贷：应收账款——乙公司 | | 813 600 |
| 银行存款 | | 6 700 |

（2）假定华联公司对该应收账款计提了60 000元的损失准备。

应确认投资损益=750 000-（813 600-60 000）=-3 600（元）

| | | |
|---|---|---|
| 借：原材料 | 668 500 | |
| 应交税费——应交增值税（进项税额） | 88 200 | |
| 坏账准备 | 60 000 | |
| 投资收益 | 3 600 | |
| 贷：应收账款——乙公司 | | 813 600 |
| 银行存款 | | 6 700 |

（3）假定华联公司对该应收账款计提了70 000元的损失准备。

应确认投资损益=750 000-（813 600-70 000）=6 400（元）

| | | |
|---|---|---|
| 借：原材料 | 668 500 | |
| 应交税费——应交增值税（进项税额） | 88 200 | |
| 坏账准备 | 70 000 | |
| 贷：应收账款——乙公司 | | 813 600 |
| 银行存款 | | 6 700 |
| 投资收益 | | 6 400 |

## 第三节 发出存货的计量

### 一、存货成本流转假设

企业取得存货的目的，是满足生产和销售的需要。随着存货的取得，存货源源不断地流入企业，而随着存货的销售或耗用，存货则从一个生产经营环节流向另一个生产经营环节，并最终流出企业。存货的这种不断流动，就形成了生产经营过程中的存货流转。

存货流转包括实物流转和成本流转两个方面。从理论上说，存货的成本流转应当与实物流转相一致，即取得存货时确定的各项存货入账成本应当随着各该存货的销售或耗用而同步结转。但在会计实务中，由于存货品种繁多，流进流出数量很大，而且同一存货因不同时间、不同地点、不同方式取得而单位成本各异，很难保证存货的成本流转与实物流转完全一致。因此，会计上可行的处理方法是，按照一个假定的成本流转方式来确定发出存货的成本，而不强求存货的成本流转与实物流转相一致，这就是存货成本流转假设。

采用不同的存货成本流转假设在期末结存存货与本期发出存货之间分配存货成本，就产生了不同的存货计价方法，如个别计价法、先进先出法、月末一次加权平均法、移动加权平均法、最后进价法等。由于不同的存货计价方法得出的计价结果各不相同，因此，存货计价方法的选择，将对企业的财务状况和经营成果产生一定的影响，主要体现在以下三个方面：

（1）存货计价方法对损益计算有直接影响。如果期末存货计价过低，就会低估当期收益，反之，则会高估当期收益；而如果期初存货计价过低，就会高估当期收益，反之，则会低估当期收益。

（2）存货计价方法对资产负债表有关项目数额的计算有直接影响，包括流动资产总额、所有者权益等项目。

（3）存货计价方法对应交所得税数额的计算有一定的影响。

**二、发出存货的计价方法**

我国企业会计准则规定，企业在确定发出存货的成本时，可以采用先进先出法、加权平均法（包括月末一次加权平均法和移动加权平均法）或者个别计价法。企业应当根据实际情况，综合考虑存货的性质、实物流转方式和管理的要求，选择适当的存货计价方法，合理确定发出存货的实际成本。对于性质和用途相似的存货，应当采用相同的存货计价方法。存货计价方法一旦选定，前后各期应当保持一致，并在会计报表附注中予以披露。

**（一）先进先出法**

先进先出法是以先入库的存货先发出去这一存货成本流转假设为前提，对先发出的存货按先入库的存货单位成本计价，后发出的存货按后入库的存货单位成本计价，据以确定本期发出存货和期末结存存货成本的一种方法。

**【例3-17】**华联实业股份有限公司某年6月份A商品的购进、发出和结存资料，见表3-2。

表3-2　　　　　　　　　　　　　　　　　　存货明细账

存货类别：　　　　　　　　　　　　　　　　　　　　　　　　　　　计量单位：元/件

存货编号：　　　　　　　　　　　　　　　　　　　　　　　　　　　最高存量：

存货名称及规格：A商品　　　　　　　　　　　　　　　　　　　　　最低存量：

| ××年 | | 凭证编号 | 摘要 | 收入 | | | 发出 | | | 结存 | | |
|---|---|---|---|---|---|---|---|---|---|---|---|---|
| 月 | 日 | | | 数量 | 单价 | 金额 | 数量 | 单价 | 金额 | 数量 | 单价 | 金额 |
| 6 | 1 | | 期初结存 | | | | | | | 200 | 60 | 12 000 |
| | 5 | | 购进 | 500 | 66 | 33 000 | | | | 700 | | |
| | 7 | | 发出 | | | | 400 | | | 300 | | |
| | 16 | | 购进 | 600 | 70 | 42 000 | | | | 900 | | |
| | 18 | | 发出 | | | | 800 | | | 100 | | |
| | 27 | | 购进 | 500 | 68 | 34 000 | | | | 600 | | |
| | 29 | | 发出 | | | | 300 | | | 300 | | |
| 6 | 30 | | 期末结存 | 1 600 | | 109 000 | 1 500 | | | 300 | | |

华联公司采用先进先出法计算的A商品本月发出和月末结存成本如下：

6月7日发出A商品成本=60×200+66×200=25 200（元）

6月18日发出A商品成本=66×300+70×500=54 800（元）

6月29日发出A商品成本=70×100+68×200=20 600（元）

月末结存A商品成本=68×300=20 400（元）

根据上述计算，本月A商品的收入、发出和结存情况，见表3-3。

表3-3                      **存货明细账（先进先出法）**

存货类别：                                           计量单位：元/件

存货编号：                                           最高存量：

存货名称及规格：A商品                            最低存量：

| ××年 | | 凭证编号 | 摘要 | 收入 | | | 发出 | | | 结存 | | |
|---|---|---|---|---|---|---|---|---|---|---|---|---|
| 月 | 日 | | | 数量 | 单价 | 金额 | 数量 | 单价 | 金额 | 数量 | 单价 | 金额 |
| 6 | 1 | | 期初结存 | | | | | | | 200 | 60 | 12 000 |
| | 5 | | 购进 | 500 | 66 | 33 000 | | | | 700 | | 45 000 |
| | 7 | | 发出 | | | | 400 | | 25 200 | 300 | | 19 800 |
| | 16 | | 购进 | 600 | 70 | 42 000 | | | | 900 | | 61 800 |
| | 18 | | 发出 | | | | 800 | | 54 800 | 100 | | 7 000 |
| | 27 | | 购进 | 500 | 68 | 34 000 | | | | 600 | | 41 000 |
| | 29 | | 发出 | | | | 300 | | 20 600 | 300 | | 20 400 |
| 6 | 30 | | 期末结存 | 1 600 | | 109 000 | 1 500 | | 100 600 | 300 | 68 | 20 400 |

采用先进先出法进行存货计价，可以随时确定发出存货的成本，从而保证了产品成本和销售成本计算的及时性，并且期末存货成本是按最近购货成本确定的，比较接近现行的市场价值。但采用该方法计价，有时对同一批发出存货要采用两个或两个以上的单位成本计价，计算繁琐，对存货进出频繁的企业更是如此。从该方法对财务报告的影响来看，在物价上涨期间，会高估当期利润和存货价值；反之，会低估当期利润和存货价值。

**（二）月末一次加权平均法**

月末一次加权平均法，是指以月初结存存货数量和本月各批收入存货数量作为权数，计算本月存货的加权平均单位成本，据以确定本月发出存货成本和月末结存存货成本的一种方法。加权平均单位成本以及本月发出存货成本和月末结存存货成本的计算公式如下：

$$加权平均单位成本 = \frac{月初结存存货成本 + 本月收入存货成本}{月初结存存货数量 + 本月收入存货数量}$$

本月发出存货成本=加权平均单位成本×本月发出存货的数量

月末结存存货成本=加权平均单位成本×本月结存存货的数量

由于在计算加权平均单位成本时往往不能除尽，为了保证月末结存存货的数量、单位成本与总成本的一致性，实务中，应当先按加权平均单位成本计算月末结存存货成本，然后倒减出本月发出存货成本，将计算尾差挤入发出存货成本。即：

月末结存存货成本=加权平均单位成本×本月结存存货的数量

本月发出存货成本=（月初结存存货成本+本月收入存货成本）-月末结存存货成本

【例3-18】华联实业股份有限公司某年6月份A商品的购进、发出和结存资料，见表3-2。华联公司采用月末一次加权平均法计算的A商品本月加权平均单位成本及本月发出和月末结存成本如下：

$$加权平均单位成本=\frac{12\,000+109\,000}{200+1\,600}=67.22（元/件）$$

月末结存A商品成本=67.22×300=20 166（元）

本月发出A商品成本=（12 000+109 000）-20 166=100 834（元）

根据上述计算，本月A商品的收入、发出和结存情况，见表3-4。

表3-4　　　　　　　　　　　存货明细账（月末一次加权平均法）

存货类别：　　　　　　　　　　　　　　　　　　　　　　　　　　计量单位：元/件

存货编号：　　　　　　　　　　　　　　　　　　　　　　　　　　最高存量：

存货名称及规格：A商品　　　　　　　　　　　　　　　　　　　　最低存量：

| ××年 | | 凭证编号 | 摘要 | 收入 | | | 发出 | | | 结存 | | |
|---|---|---|---|---|---|---|---|---|---|---|---|
| 月 | 日 | | | 数量 | 单价 | 金额 | 数量 | 单价 | 金额 | 数量 | 单价 | 金额 |
| 6 | 1 | | 期初结存 | | | | | | | 200 | 60 | 12 000 |
| | 5 | | 购进 | 500 | 66 | 33 000 | | | | 700 | | |
| | 7 | | 发出 | | | | 400 | | | 300 | | |
| | 16 | | 购进 | 600 | 70 | 42 000 | | | | 900 | | |
| | 18 | | 发出 | | | | 800 | | | 100 | | |
| | 27 | | 购进 | 500 | 68 | 34 000 | | | | 600 | | |
| | 29 | | 发出 | | | | 300 | | | 300 | | |
| 6 | 30 | | 期末结存 | 1 600 | | 109 000 | 1 500 | | 100 834 | 300 | 67.22 | 20 166 |

采用月末一次加权平均法，只在月末一次计算加权平均单位成本并结转发出存货成本即可，平时不对发出存货计价，因而日常核算工作量较小，简便易行，适用于存货收发比较频繁的企业。但也正因为存货计价集中在月末进行，所以平时无法提供发出存货和结存存货的单价及金额，不利于存货的管理。

（三）移动加权平均法

移动加权平均法，是指平时每入库一批存货，就以原有存货数量和本批入库存货数量为权数，计算一个加权平均单位成本，据以对其后发出存货进行计价的一种方法。移动加权平均单位成本以及本批发出存货成本和期末结存存货成本的计算公式如下：

$$移动加权平均单位成本=\frac{原有存货成本+本批入库存货成本}{原有存货数量+本批入库存货数量}$$

本批发出存货成本=最近移动加权平均单位成本×本批发出存货的数量

期末结存存货成本=期末移动加权平均单位成本×本期结存存货的数量

和月末一次加权平均法类似，采用移动加权平均法也应采用倒挤的方法，将计算尾差挤入发出存货成本。即先按移动加权平均单位成本计算结存存货成本，然后倒减出发出存货成本，以保证各批发出存货后以及期末时结存存货的数量、单位成本与总成本的一致性。

【例3-19】华联实业股份有限公司某年6月份A商品的购进、发出和结存资料见表3-2。华联公司采用移动加权平均法计算的 A 商品本月移动加权平均单位成本及本月发出和月末结存成本如下：

6月5日购进后移动加权平均单位成本 $=\dfrac{12\,000+33\,000}{200+500}=64.29$（元/件）

6月7日结存A商品成本 $=64.29\times300=19\,287$（元）

6月7日发出A商品成本 $=45\,000-19\,287=25\,713$（元）

6月16日购进后移动加权平均单位成本 $=\dfrac{19\,287+42\,000}{300+600}=68.10$（元/件）

6月18日结存A商品成本 $=68.10\times100=6\,810$（元）

6月18日发出A商品成本 $=61\,287-6\,810=54\,477$（元）

6月27日购进后移动加权平均单位成本 $=\dfrac{6\,810+34\,000}{100+500}=68.02$（元/件）

6月29日结存A商品成本 $=68.02\times300=20\,406$（元）

6月29日发出A商品成本 $=40\,810-20\,406=20\,404$（元）

月末结存A商品成本 $=68.02\times300=20\,406$（元）

根据上述计算，本月 A 商品的收入、发出和结存情况，见表3-5。

表3-5　　　　　　　　　　　　　**存货明细账（移动加权平均法）**

存货类别：　　　　　　　　　　　　　　　　　　　　　　　　　　　计量单位：元/件

存货编号：　　　　　　　　　　　　　　　　　　　　　　　　　　　最高存量：

存货名称及规格：A 商品　　　　　　　　　　　　　　　　　　　　　最低存量：

| ××年 | | 凭证编号 | 摘要 | 收入 | | | 发出 | | | 结存 | | |
|---|---|---|---|---|---|---|---|---|---|---|---|---|
| 月 | 日 | | | 数量 | 单价 | 金额 | 数量 | 单价 | 金额 | 数量 | 单价 | 金额 |
| 6 | 1 | | 期初结存 | | | | | | | 200 | 60 | 12 000 |
| | 5 | | 购进 | 500 | 66 | 33 000 | | | | 700 | 64.29 | 45 000 |
| | 7 | | 发出 | | | | 400 | | 25 713 | 300 | 64.29 | 19 287 |
| | 16 | | 购进 | 600 | 70 | 42 000 | | | | 900 | 68.10 | 61 287 |
| | 18 | | 发出 | | | | 800 | | 54 477 | 100 | 68.10 | 6 810 |
| | 27 | | 购进 | 500 | 68 | 34 000 | | | | 600 | 68.02 | 40 810 |
| | 29 | | 发出 | | | | 300 | | 20 404 | 300 | 68.02 | 20 406 |
| 6 | 30 | | 期末结存 | 1 600 | | 109 000 | 1 500 | | 100 594 | 300 | 68.02 | 20 406 |

和月末一次加权平均法相比，移动加权平均法的特点是将存货的计价和明细账的登记分散在平时进行，从而可以随时掌握发出存货的成本和结存存货的成本，为存货管理及时提供所需信息。但采用这种方法，每次收货都要计算一次加权平均单位成本，计算工作量较大，不适合收发货比较频繁的企业使用。

### （四）个别计价法

个别计价法，亦称个别认定法或具体辨认法，是指本期发出存货和期末结存存货的成本，完全按照该存货所属购进批次或生产批次入账时的实际成本进行确定的一种方法。由于采用该方法要求各批发出的存货必须可以逐一辨认所属的购进批次或生产批次，因此，需要对每一存货的品种规格、入账时间、单位成本、存放地点等作详细记录。

**【例3-20】**华联实业股份有限公司某年6月份A商品的购进、发出和结存资料，见表3-2。经具体辨认，6月7日发出的400件A商品中，有100件属于期初结存的商品，有300件属于6月5日第一批购进的商品；6月18日发出的800件A商品中，有100件属于期初结存的商品，有100件属于6月5日第一批购进的商品，其余600件属于6月16日第二批购进的商品；6月29日发出的300件A商品均属于6月27日第三批购进的商品。华联公司采用个别计价法计算的A商品本月发出和月末结存成本如下：

6月7日发出A商品成本＝60×100＋66×300＝25 800（元）

6月18日发出A商品成本＝60×100＋66×100＋70×600＝54 600（元）

6月29日发出A商品成本＝68×300＝20 400（元）

月末结存A商品成本＝66×100＋68×200＝20 200（元）

根据上述计算，本月A商品的收入、发出和结存情况，见表3-6。

表3-6         **存货明细账（个别计价法）**

存货类别：                 计量单位：元/件

存货编号：                 最高存量：

存货名称及规格：A商品         最低存量：

| ××年 | | 凭证编号 | 摘要 | 收入 | | | 发出 | | | 结存 | | |
|---|---|---|---|---|---|---|---|---|---|---|---|---|
| 月 | 日 | | | 数量 | 单价 | 金额 | 数量 | 单价 | 金额 | 数量 | 单价 | 金额 |
| 6 | 1 | | 期初结存 | | | | | | | 200 | 60 | 12 000 |
| | 5 | | 购进 | 500 | 66 | 33 000 | | | | 700 | | 45 000 |
| | 7 | | 发出 | | | | 400 | | 25 800 | 300 | | 19 200 |
| | 16 | | 购进 | 600 | 70 | 42 000 | | | | 900 | | 61 200 |
| | 18 | | 发出 | | | | 800 | | 54 600 | 100 | | 6 600 |
| | 27 | | 购进 | 500 | 68 | 34 000 | | | | 600 | | 40 600 |
| | 29 | | 发出 | | | | 300 | | 20 400 | 300 | | 20 200 |
| 6 | 30 | | 期末结存 | 1 600 | | 109 000 | 1 500 | | 100 800 | 300 | 67.33 | 20 200 |

个别计价法的特点是存货的成本流转与实物流转完全一致，因而能准确地反映本期发出存货和期末结存存货的成本。但采用该方法必须具备详细的存货收、发、存记录，日常核算非常繁琐，存货实物流转的操作程序也相当复杂。一般来说，个别计价法只适用于不能替代使用的存货或为特定项目专门购入或制造的存货的计价，以及品种数量不多、单位价值较高或体积较大、容易辨认的存货的计价，如房产、船舶、飞机、重型设备以及珠宝、名画等贵重物品。

需要说明的是，随着越来越多的企业采用计算机信息系统进行会计处理，使得在手工操作下具有明显局限性的计价方法，如移动加权平均法、个别计价法等，也可以广泛应用于发出存货的计价。

**三、发出存货的会计处理**

存货是为了满足企业生产经营的各种需要而储备的，其经济用途各异，消耗方式也各不相同。因此，企业应当根据各类存货的特点及用途，对发出存货进行相应的会计处理。

（一）生产经营领用的原材料

原材料在生产经营过程中领用后，其原有实物形态会发生改变乃至消失，其成本也随之形成相关资产成本或直接转化为费用。根据原材料的消耗特点，企业应按发出原材料的用途，将其成本直接计入相关资产成本或当期费用。领用原材料时，按计算确定的实际成本，借记"生产成本""制造费用""委托加工物资""在建工程""销售费用""管理费用"等科目，贷记"原材料"科目。

【例3-21】华联实业股份有限公司本月领用原材料的实际成本为250 000元。其中，基本生产领用150 000元，辅助生产领用70 000元，生产车间一般耗用20 000元，在建工程领用8 000元，管理部门领用2 000元。

```
借：生产成本——基本生产成本                    150 000
           ——辅助生产成本                      70 000
    制造费用                                    20 000
    在建工程                                     8 000
    管理费用                                     2 000
  贷：原材料                                               250 000
```

（二）生产经营领用的周转材料

企业领用的周转材料分布于生产经营的各个环节，具体用途不同，会计处理也不尽相同：（1）生产部门领用的周转材料，构成产品实体一部分的，其账面价值应直接计入产品生产成本；属于车间一般性物料消耗的，其账面价值应计入制造费用。（2）销售部门领用的周转材料，随同商品出售但不单独计价的，其账面价值应计入销售费用；随同商品出售并单独计价的，应视为材料销售，将取得的收入作为其他业务收入，相应的周转材料账面价值计入其他业务成本。（3）用于出租的周转材料，收取的租金应作为其他业务收入并计算交纳增值税，相应的周转材料账面价值应计入其他业务成本；用于出借的周转材料，其账面价值应计入销售费用。（4）管理部门领用的周转材料，其账面价值应计入管理费用。

企业一般应设置"周转材料"科目核算各种周转材料的实际成本或计划成本，也可以单独设置"包装物""低值易耗品"科目分别核算企业的包装物和低值易耗品。企业应根据周转材料的消耗方式、价值大小、耐用程度等，选择适当的摊销方法，将其账面价值一次或分次计入有关成本费用。常用的周转材料摊销方法有一次转销法、五五摊销法、分次摊销法等。

1.一次转销法

一次转销法是指在领用周转材料时，将其账面价值全部计入领用当期有关成本费用的一种方法。

采用这种方法，领用周转材料时，应按其账面价值，借记"生产成本""制造费用""其他业务成本""销售费用""管理费用"等科目，贷记"周转材料"科目；周转材料报废时，应按其残料价值冲减有关资产成本或当期损益，借记"原材料""银行存款"等科目，贷记"生产成本""制造费用""其他业务成本""销售费用""管理费用"等科目。

【例3-22】华联实业股份有限公司的管理部门某月领用一批低值易耗品，账面价值为1 000元，采用一次转销法。当月，报废一批管理用低值易耗品，残料作价50元，作为原材料入库。

（1）领用低值易耗品。

```
借：管理费用                                     1 000
```

　　　　贷：周转材料　　　　　　　　　　　　　　　　　　　　　　　　　　1 000

（2）报废低值易耗品，残料作价入库。

　　　　借：原材料　　　　　　　　　　　　　　　　　　　　　　　　　　　　50

　　　　　　贷：管理费用　　　　　　　　　　　　　　　　　　　　　　　　　　　50

【例3-23】华联实业股份有限公司领用一批包装物，用于包装对外销售的产品，领用的包装物不单独计价收款。该批包装物的账面价值为1 800元。

　　　　借：销售费用　　　　　　　　　　　　　　　　　　　　　　　　　1 800

　　　　　　贷：周转材料　　　　　　　　　　　　　　　　　　　　　　　　1 800

　　一次转销法通常适用于价值较低或极易损坏的管理用具、小型工具和卡具、在单件小批生产方式下为制造某批订货所用的专用工具等低值易耗品，以及生产领用的包装物和随同商品出售的包装物。数量不多、金额较小，且业务不频繁的出租或出借包装物，也可以采用一次转销法，但应加强实物管理，并在备查簿上进行登记。

2.五五摊销法

　　五五摊销法是指在领用周转材料时先摊销其账面价值的50%，待报废时再摊销其账面价值的50%的一种摊销方法。

　　采用五五摊销法，周转材料应分别"在库""在用"和"摊销"进行明细核算。领用周转材料时，按其账面价值，借记"周转材料——在用"科目，贷记"周转材料——在库"科目，同时，摊销其账面价值的50%，借记"制造费用""其他业务成本""销售费用""管理费用"等科目，贷记"周转材料——摊销"科目；周转材料报废时，摊销其余50%的账面价值，借记"制造费用""其他业务成本""销售费用""管理费用"等科目，贷记"周转材料——摊销"科目，同时，转销周转材料全部已提摊销额，借记"周转材料——摊销"科目，贷记"周转材料——在用"科目；报废周转材料的残料价值应冲减有关成本费用，借记"原材料""银行存款"等科目，贷记"制造费用""其他业务成本""销售费用""管理费用"等科目。

【例3-24】华联实业股份有限公司领用了一批全新的包装箱，无偿提供给客户周转使用。包装箱账面价值50 000元，采用五五摊销法摊销。该批包装箱报废时，残料估价2 000元作为原材料入库。

（1）领用包装箱并摊销其账面价值的50%。

　　　　借：周转材料——在用　　　　　　　　　　　　　　　　　　　50 000

　　　　　　贷：周转材料——在库　　　　　　　　　　　　　　　　　　　50 000

　　　　借：销售费用　　　　　　　　　　　　　　　　　　　　　　　25 000

　　　　　　贷：周转材料——摊销　　　　　　　　　　　　　　　　　　　25 000

（2）包装箱报废，摊销其余50%的账面价值并转销全部已提摊销额。

　　　　借：销售费用　　　　　　　　　　　　　　　　　　　　　　　25 000

　　　　　　贷：周转材料——摊销　　　　　　　　　　　　　　　　　　　25 000

　　　　借：周转材料——摊销　　　　　　　　　　　　　　　　　　　50 000

　　　　　　贷：周转材料——在用　　　　　　　　　　　　　　　　　　　50 000

（3）报废包装箱的残料作价入库。

　　　　借：原材料　　　　　　　　　　　　　　　　　　　　　　　　2 000

　　　　　　贷：销售费用　　　　　　　　　　　　　　　　　　　　　　　2 000

【例3-25】华联实业股份有限公司领用了一批账面价值为56 000元的包装桶，出租给客户使用，并收取押金56 500元。租金于客户退还包装桶时，按实际使用时间计算并从押金中扣除。

（1）领用包装物并摊销其账面价值的50%。

借：周转材料——在用　　　　　　　　　　　　　　　　　　56 000
　　贷：周转材料——在库　　　　　　　　　　　　　　　　　　56 000
借：其他业务成本　　　　　　　　　　　　　　　　　　　　28 000
　　贷：周转材料——摊销　　　　　　　　　　　　　　　　　　28 000

（2）收取包装物押金。

借：银行存款　　　　　　　　　　　　　　　　　　　　　56 500
　　贷：其他应付款　　　　　　　　　　　　　　　　　　　　56 500

（3）客户退还包装物，计算收取租金14 125元，并退还其余押金。

增值税销项税额=$\frac{14\ 125}{1+13\%}$×13%=1 625（元）

租金收入=14 125-1 625=12 500（元）

借：其他应付款　　　　　　　　　　　　　　　　　　　　56 500
　　贷：其他业务收入　　　　　　　　　　　　　　　　　　　12 500
　　　　应交税费——应交增值税（销项税额）　　　　　　　　1 625
　　　　银行存款　　　　　　　　　　　　　　　　　　　　42 375

如果客户逾期未退还出租或出借的周转材料，则应将没收的押金视为销售周转材料取得的价款，计算相应的增值税销项税额，并按扣除增值税的金额确认其他业务收入；同时，应摊销该周转材料其余50%的账面价值。

【例3-26】按【例3-25】资料，现假定客户逾期未退还包装物，华联公司没收押金。

（1）确认没收押金取得的收入。

增值税销项税额=$\frac{56\ 500}{1+13\%}$×13%=6 500（元）

其他业务收入=56 500-6 500=50 000（元）

借：其他应付款　　　　　　　　　　　　　　　　　　　　56 500
　　贷：其他业务收入　　　　　　　　　　　　　　　　　　　50 000
　　　　应交税费——应交增值税（销项税额）　　　　　　　　6 500

（2）摊销其余50%的账面价值并转销全部已提摊销额。

借：其他业务成本　　　　　　　　　　　　　　　　　　　28 000
　　贷：周转材料——摊销　　　　　　　　　　　　　　　　　　28 000
借：周转材料——摊销　　　　　　　　　　　　　　　　　56 000
　　贷：周转材料——在用　　　　　　　　　　　　　　　　　56 000

采用五五摊销法，虽然会计处理略显繁琐，但周转材料在报废之前，始终有50%的价值保留在账面上，有利于加强对周转材料的管理与核算。该方法适用于领用数量多、金额大的周转材料摊销。

3.分次摊销法

分次摊销法是指根据周转材料可供使用的估计次数，将其成本分期计入有关成本费用的一种摊销方法。各期周转材料摊销额的计算公式如下：

某期周转材料摊销额=$\frac{周转材料账面价值}{预计可使用次数}$×该期实际使用次数

分次摊销法的核算原理与五五摊销法相同，只是周转材料的价值是分若干次计算摊销的，而不是在领用和报废时各摊销一半。

【例3-27】某建造承包商本月领用一批定型模板，账面价值12 000元，预计可使用6次，采用分次摊销法摊销。领用当月，实际使用2次；领用第2个月，实际使用3次；领用第3个月，该批模板报废，将残料售出，收取价款1 000元存入银行。

（1）领用模板。

| | |
|---|---|
| 借：周转材料——在用 | 12 000 |
| 　贷：周转材料——在库 | 12 000 |

（2）领用当月，摊销模板账面价值。

领用当月模板摊销额 $=\dfrac{12\,000}{6}\times2=4\,000$（元）

| | |
|---|---|
| 借：合同履约成本——工程施工 | 4 000 |
| 　贷：周转材料——摊销 | 4 000 |

（3）领用第2个月，摊销模板账面价值。

第2个月模板摊销额 $=\dfrac{12\,000}{6}\times3=6\,000$（元）

| | |
|---|---|
| 借：合同履约成本——工程施工 | 6 000 |
| 　贷：周转材料——摊销 | 6 000 |

（4）领用第3个月，模板报废，将账面摊余价值一次摊销并转销全部已提摊销额。

账面摊余价值 $=12\,000-4\,000-6\,000=2\,000$（元）

| | |
|---|---|
| 借：合同履约成本——工程施工 | 2 000 |
| 　贷：周转材料——摊销 | 2 000 |
| 借：周转材料——摊销 | 12 000 |
| 　贷：周转材料——在用 | 12 000 |

（5）将报废模板残料售出，收取价款存入银行。

| | |
|---|---|
| 借：银行存款 | 1 000 |
| 　贷：合同履约成本——工程施工 | 1 000 |

分次摊销法主要适用于建造承包商的钢模板、木模板、脚手架等周转材料的摊销。

**（三）销售的存货**

1.销售的库存商品等存货

企业对外销售的商品、产成品、自制半成品等存货，取得的销售收入构成其主营业务收入的，相应的存货成本应计入主营业务成本。销售存货时，按从购货方已收或应收的全部合同价款，借记"银行存款""应收账款"等科目，按实现的营业收入，贷记"主营业务收入"科目，按增值税销项税额，贷记"应交税费——应交增值税（销项税额）"科目；同时，按发出存货的账面价值结转销售成本，借记"主营业务成本"科目，贷记"库存商品"等科目。

【例3-28】华联实业股份有限公司销售一批A产品，售价15 000元，增值税销项税额1 950元，价款尚未收到。该批A产品的账面价值为12 000元。

| | |
|---|---|
| 借：应收账款 | 16 950 |
| 　贷：主营业务收入 | 15 000 |
| 　　应交税费——应交增值税（销项税额） | 1 950 |
| 借：主营业务成本 | 12 000 |

　　　贷：库存商品 12 000

　　2.销售的原材料等存货

　　企业对外销售的原材料、周转材料等存货，取得的销售收入构成其附营业务收入的，相应的存货成本应计入其他业务成本。销售存货时，按从购货方已收或应收的全部合同价款，借记"银行存款""应收账款"等科目，按实现的营业收入，贷记"其他业务收入"科目，按增值税销项税额，贷记"应交税费——应交增值税（销项税额）"科目；同时，按发出存货的账面价值结转销售成本，借记"其他业务成本"科目，贷记"原材料"等科目。

　　【例3-29】华联实业股份有限公司销售一批原材料，售价6 000元，增值税销项税额780元，价款已收存银行。该批原材料的账面价值为5 500元。

　　　借：银行存款 6 780
　　　　贷：其他业务收入 6 000
　　　　　　应交税费——应交增值税（销项税额） 780
　　　借：其他业务成本 5 500
　　　　贷：原材料 5 500

　　（四）其他用途发出的存货

　　存货除用于企业内部生产经营领用和对外出售外，也会用于非货币性资产交换、支付企业合并对价以及抵偿债务等。

　　（1）企业以存货换取客户非货币性资产的，如果符合以公允价值为基础计量的条件，应以公允价值为基础确定换入非货币性资产的成本并按换入的非货币性资产公允价值确定交易价格，据以确认销售收入；如果换入的非货币性资产公允价值不能合理估计，应参照换出存货的单独售价间接确定交易价格，据以确认销售收入。如果交易不符合以公允价值为基础计量的条件，应以账面价值为基础确定换入非货币性资产的成本，换出的存货不确认收入。

　　【例3-30】华联实业股份有限公司以一批产成品换入B公司生产的一台设备，换入的设备作为固定资产入账。换出产成品的账面价值为120 000元，不含增值税的公允价值为160 000元，增值税销项税额为20 800元，含税的公允价值为180 800元；换入设备的公允价值为180 000元，允许抵扣的增值税税额为23 400元，含税的公允价值为203 400元。华联公司另向B公司支付银行存款22 600元作为补价。假定该项交换符合以公允价值为基础计量的条件，华联公司以公允价值为基础确定换入固定资产的成本并确认换出产成品的收入。

　　　固定资产入账成本=180 800+22 600-23 400=180 000（元）

$$换出产成品的交易价格（不含增值税）=\frac{203\ 400-22\ 600}{1+13\%}=160\ 000（元）$$

　　　借：固定资产 180 000
　　　　应交税费——应交增值税（进项税额） 23 400
　　　　贷：主营业务收入 160 000
　　　　　　应交税费——应交增值税（销项税额） 20 800
　　　　　　银行存款 22 600
　　　借：主营业务成本 120 000
　　　　贷：库存商品 120 000

　　（2）企业将存货用于支付企业合并对价的，应当根据《企业会计准则第2号——长期股权投资》和《企业会计准则第20号——企业合并》的有关规定，区分同一控制下企业合并和非同一控制下企业合并进行会计处理。同一控制下的企业合并，发出的存货应视同销售，按存货的计税价格计算增值税销项税额，连同存货的账面价值一并作为合并对价；非同一控制下的企业合并，发出的存货应作为销售处理，按存货的公允价值确认销售收入，同时，按存货的账面价值结转销售成本。

【例3-31】华联实业股份有限公司以银行存款和一批A材料作为合并对价，取得甲公司60%的股份，形成非同一控制下的企业合并。付出银行存款的金额为6 000万元，付出A材料的账面价值为900万元，购买日公允价值为1 000万元，增值税税额为130万元。

合并成本=6 000+1 000+130=7 130（万元）

| | | |
|---|---|---|
| 借：长期股权投资——甲公司 | 71 300 000 | |
| 　贷：银行存款 | | 60 000 000 |
| 　　　其他业务收入 | | 10 000 000 |
| 　　　应交税费——应交增值税（销项税额） | | 1 300 000 |
| 借：其他业务成本 | 9 000 000 | |
| 　贷：原材料 | | 9 000 000 |

（3）企业将存货用于清偿债务的，应当将所清偿债务的账面价值与存货的账面价值和按存货计税价格计算的增值税销项税额之和的差额作为债务重组收益，记入"其他收益——债务重组收益"科目。

【例3-32】华联实业股份有限公司应付B公司货款587 600元，因华联公司现金周转发生困难，经双方协商，B公司同意华联公司以一批原材料清偿债务。用于清偿债务的原材料账面成本为480 000元，经税务机关核定的计税价格为500 000元，增值税销项税额为65 000元。

债务重组收益=587 600-（480 000+65 000）=42 600（元）

| | | |
|---|---|---|
| 借：应付账款——B公司 | 587 600 | |
| 　贷：原材料 | | 480 000 |
| 　　　应交税费——应交增值税（销项税额） | | 65 000 |
| 　　　其他收益——债务重组收益 | | 42 600 |

延伸阅读3-8

债务人重组收益

# 第四节　计划成本法

存货采用实际成本进行日常核算，要求存货的收入和发出凭证、明细分类账、总分类账全部按实际成本计价，这对于存货品种、规格、数量繁多，收发频繁的企业来说，日常核算工作量很大，核算成本较高，也会影响会计信息的及时性。为了简化存货的核算，企业可以采用计划成本法对存货的收入、发出及结存进行日常核算。

## 一、计划成本法的基本核算程序

计划成本法是指存货的日常收入、发出和结存均按预先制定的计划成本计价，并设置"材料成本差异"科目登记实际成本与计划成本之间的差异；月末，再通过对存货成本差异的分摊，将发出存货的计划成本和结存存货的计划成本调整为实际成本进行反映的一种核算方法。采用计划成本法进行存货日常核算的基本程序如下：

（1）制定存货的计划成本目录，规定存货的分类以及各类存货的名称、规格、编号、计量单位和单位计划成本。采用计划成本法核算的前提是对每一品种、规格的存货制定计划成本。计划成本是指在正常的市场条件下，企业取得存货应当支付的合理成本，包括采购成本、加工成本和其他成本，其组成内容应当与实际成本完全一致。计划成本一般由会计部门会同采购等部门共同制定，制定的计划成本应尽可能接近实际，以利于发挥计划成本的考核和控制功能。除特殊情况外，计划成本在年度内一般不作调整。

（2）设置"材料成本差异"科目，登记存货实际成本与计划成本之间的差异，并分别"原材料""周转材料"等，按照类别或品种进行明细核算。取得存货并形成差异时，实际成本高于计划成本的超支差异，在该科目的借方登记，实际成本低于计划成本的节约差异，在该科目的贷方登记；发出存货并分摊差异时，超支差异从该科目的贷方用蓝字转出，节约差异从该科目的贷方用红字转出。企业也可以根据具体情况，在"原材料""周转材料"等科目下设置"成本差异"明细科目进行核算。企业的产成品采用计划成本法核算的，应单独设置"产品成本差异"科目进行核算。

（3）设置"材料采购"科目，对购入存货的实际成本与计划成本进行计价对比。该科目的借方登记购入存货的实际成本，贷方登记购入存货的计划成本，并将计算的实际成本与计划成本的差额，转入"材料成本差异"科目分类登记。

（4）存货的日常收入与发出均按计划成本计价，月末，通过存货成本差异的分摊，将本月发出存货的计划成本和月末结存存货的计划成本调整为实际成本进行反映。

**二、存货的取得及成本差异的形成**

**（一）外购的存货**

企业外购的存货，需要专门设置"材料采购"科目进行计价对比，以确定外购存货实际成本与计划成本的差异。购进存货时，按确定的实际采购成本，借记"材料采购"科目，按增值税专用发票上注明的增值税进项税额，借记"应交税费——应交增值税（进项税额）"科目，按已支付或应支付的金额，贷记"银行存款""应付票据""应付账款"等科目。已购进的存货验收入库时，按其计划成本，借记"原材料""周转材料"等存货科目，贷记"材料采购"科目。已购进并已验收入库的存货，按实际成本大于计划成本的超支差额，借记"材料成本差异"科目，贷记"材料采购"科目；按实际成本小于计划成本的节约差额，借记"材料采购"科目，贷记"材料成本差异"科目。月末，对已验收入库但尚未收到发票账单的存货，按计划成本暂估入账，借记"原材料"等存货科目，贷记"应付账款——暂估应付账款"科目，下月初再用红字作相同的会计分录予以冲回；下月收到发票账单并结算时，按正常的程序进行会计处理。

**【例3-33】**华联实业股份有限公司的存货采用计划成本核算。某年3月份，发生下列材料采购业务：

（1）3月5日，购入一批原材料，增值税专用发票上注明的价款为100 000元，增值税进项税额为13 000元。货款已通过银行转账支付，材料也已验收入库。该批原材料的计划成本为105 000元。

借：材料采购　　　　　　　　　　　　　　　　　　　　　　100 000
　　应交税费——应交增值税（进项税额）　　　　　　　　　　13 000
　　贷：银行存款　　　　　　　　　　　　　　　　　　　　　　　113 000
借：原材料　　　　　　　　　　　　　　　　　　　　　　　105 000
　　贷：材料采购　　　　　　　　　　　　　　　　　　　　　　　105 000

借：材料采购 　　　　　　　　　　　　　　　　　　　　　　5 000
　　贷：材料成本差异——原材料 　　　　　　　　　　　　　　　　　　5 000

（2）3月10日，购入一批原材料，增值税专用发票上注明的价款为160 000元，增值税进项税额为20 800元。货款已通过银行转账支付，材料尚在运输途中。

借：材料采购 　　　　　　　　　　　　　　　　　　　　160 000
　　应交税费——应交增值税（进项税额） 　　　　　　　20 800
　　贷：银行存款 　　　　　　　　　　　　　　　　　　　　　180 800

（3）3月16日，购入一批原材料，材料已经运达企业并已验收入库，但发票等结算凭证尚未收到，货款尚未支付。

暂不作会计处理。

（4）3月18日，收到3月10日购进的原材料并验收入库。该批原材料的计划成本为150 000元。

借：原材料 　　　　　　　　　　　　　　　　　　　　　150 000
　　贷：材料采购 　　　　　　　　　　　　　　　　　　　　　150 000
借：材料成本差异——原材料 　　　　　　　　　　　　　10 000
　　贷：材料采购 　　　　　　　　　　　　　　　　　　　　　10 000

（5）3月22日，收到3月16日已入库原材料的发票等结算凭证，增值税专用发票上注明的材料价款为250 000元，增值税进项税额为32 500元，开出一张商业汇票抵付。该批原材料的计划成本为243 000元。

借：材料采购 　　　　　　　　　　　　　　　　　　　　250 000
　　应交税费——应交增值税（进项税额） 　　　　　　　32 500
　　贷：应付票据 　　　　　　　　　　　　　　　　　　　　　282 500
借：原材料 　　　　　　　　　　　　　　　　　　　　　243 000
　　贷：材料采购 　　　　　　　　　　　　　　　　　　　　　243 000
借：材料成本差异——原材料 　　　　　　　　　　　　　7 000
　　贷：材料采购 　　　　　　　　　　　　　　　　　　　　　7 000

（6）3月25日，购入一批原材料，增值税专用发票上注明的价款为200 000元，增值税进项税额为26 000元。货款已通过银行转账支付，材料尚在运输途中。

借：材料采购 　　　　　　　　　　　　　　　　　　　　200 000
　　应交税费——应交增值税（进项税额） 　　　　　　　26 000
　　贷：银行存款 　　　　　　　　　　　　　　　　　　　　　226 000

（7）3月27日，购入一批原材料，材料已经运达企业并已验收入库，但发票等结算凭证尚未收到，货款尚未支付。3月31日，该批材料的结算凭证仍未到达，企业按该批材料的计划成本80 000元估价入账。

借：原材料 　　　　　　　　　　　　　　　　　　　　　80 000
　　贷：应付账款——暂估应付账款 　　　　　　　　　　　　　80 000

（8）4月1日，用红字冲回上月末暂估入账分录。

借：原材料 　　　　　　　　　　　　　　　　　　　　　80 000
　　贷：应付账款——暂估应付账款 　　　　　　　　　　　　　80 000

（9）4月3日，收到3月27日已入库原材料的发票等结算凭证，增值税专用发票上注明的材料价款为78 000元，增值税进项税额为10 140元，货款通过银行转账支付。

  借：材料采购 78 000
    应交税费——应交增值税（进项税额） 10 140
   贷：银行存款 88 140
  借：原材料 80 000
   贷：材料采购 80 000
  借：材料采购 2 000
   贷：材料成本差异——原材料 2 000

（10）4月5日，收到3月25日购进的原材料并验收入库。该批原材料的计划成本为197 000元。

  借：原材料 197 000
   贷：材料采购 197 000
  借：材料成本差异——原材料 3 000
   贷：材料采购 3 000

  在会计实务中，为了简化收到存货和结转存货成本差异的核算手续，企业平时收到存货时，也可以先不记录存货的增加，也不结转形成的存货成本差异；月末时，再将本月已付款或已开出、承兑商业汇票并已验收入库的存货，按实际成本和计划成本分别汇总，一次登记本月存货的增加，并计算和结转本月存货成本差异。

  【例3-34】按【例3-33】资料，现假定华联实业股份有限公司采用月末汇总登记存货的增加和结转存货成本差异的方法进行核算，有关会计处理如下：

  （1）3月5日，购入一批原材料，增值税专用发票上注明的价款为100 000元，增值税进项税额为13 000元。货款已通过银行转账支付，材料也已验收入库。该批原材料的计划成本为105 000元。

  借：材料采购 100 000
    应交税费——应交增值税（进项税额） 13 000
   贷：银行存款 113 000

  （2）3月10日，购入一批原材料，增值税专用发票上注明的价款为160 000元，增值税进项税额为20 800元。货款已通过银行转账支付，材料尚在运输途中。

  借：材料采购 160 000
    应交税费——应交增值税（进项税额） 20 800
   贷：银行存款 180 800

  （3）3月16日，购入一批原材料，材料已经运达企业并已验收入库，但发票等结算凭证尚未收到，货款尚未支付。

  暂不作会计处理。

  （4）3月18日，收到3月10日购进的原材料并验收入库。该批原材料的计划成本为150 000元。

  暂不作会计处理。

  （5）3月22日，收到3月16日已入库原材料的发票等结算凭证，增值税专用发票上注明的材料价款为250 000元，增值税进项税额为32 500元，开出一张商业汇票抵付。该批原材料的计划成本为243 000元。

借：材料采购 250 000
　应交税费——应交增值税（进项税额） 32 500
　贷：应付票据 282 500

（6）3月25日，购入一批原材料，增值税专用发票上注明的材料价款为200 000元，增值税进项税额为26 000元。货款已通过银行转账支付，材料尚在运输途中。

借：材料采购 200 000
　应交税费——应交增值税（进项税额） 26 000
　贷：银行存款 226 000

（7）3月27日，购入一批原材料，材料已经运达企业并已验收入库，但发票等结算凭证尚未收到，货款尚未支付。3月31日，该批材料的结算凭证仍未到达，企业按该批材料的计划成本80 000元估价入账。

借：原材料 80 000
　贷：应付账款——暂估应付账款 80 000

（8）3月31日，汇总本月已付款或已开出、承兑商业汇票并已验收入库的原材料实际成本和计划成本，登记本月存货的增加，并计算和结转本月存货成本差异。

原材料实际成本=100 000+160 000+250 000=510 000（元）
原材料计划成本=105 000+150 000+243 000=498 000（元）
原材料成本差异=510 000-498 000=12 000（元）

借：原材料 498 000
　贷：材料采购 498 000
借：材料成本差异——原材料 12 000
　贷：材料采购 12 000

（9）4月1日，用红字冲回上月末暂估入账分录。

借：原材料 80 000
　贷：应付账款——暂估应付账款 80 000

（10）4月3日，收到3月27日已入库原材料的发票等结算凭证，增值税专用发票上注明的材料价款为78 000元，增值税进项税额为10 140元，货款已通过银行转账支付。

借：材料采购 78 000
　应交税费——应交增值税（进项税额） 10 140
　贷：银行存款 88 140

（11）4月5日，收到3月25日购进的原材料并验收入库。该批原材料的计划成本为197 000元。

暂不作会计处理。

**（二）其他方式取得的存货**

企业通过外购以外的其他方式取得的存货，不需要通过"材料采购"科目确定存货成本差异，而应直接按取得存货的计划成本，借记"原材料"等存货科目，按确定的实际成本，贷记"生产成本""委托加工物资"等相关科目，按实际成本与计划成本之间的差额，借记或贷记"材料成本差异"科目。

【例3-35】华联实业股份有限公司的基本生产车间本月制造完成一批产成品，已验收入库，计划成本为80 000元。经计算，该批产成品的实际成本为82 000元。

| | | |
|---|---|---|
| 借：库存商品 | | 80 000 |
| 产品成本差异 | | 2 000 |
| 贷：生产成本——基本生产成本 | | 82 000 |

【例3-36】华联实业股份有限公司的甲股东以一批原材料作价投资，增值税专用发票上注明的材料价款为650 000元，增值税进项税额为84 500元，投资各方确认按发票金额作为甲股东的投入资本，可折换华联公司每股面值1元的股票500 000股。该批原材料的计划成本为660 000元。

| | | |
|---|---|---|
| 借：原材料 | | 660 000 |
| 应交税费——应交增值税（进项税额） | | 84 500 |
| 贷：股本——甲股东 | | 500 000 |
| 资本公积——股本溢价 | | 234 500 |
| 材料成本差异——原材料 | | 10 000 |

### 三、存货的发出及成本差异的分摊

#### （一）发出存货的一般会计处理

采用计划成本法对存货进行日常核算，发出存货时先按计划成本计价，即按发出存货的计划成本，借记"生产成本""制造费用""管理费用"等有关成本费用科目，贷记"原材料"等存货科目；月末，再将月初结存存货的成本差异和本月取得存货形成的成本差异，在本月发出存货和月末结存存货之间进行分摊，将本月发出存货和月末结存存货的计划成本调整为实际成本。计划成本、成本差异与实际成本之间的关系如下：

实际成本=计划成本+超支差异

或　　　=计划成本-节约差异

为了便于存货成本差异的分摊，企业应当计算材料成本差异率，作为分摊存货成本差异的依据。材料成本差异率包括本月材料成本差异率和月初材料成本差异率两种，计算公式如下：

$$本月材料成本差异率=\frac{月初结存材料的成本差异 + 本月验收入库材料的成本差异}{月初结存材料的计划成本 + 本月验收入库材料的计划成本}×100\%$$

$$月初材料成本差异率=\frac{月初结存材料的成本差异}{月初结存材料的计划成本}×100\%$$

企业应当分别原材料、周转材料等，按照类别或品种对存货成本差异进行明细核算，并计算相应的材料成本差异率，不能使用一个综合差异率。在计算发出存货应负担的成本差异时，除委托外部加工发出的存货可以使用月初材料成本差异率外，其他情况发出的存货均应使用本月材料成本差异率；月初材料成本差异率与本月材料成本差异率相差不大的，也可按月初材料成本差异率计算。计算方法一经确定，不得随意变更。如果确需变更，应在会计报表附注中予以说明。

本月发出存货应负担的成本差异及实际成本和月末结存存货应负担的成本差异及实际成本，可按如下公式计算：

本月发出存货应负担的成本差异=发出存货的计划成本×材料成本差异率

本月发出存货的实际成本=发出存货的计划成本+发出存货应负担的超支差异

或　　　　　　　　　　=发出存货的计划成本-发出存货应负担的节约差异

月末结存存货应负担的成本差异=结存存货的计划成本×材料成本差异率

月末结存存货的实际成本=结存存货的计划成本+结存存货应负担的超支差异

或　　　　　　　　　　=结存存货的计划成本-结存存货应负担的节约差异

发出存货应负担的成本差异必须按月分摊，不得在季末或年末一次分摊。企业在分摊发出存货应负担的成本差异时，按计算的各成本费用项目应负担的差异金额，借记"生产成本""制造费用""管理费用"等有关成本费用科目，贷记"材料成本差异"科目。实际成本大于计划成本的超支差异，用蓝字登记；实际成本小于计划成本的节约差异，用红字登记。

本月发出存货应负担的成本差异从"材料成本差异"科目转出之后，该科目的余额为月末结存存货应负担的成本差异。在编制资产负债表时，月末结存存货应负担的成本差异应作为存货的调整项目，将结存存货的计划成本调整为实际成本列示。

【例3-37】某年3月1日，华联实业股份有限公司结存原材料的计划成本为52 000元，"材料成本差异——原材料"科目的贷方余额为1 000元。3月份的材料采购业务，见【例3-33】资料。经汇总，3月份已经付款或已开出、承兑商业汇票并已验收入库的原材料计划成本为498 000元，实际成本为510 000元，材料成本差异为超支的12 000元。3月份领用原材料的计划成本为504 000元，其中，基本生产领用350 000元，辅助生产领用110 000元，车间一般耗用16 000元，管理部门领用8 000元，对外销售20 000元。

（1）按计划成本发出原材料。

借：生产成本——基本生产成本 350 000
　　　　　　——辅助生产成本 110 000
　　制造费用 16 000
　　管理费用 8 000
　　其他业务成本 20 000
　　贷：原材料 504 000

（2）计算本月材料成本差异率。

$$本月材料成本差异率=\frac{-1\,000+12\,000}{52\,000+498\,000}\times100\%=2\%$$

在计算本月材料成本差异率时，本月收入存货的计划成本金额不包括已验收入库但发票等结算凭证月末时尚未到达、企业按计划成本估价入账的存货金额。

（3）分摊材料成本差异。

生产成本（基本生产成本）=350 000×2%=7 000（元）
生产成本（辅助生产成本）=110 000×2%=2 200（元）
制造费用=16 000×2%=320（元）
管理费用=8 000×2%=160（元）
其他业务成本=20 000×2%=400（元）

借：生产成本——基本生产成本 7 000
　　　　　　——辅助生产成本 2 200
　　制造费用 320
　　管理费用 160
　　其他业务成本 400
　　贷：材料成本差异——原材料 10 080

（4）月末，计算结存原材料实际成本，据以编制资产负债表。

"原材料"科目月末余额=（52 000+498 000+80 000）-504 000=126 000（元）
"材料成本差异"科目月末余额=（-1 000+12 000）-10 080=920（元）
结存原材料实际成本=126 000+920=126 920（元）

月末编制资产负债表时，存货项目中的原材料存货，应当按上列结存原材料实际成本

126 920元列示。

**（二）周转材料采用五五摊销法的会计处理**

周转材料采用五五摊销法进行摊销，领用时，先按计划成本的50%摊销，月末，再根据本月材料成本差异率，将摊销的计划成本调整为实际成本；报废时，同样按计划成本的50%摊销，月末，再根据报废当月材料成本差异率，将摊销的计划成本调整为实际成本。

**【例3-38】**华联实业股份有限公司生产车间某年3月5日领用一批低值易耗品，计划成本为50 000元，采用五五摊销法摊销；领用当月，材料成本差异率（周转材料）为超支的3%。该批低值易耗品于当年11月15日报废，残料估价1 500元作为原材料入库；报废当月，材料成本差异率（周转材料）为节约的2%。

（1）3月5日，领用低值易耗品并摊销其计划成本的50%。

借：周转材料——在用 50 000
　　贷：周转材料——在库 50 000
借：制造费用 25 000
　　贷：周转材料——摊销 25 000

（2）3月31日，分摊材料成本差异。

低值易耗品摊销应负担的成本差异=25 000×3%=750（元）

借：制造费用 750
　　贷：材料成本差异——周转材料 750

（3）11月15日，低值易耗品报废，摊销其余50%的计划成本，并转销全部已提摊销额。

借：制造费用 25 000
　　贷：周转材料——摊销 25 000
借：周转材料——摊销 50 000
　　贷：周转材料——在用 50 000

（4）报废低值易耗品的残料作价入库。

借：原材料 1 500
　　贷：制造费用 1 500

（5）11月30日，分摊材料成本差异。

低值易耗品摊销应负担的成本差异=25 000×（-2%）=-500（元）

借：制造费用 500
　　贷：材料成本差异——周转材料 500

**（三）委托加工存货的会计处理**

企业委托外部加工的存货，在发出材料物资时，可以按月初材料成本差异率将发出材料物资的计划成本调整为实际成本，并通过"委托加工物资"科目核算委托加工存货的实际成本；收回委托加工的存货时，按收回存货的计划成本入账，实际成本与计划成本的差额直接记入"材料成本差异"科目。

**【例3-39】**华联实业股份有限公司委托丁公司加工一批包装物。发出原材料计划成本为30 000元，月初材料成本差异率（原材料）为超支的2%；支付加工费20 000元，支付由受托加工方代收代缴的增值税2 600元；该批包装物的计划成本为51 000元。

（1）发出原材料，委托丁公司加工包装物。

发出原材料应负担的成本差异=30 000×2%=600（元）

发出原材料的实际成本=30 000+600=30 600（元）

| | | |
|---|---|---|
| 借：委托加工物资 | 30 600 | |
| 贷：原材料 | | 30 000 |
| 材料成本差异——原材料 | | 600 |

（2）支付加工费和增值税。

| | | |
|---|---|---|
| 借：委托加工物资 | 20 000 | |
| 贷：银行存款 | | 20 000 |
| 借：应交税费——应交增值税（进项税额） | 2 600 | |
| 贷：银行存款 | | 2 600 |

（3）收回委托加工的包装物，验收入库。

包装物实际成本=30 600+20 000=50 600（元）

| | | |
|---|---|---|
| 借：周转材料 | 51 000 | |
| 贷：委托加工物资 | | 50 600 |
| 材料成本差异——周转材料 | | 400 |

存货采用计划成本法核算，具有如下优点：①可以简化存货的日常核算手续。在计划成本法下，同一种存货只有一个单位计划成本，因此，存货明细账平时可以只登记收、发、存数量，而不必登记收、发、存金额。需要了解某项存货的收、发、存金额时，以该项存货的单位计划成本乘以相应的数量即可求得，避免了繁琐的发出存货计价，简化了存货的日常核算手续。②有利于考核采购部门的工作业绩。计划成本法的显著特点是可以通过实际成本与计划成本的比较，得出实际成本脱离计划成本的差异，并通过对差异的分析，寻求实际成本脱离计划成本的原因，据以考核采购部门的工作业绩，促使采购部门不断降低采购成本。

# 第五节　存货的期末计量

为了使存货符合资产的定义，以在资产负债表中更合理地反映存货的价值，资产负债表日，存货应当按照成本与可变现净值孰低法计量。

## 一、成本与可变现净值孰低法的含义

成本与可变现净值孰低法，是指按照存货的成本与可变现净值两者之中的较低者对期末存货进行计量的一种方法。采用这种方法，当期末存货的成本低于可变现净值时，存货仍按成本计量；当期末存货的可变现净值低于成本时，存货则按可变现净值计量，同时按照可变现净值低于成本的差额计提存货跌价准备，计入当期损益。

成本，是指期末存货的实际成本，即采用先进先出法、加权平均法等存货计价方法，对发出存货（或期末存货）进行计量所确定的期末存货账面成本。如果存货采用计划成本法进行日常核算，则期末存货的实际成本是指通过差异调整而确定的存货成本。

可变现净值，是指在日常活动中，存货的估计售价减去至完工时估计将要发生的成本、估计的销售费用以及相关税费后的金额。存货在日常销售过程中，不仅会取得销售收入，也会发生销售费用和相关税费；为使存货达到预定可销售状态，还可能发生进一步的加工成本。这些销售费用、相关税费和加工成本，均构成销售存货产生的现金流入的抵减项目，只有扣除了这些现金流出后，才能确定存货的可变现净值。因此，存货的可变现净值由存货的估计售价、至完工时将要发生的成本、估计的销售费用和估计的相关税费等内容构成，是指存货的预计未来净现金流入量，而不是指存货的估计售价或合同价。

采用成本与可变现净值孰低法对期末存货进行计量，当某项存货的可变现净值跌至成本以下时，表明该项存货为企业带来的未来经济利益将低于账面成本，企业应按可变现净值低于成本的差额确认存货跌价损失，并将其从存货价值中扣除，否则，就会虚计当期利润和存货价值；而当可变现净值高于成本时，企业则不能按可变现净值高于成本的金额确认这种尚未实现的存货增值收益，否则，也会虚计当期利润和存货价值。因此，成本与可变现净值孰低法体现了谨慎性会计原则的要求。

**二、存货可变现净值的确定**

根据存货的账面记录，可以很容易地获得存货的成本资料。因此，运用成本与可变现净值孰低法对期末存货进行计量的关键，是合理确定存货的可变现净值。

**（一）确定存货可变现净值应当考虑的主要因素**

1.确定存货的可变现净值应以取得的确凿证据为基础

确定存货可变现净值的确凿证据，是指对确定存货的可变现净值有直接影响的客观证明，如产品或商品的市场销售价格、与产品或商品相同或类似商品的市场销售价格、销售方提供的有关资料、生产成本资料等。

2.确定存货的可变现净值应考虑持有存货的目的

根据存货的定义，企业持有存货有两个基本的目的，即持有以备出售和持有以备继续加工或耗用。企业在确定存货的可变现净值时，应考虑持有存货的目的。持有存货的目的不同，确定可变现净值的方法就有所不同。

（1）持有以备出售的商品存货。产成品、商品和准备处置的材料等直接用于出售的商品存货，在正常生产经营过程中，应当以该存货的估计售价减去估计的销售费用和相关税费后的金额，确定其可变现净值。

（2）持有以备继续加工或耗用的材料存货。需要经过加工后再出售的原材料以及在产品、委托加工物资等材料存货，在正常生产经营过程中，应当以所生产的产成品的估计售价减去至完工时估计将要发生的成本、估计的销售费用和相关税费后的金额，确定其可变现净值。

3.确定存货的可变现净值应考虑资产负债表日后事项的影响

确定存货的可变现净值，不仅要以资产负债表日能够取得的最可靠的证据为基础，还应当考虑资产负债表日至财务报告批准报出日之间存货的价格变动对存货在资产负债表日存在状况的影响。如果有确凿证据表明该期间存货价格的变动是对资产负债表日存货已经存在的状况提供了新的或进一步的证据，则在确定存货可变现净值时应当予以考虑。

**（二）存货估计售价的确定**

在确定存货的可变现净值时，应合理确定估计售价、至完工将要发生的成本、估计的销售费用和相关税费。其中，至完工将要发生的成本可以根据企业成本核算的历史资料合理确定，估计的销售费用和相关税费也可以根据以往的营业经验可靠估计。因此，存货估计售价的确定对于计算存货可变现净值至关重要。企业应当根据存货是否有约定销售的合同，区别以下情况确定存货的估计售价：

（1）为执行销售合同或者劳务合同而持有的存货，通常应当以产成品或商品的合同价格作为其可变现净值的计算基础。如果企业与购买方签订了销售合同或劳务合同，并且合同订购的数量等于企业持有存货的数量，在确定与该项合同直接相关的存货可变现净值时，应当以合同价格作为其可变现净值的计算基础。具体地说，如果企业就其产成品或商品签订了销售合同或劳务合同，则该批产成品或商品的可变现净值应当以合同价格作为计算基础；如果企业销售合同或劳务合同所规定的标的物还没有生产出来，但持有专门用于生产该标的物的原材料，则该原材料的可变现净值也应当以合同价格作为计算基础。

【例3-40】2×24年9月15日，华联实业股份有限公司与乙公司签订了一份不可撤销的销售合同，双方约定，2×25年1月31日，华联公司按每台125万元的价格（不包括增值税）向乙公司提供A型设备50台。2×24年12月31日，华联公司库存A型设备40台，每台单位成本98万元，总成本为3 920万元；库存用于生产A型设备的甲材料2 000千克，每千克成本0.25万元，总成本为500万元，可以生产10台A型设备。华联公司将甲材料生产成A型设备，每台估计尚需投入人工及制造费用48万元；销售A型设备，估计每台会发生销售费用以及相关税费5万元。2×24年12月31日，A型设备的市场销售价格为每台120万元。

在本例中，由于华联公司与乙公司签订的销售合同已经对华联公司A型设备的销售价格作出了约定，并且合同约定的销售数量等于库存A型设备数量与库存甲材料可以生产的A型设备数量之和。因此，库存A型设备与库存甲材料的可变现净值均应以合同约定的销售价格为基础计算。A型设备与甲材料的可变现净值计算如下：

A型设备可变现净值=125×40-5×40=4 800（万元）

甲材料可变现净值=125×10-48×10-5×10=720（万元）

（2）如果企业持有存货的数量多于销售合同或劳务合同订购数量，超出部分的存货可变现净值应当以产成品或商品的一般销售价格（即市场销售价格）作为计算基础。

【例3-41】按【例3-40】资料，现假定华联公司与乙公司签订的销售合同约定的A型设备销售数量为30台，其他条件不变。

在这种情况下，华联公司库存的A型设备中，有30台已由合同约定了销售价格，其余10台并没有合同约定；同时，库存的用于生产A型设备的甲材料均没有合同约定。因此，对于有销售合同约定的30台A型设备，其可变现净值应以销售合同约定的价格作为计算基础；而对于无销售合同约定的10台A型设备以及用于生产A型设备的甲材料，其可变现净值均应以市场销售价格作为计算基础。A型设备与甲材料的可变现净值计算如下：

A型设备可变现净值=（125×30-5×30）+（120×10-5×10）=4 750（万元）

甲材料可变现净值=120×10-48×10-5×10=670（万元）

（3）如果企业持有存货的数量少于销售合同或劳务合同订购数量，实际持有的与该合同相关的存货应当以合同所规定的价格作为可变现净值的计算基础。

（4）没有销售合同或者劳务合同约定的存货（不包括用于出售的原材料、半成品等存货），其可变现净值应当以产成品或商品的一般销售价格作为计算基础。

【例3-42】按【例3-40】资料，现假定华联公司没有签订有关A型设备的销售合同，其他条件不变。

在这种情况下，由于华联公司没有就A型设备签订任何销售合同，因此，A型设备与甲材料的可变现净值均应以市场销售价格作为计算基础。A型设备与甲材料的可变现净值计算如下：

A型设备可变现净值=120×40-5×40=4 600（万元）

甲材料可变现净值=120×10-48×10-5×10=670（万元）

（5）用于出售的原材料、半成品等存货，通常以该原材料或半成品的市场销售价格作为其可变现净值的计算基础。如果用于出售的原材料或半成品存在销售合同约定，应按合同价格作为其可变现净值的计算基础。

【例3-43】华联实业股份有限公司根据市场需求的变化，决定从2×25年1月1日起，全面停止B型设备的生产，并决定将库存原材料中专门用于生产B型设备的外购乙材料予以出售。2×24年12月31日，乙材料的账面成本为200万元，市场销售价格为160万元，销售乙材料估计会发生销售费用及相关税费共计3万元。

本例中，由于华联公司已经决定从2×25年1月1日起全面停止B型设备的生产，因此，专门用于生产B型设备的外购乙材料的可变现净值不能再以B型设备的销售价格作为计算基础，而应按乙材料本身的市场销售价格作为计算基础。乙材料的可变现净值计算如下：

乙材料可变现净值=160-3=157（万元）

### 三、材料存货的期末计量

企业持有的材料存货（包括原材料、在产品、委托加工物资等）主要用于继续生产产品。会计期末，在运用成本与可变现净值孰低法对材料存货进行后续计量时，应当以该材料存货所生产的产成品的可变现净值与成本的比较为基础，区分以下两种情况确定其期末价值：

（1）如果用该材料生产的产成品的可变现净值预计高于生产成本，则该材料应当按照成本计量。

【例3-44】2×24年12月31日，华联实业股份有限公司持有的用于生产A产品的甲材料，账面成本总额为500 000元，市场价格总额已跌至450 000元。经减值测试，A产品的可变现净值高于生产成本。

在本例中，由于用甲材料生产的最终产品——A产品的可变现净值高于生产成本，并没有发生减值，表明甲材料的可变现净值一定高于账面成本，也没有发生减值。在这种情况下，虽然甲材料的市场价格低于账面成本，但甲材料仍应按其成本500 000元列示在2×24年12月31日资产负债表的存货项目中，不计提存货跌价准备。

（2）如果材料价格的下降导致产成品的价格下降，从而导致产成品的可变现净值低于生产成本，则该材料应当按可变现净值计量，并相应地计提存货跌价准备。

【例3-45】2×24年12月31日，华联实业股份有限公司持有的用于生产B产品的乙材料账面成本总额为250 000元，市场价格总额已跌至220 000元。华联公司持有的乙材料可生产200件B产品。由于乙材料市场价格下降，导致用乙材料生产的B产品的市场价格也发生了相应的下降，由原来的每件3 250元降为每件3 050元。将乙材料加工成B产品，每件尚需投入人工及制造费用1 750元；销售B产品，每件估计会发生销售费用及相关税费150元。

根据上述资料可知，用库存乙材料所能生产的B产品的可变现净值为580 000元（3 050×200-150×200），用库存乙材料所能生产的B产品的成本为600 000元（250 000+1 750×200），B产品可变现净值低于生产成本20 000元，发生了减值，表明乙材料的可变现净值一定低于账面成本，也发生了减值。在这种情况下，乙材料应按可变现净值计量，并按可变现净值低于成本的差额计提存货跌价准备。计算如下：

乙材料可变现净值=3 050×200-1 750×200-150×200=230 000（元）

乙材料应计提的存货跌价准备=250 000-230 000=20 000（元）

在2×24年12月31日资产负债表的存货项目中，乙材料应按可变现净值230 000元列示其价值。

### 四、存货跌价准备的会计处理方法

企业应当定期对存货进行全面检查，如果存货可变现净值低于其成本，应按可变现净值低于成本的部分，计提存货跌价准备。

#### （一）存货减值的判断依据

企业在对存货进行检查时，如果存在下列情况之一，通常表明存货的可变现净值低于成本：

（1）该存货的市场价格持续下跌，并且在可预见的未来无回升的希望；

（2）企业使用该项原材料生产的产品的成本高于产品的销售价格；

（3）企业因产品更新换代，原有库存原材料已不适应新产品的需要，而该原材料的市场价格又低于其账面成本；

（4）因企业所提供的商品或劳务过时或消费者偏好改变而使市场的需求发生变化，导致市场价格逐渐下跌；

（5）其他足以证明该项存货实质上已经发生减值的情形。

#### （二）计提存货跌价准备的基础

1.以单项存货为基础计提存货跌价准备

企业通常应当以单项存货为基础计提存货跌价准备，这就要求企业应当根据管理要求和存货的特点，合理确定存货项目的划分标准。比如，将某一型号和规格的材料作为一个存货项目、将某一品牌和规格的商品作为一个存货项目等。

在按照单项存货计提存货跌价准备的情况下，企业应当将每一存货项目的成本与其可变现净值分别进行比较，按每一存货项目可变现净值与成本的较低者计量存货，对于可变现净值低于成本的存货项目，应按其差额计提存货跌价准备。

2.以存货类别为基础计提存货跌价准备

如果某一类存货的数量繁多并且单价较低，企业可以按照存货类别计提存货跌价准备，即分别比较每个存货类别的成本总额与可变现净值总额，按每个存货类别可变现净值与成本的较低者确定存货期末价值，对于可变现净值低于成本的存货类别，应按其差额计提存货跌价准备。

【例3-46】某商业企业库存商品数量繁多且单价较低，因而按商品类别计提存货跌价准备。2×24年12月31日，该企业对经营的商品进行了减值测试，在此之前没有计提过存货跌价准备。该企业库存商品期末计量的有关资料，见表3-7。

3.以合并存货为基础计提存货跌价准备

在某些特殊情况下，也可以将存货予以合并，作为计提存货跌价准备的基础。例如，与在同一地区生产和销售的产品系列相关、具有相同或类似最终用途或目的，且难以与其他项目分开来计量的存货，因其所处的经济环境、法律环境、市场环境等相同，具有类似的风险和报酬，可以按该产品系列合并计提存货跌价准备。

需要注意的是，如果同一项存货中一部分有合同约定的价格，其他部分没有合同约定的价格，则应当按有合同约定价格的存货和没有合同约定价格的存货分别确定可变现净值，并将各自的可变现净值与相对应的成本进行比较，分别确定应计提或转回的存货跌价准备金额，由此计提的存货跌价准备不得相互抵销。

表3-7 　　　　　　　　　　　存货跌价准备计算表（按存货类别）

2×24年12月31日　　　　　　　　　　　　　　金额单位：元

| 商品类别 | 数量（件） | 账面成本 | | 可变现净值 | 库存商品期末价值 | 应计提的存货跌价准备 |
|---|---|---|---|---|---|---|
| | | 单价 | 金额 | | | |
| 甲类商品： | | | | | | |
| A商品 | 2 000 | 8 | 16 000 | 16 500 | | |
| B商品 | 2 500 | 5 | 12 500 | 11 200 | | |
| 合计 | — | — | 28 500 | 27 700 | 27 700 | 800 |
| 乙类商品： | | | | | | |
| C商品 | 800 | 25 | 20 000 | 19 500 | | |
| D商品 | 600 | 36 | 21 600 | 21 900 | | |
| E商品 | 900 | 31 | 27 900 | 28 800 | | |
| 合计 | — | — | 69 500 | 70 200 | 69 500 | 0 |
| 丙类商品： | | | | | | |
| F商品 | 1 900 | 18 | 34 200 | 32 300 | | |
| G商品 | 1 600 | 10 | 16 000 | 15 200 | | |
| 合计 | — | — | 50 200 | 47 500 | 47 500 | 2 700 |
| 总计 | — | — | 148 200 | — | 144 700 | 3 500 |

### （三）存货跌价准备的计提和转回

资产负债表日，企业应当首先确定存货的可变现净值。存货可变现净值的确定应当以资产负债表日的状况为基础，既不能提前确定，也不能延后确定，并且在每一个资产负债表日都应当重新确定。在确定存货可变现净值的基础上，将存货可变现净值与存货成本进行比较，确定本期存货可变现净值低于成本的差额，然后再将本期存货可变现净值低于成本的差额与"存货跌价准备"科目原有的余额进行比较，按下列公式计算确定本期应计提（或转回）的存货跌价准备金额：

某期应计提的存货跌价准备=当期可变现净值低于成本的差额-"存货跌价准备"科目原有余额

根据上列公式，如果计提存货跌价准备前，"存货跌价准备"科目无余额，应按本期存货可变现净值低于成本的差额计提存货跌价准备，借记"资产减值损失"科目，贷记"存货跌价准备"科目；如果本期存货可变现净值低于成本的差额大于"存货跌价准备"科目原有贷方余额，表明存货价值进一步降低，应按二者之差补提存货跌价准备，借记"资产减值损失"科目，贷记"存货跌价准备"科目；如果本期存货可变现净值低于成本的差额与"存货跌价准备"科目原有贷方余额相等，表明存货价值未发生变动，不需要计提存货跌价准备；如果本期存货可变现净值低于成本的差额小于"存货跌价准备"科目原有贷方余额，表明存货价值有所回升，应按二者之差转回已计提的存货跌价准备，借记"存货跌价准备"科目，贷记"资产减值损失"科目；如果本期存货可变现净值高于成本，表明存货价值完全恢复，应将已计提的存货跌价准备全部转回，借记"存货跌价准备"科目,贷记"资产减值损失"科目。

需要注意的是,转回已计提的存货跌价准备必须符合条件,即以前导致存货减值的影响因素已经部分或全部消失,而不是当期的其他影响因素导致的存货价值上升;同时,转回的存货跌价准备金额应当以该项存货、该类存货或该合并存货原已计提的存货跌价准备金额为限,恢复后的存货账面价值不应超过该存货原先的入账成本。

【例3-47】华联实业股份有限公司对期末结存存货按成本与可变现净值孰低计量。2×21年至2×24年,有关A商品期末计量的资料及相应的会计处理如下:

(1)2×21年12月31日,A商品的账面成本为80 000元,可变现净值为70 000元,"存货跌价准备"科目期初无余额。

可变现净值低于成本的差额=80 000-70 000=10 000(元)

借:资产减值损失　　　　　　　　　　　　　　　　　10 000
　　贷:存货跌价准备——A商品　　　　　　　　　　　　　　10 000

在2×21年12月31日的资产负债表中,A商品应按可变现净值70 000元列示其价值。

(2)2×22年度,在转出A商品时,相应地结转存货跌价准备8 000元。2×22年12月31日,A商品账面成本96 000元,可变现净值85 000元;计提存货跌价准备之前,"存货跌价准备"科目贷方余额为2 000元(10 000-8 000)。

可变现净值低于成本的差额=96 000-85 000=11 000(元)

应计提的存货跌价准备=11 000-2 000=9 000(元)

借:资产减值损失　　　　　　　　　　　　　　　　　9 000
　　贷:存货跌价准备——A商品　　　　　　　　　　　　　　9 000

本年计提存货跌价准备之后,"存货跌价准备"科目贷方余额为11 000元;在2×22年12月31日的资产负债表中,A商品应按可变现净值85 000元列示其价值。

(3)2×23年度,在转出A商品时,相应地结转存货跌价准备6 000元。2×23年12月31日,A商品账面成本62 000元,可变现净值58 000元;计提存货跌价准备之前,"存货跌价准备"科目贷方余额为5 000元(11 000-6 000)。

可变现净值低于成本的差额=62 000-58 000=4 000(元)

应计提的存货跌价准备=4 000-5 000=-1 000(元)

上列计算结果为负数,表明A商品价值有所回升,且回升的金额小于已计提的存货跌价准备,因此,本年应转回的存货跌价准备金额为1 000元。

借:存货跌价准备——A商品　　　　　　　　　　　　　1 000
　　贷:资产减值损失　　　　　　　　　　　　　　　　　　　1 000

本年转回存货跌价准备之后,"存货跌价准备"科目贷方余额为4 000元;在2×23年12月31日的资产负债表中,A商品应按可变现净值58 000元列示其价值。

(4)2×24年度,在转出A商品时,相应地结转存货跌价准备3 000元。2×24年12月31日,A商品账面成本75 000元,可变现净值77 000元;计提存货跌价准备之前,"存货跌价准备"科目贷方余额为1 000元(4 000-3 000)。

由于本年A商品的可变现净值高于账面成本,因此,应将A商品的账面价值恢复至账面成本,即将已计提的存货跌价准备全部转回。

借:存货跌价准备——A商品　　　　　　　　　　　　　1 000
　　贷:资产减值损失　　　　　　　　　　　　　　　　　　　1 000

在 2×24 年 12 月 31 日的资产负债表中，A 商品应按账面成本 75 000 元列示其价值。

**（四）存货跌价准备的结转**

已经计提了跌价准备的存货，在生产经营领用、销售或其他原因转出时，应当根据不同情况，对已计提的存货跌价准备进行适当的会计处理。

（1）生产经营领用的存货，领用时一般可不结转相应的存货跌价准备，待期末计提存货跌价准备时一并调整。如果需要同时结转已计提的存货跌价准备，应借记"存货跌价准备"科目，贷记"生产成本"等科目。

**【例 3-48】** 华联实业股份有限公司本月生产领用一批 B 材料。领用的 B 材料账面余额为 20 000 元，相应的存货跌价准备为 1 000 元。

借：生产成本　　　　　　　　　　　　　　　　　　　　　20 000
　　贷：原材料——B 材料　　　　　　　　　　　　　　　　　20 000

如果需要同时结转 B 材料已计提的跌价准备，则还应编制下列会计分录：

借：存货跌价准备——B 材料　　　　　　　　　　　　　　　1 000
　　贷：生产成本　　　　　　　　　　　　　　　　　　　　　1 000

（2）销售的存货，以及用于非货币性资产交换（在非货币性资产交换以公允价值为基础计量的情况下）、作为非同一控制下企业合并支付的对价的存货，在结转销售成本的同时，应结转相应的存货跌价准备，借记"存货跌价准备"科目，贷记"主营业务成本""其他业务成本"等科目。

**【例 3-49】** 华联实业股份有限公司将 A 商品按 69 000 元的价格售出，增值税销项税额为 8 970 元，价款已收存银行。A 商品账面余额 80 000 元，已计提存货跌价准备 15 000 元。

借：银行存款　　　　　　　　　　　　　　　　　　　　　77 970
　　贷：主营业务收入　　　　　　　　　　　　　　　　　　　69 000
　　　　应交税费——应交增值税（销项税额）　　　　　　　　8 970
借：主营业务成本　　　　　　　　　　　　　　　　　　　80 000
　　贷：库存商品——A 商品　　　　　　　　　　　　　　　　80 000
借：存货跌价准备——A 商品　　　　　　　　　　　　　　　15 000
　　贷：主营业务成本　　　　　　　　　　　　　　　　　　　15 000

（3）用于非货币性资产交换（在非货币性资产交换以账面价值为基础计量的情况下）、作为同一控制下企业合并支付的对价、用于清偿债务的存货，在转出存货账面余额的同时，应结转相应的存货跌价准备。

**【例 3-50】** 华联实业股份有限公司以一批甲材料换入一批乙材料。甲材料的账面余额为 150 000 元，已计提的存货跌价准备为 30 000 元。换出甲材料按计税价格计算的销项税额和换入乙材料允许抵扣的进项税额均为 15 600 元，不涉及补价，华联公司支付换入乙材料的运杂费 650 元，其中，允许抵扣的增值税税额为 45 元。假定该项交换不符合以公允价值为基础计量的条件，华联公司以账面价值为基础确定换入乙材料的成本，不确认换出甲材料的收入。

换出甲材料账面价值=150 000-30 000=120 000（元）
换入乙材料入账成本=120 000+15 600+（650-45）-15 600=120 605（元）
增值税进项税额=15 600+45=15 645（元）

借：原材料——乙材料　　　　　　　　　　　　　　　　　120 605
　　应交税费——应交增值税（进项税额）　　　　　　　　15 645
　　存货跌价准备——甲材料　　　　　　　　　　　　　　30 000

| | |
|---|---|
| 贷：原材料——甲材料 | 150 000 |
| 　应交税费——应交增值税（销项税额） | 15 600 |
| 　银行存款 | 650 |

【例3-51】华联实业股份有限公司应付D公司销货款169 500元。因华联公司难以如约支付货款，经协商，双方达成债务重组协议，华联公司以一批C材料清偿债务。用于清偿债务的C材料账面余额160 000元，已计提存货跌价准备25 000元；按计税价格计算的增值税销项税额为17 680元。

债务重组收益=169 500-（160 000-25 000+17 680）=16 820（元）

| | |
|---|---|
| 借：应付账款——D公司 | 169 500 |
| 　存货跌价准备——C材料 | 25 000 |
| 贷：原材料——C材料 | 160 000 |
| 　应交税费——应交增值税（销项税额） | 17 680 |
| 　其他收益——债务重组收益 | 16 820 |

（4）可变现净值为零的存货，应当将其账面余额全部转销，同时转销相应的存货跌价准备。当存货存在以下情况之一时，表明存货的可变现净值为零：

①已霉烂变质的存货；

②已过期且无转让价值的存货；

③生产中已不再需要，并且已无使用价值和转让价值的存货；

④其他足以证明已无使用价值和转让价值的存货。

【例3-52】华联实业股份有限公司的库存M商品已过保质期，不可再使用或销售。M商品账面余额20 000元，已计提存货跌价准备12 000元。

| | |
|---|---|
| 借：管理费用 | 8 000 |
| 　存货跌价准备——M商品 | 12 000 |
| 贷：库存商品——M商品 | 20 000 |

如果存货是按类别计提跌价准备的，在销售、非货币性资产交换、支付合并对价以及债务重组等转出存货时，应按转出存货的成本占转出前该类存货全部成本的比例结转相应的存货跌价准备。

# 第六节　存货清查

## 一、存货清查的意义与方法

存货是企业资产的重要组成部分，且处于不断销售或耗用以及重置之中，具有较强的流动性。为了加强对存货的控制，维护存货的安全完整，企业应当定期或不定期对存货的实物进行盘点和抽查，以确定存货的实有数量，并与账面记录进行核对，确保存货账实相符。企业至少应当在编制年度财务报告之前，对存货进行一次全面的清查盘点。

存货清查采用实地盘点、账实核对的方法。在每次进行清查盘点前，应将已经收发的存货数量全部登记入账，并准备盘点清册，抄列各种存货的编号、名称、规格和存放地点。盘点时，应在盘点清册上逐一登记各种存货的账面结存数量和实存数量，并进行核对。对于账实不符的存货，应查明原因，分清责任，并根据清查结果编制"存货盘存报告单"，作为存货清查的原始凭证。

在进行存货清查盘点时，如果发现存货盘盈或盘亏，应于期末前查明原因，并根据企业的管理权限，报经股东大会或董事会，或经理（厂长）会议或类似机构批准后，在期末结账前处理完毕。

### 二、存货盘盈与盘亏的会计处理

#### （一）存货盘盈

存货盘盈，是指存货的实存数量超过账面结存数量的差额。存货发生盘盈，应按其重置成本作为入账价值，及时予以登记入账，借记"原材料""周转材料""库存商品"等存货科目，贷记"待处理财产损溢——待处理流动资产损溢"科目；待查明原因，按管理权限报经批准处理后，冲减当期管理费用。

【例3-53】华联实业股份有限公司在存货清查中发现盘盈一批A材料，重置成本为5 000元。

（1）发现盘盈，原因待查。

借：原材料——A材料　　　　　　　　　　　　　　　　　　　　　5 000
　　贷：待处理财产损溢——待处理流动资产损溢　　　　　　　　　　　　　　5 000

（2）查明原因，报经批准处理。

借：待处理财产损溢——待处理流动资产损溢　　　　　　　　　　　5 000
　　贷：管理费用　　　　　　　　　　　　　　　　　　　　　　　　　　　5 000

#### （二）存货盘亏

存货盘亏，是指存货的实存数量少于账面结存数量的差额。存货发生盘亏，应将其账面价值及时转销，借记"待处理财产损溢——待处理流动资产损溢"科目，贷记"原材料""周转材料""库存商品"等存货科目；盘亏存货涉及增值税的，还应进行相应处理。待查明原因，按管理权限报经批准处理后，根据造成盘亏的原因，分别以下情况进行会计处理：

（1）属于定额内自然损耗造成的短缺，计入管理费用。

（2）属于收发计量差错和管理不善等原因造成的短缺或毁损，将扣除可收回的保险公司和过失人赔款以及残料价值后的净损失，计入管理费用。其中，因管理不善造成被盗、丢失、霉烂变质的存货，相应的进项税额不得从销项税额中抵扣，应当予以转出。

（3）属于自然灾害等非常原因造成的毁损，将扣除可收回的保险公司和过失人赔款以及残料价值后的净损失，计入营业外支出。

【例3-54】华联实业股份有限公司在存货清查中发现盘亏一批B材料，账面成本为20 000元。

（1）发现盘亏，原因待查。

借：待处理财产损溢——待处理流动资产损溢　　　　　　　　　　20 000
　　贷：原材料——B材料　　　　　　　　　　　　　　　　　　　　　　20 000

（2）查明原因，报经批准处理。

①假定属于收发计量差错造成存货短缺。

借：管理费用　　　　　　　　　　　　　　　　　　　　　　　　20 000
　　贷：待处理财产损溢——待处理流动资产损溢　　　　　　　　　　　　　20 000

②假定属于管理不善造成存货霉烂变质，由过失人赔偿部分损失10 000元。

借：银行存款　　　　　　　　　　　　　　　　　　　　　　　　10 000
　　管理费用　　　　　　　　　　　　　　　　　　　　　　　　12 600

贷：待处理财产损溢——待处理流动资产损溢      20 000

    应交税费——应交增值税（进项税额转出）     2 600

③假定属于自然灾害造成的毁损，应收保险公司赔款18 000元。

借：其他应收款——保险赔款      18 000

    营业外支出      2 000

贷：待处理财产损溢——待处理流动资产损溢      20 000

如果盘盈或盘亏的存货在期末结账前尚未经批准，在对外提供财务报告时，应先按上述方法进行会计处理，并在会计报表附注中作出说明。如果其后批准处理的金额与已处理的金额不一致，应当调整当期会计报表相关项目的年初数。

### 三、存货的列报

#### （一）列示

在资产负债表中，存货应当作为一个单独的报表项目，按照会计核算所确定的账面价值列示其金额，该金额应当反映成本与可变现净值孰低的计量要求。具体地说，企业应当按照有关存货科目（如"原材料""周转材料""库存商品""委托加工物资""生产成本"等科目）期末余额合计，减去"存货跌价准备"科目期末余额后的账面价值列示存货金额。

#### （二）披露

企业应当在附注中披露与存货有关的下列信息：

（1）各类存货的期初和期末账面价值。

延伸阅读3-9

（2）确定发出存货成本所采用的方法。

（3）存货可变现净值的确定依据，存货跌价准备的计提方法，当期计提的存货跌价准备的金额，当期转回的存货跌价准备的金额，以及计提和转回的有关情况。

数据资源存货的列报

（4）用于担保的存货账面价值。

【思政课堂】    规范数据资源入表  服务数字中国建设

为规范企业数据资源相关会计处理，强化相关会计信息披露，财政部制定印发了《企业数据资源相关会计处理暂行规定》（财会〔2023〕11号，以下简称《暂行规定》），自2024年1月1日起施行。财政部会计司有关负责人在答记者问时就《暂行规定》制定背景的回答原文如下：

一是贯彻党中央、国务院决策部署，服务数字经济健康发展。习近平总书记强调，发挥数据的基础资源作用和创新引擎作用，加快形成以创新为主要引领和支撑的数字经济。党的二十大报告提出，加快建设数字中国，加快发展数字经济。制定《暂行规定》是贯彻落实党中央、国务院关于发展数字经济的决策部署的具体举措，也是以专门规定规范企业数据资源相关会计处理、发挥会计基础作用的重要一步。

二是加强《企业会计准则》实施，服务相关会计实务需求。目前，有关各方积极推动数据要素市场建设，对数据资源是否可以作为资产确认、作为哪类资产确认和计量以及如何进行相关信息披露等相关会计问题较为关注。我们在专家研讨、专题调研、公开征求意见等过程中发现，部分企业对数据资源能否作为会计上的资产"入表"、作为哪种资产入表等存在疑虑，需要加强指引。制定《暂行规定》将有助于进一步推动和规范数据相关企业执行会计准则，准确反映数据相关业务和经济实质。同时，也将为持续深化相关会计问题研究积累中国经验，有助于在国际会计准则相关研究、制定等工作中更好发出中国声音。

思政案例

勇于实践 敢
为天下先——
数据资源入表
侧记

三是推进会计领域创新研究，服务数字经济治理体系建设。近年来，国际会计领域对无形资源会计处理的改进日益关注，其中也涉及数据资源会计问题，目前普遍认同加强信息披露是短期内务实的解决路径。制定《暂行规定》，进一步强化数据资源相关信息披露，将有助于为有关监管部门完善数字经济治理体系、加强宏观管理提供会计信息支撑，也为投资者等报表使用者了解企业数据资源价值、提升决策效率提供有用信息。

资料来源：财政部会计司有关负责人就印发《企业数据资源相关会计处理暂行规定》答记者问，发布时间为2023年8月21日。

## □ 复习思考题

1.什么是存货？存货有何特征？如何分类？

2.存货的确认应具备哪些条件？

3.如何确定外购存货的采购成本？

4.如何确定非货币性资产交换取得存货的成本？

5.如何确定通过债务重组取得存货的成本？

6.发出存货的计价方法对企业财务状况和经营成果有何影响？

7.发出存货的计价方法有哪些？适用性如何？

8.领用原材料与领用周转材料的会计处理有何区别？

9.工业企业销售产成品和销售原材料的会计处理有何异同？

10.什么是计划成本法？计划成本法主要有哪些优点？

11.什么是存货的可变现净值？确定可变现净值应考虑哪些主要因素？

12.材料存货的期末计量有何特点？

13.如何确定本期应计提的存货跌价准备金额？

14.如何结转发出存货已计提的跌价准备？

15.什么是存货盘盈和盘亏？如何进行会计处理？

16.在资产负债表中，应如何对存货进行列报？

自测题

# 第四章 金融资产

## 第一节 金融资产及其分类

### 一、金融资产的内容

金融是现代经济的核心，金融市场的健康及可持续发展离不开金融工具的广泛运用和不断创新。金融工具，是指形成一方的金融资产，并形成其他方的金融负债或权益工具的合同。因此，金融工具包括金融资产、金融负债和权益工具。

金融资产通常是指企业的库存现金、银行存款、应收账款、应收票据、贷款、其他应收款项、股权投资、债权投资和衍生金融工具形成的资产等；金融负债通常是指企业的应付账款、应付票据、应付债券和衍生金融工具形成的负债等；权益工具是指能证明拥有某个企业在扣除所有负债后的资产中的剩余权益的合同，从发行方看，通常指企业发行的普通股、认股权等。金融工具一般具有货币性、流通性、风险性、收益性等特征，其中，最显著的特征是能够在市场交易中为其持有者提供即期或远期的现金流量。

在属于金融资产的项目中，库存现金、银行存款等货币资金，已在第二章"货币资金"中作了专门介绍；对子公司、联营企业、合营企业的长期股权投资，将在第五章"长期股权投资"中进行介绍。因此，本章以下所指金融资产不包括货币资金和长期股权投资。

### 二、金融资产的分类

金融资产的分类是其确认和计量的基础。企业应当根据其管理金融资产的业务模式和金融资产的合同现金流量特征，将取得的金融资产在初始确认时划分为以摊余成本计量的金融资产、以公允价值计量且其变动计入其他综合收益的金融资产和以公允价值计量且其变动计入当期损益的金融资产三类。企业管理金融资产的业务模式，是指企业如何管理其金融资产以产生现金流量。业务模式决定企业所管理金融资产现金流量的来源是收取合同现金流量、出售金融资产还是两者兼有。金融资产的合同现金流量特征，是指金融工具合同约定的、反映相关金融资产经济特征的现金流量属性。

#### （一）以摊余成本计量的金融资产

金融资产同时符合下列条件的，应当分类为以摊余成本计量的金融资产：

（1）企业管理该金融资产的业务模式是以收取合同现金流量为目标。以收取合同现金流量为目标，并不意味着企业须将所有此类金融资产持有至到期。因此，即使企业出售该金融资产或者预计未来会出售该金融资产，此类金融资产的业务模式仍然可能是以收取合同现金流量为目标。

（2）该金融资产的合同条款规定，在特定日期产生的现金流量，仅为对本金和以未偿付本金金额为基础的利息的支付。

例如，企业持有的公司债券、政府债券等金融资产，其合同现金流量特征仅为对本金和以未偿付本金金额为基础的利息的支付。如果企业管理这些金融资产的业务模式是以收取合同现金流量为目标，则应分类为以摊余成本计量的金融资产。此外，企业日常业务中形成的应收账款、应收票据等金融资产，如果企业不打算提前处置，而是根据合同现金流量收取现金，也能够满足分类为以摊余成本计量的金融资产的条件。

在会计处理上，以摊余成本计量的金融资产具体可以划分为债权投资和应收款项两部分。其中，债权投资应当通过"债权投资"科目进行核算，应收款项应当分别通过"应收账款""应收票据""其他应收款"等科目进行核算。

**（二）以公允价值计量且其变动计入其他综合收益的金融资产**

金融资产同时符合下列条件的，应当分类为以公允价值计量且其变动计入其他综合收益的金融资产：

（1）企业管理该金融资产的业务模式既以收取合同现金流量为目标又以出售该金融资产为目标。由于出售金融资产是该业务模式的目标之一，因此，与以收取合同现金流量为目标的业务模式相比，该业务模式涉及的出售通常频率更高、金额更大。在该业务模式下不存在出售金融资产的频率或者价值的明确界限。

（2）该金融资产的合同条款规定，在特定日期产生的现金流量，仅为对本金和以未偿付本金金额为基础的利息的支付。

企业分类为以公允价值计量且其变动计入其他综合收益的金融资产和分类为以摊余成本计量的金融资产所要求的合同现金流量特征是相同的，即相关金融资产在特定日期产生的合同现金流量仅为对本金和以未偿付本金金额为基础的利息的支付。二者的区别仅在于企业管理金融资产的业务模式不尽相同。例如，企业持有的公司债券、政府债券等金融资产，如果企业管理这些金融资产的业务模式既以收取合同现金流量为目标，又以出售该金融资产为目标，则应分类为以公允价值计量且其变动计入其他综合收益的金融资产。

企业持有的权益工具投资，因其合同现金流量特征不是对本金和以未偿付本金金额为基础的利息的支付，因而既不能分类为以摊余成本计量的金融资产，也不能分类为以公允价值计量且其变动计入其他综合收益的金融资产，只能分类为以公允价值计量且其变动计入当期损益的金融资产。但是，企业持有的非交易性权益工具投资，在初始确认时可以指定为以公允价值计量且其变动计入其他综合收益的金融资产。该指定一经作出，不得撤销。

在会计处理上，分类为以公允价值计量且其变动计入其他综合收益的债权投资，应当通过"其他债权投资"科目进行核算；指定为以公允价值计量且其变动计入其他综合收益的非交易性权益工具投资，应当通过"其他权益工具投资"科目进行核算。

**（三）以公允价值计量且其变动计入当期损益的金融资产**

企业分类为以摊余成本计量的金融资产和以公允价值计量且其变动计入其他综合收益的金融资产之外的金融资产，应当分类为以公允价值计量且其变动计入当期损益的金融资产，主要包括交易性金融资产和指定为以公允价值计量且其变动计入当期损益的金融资产。

1.交易性金融资产

金融资产满足下列条件之一的，表明企业持有该金融资产的目的是交易性的：

（1）取得相关金融资产的目的，主要是为了近期出售。如企业以赚取差价为目的从二级市场购入的股票、债券、基金等。通常情况下，这是企业交易性金融资产的主要组成部分。

（2）相关金融资产在初始确认时属于集中管理的可辨认金融工具组合的一部分，且有客观证据表明近期实际存在短期获利模式。如企业基于投资策略和风险管理的需要，将某些金融资产进行组合从事短期获利活动，对于组合中的金融资产，采用公允价值计量，并将公允价值变动计入当期损益。在这种情况下，即使组合中有某个组成项目持有的期限稍长也不受影响。

（3）相关金融资产属于衍生工具。但符合财务担保合同定义的衍生工具以及被指定为有效套期工具的衍生工具除外。

企业管理交易性金融资产的业务模式是通过出售金融资产以实现现金流量为目标。在这种业务模式下，即使企业在持有金融资产期间收取了合同现金流量，管理金融资产的业务模式也不是既以收取合同现金流量为目标又以出售该金融资产为目标，因为收取合同现金流量对实现该业务模式的目标来说只是附带性质的活动。

2.指定为以公允价值计量且其变动计入当期损益的金融资产

在初始确认时，如果能够消除或显著减少会计错配，企业可以将金融资产指定为以公允价值计量且其变动计入当期损益的金融资产。该指定一经作出，不得撤销。

会计错配，是指当企业以不同的会计确认方法和计量属性，对在经济上相关的资产和负债进行确认或计量而产生利得或损失时，可能导致的会计确认和计量上的不一致。例如，某企业的一项金融资产和一项金融负债在经济上密切相关，二者的公允价值变动方向相反，趋于相互抵消。企业将该金融资产分类为以摊余成本计量的金融资产，而将与之密切相关的金融负债分类为以公允价值计量且其变动计入当期损益的金融负债，由此导致因会计确认方法和计量属性不同而使会计处理结果不能较好地反映交易实质的情况。如果企业将该金融资产指定为以公允价值计量且其变动计入当期损益的金融资产，就可以消除这种"会计错配"现象。可见，消除或显著减少会计上可能存在的错配现象，是将金融资产直接指定为以公允价值计量，并将其变动计入当期损益的前提条件。

在会计处理上，交易性金融资产（交易性的衍生金融资产除外）和指定为以公允价值计量且其变动计入当期损益的金融资产，应当通过"交易性金融资产"科目进行核算。交易性的衍生金融资产，通过单独设置的"衍生工具"科目核算。

# 第二节  交易性金融资产

## 一、交易性金融资产的初始计量

延伸阅读4-3

金融资产
分类图

企业应设置"交易性金融资产"科目，核算为交易目的而持有的债券投资、股票投资、基金投资等交易性金融资产的公允价值，并按照交易性金融资产的类别和品种，分别"成本""公允价值变动"进行明细核算。其中，"成本"明细科目反映交易性金融资产的初始入账金额；"公允价值变动"明细科目反映交易性金融资产在持有期间的公允价值变动金额。指定为以公允价值计量且其变动计入当期损益的金融资产，应当在"交易性金融资产"科目下单设"指定类"明细科目进行核算。

交易性金融资产应当按照取得时的公允价值作为初始入账金额，相关的交易费用在发生时直接计入当期损益。其中，交易费用是指可直接归属于购买、发行或处置金融工具的增量费用。增量费用是指企业没有发生购买、发行或处置相关金融工具的情形就不会发生的费用，包括支付给代理机构、咨询公司、券商、证券交易所、政府有关部门等的手续费、佣金、相关税费及其他必要支出，但不包括债券溢价和折价、融资费用、内部管理成本和持有成本等与交易不直接相关的费用。

企业取得交易性金融资产所支付的价款中，如果包含已宣告但尚未发放的现金股利或已到付息期但尚未领取的债券利息，性质上属于暂付应收款，应当单独确认为应收项目，不计入交易性金融资产的初始入账金额。

企业取得交易性金融资产时，按其公允价值（不含支付的价款中所包含的已宣告但尚未发放的现金股利或已到付息期但尚未领取的债券利息），借记"交易性金融资产——成本"科目，按发生的交易费用，借记"投资收益"科目，按已宣告但尚未发放的现金股利或已到付息期但尚未领取的债券利息，借记"应收股利"或"应收利息"科目，按实际支付的金额，贷记"银行存款"等科目；收到上列现金股利或债券利息时，借记"银行存款"科目，贷记"应收股利"或"应收利息"科目。

【例4-1】2×23年1月10日，华联实业股份有限公司按每股6.50元的价格从二级市场购入A公司每股面值1元的股票50 000股并分类为以公允价值计量且其变动计入当期损益的金融资产，支付交易费用1 200元。

初始入账金额=6.50×50 000=325 000（元）

| | |
|---|---|
| 借：交易性金融资产——A公司股票（成本） | 325 000 |
| 投资收益 | 1 200 |
| 贷：银行存款 | 326 200 |

【例4-2】2×23年3月25日，华联实业股份有限公司按每股8.60元的价格从二级市场购入B公司每股面值1元的股票30 000股，并分类为以公允价值计量且其变动计入当期损益的金融资产，支付交易费用1 000元。股票购买价格中包含每股0.20元已宣告但尚未领取的现金股利，该现金股利于2×23年4月20日发放。

（1）2×23年3月25日，购入B公司股票。

初始入账金额=（8.60-0.20）×30 000=252 000（元）

应收现金股利=0.20×30 000=6 000（元）

| | |
|---|---|
| 借：交易性金融资产——B公司股票（成本） | 252 000 |
| 应收股利 | 6 000 |
| 投资收益 | 1 000 |
| 贷：银行存款 | 259 000 |

（2）2×23年4月20日，收到发放的现金股利。

| | |
|---|---|
| 借：银行存款 | 6 000 |
| 贷：应收股利 | 6 000 |

【例4-3】2×23年7月1日，华联实业股份有限公司支付价款86 800元从二级市场购入C公司于2×22年7月1日发行的面值80 000元、期限5年、票面利率6%、每年6月30日付息、到期还本的债券并分类为以公允价值计量且其变动计入当期损益的金融资产，支付交易费用300元。债券购买价格中包含已到付息期但尚未支付的利息4 800元。

（1）2×23年7月1日，购入C公司债券。

初始入账金额=86 800-4 800=82 000（元）

借：交易性金融资产——C公司债券（成本）　　　　　　　　　　82 000

　　应收利息　　　　　　　　　　　　　　　　　　　　　　　4 800

　　投资收益　　　　　　　　　　　　　　　　　　　　　　　　300

　　　贷：银行存款　　　　　　　　　　　　　　　　　　　　　　　　87 100

（2）收到C公司支付的债券利息。

借：银行存款　　　　　　　　　　　　　　　　　　　　　　　4 800

　　　贷：应收利息　　　　　　　　　　　　　　　　　　　　　　　　4 800

### 二、交易性金融资产持有收益的确认

企业取得债券并分类为以公允价值计量且其变动计入当期损益的金融资产，在持有期间，应于每一资产负债表日或付息日计提债券利息，计入当期投资收益。企业取得股票并分类为以公允价值计量且其变动计入当期损益的金融资产，在持有期间，只有在同时符合下列条件时，才能确认股利收入并计入当期投资收益：

（1）企业收取股利的权利已经确立；

（2）与股利相关的经济利益很可能流入企业；

（3）股利的金额能够可靠计量。

持有交易性金融资产期间，资产负债表日或付息日，投资方按债券面值和票面利率计提利息时，借记"应收利息"科目，贷记"投资收益"科目；被投资方宣告发放的现金股利同时满足股利收入的确认条件时，投资方按应享有的份额，借记"应收股利"科目，贷记"投资收益"科目。收到上列债券利息或现金股利时，借记"银行存款"科目，贷记"应收利息"或"应收股利"科目。

【例4-4】接【例4-1】资料。华联实业股份有限公司持有A公司股票50 000股。2×23年3月20日，A公司宣告2×22年度利润分配方案，每股分派现金股利0.30元（该现金股利已同时满足股利收入的确认条件），并于2×23年4月15日发放。

（1）2×23年3月20日，A公司宣告分派现金股利。

应收现金股利=0.30×50 000=15 000（元）

借：应收股利　　　　　　　　　　　　　　　　　　　　　　15 000

　　　贷：投资收益　　　　　　　　　　　　　　　　　　　　　　　15 000

（2）2×23年4月15日，收到A公司派发的现金股利。

借：银行存款　　　　　　　　　　　　　　　　　　　　　　15 000

　　　贷：应收股利　　　　　　　　　　　　　　　　　　　　　　　15 000

【例4-5】接【例4-3】资料。2×23年12月31日，华联公司对持有的面值80 000元、期限5年、票面利率6%、每年6月30日付息的C公司债券计提利息。

应收债券利息=$80\,000 \times 6\% \times \dfrac{6}{12} = 2\,400$（元）

借：应收利息　　　　　　　　　　　　　　　　　　　　　　2 400

　　　贷：投资收益　　　　　　　　　　　　　　　　　　　　　　　2 400

### 三、交易性金融资产的期末计量

交易性金融资产的期末计量，是指采用一定的价值标准，对交易性金融资产的期末价值进行后续计量，并以此列示于资产负债表中的会计程序。交易性金融资产在最初取得时，是按公允价值入账的，反映了企业取得交易性金融资产的实际成本，但交易性金融资产的公允价值是不断变

化的，会计期末的公允价值则代表了交易性金融资产的现时价值。根据《企业会计准则》的规定，资产负债表日，交易性金融资产应按公允价值反映，公允价值的变动计入当期损益。

资产负债表日，交易性金融资产的公允价值高于其账面余额时，应按二者之间的差额，调增交易性金融资产的账面余额，同时确认公允价值上升的收益，借记"交易性金融资产——公允价值变动"科目，贷记"公允价值变动损益"科目；交易性金融资产的公允价值低于其账面余额时，应按二者之间的差额，调减交易性金融资产的账面余额，同时确认公允价值下跌的损失，借记"公允价值变动损益"科目，贷记"交易性金融资产——公允价值变动"科目。

【例4-6】华联实业股份有限公司每年12月31日对持有的交易性金融资产按公允价值进行后续计量，确认公允价值变动损益。2×23年12月31日，华联公司持有的交易性金融资产账面余额和当日公允价值资料见表4-1。

表4-1

**交易性金融资产账面余额和公允价值表**

2×23年12月31日

单位：元

| 交易性金融资产项目 | 调整前账面余额 | 期末公允价值 | 公允价值变动损益 | 调整后账面余额 |
|---|---|---|---|---|
| A公司股票 | 325 000 | 260 000 | -65 000 | 260 000 |
| B公司股票 | 252 000 | 297 000 | 45 000 | 297 000 |
| C公司债券 | 82 000 | 85 000 | 3 000 | 85 000 |

根据表4-1资料，华联公司2×23年12月31日确认公允价值变动损益的会计处理如下：

借：公允价值变动损益 65 000
　　贷：交易性金融资产——A公司股票（公允价值变动） 65 000
借：交易性金融资产——B公司股票（公允价值变动） 45 000
　　贷：公允价值变动损益 45 000
借：交易性金融资产——C公司债券（公允价值变动） 3 000
　　贷：公允价值变动损益 3 000

### 四、交易性金融资产的处置

企业处置交易性金融资产的主要会计问题，是正确确认处置损益。交易性金融资产的处置损益，是指处置交易性金融资产实际收到的价款，减去所处置交易性金融资产账面余额后的差额。其中，交易性金融资产的账面余额，是指交易性金融资产的初始入账金额加上或减去资产负债表日累计公允价值变动后的金额。如果在处置交易性金融资产时，已计入应收项目的现金股利或债券利息尚未收回，还应从处置价款中扣除该部分现金股利或债券利息之后，确认处置损益。

处置交易性金融资产时，应按实际收到的处置价款，借记"银行存款"科目，按该交易性金融资产的初始入账金额，贷记"交易性金融资产——成本"科目，按该项交易性金融资产的累计公允价值变动金额，贷记或借记"交易性金融资产——公允价值变动"科目，按已计入应收项目但尚未收回的现金股利或债券利息，贷记"应收股利"或"应收利息"科目，按上列差额，贷记或借记"投资收益"科目。

【例4-7】接【例4-1】和【例4-6】资料。2×24年2月20日，华联实业股份有限公司将持有的A公司股票售出，实际收到出售价款266 000元。股票出售日，A公司股票账面价值260 000元，所属明细科目中，成本325 000元，公允价值变动（贷方）65 000元。

处置损益=266 000-260 000=6 000（元）

| | |
|---|---|
| 借：银行存款 | 266 000 |
| 交易性金融资产——A公司股票（公允价值变动） | 65 000 |
| 贷：交易性金融资产——A公司股票（成本） | 325 000 |
| 投资收益 | 6 000 |

**延伸阅读4-4**

**转让金融商品增值税**

【例4-8】接【例4-2】和【例4-6】资料。华联实业股份有限公司持有B公司股票30 000股。2×24年3月5日，B公司宣告2×23年度利润分配方案，每股分派现金股利0.10元（该现金股利已同时满足股利收入的确认条件），并拟于2×24年4月15日发放；2×24年4月1日，华联公司将持有的B公司股票售出，实际收到出售价款298 000元。股票出售日，B公司股票账面价值297 000元，所属明细科目中，成本252 000元，公允价值变动45 000元。

（1）2×24年3月5日，B公司宣告分派现金股利。

应收现金股利=0.10×30 000=3 000（元）

| | |
|---|---|
| 借：应收股利 | 3 000 |
| 贷：投资收益 | 3 000 |

（2）2×24年4月1日，将B公司股票售出。

处置损益=298 000-297 000-3 000=-2 000（元）

| | |
|---|---|
| 借：银行存款 | 298 000 |
| 投资收益 | 2 000 |
| 贷：交易性金融资产——B公司股票（成本） | 252 000 |
| ——B公司股票（公允价值变动） | 45 000 |
| 应收股利 | 3 000 |

【例4-9】接【例4-3】、【例4-5】和【例4-6】资料。2×24年5月10日，华联实业股份有限公司将C公司债券售出，实际收到出售价款88 600元。债券出售日，C公司债券已计提但尚未收到的利息为2 400元，账面价值为85 000元，所属明细科目中，成本82 000元，公允价值变动3 000元。

处置损益=88 600-85 000-2 400=1 200（元）

| | |
|---|---|
| 借：银行存款 | 88 600 |
| 贷：交易性金融资产——C公司债券（成本） | 82 000 |
| ——C公司债券（公允价值变动） | 3 000 |
| 应收利息 | 2 400 |
| 投资收益 | 1 200 |

## 第三节　债权投资

### 一、债权投资的初始计量

债权投资，是指企业以购买债券等方式投放资本、分期或到期一次向债务人收取利息并收回本金的一种投资方式。企业应当设置"债权投资"科目，核算取得的以摊余成本计量的债权投资，并按照债权投资的类别和品种，分别"成本""利息调整""应计利息"进行明细核算。其中，"成本"明细科目反映债权投资的面值；"利息调整"明细科目反映债权投资的初始入账金额与面值的差额，以及按照实际利率法分期摊销后该差额的摊余金额；"应计利息"明细科目反映企业计提的到期一次还本付息债权投资应计未付的利息。

债权投资应当按取得时的公允价值与相关交易费用之和作为初始入账金额。如果实际支付的价款中包含已到付息期但尚未领取的债券利息，应单独确认为应收项目，不构成债权投资的初始入账金额。

企业取得债权投资时，应按该投资的面值，借记"债权投资——成本"科目，按支付的价款中包含的已到付息期但尚未领取的利息，借记"应收利息"科目，按实际支付的金额，贷记"银行存款"等科目，按其差额，借记或贷记"债权投资——利息调整"科目。收到支付的价款中包含的已到付息期但尚未领取的利息，借记"银行存款"科目，贷记"应收利息"科目。

【例4-10】2×20年1月1日，华联实业股份有限公司从活跃市场上购入甲公司当日发行的面值600 000元、期限4年、票面利率5%、每年12月31日付息、到期还本的债券并分类为以摊余成本计量的金融资产，实际支付购买价款（包括交易费用）600 000元。

借：债权投资——甲公司债券（成本）　　　　　　　　　　　　　600 000
　　贷：银行存款　　　　　　　　　　　　　　　　　　　　　　600 000

【例4-11】2×20年1月1日，华联实业股份有限公司从活跃市场上购入乙公司当日发行的面值500 000元、期限5年、票面利率6%、每年12月31日付息、到期还本的债券并分类为以摊余成本计量的金融资产，实际支付购买价款（包括交易费用）528 000元。

借：债权投资——乙公司债券（成本）　　　　　　　　　　　　　500 000
　　　　　　——乙公司债券（利息调整）　　　　　　　　　　　28 000
　　贷：银行存款　　　　　　　　　　　　　　　　　　　　　　528 000

【例4-12】2×21年1月1日，华联实业股份有限公司从活跃市场上购入丙公司于2×20年1月1日发行的面值800 000元、期限5年、票面利率5%、每年12月31日付息、到期还本的债券并分类为以摊余成本计量的金融资产，实际支付购买价款（包括交易费用）818 500元，该价款中包含已到付息期但尚未支付的利息40 000元。

（1）购入债券时。

初始入账金额=818 500-40 000=778 500（元）

借：债权投资——丙公司债券（成本）　　　　　　　　　　　　　800 000
　　应收利息　　　　　　　　　　　　　　　　　　　　　　　　40 000
　　贷：银行存款　　　　　　　　　　　　　　　　　　　　　　818 500
　　　　债权投资——丙公司债券（利息调整）　　　　　　　　　　21 500

（2）收到债券利息时。

借：银行存款　　　　　　　　　　　　　　　　　　　　　　　　40 000
　　贷：应收利息　　　　　　　　　　　　　　　　　　　　　　40 000

## 二、债权投资利息收入的确认

### （一）确认利息收入的方法

1.债权投资的账面余额与摊余成本

（1）账面余额。

以摊余成本计量的债权投资的账面余额，是指"债权投资"科目的账面实际余额，即债权投资的初始入账金额加上（初始入账金额低于面值时）或减去（初始入账金额高于面值时）利息调整的累计摊销额后的余额，或者债权投资的面值加上（初始入账金额高于面值时）或减去（初始入账金额低于面值时）利息调整的摊余金额，用公式表示如下：

账面余额=初始入账金额±利息调整累计摊销额

=面值±利息调整的摊余金额

需要注意的是，如果债权投资为到期一次还本付息的债券，其账面余额还应当包括应计未付的债券利息；如果债权投资提前收回了部分本金，其账面余额还应当扣除已偿还的本金。

（2）摊余成本。

债权投资的摊余成本，是指该金融资产的初始入账金额经下列调整后的结果：

① 扣除已偿还的本金；

② 加上或减去采用实际利率法将该初始入账金额与到期日金额之间的差额进行摊销形成的累计摊销额（即利息调整的累计摊销额）；

③ 扣除累计计提的损失准备。

在会计处理上，以摊余成本计量的债权投资计提的损失准备是通过专门设置的"债权投资减值准备"科目单独核算的，从会计科目之间的关系来看，债权投资的摊余成本也可用下式来表示：

摊余成本="债权投资"科目的账面余额-"债权投资减值准备"科目的账面余额

因此，如果债权投资没有计提损失准备，其摊余成本等于账面余额。

2.实际利率与经信用调整的实际利率

（1）实际利率。

实际利率，是指将金融资产在预计存续期的估计未来现金流量，折现为该金融资产账面余额（即不考虑信用减值）所使用的利率。例如，企业购入未发生信用减值的债券作为债权投资，实际利率就是将该债券未来收回的利息和面值折算为现值恰好等于债权投资初始入账金额（账面余额）的折现率。其中，未发生信用减值，是指不存在表明金融资产信用损失已实际发生的客观证据。

在确定实际利率时，应当在考虑金融资产所有合同条款（如提前还款、展期、看涨期权或其他类似期权等）的基础上估计预期现金流量，但不应当考虑预期信用损失。

初始确认时未发生信用减值的债权投资，应按实际利率计算确认利息收入。

（2）经信用调整的实际利率。

经信用调整的实际利率，是指将购入或源生的已发生信用减值的金融资产在预计存续期的估计未来现金流量，折现为该金融资产摊余成本（即考虑信用减值）所使用的利率。例如，企业购入已发生信用减值的债券作为债权投资，经信用调整的实际利率就是将该债券未来预期能够收回的利息和面值折算为现值恰好等于债权投资初始入账金额（摊余成本）的折现率。其中，已发生信用减值，是指存在表明金融资产信用损失已实际发生的客观证据。

在确定经信用调整的实际利率时，应当在考虑金融资产的所有合同条款（例如提前还款、展期、看涨期权或其他类似期权等）以及初始预期信用损失的基础上估计预期现金流量。

初始确认时已发生信用减值的债权投资，应按经信用调整的实际利率计算确认利息收入。

3.确认利息收入的总额法和净额法

（1）总额法。

总额法，是指按照未扣除累计计提的损失准备的金融资产账面余额和实际利率计算确认利息收入的方法。对于没有发生信用减值的债权投资（包括未计提预期信用损失准备的债权投资和已计提预期信用损失准备但尚未发生信用减值的债权投资），应当采用总额法计算确认利息收入，即：

债权投资利息收入=债权投资账面余额×实际利率

（2）净额法。

净额法，是指按照扣除累计计提的损失准备的金融资产摊余成本和实际利率计算确认利息收入的方法。对于已经发生信用减值的债权投资，应当采用净额法计算确认利息收入，具体分为下列两种情形：

①初始确认时未发生信用减值但后续期间发生信用减值的债权投资，采用净额法计算的利息收入如下：

债权投资利息收入=债权投资摊余成本×实际利率

②初始确认时即已发生信用减值的债权投资，采用净额法计算的利息收入如下：

债权投资利息收入=债权投资摊余成本×经信用调整的实际利率

4.实际利率法

实际利率法，是指以实际利率（或经信用调整的实际利率）为基础计算确定金融资产的账面余额（或摊余成本）以及将利息收入分摊计入各会计期间的方法。

对于没有发生信用减值的债权投资，采用实际利率法确认利息收入并确定账面余额的程序如下：

（1）以债权投资的面值乘以票面利率计算确定应收利息；

（2）以债权投资的期初账面余额乘以实际利率计算确定利息收入（总额法）；

（3）以应收利息与利息收入的差额作为当期利息调整摊销额；

（4）以债权投资的期初账面余额加上（初始入账金额低于面值时）或减去（初始入账金额高于面值时）当期利息调整的摊销额作为期末账面余额。

对于已发生信用减值的债权投资，采用实际利率法确认利息收入并确定摊余成本的程序，与上述没有发生信用减值的债权投资的程序基本相同，只是利息收入的确认应当采用净额法。具体的会计处理将在金融资产减值一节中作专门介绍，在此之前的内容中，只涉及没有发生信用减值的债权投资的会计处理。

（二）分期付息债券利息收入的确认

以摊余成本计量的债权投资如为分期付息、一次还本的债券，企业应当于付息日或资产负债表日计提债券利息，计提的利息通过"应收利息"科目核算，同时确认利息收入。付息日或资产负债表日，按照以债权投资的面值和票面利率计算确定的应收利息，借记"应收利息"科目，按照以债权投资的账面余额和实际利率计算确定的利息收入，贷记"投资收益"科目，按其差额，借记或贷记"债权投资——利息调整"科目。收到上列应计未收的利息时，借记"银行存款"科目，贷记"应收利息"科目。

【例4-13】接【例4-10】资料。华联实业股份有限公司于2×20年1月1日购入的面值600 000元、期限4年、票面利率5%、每年12月31日付息、到期还本、初始入账金额为600 000元的甲公司债券，在持有期间每一付息日确认利息收入的会计处理如下：

债券利息=600 000×5%=30 000（元）

借：应收利息　　　　　　　　　　　　　　　　　　　　　30 000

　　贷：投资收益　　　　　　　　　　　　　　　　　　　　　　30 000

收到上列债券利息时，作如下会计处理：

借：银行存款　　　　　　　　　　　　　　　　　　　　　　30 000
　　贷：应收利息　　　　　　　　　　　　　　　　　　　　　　30 000

【例4-14】接【例4-11】资料。华联实业股份有限公司于2×20年1月1日购入的面值500 000元、期限5年、票面利率6%、每年12月31日付息、初始入账金额为528 000元的乙公司债券，在持有期间采用实际利率法确认利息收入并确定账面余额的会计处理如下：

（1）计算实际利率。

由于乙公司债券的初始入账金额高于面值，因此，实际利率一定低于票面利率，先按5%作为折现率进行测算。查年金现值系数表和复利现值系数表可知，5期、5%的年金现值系数和复利现值系数分别为4.32947667和0.78352617。乙公司债券的利息和面值按5%作为折现率计算的现值如下：

债券每年应收利息=500 000×6%=30 000（元）

利息和面值的现值=30 000×4.32947667+500 000×0.78352617=521 647（元）

上式计算结果小于乙公司债券的初始入账金额，说明实际利率小于5%，再按4%作为折现率进行测算。查年金现值系数表和复利现值系数表可知，5期、4%的年金现值系数和复利现值系数分别为4.45182233和0.82192711。乙公司债券的利息和面值按4%作为折现率计算的现值如下：

延伸阅读4-5

插值法原理

利息和面值的现值=30 000×4.45182233+500 000×0.82192711=544 518（元）

上式计算结果大于乙公司债券的初始入账金额，说明实际利率大于4%。因此，实际利率介于4%和5%之间。使用插值法估算实际利率如下：

$$实际利率=4\%+（5\%-4\%）\times \frac{544\ 518-528\ 000}{544\ 518-521\ 647}=4.72\%$$

（2）采用实际利率法编制利息收入与账面余额计算表。

华联公司采用实际利率法编制的利息收入与账面余额计算表，见表4-2。

表4-2 利息收入与账面余额计算表
（实际利率法）

金额单位：元

| 日　期 | 应收利息 | 实际利率（%） | 利息收入 | 利息调整摊销 | 账面余额 |
|---|---|---|---|---|---|
| ① | ②=面值×6% | ③ | ④=期初⑥×③ | ⑤=②-④ | 期末⑥=期初⑥-⑤ |
| 2×20年1月1日 | | | | | 528 000 |
| 2×20年12月31日 | 30 000 | 4.72 | 24 922 | 5 078 | 522 922 |
| 2×21年12月31日 | 30 000 | 4.72 | 24 682 | 5 318 | 517 604 |
| 2×22年12月31日 | 30 000 | 4.72 | 24 431 | 5 569 | 512 035 |
| 2×23年12月31日 | 30 000 | 4.72 | 24 168 | 5 832 | 506 203 |
| 2×24年12月31日 | 30 000 | 4.72 | 23 797 | 6 203 | 500 000 |
| 合　计 | 150 000 | — | 122 000 | 28 000 | — |

（3）编制各年确认利息收入并摊销利息调整的会计分录（各年收到债券利息的会计处理略）。

①2×20年12月31日。

借：应收利息　　　　　　　　　　　　　　　　　　　　　　　　　　　　30 000
　　贷：投资收益　　　　　　　　　　　　　　　　　　　　　　　　　　　24 922
　　　　债权投资——乙公司债券（利息调整）　　　　　　　　　　　　　　 5 078

②2×21年12月31日。

借：应收利息　　　　　　　　　　　　　　　　　　　　　　　　　　　　30 000
　　贷：投资收益　　　　　　　　　　　　　　　　　　　　　　　　　　　24 682
　　　　债权投资——乙公司债券（利息调整）　　　　　　　　　　　　　　 5 318

③2×22年12月31日。

借：应收利息　　　　　　　　　　　　　　　　　　　　　　　　　　　　30 000
　　贷：投资收益　　　　　　　　　　　　　　　　　　　　　　　　　　　24 431
　　　　债权投资——乙公司债券（利息调整）　　　　　　　　　　　　　　 5 569

④2×23年12月31日。

借：应收利息　　　　　　　　　　　　　　　　　　　　　　　　　　　　30 000
　　贷：投资收益　　　　　　　　　　　　　　　　　　　　　　　　　　　24 168
　　　　债权投资——乙公司债券（利息调整）　　　　　　　　　　　　　　 5 832

⑤2×24年12月31日。

借：应收利息　　　　　　　　　　　　　　　　　　　　　　　　　　　　30 000
　　贷：投资收益　　　　　　　　　　　　　　　　　　　　　　　　　　　23 797
　　　　债权投资——乙公司债券（利息调整）　　　　　　　　　　　　　　 6 203

（4）债券到期，收回债券面值。

借：银行存款　　　　　　　　　　　　　　　　　　　　　　　　　　　 500 000
　　贷：债权投资——乙公司债券（成本）　　　　　　　　　　　　　　　500 000

【例4-15】接【例4-12】资料。华联实业股份有限公司于2×21年1月1日购入的面值800 000元、期限5年（发行日为2×20年1月1日）、票面利率5%、每年12月31日付息、初始入账金额为778 500元（实际支付的购买价款818 500元扣除购买价款中包含的已到付息期但尚未支付的利息40 000元）的丙公司债券，在持有期间采用实际利率法确认利息收入并确定账面余额的会计处理如下：

（1）计算实际利率。

由于丙公司债券的初始入账金额低于面值，因此，实际利率一定高于票面利率，先按6%作为折现率进行测算。查年金现值系数表和复利现值系数表可知，4期、6%的年金现值系数和复利现值系数分别为3.46510561和0.79209366。丙公司债券的利息和面值按6%作为折现率计算的现值如下：

债券每年应收利息=800 000×5%=40 000（元）

利息和面值的现值=40 000×3.46510561+800 000×0.79209366=772 279（元）

上式计算结果小于丙公司债券的初始入账金额，说明实际利率小于6%，但高于票面利率5%。使用插值法估算实际利率如下：

实际利率=5%+（6%-5%）×$\frac{800\,000-778\,500}{800\,000-772\,279}$=5.78%

（2）采用实际利率法编制利息收入与账面余额计算表。

华联公司采用实际利率法编制的利息收入与账面余额计算表，见表4-3。

表4-3

**利息收入与账面余额计算表**

（实际利率法）

金额单位：元

| 日　期 | 应收利息 | 实际利率（%） | 利息收入 | 利息调整摊销 | 账面余额 |
|---|---|---|---|---|---|
| ① | ②＝面值×5% | ③ | ④＝期初⑥×③ | ⑤＝④-② | 期末⑥＝期初⑥+⑤ |
| 2×21年1月1日 | | | | | 778 500 |
| 2×21年12月31日 | 40 000 | 5.78 | 44 997 | 4 997 | 783 497 |
| 2×22年12月31日 | 40 000 | 5.78 | 45 286 | 5 286 | 788 783 |
| 2×23年12月31日 | 40 000 | 5.78 | 45 592 | 5 592 | 794 375 |
| 2×24年12月31日 | 40 000 | 5.78 | 45 625 | 5 625 | 800 000 |
| 合　计 | 160 000 | — | 181 500 | 21 500 | — |

（3）编制各年确认利息收入并摊销利息调整的会计分录（各年收到债券利息的会计处理略）。

①2×21年12月31日。

借：应收利息　　　　　　　　　　　　　　　　　　　40 000

　　债权投资——丙公司债券（利息调整）　　　　　　4 997

　　贷：投资收益　　　　　　　　　　　　　　　　　　　　44 997

②2×22年12月31日。

借：应收利息　　　　　　　　　　　　　　　　　　　40 000

　　债权投资——丙公司债券（利息调整）　　　　　　5 286

　　贷：投资收益　　　　　　　　　　　　　　　　　　　　45 286

③2×23年12月31日。

借：应收利息　　　　　　　　　　　　　　　　　　　40 000

　　债权投资——丙公司债券（利息调整）　　　　　　5 592

　　贷：投资收益　　　　　　　　　　　　　　　　　　　　45 592

④2×24年12月31日。

借：应收利息　　　　　　　　　　　　　　　　　　　40 000

　　债权投资——丙公司债券（利息调整）　　　　　　5 625

　　贷：投资收益　　　　　　　　　　　　　　　　　　　　45 625

（4）债券到期，收回债券面值。

借：银行存款　　　　　　　　　　　　　　　　　　　800 000

　　贷：债权投资——丙公司债券（成本）　　　　　　　　　800 000

**（三）到期一次还本付息债券利息收入的确认**

以摊余成本计量的债权投资如为到期一次还本付息的债券，企业应当于资产负债表日计提债券利息，计提的利息通过"债权投资——应计利息"科目核算，同时按实际利率法确认利息收入并摊销利息调整。资产负债表日，按照以债权投资的面值和票面利率计算确定的应收利息，借记

"债权投资——应计利息"科目，按照以债权投资的账面余额和实际利率计算确定的利息收入，贷记"投资收益"科目，按其差额，借记或贷记"债权投资——利息调整"科目。

【例4-16】2×20年1月1日，华联实业股份有限公司购入A公司当日发行的面值1 000 000元、期限5年、票面利率5%、到期一次还本付息（利息不计复利）的债券并分类为以摊余成本计量的金融资产，实际支付的购买价款（包括交易费用）为912 650元。

（1）2×20年1月1日，购入A公司债券。

借：债权投资——A公司债券（成本）　　　　　　　　　　　　　1 000 000
　　贷：银行存款　　　　　　　　　　　　　　　　　　　　　　912 650
　　　　债权投资——A公司债券（利息调整）　　　　　　　　　　87 350

（2）计算债券的实际利率。

由于A公司债券的初始入账金额低于面值，因此，实际利率一定高于票面利率，先按6%作为折现率进行测算。查复利现值系数表可知，5期、6%的复利现值系数为0.747258。A公司债券的利息和面值按6%作为折现率计算的现值如下：

债券每年应计利息=1 000 000×5%=50 000（元）

利息和面值的现值=（50 000×5+1 000 000）×0.747258

　　　　　　　　=934 073（元）

上式计算结果大于A公司债券的初始入账金额，说明实际利率大于6%，再按7%作为折现率进行测算。查复利现值系数表可知，5期、7%的复利现值系数为0.712986。A公司债券的利息和面值按7%作为折现率计算的现值如下：

利息和面值的现值=（50 000×5+1 000 000）×0.712986

　　　　　　　　=891 233（元）

上式计算结果小于A公司债券的初始入账金额，说明实际利率小于7%。因此，实际利率介于6%和7%之间。使用插值法估算实际利率如下：

$$实际利率=6\%+（7\%-6\%）×\frac{934\,073-912\,650}{934\,073-891\,233}=6.5\%$$

（3）采用实际利率法编制利息收入与账面余额计算表。

华联公司采用实际利率法编制的利息收入与账面余额计算表，见表4-4。

表4-4　　　　　　　　　　　**利息收入与账面余额计算表**

（实际利率法）　　　　　　　　　　　　　　　　　金额单位：元

| 日　期 | 应计利息 | 实际利率（%） | 利息收入 | 利息调整摊销 | 账面余额 |
|---|---|---|---|---|---|
| ① | ②=面值×5% | ③ | ④=期初⑥×③ | ⑤=④-② | 期末⑥=期初⑥+②+⑤ |
| 2×20年1月1日 | | | | | 912 650 |
| 2×20年12月31日 | 50 000 | 6.5 | 59 322 | 9 322 | 971 972 |
| 2×21年12月31日 | 50 000 | 6.5 | 63 178 | 13 178 | 1 035 150 |
| 2×22年12月31日 | 50 000 | 6.5 | 67 285 | 17 285 | 1 102 435 |
| 2×23年12月31日 | 50 000 | 6.5 | 71 658 | 21 658 | 1 174 093 |
| 2×24年12月31日 | 50 000 | 6.5 | 75 907 | 25 907 | 1 250 000 |
| 合　计 | 250 000 | — | 337 350 | 87 350 | — |

（4）编制各年确认利息收入并摊销利息调整的会计分录。

①2×20 年 12 月 31 日。

借：债权投资——A公司债券（应计利息） 50 000
　　　　　　——A公司债券（利息调整） 9 322
　贷：投资收益 59 322

②2×21 年 12 月 31 日。

借：债权投资——A公司债券（应计利息） 50 000
　　　　　　——A公司债券（利息调整） 13 178
　贷：投资收益 63 178

③2×22 年 12 月 31 日。

借：债权投资——A公司债券（应计利息） 50 000
　　　　　　——A公司债券（利息调整） 17 285
　贷：投资收益 67 285

④2×23 年 12 月 31 日。

借：债权投资——A公司债券（应计利息） 50 000
　　　　　　——A公司债券（利息调整） 21 658
　贷：投资收益 71 658

⑤2×24 年 12 月 31 日。

借：债权投资——A公司债券（应计利息） 50 000
　　　　　　——A公司债券（利息调整） 25 907
　贷：投资收益 75 907

（5）债券到期，收回债券面值和利息。

借：银行存款 1 250 000
　贷：债权投资——A公司债券（成本） 1 000 000
　　　　　　——A公司债券（应计利息） 250 000

**（四）可提前赎回债券利息收入的确认**

以摊余成本计量的债权投资如果是附有可提前赎回条款的债券，企业在预计发行债券公司将部分赎回债券时，应调整期初账面余额，并将账面余额的调整额计入当期损益（投资收益）。期初账面余额的调整额可按如下公式计算：

$$期初调整后账面余额 = 当期可收回债券面值的现值 + 当期应收利息的现值 + 剩余债券面值的现值 + 以后期间应收利息的现值$$

$$账面余额的调整额 = 期初调整前账面余额 - 期初调整后账面余额$$

发行债券公司因提前部分赎回债券将导致债券的未来现金流量发生变动，上列算式中的"期初调整后账面余额"实际上就是将变动后的未来现金流量，以实际利率作为折现率折算的现值。

【例4-17】2×20 年 1 月 1 日，华联实业股份有限公司购入B公司当日发行的面值 500 000 元、期限 5 年、票面利率6%、每年 12 月 31 日付息的债券并分类为以摊余成本计量的金融资产，实际支付的购买价款（包括交易费用）为 521 650 元，购买日确定的实际利率为5%。根据合同约定，发行债券公司在遇到特定情况时可以将债券赎回，且不需要为提前赎回支付额外款项。2×22 年 1 月 1 日，华联公司预计B公司将会在本年年末收回 200 000 元的面值。

（1）2×20年1月1日，购入B公司债券。

借：债权投资——B公司债券（成本）　　　　　　　　　　　500 000

　　　　　　——B公司债券（利息调整）　　　　　　　　　 21 650

　　贷：银行存款　　　　　　　　　　　　　　　　　　　　　521 650

（2）采用实际利率法编制利息收入与账面余额计算表。

华联公司在购买日采用实际利率法编制的利息收入与账面余额计算表，见表4-5。

表4-5　　　　　　　　　　　　**利息收入与账面余额计算表**

（实际利率法）

金额单位：元

| 日　期 | 应收利息 | 实际利率（%） | 利息收入 | 利息调整摊销 | 账面余额 |
|---|---|---|---|---|---|
| ① | ②=面值×6% | ③ | ④=期初⑥×③ | ⑤=②-④ | 期末⑥=期初⑥-⑤ |
| 2×20年1月1日 | | | | | 521 650 |
| 2×20年12月31日 | 30 000 | 5 | 26 083 | 3 917 | 517 733 |
| 2×21年12月31日 | 30 000 | 5 | 25 887 | 4 113 | 513 620 |
| 2×22年12月31日 | 30 000 | 5 | 25 681 | 4 319 | 509 301 |
| 2×23年12月31日 | 30 000 | 5 | 25 465 | 4 535 | 504 766 |
| 2×24年12月31日 | 30 000 | 5 | 25 234 | 4 766 | 500 000 |
| 合　计 | 150 000 | — | 128 350 | 21 650 | — |

（3）编制各年确认利息收入并摊销利息调整的会计分录（各年收到债券利息的会计处理略）。

①2×20年12月31日。

借：应收利息　　　　　　　　　　　　　　　　　　　　　　30 000

　　贷：投资收益　　　　　　　　　　　　　　　　　　　　　　26 083

　　　　债权投资——B公司债券（利息调整）　　　　　　　　　 3 917

②2×21年12月31日。

借：应收利息　　　　　　　　　　　　　　　　　　　　　　30 000

　　贷：投资收益　　　　　　　　　　　　　　　　　　　　　　25 887

　　　　债权投资——B公司债券（利息调整）　　　　　　　　　 4 113

（4）2×22年1月1日，预计B公司将于本年年末收回部分面值，调整账面余额。

查复利现值系数表可知，1期、5%的复利现值系数为0.952381，2期、5%的复利现值系数为0.907029，3期、5%的复利现值系数为0.863838。华联公司调整期初账面余额的会计处理如下：

期初调整后账面余额=200 000×0.952381+30 000×0.952381+300 000×0.863838+18 000×0.907029+

18 000×0.863838=510 075（元）

账面余额的调整额=513 620-510 075=3 545（元）

借：投资收益　　　　　　　　　　　　　　　　　　　　　　3 545

　　贷：债权投资——B公司债券（利息调整）　　　　　　　　　 3 545

（5）采用实际利率法编制调整后利息收入与账面余额计算表。

华联公司在2×22年1月1日采用实际利率法编制的调整后利息收入与账面余额计算表，见表4-6。

表4-6                          **利息收入与账面余额计算表**

(实际利率法)

金额单位：元

| 日 期 | 应收利息 | 实际利率 (%) | 利息收入 | 利息调整摊销 | 账面余额 |
|---|---|---|---|---|---|
| ① | ②=面值×6% | ③ | ④=期初⑥×③ | ⑤=②-④ | 期末⑥ =期初⑥-⑤ |
| 2×22年1月1日 | | | | | 510 075 |
| 2×22年12月31日 | 30 000 | 5 | 25 504 | 4 496 | 305 579 |
| 2×23年12月31日 | 18 000 | 5 | 15 279 | 2 721 | 302 858 |
| 2×24年12月31日 | 18 000 | 5 | 15 142 | 2 858 | 300 000 |
| 合 计 | 66 000 | — | 55 925 | 10 075 | — |

注：表4-6中，2×22年12月31日的账面余额=510 075-200 000-4 496=305 579（元）

（6）2×22年12月31日，收回部分债券面值。

借：银行存款                                        200 000

  贷：债权投资——B公司债券（成本）                       200 000

（7）编制调整后各年确认利息收入并摊销利息调整的会计分录（各年收到债券利息的会计处理略）。

① 2×22年12月31日。

借：应收利息                                        30 000

  贷：投资收益                                        25 504

    债权投资——B公司债券（利息调整）                     4 496

② 2×23年12月31日。

借：应收利息                                        18 000

  贷：投资收益                                        15 279

    债权投资——B公司债券（利息调整）                     2 721

③ 2×24年12月31日。

借：应收利息                                        18 000

  贷：投资收益                                        15 142

    债权投资——B公司债券（利息调整）                     2 858

（8）债券到期，收回债券面值。

借：银行存款                                        300 000

  贷：债权投资——B公司债券（成本）                       300 000

### 三、债权投资的处置

企业处置以摊余成本计量的债权投资时，应将所取得的价款与该债权投资账面价值之间的差额计入投资收益。其中，债权投资的账面价值是指债权投资的账面余额减除已计提的损失准备后的差额，即摊余成本。如果在处置债权投资时，已计入应收项目的债券利息尚未收回，还应从处置价款中扣除该部分债券利息之后，确认处置损益。

企业处置债权投资时，应按实际收到的处置价款，借记"银行存款"科目，按债权投资的面值，贷记"债权投资——成本"科目，按应计未收的利息，贷记"应收利息"科目或"债权投资——应计利息"科目，按利息调整摊余金额，贷记或借记"债权投资——利息调整"科目，按上列差额，贷记或借记"投资收益"科目。

**【例4-18】** 2×21年1月1日，华联实业股份有限公司购入面值200 000元、期限5年、票面利率5%、每年12月31日付息的C公司债券并分类为以摊余成本计量的金融资产。2×24年9月1日，华联公司将C公司债券全部售出，实际收到出售价款206 000元。C公司债券的初始入账金额为200 000元。

借：银行存款　　　　　　　　　　　　　　　　　206 000
　　贷：债权投资——C公司债券（成本）　　　　　　　200 000
　　　　投资收益　　　　　　　　　　　　　　　　　　6 000

**【例4-19】** 2×21年1月1日，华联实业股份有限公司购入面值600 000元、期限6年、票面利率6%、每年12月31日付息的D公司债券并分类为以摊余成本计量的金融资产。2×24年3月1日，华联公司将D公司债券全部售出，实际收到出售价款625 000元。出售日，D公司债券的账面余额为614 500元，所属明细科目中，成本600 000元，利息调整14 500元。

借：银行存款　　　　　　　　　　　　　　　　　625 000
　　贷：债权投资——D公司债券（成本）　　　　　　　600 000
　　　　　　　　——D公司债券（利息调整）　　　　　 14 500
　　　　投资收益　　　　　　　　　　　　　　　　 10 500

**【例4-20】** 2×22年1月1日，华联实业股份有限公司购入面值400 000元、期限5年（发行日为2×21年7月1日）、票面利率5%、每年6月30日付息的E公司债券并分类为以摊余成本计量的金融资产。2×24年1月20日，华联公司将E公司债券全部售出，实际收到价款406 500元。出售日，E公司债券账面余额为397 200元，所属明细科目中，成本400 000元，利息调整（贷方余额）2 800元。2×23年12月31日，华联公司计提E公司债券利息10 000元。

借：银行存款　　　　　　　　　　　　　　　　　406 500
　　债权投资——E公司债券（利息调整）　　　　　　 2 800
　　投资收益　　　　　　　　　　　　　　　　　　　 700
　　贷：债权投资——E公司债券（成本）　　　　　　　400 000
　　　　应收利息　　　　　　　　　　　　　　　　 10 000

## 第四节　应收款项

### 一、应收款项概述

由于应收款项同时符合下列条件：（1）企业管理该金融资产的业务模式是以收取合同现金流量为目标；（2）该金融资产的合同条款规定，在特定日期产生的现金流量，仅为对本金和以未偿付本金金额为基础的利息的支付；所以应当将其作为以摊余成本计量的金融资产。应收款项会计核算应遵守下列规定：

（1）一般企业对外销售商品或提供劳务形成的应收债权，通常应按从购货方应收的合同或协议价款作为初始确认金额。

（2）企业收回应收款项时，应将取得的价款与应收款项账面价值之间的差额计入当期损益。

一般企业的应收款项，通常应设置"应收账款""应收票据""长期应收款""其他应收款"

"合同资产"等科目核算。

合同资产,是指企业已向客户转让商品而有权收取对价的权利,且该权利取决于时间流逝之外的其他因素。应收款项是企业无条件收取合同对价的权利,该权利应当作为应收款项单独列示。二者的区别在于,应收款项代表的是无条件收取合同对价的权利,即企业仅仅随着时间的流逝即可收款,而合同资产并不是一项无条件收款权,该权利除了时间流逝之外,还取决于其他条件(例如,履行合同中的其他履约义务)才能收取相应的合同对价。因此,与合同资产和应收款项相关的风险是不同的,应收款项仅承担信用风险,而合同资产除信用风险之外,还可能承担其他风险,如履约风险等。

## 二、应收款项的会计处理

### (一) 应收账款

1.应收账款概述

应收账款是指企业在正常经营活动中,由于销售商品或提供劳务等,而应向购货或接受劳务单位收取的款项,主要包括企业出售商品、材料、提供劳务等应向有关债务人收取的价款及代购货方垫付的运杂费等。应收账款应于收入实现时确认。

应收账款是因企业销售商品或提供劳务等产生的债权,应当按照实际发生额记账。其入账价值包括:销售货物或提供劳务的价款、增值税,以及代购货方垫付的包装费、运杂费等。在确认应收账款的入账价值时,应当考虑有关的折扣因素。

(1) 商业折扣

商业折扣是指企业为促进销售而在商品标价上给予的扣除。例如,企业为鼓励买主购买更多的商品而规定购买10件以上者给10%的折扣,或买主每买10件送1件;再如,企业为尽快出售一些残次、陈旧、冷背的商品而进行降价销售等。商业折扣一般在交易发生时即已确定,它仅仅是确定实际销售价格的一种手段,不需在买卖双方任何一方的账上反映,因此,在存在商业折扣的情况下,企业应收账款入账金额应按扣除商业折扣以后的实际售价确定。

(2) 现金折扣

现金折扣是指债权人为鼓励债务人在规定的期限内付款,而向债务人提供的债务扣除。现金折扣通常发生在以赊销方式销售商品及提供劳务的交易中。企业为了鼓励客户提前偿付货款,通常与债务人达成协议,债务人在不同期限内付款可享受不同比例的折扣。现金折扣一般用符号"折扣/付款期限"表示。例如,买方在10天内付款可按售价给予2%的折扣,用符号"2/10"表示;在20天内付款按售价给予1%的折扣,用符号"1/20"表示;在30天内付款,则不给折扣,用符号"N/30"表示。

在存在现金折扣的情况下,企业应当根据合同条款,并结合其以往的习惯做法确定交易价格。由于现金折扣合同将来收回金额不确定,属于存在可变对价的情形,因而企业应当按照期望值或最可能发生金额确定可变对价的最佳估计数。此时应收账款入账价值(即最佳估计数)的确定有两种方法:一种是总价法;另一种是净价法。总价法是将未减去现金折扣前的金额作为应收账款的入账价值。净价法是将扣减最大现金折扣后的金额作为应收账款的入账价值。

延伸阅读4-6

有关现金折扣科目的应用

根据我国《企业会计准则》的规定,后续每一资产负债表日,企业应当重新估计应计入交易价格的可变对价金额。对于已履行的履约义务,其分摊的可变对价后续变动额应当调整变动当期的收入。所以在总价法下,如果客户能够在折扣期限内付款,企业应按客户取得的现金折扣金额调减收入;在净价法下,如果客户未能在折扣期限内付款，企业应按客户丧失的现金折扣金额调增收入。

2.应收账款的核算

为了反映和监督应收账款的增减变动及其结存情况，企业应设置"应收账款"科目，借方登记应收账款的增加，贷方登记应收账款的收回及确认的坏账损失，期末余额一般在借方，反映企业尚未收回的应收账款；如果期末余额在贷方，则反映企业预收的账款。

（1）在没有商业折扣的情况下，应收账款应按应收的全部金额入账。

【例4-21】华联实业股份有限公司赊销给华强公司商品一批，货款总计50 000元，适用的增值税税率为13%，代垫运杂费1 000元（假设不作为计税基数）。华联实业股份有限公司应作会计分录：

| | |
|---|---|
| 借：应收账款 | 57 500 |
| 　贷：主营业务收入 | 50 000 |
| 　　应交税费——应交增值税（销项税额） | 6 500 |
| 　　银行存款 | 1 000 |

收到货款时：

| | |
|---|---|
| 借：银行存款 | 57 500 |
| 　贷：应收账款 | 57 500 |

（2）在有商业折扣的情况下，应收账款和销售收入按扣除商业折扣后的金额入账。

【例4-22】华联实业股份有限公司赊销商品一批，按价目表的价格计算，货款金额总计10 000元，给买方的商业折扣为10%，适用的增值税税率为13%。代垫运杂费500元（假设不作为计税基数）。华联实业股份有限公司应作会计分录：

| | |
|---|---|
| 借：应收账款 | 10 670 |
| 　贷：主营业务收入 | 9 000 |
| 　　应交税费——应交增值税（销项税额） | 1 170 |
| 　　银行存款 | 500 |

收到货款时：

| | |
|---|---|
| 借：银行存款 | 10 670 |
| 　贷：应收账款 | 10 670 |

（3）在有现金折扣的情况下，采用总价法核算。

【例4-23】华联实业股份有限公司赊销一批商品，货款为100 000元，规定对货款部分的付款条件为2/10、N/30，适用的增值税税率为13%。假设折扣时不考虑增值税，华联实业股份有限公司应作会计分录：

销售业务发生时，根据有关销货发票：

| | |
|---|---|
| 借：应收账款 | 113 000 |
| 　贷：主营业务收入 | 100 000 |
| 　　应交税费——应交增值税（销项税额） | 13 000 |

假若客户于10天内付款时：

| | |
|---|---|
| 借：银行存款 | 111 000 |
| 　　主营业务收入 | 2 000 |
| 　贷：应收账款 | 113 000 |

假若客户超过 10 天付款，则无现金折扣：

借：银行存款                             113 000

   贷：应收账款                          113 000

### （二）应收票据

**1.应收票据概述**

应收票据是指企业持有的还没有到期、尚未兑现的商业票据。商业汇票是一种由出票人签发的，委托付款人在指定日期无条件支付确定金额给收款人或持票人的票据。商业汇票的付款期限，最长不得超过 6 个月。符合条件的商业汇票的持票人，可以持未到期的商业汇票连同贴现凭证向银行申请贴现。

商业汇票按承兑人不同，分为商业承兑汇票和银行承兑汇票。商业承兑汇票是指由付款人签发并承兑，或由收款人签发交由付款人承兑的汇票。银行承兑汇票是指由在承兑银行开立存款账户的存款人（这里也是出票人）签发，由承兑银行承兑的票据。

商业汇票按是否计息可分为不带息商业汇票和带息商业汇票。不带息商业汇票是指商业汇票到期时，承兑人只按票据面值向收款人或被背书人支付款项的票据，即票据到期值=票据面值。带息商业汇票是指商业汇票到期时，承兑人必须按票面金额加上应计利息向承兑人或被背书人支付票款的票据，即票据到期值=票据面值+票据利息。

**2.应收票据的确认和计价**

为了反映和监督应收票据取得、票款收回等经济业务，企业应设置"应收票据"科目，借方登记取得的应收票据的面值，贷方登记到期收回票款或到期前向银行贴现的应收票据的票面余额，期末余额在借方，反映企业持有的商业汇票的票面金额。

应收票据贴现是指持票人因急需资金，将未到期的商业汇票背书后转让给银行，银行受理后，扣除按银行的贴现率计算确定的贴现息后，将余额付给贴现企业的业务活动。

持未到期的商业汇票向银行贴现，符合金融工具确认和计量准则有关金融资产终止确认条件的，应按实际收到的金额（即减去贴现息后的净额），借记"银行存款"科目，按贴现息部分，借记"财务费用"等科目，按商业汇票的票面金额，贷记"应收票据"科目；不符合金融工具确认和计量准则有关金融资产终止确认条件的，不应结转应收票据，应按实际收到的金额（即减去贴现息后的净额），借记"银行存款"科目，按贴现息部分，借记"短期借款——利息调整"等科目，按商业汇票的票面金额，贷记"短期借款——成本"科目。

**【例4-24】**华联实业股份有限公司 2×24 年 1 月份销售一批产品给华南公司，货已发出，华联实业股份有限公司开具的增值税专用发票上注明的商品价款为 100 000 元，增值税销项税额为 13 000 元。当日收到华南公司签发的不带息商业承兑汇票一张，该票据的期限为 3 个月。该批产品销售符合会计准则规定的收入确认条件。

华联实业股份有限公司的相关账务处理如下：

（1）该批商品销售实现时。

借：应收票据                           113 000

   贷：主营业务收入                    100 000

       应交税费——应交增值税（销项税额）    13 000

（2）3 个月后，应收票据到期，华联实业股份有限公司收回款项 113 000 元，存入银行。

借：银行存款                           113 000

   贷：应收票据                      113 000

（3）如果华联实业股份有限公司在该票据到期前向银行贴现，且银行拥有追索权，则表明华联实业股份有限公司的应收票据贴现不符合金融资产终止确认条件，应将贴现所得确认为一项金融负债（短期借款）。假定华联实业股份有限公司该票据贴现获得现金净额111 870元，则相关账务处理如下：

借：银行存款　111 870
　短期借款——利息调整　1 130
　贷：短期借款——成本　113 000

需要注意的是，企业应当设置"应收票据备查簿"，逐笔登记商业汇票的种类，号数和出票日、票面金额、交易合同号、付款人、承兑人、背书人的姓名或单位名称、到期日、背书转让日、贴现日、贴现率、贴现净额、收款日、收回金额和退票情况等资料。商业汇票到期结清票款或退票后，在备查簿中应予注销。

### （三）预付账款

1.预付账款的内容

预付账款是指企业按照购货合同规定预付给供应单位的款项。预付账款是企业暂时被供货单位占用的资金。企业预付货款后，有权要求对方按照购货合同规定发货。预付账款必须以购销双方签订的购货合同为条件，按照规定的程序和方法进行核算。

为了反映和监督预付账款的增减变动情况，企业应设置"预付账款"科目，核算预付账款增减变动及其结存情况，期末余额一般在借方，反映企业实际预付的款项。

2.预付账款的核算

预付账款的核算包括预付款项和收回货物两个方面。

（1）预付款项的会计处理。根据购货合同的规定向供应单位预付款项时，借记"预付账款"科目，贷记"银行存款"科目。

（2）收回货物的会计处理。企业收到所购货物时，根据有关发票账单金额，借记"原材料""应交税费——应交增值税（进项税额）"等科目，贷记"预付账款"科目；当预付货款小于采购货物所需支付的款项时，应将不足部分补付，借记"预付账款"科目，贷记"银行存款"科目；当预付货款大于采购货物所需支付的款项时，对收回的多余款项应借记"银行存款"科目，贷记"预付账款"科目。

【例4-25】华联实业股份有限公司向华峰公司采购材料2 000千克，单价50元，所需支付的款项总额为100 000元。按照合同规定向华峰公司预付货款的40%，验收货物后补付其余款项。

（1）预付40%的货款。

借：预付账款　40 000
　贷：银行存款　40 000

（2）收到华峰公司发来的2 000千克材料，经验收无误，有关发票记载的货款为100 000元，增值税税额为13 000元。据此以银行存款补付不足款项73 000元。

借：原材料　100 000
　应交税费——应交增值税（进项税额）　13 000
　贷：预付账款　113 000
借：预付账款　73 000
　贷：银行存款　73 000

### （四）其他应收款

1.其他应收款的内容

其他应收款是指除应收票据、应收账款、预付账款以外的其他各种应收、暂付款项。其主要内容包括：

（1）应收的各种赔款、罚款，如因企业财产等遭受意外损失而应向有关保险公司收取的赔款等。

（2）应收的出租包装物租金。

（3）应向职工收取的各种垫付款项，如为职工垫付的水电费，应由职工负担的医药费、房租费等。

（4）存出保证金，如租入包装物支付的押金。

（5）其他各种应收、暂付款项。

2.其他应收款的核算

企业应设置"其他应收款"科目对其他应收款进行核算。该科目属资产类科目，借方登记发生的各种其他应收款，贷方登记企业收到的款项和结转情况，余额一般在借方，表示应收未收的其他应收款项。

【例4-26】华联实业股份有限公司为张强垫付应由其个人负担的住院医药费600元，拟从其工资中扣回。

垫支时：

| | |
|---|---|
| 借：其他应收款 | 600 |
| 　　贷：银行存款 | 600 |

扣款时：

| | |
|---|---|
| 借：应付职工薪酬 | 600 |
| 　　贷：其他应收款 | 600 |

【例4-27】华联实业股份有限公司租入包装物一批，以银行存款向出租方支付押金3 000元。

支付时：

| | |
|---|---|
| 借：其他应收款 | 3 000 |
| 　　贷：银行存款 | 3 000 |

收到出租方退还的押金时：

| | |
|---|---|
| 借：银行存款 | 3 000 |
| 　　贷：其他应收款 | 3 000 |

### （五）应收债权出售和融资

1.应收债权出售、融资业务的核算原则

企业将其按照销售商品、提供劳务的销售合同所产生的应收债权出售给银行等金融机构，在进行会计核算时，应按照实质重于形式的原则，充分考虑交易的经济实质。对于有明确的证据表明有关交易事项满足销售确认条件，如与应收债权有关的风险和报酬实质上已经发生转移等，应按照出售应收债权处理，并确认相关损益。否则，应作为以应收债权为质押取得借款进行会计处理。

2.以应收债权为质押取得借款的核算

企业将其按照销售商品、提供劳务的销售合同所产生的应收债权提供给银行作为其向银行借款的质押的，应将从银行等金融机构获得的款项确认为对银行等金融机构的一项负债，作为短期借款等核算。

企业发生的借款利息及向银行等金融机构偿付借入款项的本息时的会计处理，应按有关借款核算的规定进行处理。

会计期末，企业应根据债务单位的情况，按企业会计制度的规定合理计提用于质押的应收债权的坏账准备。企业应设置备查簿，详细记录质押的应收债权的账面余额、质押期限及回款情况等。

【例4-28】2×24年2月5日，华联实业股份有限公司销售一批商品给乙公司，开出的增值税专用发票上注明的销售价款为200 000元，增值税销项税额为26 000元，款项尚未收到。双方约定，乙公司应于2×24年9月30日付款。2×24年4月1日，华联实业股份有限公司因急需流动资金，经与中国银行协商，以应收乙公司货款为质押取得5个月流动资金借款180 000元，年利率为6%，每月末偿付利息。假定不考虑其他因素，华联实业股份有限公司与应收债权质押有关的账务处理如下：

（1）2月5日销售成立时。

借：应收账款 226 000
　　贷：主营业务收入 200 000
　　　　应交税费——应交增值税（销项税额） 26 000

（2）4月1日取得短期借款时。

借：银行存款 180 000
　　贷：短期借款 180 000

（3）4月30日偿付利息时。

借：财务费用 900
　　贷：银行存款 900

5月31日、6月30日、7月31日账务处理同（3）。

（4）8月31日偿付短期借款本金及最后一期利息。

借：财务费用 900
　　短期借款 180 000
　　贷：银行存款 180 900

3.应收债权出售的核算

（1）不附追索权的应收债权出售的核算。

企业将其按照销售商品、提供劳务的销售合同所产生的应收债权出售给银行等金融机构，根据企业、债务人及银行等金融机构之间的协议，在所售应收债权到期无法收回时，银行等金融机构不能够向出售应收债权的企业进行追偿的，企业应将所售应收债权予以转销，结转计提的相关坏账准备，确认按协议约定预计将发生的销售退回、销售折让、现金折扣等，确认出售损益。

【例4-29】2×24年3月15日，华联实业股份有限公司销售一批商品给乙公司，开出的增值税专用发票上注明的销售价款300 000元，增值税销项税额为39 000元，款项尚未收到。双方约定，乙公司应于2×24年10月31日付款。2×24年6月4日，经与中国银行协商后约定：华联实业股份有限公司将应收乙公司的货款出售给中国银行，价款为263 250元；在应收乙公司货款到期无法收回时，中国银行不能向华联实业股份有限公司追偿。华联实业股份有限公司根据以往经验，预计该批商品将发生的销售退回金额为22 600元，其中，增值税销项税额为2 600元，成本为13 000元，实际发生的销售退回由华联实业股份有限公司承担。2×24年8月3日，华联实业股份有限公司收到乙公司退回的商品，价款为22 600元。假定不考虑其他因素，华联实业股份有限公司与应收债权出售有关的账务处理如下：

①3月15日销售成立时。

借：应收账款　　　　　　　　　　　　　　　　　　　　339 000
　　贷：主营业务收入　　　　　　　　　　　　　　　　　　　300 000
　　　　应交税费——应交增值税（销项税额）　　　　　　　　 39 000

②6月4日出售应收债权。

借：银行存款　　　　　　　　　　　　　　　　　　　　263 250
　　财务费用　　　　　　　　　　　　　　　　　　　　 53 150
　　其他应收款　　　　　　　　　　　　　　　　　　　 22 600
　　贷：应收账款　　　　　　　　　　　　　　　　　　　　 339 000

③8月3日收到退回的商品。

借：主营业务收入　　　　　　　　　　　　　　　　　　 20 000
　　应交税费——应交增值税（销项税额）　　　　　　　　 2 600
　　贷：其他应收款　　　　　　　　　　　　　　　　　　　 22 600
借：库存商品　　　　　　　　　　　　　　　　　　　　 13 000
　　贷：主营业务成本　　　　　　　　　　　　　　　　　　 13 000

（2）附追索权的应收债权出售的核算。

延伸阅读4-7
应收账款保理

　　企业在出售应收债权的过程中如附有追索权，即在有关应收债权到期无法从债务人处收回时，银行等金融机构有权向出售应收债权的企业追偿，或按照协议约定，企业有义务按照约定金额自银行等金融机构回购部分应收债权，应收债权的坏账风险由售出应收债权的企业负担，则企业应按照以应收债权为质押取得借款的核算原则进行会计处理。

# 第五节　其他金融工具投资

## 一、其他债权投资

### （一）其他债权投资的初始计量

　　企业应当设置"其他债权投资"科目，核算持有的以公允价值计量且其变动计入其他综合收益的债权投资，并按照其他债权投资的类别和品种，分别"成本""利息调整""应计利息""公允价值变动"等进行明细核算。其中，"成本"明细科目反映其他债权投资的面值，"利息调整"明细科目反映其他债权投资的初始入账金额与其面值的差额，以及按照实际利率法分期摊销后该差额的摊余金额；"应计利息"明细科目反映企业计提的到期一次还本付息的其他债权投资应计未付的利息；"公允价值变动"明细科目反映其他债权投资的公允价值变动金额。

　　其他债权投资应当按取得该金融资产的公允价值和相关交易费用之和作为初始入账金额。如果支付的价款中包含已到付息期但尚未领取的利息，应单独确认为应收项目，不构成其他债权投资的初始入账金额。

　　企业取得其他债权投资时，应按其面值，借记"其他债权投资——成本"科目，按支付的价款中包含的已到付息期但尚未领取的利息，借记"应收利息"科目，按实际支付的金额，贷记

"银行存款"等科目，按上列差额，借记或贷记"其他债权投资——利息调整"科目。

收到支付的价款中包含的已到付息期但尚未领取的利息，借记"银行存款"科目，贷记"应收利息"科目。

【例4-30】2×22年1月1日，华联实业股份有限公司购入F公司当日发行的面值600 000元、期限3年、票面利率8%、每年12月31日付息、到期还本的债券并分类为以公允价值计量且其变动计入其他综合收益的金融资产，实际支付购买价款（包括交易费用）620 000元。

借：其他债权投资——F公司债券（成本）　　　　　　　　　　　　600 000
　　　　　　　　——F公司债券（利息调整）　　　　　　　　　　 20 000
　　贷：银行存款　　　　　　　　　　　　　　　　　　　　　　　 620 000

**（二）其他债权投资利息收入的确认**

其他债权投资在持有期间确认利息收入的方法与按摊余成本计量的债权投资相同，即采用实际利率法确认当期利息收入，计入投资收益。需要注意的是，在采用实际利率法确认其他债权投资的利息收入时，应当以不包括"公允价值变动"明细科目余额的其他债权投资账面余额和实际利率计算确定利息收入。

其他债权投资如为分期付息、一次还本的债券，应于付息日或资产负债表日，按照以其他债权投资的面值和票面利率计算确定的应收利息，借记"应收利息"科目，按照以其他债权投资的账面余额（不包括"公允价值变动"明细科目的余额）和实际利率计算确定的利息收入，贷记"投资收益"科目，按其差额，借记或贷记"其他债权投资——利息调整"科目；收到上列应计未收的利息时，借记"银行存款"科目，贷记"应收利息"科目。其他债权投资如为到期一次还本付息的债券，应于资产负债表日，按照以其他债权投资的面值和票面利率计算确定的应收利息，借记"其他债权投资——应计利息"科目，按照以其他债权投资的账面余额（不包括"公允价值变动"明细科目的余额）和实际利率计算确定的利息收入，贷记"投资收益"科目，按其差额，借记或贷记"其他债权投资——利息调整"科目。

【例4-31】接【例4-30】资料。华联实业股份有限公司2×22年1月1日购入的面值600 000元、期限3年、票面利率8%、每年12月31日付息、到期还本、初始入账金额为620 000元的F公司债券，在持有期间采用实际利率法确认利息收入并确定账面余额（不包括"公允价值变动"明细科目的余额）的会计处理如下：

（1）计算实际利率。

由于F公司债券的初始入账金额高于面值，因此，实际利率一定低于票面利率，先按7%作为折现率进行测算。查年金现值系数表和复利现值系数表可知，3期、7%的年金现值系数和复利现值系数分别为2.62431604和0.81629788。F公司债券的利息和面值按7%作为折现率计算的现值如下：

债券每年应收利息=600 000×8%=48 000（元）
利息和面值的现值=48 000×2.62431604+600 000×0.81629788=615 746（元）

上式计算结果小于F公司债券的初始入账金额，说明实际利率小于7%。再按6%作为折现率进行测算。查年金现值系数表和复利现值系数表可知，3期、6%的年金现值系数和复利现值系数分别为2.67301195和0.83961928。F公司债券的利息和面值按6%作为折现率计算的现值如下：

利息和面值的现值=48 000×2.67301195+600 000×0.83961928=632 076（元）

上式计算结果大于F公司债券的初始入账金额，说明实际利率大于6%。因此，实际利率介于6%和7%之间。使用插值法估算实际利率如下：

$$实际利率=6\%+（7\%-6\%）\times\frac{632\ 076-620\ 000}{632\ 076-615\ 746}=6.74\%$$

（2）采用实际利率法编制利息收入与账面余额（不包括"公允价值变动"明细科目的余额）计算表。

华联公司在购买日采用实际利率法编制的利息收入与账面余额计算表，见表4-7。

表4-7

**利息收入与账面余额计算表**

（实际利率法）

金额单位：元

| 日 期 | 应收利息 | 实际利率（%） | 利息收入 | 利息调整摊销 | 账面余额 |
|---|---|---|---|---|---|
| ① | ②=面值×8% | ③ | ④=期初⑥×③ | ⑤=②-④ | 期末⑥<br>=期初⑥-⑤ |
| 2×22年1月1日 | | | | | 620 000 |
| 2×22年12月31日 | 48 000 | 6.74 | 41 788 | 6 212 | 613 788 |
| 2×23年12月31日 | 48 000 | 6.74 | 41 369 | 6 631 | 607 157 |
| 2×24年12月31日 | 48 000 | 6.74 | 40 843 | 7 157 | 600 000 |
| 合 计 | 144 000 | — | 124 000 | 20 000 | — |

（3）编制各年确认利息收入并摊销利息调整的会计分录（各年收到债券利息的会计处理略）。

① 2×22年12月31日。

借：应收利息　　　　　　　　　　　　　　　　　　　　　　48 000

　　贷：投资收益　　　　　　　　　　　　　　　　　　　　41 788

　　　　其他债权投资——F公司债券（利息调整）　　　　　　6 212

② 2×23年12月31日。

借：应收利息　　　　　　　　　　　　　　　　　　　　　　48 000

　　贷：投资收益　　　　　　　　　　　　　　　　　　　　41 369

　　　　其他债权投资——F公司债券（利息调整）　　　　　　6 631

③ 2×24年12月31日。

借：应收利息　　　　　　　　　　　　　　　　　　　　　　48 000

　　贷：投资收益　　　　　　　　　　　　　　　　　　　　40 843

　　　　其他债权投资——F公司债券（利息调整）　　　　　　7 157

**（三）其他债权投资的期末计量**

其他债权投资的价值应按资产负债表日的公允价值反映，公允价值的变动计入其他综合收益。

资产负债表日，其他债权投资的公允价值高于其账面余额时，应按二者之间的差额，调增其他债权投资的账面余额，同时将公允价值变动计入其他综合收益，借记"其他债权投资——公允价值变动"科目，贷记"其他综合收益——其他债权投资公允价值变动"科目；其他债权投资的公允价值低于其账面余额时，应按二者之间的差额，调减其他债权投资的账面余额，同时按公允价值变动减记其他综合收益，借记"其他综合收益——其他债权投资公允价值变动"科目，贷记"其他债权投资——公允价值变动"科目。

**【例4-32】** 接【例4-30】和【例4-31】资料。华联实业股份有限公司持有的面值600 000元、期限3年、票面利率8%、每年12月31日付息的F公司债券，2×22年12月31日的市价（不包括应计利息）为615 000元，2×23年12月31日的市价（不包括应计利息）为608 000元。

（1）2×22年12月31日，确认公允价值变动。

公允价值变动=615 000-613 788=1 212（元）

借：其他债权投资——F公司债券（公允价值变动） 1 212

贷：其他综合收益——其他债权投资公允价值变动 1 212

调整后F公司债券账面价值=613 788+1 212=615 000（元）

（2）2×23年12月31日，确认公允价值变动。

调整前F公司债券账面价值=615 000-6 631=608 369（元）

公允价值变动=608 000-608 369=-369（元）

借：其他综合收益——其他债权投资公允价值变动 369

贷：其他债权投资——F公司债券（公允价值变动） 369

调整后F公司债券账面价值=608 369-369=608 000（元）

#### （四）其他债权投资的处置

处置其他债权投资时，应将取得的处置价款与其他债权投资账面余额之间的差额，计入投资收益；同时，该金融资产原计入其他综合收益的累计利得或损失对应处置部分的金额应当从其他综合收益中转出，计入投资收益。其中，其他债权投资的账面余额，是指出售前最后一个计量日其他债权投资的公允价值。如果在处置其他债权投资时，已计入应收项目的债券利息尚未收回，还应从处置价款中扣除该部分债券利息之后，确认处置损益。

处置其他债权投资时，应按实际收到的处置价款，借记"银行存款"科目，按其他债权投资的面值，贷记"其他债权投资——成本"科目，按应计未收的利息，贷记"应收利息"科目或"其他债权投资——应计利息"科目，按利息调整摊余金额，贷记或借记"其他债权投资——利息调整"科目，按累计公允价值变动金额，贷记或借记"其他债权投资——公允价值变动"科目，按上列差额，贷记或借记"投资收益"科目。同时，将原计入其他综合收益的累计利得或损失对应处置部分的金额转出，借记或贷记"其他综合收益——其他债权投资公允价值变动"科目，贷记或借记"投资收益"科目。

【例4-33】按【例4-30】、【例4-31】和【例4-32】资料。2×24年3月1日，华联实业股份有限公司将持有的面值600 000元、期限3年、票面利率8%、每年12月31日付息、到期还本的F公司债券售出，实际收到出售价款612 000元。出售日，F公司债券账面余额（即2×23年12月31日的公允价值）为608 000元，所属明细科目中，成本600 000元，利息调整7 157元，公允价值变动843元（1 212-369）。

借：银行存款 612 000

贷：其他债权投资——F公司债券（成本） 600 000

——F公司债券（利息调整） 7 157

——F公司债券（公允价值变动） 843

投资收益 4 000

借：其他综合收益——其他债权投资公允价值变动 843

贷：投资收益 843

### 二、其他权益工具投资

#### （一）其他权益工具投资的初始计量

企业应当设置"其他权益工具投资"科目，核算持有的指定为以公允价值计量且其变动计入其他综合收益的非交易性权益工具投资，并按照其他权益工具投资的类别和品种，分别"成本"和"公允价值变动"进行明细核算。其中，"成本"明细科目反映其他权益工具投资的初始入账金额，"公允价值变动"明细科目反映其他权益工具投资在持有期间的公允价值变动金额。

其他权益工具投资应当按取得时的公允价值和相关交易费用之和作为初始入账金额。如果支付的价款中包含已宣告但尚未发放的现金股利，则应单独确认为应收项目，不构成其他权益工具投资的初始入账金额。

企业取得其他权益工具投资时，应按其公允价值与交易费用之和，借记"其他权益工具投资——成本"科目，按支付的价款中包含的已宣告但尚未发放的现金股利，借记"应收股利"科目，按实际支付的金额，贷记"银行存款"等科目。

收到支付的价款中包含的已宣告但尚未发放的现金股利，借记"银行存款"科目，贷记"应收股利"科目。

【例4-34】2×22年4月20日，华联实业股份有限公司按每股7.60元的价格从二级市场购入甲公司每股面值1元的股票80 000股并指定为以公允价值计量且其变动计入其他综合收益的金融资产，支付交易费用1 800元。股票购买价格中包含每股0.20元已宣告但尚未领取的现金股利，该现金股利于2×22年5月10日发放。

（1）2×22年4月20日，购入甲公司股票。

初始入账金额=（7.60-0.20）×80 000+1 800=593 800（元）

应收现金股利=0.20×80 000=16 000（元）

| | | |
|---|---|---|
| 借：其他权益工具投资——甲公司股票（成本） | 593 800 | |
| 　　应收股利 | 16 000 | |
| 　　贷：银行存款 | | 609 800 |

（2）2×22年5月10日，收到甲公司发放的现金股利。

| | | |
|---|---|---|
| 借：银行存款 | 16 000 | |
| 　　贷：应收股利 | | 16 000 |

**（二）其他权益工具投资持有收益的确认**

其他权益工具投资在持有期间，只有在同时满足股利收入的确认条件（见交易性金融资产持有收益的确认）时，才能确认为股利收入并计入当期投资收益。

持有其他权益工具投资期间，被投资方宣告发放的现金股利同时满足股利收入的确认条件时，投资方按应享有的份额，借记"应收股利"科目，贷记"投资收益"科目；收到发放的现金股利时，借记"银行存款"科目，贷记"应收股利"科目。

【例4-35】接【例4-34】资料。华联公司持有甲公司股票80 000股。2×23年4月15日，甲公司宣告每股分派现金股利0.25元（该现金股利已同时满足股利收入的确认条件），并于2×23年5月15日发放。

（1）2×23年4月15日，甲公司宣告分派现金股利。

应收现金股利=0.25×80 000=20 000（元）

| | | |
|---|---|---|
| 借：应收股利 | 20 000 | |
| 　　贷：投资收益 | | 20 000 |

（2）2×23年5月15日，收到甲公司发放的现金股利。

| | | |
|---|---|---|
| 借：银行存款 | 20 000 | |
| 　　贷：应收股利 | | 20 000 |

（三）其他权益工具投资的期末计量

其他权益工具投资的价值应按资产负债表日的公允价值反映，公允价值的变动计入其他综合收益。

资产负债表日，其他权益工具投资的公允价值高于其账面余额时，应按二者之间的差额，调增其他权益工具投资的账面余额，同时将公允价值变动计入其他综合收益，借记"其他权益工具投资——公允价值变动"科目，贷记"其他综合收益——其他权益工具投资公允价值变动"科目；其他权益工具投资的公允价值低于其账面余额时，应按二者之间的差额，调减其他权益工具投资的账面余额，同时按公允价值变动减记其他综合收益，借记"其他综合收益——其他权益工具投资公允价值变动"科目，贷记"其他权益工具投资——公允价值变动"科目。

【例4-36】接【例4-34】资料。华联实业股份有限公司持有的80 000股甲公司股票，2×22年12月31日的每股市价为8.20元，2×23年12月31日的每股市价为7.50元。2×22年12月31日，甲公司股票按公允价值调整前的账面余额（即初始入账金额）为593 800元。

（1）2×22年12月31日，调整其他权益工具投资账面余额。

公允价值变动=8.20×80 000-593 800=62 200（元）

借：其他权益工具投资——甲公司股票（公允价值变动）　　　　　　　62 200
　　贷：其他综合收益——其他权益工具投资公允价值变动　　　　　　　　62 200

调整后甲公司股票账面余额=593 800+62 200=8.20×80 000=656 000（元）

（2）2×23年12月31日，调整其他权益工具投资账面余额。

公允价值变动=7.50×80 000-656 000=-56 000（元）

借：其他综合收益——其他权益工具投资公允价值变动　　　　　　　　56 000
　　贷：其他权益工具投资——甲公司股票（公允价值变动）　　　　　　　56 000

调整后甲公司股票账面余额=656 000-56 000=7.50×80 000=600 000（元）

（四）其他权益工具投资的处置

处置其他权益工具投资时，应将取得的处置价款与该金融资产账面余额之间的差额，计入留存收益；同时，该金融资产原计入其他综合收益的累计利得或损失对应处置部分的金额应当从其他综合收益中转出，计入留存收益。其中，其他权益工具投资的账面余额，是指其他权益工具投资的初始入账金额加上或减去累计公允价值变动后的金额，即出售前最后一个计量日其他权益工具投资的公允价值。如果在处置其他权益工具投资时，已计入应收项目的现金股利尚未收回，还应从处置价款中扣除该部分现金股利之后，确定计入留存收益的金额。

处置其他权益工具投资时，应按实际收到的处置价款，借记"银行存款"科目，按其他权益工具投资的初始入账金额，贷记"其他权益工具投资——成本"科目，按累计公允价值变动金额，贷记或借记"其他权益工具投资——公允价值变动"科目，按上列差额，贷记或借记"盈余公积""利润分配——未分配利润"科目；同时，将原计入其他综合收益的累计利得或损失对应处置部分的金额转出，借记或贷记"其他综合收益——其他权益工具投资公允价值变动"科目，贷记或借记"盈余公积"和"利润分配——未分配利润"科目。

【例4-37】接【例4-34】和【例4-36】资料。2×24年2月20日，华联实业股份有限公司将持有的80 000股甲公司股票售出，实际收到价款650 000元。出售日，甲公司股票账面余额为600 000元（593 800+62 200-56 000），所属明细科目中，成本593 800元，公允价值变动6 200元（62 200-56 000）。华联公司按10%提取法定盈余公积。

借：银行存款　　　　　　　　　　　　　　　　　　　　　　　　　650 000

| | |
|---|---|
| 　　贷：其他权益工具投资——甲公司股票（成本） | 593 800 |
| 　　　　　　　　　　　——甲公司股票（公允价值变动） | 6 200 |
| 　　　　盈余公积 | 5 000 |
| 　　　　利润分配——未分配利润 | 45 000 |
| 借：其他综合收益——其他权益工具投资公允价值变动 | 6 200 |
| 　　贷：盈余公积 | 620 |
| 　　　　利润分配——未分配利润 | 5 580 |

# 第六节　金融资产的重分类

### 一、金融资产重分类的会计处理原则

对金融资产的分类一经确定，不得随意变更。在极为少见的情况下，企业可能会改变其管理金融资产的业务模式，从而导致对金融资产进行重分类。金融资产的重分类包括：

（1）以摊余成本计量的金融资产重分类为以公允价值计量且其变动计入当期损益的金融资产或者重分类为以公允价值计量且其变动计入其他综合收益的金融资产；

（2）以公允价值计量且其变动计入其他综合收益的金融资产重分类为以摊余成本计量的金融资产或者重分类为以公允价值计量且其变动计入当期损益的金融资产；

（3）以公允价值计量且其变动计入当期损益的金融资产重分类为以摊余成本计量的金融资产或者重分类为以公允价值计量且其变动计入其他综合收益的金融资产。

需要注意的是，企业指定为以公允价值计量且其变动计入当期损益的金融资产和指定为以公允价值计量且其变动计入其他综合收益的非交易性权益工具投资，由于该指定一经作出不得撤销，因此，不能进行上述重分类。

企业改变其管理金融资产的业务模式时，应当对所有受影响的相关金融资产进行重分类。企业对金融资产进行重分类，应当自重分类日起采用未来适用法进行相关会计处理，不得对以前已经确认的利得、损失（包括减值损失或利得）或利息进行追溯调整。

重分类日，是指导致企业对金融资产进行重分类的业务模式发生变更后的首个报告期间的第一天。以按季度、半年度和年度对外提供财务报告的上市公司为例，假定A上市公司决定于2×24年2月20日改变对某金融资产的业务模式，则重分类日为2×24年4月1日。

### 二、以摊余成本计量的金融资产的重分类

（1）企业将一项以摊余成本计量的金融资产重分类为以公允价值计量且其变动计入当期损益的金融资产的，应当按照该资产在重分类日的公允价值进行计量。原账面价值与公允价值之间的差额计入当期损益（公允价值变动损益）。

（2）企业将一项以摊余成本计量的金融资产重分类为以公允价值计量且其变动计入其他综合收益的金融资产的，应当按照该金融资产在重分类日的公允价值进行计量。原账面价值与公允价值之间的差额计入其他综合收益。该金融资产重分类不影响其实际利率和预期信用损失的计量。

【例4-38】2×21年1月1日，华联实业股份有限公司购入G公司于当日发行的面值200 000元、期限5年、票面利率6%、每年12月31日付息的债券并分类为以摊余成本计量的金融资产，实际支付购买价款（包括交易费用）208 660元，购买日确定的实际利率为5%。2×23年12月10

日，华联公司决定改变管理 G 公司债券的业务模式。2×23 年 12 月 31 日，G 公司债券的账面余额为 203 720 元，所属明细科目中，成本 200 000 元，利息调整 3 720 元；重分类日（2×24 年 1 月 1 日），G 公司债券的公允价值为 209 000 元。

（1）假定华联公司将 G 公司债券重分类为以公允价值计量且其变动计入当期损益的金融资产。

借：交易性金融资产——G 公司债券（成本）　　　　　209 000
　　贷：债权投资——G 公司债券（成本）　　　　　　　　　200 000
　　　　　　　　——G 公司债券（利息调整）　　　　　　　3 720
　　　　公允价值变动损益　　　　　　　　　　　　　　　　5 280

（2）假定华联公司将 G 公司债券重分类为以公允价值计量且其变动计入其他综合收益的金融资产。

借：其他债权投资——G 公司债券（成本）　　　　　　200 000
　　　　　　　　——G 公司债券（利息调整）　　　　　　3 720
　　　　　　　　——G 公司债券（公允价值变动）　　　　5 280
　　贷：债权投资——G 公司债券（成本）　　　　　　　　　200 000
　　　　　　　　——G 公司债券（利息调整）　　　　　　　3 720
　　　　其他综合收益——其他债权投资公允价值变动　　　　5 280

G 公司债券重分类为以公允价值计量且其变动计入其他综合收益的金融资产后，仍以 5% 作为实际利率，据以确认以后期间 G 公司债券的利息收入。

### 三、以公允价值计量且其变动计入其他综合收益的金融资产的重分类

（1）企业将一项以公允价值计量且其变动计入其他综合收益的金融资产重分类为以摊余成本计量的金融资产的，应当将之前计入其他综合收益的累计利得或损失转出，调整该金融资产在重分类日的公允价值，并以调整后的金额作为新的账面价值，即视同该金融资产一直以摊余成本计量。该金融资产重分类不影响其实际利率和预期信用损失的计量。

（2）企业将一项以公允价值计量且其变动计入其他综合收益的金融资产重分类为以公允价值计量且其变动计入当期损益的金融资产的，应当继续以公允价值计量该金融资产。同时，企业应当将之前计入其他综合收益的累计利得或损失从其他综合收益转出，计入当期损益（公允价值变动损益）。

【例 4-39】2×21 年 1 月 1 日，华联实业股份有限公司购入 H 公司于当日发行的面值 500 000 元、期限 5 年、票面利率 8%、每年 12 月 31 日付息的债券并分类为以公允价值计量且其变动计入其他综合收益的金融资产，实际支付购买价款（包括交易费用）560 000 元，购买日确定的实际利率为 5.22%。2×23 年 12 月 5 日，华联公司决定改变管理 H 公司债券的业务模式。2×23 年 12 月 31 日，H 公司债券的账面价值为 527 000 元，所属明细科目中，成本 500 000 元，利息调整 25 980 元，公允价值变动 1 020 元；重分类日（2×24 年 1 月 1 日），H 公司债券的公允价值为 527 000 元。

（1）假定华联公司将 H 公司债券重分类为以摊余成本计量的金融资产。

借：债权投资——H 公司债券（成本）　　　　　　　500 000
　　　　　　　——H 公司债券（利息调整）　　　　　25 980
　　其他综合收益——其他债权投资公允价值变动　　　 1 020
　　贷：其他债权投资——H 公司债券（成本）　　　　　　500 000
　　　　　　　　　——H 公司债券（利息调整）　　　　25 980
　　　　　　　　　——H 公司债券（公允价值变动）　　 1 020

H公司债券重分类为以摊余成本计量的金融资产后，仍以5.22%作为实际利率，据以确认嗣后期间H公司债券的利息收入。

（2）假定华联公司将H公司债券重分类为以公允价值计量且其变动计入当期损益的金融资产。

借：交易性金融资产——H公司债券（成本）    527 000

    贷：其他债权投资——H公司债券（成本）    500 000

        ——H公司债券（利息调整）    25 980

        ——H公司债券（公允价值变动）    1 020

借：其他综合收益——其他债权投资公允价值变动    1 020

    贷：公允价值变动损益    1 020

## 四、以公允价值计量且其变动计入当期损益的金融资产的重分类

（1）企业将一项以公允价值计量且其变动计入当期损益的金融资产重分类为以摊余成本计量的金融资产的，应当以其在重分类日的公允价值作为新的账面余额。

（2）企业将一项以公允价值计量且其变动计入当期损益的金融资产重分类为以公允价值计量且其变动计入其他综合收益的金融资产的，应当继续以公允价值计量该金融资产。

以公允价值计量且其变动计入当期损益的金融资产作上列重分类后，应当根据该金融资产在重分类日的公允价值确定其实际利率，即计算确定将该金融资产未来收回的利息和面值折算为现值恰好等于其重分类日公允价值的折现率。同时，自重分类日起，该金融资产适用金融资产减值的相关规定，并将重分类日视为初始确认日。

【例4-40】2×23年4月1日，华联实业股份有限公司购入N公司于2×23年1月1日发行的面值100 000元、期限5年、票面利率5%、每年12月31日付息的债券并分类为以公允价值计量且其变动计入当期损益的金融资产，实际支付购买价款（不包括交易费用）102 000元。2×23年12月15日，华联公司决定改变管理N公司债券的业务模式。2×23年12月31日，N公司债券的账面价值为98 500元，所属明细科目中，成本102 000元，公允价值变动（贷方）3 500元；重分类日（2×24年1月1日），N公司债券的公允价值为98 500元。

（1）假定华联公司将N公司债券重分类为以摊余成本计量的金融资产。

①重分类日，将N公司债券重分类为以摊余成本计量的金融资产。

借：债权投资——N公司债券（成本）    100 000

    交易性金融资产——N公司债券（公允价值变动）    3 500

    贷：交易性金融资产——N公司债券（成本）    102 000

        债权投资——N公司债券（利息调整）    1 500

②重分类日，计算确定N公司债券的实际利率。

由于N公司债券的初始入账金额低于面值，因此，实际利率一定高于票面利率，先按6%作为折现率进行测算。查年金现值系数表和复利现值系数表可知，4期、6%的年金现值系数和复利现值系数分别为3.46510561和0.79209366。N公司债券的利息和面值按6%作为折现率计算的现值如下：

债券每年应收利息=100 000×5%=5 000（元）

利息和面值的现值=5 000×3.46510561+100 000×0.79209366=96 535（元）

上式计算结果小于N公司债券的初始入账金额，说明实际利率小于6%，但高于票面利率

5%。使用插值法估算实际利率如下：

实际利率$=5\%+(6\%-1\%)\times\dfrac{100\,000-98\,500}{100\,000-96\,535}=5.43\%$

③2×24年12月31日，确认利息收入并摊销利息调整。

利息收入$=98\,500\times5.43\%=5\,349$（元）

应收利息$=100\,000\times5\%=5\,000$（元）

利息调整摊销$=5\,349-5\,000=349$（元）

| | | |
|---|---|---|
| 借：应收利息 | 5 000 | |
| 　债权投资——N公司债券（利息调整） | 349 | |
| 　贷：投资收益 | | 5 349 |

（2）假定华联公司将N公司债券重分类为以公允价值计量且其变动计入其他综合收益的金融资产，2×24年12月31日，N公司债券的公允价值为99 000元。

①重分类日，将N公司债券重分类为以公允价值计量且其变动计入其他综合收益的金融资产。

| | | |
|---|---|---|
| 借：其他债权投资——N公司债券（成本） | 100 000 | |
| 　交易性金融资产——N公司债券（公允价值变动） | 3 500 | |
| 　贷：交易性金融资产——N公司债券（成本） | | 102 000 |
| 　　其他债权投资——N公司债券（利息调整） | | 1 500 |

②重分类日，计算确定N公司债券的实际利率（与重分类为以摊余成本计量的金融资产相同，此略）。

③2×24年12月31日，确认利息收入并摊销利息调整。

| | | |
|---|---|---|
| 借：应收利息 | 5 000 | |
| 　其他债权投资——N公司债券（利息调整） | 349 | |
| 　贷：投资收益 | | 5 349 |

④2×24年12月31日，确认公允价值变动。

公允价值变动收益$=99\,000-(98\,500+349)=151$（元）

| | | |
|---|---|---|
| 借：其他债权投资——N公司债券（公允价值变动） | 151 | |
| 　贷：其他综合收益——其他债权投资公允价值变动 | | 151 |

调整后N公司债券账面价值$=98\,500+349+151=99\,000$（元）

# 第七节　金融资产减值

## 一、已发生信用减值和预期信用损失

### （一）已发生信用减值

已发生信用减值，是指存在表明金融资产信用损失已实际发生的客观证据。当对金融资产预期未来现金流量具有不利影响的一项或多项事件发生时，该金融资产成为已发生信用减值的金融资产。金融资产已发生信用减值的证据包括下列可观察信息：

（1）发行方或债务人发生重大财务困难；

（2）债务人违反合同，如偿付利息或本金违约或逾期等；

（3）债权人出于与债务人财务困难有关的经济或合同考虑，给予债务人在任何其他情况下都不会作出的让步；

（4）债务人很可能破产或进行其他财务重组；

（5）发行方或债务人财务困难导致该金融资产的活跃市场消失；

（6）以大幅折扣购买或源生一项金融资产，该折扣反映了发生信用损失的事实。

金融资产发生信用减值，有可能是多个事件的共同作用所致，未必是可单独识别的事件所致。

以已发生信用减值为基础计提金融资产损失准备的方法，称已发生信用损失法或已发生信用损失模型。采用已发生信用损失法计提金融资产损失准备，以信用减值已实际发生为前提，按资产负债表日估计的已发生损失金额计量应当确认的损失准备。在已发生信用损失法下，相关金融资产利息收入的确认采用净额法。

**（二）预期信用损失**

预期信用损失，是指以发生违约的风险为权重的金融资产信用损失的加权平均值。

信用损失，是指企业将根据合同应收的所有合同现金流量与预期收取的所有现金流量之间的差额，按照原实际利率折算的现值，即全部现金短缺的现值。其中，对于企业购买或源生的已发生信用减值的金融资产，应按照该金融资产经信用调整的实际利率折现。

由于预期信用损失考虑付款的金额和时间分布，因此即使企业预计可以全额收款但收款时间晚于合同规定的到期期限，也会产生信用损失。

以预期信用损失为基础计提金融资产损失准备的方法，称预期信用损失法或预期信用损失模型。采用预期信用损失法计提金融资产损失准备，不以信用减值已实际发生为前提，而是以未来可能的违约事件造成的损失的期望值来计量资产负债表日应当确认的损失准备。在预期信用损失法下，如果金融资产未发生信用减值，即不存在表明金融资产发生信用减值的客观证据，相关金融资产利息收入的确认应采用总额法；如果金融资产已发生信用减值，即已存在表明金融资产发生信用减值的客观证据，则相关金融资产利息收入的确认应采用净额法。

现行企业会计准则要求以预期信用损失为基础计提金融资产损失准备。

**二、计提金融资产损失准备的方法**

**（一）确定预期信用损失的三阶段模型**

企业应当在每个资产负债表日评估相关金融资产（购买或源生的已发生信用减值的金融资产和始终按照相当于整个存续期内预期信用损失的金额计量其损失准备的应收款项等金融资产除外）的信用风险自初始确认后是否已显著增加以及是否已发生信用减值，按照下列情形分别计量其损失准备、确认预期信用损失及其变动：

1.初始确认后信用风险并未显著增加的金融资产

如果金融资产的信用风险自初始确认后并未显著增加，企业应当按照相当于该金融资产未来12个月内预期信用损失的金额计量其损失准备，无论企业评估信用损失的基础是单项金融资产还是金融资产组合，由此形成的损失准备的增加或转回金额，应当作为减值损失或利得计入当期损益。

未来12个月内预期信用损失，是指因资产负债表日后12个月内（若金融资产的预计存续期少于12个月，则为预计存续期）可能发生的金融资产违约事件而导致的预期信用损失，是整个存续期预期信用损失的一部分。

在信用风险并未显著增加的情况下，金融资产利息收入的确认应当采用总额法。

2.初始确认后信用风险已显著增加但并未发生信用减值的金融资产

如果金融资产的信用风险自初始确认后已显著增加但并没有客观证据表明已发生信用减值，企业应当按照相当于该金融资产整个存续期内预期信用损失的金额计量其损失准备。无论企业评估信用损失的基础是单项金融资产还是金融资产组合，由此形成的损失准备的增加或转回金额，应当作为减值损失或利得计入当期损益。

整个存续期预期信用损失，是指因金融资产整个预计存续期内所有可能发生的违约事件而导致的预期信用损失。

企业在前一会计期间已经按照相当于金融资产整个存续期内预期信用损失的金额计量了损失准备，但在当期资产负债表日，该金融资产已不再属于自初始确认后信用风险显著增加的情形的，企业应当在当期资产负债表日按照相当于未来12个月内预期信用损失的金额计量该金融资产的损失准备，由此形成的损失准备的转回金额应当作为减值利得计入当期损益。

在信用风险已显著增加但并未发生信用减值的情况下，金融资产利息收入的确认仍然采用总额法。

3.初始确认后信用风险已显著增加且已发生信用减值的金融资产

如果金融资产的信用风险自初始确认后已显著增加且有客观证据表明已发生信用减值，企业应当按照相当于该金融资产整个存续期内预期信用损失的金额计量其损失准备。无论企业评估信用损失的基础是单项金融资产还是金融资产组合，由此形成的损失准备的增加或转回金额，应当作为减值损失或利得计入当期损益。

在信用风险已显著增加且已发生信用减值的情况下，金融资产利息收入的确认应当采用净额法。嗣后期间，若该金融资产因其信用风险有所改善而不再存在信用减值，并且这一改善在客观上可与发生的某一事件相联系（如债务人的信用评级被上调），企业应当转按总额法确认利息收入。

（二）金融资产信用风险的评估

企业在评估金融资产的信用风险自初始确认后是否已显著增加时，应当考虑所有合理且有依据的信息，包括前瞻性信息。为确保自金融资产初始确认后信用风险显著增加即确认整个存续期预期信用损失，企业在一些情况下应当以组合为基础考虑评估信用风险是否显著增加。

企业在评估金融资产的信用风险自初始确认后是否已显著增加时，应当考虑金融资产预计存续期内发生违约风险的变化，而不是预期信用损失金额的变化。企业应当通过比较金融资产在资产负债表日发生违约的风险与在初始确认日发生违约的风险，以确定金融资产预计存续期内发生违约风险的变化情况。

企业通常应当在金融资产逾期前确认该工具整个存续期预期信用损失。在确定信用风险自初始确认后是否显著增加时，企业无须付出不必要的额外成本或努力即可获得合理且有依据的前瞻性信息的，不得仅依赖逾期信息来确定信用风险自初始确认后是否显著增加；企业必须付出不必要的额外成本或努力才可获得合理且有依据的逾期信息以外的单独或汇总的前瞻性信息的，可以采用逾期信息来确定信用风险自初始确认后是否显著增加。无论企业采用何种方式评估信用风险是否显著增加，通常情况下，如果逾期超过30日，则表明金融资产的信用风险已经显著增加。除非企业在无须付出不必要的额外成本或努力的情况下即可获得合理且有依据的信息，证明即使逾期超过30日，信用风险自初始确认后仍未显著增加。如果企业在合同付款逾期超过30日前已确定信用风险显著增加，则应当按照整个存续期的预期信用损失确认损失准备。如果交易对手方未按合同规定时间支付约定的款项，则表明该金融资产发生逾期。

企业在评估金融资产的信用风险自初始确认后是否已显著增加时，应当考虑违约风险的相对变化，而非违约风险变动的绝对值。在同一后续资产负债表日，对于违约风险变动的绝对值相同的两项金融资产，初始确认时违约风险较低的金融资产比初始确认时违约风险较高的金融资产的信用风险变化更为显著。

延伸阅读4-8

信用风险评估
示例

企业确定金融资产在资产负债表日只具有较低的信用风险的，可以假设该金融资产的信用风险自初始确认后并未显著增加。如果金融资产的违约风险较低，借款人在短期内履行其合同现金流量义务的能力很强，并且较长时期内经济形势和经营环境的不利变化可能但未必降低借款人履行其合同现金流量义务的能力，该金融资产被视为具有较低的信用风险。

**（三）金融资产预期信用损失的计量**

企业计量金融资产预期信用损失的方法应当反映下列各项要素：

（1）通过评价一系列可能的结果而确定的无偏概率加权平均金额。

（2）货币时间价值。

（3）在资产负债表日无须付出不必要的额外成本或努力即可获得的有关过去事项、当前状况以及未来经济状况预测的合理且有依据的信息。

金融资产的信用损失，应当按照应收取的合同现金流量与预期收取的现金流量二者之间的差额以实际利率折算的现值计量。

企业应当以概率加权平均为基础对预期信用损失进行计量。企业对预期信用损失的计量应当反映发生信用损失的各种可能性，但不必识别所有可能的情形。在计量预期信用损失时，企业需考虑的最长期限为企业面临信用风险的最长合同期限（包括考虑续约选择权），而不是更长期间，即使该期间与业务实践相一致。

**（四）不适用预期信用损失三阶段模型的金融资产减值处理**

延伸阅读4-9

预期信用损失
计量示例

1.购买或源生的已发生信用减值的金融资产

对于购买或源生的已发生信用减值的金融资产，企业应当在资产负债表日仅将自初始确认后整个存续期内预期信用损失的累计变动确认为损失准备。在每个资产负债表日，企业应当将整个存续期内预期信用损失的变动金额作为减值损失或利得计入当期损益。即使该资产负债表日确定的整个存续期内预期信用损失小于初始确认时估计现金流量所反映的预期信用损失的金额，企业也应当将预期信用损失的有利变动确认为减值利得。

对于购买或源生的已发生信用减值的金融资产，企业应当自初始确认起，按照该金融资产的摊余成本和经信用调整的实际利率计算确认利息收入。

2.适用简化方法确认预期信用损失的金融资产

对于下列各项目，企业应当始终按照相当于整个存续期内预期信用损失的金额计量其损失准备：

（1）转让商品或提供服务交易形成的应收款项或合同资产，且符合下列条件之一：

延伸阅读4-10

金融工具减值
流程图

①该项目未包含重大融资成分，或企业不考虑不超过一年的合同中的融资成分。

②该项目包含重大融资成分，同时企业作出会计政策选择，按照相当于整个存续期内预期信用损失的金额计量损失准备。企业应当将该会计政策选择适用于所有此类应收款项和合同资产，但可对应收款项类和合同资产类分别作出会计政策选择。

（2）租赁交易形成的租赁应收款，同时企业作出会计政策选择，按照相当于整个存续期内预期信用损失的金额计量损失准备。企业应当将该会计政策选择适用于所有租赁应收款，但可对应收融资租赁款和应收经营租赁款分别作出会计政策选择。

企业可对应收款项、合同资产和租赁应收款分别选择减值会计政策。

**三、金融资产损失准备的会计处理**

资产负债表日，企业应当以预期信用损失为基础，对以摊余成本计量的金融资产（包括债权投资和应收款项）和以公允价值计量且其变动计入其他综合收益的债权投资（即其他债权投资）计提损失准备。以公允价值计量且其变动计入当期损益的金融资产和指定为以公允价值计量且其变动计入其他综合收益的非交易性权益工具投资，不计提损失准备。

（一）债权投资损失准备的会计处理

资产负债表日，企业应当对以摊余成本计量的债权投资的信用风险自初始确认后是否已显著增加进行评估，并按照预期信用损失的三阶段模型计算预期信用损失。如果计算的预期信用损失大于当期计提损失准备前"债权投资减值准备"科目的账面余额，应将其差额确认为减值损失，同时减记债权投资账面价值，借记"信用减值损失"科目，贷记"债权投资减值准备"科目；计提损失准备后，如果因债权投资信用风险有所降低，导致其预期信用损失减少，使得计算的预期信用损失小于当期计提损失准备前"债权投资减值准备"科目的账面余额，应将其差额确认为减值利得，同时转回债权投资账面价值，借记"债权投资减值准备"科目，贷记"信用减值损失"科目。

【例4-41】2×19年1月1日，华联实业股份有限公司从活跃市场上购入S公司当日发行的面值200 000元、期限6年、票面利率6%、每年12月31日付息、到期还本的债券并分类为以摊余成本计量的金融资产，初始入账金额为210 150元，初始确认时确定的实际利率为5%。华联公司在初始确认时采用实际利率法编制的利息收入与账面余额计算表，见表4-8。

表4-8

**利息收入与账面余额计算表**

（实际利率法）

金额单位：元

| 日 期 | 应收利息 | 实际利率（%） | 利息收入 | 利息调整摊销 | 账面余额 |
|---|---|---|---|---|---|
| ① | ②=面值×6% | ③ | ④=期初⑥×③ | ⑤=②-④ | 期末⑥=期初⑥-⑤ |
| 2×19年1月1日 | | | | | 210 150 |
| 2×19年12月31日 | 12 000 | 5 | 10 508 | 1 492 | 208 658 |
| 2×20年12月31日 | 12 000 | 5 | 10 433 | 1 567 | 207 091 |
| 2×21年12月31日 | 12 000 | 5 | 10 355 | 1 645 | 205 446 |
| 2×22年12月31日 | 12 000 | 5 | 10 272 | 1 728 | 203 718 |
| 2×23年12月31日 | 12 000 | 5 | 10 186 | 1 814 | 201 904 |
| 2×24年12月31日 | 12 000 | 5 | 10 096 | 1 904 | 200 000 |
| 合 计 | 72 000 | — | 61 850 | 10 150 | — |

华联公司取得S公司债券后，在每个资产负债表日确认利息收入并摊销利息调整以及根据对S公司债券信用风险评估的结果计提或转回损失准备的会计处理如下：

（1）2×19年12月31日。

①确认利息收入并摊销利息调整。

借：应收利息　　　　　　　　　　　　　　　　　　　　　　　　　　　　12 000

　　贷：投资收益　　　　　　　　　　　　　　　　　　　　　　　　　10 508

　　　　债权投资——S公司债券（利息调整）　　　　　　　　　　　　　1 492

②评估S公司债券的信用风险并据以计提损失准备。

自初始确认后至本期末，S公司信用状况一直良好。华联公司通过信用风险评估认为，S公司债券的信用风险并未显著增加，因此，华联公司按照相当于S公司债券未来12个月内预期信用损失的金额计量其损失准备。华联公司预计S公司债券未来12个月的违约概率为0.5%，如果发生违约，则违约损失率为50%；不发生违约的概率为99.5%。

未来12个月内预期信用损失=（200 000+12 000）×0.952381×0.5%×50%=505（元）

其中，0.952381为1期、5%的复利现值系数。由于是首次计提损失准备，因此，上式计算的预期信用损失505元即为本年应确认的减值损失。

借：信用减值损失 505

　贷：债权投资减值准备 505

③如数收到2×19年度债券利息。

借：银行存款 12 000

　贷：应收利息 12 000

（2）2×20年12月31日。

①确认利息收入并摊销利息调整。

由于华联公司上期期末判断自初始确认后至上期期末，S公司债券的信用风险并未显著增加，因此，本期S公司债券利息收入的确认应当采用总额法。

借：应收利息 12 000

　贷：投资收益 10 433

　　债权投资——S公司债券（利息调整） 1 567

②评估S公司债券的信用风险并据以计提损失准备。

自初始确认后至本期末，S公司的部分经营业务因市场竞争力降低而出现亏损，现金周转趋于紧张，如果不能采取有效措施及时应对，可能会导致其发生重大财务困难。华联公司通过信用风险评估认为，S公司债券的信用风险已显著增加但并没有客观证据表明已发生信用减值，因此，华联公司按照相当于S公司债券整个存续期内预期信用损失的金额计量其损失准备。华联公司预计S公司债券未来整个存续期内的违约概率为20%，如果发生违约，则违约损失率为50%；不发生违约的概率为80%。

未来整个存续期内预期信用损失=（12 000×3.545951+200 000×0.822702）×20%×50%=20 709（元）

其中，3.545951为4期、5%的年金现值系数；0.822702为4期、5%的复利现值系数。上式计算结果表明，截至本年末预期信用损失为20 709元，减去前期已确认的减值损失505元，即为本年应确认的减值损失。

本年应确认的减值损失=20 709-505=20 204（元）

借：信用减值损失 20 204

　贷：债权投资减值准备 20 204

③如数收到2×20年度债券利息。

借：银行存款 12 000

　贷：应收利息 12 000

（3）2×21年12月31日。

①确认利息收入并摊销利息调整。

由于华联公司上期期末判断自初始确认后至上期期末，S公司债券的信用风险虽然已显著增加但并没有客观证据表明已发生信用减值，因此，本期S公司债券利息收入的确认仍应当采用总额法。

借：应收利息 12 000

　贷：投资收益 10 355

　　债权投资——S公司债券（利息调整） 1 645

②评估S公司债券的信用风险并据以计提损失准备。

自初始确认后至本期末，S公司部分经营业务的亏损进一步扩大，现金周转极其困难，已出现无法按时偿付债务本金和利息的情况，正在与主要债权人进行重组协商。华联公司通过信用风险评估认为，S公司债券的信用风险已显著增加且有客观证据表明S公司债券已发生信用减值，因此，华联公司按照相当于S公司债券整个存续期内预期信用损失的金额计量其损失准备。华联公司预计S公司债券未来整个存续期内发生违约并损失50%的概率为80%，发生违约并损失75%的概率为19%，不发生违约的概率仅为1%。

未来整个存续期内预期信用损失=（12 000×2.723248+200 000×0.863838）×80%×50%+（12 000×2.723248+200 000×0.863838）×19%×75%

=111 455（元）

其中，2.723248为3期、5%的年金现值系数；0.863838为3期、5%的复利现值系数。上式计算结果表明，截至本年末预期信用损失为111 455元，减去前期累计已确认的减值损失20 709元（505+20 204），即为本年应确认的减值损失。

本年应确认的减值损失=111 455−20 709=90 746（元）

借：信用减值损失              90 746

  贷：债权投资减值准备          90 746

③如数收到2×21年度债券利息。

借：银行存款              12 000

  贷：应收利息             12 000

（4）2×22年12月31日。

①确认利息收入并摊销利息调整。

由于华联公司上期期末判断自初始确认后至上期期末，S公司债券的信用风险已显著增加且有客观证据表明已发生信用减值，因此，本期S公司债券利息收入的确认应当采用净额法。

S公司债券期初摊余成本=205 446−111 455=93 991（元）

利息收入=93 991×5%=4 700（元）

利息调整摊销=12 000−4 700=7 300（元）

借：应收利息              12 000

  贷：投资收益             4 700

    债权投资——S公司债券（利息调整）   7 300

②评估S公司债券的信用风险并据以计提损失准备。

S公司通过积极调整经营业务、与债权人进行债务重组等一系列举措，亏损势头得到遏制，现金周转困难得到极大缓解，初步摆脱了财务困境。华联公司通过风险评估认为，已不存在表明S公司债券发生信用减值的客观证据，但S公司债券的信用风险仍然比较显著，因此仍应当按照相当于S公司债券整个存续期内预期信用损失的金额计量其损失准备。华联公司预计S公司债券未来整个存续期内的违约概率为50%，如果发生违约，则违约损失率为50%；不发生违约的概率为50%。

未来整个存续期内预期信用损失=（12 000×1.85941+200 000×0.907029）×50%×50%=50 930（元）

其中，1.85941为2期、5%的年金现值系数；0.907029为2期、5%的复利现值系数。上式计算结果表明，截至本年末预期信用损失已降低为50 930元，前期累计已确认的减值损失为111 455元（505+20 204+90 746），二者之间的差额应确认为本年的减值利得。

本年应确认的减值利得=111 455−50 930=60 525（元）

借：债权投资减值准备           60 525

  贷：信用减值损失           60 525

③如数收到2×22年度债券利息。

借：银行存款              12 000

　　　　贷：应收利息　　　　　　　　　　　　　　　　　　　　　　　　　12 000

（5）2×23年12月31日。

①确认利息收入并摊销利息调整。

由于华联公司上期期末判断，S公司债券的信用风险虽然比较显著，但已不存在表明S公司债券发生信用减值的客观证据，因此，华联公司本期应当转按总额法确认S公司债券的利息收入。需要注意的是，由于上期的利息收入是按净额法确认的，因此，本期应当首先调整上期按净额法少确认的利息收入和多摊销的利息调整，然后再按总额法确认本期的利息收入，以使债权投资的账面余额能够反映假定没有发生信用减值情况下的金额。

　　利息收入调整额=10 272-4 700=5 572（元）

　　利息调整摊销调整额=1 728-7 300=-5 572（元）

　　借：债权投资——S公司债券（利息调整）　　　　　　　　　　　　　5 572

　　　　贷：投资收益　　　　　　　　　　　　　　　　　　　　　　　　5 572

　　借：应收利息　　　　　　　　　　　　　　　　　　　　　　　　　12 000

　　　　贷：投资收益　　　　　　　　　　　　　　　　　　　　　　　10 186

　　　　　债权投资——S公司债券（利息调整）　　　　　　　　　　　　1 814

②评估S公司债券的信用风险并据以计提损失准备。

S公司通过进一步调整，现金周转趋于正常，已基本解决了重大财务困难。华联公司通过对S公司债券信用风险的评估认为，虽然S公司债券已不存在发生信用减值的客观证据，但S公司债券的信用风险仍然比较显著。华联公司预计S公司债券未来存续期内的违约概率为30%，如果发生违约，则违约损失率为50%；不发生违约的概率为70%。

　　未来整个存续期内预期信用损失=（12 000+200 000）×0.952381×30%×50%=30 286（元）

上式计算结果表明，截至本年末预期信用损失已进一步降低为30 286元，前期累计已确认的减值损失为50 930元（505+20 204+90 746-60 525），二者之间的差额应确认为本年的减值利得。

　　本年应确认的减值利得=50 930-30 286=20 644（元）

　　借：债权投资减值准备　　　　　　　　　　　　　　　　　　　　　20 644

　　　　贷：信用减值损失　　　　　　　　　　　　　　　　　　　　　20 644

③如数收到2×23年度债券利息。

　　借：银行存款　　　　　　　　　　　　　　　　　　　　　　　　　12 000

　　　　贷：应收利息　　　　　　　　　　　　　　　　　　　　　　　12 000

（6）2×24年12月31日。

①确认利息收入并摊销利息调整。

由于S公司债券已经到期，因此，应将尚未摊销的利息调整金额全部摊销完毕，以使债权投资的账面余额反映债券面值。

　　借：应收利息　　　　　　　　　　　　　　　　　　　　　　　　　12 000

　　　　贷：投资收益　　　　　　　　　　　　　　　　　　　　　　　10 096

　　　　　债权投资——S公司债券（利息调整）　　　　　　　　　　　　1 904

②S公司债券到期，根据其还本付息的实际结果进行相应的会计处理。

A.假定华联公司如数收回全部债券面值和最后一期债券利息。

由于从结果来看，S公司债券并没有发生减值，因此，应将前期累计已确认的减值损失30 286元（505+20 204+90 746-60 525-20 644）全部确认为本年的减值利得。

借：债权投资减值准备 30 286

　　贷：信用减值损失 30 286

借：银行存款 212 000

　　贷：债权投资——S公司债券（成本） 200 000

　　　应收利息 12 000

B.假定华联公司如数收回了最后一期债券利息，但只收回了80%的债券面值。

从结果来看，S公司债券最终损失了20%的面值，减去前期累计已确认的减值损失30 286元（505+20 204+90 746-60 525-20 644），即为本年应进一步确认的减值损失。

本年应确认的减值损失=200 000×20%-30 286=9 714（元）

借：信用减值损失 9 714

　　贷：债权投资减值准备 9 714

借：银行存款 172 000

　　债权投资减值准备 40 000

　　贷：债权投资——S公司债券（成本） 200 000

　　　应收利息 12 000

### （二）应收款项损失准备的会计处理

对于企业向客户转让商品或提供服务等交易形成的应收款项，可以采用简化的方法，始终按照相当于整个存续期内预期信用损失的金额计量其损失准备，不必采用预期信用损失的三阶段模型。由于应收款项通常属于短期债权，预计未来现金流量与其现值相差很小，在确定应收款项预期信用损失金额时，可以不对预计未来现金流量进行折现。因此，应收款项的预期信用损失应当按照应收取的合同现金流量与预期收取的现金流量二者之间的差额计量，即按照预期不能收回的应收款项金额计量。在会计实务中，经常使用的确定应收款项预期信用损失的具体方法有应收款项余额百分比法和账龄分析法。

#### 1.应收款项余额百分比法

应收款项余额百分比法，是指按应收款项的期末余额和违约损失率计算确定应收款项预期信用损失，据以计提坏账准备的一种方法。

违约损失率，是指应收款项的预期信用损失金额占应收款项账面余额的比例。企业应当以应收款项的历史违约损失率为基础，结合当前营业情况并考虑无须付出不必要的额外成本或努力即可获得的合理且有依据的前瞻性信息，合理确定违约损失率。违约损失率应当可以反映相当于整个存续期内预期信用损失的金额，即应收款项的合同现金流量超过其预期收取的现金流量的金额。为了最大限度地消除预期信用损失和实际发生的信用损失之间的差异，企业应当定期对违约损失率进行检查，并根据实际情况作必要调整。

资产负债表日，企业可按下列公式计算确定本期应计提的坏账准备金额：

本期应计提的坏账准备金额=本期预期信用损失金额-坏账准备科目原有贷方余额

或者：

本期应计提的坏账准备金额=本期预期信用损失金额+坏账准备科目原有借方余额

其中：

本期预期信用损失金额=本期应收款项期末余额×违约损失率

根据上列公式，如果计提坏账准备前，"坏账准备"科目无余额，应按本期预期信用损失金额计提坏账准备，借记"信用减值损失"科目，贷记"坏账准备"科目。如果计提坏账准备前，

"坏账准备"科目已有贷方余额，应按本期预期信用损失金额大于"坏账准备"科目原有贷方余额的差额补提坏账准备，借记"信用减值损失"科目，贷记"坏账准备"科目；按本期预期信用损失金额小于"坏账准备"科目原有贷方余额的差额转回已计提的坏账准备，借记"坏账准备"科目，贷记"信用减值损失"科目；本期预期信用损失金额等于"坏账准备"科目原有贷方余额时，不计提坏账准备。如果计提坏账准备前，"坏账准备"科目已有借方余额，应按本期预期信用损失金额与"坏账准备"科目原有借方余额之和计提坏账准备，借记"信用减值损失"科目，贷记"坏账准备"科目。经过上述会计处理后，各期期末"坏账准备"科目的贷方余额应等于本期预期信用损失金额。

对于有确凿证据表明确实无法收回或收回的可能性不大的应收款项，如债务单位已撤销、破产、资不抵债、现金流量严重不足等，应根据企业的管理权限报经批准后，转销该应收款项账面余额，并按相同金额转销坏账准备。

【例4-42】华联实业股份有限公司采用应收款项余额百分比法计算确定应收账款的预期信用损失金额。根据以往的营业经验、客户的财务状况和现金流量情况，并结合当前的市场状况、企业的赊销方针、合理且有依据的前瞻性信息等相关资料，华联公司确定的应收账款违约损失率为5%。该公司各年应收账款期末余额、坏账转销、坏账收回的有关资料以及相应的会计处理如下：

（1）2×20年12月31日，应收账款余额为3 000 000元，"坏账准备"科目无余额。

本年计提的坏账准备=3 000 000×5%=150 000（元）

借：信用减值损失                                           150 000

    贷：坏账准备                                    150 000

（2）2×21年6月20日，确认应收甲客户的账款120 000元已无法收回，予以转销。

借：坏账准备                                         120 000

    贷：应收账款——甲客户                   120 000

（3）2×21年12月31日，应收账款余额为2 800 000元。

坏账准备原有贷方余额=150 000−120 000=30 000（元）

本年计提的坏账准备=2 800 000×5%−30 000=110 000（元）

借：信用减值损失                                       110 000

    贷：坏账准备                                    110 000

坏账准备年末贷方余额=110 000+30 000=2 800 000×5%=140 000（元）

（4）2×22年9月30日，确认应收乙客户的账款50 000元已无法收回，予以转销。

借：坏账准备                                        50 000

    贷：应收账款——乙客户                    50 000

（5）2×22年12月31日，应收账款余额为1 500 000元。

坏账准备原有贷方余额=140 000−50 000=90 000（元）

本年计提的坏账准备=1 500 000×5%−90 000=−15 000（元）

借：坏账准备                                        15 000

    贷：信用减值损失                               15 000

坏账准备年末贷方余额=90 000−15 000=1 500 000×5%=75 000（元）

（6）2×23年7月5日，确认应收丙客户的账款80 000元已无法收回，予以转销。

借：坏账准备                                        80 000

    贷：应收账款——丙客户                    80 000

（7）2×23年12月31日，应收账款余额为2 000 000元。

坏账准备原有贷方余额=75 000-80 000=-5 000（元）

本年计提的坏账准备 =2 000 000×5%+5 000=105 000（元）

借：信用减值损失　　　　　　　　　　　　　　　　　　　　105 000

　　贷：坏账准备　　　　　　　　　　　　　　　　　　　　　　　105 000

坏账准备年末贷方余额=105 000-5 000=2 000 000×5%=100 000（元）

（8）2×24年4月30日，确认应收丁客户的账款60 000元已无法收回，予以转销。

借：坏账准备　　　　　　　　　　　　　　　　　　　　　　　60 000

　　贷：应收账款——丁客户　　　　　　　　　　　　　　　　　　60 000

（9）2×24年10月15日，华联公司于2×21年6月20日已作为坏账予以转销的甲客户账款120 000元又全部收回。

已作为坏账予以转销的应收款项，以后又部分或全部收回，称坏账收回。从某种意义上讲，坏账收回可以看作以前转销应收款项的会计处理判断失误，因此，在坏账收回时，应先做一笔与原来转销应收款项分录相反的会计分录，以示对以前判断失误的订正，然后再按正常的方式记录应收款项的收回。华联公司的会计处理如下：

借：应收账款——甲客户　　　　　　　　　　　　　　　　　120 000

　　贷：坏账准备　　　　　　　　　　　　　　　　　　　　　　120 000

借：银行存款　　　　　　　　　　　　　　　　　　　　　　120 000

　　贷：应收账款——甲客户　　　　　　　　　　　　　　　　　120 000

对于坏账收回，也可以采用如下简化的方法进行会计处理：

借：银行存款　　　　　　　　　　　　　　　　　　　　　　120 000

　　贷：坏账准备　　　　　　　　　　　　　　　　　　　　　　120 000

（10）2×24年12月31日，应收账款余额为2 000 000元。

坏账准备原有贷方余额=100 000-60 000+120 000=160 000（元）

本年计提的坏账准备 =2 000 000×5%-160 000=-60 000（元）

借：坏账准备　　　　　　　　　　　　　　　　　　　　　　60 000

　　贷：信用减值损失　　　　　　　　　　　　　　　　　　　　60 000

坏账准备年末贷方余额=160 000-60 000=2 000 000×5%=100 000（元）

2.账龄分析法

账龄分析法，是指对应收款项按账龄的长短进行分组并分别确定违约损失率，据以计算确定预期信用损失金额、计提坏账准备的一种方法，也称以账龄表为基础的减值矩阵模型。账龄分析法是以账款被拖欠的时间越长，发生信用损失的可能性就越大为前提的。尽管应收款项能否收回以及能收回多少，并不完全取决于欠账时间的长短，但就一般情况而言，这一前提还是可以成立的。

采用账龄分析法计算确定预期信用损失金额，首先要对应收款项按账龄的长短分组，然后分别确定可以反映相当于整个存续期内预期信用损失的各组应收款项违约损失率，据以分别计算各组应收款项的预期信用损失金额，最后将各组应收款项的预期信用损失金额进行加总，求得全部应收款项的预期信用损失金额。账龄分析法与应收款项余额百分比法在会计处理的方法上是相同的，但账龄分析法计算确定的预期信用损失金额比应收款项余额百分比法更精确、更合理。

【例4-43】华联实业股份有限公司2×24年年末应收账款余额为7 240 000元。该公司将应收账款按账龄划分为不足1个月、超过1个月但不足3个月、超过3个月但不足半年、超过半年但不足1年、超过1年但不足2年、超过2年但不足3年、3年以上七组。根据应收账款明细账中的有关记录，华联公司编制的应收账款账龄分析表，见表4-9。

表4-9                                        **应收账款账龄分析表**

2×24年12月31日                                                                    单位：元

| 客户名称 | 应收账款账面余额 | 应收账款按账龄的分组 | | | | | | |
|---|---|---|---|---|---|---|---|---|
| | | 不足1个月 | 超过1个月但不足3个月 | 超过3个月但不足半年 | 超过半年但不足1年 | 超过1年但不足2年 | 超过2年但不足3年 | 3年以上 |
| A客户 | 720 000 | 720 000 | | | | | | |
| B客户 | 810 000 | 810 000 | | | | | | |
| C客户 | 930 000 | 800 000 | 130 000 | | | | | |
| D客户 | 580 000 | 500 000 | 80 000 | | | | | |
| E客户 | 420 000 | 310 000 | 110 000 | | | | | |
| F客户 | 860 000 | 540 000 | 250 000 | 70 000 | | | | |
| G客户 | 350 000 | 350 000 | | | | | | |
| H客户 | 780 000 | 690 000 | 90 000 | | | | | |
| I客户 | 470 000 | 280 000 | 100 000 | 90 000 | | | | |
| J客户 | 350 000 | | 240 000 | 110 000 | | | | |
| K客户 | 890 000 | | 200 000 | 130 000 | 300 000 | 160 000 | 100 000 | |
| L客户 | 80 000 | | | | | | 30 000 | 50 000 |
| 合 计 | 7 240 000 | 5 000 000 | 1 200 000 | 400 000 | 300 000 | 160 000 | 130 000 | 50 000 |

根据历史资料并结合当前情况，考虑前瞻性信息，对上述各类应收账款分别确定违约损失率之后，编制应收账款预期信用损失金额计算表，见表4-10。

表4-10                                **应收账款预期信用损失金额计算表**

2×24年12月31日                                                              金额单位：元

| 应收账款按账龄的分组 | 应收账款余额 | 违约损失率（%） | 预期信用损失金额 |
|---|---|---|---|
| 不足1个月 | 5 000 000 | 1 | 50 000 |
| 超过1个月但不足3个月 | 1 200 000 | 5 | 60 000 |
| 超过3个月但不足半年 | 400 000 | 10 | 40 000 |
| 超过半年但不足1年 | 300 000 | 20 | 60 000 |
| 超过1年但不足2年 | 160 000 | 30 | 48 000 |
| 超过2年但不足3年 | 130 000 | 40 | 52 000 |
| 3年以上 | 50 000 | 50 | 25 000 |
| 合 计 | 7 240 000 | — | 335 000 |

根据表4-10的计算结果以及本年计提坏账准备前"坏账准备"科目的余额情况，华联公司应作如下会计处理：

（1）假定本年计提坏账准备前，"坏账准备"科目无余额。

借：信用减值损失                                                           335 000
　　贷：坏账准备                                                            335 000

（2）假定本年计提坏账准备前，"坏账准备"科目已有贷方余额50 000元。

本年计提的坏账准备=335 000-50 000=285 000（元）

借：信用减值损失　　　　　　　　　　　　　　　　　　　　　　　285 000

　　贷：坏账准备　　　　　　　　　　　　　　　　　　　　　　　　　285 000

（3）假定本年计提坏账准备前，"坏账准备"科目已有贷方余额400 000元。

本年计提的坏账准备=335 000-400 000=-65 000（元）

借：坏账准备　　　　　　　　　　　　　　　　　　　　　　　　　　65 000

　　贷：信用减值损失　　　　　　　　　　　　　　　　　　　　　　　65 000

（4）假定本年计提坏账准备前，"坏账准备"科目有借方余额60 000元。

本年计提的坏账准备=335 000+60 000=395 000（元）

借：信用减值损失　　　　　　　　　　　　　　　　　　　　　　　395 000

　　贷：坏账准备　　　　　　　　　　　　　　　　　　　　　　　　　395 000

**（三）其他债权投资损失准备的会计处理**

企业对于持有的以公允价值计量且其变动计入其他综合收益的其他债权投资，应当运用预期信用损失三阶段模型，在其他综合收益中确认其损失准备，并将减值损失或利得计入当期损益，且不应减少该金融资产在资产负债表中列示的账面价值。其中，计入当期损益的减值损失，是指按照预期信用损失三阶段模型计算确定的、应于当期确认的预期信用损失；计入当期损益的减值利得，是指按照预期信用损失三阶段模型计算确定的、应于当期转回的预期信用损失。

资产负债表日，企业应当按照本期公允价值较上期的下跌金额，借记"其他综合收益——其他债权投资公允价值变动"科目，贷记"其他债权投资——公允价值变动"科目；同时；按照当期应确认的减值损失金额，借记"信用减值损失"科目，贷记"其他综合收益——信用减值准备"科目。

对于已确认减值损失的其他债权投资，在随后的会计期间因其信用风险降低导致预期信用损失减少，应按减少的预期信用损失金额转回原已确认的预期信用损失。资产负债表日，企业应当按照本期公允价值较上期的回升金额，借记"其他债权投资——公允价值变动"科目，贷记"其他综合收益——其他债权投资公允价值变动"科目；同时，按照当期应确认的减值利得金额，借记"其他综合收益——信用减值准备"科目，贷记"信用减值损失"科目。

**【例4-44】** 2×20年1月1日，华联实业股份有限公司从活跃市场上购入R公司于当日发行的面值100 000元、期限5年、票面利率4%、每年12月31日付息、到期还本的债券并分类为以公允价值计量且其变动计入其他综合收益的金融资产，初始入账金额为95 670元，初始确认时确定的实际利率为5%。华联公司在初始确认时采用实际利率法编制的利息收入与账面余额计算表，见表4-11。

表4-11　　　　　　　　　　　　　　**利息收入与账面余额计算表**

（实际利率法）

金额单位：元

| 日　期 | 应收利息 | 实际利率（%） | 利息收入 | 利息调整摊销 | 账面余额 |
|---|---|---|---|---|---|
| ① | ②=面值×4% | ③ | ④=期初⑥×③ | ⑤=④-② | 期末⑥=期初⑥+⑤ |
| 2×20年1月1日 | | | | | 95 670 |
| 2×20年12月31日 | 4 000 | 5 | 4 784 | 784 | 96 454 |
| 2×21年12月31日 | 4 000 | 5 | 4 823 | 823 | 97 277 |
| 2×22年12月31日 | 4 000 | 5 | 4 864 | 864 | 98 141 |
| 2×23年12月31日 | 4 000 | 5 | 4 907 | 907 | 99 048 |
| 2×24年12月31日 | 4 000 | 5 | 4 952 | 952 | 100 000 |
| 合　计 | 20 000 | — | 24 330 | 4 330 | — |

华联公司取得 R 公司债券后，在每个资产负债表日确认利息收入并摊销利息调整以及根据公允价值变动情况确认其他综合收益、根据对 R 公司债券信用风险评估的结果确认减值损失或利得的会计处理如下：

（1）2×20 年 12 月 31 日。

①确认利息收入并摊销利息调整。

借：应收利息 4 000
  其他债权投资——R 公司债券（利息调整） 784
  贷：投资收益 4 784

②确认公允价值变动。

2×20 年 12 月 31 日，R 公司债券的市价（不包括应计利息）为 95 000 元。

本期公允价值变动=95 000-96 454= -1 454（元）

借：其他综合收益——其他债权投资公允价值变动 1 454
  贷：其他债权投资——R 公司债券（公允价值变动） 1 454

调整后 R 公司债券账面价值=96 454-1 454=95 000（元）

③确认预期信用损失。

自初始确认后至本期末，R 公司信用状况良好。华联公司通过信用风险评估认为，R 公司债券市价的下跌为债券价格的正常波动，其信用风险并未显著增加，因此，华联公司按照相当于 R 公司债券未来 12 个月内预期信用损失的金额计量其损失准备。华联公司预计 R 公司债券未来 12 个月的违约概率为 0.5%，如果发生违约，则违约损失率为 50%；不发生违约的概率为 99.5%。

未来 12 个月内预期信用损失=（100 000+4 000）×0.952381×0.5%×50%=248（元）

其中，0.952381 为 1 期、5% 的复利现值系数。由于是首次计提损失准备，因此，上式计算的预期信用损失 248 元即为本年应确认的减值损失。

借：信用减值损失 248
  贷：其他综合收益——信用减值准备 248

④如数收到 2×20 年度债券利息。

借：银行存款 4 000
  贷：应收利息 4 000

（2）2×21 年 12 月 31 日。

①确认利息收入并摊销利息调整。

由于华联公司上期期末判断自初始确认后至上期期末，R 公司债券的信用风险并未显著增加，因此，本期 R 公司债券利息收入的确认应当采用总额法。

借：应收利息 4 000
  其他债权投资——R 公司债券（利息调整） 823
  贷：投资收益 4 823

摊销利息调整后 R 公司债券账面价值=95 000+823=95 823（元）

②确认公允价值变动。

2×21 年 12 月 31 日，R 公司债券的市价（不包括应计利息）为 96 000 元。

本期公允价值变动=96 000-95 823=177（元）

借：其他债权投资——R 公司债券（公允价值变动） 177
  贷：其他综合收益——其他债权投资公允价值变动 177

调整后R公司债券账面价值=95 823+177=96 000（元）

③确认预期信用损失。

自初始确认后至本期末，R公司信用状况仍然保持良好。华联公司通过信用风险评估认为，R公司债券的信用风险仍未显著增加，华联公司继续按照相当于R公司债券未来12个月内预期信用损失的金额计量其损失准备。华联公司预计R公司债券未来12个月的违约概率、违约损失率与上期相同。

根据上述资料，由于R公司债券预期信用损失并没有进一步增加，因此，华联公司本期不必对R公司债券进行减值会计处理。

④如数收到2×21年度债券利息。

借：银行存款 4 000
　　贷：应收利息 4 000

（3）2×22年12月31日。

①确认利息收入并摊销利息调整。

由于华联公司上期期末判断自初始确认后至上期期末，R公司债券的信用风险并未显著增加，因此，本期R公司债券利息收入的确认仍应采用总额法。

借：应收利息 4 000
　　其他债权投资——R公司债券（利息调整） 864
　　贷：投资收益 4 864

摊销利息调整后R公司债券账面价值=96 000+864=96 864（元）

②确认公允价值变动。

2×22年12月31日，R公司债券的市价（不包括应计利息）为85 000元。

本期公允价值变动=85 000-96 864=-11 864（元）

借：其他综合收益——其他债权投资公允价值变动 11 864
　　贷：其他债权投资——R公司债券（公允价值变动） 11 864

调整后R公司债券账面价值=96 864-11 864=85 000（元）

③确认预期信用损失。

自初始确认后至本期末，R公司的一项投资业务发生巨额亏损，导致其现金周转紧张，但尚无证据表明R公司发生了重大财务困难。华联公司通过信用风险评估认为，R公司债券的信用风险已显著增加但并没有客观证据表明已发生信用减值，因此，华联公司按照相当于R公司债券整个存续期内预期信用损失的金额计量其损失准备。华联公司预计R公司债券未来整个存续期内的违约概率为30%，如果发生违约，则违约损失率为50%；不发生违约的概率为70%。

未来整个存续期内预期信用损失=（4 000×1.85941+100 000×0.907029）×30%×50%=14 721（元）

其中，1.85941为2期、5%的年金现值系数；0.907029为2期、5%的复利现值系数。上式计算结果表明，截至本年末预期信用损失为14 721元，减去前期累计已确认的减值损失248元，即为本年应确认的减值损失。

本年应确认的减值损失=14 721-248=14 473（元）

借：信用减值损失 14 473
　　贷：其他综合收益——信用减值准备 14 473

④如数收到2×22年度债券利息。

借：银行存款 4 000

> 贷：应收利息 4 000

（4）2×23年12月31日。

①确认利息收入并摊销利息调整。

由于华联公司上期期末判断自初始确认后至上期期末，A公司债券的信用风险虽然已显著增加但并没有客观证据表明已发生信用减值，因此，本期A公司债券利息收入的确认仍应采用总额法。

> 借：应收利息 4 000
>     其他债权投资——R公司债券（利息调整） 907
>   贷：投资收益 4 907

摊销利息调整后R公司债券账面价值=85 000+907=85 907（元）

②确认公允价值变动。

2×23年12月31日，R公司债券的市价（不包括应计利息）为48 000元。

本期公允价值变动=48 000-85 907=-37 907（元）

> 借：其他综合收益——其他债权投资公允价值变动 37 907
>   贷：其他债权投资——R公司债券（公允价值变动） 37 907

调整后R公司债券账面价值=85 907-37 907=48 000（元）

③确认预期信用损失。

自初始确认后至本期末，R公司投资业务的亏损进一步扩大，导致其发生重大财务困难，已出现债务逾期无法偿还的情况。华联公司通过信用风险评估认为，R公司债券的信用风险已显著增加且有客观证据表明R公司债券已发生信用减值，因此，华联公司按照相当于R公司债券整个存续期内预期信用损失的金额计量其损失准备。华联公司预计R公司债券未来整个存续期内发生违约并损失50%的概率为90%，发生违约并损失75%的概率为9%，不发生违约的概率仅为1%。

未来整个存续期内预期信用损失=（4 000+100 000）×0.952381×90%×50%+（4 000+100 000）×0.952381×9%×75%
= 51 257（元）

其中，0.952381为1期、5%的复利现值系数。上式计算结果表明，截至本年末预期信用损失为51 257元，减去前期累计已确认的减值损失14 721元（248+14 473），即为本年应确认的减值损失。

本年应确认的减值损失=51 257-14 721=36 536（元）

> 借：信用减值损失 36 536
>   贷：其他综合收益——信用减值准备 36 536

④如数收到2×23年度债券利息。

> 借：银行存款 4 000
>   贷：应收利息 4 000

（5）2×24年12月31日。

R公司债券到期，华联公司如数收回最后一期债券利息，但只收回50%的面值。

①确认利息收入并摊销利息调整。

由于华联公司上期期末判断自初始确认后至上期期末，A公司债券的信用风险已显著增加且有客观证据表明已发生信用减值，因此，本期A公司债券利息收入的确认应当采用净额法。但由于债券已经到期，且从结果来看，债券利息如数收回，利息部分并未发生信用损失，因而仍应采用总额法确认利息收入，同时，将尚未摊销的利息调整摊销完毕。

> 借：应收利息 4 000
>     其他债权投资——A公司债券（利息调整） 952

　　　　贷：投资收益　　　　　　　　　　　　　　　　　　　　　　　　　　　　　4 952

摊销利息调整后R公司债券账面价值=48 000+952=48 952（元）

　　②确认公允价值变动。

　　2×24年12月31日，R公司债券的市价（不包括应计利息）为50 000元。

本期公允价值变动=50 000-48 952=1 048（元）

　　借：其他债权投资——R公司债券（公允价值变动）　　　　　　　　　1 048

　　　　贷：其他综合收益——其他债权投资公允价值变动　　　　　　　　　　　1 048

调整后R公司债券账面价值=48 952+1 048=50 000（元）

　　③确认预期信用损失。

　　由于华联公司以前期间累计确认了信用损失51 257元（248+14 473+36 536），但最终实际发生的信用损失为50 000元，二者之间的差额应确认为本年的减值利得。

本年应确认的减值利得=51 257-50 000=1 257（元）

　　借：其他综合收益——信用减值准备　　　　　　　　　　　　　　　　1 257

　　　　贷：信用减值损失　　　　　　　　　　　　　　　　　　　　　　　　　1 257

　　④收回最后一期债券利息并收回50%的面值。

　　借：银行存款　　　　　　　　　　　　　　　　　　　　　　　　　54 000

　　　　其他债权投资——R公司债券（公允价值变动）　　　　　　　　　50 000

　　　　贷：其他债权投资——R公司债券（成本）　　　　　　　　　　　　　100 000

　　　　　　应收利息　　　　　　　　　　　　　　　　　　　　　　　　　　4 000

　　借：其他综合收益——信用减值准备　　　　　　　　　　　　　　　　50 000

　　　　贷：其他综合收益——其他债权投资公允价值变动　　　　　　　　　　　50 000

## 四、金融资产的列报

### （一）列示

　　在资产负债表中，交易性金融资产、应收票据、应收账款、债权投资、其他债权投资、其他权益工具投资等金融资产，均应作为单独的报表项目，以账面价值分别列示其金额。其中，应收票据、应收账款、债权投资的账面价值是指期末摊余成本；交易性金融资产、其他债权投资、其他权益工具投资的账面价值是指期末公允价值。

### （二）披露

　　企业应当根据《企业会计准则第37号——金融工具列报》准则的要求，在附注中完整地披露与金融工具有关的会计信息，以有助于财务报表使用者了解企业所发行金融工具的分类、计量和列示，以及企业所持有的金融资产和承担的金融负债的情况，并就金融工具对企业财务状况和经营成果影响的重要程度、金融工具使企业在报告期间和期末所面临风险的性质和程度，以及企业如何管理这些风险作出合理评价。

**【思政课堂】**　　　　　丰富会计理论与方法　　助力创新驱动发展战略

　　党的二十大报告指出，要完善科技创新体系，坚持创新在我国现代化建设全局中的核心地位，形成支持全面创新的基础制度，培育创新文化，弘扬科学家精神，涵养优良学风，营造创新氛围，加快实施创新驱动发展战略。

　　实施创新驱动发展战略，落实创新助力经济高质量增长，离不开金融的支持。2022年12月，中央经济工作会议指出，要"推动'科技-产业-金融'良性循环"，这就意味着金融应与产业一起，实现彼此更加深层的、内生的互动融合。为实现这一目标，不断创新金融工具势在必行。

近20年来，我国金融市场获得了较快的发展，金融工具种类不断增加。但与发达国家相比还有很大差距，金融市场规模仍然偏小，金融工具种类仍然偏少，不能完全适应经济快速增长的需要。因此，加大金融工具创新的力度、逐步丰富金融商品的种类，对于扩大金融市场的规模、完善金融市场的类型、实现金融市场的国际化，进而助力经济高质量增长、实现创新驱动发展战略具有重大意义。

金融创新工具是实体经济的发生动机，是经济高速发展的助推剂，不仅可以为经济发展注入活力，也可以带来金融功能的深化和健全。但同时我们也应看到，金融创新工具又往往是经济危机发生的风险因子，可能成为经济快速下滑的助推剂。企业必须对金融创新工具的本质有深刻的认识，建立健全金融创新工具风险防范机制，才能更好地利用金融创新工具为企业发展服务，在市场经济浪潮中立于不败之地。

**思政案例**

天津金融创新
"破题"

金融工具的不断创新，也对财务会计理论和实践提出了挑战。例如，金融创新工具往往不符合现行会计要素的定义、难以满足会计要素的确认条件，从而无法将其纳入正式财务报表列报，只能进行表外披露。这就要求财务会计必须与时俱进，改变会计观念、丰富会计理论、创新会计方法。

## □ 复习思考题

1.什么是金融资产？如何分类？

2.什么是以摊余成本计量的金融资产？

3.什么是以公允价值计量且其变动计入其他综合收益的金融资产？

4.什么是以公允价值计量且其变动计入当期损益的金融资产？

5.在资产负债表中，交易性金融资产的价值应如何反映？

6.如何确认债权投资的利息收益？

7.什么是实际利率法？如何确定实际利率？

8.在资产负债表中，债权投资的价值应如何反映？

9.交易性金融资产与其他债权投资公允价值变动的会计处理有何不同？

10.如何确定债权投资的预期信用损失？

11.金融资产发生预期信用损失和发生信用减值有何区别？

12.如何对应收款项进行减值的会计处理？

13.什么是账龄分析法？与应收款项余额百分比法有何异同？

14.如何对其他债权投资进行减值的会计处理？

15.其他债权投资减值的会计处理有何特点？

自测题

# 第五章　长期股权投资

## 第一节　长期股权投资的初始计量

### 一、长期股权投资及其初始计量原则

#### （一）长期股权投资的内容

长期股权投资，是指投资方对被投资方能够实施控制或具有重大影响的权益性投资，以及对其合营企业的权益性投资。

**1.能够实施控制的权益性投资**

控制，是指投资方拥有对被投资方的权力，通过参与被投资方的相关活动而享有可变回报，并且有能力运用对被投资方的权力影响其回报金额。因此，控制必须同时具备以下两个基本要素：

延伸阅读 5-1

控制的判断

（1）因涉入被投资方而享有可变回报。

（2）拥有对被投资方的权力，并且有能力运用对被投资方的权力影响其回报金额。

投资方在判断其是否能够控制被投资方时，应当综合考虑所有的相关事实和情况。只有当投资方同时具备上述两个要素时，投资方才能够控制被投资方。一旦相关事实和情况发生了变化，导致上述两个要素中的一个或多个发生变化，投资方应当重新评估其是否能够控制被投资方。

投资方能够对被投资方实施控制的，被投资方为其子公司，投资方应当将其子公司纳入合并财务报表的合并范围。

**2.具有重大影响的权益性投资**

重大影响，是指投资方对被投资方的财务和经营政策有参与决策的权力，但并不能够控制或者与其他方一起共同控制这些政策的制定。

在通常情况下，当投资方直接或通过其子公司间接拥有被投资方20%或以上表决权股份，但未形成控制或共同控制的，可以认为对被投资方具有重大影响，除非有确凿的证据表明投资方不能参与被投资方的生产经营决策，不能对被投资方施加重大影响。企业通常可以通过以下一种或几种情形来判断是否对被投资方具有重大影响：①在被投资方的董事会或类似权力机构中派有代表；②参与被投资方的财务和经营政策制定过程；③与被投资方之间发生重要交易；④向被投资方派出管理人员；⑤向被投资方提供关键技术资料。需要注意的是，存在上述一种或多种情形并不意味着投资方一定对被投资方具有重大影响，企业需要综合考虑所有事实和情况来做出恰当的判断。此外，在确定能否对被投资方施加重大影响时，还应当考虑投资方和其他方持有的现行可执行潜在表决权在假定转换为对被投资方的股权后产生的影响，如被投资方发行的当期可转换的认股权证、股份期权及可转换公司债券等的影响。如果这些潜在表决权在转换为对被投资方的

股权后，能够增加投资方的表决权比例或降低被投资方其他投资者的表决权比例，从而使得投资方能够参与被投资方的财务和经营决策，应当认为投资方对被投资方具有重大影响。

投资方能够对被投资方施加重大影响的，被投资方为其联营企业。

3.对合营企业的权益性投资

对合营企业的权益性投资，是指投资方与其他合营方一同对被投资方实施共同控制且对被投资方净资产享有权利的权益性投资。

合营企业是合营安排的一个类型。合营安排，是指一项由两个或两个以上的参与方共同控制的安排。合营安排具有下列特征：

（1）各参与方均受到该安排的约束。

（2）两个或两个以上的参与方对该安排实施共同控制。任何一个参与方都不能够单独控制该安排，对该安排具有共同控制的任何一个参与方均能够阻止其他参与方或参与方组合单独控制该安排。

共同控制，是指按照相关约定对某项安排所共有的控制，并且该安排的相关活动必须经过分享控制权的参与方一致同意后才能决策。在判断是否存在共同控制时，首先应当判断所有参与方或参与方组合是否集体控制该安排，其次再判断该安排相关活动的决策是否必须经过这些集体控制该安排的参与方一致同意。需要注意的是，合营安排并不要求所有参与方都对该安排实施共同控制，只要有两个或两个以上的参与方对该安排实施共同控制，一项安排就可以被认定为合营安排。因此，合营安排参与方既包括对合营安排享有共同控制的参与方（即合营方），又包括对合营安排不享有共同控制的参与方（非合营方）。

延伸阅读5-2

合营安排

合营安排可以分为共同经营和合营企业。共同经营，是指合营方享有该安排相关资产且承担该安排相关负债的合营安排；合营企业，是指合营方仅对该安排的净资产享有权利的合营安排。

投资方的投资是否构成对合营企业的权益性投资，首先应当判断是否存在共同控制，即是否构成合营安排，然后再看该合营安排是否属于合营企业。投资方对合营企业的权益性投资仅指对合营安排享有共同控制的参与方对其合营企业的权益性投资，不包括对合营安排不享有共同控制的参与方的权益性投资，也不包括对共同经营的投资。

除能够实施控制的权益性投资、具有重大影响的权益性投资和对合营企业的权益性投资外，企业持有的其他权益性投资，应当按照金融工具确认和计量准则的规定，在初始确认时分类为以公允价值计量且其变动计入当期损益的金融资产或指定为以公允价值计量且其变动计入其他综合收益的金融资产。

**（二）长期股权投资初始计量的原则**

（1）企业在取得长期股权投资时，应按初始投资成本入账。长期股权投资可以通过企业合并取得，也可以通过企业合并以外的其他方式取得。在不同的取得方式下，初始投资成本的确定方法有所不同。企业应当区分企业合并和非企业合并两种情况确定长期股权投资的初始投资成本。

（2）企业在取得长期股权投资时，如果实际支付的价款或其他对价中包含已宣告但尚未发放的现金股利或利润，则该现金股利或利润在性质上属于暂付应收款项，应作为应收项目单独入账，不构成长期股权投资的初始投资成本。

延伸阅读5-3

企业合并的方式与类型

## 二、企业合并形成的长期股权投资

企业合并，是指将两个或者两个以上单独的企业合并形成一个报告主体的交易或事项。企业合并通常包括吸收合并、新设合并和控股合并三种形式。其中，吸收合并和新设合并均不形成投资关系，只有控股合并形成投资关系。因此，企业合并形成的长期股权投资，是指控股合并所形成的投资方（即合并后的母公司）对被投资方（即合并后的子公司）的股权投资。企业合并形成的长期股权投资，应当区分同一控制下的企业合并和非同一控制下的企业合并分别确定初始投资成本。

**（一）同一控制下企业合并形成的长期股权投资**

参与合并的企业在合并前后均受同一方或相同的多方最终控制且该控制并非暂时性的，为同一控制下的企业合并。其中，在合并日取得对其他参与合并企业控制权的一方为合并方，参与合并的其他企业为被合并方。对于同一控制下的企业合并，从能够对参与合并各方在合并前及合并后均实施最终控制的一方来看，其能够控制的资产在合并前及合并后并没有发生变化，企业合并交易仅仅被视为集团内部资产和权益的重新整合，通过这种整合改变的只是子公司相互的层级、直接或间接控股关系。因此，合并方通过企业合并形成的对被合并方的长期股权投资，其成本代表的是在被合并方所有者权益账面价值中按持股比例享有的份额。需要注意的是，这里所说的被合并方所有者权益账面价值，并不是指在被合并方个别财务报表中的账面价值，而是指在最终控制方合并财务报表中的账面价值，即站在最终控制方角度，以其收购被合并方时被合并方各项资产、负债（包括收购时形成的商誉）的公允价值为基础，持续计算至合并日所确定的被合并方所有者权益账面价值。

延伸阅读5-4

合并日的判断

1.合并方以支付现金等方式作为合并对价

合并方以支付现金、转让非现金资产或承担债务方式作为合并对价的，应当在合并日按照取得的被合并方所有者权益在最终控制方合并财务报表中的账面价值的份额作为长期股权投资的初始投资成本。初始投资成本大于支付的合并对价账面价值的差额，应计入资本公积（资本溢价或股本溢价）；初始投资成本小于支付的合并对价账面价值的差额，应冲减资本公积（仅限于资本溢价或股本溢价），资本公积的余额不足冲减的，应依次冲减盈余公积、未分配利润。

合并方为进行企业合并而发行债券或承担其他债务支付的手续费、佣金等，应当计入所发行债券及其他债务的初始确认金额；为进行企业合并而发生的各项直接相关费用，如审计费用、评估费用、法律服务费用等，应当于发生时计入当期管理费用。

合并方应当在企业合并日，按取得的被合并方所有者权益在最终控制方合并财务报表中的账面价值的份额，借记"长期股权投资"科目，按应享有被合并方已宣告但尚未发放的现金股利或利润，借记"应收股利"科目，按支付的合并对价的账面价值，贷记有关资产或负债科目，按其差额，贷记"资本公积——资本溢价（或股本溢价）"科目。如为借方差额，则应借记"资本公积——资本溢价（或股本溢价）"科目，资本公积（资本溢价或股本溢价）不足冲减的，应依次借记"盈余公积""利润分配——未分配利润"科目。

**【例5-1】** 华联实业股份有限公司和甲公司是同为北方集团公司所控制的两个子公司。2×24年2月20日，华联公司达成与甲公司合并的协议，约定华联公司以3 800万元的银行存款作为合并对价，取得甲公司80%的股份。甲公司80%的股份系北方集团公司于2×22年1月1日从本集团外部购入（属于非同一控制下的企业合并），购买日，甲公司可辨认净资产公允价值为3 500万元。2×22年1月1日至2×24年3月1日，甲公司以购买日净资产的公允价值为基础计算的净利润为1 000万元，无其他所有者权益变动。2×24年3月1日，华联公司实际取得对甲公司的控制权，当日，甲公司所有者权益在北方集团公司合并财务报表中的账面价值总额为4 500万元（3 500+1 000），华联公司"资本公积——股本溢价"科目余额为150万元。在与甲公司的合并中，华联公司以银行存款支付审计费用、评估费用、法律服务费用等共计65万元。

延伸阅读5-5

所有者权益账面价值

在上例中，华联公司和甲公司在合并前后均受北方集团公司控制，通过合并，华联公司取得了对甲公司的控制权。因此，该合并为同一控制下的控股合并，华联公司为合并方，甲公司为被合并方，北方集团公司为能够对参与合并各方在合并前及合并后均实施最终控制的一方，合并日为2×24年3月1日。华联公司在合并日的会计处理如下：

（1）确认取得的长期股权投资。

初始投资成本=4 500×80%=3 600（万元）

| 借：长期股权投资——甲公司 | 36 000 000 |
| 资本公积——股本溢价 | 1 500 000 |
| 盈余公积 | 500 000 |
| 贷：银行存款 | 38 000 000 |

（2）支付直接相关费用。

| 借：管理费用 | 650 000 |
| 贷：银行存款 | 650 000 |

2.合并方以发行权益性证券作为合并对价

合并方以发行权益性证券作为合并对价的，应当在合并日按照取得的被合并方所有者权益在最终控制方合并财务报表中的账面价值的份额作为长期股权投资的初始投资成本，按照发行的权益性证券面值总额作为股本。初始投资成本大于发行的权益性证券面值总额的差额，应当计入资本公积（股本溢价）；初始投资成本小于发行的权益性证券面值总额的差额，应当冲减资本公积（仅限于股本溢价），资本公积的余额不足冲减的，应依次冲减盈余公积、未分配利润。

合并方为进行企业合并而发行权益性证券发生的手续费、佣金等费用，应当抵减权益性证券的溢价发行收入，溢价发行收入不足冲减的，冲减留存收益。

合并方应当在企业合并日，按取得的被合并方所有者权益在最终控制方合并财务报表中的账面价值的份额，借记"长期股权投资"科目，按应享有被合并方已宣告但尚未发放的现金股利或利润，借记"应收股利"科目，按所发行权益性证券的面值总额，贷记"股本"科目，按其差额，贷记"资本公积——股本溢价"科目。如为借方差额，则应借记"资本公积——股本溢价"科目，资本公积（股本溢价）不足冲减的，应依次借记"盈余公积""利润分配——未分配利润"科目。同时，按发行权益性证券过程中支付的手续费、佣金等费用，借记"资本公积——股本溢价"科目，贷记"银行存款"等科目，溢价发行收入不足冲减的，应依次借记"盈余公积""利润分配——未分配利润"科目。

【例5-2】华联实业股份有限公司和乙公司是同为北方集团公司所控制的两个子公司。根据华联公司达成的与乙公司合并的协议，2×24年4月1日，华联公司以增发的权益性证券作为合并对价，取得乙公司90%的股份。华联公司增发的权益性证券为每股面值1元的普通股股票，共增发2 500万股，支付手续费及佣金等发行费用80万元。2×24年4月1日，华联公司实际取得对乙公司的控制权，当日乙公司所有者权益在北方集团公司合并财务报表中的账面价值总额为5 000万元。在与乙公司的合并中，华联公司以银行存款支付审计费用、评估费用、法律服务费用等共计76万元。

在上例中，华联公司和乙公司在合并前后均受北方集团公司控制，通过合并，华联公司取得了对乙公司的控制权。因此，该合并为同一控制下的控股合并，华联公司为合并方，乙公司为被合并方，北方集团公司为能够对参与合并各方在合并前及合并后均实施最终控制的一方，合并日为2×24年4月1日。华联公司在合并日的会计处理如下：

初始投资成本=5 000×90%=4 500（万元）

| | | |
|---|---|---|
|借：长期股权投资——乙公司|45 000 000| |
|　贷：股本| |25 000 000|
|　　　资本公积——股本溢价| |20 000 000|
|借：资本公积——股本溢价|800 000| |
|　贷：银行存款| |800 000|
|借：管理费用|760 000| |
|　贷：银行存款| |760 000|

在按照合并日应享有被合并方所有者权益在最终控制方合并财务报表中的账面价值份额确定长期股权投资的初始投资成本时，需要注意以下几点：（1）如果被合并方在合并日的净资产账面价值为负数，则长期股权投资的成本按零确定，同时在备查簿中予以登记；（2）如果被合并方在被合并以前，是最终控制方通过非同一控制下的企业合并所控制的，则合并方长期股权投资的初始投资成本还应包含相关的商誉金额；（3）如果合并前合并方与被合并方所采用的会计政策、会计期间不一致，则应当基于重要性原则，按照合并方的会计政策、会计期间对被合并方资产、负债的账面价值进行调整，并以调整后的被合并方所有者权益在最终控制方合并财务报表中的账面价值为基础，计算确定长期股权投资的初始投资成本。

**（二）非同一控制下企业合并形成的长期股权投资**

参与合并的各方在合并前后不受同一方或相同的多方最终控制的，为非同一控制下的企业合并。其中，在购买日取得对其他参与合并企业控制权的一方为购买方，参与合并的其他企业为被购买方。对于非同一控制下的企业合并，购买方应将企业合并视为一项购买交易，合理确定合并成本，作为长期股权投资的初始投资成本。

1.购买方以支付现金等方式作为合并对价

购买方以支付现金、转让非现金资产或承担债务方式作为合并对价的，合并成本为购买方在购买日为取得对被购买方的控制权而付出的资产、发生或承担的负债的公允价值。

购买方作为合并对价付出的资产，应当按照以公允价值处置该资产进行会计处理。其中，付出资产为固定资产、无形资产的，付出资产的公允价值与其账面价值的差额，计入资产处置损益；付出资产为金融资产的，付出资产的公允价值与其账面价值的差额，计入投资收益（如果付出资产是指定为以公允价值计量且其变动计入其他综合收益的非交易性权益工具投资，则付出资产的公允价值与其账面价值的差额应当计入留存收益）；付出资产为存货的，按其公允价值确认收入，同时按其账面价值结转成本，涉及增值税的，还应进行相应的处理。此外，作为合并对价付出的资产为以公允价值计量且其变动计入其他综合收益的金融资产的，该金融资产在持有期间因公允价值变动而形成的其他综合收益应同时转出，计入当期投资收益（或者留存收益）。

购买方为进行企业合并而发行债券或承担其他债务支付的手续费、佣金等费用，应当计入所发行债券及其他债务的初始确认金额，不构成初始投资成本；购买方为进行企业合并而发生的各项直接相关费用，如审计费用、评估费用、法律服务费用等，应当于发生时计入当期管理费用。

购买方应当在购买日，按照确定的企业合并成本（不含应自被购买方收取的现金股利或利润），借记"长期股权投资"科目，按应享有被购买方已宣告但尚未发放的现金股利或利润，借记"应收股利"科目，按支付合并对价的账面价值，贷记有关资产或负债科目，按其差额，贷记"资产处置损益""投资收益"等科目或借记"资产处置损益""投资收益"等科目；合并对价为以公允价值计量且其变动计入其他综合收益的金融资产的，还应按持有期间公允价值变动形成的其他综合收益，借记（或贷记）"其他综合收益"科目，贷记（或借记）"投资收益"科目（或者"盈余公积"和"利润分配——未分配利润"科目）；同时，按企业合并发生的各项直接相关费用，借记"管理费用"科目，贷记"银行存款"等科目。

【例5-3】华联实业股份有限公司和丙公司为两个独立的法人企业，合并之前不存在任何关联方关系。2×24年1月10日，华联公司达成与丙公司合并的协议，约定华联公司以库存商品、以公允价值计量且其变动计入其他综合收益的金融资产和银行存款作为合并对价，取得丙公司70%的股份。华联公司付出库存商品的账面价值为3 200万元，购买日公允价值为4 000万元，增值税税额为520万元；付出的以公允价值计量且其变动计入其他综合收益的金融资产为A公司债券，账面价值为2 980万元（所属明细科目中，成本为2 900万元，公允价值变动为80万元），购买日公允价值为3 000万元；付出银行存款的金额为5 000万元。2×24年2月1日，华联公司实际取得对丙公司的控制权。在与丙公司的合并中，华联公司以银行存款支付审计费用、评估费用、法律服务费用等共计180万元。

在上例中，华联公司和丙公司为两个独立的法人企业，在合并之前不存在任何关联方关系，通过合并，华联公司取得了对丙公司的控制权。因此，该合并为非同一控制下的控股合并，华联公司为购买方，丙公司为被购买方，购买日为2×24年2月1日。华联公司在购买日的会计处理如下：

合并成本=4 000+520+3 000+5 000=12 520（万元）

| | | |
|---|---|---|
| 借：长期股权投资——丙公司 | 125 200 000 | |
| 　贷：主营业务收入 | | 40 000 000 |
| 　　应交税费——应交增值税（销项税额） | | 5 200 000 |
| 　　其他债权投资——成本 | | 29 000 000 |
| 　　　　　　——公允价值变动 | | 800 000 |
| 　　投资收益 | | 200 000 |
| 　　银行存款 | | 50 000 000 |
| 借：主营业务成本 | 32 000 000 | |
| 　贷：库存商品 | | 32 000 000 |
| 借：其他综合收益 | 800 000 | |
| 　贷：投资收益 | | 800 000 |
| 借：管理费用 | 1 800 000 | |
| 　贷：银行存款 | | 1 800 000 |

延伸阅读5-6

以发行债券
作为对价

**2.购买方以发行权益性证券作为合并对价**

购买方以发行权益性证券作为合并对价的，合并成本为购买方在购买日为取得对被购买方的控制权而发行的权益性证券的公允价值。

购买方为发行权益性证券而支付的手续费、佣金等费用，应当抵减权益性证券的溢价发行收入，溢价发行收入不足冲减的，冲减留存收益，不构成初始投资成本。

购买方应当在购买日，按照所发行权益性证券的公允价值（不含应自被购买方收取的现金股利或利润），借记"长期股权投资"科目，按应享有被购买方已宣告但尚未发放的现金股利或利润，借记"应收股利"科目，按所发行权益性证券的面值总额，贷记"股本"科目，按其差额，贷记"资本公积——股本溢价"科目。发行权益性证券过程中支付的手续费、佣金等费用，借记"资本公积——股本溢价"科目，贷记"银行存款"等科目，溢价发行收入不足冲减的，应依次借记"盈余公积""利润分配——未分配利润"科目。同时，按企业合并发生的各项直接相关费用，借记"管理费用"科目，贷记"银行存款"等科目。

【例5-4】华联实业股份有限公司和丁公司为两个独立的法人企业，合并之前不存在任何关联方关系。华联公司达成与丁公司合并的协议，约定华联公司以发行的权益性证券作为合并对价，取得丁公司80%的股份。华联公司拟增发的权益性证券为每股面值1元的普通股股票，共增发1 600万股，每股公允价值3.50元；2×24年7月1日，华联公司完成了权益性证券的增发，发生手续费及佣金等发行费用120万元。在与丁公司的合并中，华联公司另以银行存款支付审计费用、评估费用、法律服务费用等共计80万元。

在上例中，华联公司和丁公司为两个独立的法人企业，在合并之前不存在任何关联方关系。通过合并，华联公司取得了对丁公司的控制权。因此，该合并为非同一控制下的控股合并，华联公司为购买方，丁公司为被购买方，购买日为2×24年7月1日。华联公司在购买日的会计处理如下：

合并成本=3.50×1 600=5 600（万元）

| | |
|---|---|
| 借：长期股权投资——丁公司 | 56 000 000 |
| 　贷：股本 | 16 000 000 |
| 　　　资本公积——股本溢价 | 40 000 000 |
| 借：资本公积——股本溢价 | 1 200 000 |
| 　贷：银行存款 | 1 200 000 |
| 借：管理费用 | 800 000 |
| 　贷：银行存款 | 800 000 |

### 三、非企业合并方式取得的长期股权投资

除企业合并形成的对子公司的长期股权投资外，企业以支付现金、转让非现金资产、发行权益性证券等方式取得的对被投资方不具有控制的长期股权投资，为非企业合并方式取得的长期股权投资，包括对合营企业的长期股权投资和联营企业的长期股权投资。企业通过非企业合并方式取得的长期股权投资，应当根据不同的取得方式，按照实际支付的价款、转让非现金资产的公允价值、发行权益性证券的公允价值等分别确定其初始投资成本，作为入账的依据。

#### （一）以支付现金取得的长期股权投资

企业以支付现金取得的长期股权投资，应当按照实际支付的购买价款作为初始投资成本。购买价款包括买价和购买过程中支付的与取得长期股权投资直接相关的费用、税金及其他必要支出。

企业支付现金取得长期股权投资时，按照确定的初始投资成本，借记"长期股权投资"科目，按应享有被投资方已宣告但尚未发放的现金股利或利润，借记"应收股利"科目，按照实际支付的买价及手续费、税金等，贷记"银行存款"等科目。

【例5-5】华联实业股份有限公司以支付现金的方式取得F公司25%的股份，实际支付的买价为3 200万元，在购买过程中另支付手续费等相关费用12万元。股份购买价款中包含F公司已宣告但尚未发放的现金股利100万元。华联公司在取得F公司股份后，派人员参与了F公司的生产经营决策，能够对F公司施加重大影响，华联公司将其划分为长期股权投资。

（1）购入F公司25%的股份。

初始投资成本=3 200+12-100=3 112（万元）

借：长期股权投资——F公司（投资成本）　　　　　　　　　　　31 120 000
　　应收股利　　　　　　　　　　　　　　　　　　　　　　　　　1 000 000
　　贷：银行存款　　　　　　　　　　　　　　　　　　　　　　　　　　　　32 120 000

（2）收到F公司派发的现金股利。

借：银行存款　　　　　　　　　　　　　　　　　　　　　　　　　1 000 000
　　贷：应收股利　　　　　　　　　　　　　　　　　　　　　　　　　　　　 1 000 000

**（二）以发行权益性证券取得的长期股权投资**

企业以发行权益性证券方式取得的长期股权投资，应当按照所发行权益性证券的公允价值作为初始投资成本。为发行权益性证券而支付给证券承销机构的手续费、佣金等相关税费及其他直接相关支出，不构成长期股权投资的初始成本，应自权益性证券的溢价发行收入中扣除；权益性证券的溢价发行收入不足冲减的，应依次冲减盈余公积和未分配利润。

企业发行权益性证券取得长期股权投资时，按照确定的初始投资成本，借记"长期股权投资"科目，按应享有被投资方已宣告但尚未发放的现金股利或利润，借记"应收股利"科目，按照权益性证券的面值，贷记"股本"科目，按其差额，贷记"资本公积——股本溢价"科目。发行权益性证券所支付的手续费、佣金等相关税费及其他直接相关支出，借记"资本公积——股本溢价"科目，贷记"银行存款"等科目；溢价发行收入不足冲减的，应依次借记"盈余公积""利润分配——未分配利润"科目。

**【例5-6】**华联实业股份有限公司以增发的权益性证券作为对价，取得N公司20%的股份。华联公司增发的权益性证券为每股面值1元的普通股股票，共增发1 000万股，每股公允价值3.50元，向证券承销机构支付发行手续费及佣金等直接相关费用120万元。华联公司取得该部分股份后，能够对N公司的生产经营决策施加重大影响，华联公司将其划分为长期股权投资。

初始投资成本=3.50×1 000=3 500（万元）

借：长期股权投资——N公司（投资成本）　　　　　　　　　　　35 000 000
　　贷：股本　　　　　　　　　　　　　　　　　　　　　　　　　　　　　 10 000 000
　　　　资本公积——股本溢价　　　　　　　　　　　　　　　　　　　　　25 000 000

借：资本公积——股本溢价　　　　　　　　　　　　　　　　　　　1 200 000
　　贷：银行存款　　　　　　　　　　　　　　　　　　　　　　　　　　　　 1 200 000

一般而言，投资者投入的长期股权投资应根据法律法规的要求进行评估作价，在公平交易当中，投资者投入的长期股权投资的公允价值与所发行证券（工具）的公允价值不应存在重大差异。如有确凿证据表明，取得长期股权投资的公允价值比所发行证券（工具）的公允价值更加可靠的，应以投资者投入的长期股权投资的公允价值为基础确定其初始投资成本。

**【例5-7】**华联实业股份有限公司的乙股东以其持有的G公司每股面值1元的普通股2 500万股作为资本金投入企业，取得华联公司每股面值1元的普通股2 000万股。G公司为上市公司，其普通股有活跃市场报价；华联公司为非上市公司，其普通股没有活跃市场报价。投资合同约定，乙股东作为出资的G公司普通股作价8 200万元，该作价是根据G公司普通股在活跃市场上的报价并考虑相关调整因素后确定的。华联公司取得G公司2 500万股普通股后，能够对G公司的生产经营决策施加重大影响，华联公司将其划分为长期股权投资。假定不考虑相关税费。

借：长期股权投资——G公司（投资成本）　　　　　　　　　　　82 000 000
　　贷：股本——乙股东　　　　　　　　　　　　　　　　　　　　　　　　20 000 000
　　　　资本公积——股本溢价　　　　　　　　　　　　　　　　　　　　　62 000 000

## （三）以非货币性资产交换取得的长期股权投资

**1.换入的长期股权投资以公允价值为基础计量**

企业通过非货币性资产交换取得的长期股权投资，如果以公允价值为基础计量，应当以换出资产的公允价值加上应支付的相关税费，作为初始投资成本；如果有确凿证据表明换入长期股权投资的公允价值更加可靠，应当以换入长期股权投资的公允价值加上应支付的相关税费，作为初始投资成本。非货币性资产交换涉及补价的，则应按下列方法确定换入长期股权投资的初始投资成本：

（1）支付补价方，应当以换出资产的公允价值加上支付补价的公允价值和应支付的相关税费，作为初始投资成本；如果有确凿证据表明换入长期股权投资的公允价值更加可靠，则应以换入长期股权投资的公允价值加上应支付的相关税费，作为初始投资成本。

（2）收到补价方，应当以换出资产的公允价值加上应支付的相关税费，减去收取补价的公允价值，作为初始投资成本；如果有确凿证据表明换入长期股权投资的公允价值更加可靠，则应以换入长期股权投资的公允价值加上应支付的相关税费，作为初始投资成本。

企业收到换入的长期股权投资时，按照确定的初始投资成本，借记"长期股权投资"科目，按照应享有被投资方已宣告但尚未发放的现金股利或利润，借记"应收股利"科目，按照换出资产的账面余额，贷记有关资产科目，按照应支付的相关税费，贷记"银行存款""应交税费"等科目，按照收取或支付的补价，借记或贷记"银行存款"等科目，按其差额，借记或贷记"资产处置损益""投资收益"等科目。换出资产已计提减值准备的，应同时结转相应的资产减值准备。

【例5-8】华联实业股份有限公司以库存商品换入甲公司持有的H公司20%的股份。华联公司换出库存商品的账面余额为4 800万元，公允价值（不含增值税）6 000万元，增值税销项税额780万元，另向甲公司支付银行存款100万元作为补价。华联公司在取得H公司股份后，派人员参与了H公司的生产经营决策，能够对H公司施加重大影响，华联公司将其划分为长期股权投资。假定该项交换符合以公允价值为基础计量的条件，华联公司以公允价值为基础确定换入长期股权投资的成本并按库存商品的单独售价（假定等于公允价值）间接确定交易价格据以确认收入。

初始投资成本=6 000+780+100=6 880（万元）

借：长期股权投资——H公司（投资成本）　　　　　　68 800 000
　　贷：主营业务收入　　　　　　　　　　　　　　　　　60 000 000
　　　　应交税费——应交增值税（销项税额）　　　　　　7 800 000
　　　　银行存款　　　　　　　　　　　　　　　　　　　1 000 000
借：主营业务成本　　　　　　　　　　　　　　　　　48 000 000
　　贷：库存商品　　　　　　　　　　　　　　　　　　　48 000 000

**2.换入的长期股权投资以账面价值为基础计量**

企业通过非货币性资产交换取得的长期股权投资，如果以账面价值为基础计量，应当以换出资产的账面价值加上应支付的相关税费，作为初始投资成本。非货币性资产交换涉及补价的，则应按下列方法确定换入长期股权投资的初始投资成本：

（1）支付补价方，应当以换出资产的账面价值加上支付补价的账面价值和应支付的相关税费，作为初始投资成本。

（2）收到补价方，应当以换出资产的账面价值加上应支付的相关税费，减去收到补价的公允价值，作为初始投资成本。

企业收到换入的长期股权投资时，按照确定的初始投资成本，借记"长期股权投资"科目，按照应享有被投资方已宣告但尚未发放的现金股利或利润，借记"应收股利"科目，按照换出资产的账面余额，贷记"库存商品"等有关资产科目，按照应支付的相关税费，贷记"银行存款""应交税费"等科目，按照收取或支付的补价，借记或贷记"银行存款"等科目。换出资产已计提减值准备的，应同时结转相应的资产减值准备。

【例5-9】华联实业股份有限公司以其持有的账面价值为5 600万元的P公司股票，换入乙公司持有的E公司20%的股份，华联公司在取得E公司股份后，派人员参与了E公司的生产经营决策，能够对E公司施加重大影响，华联公司将其划分为长期股权投资。华联公司换出的P公司股票为指定为以公允价值计量且其变动计入其他综合收益的非交易性权益工具投资，持有期间公允价值未发生变动。假定该项交换不符合以公允价值为基础计量的条件，华联公司以账面价值为基础确定换入长期股权投资的成本。

借：长期股权投资——E公司（投资成本）          56 000 000
　　贷：其他权益工具投资——P公司股票（成本）          56 000 000

### （四）通过债务重组取得的长期股权投资

企业通过债务重组取得的长期股权投资，应当以受让长期股权投资的成本作为初始投资成本。受让长期股权投资的成本，包括放弃债权的公允价值和可直接归属于该资产的税金等其他成本。放弃债权的公允价值大于账面价值的差额，应当记入"投资收益"科目贷方；放弃债权的公允价值小于账面价值的差额，应当记入"投资收益"科目借方。

企业受让长期股权投资时，按照确定的初始投资成本，借记"长期股权投资"科目，按照应享有被投资方已宣告但尚未发放的现金股利或利润，借记"应收股利"科目，按照放弃债权已计提的损失准备，借记"坏账准备"科目，按照放弃债权的账面余额，贷记"应收账款"等科目，按照应支付的相关税费，贷记"银行存款""应交税费"等科目，按照上述借方与贷方的差额，借记或者贷记"投资收益"科目。

【例5-10】华联实业股份有限公司应收甲单位货款7 910万元。因甲单位发生财务困难，短期内难以偿还，经双方协商，华联公司同意甲单位以其持有的每股面值1元、每股公允价值1.50元的L公司股票4 500万股清偿债务。华联公司受让的L公司股票占L公司股本的20%。取得该项投资后，华联公司能够对L公司的生产经营决策施加重大影响，华联公司将该项股权投资划分为长期股权投资。华联公司应收甲单位销货款的公允价值为6 500万元。

（1）假定华联公司未计提损失准备。

初始投资成本=6 500（万元）

应确认投资损益=6 500-7 910=-1 410（万元）

借：长期股权投资——L公司（投资成本）          65 000 000
　　投资收益          14 100 000
　　贷：应收账款          79 100 000

（2）假定华联公司为该笔应收账款计提了1 200万元的损失准备。

应确认投资损益=6 500-（7 910-1 200）=-210（万元）

借：长期股权投资——L公司（投资成本）          65 000 000
　　坏账准备          12 000 000
　　投资收益          2 100 000
　　贷：应收账款          79 100 000

（3）假定华联公司为该笔应收账款计提了1 500万元的损失准备。

应确认投资损益=6 500-（7 910-1 500）=90（万元）

| | | |
|---|---|---|
| 借：长期股权投资——L公司（投资成本） | 65 000 000 | |
| 　坏账准备 | 15 000 000 | |
| 　贷：应收账款 | | 79 100 000 |
| 　　投资收益 | | 900 000 |

# 第二节　长期股权投资的后续计量

企业取得的长期股权投资在持有期间，要根据对被投资方是否能够实施控制，分别采用成本法或权益法进行核算。

## 一、长期股权投资的成本法

成本法，是指长期股权投资的账面价值按初始投资成本计量，除追加或收回投资外，一般不对长期股权投资的账面价值进行调整的一种会计处理方法。投资方对被投资方能够实施控制的长期股权投资，即对子公司的长期股权投资，应当采用成本法核算。投资方在判断对被投资方是否具有控制时，应综合考虑直接持有的股权、通过子公司间接持有的股权以及潜在表决权的影响，但在个别财务报表中采用成本法进行核算时，应仅考虑直接持有的股权份额。成本法的基本核算程序如下：

（1）设置"长期股权投资"科目，反映长期股权投资的初始投资成本。在收回投资前，无论被投资方经营情况如何，净资产是否增减，投资方一般不对股权投资的账面价值进行调整。

（2）如果发生追加投资或收回投资等情况，应按追加或收回投资的成本增加或减少长期股权投资的账面价值。

（3）除取得投资时实际支付的价款或对价中包含的已宣告但尚未发放的现金股利或利润外，投资方应当按照被投资方宣告发放的现金股利或利润中属于本企业享有的部分确认投资收益；被投资方宣告分派股票股利，投资方应于除权日作备忘记录；被投资方未分派股利，投资方不作任何会计处理。

企业在持有长期股权投资期间，当被投资方宣告发放现金股利或利润时，投资方应当按照享有的份额，借记"应收股利"科目，贷记"投资收益"科目；收到上述现金股利或利润时，借记"银行存款"科目，贷记"应收股利"科目。

【例5-11】2×18年3月20日，华联实业股份有限公司以7 750万元的价款（包括相关税费和已宣告但尚未发放的现金股利250万元）取得A公司普通股股票2 500万股，占A公司普通股股份的60%，形成非同一控制下的企业合并，华联公司将其划分为长期股权投资并采用成本法核算。华联公司取得A公司股权投资的会计处理、在持有期间A公司各年的利润分配情况和华联公司相应的会计处理如下：

（1）2×18年3月20日，华联公司取得A公司普通股股票。

| | | |
|---|---|---|
| 借：长期股权投资——A公司 | 75 000 000 | |
| 　应收股利 | 2 500 000 | |
| 　贷：银行存款 | | 77 500 000 |

（2）2×18年4月5日，华联公司收到支付的投资价款中包含的已宣告但尚未发放的现金

股利。

  借：银行存款 2 500 000
   贷：应收股利 2 500 000

  （3）2×19年3月5日，A公司宣告2×18年度股利分配方案，每股分派现金股利0.20元，并于2×19年4月15日派发。

  ①2×19年3月5日，A公司宣告2×18年度股利分配方案。

  现金股利=0.20×25 000 000=5 000 000（元）

  借：应收股利 5 000 000
   贷：投资收益 5 000 000

  ②2×19年4月15日，收到A公司派发的现金股利。

  借：银行存款 5 000 000
   贷：应收股利 5 000 000

  （4）2×20年4月15日，A公司宣告2×19年度股利分配方案，每股派送股票股利0.3股，除权日为2×20年5月10日。

  对于A公司派送的股票股利，华联公司不编制正式会计记录，但应于除权日在备查簿中登记增加的股份：

  股票股利=0.3×25 000 000=7 500 000（股）

  持有A公司股票总数=25 000 000+7 500 000=32 500 000（股）

  （5）2×20年度，A公司发生亏损，以留存收益弥补亏损后，于2×21年4月25日宣告2×20年度股利分配方案，每股分派现金股利0.10元，并于2×21年5月10日派发。

  ①2×21年4月25日，A公司宣告2×20年度股利分配方案。

  现金股利=0.10×32 500 000=3 250 000（元）

  借：应收股利 3 250 000
   贷：投资收益 3 250 000

  ②2×21年5月10日，收到A公司派发的现金股利。

  借：银行存款 3 250 000
   贷：应收股利 3 250 000

  （6）2×21年度A公司继续亏损，该年未进行股利分配。
  华联公司不必作任何会计处理。

  （7）2×22年度A公司扭亏为盈，该年未进行股利分配。
  华联公司不必作任何会计处理。

  （8）2×23年度，A公司继续盈利，于2×24年3月10日宣告2×23年度股利分配方案，每股分派现金股利0.25元，并于2×24年4月15日派发。

  ①2×24年3月10日，A公司宣告2×23年度股利分配方案。

  现金股利=0.25×32 500 000=8 125 000（元）

  借：应收股利 8 125 000
   贷：投资收益 8 125 000

  ②2×24年4月15日，收到A公司派发的现金股利。

  借：银行存款 8 125 000
   贷：应收股利 8 125 000

在成本法下，投资方在确认自被投资方应分得的现金股利或利润后，应当关注有关长期股权投资的账面价值是否大于应享有被投资方净资产（包括相关商誉）账面价值的份额等情况。出现这类情况时，表明该项长期股权投资存在减值迹象，投资方应当对其进行减值测试。减值测试的结果证实长期股权投资的可收回金额低于账面价值的，应当计提减值准备。

## 二、长期股权投资的权益法

权益法，是指在取得长期股权投资时以投资成本计量，在持有投资期间则要根据被投资方所有者权益变动中投资方应享有的份额，对长期股权投资的账面价值进行相应调整的一种会计处理方法。投资方对被投资方具有共同控制或重大影响的长期股权投资，即对合营企业或联营企业的长期股权投资，应当采用权益法核算。投资方在判断对被投资方是否具有共同控制、重大影响时，应综合考虑直接持有的股权、通过子公司间接持有的股权以及潜在表决权的影响，但在个别财务报表中采用权益法进行核算时，应仅考虑直接持有的股权份额。

### （一）会计科目的设置

采用权益法核算，在"长期股权投资"科目下应当设置"投资成本""损益调整""其他综合收益""其他权益变动"明细科目，分别反映长期股权投资的初始投资成本以及因被投资方所有者权益发生变动而对长期股权投资账面价值进行调整的金额。其中：

（1）投资成本，反映长期股权投资的初始投资成本，以及在长期股权投资的初始投资成本小于取得投资时应享有被投资方可辨认净资产公允价值份额的情况下，按其差额调整初始投资成本后形成的账面价值。

（2）损益调整，反映被投资方因发生净损益、分配利润引起的所有者权益变动中，投资方按持股比例计算的应享有或应分担的份额。

（3）其他综合收益，反映被投资方因确认其他综合收益引起的所有者权益变动中，投资方按持股比例计算的应享有或应分担的份额。

（4）其他权益变动，反映被投资方除发生净损益、分配利润以及确认其他综合收益以外所有者权益的其他变动中，投资方按持股比例计算的应享有或应分担的份额。

### （二）长期股权投资初始成本的确认

企业在取得长期股权投资时，按照确定的初始投资成本入账。对于初始投资成本与应享有被投资方可辨认净资产公允价值份额之间的差额，应区别处理：

（1）如果长期股权投资的初始投资成本大于取得投资时应享有被投资方可辨认净资产公允价值的份额，二者之间的差额在本质上是通过投资作价体现的与所取得的股权份额相对应的商誉以及被投资方不符合确认条件的资产价值，不需要按该差额调整已确认的初始投资成本。

（2）如果长期股权投资的初始投资成本小于取得投资时应享有被投资方可辨认净资产公允价值的份额，二者之间的差额体现的是投资作价过程中转让方的让步，该差额导致的经济利益流入应作为一项收益，计入取得投资当期的营业外收入，同时调整长期股权投资的账面价值。

投资方应享有被投资方可辨认净资产公允价值的份额，可用下列公式计算：

应享有被投资方可辨认净资产公允价值份额=投资时被投资方可辨认净资产公允价值总额×投资方持股比例

【例5-12】2×18年7月1日，华联实业股份有限公司购入B公司股票1 600万股，实际支付购买价款2 450万元（包括交易税费）。该股份占B公司普通股股份的25%。华联公司在取得股份后，派人参与了B公司的生产经营决策，因能够对B公司施加重大影响，华联公司采用权益法核算。

（1）假定投资当时，B公司可辨认净资产公允价值为9 000万元。

应享有B公司可辨认净资产公允价值份额=9 000×25%=2 250（万元）

由于长期股权投资的初始投资成本大于投资时应享有B公司可辨认净资产公允价值的份额，因此，不调整长期股权投资的初始投资成本。华联公司应作如下会计处理：

借：长期股权投资——B公司（投资成本）　　　　　　　　　　　24 500 000

　　贷：银行存款　　　　　　　　　　　　　　　　　　　　　　　　　24 500 000

（2）假定投资当时，B公司可辨认净资产公允价值为10 000万元。

应享有B公司可辨认净资产公允价值的份额=10 000×25%=2 500（万元）

由于长期股权投资的初始投资成本小于投资时应享有B公司可辨认净资产公允价值的份额，因此，应按二者之间的差额调整长期股权投资的初始投资成本，同时计入当期营业外收入。华联公司应作如下会计处理：

初始投资成本调整额=2 500-2 450=50（万元）

借：长期股权投资——B公司（投资成本）　　　　　　　　　　　24 500 000

　　贷：银行存款　　　　　　　　　　　　　　　　　　　　　　　　　24 500 000

借：长期股权投资——B公司（投资成本）　　　　　　　　　　　　　500 000

　　贷：营业外收入　　　　　　　　　　　　　　　　　　　　　　　　　500 000

调整后的投资成本=2 450+50=2 500（万元）

### （三）投资损益的确认

延伸阅读5-7

追加投资的
成本调整

投资方取得长期股权投资后，应当按照在被投资方实现的净利润或发生的净亏损中，投资方按持股比例计算的应享有或应分担的份额确认投资损益，同时相应调整长期股权投资的账面价值，即按应享有的收益份额，借记"长期股权投资——损益调整"科目，贷记"投资收益"科目；按应分担的亏损份额，借记"投资收益"科目，贷记"长期股权投资——损益调整"科目。投资方应当在被投资方账面净损益的基础上，考虑以下因素对被投资方净损益的影响并进行适当调整后，作为确认投资损益的依据：

（1）被投资方采用的会计政策及会计期间与投资方不一致的，应当按照投资方的会计政策及会计期间对被投资方的财务报表进行调整，在此基础上确定被投资方的损益。

权益法是将投资方与被投资方作为一个整体来看待的，作为一个整体，投资方与被投资方的损益应当在一致的会计政策基础上确定。当被投资方采用的会计政策及会计期间与投资方不同时，投资方应当遵循重要性原则，按照本企业的会计政策及会计期间对被投资方的净损益进行调整。

（2）以取得投资时被投资方各项可辨认资产等的公允价值为基础，对被投资方的净损益进行调整后，作为确认投资损益的依据。

投资方在取得投资时，是以被投资方有关资产、负债的公允价值为基础确定投资成本的，股权投资收益所代表的应当是被投资方的资产、负债以公允价值计量的情况下在未来期间通过经营产生的净损益中归属于投资方的部分，而被投资方个别利润表中的净损益是以其持有的资产、负债的账面价值为基础持续计算的。如果取得投资时被投资方有关资产、负债的公允价值与其账面价值不同，投资方应当以取得投资时被投资方各项可辨认资产等的公允价值为基础，对被投资方的账面净损益进行调整，并按调整后的净损益和持股比例计算确认投资损益。例如，以取得投资时被投资方固定资产、无形资产的公允价值为基础计提的折旧额、摊销额，以及以取得投资时的公允价值为基础计算确定的资产减值准备金额，与被投资方以账面价值为基础计提的折旧额、摊销额，以及以账面价值为基础计算确定的资产减值准备金额之间存在差额的，应按其差额对被投资方的账面净损益进行调整。

投资方在对被投资方实现的账面净损益进行上述调整时，应考虑重要性原则，不具重要性的项目可不予调整。符合下列条件之一的，投资方应以被投资方的账面净损益为基础，经调整未实现内部交易损益后，计算确认投资损益，同时应在会计报表附注中说明下列情况不能调整的事实及其原因：

①投资方无法合理确定取得投资时被投资方各项可辨认资产等的公允价值。在某些情况下，投资的作价由于受到一些因素的影响，可能并不是完全以被投资方可辨认净资产的公允价值为基础的；或者由于被投资方持有的可辨认资产相对比较特殊，无法取得其公允价值。如果投资方无法取得被投资方可辨认资产的公允价值，则无法以公允价值为基础对被投资方的净损益进行调整。

②投资时被投资方可辨认资产的公允价值与其账面价值相比，两者之间的差额不具重要性。如果被投资方可辨认资产的公允价值与其账面价值之间的差额不大，根据重要性原则和成本效益原则，可以不进行调整。

③其他原因导致无法取得被投资方的有关资料，不能按照准则中规定的原则对被投资方的净损益进行调整。

【例5-13】2×24年1月1日，华联实业股份有限公司购入C公司股票1 600万股，实际支付购买价款2 400万元（包括交易税费）。该股份占C公司普通股股份的20%。华联公司在取得股份后，派人参与了C公司的生产经营决策，能够对C公司施加重大影响，因而对该项股权投资采用权益法核算。取得投资当日，C公司可辨认净资产公允价值为10 000万元，假定除表5-1所列项目外，C公司其他资产、负债的公允价值与账面价值相同。

表5-1　　　　　　　　　　　**资产公允价值与账面价值差额表**

2×24年1月1日　　　　　　　　　　　　　　金额单位：万元

| 项　目 | 入账成本 | 预计使用年限（年） | 已使用年限（年） | 已提折旧或摊销 | 账面价值 | 公允价值 | 剩余使用年限（年） |
|---|---|---|---|---|---|---|---|
| 存货 | 900 | | | | 900 | 1 000 | |
| 固定资产 | 2 000 | 20 | 5 | 500 | 1 500 | 1 800 | 15 |
| 无形资产 | 1 600 | 10 | 2 | 320 | 1 280 | 1 200 | 8 |
| 合　计 | 4 500 | | | 820 | 3 680 | 4 000 | |

2×24年度，C公司实现净利润1 000万元，华联公司取得投资时的存货已有70%对外出售，固定资产、无形资产均按直线法计提折旧或摊销，预计净残值均为零。华联公司与C公司的会计年度及采用的会计政策相同，双方未发生任何内部交易。

根据上述资料，华联公司在确认其应享有的投资收益时，应首先在C公司实现净利润的基础上，考虑取得投资时C公司有关资产的公允价值与账面价值差额的影响，对C公司的净利润做如下调整：

存货差额应调增营业成本（调减利润）＝（1 000－900）×70%＝70（万元）

固定资产差额应调增折旧费（调减利润）＝$\dfrac{1\,800}{15}-\dfrac{2\,000}{20}=20$（万元）

无形资产差额应调减摊销费（调增利润）＝$\dfrac{1\,600}{10}-\dfrac{1\,200}{8}=10$（万元）

调整后的净利润=1 000-70-20+10=920（万元）

根据调整后的净利润，华联公司确认投资收益的会计处理如下：

应享有收益份额=920×20%=184（万元）

借：长期股权投资——C公司（损益调整）    1 840 000

    贷：投资收益    1 840 000

（3）投资方与联营企业及合营企业之间进行商品交易形成的未实现内部交易损益按照持股比例计算的归属于投资方的部分，应当予以抵销，在此基础上确认投资损益。

投资方与联营企业及合营企业之间的内部交易可以分为逆流交易和顺流交易。逆流交易，是指投资方自其联营企业或合营企业购买资产；顺流交易，是指投资方向其联营企业或合营企业出售资产。当内部交易形成的资产尚未对外部独立第三方出售、内部交易损益包含在投资方或其联营企业、合营企业持有的相关资产账面价值中时，形成未实现内部交易损益。

①逆流交易。投资方自其联营企业或合营企业购买资产，在将该资产出售给外部独立第三方之前，投资方不应确认联营企业或合营企业因该内部交易产生的未实现损益中按照持股比例计算确定的归属于本企业享有的部分，即投资方在采用权益法计算确认应享有联营企业或合营企业的投资损益时，应抵销该未实现内部交易损益的影响，并相应调整对联营企业或合营企业的长期股权投资账面价值。

【例5-14】华联实业股份有限公司持有D公司20%有表决权股份，能够对D公司生产经营决策施加重大影响，采用权益法核算。2×24年11月，D公司将其成本为400万元的甲商品以600万元的价格出售给华联公司，华联公司将取得的甲商品作为存货入账，至2×24年12月31日，华联公司尚未对外出售该批甲商品。华联公司在取得D公司20%的股份时，D公司各项可辨认资产、负债的公允价值与其账面价值相同，双方在以前期间未发生过内部交易。2×24年度，D公司实现净利润1 500万元。

根据上述资料，D公司在该项内部交易中形成了200万元（600-400）的利润，其中，有40万元（200×20%）归属于华联公司，在确认投资损益时应予抵销。华联公司对D公司的净利润应做如下调整：

调整后的净利润=1 500-200=1 300（万元）

根据调整后的净利润，华联公司确认投资收益的会计处理如下：

应享有收益份额=1 300×20%=260（万元）

借：长期股权投资——D公司（损益调整）    2 600 000

    贷：投资收益    2 600 000

②顺流交易。投资方向其联营企业或合营企业投出资产或出售资产，当有关资产仍由联营企业或合营企业持有时，投资方因投出或出售资产应确认的损益仅限于与联营企业或合营企业其他投资者交易的部分，而该内部交易产生的未实现损益中按照持股比例计算确定的归属于本企业享有的部分则不予确认，即投资方在采用权益法计算确认应享有联营企业或合营企业的投资损益时，应抵销该未实现内部交易损益的影响，并相应调整对联营企业或合营企业的长期股权投资账面价值。

【例5-15】华联实业股份有限公司持有E公司20%有表决权股份，能够对E公司生产经营决策施加重大影响，采用权益法核算。2×24年10月，华联公司将其账面价值为500万元的乙产品以800万元的价格出售给E公司。E公司将购入的乙产品作为存货入账。至2×24年12月31日，E公司尚未对外出售该批乙产品。华联公司在取得E公司20%的股份时，E公司各项可辨认资产、负债的公允价值与其账面价值相同，双方在以前期间未发生过内部交易。2×24年度，E公司实现净利润1 200万元。

根据上述资料，华联公司在该项内部交易中形成了300万元（800－500）的利润，其中，有60万元（300×20%）是相对于华联公司对E公司所持股份的部分，在确认投资损益时应予抵销。华联公司对E公司的净利润应做如下调整：

调整后的净利润=1 200－300=900（万元）

根据调整后的净利润，华联公司确认投资收益的会计处理如下：

应享有收益份额=900×20%=180（万元）

借：长期股权投资——E公司（损益调整）　　　　　　　　　　1 800 000

　　贷：投资收益　　　　　　　　　　　　　　　　　　　　　　　1 800 000

需要注意的是，投资方与其联营企业及合营企业之间无论是逆流交易还是顺流交易，产生的未实现内部交易损失如果属于所转让资产发生的减值损失，有关的未实现内部交易损失应当全额确认，不应予以抵销。

【例5-16】华联实业股份有限公司持有F公司25%有表决权股份，能够对F公司生产经营决策施加重大影响，采用权益法核算。2×24年，F公司将其成本为500万元的丙商品以400万元的价格出售给华联公司，华联公司将取得的丙商品作为存货入账，至2×24年12月31日，华联公司仍未对外出售该批丙商品。华联公司在取得F公司25%的股份时，F公司各项可辨认资产、负债的公允价值与其账面价值相同，双方在以前期间未发生过内部交易。2×24年度，F公司实现净利润1 000万元。

根据上述资料，如果有确凿证据表明丙商品的交易价格低于其成本是由于丙商品发生了减值所致，则华联公司在确认应享有F公司2×24年度净利润份额时，不应抵销丙商品交易价格与其成本的差额100万元对F公司净利润的影响。华联公司应作如下会计处理：

应享有收益份额=1 000×25%=250（万元）

借：长期股权投资——F公司（损益调整）　　　　　　　　　　2 500 000

　　贷：投资收益　　　　　　　　　　　　　　　　　　　　　　　2 500 000

投资方在确认应享有或应分担的损益份额时，应当以被投资方的年度财务报告为依据。如果投资方与被投资方对年度财务报告的编制时间有不同要求，或投资方与被投资方采用不同的会计年度，则投资方在编制年度财务报告时，可能无法及时取得被投资方当年的有关会计资料。在这种情况下，投资方应于下一年度取得有关会计资料时，将应享有或应分担的损益份额确认为下一年度的投资损益，但应遵循一贯性会计原则，并在会计报表附注中加以说明。

（四）应收股利的确认

长期股权投资采用权益法核算，当被投资方宣告分派现金股利或利润时，投资方按应获得的现金股利或利润确认应收股利，同时抵减长期股权投资的账面价值，借记"应收股利"科目，贷记"长期股权投资"科目；被投资方分派股票股利时，投资方不进行账务处理，但应于除权日在备查簿中登记增加的股份。

【例5-17】2×18年7月1日，华联实业股份有限公司购入B公司股票1 600万股，占B公司普通股股份的25%，能够对B公司施加重大影响，华联公司对该项股权投资采用权益法核算。假定投资当时，B公司各项可辨认资产、负债的公允价值与其账面价值相同，华联公司与B公司的会计年度及采用的会计政策相同，双方未发生任何内部交易，华联公司按照B公司的账面净损益和持股比例计算确认投资损益。B公司2×18年至2×23年各年的净收益和利润分配情况以及华联公司相应的会计处理如下（各年收到现金股利的会计处理略）：

（1）2×18年度，B公司报告净收益1 500万元；2×19年3月10日，B公司宣告2×18年度利润分配方案，每股分派现金股利0.10元。

①确认投资收益。

应确认投资收益=1 500×25%×$\frac{6}{12}$=187.5（万元）

借：长期股权投资——B公司（损益调整）　　　　　　　　　　　　1 875 000
　　贷：投资收益　　　　　　　　　　　　　　　　　　　　　　　　　　　1 875 000

②确认应收股利。

应收现金股利=0.10×1 600=160（万元）

借：应收股利　　　　　　　　　　　　　　　　　　　　　　　　　1 600 000
　　贷：长期股权投资——B公司（损益调整）　　　　　　　　　　　　　　1 600 000

（2）2×19年度，B公司报告净收益1 250万元；2×20年4月15日，B公司宣告2×19年度利润分配方案，每股派送股票股利0.30股，除权日为2×20年5月10日。

①确认投资收益。

应确认投资收益=1 250×25%=312.5（万元）

借：长期股权投资——B公司（损益调整）　　　　　　　　　　　　3 125 000
　　贷：投资收益　　　　　　　　　　　　　　　　　　　　　　　　　　　3 125 000

②除权日，在备查簿中登记增加的股份。

股票股利=0.30×1 600=480（万股）

持有股票总数=1 600+480=2 080（万股）

（3）2×20年度，B公司报告净收益980万元；2×21年4月10日，B公司宣告2×20年度利润分配方案，每股分派现金股利0.15元。

①确认投资收益。

应确认投资收益=980×25%=245（万元）

借：长期股权投资——B公司（损益调整）　　　　　　　　　　　　2 450 000
　　贷：投资收益　　　　　　　　　　　　　　　　　　　　　　　　　　　2 450 000

②确认应收股利。

应收现金股利=0.15×2 080=312（万元）

借：应收股利　　　　　　　　　　　　　　　　　　　　　　　　　3 120 000
　　贷：长期股权投资——B公司（损益调整）　　　　　　　　　　　　　　3 120 000

（4）2×21年度，B公司报告净收益1 000万元，未进行利润分配。

应确认投资收益=1 000×25%=250（万元）

借：长期股权投资——B公司（损益调整）　　　　　　　　　　　　2 500 000
　　贷：投资收益　　　　　　　　　　　　　　　　　　　　　　　　　　　2 500 000

（5）2×22年度，B公司报告净亏损200万元，用以前年度留存收益弥补亏损后，于2×23年4月5日，宣告2×22年度利润分配方案，每股分派现金股利0.10元。

①确认投资损失。

应确认投资损失=200×25%=50（万元）

借：投资收益　　　　　　　　　　　　　　　　　　　　　　　　　500 000
　　贷：长期股权投资——B公司（损益调整）　　　　　　　　　　　　　　500 000

②确认应收股利。

应收现金股利=0.10×2 080=208（万元）

借：应收股利 2 080 000

　　贷：长期股权投资——B公司（损益调整） 2 080 000

（6）2×23年度，B公司继续发生亏损500万元，未进行利润分配。

应确认投资损失=500×25%=125（万元）

借：投资收益 1 250 000

　　贷：长期股权投资——B公司（损益调整） 1 250 000

### （五）其他综合收益的确认

被投资方确认其他综合收益及其变动，会导致其所有者权益总额发生变动，从而影响投资方在被投资方所有者权益中应享有的份额。因此，在权益法下，当被投资方确认其他综合收益及其变动时，投资方应按持股比例计算应享有或分担的份额，调整长期股权投资的账面价值，同时计入其他综合收益。

【例5-18】华联实业股份有限公司持有B公司25%的股份，能够对B公司施加重大影响，采用权益法核算。2×23年12月31日，B公司持有的一项成本为2 000万元的以公允价值计量且其变动计入其他综合收益的金融资产，公允价值升至2 040万元。B公司按公允价值超过成本的差额40万元调增该项金融资产的账面价值，并计入其他综合收益，导致其所有者权益发生变动。

应享有其他综合收益份额=40×25%=10（万元）

借：长期股权投资——B公司（其他综合收益） 100 000

　　贷：其他综合收益 100 000

### （六）其他权益变动的确认

其他权益变动是指被投资方除发生净损益、分配利润以及确认其他综合收益以外所有者权益的其他变动，主要包括被投资方接受其他股东的资本性投入、被投资方发行可分离交易的可转换公司债券中包含的权益成分、以权益结算的股份支付、其他股东对被投资方增资导致投资方持股比例变动等。投资方对于按照持股比例计算的应享有或应分担的被投资方其他权益变动份额，应调整长期股权投资的账面价值，同时计入资本公积（其他资本公积）。

【例5-19】华联实业股份有限公司持有B公司25%的股份，能够对B公司施加重大影响，采用权益法核算。2×23年度，B公司接受其母公司实质上属于资本性投入的现金捐赠，金额为600万元，B公司将其计入资本公积，导致所有者权益发生变动。

应享有其他权益变动份额=600×25%=150（万元）

借：长期股权投资——B公司（其他权益变动） 1 500 000

　　贷：资本公积——其他资本公积 1 500 000

### （七）超额亏损的确认

在被投资方发生亏损、投资方按持股比例确认应分担的亏损份额时，应当以长期股权投资的账面价值以及其他实质上构成对被投资方净投资的长期权益减记至零为限，投资方负有承担额外损失义务的除外。其中，实质上构成对被投资方净投资的长期权益，通常是指长期性的应收项目，例如，投资方对被投资方的某项长期债权，如果没有明确的清收计划，且在可预见的未来期间不准备收回，则实质上构成对被投资方的净投资。需要注意的是，该类长期权益不包括投资方与被投资方之间因销售商品、提供劳务等日常活动所产生的长期债权。

投资方在确认应分担被投资方发生的亏损份额时，应当按照以下顺序进行处理：

首先，冲减长期股权投资的账面价值，借记"投资收益"科目，贷记"长期股权投资"科目。

其次，在长期股权投资的账面价值冲减为零的情况下，如果账面上存在其他实质上构成对被投资方净投资的长期权益项目，则应当以其他实质上构成对被投资方净投资的长期权益账面价值为限继续确认投资损失，并冲减长期应收项目等的账面价值，借记"投资收益"科目，贷记"长期应收款"等科目。

最后，在长期股权投资的账面价值和其他实质上构成对被投资方净投资的长期权益账面价值均冲减为零的情况下，按照投资合同或协议约定投资方仍须承担额外损失弥补等义务的，对于符合预计负债确认条件的义务，应按预计承担的金额确认预计负债，计入当期投资损失，借记"投资收益"科目，贷记"预计负债"科目。

经过上述顺序确认应分担的亏损份额后，如果仍有未确认的亏损分担额，投资方应在账外作备查登记，待被投资方以后年度实现盈利时，再按应享有的收益份额，首先扣减账外备查登记的未确认亏损分担额，然后按与上述相反的顺序进行处理，减记已确认的预计负债账面价值、恢复其他实质上构成对被投资方净投资的长期权益账面价值、恢复长期股权投资的账面价值，同时确认投资收益。

**【例5-20】**华联实业股份有限公司持有S公司40%的股份，能够对S公司施加重大影响，华联公司对该项股权投资采用权益法核算。除了对S公司的长期股权投资外，华联公司还有一笔金额为300万元的应收S公司长期债权，该项债权没有明确的清收计划，且在可预见的未来期间不准备收回。假定投资当时，S公司各项可辨认资产、负债的公允价值与其账面价值相同，华联公司与S公司的会计年度及采用的会计政策相同，双方未发生任何内部交易，华联公司按照S公司的账面净损益和持股比例计算确认投资损益。由于S公司持续亏损，华联公司在确认了2×18年度的投资损失以后，该项股权投资的账面价值已减至500万元，其中，"长期股权投资——投资成本"科目借方余额2 400万元，"长期股权投资——损益调整"科目贷方余额1 900万元。2×19年至2×24年，S公司各年的损益情况以及华联公司相应的会计处理如下：

（1）2×19年度，S公司继续亏损，当年亏损额为1 500万元。

应分担的亏损份额=1 500×40%=600（万元）

由于应分担的亏损份额大于该项长期股权投资的账面价值，因此，华联公司应以该项长期股权投资的账面价值减记至零为限确认投资损失，剩余应分担的亏损份额100万元，应继续冲减实质上构成对S公司净投资的长期应收款，并确认投资损失。华联公司确认当年投资损失的会计处理如下：

借：投资收益  5 000 000
  贷：长期股权投资——S公司（损益调整）  5 000 000
借：投资收益  1 000 000
  贷：长期应收款——S公司  1 000 000

经上述会计处理后，华联公司对S公司的长期股权投资账面价值已减记至零，对S公司的长期应收款账面价值已减记至200万元。

（2）2×20年度，S公司仍然亏损，当年亏损额为800万元。

应分担的亏损份额=800×40%=320（万元）

由于应分担的亏损份额大于尚未冲减的长期应收款账面余额，因此，华联公司只能以长期应收款账面余额200万元为限确认当年的投资损失。华联公司确认当年投资损失的会计处理如下：

借：投资收益  2 000 000
  贷：长期应收款——S公司  2 000 000

经上述会计处理后，华联公司对S公司的长期应收款账面价值也已减记至零。假定按照投资合同，华联公司无须承担额外损失弥补义务。华联公司应将其余120万元未确认的亏损分担额在备查登记簿中做备忘记录，留待以后年度S公司取得净收益后予以抵销。

（3）2×21年度，S公司确认其他综合收益50万元。

应享有其他综合收益份额=50×40%=20（万元）

借：长期股权投资——S公司（其他综合收益）　　　　　　　　　　200 000

　　贷：其他综合收益　　　　　　　　　　　　　　　　　　　　　　　　200 000

借：投资收益　　　　　　　　　　　　　　　　　　　　　　　　200 000

　　贷：长期股权投资——S公司（损益调整）　　　　　　　　　　　　　200 000

同时，华联公司应在备查登记簿中将未确认的亏损分担额减记至100万元。

（4）2×21年度，S公司经过资产重组，经营情况好转，当年取得净收益200万元。

应享有的收益份额=200×40%=80（万元）

由于华联公司备查簿中记录的未确认亏损分担额为100万元，而当年应享有的收益份额不足以抵销该亏损分担额，因此，不能按当年应享有的收益分享额恢复长期应收款及长期股权投资的账面价值。华联公司当年不做正式的会计处理，但应在备查登记簿中记录已抵销的亏损分担额80万元以及尚未抵销的亏损分担额20万元。

（5）2×22年度，S公司经营情况进一步好转，当年取得净收益600万元。

应享有的收益份额=600×40%=240（万元）

由于当年应享有的收益份额超过了以前年度在备查簿中记录的尚未抵销的亏损分担额，因此，应在备查登记簿中记录对以前年度尚未抵销的亏损分担额20万元的抵销，并按超过部分首先恢复长期应收款的账面价值。

应恢复长期应收款账面价值=240−20=220（万元）

借：长期应收款——S公司　　　　　　　　　　　　　　　　　　2 200 000

　　贷：投资收益　　　　　　　　　　　　　　　　　　　　　　　　　2 200 000

经上述会计处理后，在备查登记簿中记录的未确认亏损分担额已抵销完毕，同时，长期应收款的账面价值已恢复至220万元，还有80万元的账面价值有待恢复。

（6）2×23年度，S公司取得净收益1 200万元。

应享有的收益份额=1 200×40%=480（万元）

由于当年应享有的收益份额超过了尚未恢复的长期应收款账面价值，因此，在完全恢复了长期应收款的账面价值后，应按超过部分继续恢复长期股权投资的账面价值。

应恢复长期股权投资账面价值=480−80=400（万元）

借：长期应收款——S公司　　　　　　　　　　　　　　　　　　　800 000

　　贷：投资收益　　　　　　　　　　　　　　　　　　　　　　　　　　800 000

借：长期股权投资——S公司（损益调整）　　　　　　　　　　　4 000 000

　　贷：投资收益　　　　　　　　　　　　　　　　　　　　　　　　　4 000 000

经上述会计处理后，长期应收款的账面价值300万元已全部恢复，长期股权投资的账面价值恢复至400万元。

（7）2×24年度，S公司取得净收益1 600万元。

应享有的收益份额=1 600×40%=640（万元）

借：长期股权投资——S公司（损益调整）　　　　　　　　　　　6 400 000

　　贷：投资收益　　　　　　　　　　　　　　　　　　　　　　　　6 400 000

经上述会计处理后，长期股权投资的账面价值恢复至1 040万元（400+640）。

# 第三节　长期股权投资的转换

## 一、长期股权投资核算方法的转换

长期股权投资核算方法的转换，是指因持股比例发生变动而将长期股权投资的核算方法由成本法转换为权益法或者由权益法转换为成本法。

### （一）成本法转换为权益法

投资方原持有的对被投资方具有控制的长期股权投资，因处置投资导致持股比例下降，不再对被投资方具有控制但仍能够施加重大影响或与其他投资方一起实施共同控制的，长期股权投资的核算方法应当由成本法转换为权益法。对于处置的长期股权投资，应当按照处置投资的比例转销应终止确认的长期股权投资账面价值，并与处置价款相比较，确认处置损益；对于剩余的长期股权投资，应当将其原采用成本法核算的账面价值按照权益法的核算要求进行追溯调整，调整的具体内容与方法如下：

（1）将剩余的长期股权投资成本与按照剩余持股比例计算的取得原投资时应享有被投资方可辨认净资产公允价值的份额进行比较。二者之间存在差额的，如果属于剩余投资成本大于取得原投资时应享有被投资方可辨认净资产公允价值份额的差额，不调整长期股权投资的账面价值；如果属于剩余投资成本小于取得原投资时应享有被投资方可辨认净资产公允价值份额的差额，应按其差额调整长期股权投资的账面价值，同时调整留存收益。

（2）对于取得原投资后至处置投资交易日之间被投资方实现的净损益（扣除已发放及已宣告发放的现金股利或利润）中投资方按剩余持股比例计算的应享有份额，在调整长期股权投资账面价值的同时，对于在取得原投资时至处置投资当期期初被投资方实现的净损益中应享有的份额，应调整留存收益；对于在处置投资当期期初至处置投资交易日之间被投资方实现的净损益中应享有的份额，应调整当期损益（投资收益）。

（3）对于取得原投资后至处置投资交易日之间被投资方确认其他综合收益导致的所有者权益变动中投资方按剩余持股比例计算的应享有份额，在调整长期股权投资账面价值的同时，计入其他综合收益。

（4）对于取得原投资后至处置投资交易日之间被投资方除发生净损益、分配利润以及确认其他综合收益以外所有者权益的其他变动中投资方按剩余持股比例计算的应享有份额，在调整长期股权投资账面价值的同时，计入资本公积（其他资本公积）。

【例5-21】华联实业股份有限公司原持有A公司60%的股份，账面成本为7 500万元，对A公司具有控制，采用成本法核算。2×24年6月1日，华联公司将持有的A公司20%的股份转让给其他企业，收到转让价款3 000万元。由于华联公司对A公司的持股比例已降为40%，不再对A公司具有控制但仍能够施加重大影响，因此，将剩余股权投资改按权益法核算。自华联公司取得A公司60%的股份后至转让A公司20%的股份前，A公司实现净利润8 730万元（其中，2×24年1月1日至2×24年5月31日实现净利润500万元），分配现金股利2 730万元；A公司因确认以公允价值计量且其变动计入其他综合收益的金融资产公允价值变动而计入其他综合收益的金额为800万元，因接受其母公司实质上属于资本性投入的现金捐赠而计入资本公积的金额为200万元。华联公司取得

A公司60%的股份时，A公司可辨认净资产的公允价值为13 000万元，各项可辨认资产、负债的公允价值与其账面价值相同；取得A公司60%的股份后，双方未发生过任何内部交易；华联公司与A公司的会计年度及采用的会计政策相同。华联公司按照净利润的10%提取盈余公积。

（1）2×24年4月1日，转让A公司20%的股份。

转让股份的账面价值=7 500×$\frac{1}{3}$=2 500（万元）

借：银行存款　　　　　　　　　　　　　　　　　　　　　　　　　　30 000 000
　　贷：长期股权投资——A公司　　　　　　　　　　　　　　　　　　　　25 000 000
　　　　投资收益　　　　　　　　　　　　　　　　　　　　　　　　　　　5 000 000

（2）2×24年4月1日，调整剩余长期股权投资的账面价值。

①剩余长期股权投资的成本为5 000万元（7 500-2 500），按照剩余持股比例计算的取得原投资时应享有A公司可辨认净资产公允价值的份额为5 200万元（13 000×40%），二者之间的差额200万元属于剩余投资成本小于应享有被投资方可辨认净资产公允价值份额的差额，应按该差额调整剩余投资成本，同时调整留存收益，其中，应调整盈余公积20万元（200×10%），应调整未分配利润180万元（200-20）。华联公司的会计处理如下：

借：长期股权投资——A公司（投资成本）　　　　　　　　　　　　　52 000 000
　　贷：长期股权投资——A公司　　　　　　　　　　　　　　　　　　　　50 000 000
　　　　盈余公积　　　　　　　　　　　　　　　　　　　　　　　　　　　　200 000
　　　　利润分配——未分配利润　　　　　　　　　　　　　　　　　　　　1 800 000

②华联公司自取得A公司60%的股份后至转让A公司20%的股份前，A公司形成未分配利润6 000万元（8 730-2 730）。华联公司按剩余持股比例计算的应享有A公司未分配利润份额为2 400万元（6 000×40%）。一方面，应调整长期股权投资的账面价值；另一方面，对于取得A公司60%的股份后至2×23年12月31日期间A公司未分配利润中华联公司按剩余持股比例计算的应享有份额2 200万元（（6 000-500）×40%），应调整留存收益（其中，调整盈余公积220万元，调整未分配利润1 980万元），对于2×24年1月1日至2×24年3月31日期间A公司实现的净利润中华联公司按剩余持股比例计算的应享有份额200万元（500×40%），应计入当期损益。华联公司的会计处理如下：

借：长期股权投资——A公司（损益调整）　　　　　　　　　　　　　24 000 000
　　贷：盈余公积　　　　　　　　　　　　　　　　　　　　　　　　　　2 200 000
　　　　利润分配——未分配利润　　　　　　　　　　　　　　　　　　　19 800 000
　　　　投资收益　　　　　　　　　　　　　　　　　　　　　　　　　　2 000 000

③华联公司自取得A公司60%的股份后至转让A公司20%的股份前，A公司因确认以公允价值计量且其变动计入其他综合收益的金融资产公允价值变动而计入其他综合收益的金额为800万元，华联公司按剩余持股比例计算的应享有份额为320万元（800×40%），在调整长期股权投资账面价值的同时，应当计入其他综合收益。

借：长期股权投资——A公司（其他综合收益）　　　　　　　　　　　3 200 000
　　贷：其他综合收益　　　　　　　　　　　　　　　　　　　　　　　　3 200 000

④华联公司自取得A公司60%的股份后至转让A公司20%的股份前，A公司因接受其母公司实质上属于资本性投入的现金捐赠而计入资本公积的金额为200万元，华联公司按剩余持股比例计算的应享有份额为80万元（200×40%），在调整长期股权投资账面价值的同时，应当计入资本

公积（其他资本公积）。

  借：长期股权投资——A公司（其他权益变动）       800 000
    贷：资本公积——其他资本公积          800 000

  除了处置投资会导致成本法转换为权益法外，股权被动稀释也会导致成本法转换为权益法。股权被动稀释，是指因被投资方其他股东增资而导致投资方持股比例被稀释的情形。投资方持有的对被投资方具有控制的长期股权投资，因股权被动稀释导致持股比例下降，不再对被投资方具有控制但仍能够施加重大影响或与其他投资方一起实施共同控制的，长期股权投资的核算方法应当由成本法转换为权益法。投资方一方面应按照稀释后新的持股比例确认在被投资方因其他股东增资而增加的净资产中应享有的份额，另一方面应结转与持股比例的下降部分所对应的长期股权投资原账面价值，并将二者之间的差额计入当期损益（投资收益）。结转后剩余长期股权投资的账面价值，应按稀释后新的持股比例和权益法的核算要求进行追溯调整，调整的具体方法与处置投资导致的成本法转换为权益法相同。

  【例5-22】2×22年1月1日，华联实业股份有限公司取得Y公司55%的股份，实际支付合并对价6 600万元，对Y公司具有控制，采用成本法核算。当日，Y公司可辨认净资产的公允价值为12 500万元，Y公司各项可辨认资产、负债的公允价值与其账面价值相同。取得Y公司55%的股份后，双方未发生过任何内部交易；华联公司与Y公司的会计年度及采用的会计政策相同。2×22年1月1日至2×23年12月31日，Y公司实现净利润1 500万元，未分配现金股利；确认其他综合收益200万元。华联公司按照净利润的10%提取盈余公积。2×24年1月1日，Y公司的其他股东向Y公司增资4 600万元，导致华联公司对Y公司的持股比例降至40%，不再对Y公司具有控制但仍能够施加重大影响。

  （1）2×24年1月1日，确认因股权被动稀释产生的当期损益。

  在Y公司因其他股东增资而增加的净资产中享有的份额=4 600×40%=1 840（万元）

  与持股比例下降部分对应的长期股权投资原账面价值=$\dfrac{6\ 600}{55\%}$×15%=1 800（万元）

  股权被动稀释产生的当期损益=1 840-1 800=40（万元）

  借：长期股权投资——Y公司（投资成本）      18 400 000
    贷：长期股权投资——Y公司（投资成本）     18 000 000
      投资收益               400 000

  （2）2×24年1月1日，调整结转后剩余长期股权投资的原账面价值。

  ①剩余长期股权投资的成本为4 800万元（6 600-1 800），按照新的持股比例计算的取得原投资时应享有Y公司可辨认净资产公允价值的份额为5 000万元（12 500×40%），二者之间的差额200万元属于剩余投资成本小于应享有被投资方可辨认净资产公允价值份额的差额，应按该差额调整剩余投资成本，同时调整留存收益。其中，应调整盈余公积20万元（200×10%），应调整未分配利润180万元（200-20）。

  借：长期股权投资——Y公司（投资成本）       2 000 000
    贷：盈余公积               200 000
      利润分配——未分配利润        1 800 000

  ②华联公司按新的持股比例计算的在Y公司实现的净利润中应享有份额为600万元（1 500×40%），应调整长期股权投资的账面价值，同时调整留存收益（其中，调整盈余公积60万元，调整未分配利润540万元）。

  借：长期股权投资——Y公司（损益调整）      6 000 000

| | |
|---|---|
| 　　贷：盈余公积 | 600 000 |
| 　　　　利润分配——未分配利润 | 5 400 000 |

　　③华联公司按新的持股比例计算的应享有Y公司其他综合收益份额为80万元（200×40%），在调整长期股权投资账面价值的同时，应当计入其他综合收益。

| | |
|---|---|
| 　　借：长期股权投资——Y公司（其他综合收益） | 800 000 |
| 　　　　贷：其他综合收益 | 800 000 |

### （二）权益法转换为成本法

　　投资方因追加投资等原因使原持有的对联营企业或合营企业的投资转变为对子公司的投资，长期股权投资的核算方法应当由权益法转换为成本法。转换核算方法时，应当根据追加投资所形成的企业合并类型，确定按照成本法核算的初始投资成本。

　　（1）追加投资形成同一控制下企业合并的，应当按照取得的被合并方所有者权益在最终控制方合并财务报表中的账面价值份额，作为改按成本法核算的初始投资成本。

　　（2）追加投资形成非同一控制下企业合并的，应当按照原持有的股权投资账面价值与新增投资成本之和，作为改按成本法核算的初始投资成本。

　　原采用权益法核算时确认的其他综合收益，暂不作会计处理，待将来处置该项长期股权投资时，采用与被投资方直接处置相关资产或负债相同的基础进行会计处理；原采用权益法核算时确认的其他权益变动，也不能自资本公积（其他资本公积）转为本期投资收益，而应待将来处置该项长期股权投资时，转为处置当期投资收益。

　　【例5-23】2×23年1月5日，华联实业股份有限公司以5 600万元的价款取得R公司30%的股份，能够对R公司施加重大影响，采用权益法核算，当日，R公司可辨认净资产公允价值为19 000万元。由于该项投资的初始成本小于投资时应享有R公司可辨认净资产公允价值的份额5 700万元（19 000×30%），因此，华联公司按其差额调增了该项股权投资的成本100万元，同时，计入当期营业外收入。2×23年度，R公司实现净收益1 000万元，未分配现金股利，华联公司已将应享有的收益份额300万元（1 000×30%）作为投资收益确认入账，并相应调整了长期股权投资账面价值；除实现净损益外，R公司在此期间还确认了其他权益工具投资公允价值变动利得500万元，接受其母公司实质上属于资本性投入的现金捐赠600万元，华联公司已分别按应享有的份额确认其他综合收益150万元（500×30%），确认资本公积（其他资本公积）180万元（600×30%），并相应调整了长期股权投资账面价值。2×24年2月10日，华联公司又以5 200万元的价款取得R公司25%的股份，当日，R公司所有者权益在最终控制方合并财务报表中的账面价值为21 000万元。至此，华联公司对R公司的持股比例已增至55%，对R公司形成控制，长期股权投资的核算方法由权益法转换为成本法。

　　（1）假定该项合并为同一控制下的企业合并。

　　　成本法下的初始投资成本=21 000×55%=11 550（万元）

| | |
|---|---|
| 　　借：长期股权投资——R公司 | 115 500 000 |
| 　　　　贷：长期股权投资——R公司（投资成本） | 57 000 000 |
| 　　　　　　　　　　　　——R公司（损益调整） | 3 000 000 |
| 　　　　　　　　　　　　——R公司（其他综合收益） | 1 500 000 |
| 　　　　　　　　　　　　——R公司（其他权益变动） | 1 800 000 |
| 　　　　　　　银行存款 | 52 000 000 |
| 　　　　　　　资本公积——股本溢价 | 200 000 |

（2）假定该项合并为非同一控制下的企业合并。

原持有股份按权益法核算的账面价值=5 600+100+300+150+180=6 330（万元）

成本法下的初始投资成本=6 330+5 200=11 530（万元）

借：长期股权投资——R公司 115 300 000

贷：长期股权投资——R公司（投资成本） 57 000 000

——R公司（损益调整） 3 000 000

——R公司（其他综合收益） 1 500 000

——R公司（其他权益变动） 1 800 000

银行存款 52 000 000

华联公司采用权益法核算期间确认的在R公司其他权益工具投资公允价值变动中应享有份额150万元，不能自其他综合收益转为本期留存收益，而应待将来处置该项长期股权投资时，转为处置当期留存收益；确认的在R公司接受其母公司实质上属于资本性投入的现金捐赠中应享有份额180万元，也不能自资本公积（其他资本公积）转为本期投资收益，而应待将来处置该项长期股权投资时，转为处置当期投资收益。

### 二、长期股权投资与以公允价值计量的金融资产之间的转换

长期股权投资与以公允价值计量的金融资产之间的转换，是指因追加投资或处置投资导致持股比例发生变动而将原持有的长期股权投资转换为以公允价值计量的金融资产或者将原持有的以公允价值计量的金融资产转换为长期股权投资，包括追加投资导致的以公允价值计量的金融资产转换为长期股权投资和处置投资导致的长期股权投资转换为以公允价值计量的金融资产两种情况。其中，以公允价值计量的金融资产是指以公允价值计量且其变动计入当期损益的权益工具投资和指定为以公允价值计量且其变动计入其他综合收益的非交易性权益工具投资。需要注意的是，企业指定为以公允价值计量且其变动计入其他综合收益的非交易性权益工具投资不能重分类为以公允价值计量且其变动计入当期损益的金融资产，但可以转换为长期股权投资。

#### （一）追加投资导致的以公允价值计量的金融资产转换为长期股权投资

追加投资导致的以公允价值计量的金融资产转换为长期股权投资，具体又可以分为追加投资形成控制而将以公允价值计量的金融资产转换为对子公司的长期股权投资并采用成本法核算和追加投资形成共同控制或重大影响而将以公允价值计量的金融资产转换为对合营企业或联营企业的长期股权投资并采用权益法核算两种情况。

1.追加投资形成对子公司的长期股权投资

企业因追加投资形成控制（即实现企业合并）而将以公允价值计量的金融资产转换为对子公司的长期股权投资，应当根据追加投资所形成的企业合并类型，确定对子公司长期股权投资的初始投资成本。

（1）追加投资最终形成同一控制下企业合并的，合并方应当按照形成企业合并时的累计持股比例计算的合并日应享有被合并方所有者权益在最终控制方合并财务报表中的账面价值份额，作为长期股权投资的初始投资成本。初始投资成本大于原作为以公允价值计量的金融资产持有的被合并方股权投资账面价值与合并日取得进一步股份新支付的对价之和的差额，应当计入资本公积（资本溢价或股本溢价）；初始投资成本小于原作为以公允价值计量的金融资产持有的被合并方股权投资账面价值与合并日取得进一步股份新支付的对价之和的差额，应当冲减资本公积（仅限于资本溢价或股本溢价），资本公积的余额不足冲减的，应依次冲减盈余公积、未分配利润。

【**例5-24**】华联实业股份有限公司和M公司同为北方集团公司所控制的两个子公司。2×23年4月1日，华联公司以1 200万元的价款（包括相关税费）取得M公司10%有表决权的股份，华联公司将其划分为交易性金融资产，在持有该项金融资产期间，累计确认公允价值变动收益300万元。2×24年1月1日，华联公司再次以6 750万元的价款（包括相关税费）取得M公司45%有表决权的股份。至此，华联公司已累计持有M公司55%有表决权的股份，能够对M公司实施控制，因此，将原作为交易性金融资产持有的M公司10%的股权投资转换为长期股权投资并采用成本法核算。2×24年1月1日，M公司所有者权益在最终控制方合并财务报表中的账面价值总额为16 000万元。

初始投资成本=16 000×55%=8 800（万元）

借：长期股权投资——M公司　　　　　　　　　　　　　　　　88 000 000

　　贷：交易性金融资产——M公司（成本）　　　　　　　　　　　　12 000 000

　　　　　　　　　　——M公司（公允价值变动）　　　　　　　　　3 000 000

　　　银行存款　　　　　　　　　　　　　　　　　　　　　　67 500 000

　　　资本公积——股本溢价　　　　　　　　　　　　　　　　　5 500 000

（2）追加投资最终形成非同一控制下企业合并的，购买方应当按照原作为以公允价值计量的金融资产持有的被购买方股权投资账面价值与购买日取得进一步股份新支付对价的公允价值之和，作为长期股权投资的初始投资成本。原指定为以公允价值计量且其变动计入其他综合收益的非交易性权益工具投资，因追加投资转换为长期股权投资时，该非交易性权益工具投资在持有期间因公允价值变动而形成的其他综合收益应同时转出，计入留存收益。

【**例5-25**】华联实业股份有限公司和T公司为两个独立的法人企业，在合并之前不存在任何关联方关系。2×23年2月1日，华联公司以1 500万元的价款（包括相关税费）取得T公司12%有表决权的股份，华联公司将其指定为以公允价值计量且其变动计入其他综合收益的金融资产；至2×23年12月31日，该项金融资产的账面价值为2 000万元。2×24年1月1日，华联公司再次以6 600万元的价款（包括相关税费）取得T公司40%有表决权的股份。至此，华联公司已累计持有T公司52%有表决权的股份，能够对T公司实施控制，因此，将原指定为以公允价值计量且其变动计入其他综合收益的T公司12%的权益工具投资转换为长期股权投资并采用成本法核算。华联公司按10%提取法定盈余公积。

初始投资成本=2 000+6 600=8 600（万元）

借：长期股权投资——T公司　　　　　　　　　　　　　　　　86 000 000

　　贷：其他权益工具投资——T公司（成本）　　　　　　　　　　15 000 000

　　　　　　　　　　　——T公司（公允价值变动）　　　　　　　5 000 000

　　　银行存款　　　　　　　　　　　　　　　　　　　　　　66 000 000

借：其他综合收益　　　　　　　　　　　　　　　　　　　5 000 000

　　贷：盈余公积　　　　　　　　　　　　　　　　　　　　　　500 000

　　　利润分配——未分配利润　　　　　　　　　　　　　　　4 500 000

2.追加投资形成对合营企业或联营企业的长期股权投资

企业因追加投资形成共同控制或重大影响而将以公允价值计量的金融资产转换为对合营企业或联营企业的长期股权投资，应当按照原作为以公允价值计量的金融资产持有的被购买方股权投资公允价值与取得新增股权投资而应支付的对价的公允价值之和，作为长期股权投资的初始投资成本。原指定为以公允价值计量且其变动计入其他综合收益的非交易性权益工具投资，因追加投资转换为长期股权投资时，该金融资产公允价值与账面价值之间的差额，以及在持有期间因公允价值变动而形成的其他综合收益，应当计入留存收益。

【例5-26】2×23年9月1日，华联实业股份有限公司以850万元的价款（包括相关税费）取得Z公司5%有表决权的股份，华联公司将其指定为以公允价值计量且其变动计入其他综合收益的金融资产，2×23年12月31日，该项金融资产的账面价值为1 000万元。2×24年3月1日，华联公司再次以4 200万元的价款（包括相关税费）取得Z公司20%有表决权的股份。至此，华联公司已累计持有Z公司25%有表决权的股份，能够对Z公司施加重大影响，因此，将原指定为以公允价值计量且其变动计入其他综合收益的Z公司5%的权益工具投资转换为长期股权投资并采用权益法核算。转换日，华联公司原持有的Z公司5%股权投资的公允价值为1 050万元，Z公司可辨认净资产公允价值为20 000万元。华联公司按10%提取法定盈余公积。

初始投资成本=1 050+4 200=5 250（万元）

借：长期股权投资——Z公司（投资成本）　52 500 000
　贷：其他权益工具投资——Z公司（成本）　8 500 000
　　　　　　　　　　　——Z公司（公允价值变动）　1 500 000
　　银行存款　42 000 000
　　盈余公积　50 000
　　利润分配——未分配利润　450 000
借：其他综合收益　1 500 000
　贷：盈余公积　150 000
　　利润分配——未分配利润　1 350 000

采用权益法核算的初始投资成本为5 250万元，大于按照累计持股比例25%计算的转换日应享有Z公司可辨认净资产公允价值的份额5 000万元（20 000×25%），因此，不需要调整初始投资成本。

**（二）处置投资导致的长期股权投资转换为以公允价值计量的金融资产**

处置投资导致对被投资方不再具有控制、共同控制或重大影响而将剩余股权投资转换为以公允价值计量的金融资产，具体又可以分为将剩余股权投资转换为以公允价值计量且其变动计入当期损益的金融资产和将剩余股权投资指定为以公允价值计量且其变动计入其他综合收益的金融资产两种情况。

处置投资导致的长期股权投资转换为以公允价值计量的金融资产，均应按转换日该金融资产的公允价值计量，公允价值与原采用成本法或权益法核算的股权投资账面价值之间的差额，应当计入当期投资收益。原持有的对合营企业或联营企业的长期股权投资，因采用权益法核算而确认的其他综合收益，应当在终止采用权益法核算时，采用与被投资方直接处置相关资产或负债相同的基础进行会计处理；因采用权益法核算而确认的其他所有者权益变动，应当在终止采用权益法核算时，全部转入当期投资收益。

【例5-27】华联实业股份有限公司持有N公司股份2 000万股，占N公司有表决权股份的20%，能够对N公司施加重大影响，采用权益法核算，至2×24年6月30日，该项长期股权投资采用权益法核算的账面价值为4 860万元，所属明细科目中，投资成本3 500万元，损益调整（借方）800万元，其他综合收益（借方）300万元（其中，200万元为在N公司持有的其他债权投资公允价值变动中应享有的份额，100万元为在N公司持有的其他权益工具投资公允价值变动中应享有的份额），其他权益变动（借方）260万元。2×24年7月1日，华联公司将持有的N公司股份中的1 500万股出售给其他企业，收到出售价款3 780万元，由于华联公司对N公司的持股比例已降为5%，不再具有重大影响，因此，华联公司将其转换为交易性金融资产并按公允价值计量。转换日，剩余5%N公司股份的公允价值为1 260万元。华联公司按10%提取法定盈余公积。

（1）2×24年7月1日，出售N公司股份。

转让股份的账面价值=$4\,860\times\dfrac{1\,500}{2\,000}$=3 645（万元）

其中：投资成本=$3\,500\times\dfrac{1\,500}{2\,000}$=2 625（万元）

损益调整=$800\times\dfrac{1\,500}{2\,000}$=600（万元）

其他综合收益=$300\times\dfrac{1\,500}{2\,000}$=225（万元）

其他权益变动=$260\times\dfrac{1\,500}{2\,000}$=195（万元）

借：银行存款　　　　　　　　　　　　　　　　　　　　　　　　37 800 000
　　贷：长期股权投资——N公司（投资成本）　　　　　　　　　　　26 250 000
　　　　　　　　　　——N公司（损益调整）　　　　　　　　　　　6 000 000
　　　　　　　　　　——N公司（其他综合收益）　　　　　　　　　2 250 000
　　　　　　　　　　——N公司（其他权益变动）　　　　　　　　　1 950 000
　　　　投资收益　　　　　　　　　　　　　　　　　　　　　　　1 350 000

按权益法确认的其他综合收益中，与出售的股权投资对应的金额为225万元，其中，在N公司持有的其他债权投资公允价值变动中应享有的份额150万元（$225\times\dfrac{200}{300}$），应当转为处置当期投资收益；在N公司持有的其他权益工具投资公允价值变动中应享有的份额75万元（$225\times\dfrac{100}{300}$），应当转入留存收益。

借：其他综合收益　　　　　　　　　　　　　　　　　　　　　　2 250 000
　　贷：投资收益　　　　　　　　　　　　　　　　　　　　　　　1 500 000
　　　　盈余公积　　　　　　　　　　　　　　　　　　　　　　　　75 000
　　　　利润分配——未分配利润　　　　　　　　　　　　　　　　　675 000
借：资本公积——其他资本公积　　　　　　　　　　　　　　　　1 950 000
　　贷：投资收益　　　　　　　　　　　　　　　　　　　　　　　1 950 000

（2）2×24年7月1日，将剩余股权投资转换为交易性金融资产。

剩余股份的账面价值=4 860-3 645=1 215（万元）
其中：投资成本=3 500-2 625=875（万元）
损益调整=800-600=200（万元）
其他综合收益=300-225=75（万元）
其他权益变动=260-195=65（万元）

借：交易性金融资产——N公司（成本）　　　　　　　　　　　　12 600 000
　　贷：长期股权投资——N公司（投资成本）　　　　　　　　　　　8 750 000
　　　　　　　　　　——N公司（损益调整）　　　　　　　　　　　2 000 000
　　　　　　　　　　——N公司（其他综合收益）　　　　　　　　　750 000
　　　　　　　　　　——N公司（其他权益变动）　　　　　　　　　650 000
　　　　投资收益　　　　　　　　　　　　　　　　　　　　　　　450 000

借：其他综合收益                       750 000

  贷：投资收益                      500 000

    盈余公积                       25 000

    利润分配——未分配利润         225 000

借：资本公积——其他资本公积        650 000

  贷：投资收益                      650 000

# 第四节　长期股权投资的处置

### 一、长期股权投资处置损益的构成

长期股权投资的处置，主要指通过证券市场售出股权，也包括抵偿债务转出、非货币性资产交换转出以及因被投资方破产清算而被迫清算股权等情形。

长期股权投资的处置损益，是指取得的处置收入扣除长期股权投资的账面价值和已确认但尚未收到的现金股利之后的差额。其中：

（1）处置收入，是指企业处置长期股权投资实际收到的价款，该价款已经扣除了手续费、佣金等交易费用。

（2）长期股权投资的账面价值，是指长期股权投资的账面余额扣除相应的减值准备后的金额。

（3）已确认但尚未收到的现金股利，是指投资方已于被投资方宣告分派现金股利时按应享有的份额确认了应收债权，但至处置投资时被投资方尚未实际派发的现金股利。

### 二、处置长期股权投资的会计处理

处置长期股权投资发生的损益应当在符合股权转让条件时予以确认，计入处置当期投资损益。已计提减值准备的长期股权投资，处置时应将与所处置的长期股权投资相对应的减值准备予以转出。处置长期股权投资时，按实际收到的价款，借记"银行存款"科目，按已计提的长期股权投资减值准备，借记"长期股权投资减值准备"科目，按长期股权投资的账面余额，贷记"长期股权投资"科目，按已确认但尚未收到的现金股利，贷记"应收股利"科目，按上述差额，借记或贷记"投资收益"科目。

处置采用权益法核算的长期股权投资时，应当采用与被投资方直接处置相关资产或负债相同的基础，对相关的其他综合收益进行会计处理，对于可以转入当期损益的其他综合收益，应借记或贷记"其他综合收益"科目，贷记或借记"投资收益"科目；同时，还应将原记入资本公积的其他权益变动金额转出，计入当期损益，借记或贷记"资本公积——其他资本公积"科目，贷记或借记"投资收益"科目。

在部分处置某项长期股权投资时，按该项投资的总平均成本确定处置部分的成本，并按相同的比例结转已计提的长期股权投资减值准备和相关的其他综合收益、资本公积金额。

**【例5-28】** 2×20年5月10日，华联实业股份有限公司以7 850万元的价款取得J公司普通股股票2 000万股，占J公司普通股股份的60%，能够对J公司实施控制，华联公司将其划分为长期股权投资并采用成本法核算。2×23年12月31日，华联公司为该项股权投资计提了减值准备

1 950万元；2×24年9月25日，华联公司将持有的J公司股份全部转让，实际收到转让价款6 000万元。

转让损益=6 000-（7 850-1 950）=100（万元）

借：银行存款　　　　　　　　　　　　　　　　　　　　　　60 000 000

　　长期股权投资减值准备　　　　　　　　　　　　　　　　19 500 000

　　贷：长期股权投资——J公司　　　　　　　　　　　　　　　　　78 500 000

　　　　投资收益　　　　　　　　　　　　　　　　　　　　　　　　1 000 000

【例5-29】华联实业股份有限公司对持有的B公司股份采用权益法核算。2×24年4月5日，华联公司将持有的B公司股份全部转让，收到转让价款2 850万元。转让日，该项长期股权投资的账面余额为2 800万元，所属明细科目中，投资成本2 500万元，损益调整（借方）140万元，其他综合收益（借方）10万元（均为在B公司持有的其他债权投资公允价值变动中应享有的份额），其他权益变动（借方）150万元。

转让损益=2 850-2 800=50（万元）

借：银行存款　　　　　　　　　　　　　　　　　　　　　　28 500 000

　　贷：长期股权投资——B公司（投资成本）　　　　　　　　　　25 000 000

　　　　　　　　——B公司（损益调整）　　　　　　　　　　　　 1 400 000

　　　　　　　　——B公司（其他综合收益）　　　　　　　　　　　 100 000

　　　　　　　　——B公司（其他权益变动）　　　　　　　　　　 1 500 000

　　　　投资收益　　　　　　　　　　　　　　　　　　　　　　　　 500 000

借：其他综合收益　　　　　　　　　　　　　　　　　　　　　 100 000

　　贷：投资收益　　　　　　　　　　　　　　　　　　　　　　　　 100 000

借：资本公积——其他资本公积　　　　　　　　　　　　　　 1 500 000

　　贷：投资收益　　　　　　　　　　　　　　　　　　　　　　　　1 500 000

### 三、长期股权投资的列报

#### （一）列示

在资产负债表中，长期股权投资应当作为一个单独的报表项目，按照成本法（对子公司的投资）或权益法（对联营企业和合营企业的投资）核算的账面价值列示其金额。其中，按照成本法核算的账面价值，是指长期股权投资的初始成本减去长期股权投资减值准备后的金额；按照权益法核算的账面价值，是指长期股权投资的初始成本（或经调整的初始成本）加上或者减去持有投资期间在被投资方所有者权益变动中占有份额后的金额。

#### （二）披露

企业应当根据《企业会计准则第41号——在其他主体中权益的披露》准则的要求，在附注中披露与长期股权投资有关的信息，主要包括重大判断和假设的披露、在子公司中权益的披露、在合营安排或联营企业中权益的披露、在未纳入合并财务报表范围的结构化主体中权益的披露等方面的信息。

【思政课堂】　　　　　　　　立足投资效益　心系社会责任

股权投资对于企业实现资本增值、扩大生产规模、促进创新和技术进步、提高市场竞争力、分散经营风险、实现可持续发展具有突出的经济意义，同时，对于提供更多的就业机会、提高人民生活水平、促进国家经济的增长、实现共同富裕具有重要的社会意义。

任何企业在追求经济利益的同时，都应当注重其社会责任。一方面，企业应当承担保护社会利益的责任，维护利益相关者的合法权益，创造并分享价值，促进社会和谐与可持续发展；另一方面，企业应当对相关各方（如股东、员工、客户、供应商、政府、社区、环境等）承担相应的责任，并与之建立良好的沟通与合作关系。

股权投资中，社会责任是不可忽视的一个重要考量因素。企业在进行投资决策时，除了需要了解目标企业的财务、法律、商业、技术、环境等方面的状况外，还需要了解目标企业在社会责任方面的履行情况，以更准确地评估目标企业的真实价值与潜力、识别和规避潜在的风险、优化和调整投资策略与方案，从而提高投资效益。同时，注重目标企业的社会责任，也可以展示投资企业自身的社会责任理念与实践，并与目标企业的利益相关者建立良好的关系，增强其对投资企业的信任与支持，促进双方的合作共赢。

思政案例

投资决策中的企业社会责任考量

## 📖 复习思考题

1. 企业持有的哪些权益性投资应划分为长期股权投资？
2. 什么是同一控制下的企业合并？如何确定其初始投资成本？
3. 什么是非同一控制下的企业合并？如何确定其初始投资成本？
4. 同一控制与非同一控制下企业合并会计处理的主要区别是什么？
5. 如何确定以非货币性资产交换取得长期股权投资的初始投资成本？
6. 如何确定通过债务重组取得长期股权投资的初始投资成本？
7. 什么是成本法？其适用范围是什么？
8. 成本法的核算要点有哪些？
9. 成本法下如何确认投资收益？
10. 什么是权益法？其适用范围是什么？
11. 权益法的核算要点有哪些？
12. 权益法下如何确认投资收益？
13. 成本法与权益法会计处理的主要区别是什么？
14. 在什么情况下成本法应转换为权益法核算？
15. 如何对处置投资导致的成本法转换为权益法进行会计处理？
16. 在什么情况下权益法应转换为成本法核算？
17. 如何对追加投资导致的权益法转换为成本法进行会计处理？
18. 如何确认长期股权投资的处置损益？
19. 在资产负债表中，应如何对长期股权投资进行列报？

自测题

# 第六章　固定资产

## 第一节　固定资产概述

### 一、固定资产的含义及特征

一个企业，无论是它的生产活动还是经营活动都离不开各种有形资产，其中很重要的组成部分就是本章要讲的固定资产。目前，关于固定资产的定义国际国内表述并不完全相同。国际会计准则16号（1998年修订）直接表述的是关于不动产、厂场和设备的定义，指出"不动产、厂场和设备，指具有下列特征的有形资产：①企业用于生产、提供商品或劳务、出租或为了行政管理目的而持有的；②预计使用寿命超过一个会计期间"。可见，这里只是对通常我们所强调的关于固定资产特征的描述，并没有涉及固定资产的定义。我国的《企业会计准则第4号——固定资产》给固定资产做了较为明确的定义，指出"固定资产，是指同时具有下列特征的有形资产：①为生产商品、提供劳务、出租或经营管理而持有的；②使用寿命超过一个会计年度"。从这两个定义可以看出，虽然二者对固定资产定义的明确程度不同，但是对于作为有形资产的固定资产所具有的基本特征的表述还是相同的，它们都强调固定资产在其有形性、持有目的以及使用寿命三个方面所具有的特点。在这个问题上我国会计准则与国际会计准则是一致的。就固定资产不同的具体实物形态而言，固定资产一般包括房屋、建筑物、机器、机械、运输工具以及其他与生产、经营有关的设备、器具、工具等。另外，在实务上，对于不属于生产经营主要设备的物品，如果单位价值在2 000元以上，并且使用年限超过两年的，也作为固定资产进行处理。这些固定资产在生产经营过程中所起的作用是不同的。有些固定资产是直接参加劳动过程，起着把劳动者的劳动传导到劳动对象上去的作用，如机器设备、生产工具等；有些固定资产起着辅助生产的作用，如动力设备、传导设备、运输工具等；还有一些固定资产是作为进行生产经营的必要条件而存在的，如房屋、建筑物等。需要说明的是，固定资产的另外一个显著特征是它的单位价值问题。单位价值的高低使得固定资产与存货，特别是存货中的低值易耗品和包装物有了显著的区别。一般认为，固定资产与低值易耗品、包装物相比具有较高的单位价值。

综上所述，固定资产的特征一般表现为以下四个方面：

（1）固定资产是有形资产。固定资产有一个实体存在，可以看得见、摸得着。这与企业的无形资产、应收账款、其他应收款等资产不同。对于无形资产，虽然可供企业长期使用，甚至使用期限超过固定资产，但由于其无形性而不能作为企业的固定资产；对企业持有的某些具有实物形态，而且具有固定资产某些特征的实物资产，如工业企业持有的工具、用具、备品备件、维修设备等资产，施工企业持有的模板、挡板、架料等周转材料，以及地质勘探企业持有的管材等资产，虽然其使用期限超过一年，但由于数量多、单价低，如果采用折旧的方法实现价值的转移不符合成本效益原则，所以在实务中通常确认为存货。相反，如果价值很高，且符合固定资产定义和确认条件的，应当确认为固定资产，如民用航空运输企业持有的高价周转件等。

（2）可供企业长期使用。固定资产属于长期耐用资产，其使用寿命超过一个会计年度。固定资产的使用寿命，是指企业使用固定资产的预计期间，或者该固定资产所能生产产品或提供劳务的数量。一般情况下固定资产的使用寿命是指使用固定资产的预计期间，如自用房屋建筑物的使用寿命以使用年限表示。但是对于某些机器设备或运输设备等固定资产，其使用寿命往往以该固定资产所能生产产品或提供劳务的数量来表示，如发电设备按其预计发电量估计使用寿命，汽车或飞机等按其预计行驶里程估计使用寿命。固定资产虽然可以长期使用，但实物形态却不会因为使用而发生变化或显著损耗，其账面价值通过计提折旧方式而逐渐减少，这也有别于存货等流动资产。

（3）不以投资和销售为目的。企业取得各种固定资产的目的是服务于企业自身的生产经营活动。企业可以通过固定资产生产出产品，并通过产品的销售而赚取销售收入；可以通过提供劳务而赚取劳务收入；可以将固定资产出租给他人使用而赚取租金收入；可以用于企业的行政管理，从而提高企业的管理水平。固定资产是企业的劳动工具或手段，企业持有固定资产的目的不是为了出售，或将其对企业外部进行投资。

（4）具有可衡量的未来经济利益。企业取得固定资产的目的是获得未来的经济利益，虽然这种经济利益是来自对固定资产服务潜能的利用，而不是来自可直接转换为多少数量的货币，但它能在未来为企业带来可以用货币加以合理计量的经济利益，而且这种经济利益一般是可以衡量的。

**二、固定资产的分类**

在企业中，固定资产的数量是很多的，为了便于固定资产的实物管理和价值的核算，需要对固定资产进行科学、合理的分类。一般可以按如下标准对固定资产进行分类：

**（一）固定资产按经济用途分类**

按照经济用途可以将固定资产划分为经营用固定资产和非经营用固定资产两大类。

经营用固定资产是指直接参加或直接服务于生产经营过程的各种固定资产，如用于企业生产经营的房屋、建筑物、机器设备、运输设备、工具器具等。

非经营用固定资产是指不直接服务于生产经营过程的各种固定资产，如用于职工住宅、公共福利设施、文化娱乐、卫生保健等方面的房屋、建筑物、设施和器具等。

**（二）固定资产按使用情况分类**

按照使用情况可以将固定资产划分为使用中固定资产、未使用固定资产、出租固定资产和不需用固定资产四大类。

使用中固定资产，是指企业正在使用的经营用固定资产和非经营用固定资产。企业的房屋及建筑物无论是否在实际使用，都应视为使用中固定资产。由于季节性生产经营或进行大修理等原因而暂时停止使用以及存放在生产车间或经营场所备用、轮换使用的固定资产，也属于使用中固定资产。

未使用固定资产，是指已购建完成但尚未交付使用的新增固定资产以及进行改建、扩建等暂时脱离生产经营过程的固定资产。

出租固定资产，是指企业根据租赁合同的规定，以经营租赁方式出租给其他企业临时使用的固定资产。

不需用固定资产，是指本企业多余或不适用、待处置的固定资产。

除上述基本分类外，固定资产还可按其他标准进行分类，如按固定资产的所有权分类，可分为自有固定资产和租入固定资产；按固定资产的性能分类，可分为房屋和建筑物、动力设备、传导设备、工作机器及设备、工具、仪器及生产经营用具、运输设备、管理用具等；按固定资产的来源渠道分类，可分为外购的固定资产、自行建造的固定资产、投资者投入的固定资产、改建扩建新增的固定资产、接受抵债取得的固定资产、非货币性资产交换换入的固定资产、接受捐赠的固定资产、盘盈的固定资产等。

在会计实务中，企业为了更好地满足固定资产管理和核算的需要，往往将几种分类标准结合起来，采用综合的标准对固定资产进行分类。如综合考虑固定资产的经济用途、使用情况及所有权等，可将固定资产分为经营用固定资产、非经营用固定资产、出租固定资产、未使用固定资产、不需用固定资产等。企业应当根据固定资产的定义，结合本企业的具体情况，制定适合本企业的固定资产目录、分类方法、每类或每项固定资产的折旧年限、折旧方法，为进行固定资产的实物管理和价值核算提供依据。

### 三、固定资产的确认

固定资产的确认是指企业在什么时候和以多少金额将固定资产作为企业所拥有或控制的资源进行反映。一般来讲，固定资产只有在同时满足以下两个条件时，才能加以确认：

（1）该固定资产包含的经济利益很可能流入企业。这一条件要求企业必须要有一定的证据对所确认固定资产未来经济利益流入企业的确定程度作出可靠的估计，只有在企业确认通过该项资产很可能获得报酬时才确认为企业的固定资产。

（2）该固定资产的成本能够可靠地计量。这是资产确认的一个基本条件，也就是确定资产的价值量问题。如果企业对固定资产能够拥有和控制，那么其价值量在大多数情况下的确定并不是一件很困难的事情。如外购固定资产，在交易时就确定了它的大部分价值；自建的资产，可以根据企业购买的材料、发生的人工费和建造过程中的其他投入对其成本进行可靠的计量等。从取得固定资产的角度而言，固定资产成本的计量就是以货币为计量单位计算固定资产的价值额，包括企业最初取得固定资产的成本，即原始价值，以及在以后某个时点上重新取得同样固定资产的成本，即重置完全价值。

原始价值简称原价或原值，也称实际成本、历史成本等，是指取得某项固定资产时和直至使该项固定资产达到预定可使用状态前所实际支付的各项必要的、合理的支出，一般包括买价、进口关税、运输费、场地整理费、装卸费、安装费、专业人员服务费和其他税费等。固定资产的来源渠道不同，原始价值的具体内容就会有所不同。在确定固定资产的原始价值时，有两个问题需要注意：一是企业为购建固定资产而借入款项所发生的借款费用资本化的会计处理问题。关于这个问题，国际上通行的做法是，只有固定资产建造期间实际发生的利息成本才能予以资本化，我国基本上依照国际惯例。我国企业会计准则规定，在固定资产达到预定可使用状态之前发生的借款费用，按规定计算应予资本化的金额，计入购建资产的价值，不能资本化的部分，计入当期费用；在固定资产达到预定可使用状态之后发生的借款费用，计入当期费用，不能资本化。二是有些企业的部分固定资产在确定其原始价值时还应该考虑弃置费用问题。弃置费用通常是指根据国家法律、国际公约等规定，企业承担的环境保护和生态恢复等义务所确定的支出，如核电站核设施等的弃置和恢复环境义务等。固定资产弃置费用的发生是一未来事项，如果符合预计负债的确认条件，在确定固定资产原始价值时，应当将弃置费用未来发生额的现值体现在原始价值中，同时以相应的金额确认企业的预计负债。在固定资产使用寿命内，企业应当按照预计负债的摊余成本和实际利率计算利息费用并计入各期财务费用。如果不符合预计负债的确认条件，弃置费用在实际发生时，应当计入当期损益。

延伸阅读 6-1

弃置费用会计
处理

需要注意的是，固定资产的清理费用并不是弃置费用，而是固定资产的处置费用，应计入处置损益。固定资产的原始价值具有客观性和可验证性的特点，但是采用原始价值计量成本也有明显的局限性，当社会经济环境和物价水平发生变化时，由于原始价值不能反映固定资产的现时价值，也就不能真实地揭示企业当前的生产经营规模和盈利水平，以此为依据编制的会计报表的真实性和相关性必然会受到影响。

重置完全价值是指在现时的生产技术和市场条件下，重新购置同样的固定资产所需支付的全部代价。重置完全价值所反映的是固定资产的现时价值，从理论上讲，比采用原始价值计价更为合理。但由于重置完全价值本身具有经常变化的特点，因此，在会计实务中的可操作性受到一定限制。实务中企业如果由于无法取得固定资产原始价值资料而不能确定固定资产原始价值，才以重置完全价值对固定资产成本进行计量，如盘盈固定资产、接受捐赠固定资产成本的确定等。

企业在对固定资产进行确认时，应当按照固定资产的定义和确认条件，考虑企业的具体情形加以判断。例如，企业的环保设备和安全设备等资产，虽然不符合固定资产定义的要求（即不能直接为企业带来经济利益），但这类资产却有助于企业从其他相关资产上获得经济利益，因此，也应当确认为固定资产。另外，一项资产是否应单独作为一项固定资产予以确认也是值得考虑的问题。例如，在某些情况下，将某项资产的总支出分配给各组成部分并对每个组成部分单独进行核算也是必要的，而且由于资产的各组成部分具有不同的使用寿命或以不同的方式为企业提供经济利益，因而采用的折旧率和折旧方法也有所不同，这种情况下就需要将它们各自作为单独的固定资产来确认。

【思政课堂】　　　　　　　树立绿色及可持续发展的理念

习近平总书记在党的二十大报告中指出："必须牢固树立和践行绿水青山就是金山银山的理念，站在人与自然和谐共生的高度谋划发展""完善支持绿色发展的财税、金融、投资、价格政策和标准体系，发展绿色低碳产业，健全资源环境要素市场化配置体系，加快节能降碳先进技术研发和推广应用，倡导绿色消费，推动形成绿色低碳的生产方式和生活方式"。多年以来，我国政府一直要求树立绿色发展、可持续发展的理念，在党的二十大报告中，习近平总书记再次强调这个问题。多年前，会计法规中要求进行弃置费用的核算，也是适应这种经济发展形势的需要所采取的会计举措。弃置费用是指根据国家法律和行政法规、国际公约等规定，企业承担的环境保护和生态恢复等义务所确定的支出，如核电站、石油、天然气等设施的弃置和恢复环境义务，也被称为弃置成本或资产弃置义务。这种费用通常在资产的使用寿命结束或无法再产生经济效益时产生。

# 第二节　固定资产的初始计量

固定资产的初始计量是指企业最初取得固定资产时对其入账价值的确定。固定资产取得方式的不同决定了其入账价值所包含的经济内容也不同，其账务处理程序也体现不同的特点。下面分别不同的固定资产取得方式来说明固定资产入账价值的确定方法和账务处理程序。

## 一、外购固定资产

外购方式是企业取得固定资产的重要途径和主要方式。企业外购的固定资产，其成本包括实际支付的买价、进口关税和其他税费，以及使固定资产达到预定可使用状态前所发生的可归属于该项资产的费用，如场地整理费、运输费、装卸费、安装费和专业人员服务费等。我国从 2009 年 1 月 1 日起对增值税的管理实行了生产型向消费型的转变，在征收增值税时，允许企业将外购固定资产所含的增值税进项税额一次性全部扣除，所以企业外购固定资产增值税专用发票所列应交增值税税额不能计入固定资产价值，而是作为进项税额单独核算。企业购买的不动产如果属于企业职工集体福利设施，进项税额不能抵扣，应计入不动产成本。企业外购的固定资产，在投入使用前，有的需要安装，有的则不需要安装。购入不需要安装的固定资产，达到预定可使用状态的，按确认的入账价值直接增加企业的固定资产；购入需要安装的固定资产，先通过"在建工程"科目归集工程成本，待固定资产达到预定可使用状态时，再转入"固定资产"科目。

【例6-1】2×24年7月5日，华联实业股份有限公司购入一台不需要安装的设备，发票上注明设备价款30 000元，应交增值税3 900元，支付的场地整理费、装卸费等合计1 200元。上述款项企业已用银行存款支付。其账务处理如下：

借：固定资产　　　　　　　　　　　　　　　　　　　　　　　　　31 200
　　应交税费——应交增值税（进项税额）　　　　　　　　　　　　　3 900
　　贷：银行存款　　　　　　　　　　　　　　　　　　　　　　　　　　35 100

【例6-2】2×24年9月10日，华联实业股份有限公司从甲公司购入2×19年4月30日前建造的厂房一栋，增值税专用发票注明价款15 000 000元，应交增值税750 000元，款项15 750 000元已通过银行存款支付。

此例中，甲公司出售2×19年4月30日前建造的不动产，选择简易计税方法，按5%计算应交增值税。

借：固定资产　　　　　　　　　　　　　　　　　　　　　　　15 000 000
　　应交税费——应交增值税（进项税额）　　　　　　　　　　　　750 000
　　贷：银行存款　　　　　　　　　　　　　　　　　　　　　　　　15 750 000

个别情况下，企业的固定资产可能会与其他几项可以独立使用的资产采用一揽子购买方式进行购买。这种情况下，企业支付的是捆绑在一起的各项资产的总成本，而单项固定资产并没有标价。但是在会计核算时由于各项固定资产的作用、价值额以及后续计量问题的会计处理方法不同，就需要对每一项资产的价值分别加以衡量。采用的方法是，将购买的总成本按每项资产的公允价值占各项资产公允价值总和的比例进行分配，以确定各项资产的入账价值。

【例6-3】2×24年10月20日，华联实业股份有限公司一揽子购买A、B、C三项设备，支付设备价款3 900 000元，应交增值税507 000元。三项资产的公允价值分别为1 500 000元、1 200 000元和1 300 000元。上述设备不需要安装。会计处理方法如下：

（1）计算各设备分配固定资产价值的比例。

A设备：1 500 000÷（1 500 000+1 200 000+1 300 000）×100%=37.5%

B设备：1 200 000÷（1 500 000+1 200 000+1 300 000）×100%=30%

C设备：1 300 000÷（1 500 000+1 200 000+1 300 000）×100%=32.5%

（2）计算各设备购买成本。

A设备：3 900 000×37.5%=1 462 500（元）

B设备：3 900 000×30%=1 170 000（元）

C设备：3 900 000×32.5%=1 267 500（元）

合　计：1 462 500+1 170 000+1 267 500=3 900 000（元）

借：固定资产——A设备　　　　　　　　　　　　　　　　　　　1 462 500
　　　　　　　——B设备　　　　　　　　　　　　　　　　　　　1 170 000
　　　　　　　——C设备　　　　　　　　　　　　　　　　　　　1 267 500
　　应交税费——应交增值税（进项税额）　　　　　　　　　　　　507 000

贷：银行存款 4 407 000

如果企业购入的是需要安装的固定资产，由于从固定资产运抵企业到交付使用，尚需经过安装和调试过程，并会发生安装调试成本。因此，应先通过"在建工程"科目核算购置固定资产所支付的价款、运输费和安装成本等，待固定资产安装完毕并达到预定可使用状态后，再将"在建工程"科目归集的固定资产成本一次转入"固定资产"科目。

【例6-4】2×24年10月26日，华联实业股份有限公司购入一台需要安装的专用设备，发票上注明设备价款50 000元，应交增值税6 500元，支付运输费、装卸费等合计2 100元，支付安装成本800元。以上款项均通过银行支付。其账务处理如下：

（1）设备运抵企业，等待安装。

借：工程物资 52 100
　　应交税费——应交增值税（进项税额） 6 500
　　贷：银行存款 58 600

（2）设备投入安装，并支付安装成本。

借：在建工程 52 900
　　贷：工程物资 52 100
　　　　银行存款 800

（3）设备安装完毕，达到预定可使用状态。

借：固定资产 52 900
　　贷：在建工程 52 900

## 二、自行建造固定资产

企业自行建造的固定资产，应按照建造该项固定资产达到预定可使用状态前所发生的全部支出，作为入账价值。自行建造的固定资产，从发生第一笔购置支出到固定资产完工交付使用，通常需要经历一段较长的建造期间。为了便于归集和计算固定资产的实际建造成本，企业应设置"在建工程"科目。本科目核算企业基建、更新改造等在建工程发生的支出。本科目应当按照"建筑工程""安装工程""在安装设备""待摊支出"以及单项工程进行明细核算。

在建工程发生减值的，可以单独设置"在建工程减值准备"科目进行核算。

自行建造的固定资产按营建方式的不同，可分为自营工程和出包工程。

### （一）自营工程

自营工程是指企业利用自身的生产能力进行的固定资产建造工程。较为常见的是企业通过这种方式自制一些专用设备。

自营工程由于是利用自身的生产能力进行的固定资产建造工程，因此，固定资产的建造成本往往很难与产品的生产成本完全划分清楚。为了简化核算，企业通常只将固定资产建造工程中所发生的直接支出计入工程成本，按规定，其内容主要包括消耗的工程物资、原材料、库存商品、负担的职工薪酬，辅助生产部门为工程提供的水、电、设备安装、修理、运输等劳务支出，以及工程发生的待摊支出（包括工程管理费、征地费、可行性研究费、临时设施费、公证费、监理费及应负担的税费等）。

至于一些间接支出，如制造费用等并不分配计入固定资产建造工程成本。这种做法的理由主要是：第一，制造费用一般属于固定费用，不会因偶尔进行的固定资产建造工程而增加；第二，固定资产建造工程通常是在营业淡季进行的，如果将一部分制造费用计入工程成本，就会夸大当期正常营业的净收益；第三，固定资产建造工程通常是利用企业的闲置生产能力进行的，如果正常的营业活动并未因进行固定资产建造工程而受到影响，就没有理由使制造费用由固定资产建造工程负担。

在确定自营工程成本时还需要注意以下几个方面的问题：

（1）自营工程购入工程物资如果用于生产经营所用设备的建造，所支付的增值税税额，不应计入工程成本，应作为进项税额单独列示，从销项税额中抵扣；如果用于企业职工集体福利设施工程，则支付的增值税税额不得抵扣，而应计入工程成本。

（2）自营工程领用外购存货，应按成本转出，计入工程成本。如果领用外购存货用于企业职工集体福利设施工程，则支付的增值税税额不能从销项税额中抵扣，而应转出计入工程成本。

（3）自营工程领用自制半成品和产成品，应按其生产成本计入自营工程成本。若自营工程属于企业职工集体福利设施工程，领用自制半成品、产成品，应视同企业销售货物按适用税率计算销项税额，并计入自营工程成本。

（4）在建工程进行负荷联合试车发生的费用，计入工程成本（待摊支出）；试车期间形成的产品或副产品对外销售或转为库存商品时，应借记"银行存款""库存商品"等科目，贷记"在建工程"科目（待摊支出）。

（5）建设期间发生的工程物资盘亏、报废及毁损净损失，计入工程成本，借记"在建工程"科目，贷记"工程物资"科目；盘盈的工程物资或处置净收益作相反的会计处理。

（6）工程完工后发生的工程物资盘盈、盘亏、报废、毁损，计入当期营业外收支。

（7）在建工程完工，对于已领出的剩余物资应办理退库手续，借记"工程物资"科目，贷记"在建工程"科目。

（8）在建工程达到预定可使用状态时，对发生的待摊支出应分配计算，计入各工程成本中。

【例6-5】华联实业股份有限公司利用剩余生产能力自行制造一台设备，该设备用于产品生产。在建造过程中主要发生下列支出：

2×24年5月6日用银行存款购入工程物资90 400元，其中价款80 000元，应交增值税10 400元，工程物资验收入库。

2×24年5月20日工程开工，当日实际领用工程物资80 000元；领用库存材料一批，实际成本6 000元；领用库存产成品若干件，实际成本8 100元；辅助生产部门为工程提供水、电等劳务支出共计5 000元；工程应负担直接人工费10 260元。

2×24年9月30日工程完工，并达到预定可使用状态。其账务处理过程如下：

（1）2×24年5月6日，购入工程物资、验收入库。

借：工程物资 80 000
　　应交税费——应交增值税（进项税额） 10 400
　　贷：银行存款 90 400

（2）2×24年5月20日，领用工程物资，投入自营工程。

借：在建工程 80 000
　　贷：工程物资 80 000

（3）2×24年5月20日，领用库存材料。

借：在建工程 6 000
　　贷：原材料 6 000

（4）2×24年5月20日，领用库存产成品。

借：在建工程　　　　　　　　　　　　　　　　　　　　　　　8 100

　　贷：库存商品　　　　　　　　　　　　　　　　　　　　　　　　8 100

（5）结转应由工程负担的水电费。

借：在建工程　　　　　　　　　　　　　　　　　　　　　　　5 000

　　贷：生产成本　　　　　　　　　　　　　　　　　　　　　　　　5 000

（6）结转应由工程负担的直接人工费。

借：在建工程　　　　　　　　　　　　　　　　　　　　　　　10 260

　　贷：应付职工薪酬　　　　　　　　　　　　　　　　　　　　　　10 260

（7）2×24年9月30日，工程完工，并达到预定可使用状态，计算并结转工程成本。

设备制造成本=80 000+6 000+8 100+5 000+10 260=109 360（元）

借：固定资产　　　　　　　　　　　　　　　　　　　　　　　109 360

　　贷：在建工程　　　　　　　　　　　　　　　　　　　　　　　　109 360

### （二）出包工程

如果企业没有多余的生产能力或其他条件，可以采用出包的方式建造固定资产，进而形成出包工程。出包工程是指企业委托建筑公司等其他单位进行的固定资产建造工程。出包工程多用于企业的房屋、建筑物的新建、改建及扩建工程等。

企业以出包方式建造固定资产，其成本由建造该项固定资产达到预定可使用状态前所发生的必要支出构成，包括发生的建筑工程支出、安装工程支出以及需分摊计入各固定资产价值的待摊支出。企业建筑工程、安装工程采用出包方式发包给建造承包商承建。对于发包企业而言，建筑工程支出、安装工程支出是构成在建工程成本的重要内容，结算的工程价款计入在建工程成本，而工程的具体支出，如人工费、材料费、机械使用费等由建造承包商核算，与发包企业没有关系。待摊支出是指在建设期间发生的，不能直接计入某项固定资产价值，而应由所建造固定资产共同负担的相关费用，包括为建造工程发生的管理费、征地费、可行性研究费、临时设施费、公证费、监理费、应负担的税金、符合资本化条件的借款费用、建设期间发生的工程物资盘亏、报废及毁损净损失，以及负荷联合试车费等。

企业一个建设项目通常由若干单项工程构成，如新建一个加工厂，可能涉及建筑工程、安装工程、在安装设备等。如果建筑工程、安装工程均采用外包方式，固定资产的原始价值主要由企业按合同规定根据工程的进度预付的工程款和最终结算的工程款构成。至于在安装设备，一般情况下设备由企业购买，全部的设备安装业务出包给外单位，由此支付的安装费计入固定资产的原始价值。对于整体建设项目在进行过程中发生的待摊支出，由于各单项工程在折旧的计算上的不同特点，需要将待摊支出在各单项工程之间进行分配，以准确确定各项固定资产的原始价值。

分配方法如下：

$$待摊支出分配率=\frac{累计发生的待摊支出}{建筑工程支出 + 建筑安装支出 + 在安装设备支出}×100\%$$

某项工程应分摊的待摊支出=该项工程支出×待摊支出分配率

【例6-6】华联实业股份有限公司以出包方式建造一栋厂房，双方签订的合同规定建造新厂房的价款15 000 000元。生产所需设备由华联实业股份有限公司负责购买，由承包方负责安装。华联实业股份有限公司购进生产用设备，价款4 000 000元，应交增值税520 000元，全部款项通过银行支付，设备已运达，等待安装；向承包方支付安装费300 000元；按照与承包单位签订合同的规定，公司需事前支付工程款 12 000 000 元，剩余工程款于工程完工结算时补付。有关业务账务处理如下：

（1）按合同规定时间预付工程款 12 000 000 元。

借：预付账款　　　　　　　　　　　　　　　　　　　　　　　　　　　12 000 000

　　贷：银行存款　　　　　　　　　　　　　　　　　　　　　　　　　　　　　12 000 000

（2）建筑工程完工，办理工程价款结算，补付剩余工程款 3 000 000 元。

借：在建工程——建筑工程　　　　　　　　　　　　　　　　　　　　　15 000 000

　　贷：银行存款　　　　　　　　　　　　　　　　　　　　　　　　　　　　　3 000 000

　　　　预付账款　　　　　　　　　　　　　　　　　　　　　　　　　　　　12 000 000

（3）华联实业股份有限公司购进生产用设备，价款 4 000 000 元，应交增值税 520 000 元，全部款项通过银行支付，设备已运达，等待安装。

借：工程物资　　　　　　　　　　　　　　　　　　　　　　　　　　　　4 000 000

　　应交税费——应交增值税（进项税额）　　　　　　　　　　　　　　　　520 000

　　贷：银行存款　　　　　　　　　　　　　　　　　　　　　　　　　　　　　4 520 000

（4）华联实业股份有限公司将生产设备交付承包方进行安装，支付安装费 300 000 元。

借：在建工程——在安装设备　　　　　　　　　　　　　　　　　　　　4 000 000

　　　　　　　——安装工程　　　　　　　　　　　　　　　　　　　　　　300 000

　　贷：工程物资　　　　　　　　　　　　　　　　　　　　　　　　　　　　　4 000 000

　　　　银行存款　　　　　　　　　　　　　　　　　　　　　　　　　　　　　300 000

（5）华联实业股份有限公司为建造工程发生的管理费、可行性研究费、临时设施费、监理费等支出，共计 482 500 元，均通过银行支付。

借：在建工程——待摊支出　　　　　　　　　　　　　　　　　　　　　　482 500

　　贷：银行存款　　　　　　　　　　　　　　　　　　　　　　　　　　　　　482 500

（6）待摊支出在各工程项目间的分配。

$$待摊支出分配率 = \frac{482\,500}{15\,000\,000 + 4\,000\,000 + 300\,000} \times 100\% = 2.5\%$$

建筑工程应分摊待摊支出 = 15 000 000 × 2.5% = 375 000（元）

在安装设备应分摊待摊支出 = 4 000 000 × 2.5% = 100 000（元）

安装工程应分摊待摊支出 = 300 000 × 2.5% = 7 500（元）

借：在建工程——建筑工程　　　　　　　　　　　　　　　　　　　　　　375 000

　　　　　　　——在安装设备　　　　　　　　　　　　　　　　　　　　　100 000

　　　　　　　——安装工程　　　　　　　　　　　　　　　　　　　　　　　7 500

　　贷：在建工程——待摊支出　　　　　　　　　　　　　　　　　　　　　　482 500

（7）上述各工程项目完成验收，固定资产达到预定可使用状态，计算并结转工程成本。

厂房成本 = 15 000 000 + 375 000 = 15 375 000（元）

设备成本 = 4 000 000 + 300 000 + 100 000 + 7 500 = 4 407 500（元）

借：固定资产——厂房　　　　　　　　　　　　　　　　　　　　　　　15 375 000

　　　　　　　——设备　　　　　　　　　　　　　　　　　　　　　　　4 407 500

　　贷：在建工程——建筑工程　　　　　　　　　　　　　　　　　　　　　15 375 000

　　　　　　　　——在安装设备　　　　　　　　　　　　　　　　　　　　4 100 000

　　　　　　　　——安装工程　　　　　　　　　　　　　　　　　　　　　　307 500

### 三、投资转入固定资产

根据企业经营管理的需要，可以接受投资者投资转入的固定资产。该类固定资产应按投资各方签订的合同或协议约定的价值和相关的税费，作为固定资产的入账价值计价入账。合同或协议约定的价值不公允的除外。转入固定资产时，借记"固定资产"科目，贷记"实收资本"或"股本"科目。

【例6-7】华联实业股份有限公司根据投资各方达成的协议，按资产评估确认的价值作为投资各方投入资本价值确认的标准。在各方的投资中A股东以一座厂房作为投资投入该公司，该厂房经评估确认的价值为1 260 000元，增值税选择采用简易计税法计算，按协议可折换成每股面值为1元、数量为1 000 000股股票的股权；B股东以一台设备作为投资投入该公司，该设备经评估确认价值为200 000元，应交增值税26 000元，按协议可折换成每股面值为1元、数量为160 000股股票的股权。此项设备需要安装才能达到预定可使用状态，公司支付设备安装成本3 000元。其账务处理如下：

（1）A股东投入厂房。

增值税进项税额=1 260 000÷（1+5%）×5%=60 000（元）

| | | |
|---|---|---|
| 借：固定资产 | 1 200 000 | |
| 　　应交税费——应交增值税（进项税额） | 60 000 | |
| 　　贷：股本——A股东 | | 1 000 000 |
| 　　　　资本公积 | | 260 000 |

（2）B股东投入设备，设备运抵企业，等待安装。

| | | |
|---|---|---|
| 借：工程物资 | 200 000 | |
| 　　应交税费——应交增值税（进项税额） | 26 000 | |
| 　　贷：股本——B股东 | | 160 000 |
| 　　　　资本公积 | | 66 000 |

（3）设备投入安装，用银行存款支付安装成本。

| | | |
|---|---|---|
| 借：在建工程 | 203 000 | |
| 　　贷：工程物资 | | 200 000 |
| 　　　　银行存款 | | 3 000 |

（4）设备安装完毕，计算并结转工程成本。

| | | |
|---|---|---|
| 借：固定资产 | 203 000 | |
| 　　贷：在建工程 | | 203 000 |

### 四、债务重组取得固定资产

企业通过债务重组，即在不改变交易对手方的情况下，经债权人和债务人协定或法院裁定，就清偿债务的时间、金额或方式等重新达成协议的交易取得的固定资产，应当按照受让固定资产的成本计量。固定资产的成本以企业放弃债权的公允价值为计量基础，具体内容包括放弃债权的公允价值和使该固定资产达到当前位置和状态所发生的可直接归属于该固定资产的税金、运输费、装卸费、保险费等其他成本。增值税一般纳税人涉及的允许抵扣的增值税进项税额应当单独入账，不计入固定资产成本。

债权人因债务重组而放弃债权的公允价值与其账面价值之间的差额，应当计入当期损益（投资收益）。这样做的理由是，债权人是以公允价值处置其金融资产，因此终止金融资产确认时，资产本身公允价值与账面价值的差额计入投资收益，而不是计入营业外收入或营业外支出。

企业在对放弃的债权未计提损失准备（坏账准备）的情况下，在收到抵债的固定资产时，按确定的固定资产成本，借记"固定资产"科目，按可抵扣的增值税进项税额，借记"应交税费——应交增值税（进项税额）"科目，按放弃债权的账面余额，贷记"应收账款"等科目，按应支付的相关税费，贷记"银行存款""应交税费"等科目，按照上列科目借方与贷方的差额，借记或者贷记"投资收益"科目；在企业对放弃的债权已计提了损失准备（坏账准备）的情况下，企业收到抵债的固定资产时，按确定的受让固定资产成本，借记"固定资产"科目，按可抵扣的增值税进项税额，借记"应交税费——应交增值税（进项税额）"科目，按放弃债权已计提的损失准备（坏账准备），借记"坏账准备"科目，按放弃债权的账面余额，贷记"应收账款"等科目，按应支付的相关税费，贷记"银行存款""应交税费"等科目，按照上列科目借方与贷方的差额，借记或者贷记"投资收益"科目。

【例6-8】华联实业股份有限公司销售产品给甲公司，应收账款金额为255 200元。因甲公司资金周转不畅，无法按合同约定偿还债务，致使应收账款一直没有收回。后经双方协商达成债务重组协议，华联实业股份有限公司同意甲公司以一台设备抵偿债务。该设备不需要安装。华联实业股份有限公司接受设备允许抵扣的增值税进项税额为26 000元，不需另行支付。应收账款公允价值230 000元。该设备发生运输费、包装费等1 500元，其中允许抵扣的增值税进项税额117元。华联实业股份有限公司未对该项债权计提损失准备。会计分录为：

受让固定资产允许抵扣进项税额=26 000+117=26 117（元）

受让固定资产成本=230 000+1 500-26 117=205 383（元）

债务重组损益：230 000-255 200=-25 200元

借：固定资产　　　　　　　　　　　　　　　　　205 383
　　应交税费——应交增值税（进项税额）　　　　26 117
　　投资收益　　　　　　　　　　　　　　　　　25 200
　　贷：应收账款　　　　　　　　　　　　　　　　　　255 200
　　　　银行存款　　　　　　　　　　　　　　　　　　1 500

若上例中，华联实业股份有限公司对该项债权计提了损失准备，金额为12 000元。其他条件不变。则债务重组损益=230 000-（255 200-12 000）=-13 200元。会计分录为：

借：固定资产　　　　　　　　　　　　　　　　　205 383
　　应交税费——应交增值税（进项税额）　　　　26 117
　　坏账准备　　　　　　　　　　　　　　　　　12 000
　　投资收益　　　　　　　　　　　　　　　　　13 200
　　贷：应收账款　　　　　　　　　　　　　　　　　　255 200
　　　　银行存款　　　　　　　　　　　　　　　　　　1 500

### 五、非货币性资产交换取得固定资产

以非货币性资产交换方式取得的固定资产，其入账价值在考虑非货币性资产交换是否具有商业实质以及换入或换出资产的公允价值能否可靠计量的情况下，分别两种情况进行处理：

第一，非货币性资产交换具有商业实质，而且换入资产或换出资产公允价值能够可靠计量时，换入的固定资产应当以换出资产公允价值为基础，再加上应支付的

延伸阅读6-2

商业实质的判断

相关税费之和作为换入固定资产成本（入账价值）。但是，如果有确凿的证据表明换入固定资产的公允价值更为可靠，则应以换入固定资产的公允价值为基础进行计价。由于换出资产公允价值与换出资产账面价值的差额是通过非货币性资产交换得以实现的，因此，应作为交换损益计入当期损益。

涉及补价的非货币性资产交换业务，分别两种情况进行处理：一是换入固定资产方支付补价的，换入固定资产成本应按照换出资产的公允价值加上支付的补价（即换入资产的公允价值）和应支付的相关税费确定，换出资产公允价值与换出资产账面价值之间的差额，作为交换损益计入当期损益。二是换入固定资产方收到补价的，换入固定资产成本应按照换出资产的公允价值减去补价加上应支付的相关税费确定。换出资产公允价值与换出资产账面价值之间的差额，作为交换损益计入当期损益。

交换损益是指将换出资产视作按公允价值进行处置而产生的，金额上是指换出资产公允价值与其账面价值之间的差额。会计处理取决于交换资产的类型。其中，换出资产为存货的，应当按照收入确认和计量的要求处理，交换损益计入营业利润，在利润表中作为营业利润的构成部分予以列示；换出资产为固定资产、无形资产的，交换损益计入资产处置损益；换出资产为长期股权投资的，交换损益计入投资收益。

第二，非货币性资产交换不具有商业实质，而且换入资产或换出资产公允价值不能可靠计量时，应当以换出资产的账面价值和应支付的相关税费之和作为换入固定资产的初始计量金额，换出资产终止确认时不确认损益。

涉及补价时，也要分别两种情况进行处理：如为换入固定资产方支付补价的，换入固定资产初始计量金额应当以换出资产账面价值加支付补价、应支付相关税费来确定；如为换入固定资产方收到补价的，换入固定资产初始计量金额应当以换出资产账面价值，减去收到的补价，并加上应支付的相关税费来确定。两种情况下换出资产终止确认时均不确认损益。

如果同时换入多项固定资产，应按照换入各项固定资产公允价值相对比例，将换出资产公允价值总额（涉及补价的，加上支付补价的公允价值或减去收到补价的公允价值）进行分摊，以分摊至各项换入固定资产的金额，加上应支付的相关税费，作为各项换入固定资产的成本进行初始计量。

【例6-9】华联实业股份有限公司根据公司的具体情况，决定以一批库存商品换入某企业的一台设备。库存商品的实际成本为28 000元，已计提跌价准备1 000元，销售价格30 000元，计税价格与销售价格相同，应交增值税3 900元。按照规定，以存货交换非货币性资产应作为销售业务处理，换出资产公允价值（主营业务收入）与其账面价值（主营业务成本）的差额体现为企业的营业利润，在利润表中列示。会计处理如下：

| | | |
|---|---|---:|
| 借：固定资产 | | 33 900 |
| 贷：主营业务收入 | | 30 000 |
| 应交税费——应交增值税（销项税额） | | 3 900 |
| 借：主营业务成本 | | 27 000 |
| 存货跌价准备 | | 1 000 |
| 贷：库存商品 | | 28 000 |

【例6-10】假定在【例6-9】中，华联实业股份有限公司换入固定资产的同时，收到对方企业的现金补价2 000元，其他条件不变，则：

| | | |
|---|---|---:|
| 借：固定资产 | | 31 900 |
| 银行存款 | | 2 000 |

```
        贷：主营业务收入                                            30 000
            应交税费——应交增值税（销项税额）                        3 900
        借：主营业务成本                          27 000
            存货跌价准备                           1 000
        贷：库存商品                                                28 000
```

【例6-11】华联实业股份有限公司因生产需要，以一项专利权交换某单位的一项固定资产。此项专利权账面余额125 000元，累计摊销30 000元。假定此项业务不满足以公允价值为基础对换入固定资产进行价值计量的条件。

换入固定资产成本：

125 000-30 000=95 000（元）

```
        借：固定资产                              95 000
            累计摊销                             30 000
        贷：无形资产                                                125 000
```

【例6-12】假定在【例6-11】中，华联实业股份有限公司向对方企业支付补价6 000元，其他条件不变。则：

换入固定资产成本：

125 000-30 000+6 000=101 000（元）

```
        借：固定资产                             101 000
            累计摊销                             30 000
        贷：无形资产                                                125 000
            银行存款                                                  6 000
```

## 六、接受捐赠固定资产

接受捐赠的固定资产，应根据具体情况合理确定其入账价值。一般分为两种情况：

（1）捐赠方提供了有关凭据的，按凭据上标明的金额加上应支付的相关税费，作为入账价值。

（2）捐赠方没有提供有关凭据的，按如下顺序确定其入账价值：

① 同类或类似固定资产存在活跃市场的，按同类或类似固定资产的市场价格估计的金额，加上应支付的相关税费，作为入账价值。

② 同类或类似固定资产不存在活跃市场的，按该接受捐赠固定资产预计未来现金流量的现值，加上应支付的相关税费，作为入账价值。

企业接受捐赠的固定资产在按照上述会计规定确定入账价值以后，按接受捐赠金额，计入营业外收入。

【例6-13】华联实业股份有限公司接受一台全新专用设备的捐赠，捐赠者提供的有关价值凭证上标明的价格为117 000元，应交增值税为15 210元，办理产权过户手续时支付相关税费2 900元。

```
        借：固定资产                             119 900
            应交税费——应交增值税（进项税额）          15 210
        贷：营业外收入——捐赠利得                                     132 210
            银行存款                                                  2 900
```

### 七、盘盈固定资产

前面提到的几项业务都会使固定资产在量上产生增加。每项业务发生时，会计部门都应及时将增加的固定资产记录在相关的账簿内。但有时企业固定资产的增加却不是容易被及时掌握的，所以企业需要定期或不定期地对固定资产进行清查。通过清查，确定企业的固定资产是否与账簿记录相一致。如果通过清查发现有的固定资产在企业账簿上并没有做记录，那么这种情况就是"实大于账"了，这在会计上被称为固定资产的盘盈。

盘盈固定资产入账价值的确定方法是，如果同类或类似固定资产存在活跃市场的，应按同类或类似固定资产的市场价格，减去按该项固定资产新旧程度估计价值损耗后的余额确定；如果同类或类似固定资产不存在活跃市场的，应按盘盈固定资产的预计未来现金流量的现值计入账。盘盈的固定资产待报经批准处理后，应作为企业以前年度的差错，记入"以前年度损益调整"科目。

【例6-14】华联实业股份有限公司在固定资产清查中，发现一台仪器没有在账簿中记录。该仪器当前市场价格8 000元，根据其新旧程度估计价值损耗2 000元。会计分录为：

借：固定资产　　　　　　　　　　　　　　　　　　　6 000
　　贷：以前年度损益调整　　　　　　　　　　　　　　　　6 000

## 第三节　固定资产的后续计量

经过初始计量的固定资产，在其后期存续的过程中由于受到自然力的作用、正常的使用以及其所面临的外部环境因素的影响，其价值也在发生变化。固定资产后续计量是指固定资产在其后期存续过程中变化的价值金额以及最终价值额的确定。固定资产后续计量主要包括固定资产折旧的计提、减值损失的确定，以及后续支出的计量三项业务。其中，固定资产减值损失的确定在资产减值问题中单独阐述，不在本章中涉及。

### 一、固定资产折旧

#### （一）固定资产折旧及其性质

关于固定资产折旧的定义有多种表述。有的认为固定资产折旧是指固定资产价值逐渐减少的现象；有的认为固定资产折旧是指按期系统地转入营业成本或费用中的固定资产成本；我国《企业会计准则第4号——固定资产》对固定资产折旧定义的表述是，固定资产折旧是指在固定资产使用寿命内，按照确定的方法对应计折旧额进行系统分摊。虽然人们对固定资产折旧定义的表述不尽相同，但要正确理解固定资产折旧的定义，一般应注意这样两个问题：一是固定资产的成本转入营业成本或费用中的原因与目的；二是固定资产的成本如何转入营业成本或费用中。

企业取得固定资产是由于固定资产能够在未来给企业带来一定的经济利益。这种经济利益是来自企业对固定资产服务潜能的利用。但是，固定资产的服务潜能是有限的，随着固定资产在生产经营过程中的不断使用，这种服务潜力会逐渐衰减直至消逝。企业为了使成本和相应的收入相配比，就必须按消逝的服务能力的比例，将固定资产的取得成本转入营业成本或费用中，以正确确定企业的收益。从量上来说，准确地确定固定资产已消逝的服务能力几乎是不可能的，特别是某一期消逝的服务能力更是如此。但是，人们可以通过采用一定的方法来尽可能地客观反映这种已消逝的服务能力，它可以直接地体现为按照一定的方法按期计算转入营业成本或费用中的固定资产成本，并且这种方法一经确定，在固定资产整个的经济使用年限内一般不许变更，具有连续性和规律性，这在会计上被称为"合理而系统"的方法。

固定资产服务潜力的逐渐消逝，是因为固定资产在使用过程中会发生各种损耗。固定资产损耗可分为有形损耗和无形损耗。有形损耗是指固定资产在使用过程中由于磨损而发生的使用性损耗和由于受自然力影响而发生的自然损耗；无形损耗是指由于技术进步、消费偏好的变化及经营规模扩充等原因而引起的损耗，这种损耗的特点是固定资产在物质形态上仍具有一定的服务潜力，但已不再适用或继续使用已不经济。一般而言，有形损耗决定固定资产的最长使用年限，即物质使用年限；无形损耗决定固定资产的实际使用年限，即经济使用年限。

固定资产折旧的过程实际上是一个持续的成本分配过程，并不是为了计算固定资产的净值。折旧就是企业采用合理而系统的分配方法将固定资产的取得成本在固定资产的经济使用年限内进行合理分配，使之与各期的收入相配比，以正确确认企业的损益。

**（二）影响固定资产折旧计算的因素及折旧范围**

1.影响固定资产折旧计算的因素

影响固定资产折旧计算的因素主要有三个，即原始价值、预计净残值和预计使用年限。在这三个因素中除了原始价值之外，其他两个因素如果有确凿的证据表明固定资产受到其所处的经济环境、技术环境以及其他环境的较大影响，企业至少应当于每年年度终了对净残值和使用年限进行重新复核。因为这种外部环境的变化，可能会使得固定资产使用强度比正常情况大大加强，或者会产生新的产品以替代该固定资产，从而使固定资产使用寿命大大缩短、预计净残值减少，所以如果在复核时，发现复核后的预计数与原先估计数存在差异，都要相应地对影响固定资产计算的因素进行调整。固定资产折旧计算的因素与折旧的关系分述如下：

（1）原始价值

原始价值指固定资产的实际取得成本，就折旧计算而言，也称为折旧基数。以原始价值作为计算折旧的基数，可以使折旧的计算建立在客观的基础上，不容易受会计人员主观因素的影响。在固定资产使用寿命一定的情况下，固定资产的原始价值越高，则单位时间内或单位工作量的折旧额就越多；固定资产的原始价值越低，则单位时间内或单位工作量的折旧额就越少。因此，从投入产出的角度来讲，在保证生产效率和产品质量的前提下，企业应减少固定资产原始价值的支出，以提高企业的效益。固定资产原始价值减去折旧后的余额叫固定资产净值，也称折余价值。它是计算固定资产盘盈、盘亏、出售、报废、毁损等溢余或损失的依据，将其与原始价值或重置完全价值相比较，还可以大致了解固定资产的新旧程度。比如，企业的一项固定资产原始价值10 000元，已提折旧2 000元，可以说该项固定资产为八成新。企业根据这个计价标准可以合理制订固定资产的更新计划，适时进行固定资产的更新等。

（2）预计净残值

预计净残值是指假定固定资产预计使用寿命已满并处于使用寿命终了时的预期状态，企业目前从该项资产处置中获得的扣除预计处置费用后的金额。固定资产的净残值是企业在固定资产使用期满后对固定资产的一个回收额，在计算固定资产折旧时应从固定资产的折旧计算基数中扣除。固定资产的净残值越高，则单位时间内或单位工作量的折旧额就越少；反之，则越多。但是由于固定资产净残值是一个在一开始计算固定资产折旧时就要考虑的因素，而它的实际金额是在实际发生时才能确定的，因此需要事前对此加以估计。实务上一般通过固定资产在报废清理时预计残值收入扣除预计清理费用后的净额来确定。其中，预计残值收入是指固定资产报废清理时预计可收回的器材、零件、材料等残料价值收入；预计清理费用是指固定资产报废清理时预计发生的拆卸、整理、搬运等费用。同时，为了避免计算过程受到人为因素的影响，我国企业所得税法规定了固定资产净残值比例标准，即固定资产净残值比例应在其原价的5%以内，具体比例由企业自行确定。如果企业的情况特殊，需要调整净残值比例，应报经主管税务机关备案。固定资产原始价值减去预计净残值后的数额为固定资产应计提折旧总额。

（3）预计使用年限

预计使用年限是指固定资产预计经济使用年限，也称折旧年限，它通常短于固定资产的物质使用年限。固定资产的使用年限决定于固定资产的使用寿命。企业在确定固定资产的使用寿命时，主要应当考虑下列因素：

① 该资产的预计生产能力或实物产量。

② 该资产的有形损耗，如设备使用中发生磨损、房屋建筑物受到自然侵蚀等。

③ 该资产的无形损耗，如因新技术的出现而使现有资产的技术水平相对陈旧、市场需求变化使其生产的产品过时等。

④ 有关资产使用的法律或者类似的限制。

为避免国家税收利益受到影响，除另有特殊规定外，国家对固定资产计算折旧的最低年限做了规定，具体如下：房屋、建筑物，为20年；飞机、火车、轮船、机器、机械和其他生产设备，为10年；与生产经营活动有关的器具、工具、家具等，为5年；飞机、火车、轮船以外的运输工具，为4年；电子设备，为3年。

延伸阅读6-3

使用权资产

**2.固定资产折旧范围**

我国现行会计准则规定，除以下情况外，企业应对所有固定资产计提折旧：

① 已提足折旧仍继续使用的固定资产；

② 单独估价作为固定资产入账的土地。

这样的规定与我国过去对固定资产折旧范围的规定有很大的不同。这主要是出于谨慎性原则的考虑。通过折旧方式转移其价值的资产称为折旧性资产，包括应计提折旧的固定资产、后续计量采用成本模式的投资性房地产以及使用权资产。

**（三）固定资产折旧方法**

固定资产折旧方法是将应提折旧总额在固定资产各使用期间进行分配时所采用的具体计算方法，包括年限平均法、工作量法、加速折旧法等。折旧方法的选用将直接影响应提折旧总额在固定资产各使用年限之间的分配结果，从而影响各年的净收益和所得税。因此，企业应根据固定资产的性质、受有形损耗和无形损耗影响的方式及程度，结合科技发展、环境及其他因素，合理选择固定资产的折旧方法。固定资产折旧方法一经确定，不得随意变更，如需变更，应按规定的程序报经批准后备案，并在财务报表附注中予以说明。固定资产折旧方法的变更应在年终通过对影响折旧计算因素的复核的基础上进行。经过复核后，如果认为与固定资产有关的经济利益预期实现方式发生重大改变就应该变更原来采用的计算方法。

**1.年限平均法**

年限平均法也称直线法，它是以固定资产预计使用年限为分摊标准，将固定资产的应提折旧总额均衡分摊到使用各年的一种折旧方法。采用这种折旧方法，各年折旧额相等，不受固定资产使用频率或生产量多少的影响，因而也称固定费用法。

使用年限平均法计算折旧的公式如下：

$$年折旧额 = \frac{原始价值 - 预计净残值}{预计使用年限}$$

在实务中固定资产折旧是根据折旧率计算的。折旧率是指折旧额占原始价值的比重。用公式表示如下：

$$年折旧率=\frac{年折旧额}{原始价值}\times100\%=\frac{1-预计净残值率}{预计使用年限}\times100\%$$

月折旧率=年折旧率÷12

其中，$预计净残值率=\frac{预计净残值}{原始价值}\times100\%$

年折旧额=原始价值×年折旧率

月折旧额=年折旧额÷12

**【例6-15】** 华联实业股份有限公司一台机器设备原始价值为92 000元，预计净残值率为4%，预计使用5年，采用年限平均法计提折旧。

$$年折旧率=\frac{1-4\%}{5}=19.2\%$$

月折旧率=19.2%÷12=1.6%

年折旧额=92 000×19.2%=17 664（元）

月折旧额=17 664÷12=1 472（元）（或者92 000×1.6%）

采用年限平均法计算的各年折旧额见表6-1。

表6-1　　　　　　　　　　　　**年限平均法各年折旧计算表**　　　　　　　　　　单位：元

| 使用年次 | 年折旧额 | 累计折旧额 | 账面净值 |
|---|---|---|---|
| 购置时 | | | 92 000 |
| 1 | 17 664 | 17 664 | 74 336 |
| 2 | 17 664 | 35 328 | 56 672 |
| 3 | 17 664 | 52 992 | 39 008 |
| 4 | 17 664 | 70 656 | 21 344 |
| 5 | 17 664 | 88 320 | 3 680 |
| 合　计 | 88 320 | | |

从【例6-15】计算过程可以看出年限平均法的优缺点。

年限平均法的优点：计算过程简便易行，容易理解，是会计实务中应用最广泛的一种方法。

年限平均法的缺点：①只注重固定资产的使用时间，而忽视使用状况，使固定资产无论物质磨损程度如何，都计提同样的折旧费用，这显然不合理。②固定资产各年的使用成本负担不均衡。一般来说，随着资产的变旧，所需要的修理、保养等费用将会逐年增加，而年限平均法确定的各年折旧费用是相同的，这就产生了固定资产使用早期负担费用偏低，而后期负担偏高的现象，从而违背了收入与费用相配比的原则。

2.工作量法

工作量法是以固定资产预计可完成的工作总量为分摊标准，根据各年实际完成的工作量计算折旧的一种方法。采用这种折旧方法，各年折旧额的大小随工作量的变动而变动，因而也称变动费用法。采用工作量法计算折旧的原理和年限平均法相同，只是将分配折旧额的标准由使用年限改成了工作量，因此，工作量法实际上是年限平均法的一种演变，因而工作量法也被归类为直线法。工作量法计算折旧的过程是分两个步骤来完成的，首先要计算固定资产单位工作量的折旧额，在此基础上再根据每期实际工作量的多少计算当期的折旧额。其计算过程用公式表示如下：

$$单位工作量折旧额=\frac{原始价值\times(1-预计净残值率)}{预计工作量总额}$$

年折旧额=某年实际完成的工作量×单位工作量折旧额

采用工作量法，不同的固定资产应按不同的工作量标准计算折旧，如机器设备应按工作小时计算折旧，运输工具应按行驶里程计算折旧，建筑施工机械应按工作台班时数计算折旧等。

【例6-16】华联实业股份有限公司的一台施工机械按工作量法计算折旧。原始价值为150 000元，预计净残值率为3%，预计可工作20 000个台班时数。该设备投入使用后，各年的实际工作台班时数假定为：第一年7 200小时，第二年6 800小时，第三年4 500小时，第四年1 500小时。

$$单位台班小时折旧额 = \frac{150\,000 \times (1-3\%)}{20\,000} = 7.275（元/小时）$$

各年折旧额的计算结果见表6-2。

表6-2 　　　　　　　　　　　工作量法各年折旧计算表　　　　　　　　　金额单位：元

| 使用年次 | 各年折旧额 | 累计折旧额 | 账面净值 |
|---|---|---|---|
| 购置时 | | | 150 000 |
| 1 | 52 380 | 52 380 | 97 620 |
| 2 | 49 470 | 101 850 | 48 150 |
| 3 | 32 737.5 | 134 587.5 | 15 412.5 |
| 4 | 10 912.5 | 145 500 | 4 500 |
| 合　计 | 145 500 | | |

从【例6-16】的计算过程可以看出工作量法的优缺点。

工作量法的优点和年限平均法一样，比较简单实用，而且工作量法以固定资产的工作量为分配固定资产成本的标准，使各年计提的折旧额与固定资产的使用程度呈正比例关系，体现了收入与费用相配比的会计原则。工作量法的缺点也是明显的，它将有形损耗看作引起固定资产折旧的唯一因素，固定资产不使用则不计提折旧，而事实上，由于无形损耗的客观存在，固定资产即使不使用也会发生折旧；工作量法在计算固定资产前后期折旧时，采用了一致的单位工作量的折旧额，而实际上是不一样的，因为固定资产在使用的过程中单位工作量里所带来的经济利益是不一样的，因而折旧也应该是不一样的，但工作量法忽视了这一点。

工作量法适用于使用情况很不均衡，使用的季节性较为明显的大型机器设备、大型施工机械以及运输单位或其他企业专业车队的客、货运汽车等固定资产折旧的计算。

3.加速折旧法

加速折旧法又称递减折旧费用法，是指固定资产折旧费用在使用早期提得较多，在使用后期提得较少，以使固定资产的大部分成本在使用早期尽快得到补偿，从而相对加快折旧速度的一种计算折旧的方法。与直线法相比，加速折旧法既不意味着要缩短折旧年限，也不意味着要增大或减少应提折旧总额，只是对应提折旧总额在各使用年限之间的分配上采用了递减的方式而不是平均的方式。无论采用加速折旧法还是采用直线法，在整个固定资产预计使用年限内计提的折旧总额都是相等的。采用加速折旧法计算折旧的具体方法有余额递减法、双倍余额递减法、年数总和法、递减折旧率法等。我国会计准则规定可以允许企业采用的加速折旧方法是双倍余额递减法和年数总和法两种。

加速折旧法最初是在美国产生的。第二次世界大战以后，美国政府为了促进军火工业的发展，鼓励人们向军火工业进行投资，规定处于垄断地位的军火企业的厂房与设备可以缩短折旧年限计提折旧。美国当时的所得税法也承认了用加速折旧法计提折旧而计算的应税所得额。这种做法，就企业而言，实际上是延期向国家缴纳所得税；而就政府来说，实际上是给了企业若干年的免息贷款。所以当时这种折旧政策促进了处于物资供应短缺状况的美国经济的发展。这种加速折旧方法虽然与当今的并不通过缩短折旧年限而加速固定资产成本的计提的加速折旧法不完全一致，但就其目的而言则是相同的。加速折旧法有如下特点：

第一，可以使固定资产的使用成本各年保持大致相同。固定资产的使用成本主要包括折旧费用和修理维护费用两项内容。一般来说，修理维护成本会随着资产的老化而逐年增加，为了使固定资产的使用成本在使用年限中大致保持均衡，计提的折旧费用就应逐年递减。

第二，可以使收入和费用合理配比。固定资产的服务能力在服务早期总是比较高的，因而能为企业提供较多的利益，而在使用后期，随着资产老化、修理次数增多，产品质量下降，将大大影响企业利益的获得。为了使固定资产的成本与其所提供的收益相配比就应在早期多提折旧，而在使用后期少提折旧。

第三，能使固定资产账面净值比较接近于市价。资产一经投入使用就成了旧货，其可变现价值会随之降低，因而在最初投入使用时多提一些折旧，可使资产账面净值更接近于资产的现时市价。

第四，可降低无形损耗的风险。无形损耗是由于企业外部因素引起的价值损耗，企业很难对其作出合理估计，出于谨慎性考虑，将固定资产的大部分成本在使用早期收回，可使无形损耗的影响降至最低。

2014年以来，我国相关部门先后出台了完善固定资产加速折旧的政策。通过进一步完善固定资产和研发仪器设备加速折旧政策，减轻企业投资初期的税收负担，改善企业现金流，调动企业增加设备投资、更新改造和科技创新的积极性，包括以下三个方面：

①对生物药品制造业，专用设备制造业，铁路、船舶、航空航天和其他运输设备制造业，计算机、通信和其他电子设备制造业，仪器仪表制造业，信息传输、软件和信息技术服务业等6个行业的企业，2014年1月1日后新购进的固定资产，可以缩短折旧年限或采取加速折旧的方法。

对上述6个行业的小型微利企业2014年1月1日后新购进的研发和生产经营共用的仪器、设备，单位价值不超过100万元的，允许一次性计入当期成本费用在计算应纳税所得额时扣除，不再分年度计算折旧；单位价值超过100万元的，可以缩短折旧年限或采取加速折旧的方法。

②对所有行业企业2014年1月1日后新购进的专门用于研发的仪器、设备，单位价值不超过100万元的，允许一次性计入当期成本费用在计算应纳税所得额时扣除，不再分年度计算折旧；单位价值超过100万元的，可以缩短折旧年限或采取加速折旧的方法。

③对所有企业持有的单位价值不超过5 000元的固定资产，允许一次性计入当期成本费用在计算应纳税所得额时扣除，不再分年度计算折旧。

（1）双倍余额递减法

双倍余额递减法是以双倍的直线折旧率作为加速折旧率，乘以各年年初固定资产账面净值计算各年折旧额的一种方法。采用双倍余额递减法计算折旧的原理和余额递减法相同，只是简化了折旧率的计算。这种简化的过程体现在两个方面：一是直线折旧率不考虑固定资产的净残值，可以理解为在最初计算折旧时是将其视为零的；二是双倍余额递减法直接以直线折旧率乘以2来确定，而不是采用复杂的公式计算。折旧额的计算公式如下：

$$年折旧率 = \frac{1}{预计使用年限} \times 2 \times 100\%$$

某年的折旧额 = 该年年初固定资产账面净值 × 年折旧率

【例6-17】华联实业股份有限公司一台A设备采用双倍余额递减法计算折旧。该设备原始价值为100 000元，预计使用5年，预计净残值为3 100元。折旧计算过程如下：

年折旧率$=\frac{1}{5}\times2\times100\%=40\%$

A设备采用双倍余额递减法计算的每年折旧额结果见表6-3。

表6-3　　　　　　　　　　　　**双倍余额递减法各年折旧计算表**　　　　　　　金额单位：元

| 使用年次 | 折旧率（%） | 年折旧额 | 累计折旧额 | 账面净值 |
|---|---|---|---|---|
| 购置时 | | | | 100 000 |
| 1 | 40 | 40 000 | 40 000 | 60 000 |
| 2 | 40 | 24 000 | 64 000 | 36 000 |
| 3 | 40 | 14 400 | 78 400 | 21 600 |
| 4 | — | 9 250 | 87 650 | 12 350 |
| 5 | — | 9 250 | 96 900 | 3 100 |
| 合　计 | | 96 900 | | |

在表6-3中，第4年、第5年的折旧额均为9 250元。其计算方法是，用第4年的期初账面净值21 600元减去固定资产净残值3 100元，再被2除求得。这样做的理由是，在采用双倍余额递减法最初计算折旧时并没有考虑固定资产净残值3 100元，但在固定资产最后处置时，其账面净值按要求仍不得低于固定资产净残值3 100元，要做到这一点，就必须对固定资产使用到期前的剩余几年的折旧额进行调整。调整的方法是，在固定资产使用的最后几年，将双倍余额递减法转换为直线法以计算折旧。方法的转换应满足如下条件：

$$\frac{固定资产账面净值 - 预计净残值}{剩余折旧年限}>该年继续使用双倍余额递减法计算的折旧金额$$

根据本例的资料，$\frac{21\ 600 - 3\ 100}{2}$（9 250）>21 600×40%（8 640）

在本例中，第4年就满足了这一条件，所以，本例在第4年就进行了折旧方法的转换，即由双倍余额递减法转换为直线法计算A设备最后两年的折旧。

在会计实务中，现行会计准则规定，为简化折旧的计算，在固定资产预计使用年限到期前两年，就要进行方法的转换，将未提足的折旧平均提取，而不需在某年年末进行比较计算以判断是否满足转换的条件。需要指出的是，在上面的计算过程中，折旧计算的加速要求实际上是按照"年"为期间体现的，而按照现行会计准则的规定，折旧计算的加速要求应当按"月"予以体现。这样的话，首先应按照年折旧率计算月折旧率，本例的月折旧率为$\frac{2}{5}\div12\times100\%$；然后按照每月月初固定资产账面净值乘以月折旧率，以计算月折旧额。本例中，第一个月折旧额为3 330元（100 000×$\frac{2}{5}\div12$），第二个月折旧额为3 222元（（100 000-3 330）×$\frac{2}{5}\div12$），……，以后各月折旧额计算方法以此类推；固定资产使用到期前两年的折旧计算可以在固定资产原价扣除预计净残值的基础上，扣除以前各年折旧累计额，按其差额在最后两年的时间里平均进行计算（计算过程略）。

（2）年数总和法

年数总和法也叫年限积数法，是以计算折旧当年年初固定资产尚可使用年数作分子，以各年年初固定资产尚可使用年数的总和作分母，分别确定各年折旧率，然后用各年折旧率乘以应提折旧总额计算每年折旧的一种方法。和余额递减法相比，年数总和法的特点是各年计算折旧的基数相同，都是应提折旧总额，但各年的折旧率是一个递减的分数，因此各年的折旧额也是递减的。

假如我们以C代表固定资产的原始价值，S代表预计净残值，固定资产的使用年限为n年，则各年的年数为 1，2，3，…，n。年数总和为 1+2+3+…+n，也可表示为 $\frac{n(n+1)}{2}$，年数总和法的折旧分数以此作为分母。至于分子，是指从计提折旧那一年开始尚可使用的年限，如果计提折旧那一年以 t 表示，则分子可表示为（n-t）+1。可用公式表示如下：

各年折旧率 $=\dfrac{(n-t)+1}{n(n+1)\div 2}$

每年的折旧额 $=(C-S)\times\dfrac{(n-t)+1}{n(n+1)\div 2}$

**【例6-18】** 按【例6-17】的资料，采用年数总和法计算各年折旧。各年折旧分数见表6-4。

表6-4　　　　　　　　　　　　　　　**年数总和法各年折旧分数计算表**

| 使用时间 | 尚可使用年限 | 折旧分数 |
| --- | --- | --- |
| 第1年 | 5 | 5/15 |
| 第2年 | 4 | 4/15 |
| 第3年 | 3 | 3/15 |
| 第4年 | 2 | 2/15 |
| 第5年 | 1 | 1/15 |

采用年数总和法计算的各年折旧额见表6-5。

表6-5　　　　　　　　　　　　　**年数总和法各年折旧计算表**　　　　　　　　　　　单位：元

| 使用年次 | 年折旧额 | 累计折旧额 | 账面净值 |
| --- | --- | --- | --- |
| 购置时 | | | 100 000 |
| 1 | 32 300 | 32 300 | 67 700 |
| 2 | 25 840 | 58 140 | 41 860 |
| 3 | 19 380 | 77 520 | 22 480 |
| 4 | 12 920 | 90 440 | 9 560 |
| 5 | 6 460 | 96 900 | 3 100 |
| 合计 | 96 900 | | |

按现行会计准则的规定，在采用年数总和法计算折旧的情况下，同样要按月计算折旧。其计算方法是，首先要根据各年的折旧率计算当年的月折旧率，然后根据固定资产原价扣除预计净残值的余额和当月的折旧率计算月折旧额。本例中，第1年每月折旧额为 2 692 元（（100 000-3 100）$\times\dfrac{5}{15}\div 12$），第2年每月折旧额为 2 153 元（（100 000-3 100）$\times\dfrac{4}{15}\div 12$），……，以后每年各月折旧额计算方法依此类推。

**（四）固定资产折旧的核算**

在会计实务中，企业一般都是按月计提固定资产折旧的。为了简化核算，月份内开始使用的固定资产，当月不计提折旧，从下月起计提折旧；月份内减少或停用的固定资产，当月仍计提折旧，从下月起停止计提折旧。因此，企业各月计提折旧时，可在上月计提折旧的基础上，对上月固定资产的增减情况进行调整后计算当月应计提的折旧额。用公式表示如下：

$$\text{当月固定资产应计提总额}=\text{上月固定资产计提的折旧额}+\text{上月增加固定资产应计提的月折旧额}-\text{上月减少的固定资产应计提的月折旧额}$$

　　固定资产的折旧费用，应根据固定资产的受益对象分配计入有关的成本或费用中。例如，企业管理部门使用的固定资产计提的折旧费用，应计入管理费用；生产部门使用的固定资产计提的折旧费用，应计入制造费用；专设销售机构使用的固定资产计提的折旧费用，应计入销售费用；经营性出租的固定资产计提的折旧费用，应计入其他业务成本；自行建造固定资产过程中使用的固定资产计提的折旧费用，应计入在建工程成本；未使用的固定资产计提的折旧费用，应计入管理费用等。

　　为了便于折旧的核算，企业一般通过编制"固定资产折旧计算表"进行折旧的计算和分配，并以此作为折旧核算的原始凭证。

　　【例6-19】2×24年8月31日，某公司编制的固定资产折旧额计算表见表6-6。

表6-6　　　　　　　　　　　　　　　　固定资产折旧计算表

2×24年8月31日　　　　　　　　　　　　　　　　　单位：元

| 使用部门 | 固定资产项目 | 上月折旧额 | 上月增加固定资产 | | 上月减少固定资产 | | 本月折旧额 | 费用分配 |
|---|---|---|---|---|---|---|---|---|
| | | | 原价 | 月折旧额 | 原价 | 月折旧额 | | |
| 一车间 | 厂房 | 60 000 | | | | | 60 000 | 制造费用 |
| | 机械设备 | 180 000 | 90 000 | 8 500 | 70 000 | 5 900 | 182 600 | |
| | 其他设备 | 20 000 | | | | | 20 000 | |
| | 小计 | 260 000 | | | | | 262 600 | |
| 二车间 | 厂房 | 40 000 | 80 000 | 7 600 | | | 47 600 | |
| | 机械设备 | 70 000 | | | 20 000 | 1 800 | 68 200 | |
| | 小计 | 110 000 | | | | | 115 800 | |
| 厂部 | 办公楼 | 30 000 | | | | | 30 000 | 管理费用 |
| | 办公设备 | 23 000 | | | 30 000 | 2 400 | 20 600 | |
| | 运输工具 | 8 000 | | | | | 8 000 | |
| | 小计 | 61 000 | | | | | 58 600 | |
| 其他 | 经营出租 | 3 000 | | | | | 3 000 | 其他业务成本 |
| 合计 | | 434 000 | | | | | 440 000 | |

　　根据表6-6的固定资产折旧计算表，折旧费用分配的会计分录为：

```
借：制造费用——一车间                              262 600
           ——二车间                              115 800
    管理费用                                        58 600
    其他业务成本                                     3 000
  贷：累计折旧                                              440 000
```

## 二、固定资产后续支出

### （一）固定资产后续支出的含义及分类

固定资产后续支出是指固定资产在投入使用以后期间发生的与固定资产使用效能直接相关的

各种支出，如固定资产的增置、改良与改善、换新、修理、重新安装等业务发生的支出。

从支出目的来看，固定资产后续支出有的是为了维护、恢复或改进固定资产的性能，使固定资产在质量上发生变化；有的是为了改建、扩建或增建固定资产，使固定资产在数量上发生变化。

从支出的情况来看，有的后续支出在取得固定资产时即可预见到它的发生，属于经常性的或正常性的支出；有的后续支出很难预见到它的发生，属于偶然性的或特殊性的支出。

从支出的性质来看，有的后续支出形成资本化支出，应计入固定资产的价值，按照会计准则的规定，这一类支出必须符合固定资产确认的条件；固定资产的后续支出如果不符合固定资产确认的条件，就要进行费用化处理，在后续支出发生时计入当期损益。

**（二）固定资产后续支出的核算**

1.增置

增置是指固定资产总体数量的增加，包括添置全新的资产项目和对原有资产项目进行改建、扩建、延伸、添加、补充等，主要表现在对原有固定资产进行实物的添加。增置不同于重置。重置是用新固定资产替换原有相同的旧固定资产，是对旧固定资产已收回投资的再利用，它不增加企业对固定资产的投资，从而不增加固定资产的总体数量。增置是在原有固定资产规模的基础上，通过追加固定资产投资而添置的全新固定资产，它增加了固定资产的总体规模，从而扩大了企业的生产经营规模。由于增置需要追加固定资产投资，因此，在会计概念上就将这项追加的投资看作固定资产使用中增加的一项资本性支出。

新增固定资产在会计处理上与重置固定资产并无区别，因而不构成新的会计问题。但扩建固定资产则存在扩建后的固定资产如何计价的问题。一般来说，扩建固定资产都需要拆除一部分原有的结构或装置，以便添加新的结构或装置。从理论上说，既然拆除的结构或装置实物形态已不存在，其账面价值自然也就应从固定资产价值中减除。但是，拆除的结构或装置可能根本无法确定账面价值，因为要把固定资产的价值分解为各部分结构或装置的价值几乎是不可能的。因此，在会计实务中采取了一种变通的做法，即将拆除部分残料的实际变价收入视同为拆除部分的账面价值，从固定资产价值中扣除。这样，扩建后固定资产的价值是按照在原有固定资产账面价值的基础上，加上由于扩建而发生的支出，减去扩建过程中发生的变价收入的方法加以确定的。扩建固定资产时，首先要将固定资产账面价值转入在建工程，即注销固定资产的原价、累计折旧和减值准备，同时停止计提折旧；扩建支出和变价收入分别增加和减少工程成本；扩建工程完成，将"在建工程"科目余额转入"固定资产"科目（原已提折旧并不转入）。经过扩建后，固定资产无论在质量上还是在使用性能上与以前相比都发生了很大的变化，因此扩建后的固定资产在计算折旧时就应该重新确定使用寿命、预计净残值和折旧方法，然后根据确定的固定资产的价值作为原始价值，按照确定的折旧方法计提该固定资产的折旧。

**【例6-20】** 华联实业股份有限公司因生产产品的需要，将一栋厂房交付扩建，以增加使用面积。该厂房原价235 000元，累计折旧85 000元。在扩建过程中，共发生扩建支出43 000元，均通过银行支付扩建款项，厂房拆除部分的残料作价2 000元。其账务处理过程如下：

（1）厂房转入扩建，注销固定资产原价、累计折旧。

借：在建工程　　　　　　　　　　　　　　　　　　150 000
　　累计折旧　　　　　　　　　　　　　　　　　　　85 000
　　　贷：固定资产　　　　　　　　　　　　　　　　　　235 000

（2）支付扩建支出，增加扩建工程成本。

借：在建工程　　　　　　　　　　　　　　　　　　 43 000

　　贷：银行存款 43 000

（3）残料作价入库，冲减扩建工程成本。

　　借：原材料 2 000

　　　贷：在建工程 2 000

（4）扩建工程完工，固定资产已达到使用状态。

　　借：固定资产 191 000

　　　贷：在建工程 191 000

　　通过上面的例子，我们可以看出，厂房经过扩建后，由于对扩建净支出的资本化，使得厂房的价值发生了变化，达到191 000元。扩建后达到预定可使用状态的固定资产，其影响折旧计算的因素需重新确定。假定该固定资产扩建后预计使用寿命是10年，预计净残值率是重新确定的原价的4%，折旧方法仍然采用年限平均法，则以后各年固定资产折旧的计算过程如下：

固定资产年折旧率$=\dfrac{1-4\%}{10}\times100\%=9.6\%$

固定资产月折旧率$=9.6\%\div12=0.8\%$

固定资产年折旧额$=191\ 000\times9.6\%=18\ 336$（元）

固定资产月折旧额$=191\ 000\times0.8\%=1\ 528$（元）

　2.改良与改善

　　改良与改善是对现有固定资产质量的改进，目的是提高固定资产的适用性或使用效能。例如，零售商店为吸引客户而重新装修门面，工厂为提高资产的技术性能和使用效率而改造设备装置等。

　　固定资产改良和改善的支出也要分为资本性后续支出和收益性后续支出两类。遵循的原则是，视其支出是否满足资本化的条件，即是否满足固定资产确认的条件。如果与该固定资产有关的经济利益很可能流入企业以及该固定资产的成本能够可靠地计量，则其支出应资本化处理，计入固定资产价值；否则，应费用化处理，计入当期损益。

　　固定资产改良与改善对资产质量的提高程度是不同的。一般而言，固定资产改良对资产质量有较大改进或显著提高，其未来带来的经济利益与过去相比也会有显著的增加，在"经济利益很可能流入企业"不受影响的情况下，一般要进行资本化处理。如果是对企业自有的固定资产进行改良，账务处理程序可以依照固定资产的改、扩建业务处理方法进行。如果是对经营租入的固定资产进行改良，由于企业对该项固定资产没有所有权，因此，对租入固定资产进行改良所发生的支出，作为一项长期待摊费用，通过"长期待摊费用"科目进行核算。"长期待摊费用"科目核算企业已经发生但应由本期和以后各期负担的分摊期限在1年以上的各项费用。企业发生长期待摊费用时，借记"长期待摊费用"科目，贷记有关科目。企业应按租赁期限与租赁资产尚可使用年限孰短的原则确定租入固定资产改良支出的摊销期限，将改良支出分期平均计入管理费用、销售费用等相关费用中。摊销长期待摊费用时，借记"管理费用""销售费用"等科目，贷记"长期待摊费用"科目。本科目期末借方余额，反映企业尚未摊销完毕的长期待摊费用的摊余价值。

　　由于固定资产的改善对固定资产质量的改进不明显，质量提高程度有限，其未来带来的经济利益与过去相比没有显著的变化，因而应将固定资产改善支出作为收益性支出，直接计入当期损益。

　3.换新

　　换新是指以新的资产单元或部件替换废弃的资产单元或部件。换新从性质上来说是对资产质量的恢复，而不是对资产质量的提高。换新按替换范围的大小，分为资产单元换新和部分换新两种。

　（1）资产单元换新

　　资产单元是指附属于一个固定资产项目，但具有相对独立性并具有可单独辨认其成本的某些结构、装置，如成套设备附属的电机、仪表等。对资产单元进行换新，会计处理时应将固定资产项目转入在建工程，对替换下来的旧资产单元应终止确认，并且其账面净值应从工程成本中扣除，同时作为损失计入营业外支出。

【例6-21】华联实业股份有限公司一套生产设备附带的电机由于连续工作时间过长而烧毁，该电机无法修复，需要用新的电机替换。该套生产设备原价540 000元，已计提折旧180 000元。烧毁电机的成本为21 000元，公司已购买新的电机将其替换，新电机的成本为21 800元，应交增值税2 600元。其账务处理如下：

①注销生产设备原价以及累计折旧。

| | |
|---|---:|
| 借：在建工程 | 360 000 |
| 　　累计折旧 | 180 000 |
| 　　贷：固定资产 | 540 000 |

②购买新电机。

| | |
|---|---:|
| 借：工程物资 | 21 800 |
| 　　应交税费——应交增值税（进项税额） | 2 600 |
| 　　贷：银行存款 | 24 400 |

③安装新电机。

| | |
|---|---:|
| 借：在建工程 | 21 800 |
| 　　贷：工程物资 | 21 800 |

④终止确认旧电机。

$$旧电机累计折旧=\frac{21\,000}{540\,000}\times 180\,000=7\,000（元）$$

旧电机账面净值=21 000-7 000=14 000（元）

| | |
|---|---:|
| 借：营业外支出 | 14 000 |
| 　　贷：在建工程 | 14 000 |

⑤生产设备调试完毕，达到预定可使用状态。

生产设备入账价值=360 000+21 800-14 000=367 800（元）

| | |
|---|---:|
| 借：固定资产 | 367 800 |
| 　　贷：在建工程 | 367 800 |

（2）部分换新

部分换新是指对固定资产零配件、部件的替换。由于换新通常是伴随着固定资产修理而进行的，实务中不可能（也不需要）对哪些支出属于换新、哪些支出属于修理加以区分，因而在会计处理上可与固定资产修理一并进行。一般来说，大量换新是伴随固定资产大修理而进行的，可视同大修理进行核算；零星换新是伴随固定资产日常修理进行的，可视同日常修理进行核算。

4.修理

固定资产由于使用、自然侵蚀、意外事故等原因会发生不同程度的损坏，影响其正常使用。为了恢复固定资产使用效能，保证固定资产经常处于完好状态，企业必须定期或不定期地对固定资产进行维护保养，并对损坏的部分进行及时的修复。

固定资产的修理按其修理范围大小、费用支出多少、修理间隔时间长短等，分为日常修理和大修理两种。固定资产日常修理包括中、小修理，是保持和恢复固定资产正常工作状态所进行的经常性修理，它的特点是修理范围小、费用支出少、修理间隔时间短。固定资产大修理是保持和恢复固定资产正常工作状态所进行的定期修理和局部更新。它的特点是修理范围大、费用支出多、修理次数少、修理间隔时间长。

固定资产进行日常修理和大修理，从作用上来讲，只是对固定资产使用性能的恢复和维持，因此一般情况下对固定资产修理期间所发生的修理费用也不再加以区分和采取不同方法进行处理，而是在发生的当期按照固定资产的用途和部门的不同计入当期损益中，不再进行资本化处理。企业生产车间（部门）和行政管理部门等发生的固定资产修理费用计入管理费用；企业专设销售机构固定资产的修理费用计入销售费用。但是如果企业对固定资产定期检查发生的大修理费用，有确凿的证据表明其符合固定资产确认的条件，可以计入固定资产的成本，即可以将支出资本化。

【例6-22】华联实业股份有限公司2×24年7月5日对公司的生产设备进行的日常修理，领用修理配件1 200元，用银行存款支付其他修理费用600元。其会计处理如下：

借：管理费用——修理费     1 800
  贷：原材料     1 200
    银行存款     600

5.重安装

为了创造新的生产环境和提高流水作业的合理性，以改善生产组织、提高生产效率、充分发挥资产潜力、降低产品成本，企业有时会对机器设备等固定资产按更合理的布局重新安装。由于重新安装的固定资产原始价值中已经包含了一笔初始安装成本，为了避免重复计价，应先将初始安装成本的账面净值从有关资产价值中减除，并作为该项资产的废弃损失，计入营业外支出，然后代之以重安装成本。重安装成本一般包括拆除地基、搬运机器以及新建地基等支出。如果固定资产的有关记录不能提供初始安装成本的数额，可按一定的方法加以合理估计，以防止重复计算其安装成本。对固定资产进行重安装，所涉及的业务包括整个固定资产项目转入在建工程、发生新安装成本、终止确认旧安装成本、确认重安装后的固定资产等，其会计处理应遵循的规定及账务处理程序与资产单元换新是相同的，不再举例说明。

# 第四节　固定资产处置

## 一、固定资产处置的含义及业务内容

固定资产处置是指由于各种原因使企业固定资产退出生产经营过程所做的处理活动。在企业固定资产的使用过程中，有时会出现固定资产退出生产经营过程的情况，如固定资产的出售、转为待售、转让、报废、毁损、对外投资、非货币性资产交换、债务重组等。固定资产的处置涉及固定资产的终止确认问题。按照现行固定资产准则的规定，满足下列条件之一的，固定资产应当予以终止确认：

（1）该固定资产处于处置状态，是指固定资产不再用于生产商品、提供劳务、出租或经营管理，因此不再符合固定资产的定义，所以应予终止确认；

（2）该固定资产预期通过使用或处置不能产生经济利益。因为预期会给企业带来经济利益是资产的基本特征，因此当固定资产预期未来使用过程中或者处置时都不能为企业带来经济利益的情况下，就不再符合固定资产的定义和确认的条件，故也应予以终止确认。

固定资产处置业务的产生往往是由于不同的原因所造成的。在大多数情况下，出售的固定资产一般是企业多余闲置的固定资产，或者是不适合企业产品生产需要的固定资产，如果不出售的话，会造成企业资源的浪费，增加额外的管理成本。

报废、毁损的固定资产产生的原因一般有这样几个方面：第一，固定资产的预计使用年限已满，其物质磨损程度已达到极限，不宜继续使用，应按期报废；第二，由于科学技术水平的提高，致使企业拥有的某项固定资产继续使用时在经济上已不合算了，必须将其淘汰，提前报废；第三，由于自然灾害（如火灾、水灾）事故的发生或管理不善等原因而造成的固定资产毁损。

需要指出的是对外投资、非货币性资产交换、债务重组等固定资产处置业务安排在本书其他有关章节中阐述，这里只阐述固定资产的出售、报废和毁损等固定资产处置问题。

固定资产在处置过程中会发生收益或损失，称为处置损益。它以处置固定资产所取得的各项收入与固定资产账面价值、发生的清理费用等之间的差额来确定。其中，处置固定资产的收入包括出售价款、残料变价收入、保险及过失人赔款等项收入；清理费用包括处置固定资产时发生的拆卸、搬运、整理等项费用。

**二、固定资产处置的核算**

如果企业固定资产未被划分为持有待售类别而被出售、转让，以及因报废或毁损而处置的固定资产，发生的损益通过"固定资产清理"科目进行归集。固定资产转入清理时，按固定资产账面价值，借记"固定资产清理"科目，按已计提的累计折旧，借记"累计折旧"科目，按已计提的减值准备，借记"固定资产减值准备"科目，按固定资产账面余额，贷记"固定资产"科目；固定资产清理过程中发生的整理、拆卸、搬运等费用，借记"固定资产清理"科目，贷记"银行存款"等科目；企业收回出售固定资产的价款、残料价值和变价收入等，应冲减清理支出。按实际收到的出售价款以及残料变价收入等，借记"银行存款""原材料"等科目，贷记"固定资产清理""应交税费"等科目；企业计算或收到的应由保险公司或过失人赔偿的损失，应冲减清理支出，借记"其他应收款""银行存款"等科目，贷记"固定资产清理"科目。

**（一）固定资产出售**

企业对多余闲置或不再需用的固定资产，如果未被划分为持有待售类别，可出售给其他需要该项固定资产的企业，以收回资金，避免资源的浪费。出售固定资产的损益是指出售固定资产取得的价款与固定资产账面价值、发生的清理费用之间的差额。通过"固定资产清理"科目归集的出售固定资产损益期末应将余额转入"资产处置损益"科目。"资产处置损益"科目核算企业出售划分为持有待售的非流动资产（金融工具、长期股权投资和投资性房地产除外）或处置组（子公司和业务除外）时确认的处置利得或损失，以及处置未划分为持有待售的固定资产、在建工程、生产性生物资产及无形资产而产生的处置利得或损失。

对于企业已使用过的固定资产在出售时，应区别以下三种情况缴纳增值税：①企业出售已使用过的 2009 年 1 月 1 日以后购进或自制的固定资产，按适用的税率征收增值税。②2008 年 12 月 31 日以前未纳入扩大增值税抵扣范围试点的纳税人，销售自己使用过的 2008 年 12 月 31 日以前购进或者自制的固定资产，按照 4% 的征收率减半征收增值税，2014 年 7 月 1 日以后按照 3% 的征收率减按 2% 征收增值税。③2008 年 12 月 31 日以前已纳入扩大增值税抵扣范围试点的纳税人，销售自己使用过的在本地区扩大增值税抵扣范围试点以前购进或者自制的固定资产，按照 4% 的征收率减半征收增值税，2014 年 7 月 1 日以后按照 3% 的征收率减按 2% 征收增值税；销售自己使用过的在本地区扩大增值税抵扣范围试点以后购进或者自制的固定资产，按照适用税率征收增值税。企业销售固定资产可以自行开具相应的发票。一般来讲，如果出售 2009 年以前购入的固定资产，增值税按照4%减半征收时，可以开具普通发票；若出售的固定资产是2009年以后购入的，且已按规定抵扣进项税额的，则按照规定的税率开具专用发票。

对于企业转让固定资产中的不动产，增值税的缴纳方法分为企业2016年4月30日之前拥有和2016年5月1日之后拥有的不动产转让两种情况。

一般纳税人2016年4月30日之前拥有的不动产转让时：①一般纳税人转让其2016年4月30日前取得（不含自建）的不动产，可以选择适用简易计税方法计税，以取得的全部价款和价外费用扣除不动产购置原价或者取得不动产时的作价后的余额为销售额，按照5%的征收率计算应纳税额。②一般纳税人转让其2016年4月30日前自建的不动产，可以选择适用简易计税方法计税，以取得的全部价款和价外费用为销售额，按照5%的征收率计算应纳税额。③一般纳税人转让其2016年4月30日前取得（不含自建）的不动产，选择适用一般计税方法计税的，以取得的全部价款和价外费用为销售额计算应纳税额。纳税人应以取得的全部价款和价外费用扣除不动产购置原价或者取得不动产时的作价后的余额，按照5%的预征率预缴税款。④一般纳税人转让其2016年4月30日前自建的不动产，选择适用一般计税方法计税的，以取得的全部价款和价外费用为销售额计算应纳税额。纳税人应以取得的全部价款和价外费用，按照5%的预征率预缴税款。

一般纳税人2016年5月1日之后拥有的不动产转让时：①一般纳税人转让其2016年5月1日后取得（不含自建）的不动产，适用一般计税方法，以取得的全部价款和价外费用为销售额计算应纳税额。纳税人应以取得的全部价款和价外费用扣除不动产购置原价或者取得不动产时的作价后的余额，按照5%的预征率预缴税款。②一般纳税人转让其2016年5月1日后自建的不动产，适用一般计税方法，以取得的全部价款和价外费用为销售额计算应纳税额。纳税人应以取得的全部价款和价外费用，按照5%的预征率预缴税款。

**【例6-23】**华联实业股份有限公司因经营管理的需要，于2×24年5月将一台2×23年3月购入的设备出售，出售的价款为500 000元，适用的增值税税率为13%，应交增值税为65 000元，开具增值税专用发票。出售设备原始价值为530 000元，累计折旧40 000元。发生清理费1 200元。其账务处理过程如下：

（1）注销固定资产原价及累计折旧。

| | |
|---|---|
| 借：固定资产清理 | 490 000 |
| 累计折旧 | 40 000 |
| 贷：固定资产 | 530 000 |

（2）支付清理费用1 200元。

| | |
|---|---|
| 借：固定资产清理 | 1 200 |
| 贷：银行存款 | 1 200 |

（3）收到出售设备全部款项。

| | |
|---|---|
| 借：银行存款 | 565 000 |
| 贷：固定资产清理 | 500 000 |
| 应交税费——应交增值税（销项税额） | 65 000 |

（4）结转固定资产清理净损益。

净收益=500 000-490 000-1 200=8 800（元）

| | |
|---|---|
| 借：固定资产清理 | 8 800 |
| 贷：资产处置损益 | 8 800 |

【例6-24】华联实业股份有限公司于2×24年6月出售2×08年4月购入的生产设备,该设备原价1 200 000元,累计已提取折旧900 000元,取得价款收入309 000元(含增值税),款项已收到并存入银行,该设备购入时进项税额未做抵扣。会计处理如下:

(1)固定资产转入清理。

借:固定资产清理　　　　　　　　　　　　　　　　　　　　　　　　300 000
　　累计折旧　　　　　　　　　　　　　　　　　　　　　　　　　　900 000
　　贷:固定资产　　　　　　　　　　　　　　　　　　　　　　　　　　　　1 200 000

(2)收取价款309 000元。

借:银行存款　　　　　　　　　　　　　　　　　　　　　　　　　　309 000
　　贷:固定资产清理　　　　　　　　　　　　　　　　　　　　　　　　　　309 000

(3)计算应交增值税。

应交增值税=309 000÷(1+3%)×2%=6 000(元)

借:固定资产清理　　　　　　　　　　　　　　　　　　　　　　　　6 000
　　贷:应交税费——应交增值税(销项税额)　　　　　　　　　　　　　　　6 000

(4)结转固定资产清理净损益。

借:固定资产清理　　　　　　　　　　　　　　　　　　　　　　　　3 000
　　贷:资产处置损益　　　　　　　　　　　　　　　　　　　　　　　　　　3 000

【例6-25】华联实业股份有限公司于2×24年5月出售一栋自建厂房,该厂房于2×16年8月建造。厂房原价7 800 000元,已提取折旧1 200 000元,出售价款7 630 000元,发生清理费用3 200元,款项已收到并存入银行。其账务处理过程如下:

(1)注销固定资产原价及累计折旧。

借:固定资产清理　　　　　　　　　　　　　　　　　　　　　　　　6 600 000
　　累计折旧　　　　　　　　　　　　　　　　　　　　　　　　　　1 200 000
　　贷:固定资产　　　　　　　　　　　　　　　　　　　　　　　　　　　　7 800 000

(2)支付清理费用3 200元。

借:固定资产清理　　　　　　　　　　　　　　　　　　　　　　　　3 200
　　贷:银行存款　　　　　　　　　　　　　　　　　　　　　　　　　　　　3 200

(3)收到出售厂房款项。

应交增值税=7 630 000÷(1+9%)×9%=630 000(元)

借:银行存款　　　　　　　　　　　　　　　　　　　　　　　　　　7 630 000
　　贷:固定资产清理　　　　　　　　　　　　　　　　　　　　　　　　　　7 000 000
　　　　应交税费——应交增值税(销项税额)　　　　　　　　　　　　　　　630 000

预交增值税=7 630 000÷(1+9%)×5%=350 000(元)

借:应交税费——应交增值税(已交税金)　　　　　　　　　　　　　　350 000
　　贷:银行存款　　　　　　　　　　　　　　　　　　　　　　　　　　　　350 000

(4)结转净收益。

净收益=7 000 000-6 600 000-3 200=396 800(元)

借:固定资产清理　　　　　　　　　　　　　　　　　　　　　　　　396 800
　　贷:资产处置损益　　　　　　　　　　　　　　　　　　　　　　　　　　396 800

**（二）持有待售固定资产**

**1.持有待售类别资产及划分条件**

企业非流动资产或处置组如果不是通过持续使用而主要是出售（包括具有商业实质的非货币性资产交换）收回资产账面价值的，应当将其划分为持有待售类别。这里的非流动资产包括固定资产、无形资产、长期股权投资等，但不包括递延所得税资产、金融工具相关会计准则规范的金融资产、以公允价值模式进行后续计量的投资性房地产、以公允价值减去出售费用后的净额计量的生物资产和由保险合同相关会计准则规范的保险合同所产生的权利。处置组是指一项交易中作为整体通过出售或其他方式一并处置的一组资产，以及在该交易中转让的与这些资产直接相关的负债。也就是处置组可能包含企业的任何资产和负债，如流动资产、流动负债、非流动资产和非流动负债，以及按合理方式分摊至该资产组的商誉。

企业将非流动资产或处置组划分为持有待售类别，应当同时满足以下两个条件：

（1）可立即出售，是指按照惯例，在类似交易中出售此类资产或处置组，在当前状况下即可立即进行。具体表现为企业具有在当前状态下出售该类资产的意图和能力，符合交易惯例的要求，企业应当在出售前做好相关准备。

（2）出售极可能发生，指企业已经就一项出售计划作出决议且获得确定的购买承诺，预计出售将在一年内完成。企业该项资产出售决议一般需要由企业相应级别的管理层作出，有关规定要求企业相关权力机构或者监管部门批准后方可出售的，应当已经获得批准；确定的购买承诺，是指企业与其他方签订的具有法律约束力的购买协议，该协议包含交易价格、时间和足够严厉的违约惩罚等重要条款，使协议出现重大调整或者撤销的可能性极小；该项资产出售交易自资产划分为持有待售类别起一年内能够完成。如果因企业无法控制的原因导致非关联方之间的交易未能在一年内完成，且有充分证据表明企业仍然承诺出售非流动资产或处置组的，企业应当继续将非流动资产或处置组划分为持有待售类别。这些原因包括：①买方或其他方意外设定导致出售延期的条件。企业针对这些条件已经及时采取行动，且预计能够自设定导致出售延期的条件起一年内顺利化解延期因素。②发生罕见情况。罕见情况（主要指因不可抗力引发的情况、宏观经济形势发生急剧变化等不可控情况）导致持有待售的非流动资产或处置组未能在一年内完成出售，企业在最初一年内已经针对这些新情况采取必要措施且重新满足了持有待售类别的划分条件。

企业对于符合持有待售类别划分条件但仍在使用的非流动资产或资产组，如果通过该资产或资产组使用收回的价值相对于通过出售收回的价值微不足道，资产的账面价值仍然主要通过出售收回，企业则不应当因持有待售的非流动资产或资产组仍在产生零星收入而不将其划分为持有待售类别。

**2.持有待售固定资产会计处理**

下面主要以固定资产为例说明其被划分为持有待售类别时相关业务的会计处理。企业固定资产如欲通过出售而收回其账面价值的，在满足上述两个条件时应转为持有待售固定资产。固定资产从被划分为持有待售类别至按照协议出售期间，包括划分日初始计量、后续资产负债表日重新计量、持有待售固定资产出售三个环节所涉业务。

（1）划分日初始计量

企业的固定资产被划分为持有待售类别时，其初始计量应遵循的规定是，分类前账面价值高于公允价值减去出售费用后净额的，应当将账面价值减记至公允价值减去出售费用后的净额，减记的金额确认为资产减值损失，计入当期损益，同时计提持有待售资产减值准备；如果分类前账面价值低于公允价值减去出售费用后净额的，则不需要对账面价值进行调整。企业已经获得确定的购买承诺，公允价值应当参考交易价格确定；如果企业尚未获得确定的购买承诺，公允价值应优先使用市场报价等可观察输入值进行估计。出售费用是指可以直接归属于出售资产的增量费用，包括为出售发生的特定法律服务、评估咨询等中介费用，以及相关的消费税、城市维护建设税、土地增值税、印花税等。企业取得日划分为持有待售类别固定资产的，应当在初始计量时比较假定其不划分为持有待售类别情况下的初始计量金额和公允价值减去出售费用后的净额，以两者孰低计量，除企业合并中取得的非流动资产或处置组外，由非流动资产或处置组以公允价值减去出售费用后的净额作为初始计量金额而产生的差额，应当计入当期损益。企业的固定资产被划分为持有待售类别时，按固定资产账面价值，借记"持有待售资产"科目，按已计提的累计折旧，借记"累计折旧"科目，按计提的减值准备，借记"固定资产减值准备"科目，按固定资产账面余额，贷记"固定资产"科目；划分日按减值的金额，借记"资产减值损失"科目，贷记"持有待售资产减值准备"科目。

【例6-26】2×24年3月10日，华联实业股份有限公司由于转产，一台设备不再使用，遂与甲公司签订不可撤销销售协议，约定在2×24年年底将此设备转售给甲公司。2×24年3月10日，甲公司出价为1 000 000元，预计处置费用为30 000元，假定不考虑相关税费。上述设备为华联实业股份有限公司于2×22年12月15日购买，原始价值1 250 000元，预计使用10年，净残值率为4%，按年限平均法计提折旧。2×24年3月10日，该项设备应转为待售固定资产，账务处理如下：

①固定资产转为持有待售。

$$固定资产账面价值=1\,250\,000-\frac{1\,250\,000\times(1-4\%)}{10\times12}\times15=1\,100\,000（元）$$

借：持有待售资产　　　　　　　　　　　　　　　　1 100 000
　　累计折旧　　　　　　　　　　　　　　　　　　　150 000
　　贷：固定资产　　　　　　　　　　　　　　　　　　1 250 000

②计算减记额。

计提减值准备=1 100 000-（1 000 000-30 000）-130 000（元）

借：资产减值损失　　　　　　　　　　　　　　　　130 000
　　贷：持有待售资产减值准备　　　　　　　　　　　　130 000

（2）后续资产负债表日重新计量

后续资产负债表日持有待售固定资产账面价值高于公允价值减去出售费用后的净额，如预计出售费用发生增加，应当将账面价值减记至公允价值减去出售费用后的净额，减记的金额确认为资产减值损失，计入当期损益，同时计提持有待售资产减值准备。

后续资产负债表日持有待售固定资产公允价值减去出售费用后的净额增加的，如预计出售费用发生减少，以前减记的金额应当予以恢复，并在划分为持有待售类别后确认的资产减值损失金额内转回，转回金额计入当期损益。划分为持有待售类别前确认的资产减值损失不得转回。

假如【例6-26】中，在某一后续资产负债表日，出售费用由于相关因素变化预计会发生金额为40 000元。则减记金额应调整增加10 000元。

借：资产减值损失　　　　　　　　　　　　　　　　10 000
　　贷：持有待售资产减值准备　　　　　　　　　　　　10 000

持有待售固定资产在持有期间不得计提折旧。这样做的理由是，当固定资产转为持有待售资产以后，其在未来为企业带来经济利益的方式和企业拥有的其他普通固定资产已经不同，即企业不再通过使用这项固定资产而实现其经济利益，而是通过以相当确定的金额出售给其他企业而带来经济利益。如果继续计提折旧会减少持有待售固定资产账面价值，这样会使固定资产账面价值低于其将来能为企业带来的经济利益，使固定资产账面价值的反映不真实，影响会计信息的可靠性。

持有待售固定资产因不再满足持有待售类别的划分条件而不再继续划分为持有待售类别时，应当按照以下两者孰低计量：①划分为持有待售类别前的账面价值，按照假定不划分为持有待售类别情况下本应确认的折旧或减值等进行调整后的金额；②可收回金额。

（3）持有待售固定资产出售

持有待售固定资产出售时，借记"银行存款"科目、"持有待售资产减值准备"科目，贷记"持有待售资产"科目、"应交税费"科目、"资产处置损益"科目；支付出售费用时，借记"资产处置损益"科目，贷记"银行存款"科目。

【例6-27】接【例6-26】，假定华联实业股份有限公司如期于2×24年年底按协议将此设备转售给甲公司，实际发生出售费用46 000元，其他条件不变。相关业务会计处理如下：

①转出持有待售资产。

| | |
|---|---|
| 借：银行存款 | 1 130 000 |
| 　持有待售资产减值准备 | 130 000 |
| 　贷：持有待售资产 | 1 100 000 |
| 　　应交税费——应交增值税（销项税额） | 130 000 |
| 　　资产处置损益 | 30 000 |

②支付出售费用。

| | |
|---|---|
| 借：资产处置损益 | 46 000 |
| 　贷：银行存款 | 46 000 |

### （三）固定资产报废或毁损

企业固定资产报废或毁损存在正常到期、到期之前和超龄使用后报废或毁损三种情况。造成固定资产报废或毁损的原因有许多，比如固定资产丧失使用功能，发生自然灾害等。因固定资产报废或毁损终止确认时，通过"固定资产清理"科目归集的损益，若属于丧失使用功能正常报废产生的利得或损失，作为非流动资产报废损失，结转时借记或贷记"营业外支出——非流动资产报废"科目，贷记或借记"固定资产清理"科目；若属于自然灾害等非正常原因产生的利得或损失，作为非常损失，结转时借记或贷记"营业外支出——非常损失"科目，贷记或借记"固定资产清理"科目。

【例6-28】华联实业股份有限公司一台设备由于正常使用丧失使用功能，按规定做报废处理。设备原价120 000元，累计折旧117 000元。报废时支付清理费用360元，残料作价1 600元，可验收入库作为材料使用。其账务处理如下：

（1）设备报废，注销原价及累计折旧。

| | |
|---|---|
| 借：固定资产清理 | 3 000 |
| 　累计折旧 | 117 000 |
| 　贷：固定资产 | 120 000 |

（2）支付报废设备清理费用360元。

| | |
|---|---|
| 借：固定资产清理 | 360 |
| 　贷：银行存款 | 360 |

（3）残料入库。

借：原材料  1 600

  贷：固定资产清理  1 600

（4）结转报废净损失。

报废净损失=3 000+360-1 600=1 760（元）

借：营业外支出——非流动资产报废  1 760

  贷：固定资产清理  1 760

【例6-29】华联实业股份有限公司一座仓库因火灾烧毁。仓库原价为300 000元，累计折旧120 000元。大火扑灭后对现场进行了清理，发生清理费用21 000元，收到保险公司赔款100 000元，残料变卖收入19 000元。其账务处理如下：

（1）注销烧毁库房原价及累计折旧。

借：固定资产清理  180 000

  累计折旧  120 000

  贷：固定资产  300 000

（2）支付现场清理费用。

借：固定资产清理  21 000

  贷：银行存款  21 000

（3）残料变卖收入存入银行。

借：银行存款  19 000

  贷：固定资产清理  19 000

（4）收到保险公司赔款100 000元。

借：银行存款  100 000

  贷：固定资产清理  100 000

（5）计算并结转毁损净损失。

毁损净损失=180 000+21 000-19 000-100 000=82 000（元）

借：营业外支出——非常损失  82 000

  贷：固定资产清理  82 000

**（四）固定资产盘亏**

企业的固定资产属于劳动资料，是生产和管理的要素之一。由于固定资产的种类及数量较多，使用中存在变动等复杂情况，因此，企业应定期或者至少于每年年末对固定资产实物进行清查，以保证账实相符和企业财产的安全和完整。固定资产清查前要建立清查小组，编制固定资产清查计划。清查中要按计划认真进行实地盘点并核实有关情况。对于清查中发现的盘盈、盘亏应当填制固定资产盘点报告表，并及时查明原因，按规定程序报批处理。

固定资产盘亏是指账簿记录企业拥有的固定资产，其实物在实地盘点时并不存在，即账大于实或实小于账。盘亏的固定资产应通过"待处理财产损溢——待处理固定资产损溢"科目进行核算。发现盘亏的固定资产，在未报经批准处理前，要先按账面原价和累计折旧及时予以注销，其净值记入"待处理财产损溢——待处理固定资产损溢"科目；待报经批准处理后，再将净值转入"营业外支出——盘亏损失"科目。

【例6-30】华联实业股份有限公司在固定资产的定期清查中，发现少了一台电机。该电机账面原价4 600元，已提折旧1 900元。

（1）报经批准处理前，注销盘亏电机原价与累计折旧。

思政案例

实行矿山环境
治理恢复基
金，助力金山
银山

借：待处理财产损溢——待处理固定资产损溢　　2 700

　　　累计折旧　　　　　　　　　　　　　　1 900

　　贷：固定资产　　　　　　　　　　　　　　　　　4 600

（2）经批准，盘亏电机净值转入营业外支出。

借：营业外支出——盘亏损失　　　　　　　　2 700

　　贷：待处理财产损溢——待处理固定资产损溢　　　2 700

## 复习思考题

1. 什么是固定资产如何？有何特征？如何分类？

2. 企业外部固定资产的入账价值如何确定？

3. 企业自营工程的成本如何确定？核算时应该注意哪些问题？

4. 企业通过债务重组方式取得的固定资产成本如何确定？

5. 企业通过非货币资产交换方式取得固定资产，入账价值如何确定？

6. 企业接受捐赠固定资产入账价值如何确定？

7. 企业盘盈固定资产入账价值如何确定？

8. 什么是固定资产折旧？如何理解？

9. 影响折旧计算的因素有哪些？折旧范围是如何规定的？

10. 固定的折旧计算方法有哪一些？企业如何选择？

11. 什么是加速折旧法？会计准则规定可以采用的具体方法有哪些？

12. 我国加速折旧法政策具体内容如何？

13. 固定资产后续支出业务有哪几类？各自会计处理特点如何？

14. 什么是固定资产处置？其终止确认条件如何？

自测题

# 第七章　无形资产

## 第一节　无形资产概述

### 一、无形资产的含义及特征

无形资产是指企业拥有或控制的没有实物形态的可辨认非货币性资产，这是我国《企业会计准则第6号——无形资产》对无形资产所表述的定义。《国际会计准则第38号——无形资产》对无形资产的表述为：无形资产是指为用于商品或劳务的生产或供应、出租给其他单位或为管理目的而持有的、没有实物形态的、可辨认非货币性资产。这两个定义的共同点是，二者都强调无形资产没有实物形态和可辨认性的特点。无形资产没有实物形态是它与企业其他有形资产相区别的一个显著标志。同时无形资产必须是可辨认的。判断无形资产是否具有可辨认性，有两个标准：一是无形资产能够从企业中分离或者划分出来，并能单独或者与相关合同、资产或负债一起用于出售、转移、授予许可、租赁或者交换；二是无形资产源自合同性权利或其他法定权利，无论这些权利是否可以从企业或其他权利和义务中转移或分离。二者的不同是，国际会计准则强调了企业持有该项资产的目的，即无形资产是企业用于商品或劳务的生产或供应、出租给其他单位或为管理目的而持有的一项资产，我国的会计准则却没有做详细的表述。根据我国会计准则关于无形资产定义的要求，无形资产具体包括的内容有专利权、商标权、非专利技术、著作权、土地使用权、特许权以及符合无形资产定义和确认条件的数据资源等。

专利权，是指国家专利主管机关依法授予发明创造专利申请人，对其发明创造在法定期限内所享有的专有权利，包括发明专利权、实用新型专利权和外观设计专利权，其中发明专利权的期限为20年，实用新型专利权和外观设计专利权的期限为10年，均自申请日起计算。

非专利技术，也称专有技术。它是指不为外界所知、在生产经营活动中已采用了的、不享有法律保护的、可以带来经济效益的各种技术和诀窍。非专利技术一般包括工业专有技术、商业贸易专有技术、管理专有技术等。非专利技术不是专利法的保护对象，其独占性的维持及获取超额收益时间的长短取决于企业自我保密的方式。非专利技术具有经济性、机密性和动态性等特点。

商标是用来辨认特定的商品或劳务的标记。商标权指专门在某类指定的商品或产品上使用特定的名称或图案的权利。经商标局核准注册的商标为注册商标。商标注册人享有商标专用权，受法律保护。商标注册的有效期为10年，自核准注册之日起计算。注册商标有效期满，需要继续使用的，应当在期满前6个月内申请续展注册，每次续展注册的有效期为10年，在此期间未能提出申请的，可以给予6个月的宽展期。宽展期满仍未提出申请的，注销其注册商标。

著作权又称版权，指作者对其创作的文学、科学和艺术作品依法享有的某些特殊权利。著作权包括作品发表权、署名权、修改权和保护作品完整权，还包括复制权、发行权、出租权、展览权、表演权、放映权、广播权、信息网络传播权、摄制权、改编权、翻译权、汇编权以及应当由著作权人享有的其他权利。著作权人包括作者和其他依照本法享有著作权的公民、法人或者其他组织。著作权属于作者，创作作品的公民是作者。由法人或者其他组织主持，代表法人或者其他组织意志创作，并由法人或者其他组织承担责任的作品，法人或者其他组织视为作者。作者的署名权、修改权、保护作品完整权的保护期不受限制。作品的发表权、复制权、发行权、出租权、展览权、表演权、放映权、广播权、信息网络传播权、摄制权、改编权、翻译权、汇编权以及应当由著作权人享有的其他权利，属于公民的，保护期为作者终生及其死亡后50年，截止于作者死亡后第50年的12月31日；如果是合作作品，截止于最后死亡的作者死亡后第50年的12月31日；属于法人或者其他组织的，保护期为50年，截止于作品首次发表后第50年的12月31日，但作品自创作完成后50年内未发表的，法律不再保护；属于电影作品和以类似摄制电影的方法创作的作品的，保护期为50年，截止于作品首次发表后第50年的12月31日，但作品自创作完成后50年内未发表的，法律不再保护。

特许权，又称经营特许权、专营权，指企业在某一地区经营或销售某种特定商品的权利或是一家企业接受另一家企业使用其商标、商号、技术秘密等的权利。通常有两种形式：一种是由政府机构授权，准许企业使用或在一定地区享有经营某种业务的特权，如水、电、邮电通信等专营权、烟草专卖权等；另一种是指企业间依照签订的合同，有限期或无限期使用另一家企业的某些权利，如连锁店分店使用总店的名称等。特许权转让期限由转让人和受让人二者签订的转让合同加以规定，包括彼此的权利和义务。受让人一般都要向转让人支付取得特许权的费用，此项费用待开业后按营业收入的一定比例或其他计算方法支付给转让人。受让人要为转让人保守涉及的商业秘密。

土地使用权，指国家准许某企业在一定期间内对国有土地享有开发、利用、经营的权利。根据我国《土地管理法》的规定，我国土地实行公有制，任何单位和个人不得侵占、买卖或者以其他形式非法转让。企业取得土地使用权的方式大致有以下几种：行政划拨取得、外购取得及投资者投入取得。

延伸阅读7-1
商誉

数据资源，是数字经济环境下的关键要素，如企业的客户记录、销售记录、人事记录、采购记录、财务数据和库存数据等。这些数据资源符合资产确认条件时，形成了数据资产，这是以创新为核心的数字经济背景下会计领域的一项创新资产；而数据资产符合无形资产定义和确认条件时，就将其归类为无形资产中的数据资源无形资产。

过去包括在无形资产中的商誉由于其存在无法与企业自身相分离而不具有可辨认性，因此不构成无形资产的组成部分。国际会计准则关于无形资产包括的内容则要广泛一些，规定企业在科学或技术知识、新工艺或系统的设计和完成、许可证、知识产权、市场知识和商标（包括商标名称和报刊名）等无形资源的获得、开发、维护和提高方面所涉及的一些项目，如计算机软件、专利权、版权、电影片、客户名单、抵押服务权、捕捞许可证、进口配额、特许权、客户或供应商的关系、客户的信赖、市场份额和销售权，凡是符合无形资产定义的要求，即满足可辨认性、对资源的可控制及存在未来经济利益的应为无形资产，对于不具备这些条件的项目，其所消耗的资源或承担的负债应在其发生时确认为当期的费用，如果该项目是在企业购买合并中获得的，应作为商誉。商誉具有不可辨认的特点，因此国际会计准则将商誉排除在无形资产之外。这一点与我国企业会计准则的规定是相同的。虽然对无形资产定义的表述不尽相同，但无形资产具有的特征还是人所共知的。主要表现

延伸阅读7-2
专利申请费

在以下几个方面：

（1）没有实物形态。无形资产所代表的是企业拥有的某些特殊权利或优势。它是通过拥有的某些特殊权利或优势使企业获得高于一般盈利水平的额外经济利益，具有极大的潜在价值。它与固定资产通过实物价值的磨损和转移为企业带来未来经济利益具有显著区别。某些无形资产有赖于实物载体而存在，如计算机软件存储在介质（具有实物形态）中，但不改变无形资产没有实物形态的特征。

（2）将在较长时期内为企业提供经济利益。无形资产所代表的特权或优势一般可以在较长的时期内存在，不会很快消逝，企业可以长期受益。但除了法律规定的年限之外，企业是无法断定无形资产经济年限的长短的。

（3）企业持有无形资产的目的是生产商品、提供劳务、出租给他人，或是用于企业的管理而不是其他方面。

（4）所提供的未来经济利益具有高度的不确定性。无形资产能否为企业提供未来的经济利益以及提供多大的未来经济利益在很大程度上要受到企业外部因素的影响，如技术进步、市场需求变化、同行业竞争等，使得其预期的获利能力具有高度的不确定性，可能分布在零到很大金额的范围内。同时，无形资产通常都不能单独获利，需借助有形资产才能发挥作用，因而企业的收益中究竟有多少来自无形资产是很难辨认的。此外，无形资产的取得成本与其能为企业带来的未来经济利益之间并无内在联系，因而很难对其未来的获利能力作出合理估计。

**二、无形资产的分类**

无形资产对企业来讲具有重要的意义，特别是在知识经济的条件下，无形资产的作用就更加突出，因此企业必须加强对无形资产的管理与核算。从不同的角度、采取科学的方法对无形资产进行合理的分类，是搞好无形资产管理和核算的一项重要基础工作。根据无形资产的特点，一般可以对无形资产做如下的分类：

（1）无形资产按取得来源不同分类，可分为外购的无形资产、自行开发的无形资产、投资者投入的无形资产、企业合并取得的无形资产、债务重组取得的无形资产、以非货币性资产交换取得的无形资产以及政府补助取得的无形资产等。这种分类的目的主要是为了使无形资产的初始计量更加准确和合理。因为不同来源取得的无形资产，其初始成本的确定方法以及所包括的经济内容是不同的。

（2）无形资产按其使用寿命是否有期限，可分为有期限无形资产和无期限无形资产。无形资产的使用寿命是否有期限应在企业取得无形资产时就加以分析和判断，其中需要考虑的因素有很多（后面详细说明）。这种分类的目的主要是为了正确地将无形资产的应摊销金额在无形资产的使用寿命内系统而合理地进行摊销。因为按照会计准则的规定，使用寿命有限的无形资产才存在价值的摊销问题，而使用寿命不能确定的无形资产，其价值是不能进行摊销的。

**三、无形资产的确认**

由于无形资产没有实物形态，只是一种虚拟资产，因而其确认要比有形资产困难得多。作为无形的资产项目，只有同时满足以下三个条件，才能将其确认为无形资产：

（1）符合无形资产的定义；

（2）与该无形资产相关的预计未来经济利益很可能流入企业；

（3）无形资产的成本能够可靠地计量。

第一个条件是指无形资产既需要满足资产一般属性的要求，即由企业拥有或控制，同时也要满足无形资产没有实物形态和可辨认的特殊要求。第二个条件是指企业能够控制无形资产所产生的经济利益，比如，企业拥有无形资产的法定所有权，或企业与他人签订了协议，使得企业的相关权利受到法律的保护，这样可以保证无形资产的预计未来经济利益能够流入企业。在判断无形资产产生的经济利益是否可能流入企业时，企业管理部门应对无形资产在预计使用年限内存在的各种因素作出稳健的估计。这一点符合国际惯例，与国际会计准则的规定是一样的。第三个条件实际上是针对无形资产的入账价值而言的。无形资产的入账价值需要根据其取得的成本确定，如果成本无法可靠地计量的话，那么无形资产的计价入账也就无从谈起。这一点也同样符合国际惯例。企业购入的无形资产、通过非货币性资产交换取得的无形资产、投资者投入的无形资产、通过债务重组取得的无形资产以及自行开发并依法申请取得的无形资产，如果满足上述三个条件的要求，都应确认为企业的无形资产。企业内部产生的品牌、报刊名等，因其发生的成本无法可靠计量而不确认为企业的无形资产。

# 第二节　无形资产的初始计量

无形资产的初始计量是指企业初始取得无形资产时入账价值的确定。在无形资产分类问题中，我们提到企业取得无形资产的渠道有很多，而不同来源取得的无形资产，其入账价值的确定方法也是不同的。

### 一、外购的无形资产

外购方式是企业取得无形资产的重要渠道。企业生产和销售产品、提供劳务、出租、用于企业的行政管理，如果需要无形资产，如专利权、非专利技术等，在企业自行研究和开发有困难的情况下，可以通过外购的方式买入，以满足生产经营和管理的需要。外购的无形资产，应以实际支付的价款、相关税费以及直接归属于使该项资产达到预定用途所发生的其他支出的合计数作为入账价值。直接归属于使该项资产达到预定用途所发生的其他支出包括使无形资产达到预定用途所发生的专业服务费用、测试无形资产是否能够正常发挥作用的费用等。下列费用不包括在无形资产的初始成本中：①为引入新产品进行宣传发生的广告费、管理费用及其他间接费用；②无形资产已经达到预定用途以后发生的费用，如利用无形资产在形成经济规模之前发生的初始运作损失等。

企业采用分期付款方式购买无形资产，企业购买无形资产的价款超过正常信用条件延期支付，实质上具有融资性质的，按照规定，无形资产的成本应以购买价款的现值为基础加以确定。购买价款与购买价款现值之间的差额，作为未确认融资费用在付款期内按实际利率法进行摊销，计入各年财务费用中。

企业外购的无形资产，如果取得法律规定的可抵扣发票，其支付的增值税额可以抵扣，若无法取得法律规定的可抵扣发票，则支付的增值税额不能抵扣，应计入无形资产成本并按规定方法进行摊销。

企业通过外购方式取得的土地使用权通常应确认为无形资产。土地使用权用于自行开发建造厂房等地上建筑物时，土地使用权的账面价值不与地上建筑物合并计算其成本，而仍作为无形资产进行核算，对土地使用权与地上建筑物分别进行摊销和提取折旧。但下列情况除外：

（1）房地产开发企业取得的土地使用权用于建造对外出售的房屋建筑物，相关的土地使用权应当计入所建造的房屋建筑物成本。

（2）企业外购的房屋建筑物，实际支付的价款中包括土地以及建筑物的价值，则应当对支付的价款按照合理的方法（例如，公允价值）在土地和地上建筑物之间进行分配；如果确实无法在地上建筑物与土地使用权之间进行合理分配的，应当全部作为固定资产核算。

企业改变土地使用权的用途，将其用于出租或增值目的时，应将无形资产转为投资性房地产。

**【例7-1】** 华联实业股份有限公司因生产产品需要购入一项专利权，支付专利权转让费及有关手续费 268 000 元，应交增值税进项税额 15 600 元，企业用银行存款一次性付清。

借：无形资产　　　　　　　　　　　　　　　　　　　　　　268 000
　　应交税费——应交增值税（进项税额）　　　　　　　　　 15 600
　　贷：银行存款　　　　　　　　　　　　　　　　　　　　　　283 600

**【例7-2】** 2×24年1月5日，华联实业股份有限公司从A公司购买一项商标权，采用分期付款方式支付款项。合同规定，该项商标权金额 4 500 000 元，每年年末付款 1 500 000 元，分3年等额付清。假定银行同期贷款利率为8%。不考虑其他相关税费。有关账务处理如下：

查年金现值系数表可知，3期、8%的年金现值系数为2.5771。
无形资产入账价值=1 500 000×2.5771=3 865 650（元）
未确认融资费用=4 500 000-3 865 650=634 350（元）

2×24年1月5日确认无形资产。

借：无形资产——商标权　　　　　　　　　　　　　　　　 3 865 650
　　未确认融资费用　　　　　　　　　　　　　　　　　　　 634 350
　　贷：长期应付款　　　　　　　　　　　　　　　　　　　　4 500 000

2×24年12月31日，付款及未确认融资费用的摊销。

借：长期应付款　　　　　　　　　　　　　　　　　　　　 1 500 000
　　贷：银行存款　　　　　　　　　　　　　　　　　　　　　1 500 000

未确认融资费用的摊销额=3 865 650×8%=309 252（元）

借：财务费用　　　　　　　　　　　　　　　　　　　　　　 309 252
　　贷：未确认融资费用　　　　　　　　　　　　　　　　　　　309 252

2×25年12月31日，付款及未确认融资费用的摊销。

借：长期应付款　　　　　　　　　　　　　　　　　　　　 1 500 000
　　贷：银行存款　　　　　　　　　　　　　　　　　　　　　1 500 000

未确认融资费用的摊销额=（3 865 650-1 500 000+309 252）×8%=213 992（元）

借：财务费用　　　　　　　　　　　　　　　　　　　　　　 213 992
　　贷：未确认融资费用　　　　　　　　　　　　　　　　　　　213 992

2×26年12月31日，付款及未确认融资费用的摊销。

借：长期应付款　　　　　　　　　　　　　　　　　　　　 1 500 000
　　贷：银行存款　　　　　　　　　　　　　　　　　　　　　1 500 000

未确认融资费用的摊销额=634 350-309 252-213 992=111 106（元）

借：财务费用　　　　　　　　　　　　　　　　　　　　　　 111 106
　　贷：未确认融资费用　　　　　　　　　　　　　　　　　　　111 106

**【例7-3】** 2×24年3月10日，华联实业股份有限公司为提高运营效率，从M公司购买用于运营的数据资源和相关分析工具，支付价款 500 000 元，支付增值税 30 000 元、其他相关税费 8 500

元。由于该数据资源具有初步、原始状态的特点，华联公司根据自身的要求，对数据资源进行了相应的脱敏、清洗、标注、整合，使其达到了预定可使用状态，发生支出40 000元。上述款项均以银行存款进行了支付。该数据资源符合无形资产定义和确认的条件。

根据规定，企业通过外购方式取得确认为无形资产的数据资源，其成本除了购买价款、相关税费，还包括直接归属于使该项无形资产达到预定用途所发生的数据脱敏、清洗、标注、整合、分析、可视化等加工过程所发生的有关支出，以及数据权属鉴证、质量评估、登记结算、安全管理等费用。据此规定计算无形资产入账价值合计为548 500元。有关账务处理如下：

借：无形资产　　　　　　　　　　　　　　　　　　　　548 500
　　应交税费——应交增值税（进项税额）　　　　　　　　30 000
　　贷：银行存款　　　　　　　　　　　　　　　　　　　　578 500

### 二、投资者投入的无形资产

如果企业的生产经营管理活动需要某些无形资产，可以接受投资者以无形资产的形式向企业进行投资，以换取企业的权益。投资者投入的无形资产，在合同或协议约定的价值公允的前提下，应按照投资合同或协议约定的价值作为入账价值。如果合同或协议约定的价值不公允，则按无形资产的公允价值入账。无形资产的入账价值与折合资本额之间的差额，作为资本溢价或股本溢价，计入资本公积。

【例7-4】华联实业股份有限公司因业务发展的需要接受M公司以一项专利权向企业进行的投资。根据投资双方签订的投资合同，此项专利权的价值280 000元，应交增值税进项税额16 800元，折合为公司的股票50 000股，每股面值1元。

借：无形资产——专利权　　　　　　　　　　　　　　　280 000
　　应交税费——应交增值税（进项税额）　　　　　　　　16 800
　　贷：股本（50 000×1）　　　　　　　　　　　　　　　50 000
　　　　资本公积——股本溢价　　　　　　　　　　　　　246 800

### 三、非货币性资产交换取得的无形资产

以非货币性资产交换方式取得的无形资产，其入账价值在考虑非货币性资产交换是否具有商业实质以及换入或换出资产的公允价值能否可靠计量的情况下，区分两种情况进行处理：

第一，非货币性资产交换具有商业实质，而且换入资产或换出资产公允价值能够可靠计量时，换入的无形资产应当以换出资产公允价值为基础，再加上应支付的相关税费之和作为换入无形资产的成本（入账价值）。但是，如果有确凿的证据表明换入无形资产的公允价值更为可靠，则应以换入无形资产的公允价值为基础进行计价。由于换出资产公允价值与换出资产账面价值的差额是通过非货币性资产交换得以实现的，因此，应作为交换损益计入当期损益。

涉及补价的非货币性资产交换，区分两种情况进行处理：一是换入无形资产方支付补价的，换入无形资产成本应按照换出资产的公允价值加上支付的补价（即换入资产的公允价值）和应支付的相关税费确定，换出资产公允价值与换出资产账面价值之间的差额，作为交换损益计入当期损益。二是换入无形资产方收到补价的，换入无形资产成本应按照换出资产的公允价值减去补价加上应支付的相关税费确定。换出资产公允价值与换出资产账面价值之间的差额，作为交换损益计入当期损益。

交换损益是指将换出资产视作按公允价值进行处置而产生的，金额上是指换出资产公允价值

与其账面价值之间的差额。其会计处理取决于交换资产的类型。其中，换出资产为存货的，应当按照收入确认和计量的要求进行处理，交换损益计入营业利润，在利润表中作为营业利润的构成部分予以列示；换出资产为固定资产、无形资产的，交换损益计入资产处置损益；换出资产为长期股权投资的，交换损益计入投资收益。

第二，非货币性资产交换不具有商业实质，而且换入资产或换出资产公允价值不能可靠计量时，应当以换出资产的账面价值和应支付的相关税费之和作为换入无形资产的初始计量金额，换出资产终止确认时不确认损益。

涉及补价时，也要区分两种情况进行处理：如为换入无形资产方支付补价的，换入无形资产初始计量金额应当以换出资产账面价值加支付补价、应支付相关税费来确定；如为换入无形资产方收到补价的，换入无形资产初始计量金额应当以换出资产账面价值，减去收到的补价，并加上应支付的相关税费来确定。两种情况下换出资产终止确认时均不确认损益。

如果同时换入多项无形资产，应按照换入各项无形资产公允价值相对比例，将换出资产公允价值总额（涉及补价的，加上支付补价的公允价值或减去收到补价的公允价值）进行分摊，以分摊至各项换入无形资产的金额，加上应支付的相关税费，作为各项换入无形资产的成本进行初始计量。

【例7-5】华联实业股份有限公司根据公司的发展需要，决定以一台设备交换MP公司一项专利权。该项固定资产原始价值125 000元，累计折旧11 000元，已计提减值准备2 000元。支付相关税费1 100元。假定该设备的公允价值为120 000元，则：

换入无形资产成本=120 000+1 100=121 100（元）

换出资产账面价值=125 000-11 000-2 000=112 000（元）

非货币性资产交换利得=120 000-112 000=8 000（元）

由于此项非货币性资产交换业务换出的是企业的固定资产，因此，在会计上应按照固定资产的处置业务进行处理。

（1）注销固定资产原价、累计折旧、减值准备。

借：固定资产清理　　　　　　　　　　　　　　　112 000
　　固定资产减值准备　　　　　　　　　　　　　　2 000
　　累计折旧　　　　　　　　　　　　　　　　　11 000
　贷：固定资产　　　　　　　　　　　　　　　　　　125 000

（2）支付相关税费1 100元。

借：固定资产清理　　　　　　　　　　　　　　　1 100
　贷：银行存款　　　　　　　　　　　　　　　　　　1 100

（3）非货币性资产交换。

借：无形资产　　　　　　　　　　　　　　　　　121 100
　贷：固定资产清理　　　　　　　　　　　　　　　　113 100
　　　资产处置损益　　　　　　　　　　　　　　　　8 000

【例7-6】假定在【例7-5】中，华联实业股份有限公司换入无形资产的同时，收到MP公司的现金补价10 000元，其他条件不变。则：

换入无形资产成本=120 000+（-10 000）+1 100=111 100（元）

换出资产账面价值=125 000-11 000-2 000=112 000（元）

非货币性资产交换利得=111 100+10 000-（112 000+1 100）=8 000（元）

（1）注销固定资产原价、累计折旧、减值准备。

| | | |
|---|---|---|
| 借：固定资产清理 | 112 000 | |
| 固定资产减值准备 | 2 000 | |
| 累计折旧 | 11 000 | |
| 贷：固定资产 | | 125 000 |

（2）支付相关税费1 100元。

| | | |
|---|---|---|
| 借：固定资产清理 | 1 100 | |
| 贷：银行存款 | | 1 100 |

（3）非货币性资产交换。

| | | |
|---|---|---|
| 借：无形资产 | 111 100 | |
| 银行存款 | 10 000 | |
| 贷：固定资产清理 | | 113 100 |
| 资产处置损益 | | 8 000 |

**【例7-7】** 假定在【例7-5】中，换入的无形资产和换出的固定资产二者的公允价值均无法确定，其他条件不变。则：

换入无形资产成本=125 000-11 000-2 000+1 100=113 100（元）

（1）注销固定资产原价、累计折旧、减值准备。

| | | |
|---|---|---|
| 借：固定资产清理 | 112 000 | |
| 固定资产减值准备 | 2 000 | |
| 累计折旧 | 11 000 | |
| 贷：固定资产 | | 125 000 |

（2）支付相关税费1 100元。

| | | |
|---|---|---|
| 借：固定资产清理 | 1 100 | |
| 贷：银行存款 | | 1 100 |

（3）非货币性资产交换。

| | | |
|---|---|---|
| 借：无形资产 | 113 100 | |
| 贷：固定资产清理 | | 113 100 |

**【例7-8】** 假定在【例7-5】中，换入的无形资产和换出的固定资产二者的公允价值均无法确定，华联实业股份有限公司在交换中向对方企业支付补价2 000元，其他条件不变。则：

换入固定资产成本=125 000-11 000-2 000+1 100+2 000=115 100（元）

（1）注销固定资产原价、累计折旧、减值准备。

| | | |
|---|---|---|
| 借：固定资产清理 | 112 000 | |
| 固定资产减值准备 | 2 000 | |
| 累计折旧 | 11 000 | |
| 贷：固定资产 | | 125 000 |

（2）支付相关税费1 100元。

| | | |
|---|---|---|
| 借：固定资产清理 | 1 100 | |
| 贷：银行存款 | | 1 100 |

（3）非货币性资产交换。

| | | |
|---|---|---|
| 借：无形资产 | 115 100 | |

| | | |
|---|---|---|
| 贷：固定资产清理 | | 113 100 |
| 　　银行存款 | | 2 000 |

### 四、债务重组取得的无形资产

企业通过债务重组，即在不改变交易对手方的情况下，经债权人和债务人协定或法院裁定，就清偿债务的时间、金额或方式等重新达成协议的交易取得的无形资产，应当按照受让无形资产的成本计量。无形资产的成本以企业放弃债权的公允价值为计量基础，具体内容包括放弃债权的公允价值，以及可直接归属于使该资产达到预定用途所发生的税金等其他成本。增值税一般纳税人涉及的允许抵扣的增值税进项税额应当单独入账，不计入无形资产成本。

债权人因债务重组而放弃债权的公允价值与其账面价值之间的差额，应当计入当期损益（投资收益）。这样做的理由是，债权人是以公允价值处置其金融资产，因此终止金融资产确认时，资产本身公允价值与账面价值的差额计入投资收益，而不是计入营业外收入或营业外支出。

企业在对放弃的债权未计提损失准备（坏账准备）的情况下，在收到抵债的无形资产时，按确定的无形资产成本，借记"无形资产"科目，按可抵扣的增值税进项税额，借记"应交税费——应交增值税（进项税额）"科目，按放弃债权的账面余额，贷记"应收账款"等科目，按应支付的相关税费，贷记"银行存款""应交税费"等科目，按照上列科目借方与贷方的差额，借记或者贷记"投资收益"科目；企业在对放弃的债权已计提了损失准备（坏账准备）的情况下，企业收到抵债的无形资产时，按确定的受让无形资产成本，借记"无形资产"科目，按可抵扣的增值税进项税额，借记"应交税费——应交增值税（进项税额）"科目，按放弃债权已计提的损失准备（坏账准备），借记"坏账准备"科目，按放弃债权的账面余额，贷记"应收账款"等科目，按应支付的相关税费，贷记"银行存款""应交税费"等科目，按照上列科目借方与贷方的差额，借记或者贷记"投资收益"科目。

【例 7-9】华联实业股份有限公司的一笔应收账款是 LD 公司前欠的货款，金额 346 000 元。因 LD 公司资金周转困难，短期内难以偿还，经双方协商，公司同意 LD 公司以一项专利权抵债。华联实业股份有限公司接受专利权允许抵扣的增值税进项税额为 24 300 元，不需另行支付。应收账款公允价值为 300 000 元。华联实业股份有限公司未对该项债权计提损失准备。会计分录为：

受让无形资产成本=300 000-24 300=275 700（元）

债务重组损益=300 000-346 000=-46 000（元）

| | | |
|---|---|---|
| 借：无形资产 | | 275 700 |
| 　　应交税费——应交增值税（进项税额） | | 24 300 |
| 　　投资收益 | | 46 000 |
| 　贷：应收账款 | | 346 000 |

假定上例中，华联实业股份有限公司提取了损失准备，金额为 17 000 元，其他条件不变。则债务重组损益=300 000-（346 000-17 000）=-29 000（元）。会计分录为：

| | | |
|---|---|---|
| 借：无形资产 | | 275 700 |
| 　　应交税费——应交增值税（进项税额） | | 24 300 |
| 　　坏账准备 | | 17 000 |
| 　　投资收益 | | 29 000 |
| 　贷：应收账款 | | 346 000 |

### 五、政府补助取得的无形资产

政府补助，是指企业从政府无偿取得货币性资产或非货币性资产，但不包括政府作为企业所有者投入的资本。其主要形式有财政拨款、财政贴息、税收返还、无偿划拨非货币性资产等。企业通过政府补助取得无形资产，一般指政府通过行政划拨无偿给予企业的土地使用权等。政府向企业提供补助具有无偿性的特点。政府并不因此而享有企业的所有权，企业未来也不需要以提供服务、转让资产等方式偿还。企业通过政府补助方式取得的无形资产应当按照公允价值计量。具体要分几种情况进行处理：如果企业取得的无形资产附带有关文件、协议、发票、报关单等凭证，在这些凭证注明的价值与公允价值相差不大时，应当以有关凭据中注明的价值作为公允价值；没有注明价值或注明价值与公允价值差异较大，但有活跃交易市场的，应当根据有确凿证据表明的同类或类似市场交易价格作为公允价值；如没有注明价值，且没有活跃交易市场、不能可靠取得公允价值的，应当按照名义金额计量，名义金额即为人民币1元。

企业收到政府补助的无形资产时，一方面增加企业的无形资产，记入"无形资产"科目的借方，另一方面要作为递延收益，记入"递延收益"科目的贷方。"递延收益"科目主要核算企业确认的应在以后期间计入当期损益的政府补助。企业由于政府补助形成的无形资产而确认的递延收益应在无形资产的使用寿命内按系统、合理的方法分配计入各期损益中。

【例7-10】华联实业股份有限公司收到政府行政划拨的土地使用权。根据有关凭证，此项无形资产的公允价值为12 000 000元。

借：无形资产　　　　　　　　　　　　　　　　　　　　　　　　12 000 000

　　贷：递延收益　　　　　　　　　　　　　　　　　　　　　　　　　12 000 000

## 第三节　内部研究开发费用的确认与计量

一个成熟和有竞争力的企业，每年都应在研究和开发上投入一定数量的资金，通过研究和开发活动取得专利权和非专利技术等无形资产，以保持和取得技术上的领先地位。会计上对于企业内部研究开发费用的确认与计量的方法存在一定的争议。

从理论上来讲，自创专利权的成本包括研究与开发的费用以及成功以后依法申请专利过程中所发生的费用。争论的焦点是研究与开发的费用是否应资本化、计入无形资产的价值。一般有三种处理方法：一是全部费用化。这种处理方法的理由是企业在从事某项专利技术的研究与开发时，不一定保证成功，出于谨慎性考虑，应将研究与开发过程中的费用计入发生当期损益。这种处理方法比较简单，也便于会计人员实际操作。但是它不能真实地反映企业拥有资产的价值，因为对于成功的研发项目来说，后期的费用相对而言是很少的，较大数额的研究与开发费用不包含在内，会歪曲企业资产的实际价值。二是全部资本化。这种处理方法的基本依据是，企业的研究与开发活动应看作一个整体，因此研究与开发费用应从企业总体的所有研究开发活动来决定其处理的方法。如果企业总体的研究开发计划的未来收益的可能性很高，则全部费用都应资本化而不论单个项目未来收益的确定性如何。这种处理方法不符合无形资产确认条件的要求，因为无形资产的确认是以单个项目是否会带来未来经济利益为前提的，而不是从整体上来考虑的。因此二者是矛盾的。三是有选择的资本化。这种处理方法是首先指定将研究与开发支出资本化的条件，符合条件的资本化，反之则应费用化。这些条件在采用此种方法的国家中，规定是不尽相同的。国际会计准则规定有六个方面：①完成该无形资产，使其能使用或销售，在技术上可行。②有意完成该无形资产并使用或销售它。③有能力使用或销售该无形资产。④该无形资产如何产生很可能的未来经济利益。其中，企业应证明存在着无形资产的产出市场或无形资产本身的市场；如果该无形资产将在内部使用，那么应证明该无形资产的有用性。⑤有足够的技术、财务资源和其他资源支持，以完成该无形资产的开发，并使用或销售该无形资产。⑥对归属于该无形资产开发阶段的支出，能够可靠地计量。下面就我国对企业内部研究开发费用的确认与计量问题加以说明。

### 一、研究阶段和开发阶段的划分

无形资产会计准则对于企业内部研究开发费用的确认与计量是分别研究和开发两个阶段进行的。不同的阶段对其内部研究开发费用的确认与计量的规定是不同的，因此研究阶段和开发阶段的划分是很重要的。

研究阶段是指为获取新的技术和知识等进行的有计划的调查，具体是指意欲获取知识而进行的活动；研究成果或其他知识的应用研究、评价和最终选择；材料、设备、产品、工序、系统或服务替代品的研究；新的或经改进的材料、设备、产品、工序、系统或服务的可能替代品的配制、设计、评价和最终选择。研究阶段具有计划性和探索性的特点。计划性是指研究阶段是建立在有计划的调查基础上，即研发项目已经董事会或者相关管理层的批准，并着手收集相关资料、进行市场调查等；探索性是指研究阶段基本上是探索性的，为进一步的开发活动进行资料及相关方面的准备，这一阶段不会形成阶段性成果。

开发阶段是指在进行商业性生产或使用前，将研究成果或其他知识应用于某项计划或设计，以生产出新的或具有实质性改进的材料、装置、产品等。具体是指，生产前或使用前的原型和模型的设计、建造和测试；含新技术的工具、夹具、模具和冲模的设计；不具有商业性生产经济规模的试生产设施的设计、建造和运营；新的或改造的材料、设备、产品、工序、系统或服务所选定的替代品的设计、建造和测试等。开发阶段具有针对性和形成成果的可能性较大的特点。

### 二、内部研究开发费用的确认与计量的原则

在对企业内部研究开发过程进行了准确的研究和开发阶段的划分以后，对各个阶段发生的费用在确认和计量上需要遵循的原则是不同的。

对于研究阶段来说，其研究工作是否能在未来形成成果，即通过开发后是否会形成无形资产均有很大的不确定性，企业也无法证明其研究活动一定能够形成带来未来经济利益的无形资产，因此，研究阶段的有关支出在发生时应当费用化计入当期损益。

对于开发阶段来说，由于其相对于研究阶段更进一步，且很大程度上形成一项新产品或新技术的基本条件已经具备，所以此时如果企业能够证明满足无形资产的定义及费用资本化的条件，则所发生的开发支出可予以资本化，计入无形资产的成本。其经济内容包括开发无形资产时耗费的材料、劳务成本、注册费、在开发该无形资产过程中使用的其他专利权和特许权的摊销、按照规定资本化的利息支出，以及为使该无形资产达到预定用途前所发生的其他费用。在开发无形资产过程中发生的除上述可直接归属于无形资产开发活动的其他销售费用、管理费用等间接费用，无形资产达到预定用途前发生的可辨认的无效和初始运作损失，为运行该无形资产发生的培训支出等均不构成无形资产的开发成本。

开发阶段的费用支出是否应计入无形资产的成本，要视其是否满足资本化的条件而定。不能满足资本化条件的费用支出应计入当期损益。开发阶段费用支出的资本化条件包括以下几个

方面：

（1）完成该无形资产以使其能够使用或出售在技术上具有可行性。判断无形资产的开发在技术上是否具有可行性，应当以目前阶段的成果为基础，并提供相关证据和材料，证明企业进行开发所需的技术条件等已经具备，不存在技术上的障碍或其他不确定性。

（2）具有完成该无形资产并使用或出售的意图。开发某项产品或专利技术产品等，通常是根据管理当局决定该项研发活动的目的或者意图所决定，即研发项目形成成果以后，是为出售，还是为自己使用并从使用中获得经济利益，应当依管理当局的意图而定。因此，企业的管理当局应能够说明其持有拟开发无形资产的目的，并具有完成该项无形资产开发并使其能够使用或出售的可能性。

（3）无形资产产生经济利益的方式，包括能够证明运用该无形资产生产的产品存在市场或无形资产自身存在市场，无形资产将在内部使用的，应当证明其有用性。无形资产确认的基本条件是能够为企业带来未来经济利益。就其能够为企业带来未来经济利益的方式而言，如果有关的无形资产在形成以后，主要是用于形成新产品或新工艺的，企业应对运用该无形资产生产的产品市场情况进行估计，应能够证明所生产的产品存在市场，能够带来经济利益的流入；如果有关的无形资产开发以后主要是用于对外出售的，则企业应能够证明市场上存在对该类无形资产的需求，开发以后存在外在的市场可以出售并带来经济利益的流入；如果无形资产开发以后不是用于生产产品，也不是用于对外出售，而是在企业内部使用的，则企业应能够证明在企业内部使用时对企业的有用性。

（4）有足够的技术、财务资源和其他资源支持，以完成该无形资产的开发，并有能力使用或出售该无形资产。这个条件要求：①为完成该项无形资产开发具有技术上的可靠性。开发无形资产并使其形成成果在技术上的可靠性是继续开发活动的关键。因此，必须有确凿证据证明企业继续开发该项无形资产有足够的技术支持和技术能力。②财务资源和其他资源支持。财务和其他资源支持是指能够完成该项无形资产开发的经济基础，因此，企业必须能够说明为完成该项无形资产的开发所需的财务和其他资源，是否能够足以支持完成该项无形资产的开发。③能够证明企业在开发过程中所需的技术、财务和其他资源，以及企业获得这些资源的相关计划等。如在企业自有资金不足以提供支持的情况下，是否存在外部其他方面的资金支持，如以银行等借款机构愿意为该无形资产的开发提供所需资金的声明等来证实。④有能力使用或出售该无形资产以取得收益。

（5）归属于该无形资产开发阶段的支出能够可靠计量。

**【思政课堂】　　　　　研发投入是创新的物质基础和保证**

创新是推动社会发展和进步的关键因素，它涉及从科技、经济到教育、文化等多个领域。科技创新是推动国家综合国力和国际竞争力的重要动力。它能够帮助企业突破困境，开创新的市场和业务，是实现转型、发展和保持竞争优势的关键。习近平总书记在党的二十大报告中要求："以国家战略需求为导向，集聚力量进行原创性引领性科技攻关，坚决打赢关键核心技术攻坚战"，"强化企业科技创新主体地位，发挥科技型骨干企业引领支撑作用，营造有利于科技型中小微企业成长的良好环境，推动创新链产业链资金链人才链深度融合"。研发投入是创新的物质基础和保证。十几年来，我国全社会研发经费支出从一万亿元增加到二万八千亿元，居世界第二位。当前我国已进入创新型国家行列，经济发展的规模和质量有显著提高，这与我国政府重视、经济主体努力是密不可分的。在创新方面取得优异成绩的企业有很多，华为技术有限公司就是其中的骨干代表之一。

### 三、内部研究开发费用的账务处理

为了正确计算企业的利润以及合理地对无形资产进行确认，需要设置"研发支出"会计科目，以反映企业内部在研发过程中发生的支出。"研发支出"科目应当按照研究开发项目，区分"费用化支出"与"资本化支出"进行明细核算。企业的研发支出包括直接发生的和分配计入的两部分。直接发生的研发支出，包括研发人员工资、材料费，以及相关设备折旧费等；分配计入的研发支出是指企业同时从事多项研究开发活动时，所发生的支出按照合理的标准在各项研究开发活动之间进行分配计入的部分。研发支出无法明确分配的，应当计入当期损益，不计入开发活动的成本。

企业自行开发无形资产发生的研发支出，对于不满足资本化条件的，应当借记"研发支出——费用化支出"科目，满足资本化条件的，借记"研发支出——资本化支出"科目，贷记"原材料""银行存款""应付职工薪酬"等科目；研究开发项目达到预定用途形成无形资产时，应按"研发支出——资本化支出"科目的余额，借记"无形资产"科目，贷记"研发支出——资本化支出"科目。期末，企业应将本科目归集的费用化支出金额转入"管理费用"科目，借记"管理费用"科目，贷记"研发支出——费用化支出"科目。本科目期末借方余额，反映企业正在进行中的研究开发项目中满足资本化条件的支出。

【例7-11】华联实业股份有限公司因生产产品和适应数字经济发展的需要，组织两个科技创新项目。一是研究开发一项技术，二是研究开发公司自己的数据库。两项科技创新在研发过程中发生材料费326 000元，用银行存款支付数据加工等过程支出270 000元，应付工程师及其他人员薪酬680 000元，用银行存款支付设备租金6 900元。按照会计准则及相关规定，专业人员通过考虑所有事实和情况经甄别确认，上述各项支出应予以费用化的部分是362 000元；应予以资本化的部分是920 900元，其中应归属于技术发明的部分是527 000元，归属于数据库的部分是393 900元。另外，研究开发的技术成功申请了国家专利，在申请专利过程中发生注册费26 000元、聘请律师费6 800元；数据库符合无形资产定义和确认条件，因而确认为数据资源无形资产。根据上述资料有关计算和账务处理如下：

费用化支出=362 000元

资本化支出（专利权）=527 000+26 000+6 800=559 800（元）

资本化支出（数据资源）=393 900元

资本化支出合计=559 800+393 900=953 700（元）

研发支出发生时：

| | | |
|---|---|---|
| 借：研发支出——费用化支出 | 362 000 | |
| 　　　　——资本化支出 | 953 700 | |
| 　贷：原材料 | | 326 000 |
| 　　应付职工薪酬 | | 680 000 |
| 　　银行存款 | | 309 700 |

研发项目达到预定用途时：

| | | |
|---|---|---|
| 借：无形资产——专利权 | 559 800 | |
| 　　　　——数据资源 | 393 900 | |
| 　贷：研发支出——资本化支出 | | 953 700 |

期末结转费用化支出时：

| | | |
|---|---|---|
| 借：管理费用 | 362 000 | |
| 　贷：研发支出——费用化支出 | | 362 000 |

# 第四节　无形资产的后续计量

无形资产初始确认和计量以后，由于对其使用和科学技术进步等因素的影响，它的价值会由于转移和贬值而减少。无形资产的后续计量是指在某一个时点上对无形资产价值余额的计量。主要业务包括无形资产的摊销以及减值损失的确定。其中，无形资产减值损失的确定在资产减值问题中单独阐述，不在本节中涉及。本节只说明无形资产的摊销问题。

无形资产能够给企业在一定时期内带来经济利益，因此理论上无形资产的价值应按无形资产的受益期体现在各期的损益中，这在会计上称为无形资产的摊销。无形资产的摊销主要涉及三个方面的问题，即使用寿命的确定、摊销方法的选择和摊销金额的列支去向。

## 一、无形资产使用寿命的确定与复核

会计上是以无形资产的使用寿命为摊销期进行无形资产价值的摊销。无形资产的使用寿命分为有限和无限两种。由于使用寿命无限的无形资产的价值不再进行摊销，而只有使用寿命有限的无形资产才存在价值的摊销问题，所以企业应当在取得无形资产时就对其使用寿命进行分析和判断，对无形资产的使用寿命作出合理的估计。在这一过程中通常需要考虑的因素有以下几个方面：

（1）该资产通常的产品寿命周期、可获得的类似资产使用寿命的信息；

（2）技术、工艺等方面的现阶段情况及对未来发展趋势的估计；

（3）以该资产生产的产品（或服务）的市场需求情况；

（4）现在或潜在的竞争者预期采取的行动；

（5）为维持该资产产生未来经济利益能力的预期维护支出，以及企业预计支付有关支出的能力；

（6）对该资产的控制期限、使用的法律或类似限制，如特许使用期间、租赁期间等；

（7）与企业持有的其他资产使用寿命的关联性等。

具体来讲，无形资产使用寿命可按如下原则进行确定：由于企业持有的无形资产，通常来源于合同性权利或是其他法定权利，这些无形资产的使用寿命一般在合同里或法律上都有明确的规定。按照我国会计准则的规定，对于来源于合同性权利或其他法定权利的无形资产，其使用寿命不应超过合同性权利或其他法定权利的期限。但如果企业使用无形资产预期期限短于合同性权利或其他法定权利规定的期限的，应当按照企业使用无形资产的预期期限确定其使用寿命。比如，企业取得的一项专利权，国家法律规定的保护期限为10年，企业预计利用该项无形资产所生产的产品或提供的劳务在未来8年内为企业带来经济利益，则该项专利权的使用寿命为8年。如果合同性权利或其他法定权利能够在到期时因续约等延续，且有证据表明企业续约不需要付出大额成本，续约期应当计入使用寿命。

下列情况一般说明企业无须付出重大成本即可延续合同性权利或其他法定权利：有证据表明合同性权利或法定权利将被重新延续，如果在延续之前需要第三方同意，则还需有第三方将会同意的证据；有证据表明为获得重新延续所必需的所有条件相对于企业的未来经济利益不具有重要性。如果企业在延续无形资产持有期间时付出的成本与预期流入企业的未来经济利益相比具有重要性，本质上来看是企业获得了一项新的无形资产。

合同或法律没有规定使用寿命的，企业应当综合各方面情况进行判断，以确定无形资产能为企业带来未来经济利益的期限。可以采取与同行业的情况进行比较、参考历史经验，或聘请相关专家进行论证等方法加以确定。比如企业数据资源无形资产，在估计其使用寿命时要考虑数据资源相关业务模式、权利限制、更新频率和时效性、有关产品或技术迭代、同类竞品等因素；又如主要从事APP营销推送服务的企业，由于行业对客户数据实时性的要求较高，应基于历史数据，根据业务模式、市场同类产品功能等因素分析确定其能够服务的寿命。如果按照上述方法仍无法合理确定无形资产为企业带来经济利益期限的，则该项无形资产应作为使用寿命不确定的无形资产而不进行摊销，但应进行减值测试。

无形资产使用寿命确定以后并不是一成不变的，随着相关影响因素的变化，有限的使用寿命可能延长或缩短；而使用寿命不能确定的无形资产，其使用寿命可能会变得能够确定。我国会计准则规定，企业至少应当于每年年度终了，对无形资产的使用寿命及摊销方法进行复核，如果有证据表明无形资产的使用寿命及摊销方法不同于以前的估计，则对于使用寿命有限的无形资产，应改变其摊销年限及摊销方法，并按照会计估计变更进行处理。对于使用寿命不确定的无形资产，如果有证据表明其使用寿命是有限的，则应视为会计估计变更，应当估计其使用寿命并按照使用寿命有限的无形资产的处理原则进行处理。

### 二、无形资产摊销方法

可供企业选择的无形资产的摊销方法有很多，如直线法、生产总量法和年数总和法等。目前，国际上普遍采用的主要是直线法。企业选择什么样的摊销方法，主要取决于企业与无形资产有关经济利益的预期实现方式，不同会计期间都要贯彻始终。一般而言，专利权和专有技术等无形资产，由于受技术陈旧因素影响较大，可以采用类似固定资产加速折旧的方法进行摊销，有利于鼓励企业创新，提高企业竞争力；数据资源无形资产，由于市场因素的作用，数据的时效性可能逐年递减，所以也可以采用类似固定资产加速折旧的方法进行摊销；对于有特定产量限制的特许权等无形资产，应采用产量法进行摊销；如果企业由于各种原因难以可靠确定资产消耗方式时，则应当采用直线法对无形资产的应摊销金额进行系统、合理的摊销。

无形资产每期的摊销额应按照无形资产的应摊销金额进行计算。无形资产的应摊销金额与无形资产的入账价值并不完全一致。除了应考虑入账价值这一基本因素之外，还应该考虑无形资产的残值和无形资产减值准备金额。在一般情况下，使用寿命有限的无形资产，其残值应视为零。但是如果有第三方承诺在无形资产使用寿命结束时购买该无形资产，或者可以根据活跃市场得到残值信息，并且该活跃市场在无形资产使用寿命结束时很可能存在的情况下，则该无形资产应有残值，可以加以预计。无形资产的残值意味着在其经济寿命结束之前企业预计将会处置该无形资产，并且从该处置中取得利益。估计无形资产的残值应以资产处置时的可收回金额为基础，此时的可收回金额是指在预计出售日，出售一项使用寿命已满且处于类似使用状况下同类无形资产预计的处置价格（扣除相关税费）。残值确定以后，在持有无形资产的期间，至少应于每年年末进行复核，预计其残值与原估计金额不同的，应按照会计估计变更进行处理。如果无形资产的残值重新估计以后高于其账面价值的，无形资产不再摊销，直至残值降至低于账面价值时再恢复摊销。采用直线法时，有关计算如下：

应摊销金额=无形资产入账成本-残值-已计提减值准备

$$每期应摊销金额=\frac{无形资产应摊销金额}{无形资产摊销期}$$

需要注意的是，无形资产的摊销期自其可供使用时（达到预定可使用状态时）起至终止确认时止。无形资产当月增加时，当月就开始进行无形资产的摊销，而在无形资产减少的当月就不再进行摊销。

### 三、无形资产摊销的账务处理

在过去，我国并不区分无形资产的用途，其每期的摊销额都计入管理费用，没有指明有其他的列支去向。现行会计准则借鉴了国际会计准则的做法，规定无形资产的摊销金额一般应确认为当期损益，计入管理费用。如果某项无形资产包含的经济利益是通过所生产的产品或其他资产实现的，无形资产的摊销金额可以计入产品或其他资产的成本中。

企业摊销无形资产进行账务处理时，也同样不像过去那样直接冲减无形资产的账面价值，而是单独设置"累计摊销"科目，反映因摊销而减少的无形资产价值。企业按月计提无形资产摊销额时，借记"管理费用""制造费用""其他业务成本"等科目，贷记"累计摊销"科目。本科目期末贷方余额，反映企业无形资产的累计摊销额。

【例7-12】华联实业股份有限公司根据新产品生产的需要，2×24年1月1日购入一项专利权。根据相关法律的规定，购买时该项专利权的使用寿命为10年，企业采用直线法按10年期限进行摊销。专利权购买成本为2 600 000元。专利权残值为零。

购买专利权时：

借：无形资产　　　　　　　　　　　　　　　　　　　　　　2 600 000
　　贷：银行存款　　　　　　　　　　　　　　　　　　　　　　2 600 000

专利权每年摊销额=2 600 000÷10=260 000（元）

借：制造费用　　　　　　　　　　　　　　　　　　　　　　260 000
　　贷：累计摊销　　　　　　　　　　　　　　　　　　　　　　260 000

需要注意的是，企业应当至少于每年年度终了，对使用寿命有限的无形资产的使用寿命及未来经济利益的实现方式进行复核。如果无形资产的预计使用寿命及经济利益预期实现方式与以前估计相比不同，就应当改变摊销期限和摊销方法。同时，如果无形资产计提了减值准备，则无形资产减值准备金额要从应摊销金额中扣除，以后每年的摊销金额要重新调整计算。

仍以【例7-12】的资料为例，假如2×25年年末，华联实业股份有限公司对上例无形资产进行减值测试。经计算其可收回金额1 800 000元，预计使用年限与原先估计相同，使用2年后，尚可使用8年。

根据2×25年当年应摊销金额260 000元，做账务处理如下：

借：制造费用　　　　　　　　　　　　　　　　　　　　　　260 000
　　贷：累计摊销　　　　　　　　　　　　　　　　　　　　　　260 000

2×22年减值额=2 600 000-260 000×2-1 800 000=280 000（元）

借：资产减值损失　　　　　　　　　　　　　　　　　　　　280 000
　　贷：无形资产减值准备　　　　　　　　　　　　　　　　　　280 000

2×26年年末，专利权摊销金额应扣除已计提减值准备280 000元进行计算，计算过程及账务处理如下：

2×26年应摊销金额=（2 600 000-260 000×2-280 000）÷8=225 000（元）（或者1 800 000÷8=225 000（元）

借：制造费用　　　　　　　　　　　　　　　　　　　　　　225 000
　　贷：累计摊销　　　　　　　　　　　　　　　　　　　　　　225 000

假如2×26年年末，华联实业股份有限公司根据市场有关因素变化趋势判断，公司2×24年购买的专利权4年后将被淘汰，不能再为企业带来经济利益，决定使用4年后不再使用，因此对该项专利权的使用寿命应变更为4年。

据此2×27年无形资产摊销金额的计算及账务处理如下：

2×27年应摊销金额＝（2 600 000−260 000×2−280 000−225 000）÷4＝393 750（元）

借：制造费用　　　　　　　　　　　　　　　　　　　　　　　　　393 750

　　贷：累计摊销　　　　　　　　　　　　　　　　　　　　　　　　　　393 750

【例7-13】华联实业股份有限公司，2×24年1月1日取得一项数据资源无形资产，入账价值450 000元，根据专家估计，预计使用寿命5年。由于该项无形资产的时效性未来呈逐年递减的趋势，采用年数总和法进行摊销。有关计算及账务处理如下：

2×24年应摊销金额＝450 000×$\frac{5}{15}$＝150 000（元）

2×25年应摊销金额＝450 000×$\frac{4}{15}$＝120 000（元）

2×26年应摊销金额＝450 000×$\frac{3}{15}$＝90 000（元）

2×27年应摊销金额＝450 000×$\frac{2}{15}$＝60 000（元）

2×28年应摊销金额＝450 000×$\frac{1}{15}$＝30 000（元）

2×24年账务处理：

借：管理费用　　　　　　　　　　　　　　　　　　　　　　　　　150 000

　　贷：累计摊销　　　　　　　　　　　　　　　　　　　　　　　　　　150 000

以后各年根据各年应摊销金额的账务处理省略。

上面我们提到的都是关于有期限无形资产的摊销问题，对于没有期限的无形资产，即使用寿命无法合理估计的无形资产虽然在持有期间不需要摊销，但是按照《企业会计准则第8号——资产减值》的规定，在期末时经过重新复核使用寿命仍然不确定的，需要进行减值测试，减值时计提减值准备，并根据计提的减值准备金额，借记"资产减值损失"科目，贷记"无形资产减值准备"科目。

# 第五节　无形资产的处置

无形资产的处置，是指由于无形资产出售、对外出租、对外捐赠，或者是无法为企业未来带来经济利益时（报废），对无形资产的转销并终止确认。

## 一、无形资产的出售

企业出售某项无形资产，意味着企业放弃该项资产所有权，应终止确认，转销无形资产的摊余价值。如果出售的无形资产已计提了减值准备，在出售时还应将已计提的减值准备加以注销。企业出售无形资产应按6%的增值税税率计算缴纳增值税，其中土地使用权出售时增值税税率为9%。企业出售无形资产的净损益，计入资产处置损益。

【例7-14】2×24年7月5日，华联实业股份有限公司将一项产品类商标出售。该产品类商标账面余额300 000元，已摊销金额90 000元，已计提减值准备10 000元，增值税专用发票注明价格250 000元，应交增值税15 000元，款项265 000元收到并存入银行。

无形资产账面价值＝300 000−90 000−10 000＝200 000（元）

出售净收益＝250 000−200 000＝50 000（元）

| 借：银行存款 | 265 000 |
| 累计摊销 | 90 000 |
| 无形资产减值准备 | 10 000 |
| 贷：无形资产 | 300 000 |
| 应交税费——应交增值税（销项税额） | 15 000 |
| 资产处置损益 | 50 000 |

### 二、无形资产的出租

无形资产出租是指企业将所拥有的无形资产的使用权让渡给他人并收取租金的与企业日常活动相关的其他经营活动业务，如出租商标使用权等。出租无形资产应收取的租金一般可以按照固定金额或者销售额的一定百分比等方法计算。在满足收入确认条件的情况下，应确认相关的收入及成本。无形资产出租业务作为经营活动业务的一部分，其取得的租金收入作为营业收入，计入其他业务收入，确认时，借记"银行存款"等科目，贷记"其他业务收入"科目；摊销的无形资产的成本，借记"其他业务成本"科目，贷记"累计摊销"科目；无形资产出租，即转让无形资产使用权时，除了符合法律规定的免征增值税项目外，应计算缴纳增值税，如出租商标使用权等，增值税税率为6%。

【例7-15】2×24年1月1日，华联实业股份有限公司将某产品商标权出租给L公司使用，租期为5年，每年收取固定租金200 000元，应交增值税12 000元。华联实业股份有限公司在出租期间内不再使用该商标权。出租商标权初始入账价值为150 000元，预计使用年限为10年，采用直线法摊销。会计处理如下：

（1）每年收取租金、增值税，确认收入时：

| 借：银行存款 | 212 000 |
| 贷：其他业务收入 | 200 000 |
| 应交税费——应交增值税（销项税额） | 12 000 |

（2）出租期内每年对该商标权进行摊销时：

| 借：其他业务成本 | 15 000 |
| 贷：累计摊销 | 15 000 |

### 三、无形资产的报废

无形资产未来能否给企业带来经济利益由于受到很多不可预知因素的影响而变得具有很大的不确定性。如果在无形资产使用的某一个期间，由于各种因素的影响，使得无形资产预期不能再为企业带来经济利益，则不再符合无形资产的定义，应将该无形资产转入报废并予以注销。报废无形资产的账面价值作为非流动资产处置损失，应予以转销，计入营业外支出。

【例7-16】由于生产技术的快速发展，华联实业股份有限公司对有关因素进行综合后判断，A专利权未来给企业带来经济利益已经变得非常困难，因此公司按规定将其做报废处理。A专利权做报废处理时账面余额2 160 000元，已摊销金额1 850 000元。

报废损失=2 160 000-1 850 000=310 000（元）

| 借：累计摊销 | 1 850 000 |
| 营业外支出——非流动资产报废 | 310 000 |
| 贷：无形资产 | 2 160 000 |

## 复习思考题

1. 什么是无形资产？无形资产包括哪些内容？

2. 无形资产有何特征？如何分类？

3. 企业外购无形资产入账价值如何确定？

4. 企业投资转入固定资产入账价值如何确定？

5. 企业通过非货币性资产交换取得无形资产入账价值如何确定？

6. 企业通过债务重组取得无形资产入账价值如何确定？

7. 什么是研究阶段？什么是开发阶段？

8. 内部研究开发费用的确认和计量原则有哪些？

9. 如何确定无形资产的使用寿命？

10. 无形资产摊销方法有哪些？会计处理特点有哪些？

自测题

# 第八章 投资性房地产

## 第一节 投资性房地产概述

### 一、投资性房地产的性质

房地产是土地和房屋及其权属的总称。我国土地实行公有制，归国家或集体所有，任何单位和个人只能取得土地使用权而不能取得土地所有权。因此，房地产中的土地是指土地使用权，房屋是指土地上的房屋等建筑物及构筑物。

随着我国房地产市场的日益活跃，企业持有的房地产除了用作自身管理、生产经营活动场所和对外销售之外，还出现了将房地产用于赚取租金或增值收益的活动。其中，用于赚取租金或增值收益的房地产，就属于投资性房地产。确切地说，投资性房地产是指为赚取租金或资本增值，或者两者兼有而持有的房地产。

投资性房地产的主要形式是出租建筑物和土地使用权，其实质是让渡资产使用权，所获得的租金属于让渡资产使用权取得的使用费收入，是企业为完成其经营目标所从事的经常性活动以及与之相关的其他活动形成的经济利益总流入；投资性房地产的另一种形式是持有并准备增值后转让的土地使用权，其目的是增值后转让以赚取增值收益，也是企业为完成其经营目标所从事的经常性活动以及与之相关的其他活动形成的经济利益总流入。因此，出租建筑物和土地使用权以及持有土地使用权并准备增值后转让属于企业的日常活动，所获得的经济利益总流入构成企业的收入。

对某些企业而言，出租建筑物和土地使用权以及持有土地使用权并准备增值后转让属于为完成其经营目标所从事的经常性活动，取得的租金收入或转让增值收益构成企业的主营业务收入；但对大部分企业而言，出租建筑物和土地使用权以及持有土地使用权并准备增值后转让属于与经常性活动相关的其他活动，取得的租金收入或转让增值收益构成企业的其他业务收入。

为了更加清晰地反映企业所持有房地产的构成情况和盈利能力，需要将投资性房地产与企业自用的房地产以及作为存货的房地产区别开来，单独作为一个资产项目予以核算和反映。

### 二、投资性房地产的范围

#### （一）属于投资性房地产的项目

投资性房地产的范围限于已出租的土地使用权、持有并准备增值后转让的土地使用权以及已出租的建筑物。

1.已出租的土地使用权

已出租的土地使用权，是指企业通过出让或转让方式取得的、以经营租赁方式出租的土地使用权。企业取得的土地使用权包括在一级市场上以交纳土地出让金的方式取得的土地使用权，也包括在二级市场上接受其他单位转让取得的土地使用权。企业将通过上述方式取得的土地使用权以经营租赁方式出租给其他单位使用的，属于投资性房地产。但是，承租人将以经营租赁方式租入的土地使用权再转租给其他单位的，不能确认为投资性房地产。例如，A公司与B公司签署了土地使用权租赁协议，A公司将其拥有的土地使用权以经营租赁方式出租给B公司使用，则从租赁协议约定的租赁期开始日起，该项土地使用权属于A公司的投资性房地产。但若B公司将租入的该项土地使用权又转租给C公司，则不能确认为B公司的投资性房地产。

延伸阅读8-1

租赁的分类

**2.持有并准备增值后转让的土地使用权**

企业取得的、准备增值后转让的土地使用权，很可能给企业带来资本增值收益，符合投资性房地产的定义。例如，企业因厂址搬迁，部分土地使用权停止自用，管理层决定继续持有这部分土地使用权，待其增值后再转让以赚取增值收益，则该土地使用权属于投资性房地产。

企业依法取得土地使用权后，应当按照国有土地有偿使用合同或建设用地批准书规定的期限动工开发建设，未经原批准用地的人民政府同意，超过规定的期限未动工开发建设的建设用地属于闲置土地。按照国家有关规定认定的闲置土地，不属于持有并准备增值后转让的土地使用权，也就不属于投资性房地产。

**3.已出租的建筑物**

已出租的建筑物，是指企业拥有产权的、以经营租赁方式出租的建筑物，包括自行建造或开发活动完成后用于出租的建筑物以及正在建造或开发过程中将来用于出租的建筑物。例如，A公司将其拥有产权的一栋厂房以经营租赁方式出租给B公司使用，自租赁期开始日起，该栋厂房属于A公司的投资性房地产。在判断和确认已出租的建筑物时，应当把握以下几个要点：

（1）用于出租的建筑物是指企业拥有产权的建筑物。企业以经营租赁方式租入再转租的建筑物不属于投资性房地产。例如，A公司与B公司签订了一项经营租赁合同，A公司将其拥有产权的一栋房屋以经营租赁方式出租给B公司使用；B公司将该房屋改装后用作营业场所，后因连续亏损，B公司又将其转租给C公司使用，以赚取租金差价。在这种情况下，该栋房屋对于A公司而言，属于投资性房地产，对于B公司而言，则不属于投资性房地产。

（2）已出租的建筑物是企业已经与其他方签订了租赁协议，约定以经营租赁方式出租的建筑物。从确认时点上来看，自租赁协议规定的租赁期开始日起，经营租出的建筑物才属于已出租的建筑物。对于企业持有的空置建筑物或在建建筑物，如果董事会或类似机构已作出正式书面决议，明确表示将其用于经营出租且持有意图短期内不再发生变化，即使尚未签订租赁协议，也可视为投资性房地产。这里所说的"空置建筑物"，是指企业新购入、自行建造或开发完成但尚未使用的建筑物，以及不再用于日常生产经营活动且经整理后达到可经营出租状态的建筑物。

（3）企业已将建筑物出租，按租赁协议向承租人提供的相关辅助服务在整个协议中不重大的，应当将该建筑物确认为投资性房地产。例如，企业将其拥有产权的办公楼经营出租给其他单位，同时向承租人提供保安、维修等日常辅助服务，企业应当将该办公楼确认为投资性房地产。

**（二）不属于投资性房地产的项目**

企业自用的房地产以及作为存货的房地产，不属于投资性房地产。

**1.自用房地产**

自用房地产，是指企业为生产商品、提供劳务或者经营管理而持有的房地产。自用房地产的特征是服务于企业自身的生产经营活动，其价值将随着房地产的使用而逐渐转移到企业的产品或服务中去，通过销售产品或提供服务为企业带来经济利益，在产生现金流量的过程中与企业持有的其他资产密切相关。例如，企业用于自身生产经营的厂房和办公楼属于固定资产，企业用于自身生产经营的土地使用权属于无形资产。需要注意的是，企业出租给本企业职工居住的宿舍，虽然也收取租金，但间接为企业自身的生产经营服务，因此具有自用房地产的性质；企业拥有并自行经营的旅馆或饭店，在向顾客提供住宿服务的同时，还提供餐饮、娱乐等其他服务，其经营目的主要是通过向客户提供服务取得劳务收入，因此，是企业的经营场所，属于自用房地产。

2. 作为存货的房地产

作为存货的房地产，通常是指房地产开发企业在正常经营过程中销售的或为销售而正在开发的商品房和土地。这部分房地产属于房地产开发企业的存货，其生产、销售构成企业的主营业务活动，产生的现金流量也与企业的其他资产密切相关。因此，具有存货性质的房地产不属于投资性房地产。

从事房地产经营开发的企业依法取得的、用于开发后出售的土地使用权，属于房地产开发企业的存货，即使房地产开发企业决定待增值后再转让其开发的土地，也不得将其确认为投资性房地产。

在实务中，存在某项房地产部分自用或作为存货出售、部分用于赚取租金或资本增值的情形。如果该项房地产不同用途的部分能够单独计量和出售，应当分别确认为固定资产（或无形资产、存货）和投资性房地产。例如，某开发商建造了一栋商住两用楼盘，一层出租给一家大型超市，已签订经营租赁合同；其余楼层均为普通住宅，正在公开销售中。在这种情况下，如果一层商铺能够单独计量和出售，应当确认为该企业的投资性房地产，其余楼层为该企业的存货，即开发产品。

### 三、投资性房地产的确认条件

投资性房地产只有在符合定义的前提下，同时满足下列条件的，才能予以确认：

（1）与该投资性房地产有关的经济利益很可能流入企业；

（2）该投资性房地产的成本能够可靠地计量。

对于已出租的土地使用权和已出租的建筑物，确认为投资性房地产的时点一般为租赁期开始日，即土地使用权和建筑物已进入出租状态、开始赚取租金的日期，但企业持有以备经营出租、可视为投资性房地产的空置建筑物或在建建筑物，确认为投资性房地产的时点是企业董事会或类似机构就该事项作出正式书面决议的日期。对于持有并准备增值后转让的土地使用权，确认为投资性房地产的时点是企业将自用土地使用权停止自用，准备增值后转让的日期。

### 四、投资性房地产的后续计量模式

投资性房地产的后续计量模式有成本模式和公允价值模式两种。企业通常应当采用成本模式对投资性房地产进行后续计量，有确凿证据表明投资性房地产的公允价值能够持续可靠取得的，也可以采用公允价值模式对投资性房地产进行后续计量。同一个企业只能采用一种后续计量模式，不得对一部分投资性房地产采用成本模式计量，对另一部分投资性房地产采用公允价值模式计量。

企业选择公允价值模式，就应当对其所有投资性房地产采用公允价值模式计量。在极少数情况下，采用公允价值模式对投资性房地产进行后续计量的企业，有证据表明某项投资性房地产在首次取得时（或某项房地产在完成建造或开发活动后或改变用途后首次成为投资性房地产时），其公允价值不能持续可靠地取得，应当对该投资性房地产采用成本模式计量直至处置，并且假设无残值。但是，采用成本模式对投资性房地产进行后续计量的企业，即使有证据表明某项投资性房地产在首次取得时（或某项房地产在完成建造或开发活动后或改变用途后首次成为投资性房地产时），其公允价值能够持续可靠地取得，仍应当对该投资性房地产采用成本模式计量。

# 第二节 投资性房地产的初始计量

投资性房地产无论采用哪一种后续计量模式，取得时均应当按照成本进行初始计量。投资性房地产的成本一般应当包括取得投资性房地产时和直至使该项投资性房地产达到预定可使用状态前所实际发生的各项必要的、合理的支出，如购买价款、土地开发费、建筑安装成本、应予以资本化的借款费用等。投资性房地产的取得渠道不同，成本的具体构成内容就会有所不同。

### 一、外购的投资性房地产

企业外购房地产的成本包括购买价款、相关税费和可直接归属于该资产的其他支出。如果外购的房地产部分用于出租（或资本增值）、部分自用，用于出租（或资本增值）的部分可以单独确认为投资性房地产的，应按照不同部分的公允价值占公允价值总额的比例将成本在不同部分之间进行合理分配。

采用成本模式计量的企业，外购投资性房地产时，应按照确定的实际成本，借记"投资性房地产"科目，贷记"银行存款"等科目。采用公允价值模式计量的企业，应当在"投资性房地产"科目下设置"成本"和"公允价值变动"两个明细科目，分别核算投资性房地产的取得成本和持有期间的累计公允价值变动金额，外购投资性房地产时，按照确定的实际成本，借记"投资性房地产——成本"科目，贷记"银行存款"等科目。

【例8-1】2×22年8月，华联实业股份有限公司计划购入某写字楼的部分楼层用于对外出租。8月10日，华联公司与B公司签订了经营租赁合同，约定自购买日起，将所购的写字楼部分楼层全部出租给B公司使用，租赁期为5年。8月31日，华联公司购入写字楼的部分楼层，实际支付购买价款2 400万元。根据租赁合同，租赁期开始日为2×22年9月1日。

（1）假定华联公司采用成本模式进行后续计量。

借：投资性房地产——写字楼　　　　　　　　　　　24 000 000

　　贷：银行存款　　　　　　　　　　　　　　　　　　　24 000 000

（2）假定华联公司采用公允价值模式进行后续计量。

借：投资性房地产——写字楼（成本）　　　　　　　24 000 000

　　贷：银行存款　　　　　　　　　　　　　　　　　　　24 000 000

延伸阅读8-2

购进房地产
进项税额

### 二、自行建造的投资性房地产

企业自行建造的投资性房地产，其成本由建造该项资产达到预定可使用状态前发生的必要支出构成，包括土地开发费、建筑安装成本、应予以资本化的借款费用、支付的其他费用和分摊的间接费用等。建造过程中发生的非正常损失直接计入当期营业外支出，不计入建造成本。

采用成本模式计量的企业，自行建造的投资性房地产达到可使用状态时，应按照确定的实际成本，借记"投资性房地产"科目，贷记"投资性房地产——在建"科目或"在建工程""开发成本"等科目；采用公允价值模式计量的企业，自行建造的投资性房地产达到可使用状态时，应按照确定的实际成本，借记"投资性房地产——成本"科目，贷记"投资性房地产——在建"科目或"在建工程""开发成本"等科目。

【例8-2】2×24年2月，华联实业股份有限公司从其他单位购入一项土地使用权，用于自行建造 3 栋厂房。2×24 年 11 月 30 日，3 栋厂房同时完工，每栋厂房的实际造价均为 1 500 万元，能够单独出售。同日，华联公司董事会作出书面决议，将其中一栋厂房用于经营出租，并与 C 公司签订了经营租赁合同，将该栋厂房出租给 C 公司使用，租赁期为 5 年，租赁期开始日为 2×24 年 12 月 1 日。其余两栋厂房作为生产车间，用于本企业的产品生产。租赁期开始日，用于建造厂房的土地使用权账面价值为 2 850 万元。

（1）假定华联公司采用成本模式进行后续计量。

转换为投资性房地产的土地使用权成本=$2\,850\times\dfrac{1\,500}{4\,500}=950$（万元）

| | |
|---|---|
| 借：固定资产——厂房 | 30 000 000 |
| 投资性房地产——厂房 | 15 000 000 |
| 贷：在建工程 | 45 000 000 |
| 借：投资性房地产——土地使用权 | 9 500 000 |
| 贷：无形资产——土地使用权 | 9 500 000 |

（2）假定华联公司采用公允价值模式进行后续计量。

| | |
|---|---|
| 借：固定资产——厂房 | 30 000 000 |
| 投资性房地产——厂房（成本） | 15 000 000 |
| 贷：在建工程 | 45 000 000 |
| 借：投资性房地产——土地使用权（成本） | 9 500 000 |
| 贷：无形资产——土地使用权 | 9 500 000 |

# 第三节　投资性房地产的后续计量

## 一、采用成本模式计量的投资性房地产

企业选择成本模式，就应当对其所有投资性房地产采用成本模式进行后续计量。采用成本模式进行后续计量的企业，对投资性房地产会计处理的基本要求与固定资产或无形资产相同，即按照固定资产的有关规定按月计提折旧，或者按照无形资产的有关规定按月摊销成本，计提的折旧或摊销的成本计入其他业务成本。按月计提折旧时，按照计算的建筑物月折旧额，借记"其他业务成本"科目，贷记"投资性房地产累计折旧"科目；按月摊销成本时，按照计算的土地使用权月摊销额，借记"其他业务成本"科目，贷记"投资性房地产累计摊销"科目。投资性房地产取得的租金收入，借记"银行存款"等科目，贷记"其他业务收入"等科目。

投资性房地产存在减值迹象的，适用《企业会计准则第8号——资产减值》的有关规定。经减值测试后确定发生减值的，应当计提减值准备，借记"资产减值损失"科目，贷记"投资性房地产减值准备"科目。已经计提减值准备的投资性房地产，其减值损失在以后的会计期间不得转回。

【例8-3】2×22 年 8 月 31 日，华联实业股份有限公司购入某写字楼的部分楼层用于经营出租，实际支付购买价款 2 400 万元。该写字楼折旧年限为 20 年，预计净残值为零，采用直线法计提折旧。2×22 年 9 月 1 日，华联公司将该外购的写字楼部分楼层以经营租赁方式出租给 B 公司使用。租赁合同约定，写字楼租赁期为 5 年，年租金为 138 万元，B 公司须于每年 8 月 31 日之前预付下一租赁年度的租金。华联公司对投资性房地产采用成本模式进行后续计量。2×24 年 12 月 31 日，写字楼出现减值迹象，经减值测试，确定其可收回金额为 1 800 万元。

（1）2×22年8月31日，预收租金。

借：银行存款　　　　　　　　　　　　　　　　　　　　1 380 000

　　贷：合同负债——B公司　　　　　　　　　　　　　　　　　　1 380 000

（2）2×22年9月30日，计提折旧。

$$月折旧额=\frac{2\ 400}{20\times12}=10（万元）$$

借：其他业务成本　　　　　　　　　　　　　　　　　　100 000

　　贷：投资性房地产累计折旧　　　　　　　　　　　　　　　　100 000

（3）2×22年9月30日，确认租金收入。

$$月租金收入=\frac{138}{12}=11.5（万元）$$

借：合同负债——B公司　　　　　　　　　　　　　　　115 000

　　贷：其他业务收入　　　　　　　　　　　　　　　　　　　　115 000

（4）2×24年12月31日，计提减值准备。

投资性房地产账面价值=2 400-10×28=2 120（万元）

投资性房地产减值金额=2 120-1 800=320（万元）

借：资产减值损失　　　　　　　　　　　　　　　　　　3 200 000

　　贷：投资性房地产减值准备　　　　　　　　　　　　　　　　3 200 000

**二、采用公允价值模式计量的投资性房地产**

**（一）采用公允价值模式计量的条件**

投资性房地产采用公允价值模式进行后续计量，应当同时满足以下两个条件：（1）投资性房地产所在地有活跃的房地产交易市场。所在地，通常指投资性房地产所在的城市。对于大中型城市，应当为投资性房地产所在的城区。（2）企业能够从活跃的房地产交易市场上取得同类或类似房地产的市场价格及其他相关信息，从而对投资性房地产的公允价值作出合理的估计。同类或类似的房地产，对建筑物而言，是指所处地理位置和地理环境相同、性质相同、结构类型相同或相近、新旧程度相同或相近、可使用状况相同或相近的建筑物；对土地使用权而言，是指同一位置区域、所处地理环境相同或相近，可使用状况相同或相近的土地。

投资性房地产的公允价值，是指在公平交易中，熟悉情况的当事人之间自愿进行房地产交换的价格。确定投资性房地产的公允价值时，可以参照活跃市场上同类或类似房地产的现行市场价格（市场公开报价）；无法取得同类或类似房地产现行市场价格的，可以参照活跃市场上同类或类似房地产的最近交易价格，并考虑交易情况、交易日期、所在区域等因素，对投资性房地产的公允价值作出合理的估计；也可以基于预计未来获得的租金收益和相关现金流量的现值计量。

**（二）采用公允价值模式计量的会计处理**

投资性房地产采用公允价值模式进行后续计量的，不需要计提折旧或摊销，应当以资产负债表日的公允价值计量，公允价值的变动计入当期损益。资产负债表日，投资性房地产的公允价值高于其账面余额时，应按二者之间的差额，调增投资性房地产的账面余额，同时确认公允价值上升的收益，借记"投资性房地产——公允价值变动"科目，贷记"公允价值变动损益"科目；投资性房地产的公允价值低于其账面余额时，应按二者之间的差额，调减投资性房地产的账面余额，同时确认公允价值下跌的损失，借记"公允价值变动损益"科目，贷记"投资性房地产——公允价值变动"科目。

【例8-4】2×24年5月20日，某房地产开发公司与D公司签订经营租赁协议，约定将房地产开发公司自行开发的一栋写字楼于开发完成后租赁给D公司使用，租赁期为8年。该房地产开发公司对投资性房地产采用公允价值模式进行后续计量。2×24年6月1日，写字楼开发完成，实际造价为7 500万元，根据租赁协议，当日即为租赁期开始日。2×24年12月31日，该写字楼的公允价值为8 000万元。

（1）2×24年6月1日，写字楼开发完成并出租。

借：投资性房地产——写字楼（成本）                                    75 000 000

  贷：开发成本                                           75 000 000

（2）2×24年12月31日，确认公允价值变动损益。

借：投资性房地产——写字楼（公允价值变动）                    5 000 000

  贷：公允价值变动损益                                 5 000 000

### 三、投资性房地产后续计量模式的变更

为保证会计信息的可比性，投资性房地产的计量模式一经确定，不得随意变更。只有在房地产市场比较成熟、有确凿证据表明投资性房地产的公允价值能够持续可靠取得、可以满足采用公允价值模式条件的情况下，企业才能将投资性房地产的计量从成本模式转为公允价值模式。已采用公允价值模式计量的投资性房地产，不得从公允价值模式转为成本模式。

成本模式转为公允价值模式，应当作为会计政策变更处理，按计量模式变更时投资性房地产的公允价值与账面价值的差额，调整期初留存收益。

【例8-5】华联实业股份有限公司的投资性房地产原采用成本模式进行后续计量。由于华联公司所在地的房地产市场现已比较成熟，房地产的公允价值能够持续可靠地取得，可以满足采用公允价值模式的条件，华联公司决定从2×24年1月1日起，对投资性房地产采用公允价值模式进行后续计量。华联公司作为投资性房地产核算的资产有两项，一项是成本为5 600万元、累计已提折旧为700万元的写字楼；另一项是成本为1 800万元、累计已摊销金额为450万元的土地使用权。2×24年1月1日，写字楼的公允价值为5 200万元，土地使用权的公允价值为1 600万元。华联公司按净利润的10%提取盈余公积。

（1）写字楼转为公允价值模式计量。

借：投资性房地产——写字楼（成本）                        52 000 000

    投资性房地产累计折旧                              7 000 000

  贷：投资性房地产——写字楼                         56 000 000

    盈余公积                                         300 000

    利润分配——未分配利润                          2 700 000

（2）土地使用权转为公允价值模式计量。

借：投资性房地产——土地使用权（成本）                    16 000 000

    投资性房地产累计摊销                           4 500 000

  贷：投资性房地产——土地使用权                      18 000 000

    盈余公积                                         250 000

    利润分配——未分配利润                          2 250 000

# 第四节 投资性房地产的后续支出

## 一、投资性房地产后续支出的处理原则

投资性房地产的后续支出，是指已确认为投资性房地产的项目在持有期间发生的与投资性房地产使用效能直接相关的各种支出，如改建扩建支出、装修装潢支出、日常维修支出等。

投资性房地产发生的后续支出，如果延长了投资性房地产的使用寿命或明显改良了投资性房地产的使用效能，从而导致流入企业的经济利益超过了原先的估计，能够满足投资性房地产确认条件的，应当计入投资性房地产的成本。例如，企业为了使投资性房地产更加坚固耐用而对其进行改建扩建所发生的支出，或为了提高投资性房地产使用效能而对其进行装修装潢所发生的支出，一般可以满足投资性房地产的确认条件，应当将其资本化，计入投资性房地产的成本。

投资性房地产发生的后续支出，如果只是维护或恢复投资性房地产原有的使用效能，不可能导致流入企业的经济利益超过原先的估计，应当在发生时计入当期损益。例如，企业为了保持投资性房地产的正常使用效能而对其进行日常维护和修理所发生的支出，不能满足投资性房地产的确认条件，应当将其费用化，计入支付当期损益。

## 二、资本化的后续支出

企业对某项投资性房地产进行改建扩建等再开发，如果再开发活动完成后仍作为投资性房地产的，再开发期间应继续将其作为投资性房地产，再开发期间不计提折旧或摊销。

采用成本模式计量的，投资性房地产转入再开发时，应将其转为在建的投资性房地产，即按其账面价值，借记"投资性房地产——在建"科目，按其累计已提折旧或累计已摊销金额，借记"投资性房地产累计折旧（摊销）"科目，按其账面原价，贷记"投资性房地产"科目；发生的资本化改建扩建支出或装修装潢支出，计入投资性房地产的成本，借记"投资性房地产——在建"科目，贷记"银行存款"等科目；改建扩建或装修装潢完成后，应当从在建的投资性房地产转回到在用的投资性房地产，借记"投资性房地产"科目，贷记"投资性房地产——在建"科目。

【例8-6】华联实业股份有限公司对投资性房地产采用成本模式进行后续计量。该公司与B公司签订的一项厂房经营租赁合同即将于2×23年12月31日到期，该厂房原价为1 850万元，租赁合同到期日累计已提折旧370万元。为了提高厂房的租金收入，华联公司决定在租赁期满后对厂房进行改建，并与C公司签订了经营租赁合同，约定自改建完工之日起将厂房出租给C公司使用。2×23年12月31日，与B公司的租赁合同到期，厂房随即转入改建工程，在改建过程中，用银行存款支付改建支出160万元。2×24年8月31日，厂房改建工程完工，即日按照租赁合同将厂房出租给C公司。

（1）2×23年12月31日，将厂房转入改建工程。

借：投资性房地产——厂房（在建）　　　　　　　　　　　　　　14 800 000
　　投资性房地产累计折旧　　　　　　　　　　　　　　　　　　3 700 000
　　贷：投资性房地产——厂房　　　　　　　　　　　　　　　　　　　　18 500 000

（2）2×24年1月1日至8月31日，发生改建支出（总括分录）。

借：投资性房地产——厂房（在建）　　　　　　　　　　　　　　 1 600 000
　　贷：银行存款　　　　　　　　　　　　　　　　　　　　　　　　　　 1 600 000

（3）2×24年8月31日，改建工程完工。

扩建后厂房价值=1 480+160=1 640（万元）

借：投资性房地产——厂房　　　　　　　　　　　　　　16 400 000

　　贷：投资性房地产——厂房（在建）　　　　　　　　　　　　　　16 400 000

采用公允价值模式计量的，投资性房地产转入再开发时，按其账面余额，借记"投资性房地产——在建"科目，按其账面原价，贷记"投资性房地产——成本"科目，按其累计公允价值变动金额，贷记（或借记）"投资性房地产——公允价值变动"科目；发生的资本化改建扩建支出或装修装潢支出，借记"投资性房地产——在建"科目，贷记"银行存款"等科目；改建扩建或装修装潢完成后，将在建的投资性房地产转回到在用的投资性房地产时，借记"投资性房地产——成本"科目，贷记"投资性房地产——在建"科目。

【例8-7】按【例8-6】资料，现假定华联实业股份有限公司对投资性房地产采用公允价值模式进行后续计量，2×23年12月31日，厂房账面余额为2 150万元，其中成本为1 850万元，累计公允价值变动金额为300万元，其他条件不变，则华联公司有关厂房改建的会计处理如下：

（1）2×23年12月31日，将厂房转入改建工程。

借：投资性房地产——厂房（在建）　　　　　　　　　　21 500 000

　　贷：投资性房地产——厂房（成本）　　　　　　　　　　　　　　18 500 000

　　　　　　　　——厂房（公允价值变动）　　　　　　　　　　　　3 000 000

（2）2×24年1月1日至8月31日，发生改建支出（总括分录）。

借：投资性房地产——厂房（在建）　　　　　　　　　　　1 600 000

　　贷：银行存款　　　　　　　　　　　　　　　　　　　　　　　　1 600 000

（3）2×24年8月31日，改建工程完工。

扩建后厂房价值=2 150+160=2 310（万元）

借：投资性房地产——厂房（成本）　　　　　　　　　　23 100 000

　　贷：投资性房地产——厂房（在建）　　　　　　　　　　　　　　23 100 000

### 三、费用化的后续支出

与投资性房地产有关的后续支出，不能满足投资性房地产确认条件的，应当作为费用化的后续支出，于发生时计入当期损益，借记"其他业务成本"等科目，贷记"银行存款"等科目。

【例8-8】华联公司某月对其投资性房地产进行日常维修，以银行存款支付维修费2万元。

借：其他业务成本　　　　　　　　　　　　　　　　　　　　20 000

　　贷：银行存款　　　　　　　　　　　　　　　　　　　　　　　　　20 000

## 第五节　投资性房地产与非投资性房地产的转换

### 一、房地产的转换形式

房地产的转换，是因房地产用途发生改变而对房地产进行的重新分类。企业必须有确凿证据表明房地产用途发生了改变，才能将非投资性房地产转换为投资性房地产或者将投资性房地产转换为非投资性房地产。这里的确凿证据包括两个方面：一是企业董事会或类似机构应当就改变房地产用途形成正式的书面决议；二是房地产因用途改变而发生实际状态上的改变，如从自用状态改为出租状态。房地产转换形式具体包括：

（1）自用房地产转换为投资性房地产，包括自用土地使用权停止自用，改为用于赚取租金或资本增值，相应地由无形资产转换为投资性房地产；自用建筑物停止自用，改为出租，相应地由固定资产转换为投资性房地产。

（2）作为存货的房地产转换为投资性房地产，通常指房地产开发企业将其持有的开发产品以经营租赁的方式出租，相应地由存货转换为投资性房地产。

（3）投资性房地产转换为自用房地产，包括将用于赚取租金或资本增值的土地使用权改为自用，相应地由投资性房地产转换为无形资产；将用于出租的建筑物收回，改为自用，相应地由投资性房地产转换为固定资产。

（4）投资性房地产转换为存货，通常指房地产开发企业将以经营租赁方式租出的开发产品收回，重新开发用于对外出售，相应地由投资性房地产转换为存货。

## 二、非投资性房地产转换为投资性房地产

### （一）自用房地产转换为投资性房地产

企业将原本用于生产商品、提供劳务或者经营管理的房地产改用于出租，通常应于租赁期开始日，将相应的固定资产或无形资产转换为投资性房地产。对不再用于日常生产经营活动且经整理后达到可经营出租状况的房地产，如果企业董事会或类似机构正式作出书面决议，明确表明其自用房地产用于经营出租且持有意图短期内不再发生变化的，应视为自用房地产转换为投资性房地产，转换日为企业董事会或类似机构作出书面决议的日期。自用土地使用权停止自用，改为用于资本增值，转换日是指企业停止将该项土地使用权用于生产商品、提供劳务或经营管理且企业董事会或类似机构作出房地产转换决议的日期。

（1）企业将自用建筑物或土地使用权转换为以成本模式计量的投资性房地产时，应当将该项建筑物或土地使用权在转换日的原价、累计折旧（或摊销）、减值准备等，分别转入"投资性房地产""投资性房地产累计折旧（或摊销）""投资性房地产减值准备"科目。转换时，按自用建筑物或土地使用权的账面余额，借记"投资性房地产"科目，贷记"固定资产"或"无形资产"科目；按自用建筑物累计已提折旧或土地使用权累计已摊销金额，借记"累计折旧"或"累计摊销"科目，贷记"投资性房地产累计折旧（摊销）"科目；自用建筑物或土地使用权原已计提减值准备的，按已计提的减值准备金额，借记"固定资产减值准备"或"无形资产减值准备"科目，贷记"投资性房地产减值准备"科目。

【例8-9】华联实业股份有限公司决定将因转产而闲置的一栋厂房用于对外出租。2×24年6月10日，华联公司与B公司签订了经营租赁协议，将厂房出租给B公司使用，租赁期开始日为2×24年7月1日，租赁期为5年。2×24年7月1日，厂房账面原价1 200万元，累计已提折旧300万元。华联公司对投资性房地产采用成本模式计量。

借：投资性房地产——厂房　　　　　　　　　　　　　　　　　　　12 000 000
　　累计折旧　　　　　　　　　　　　　　　　　　　　　　　　　3 000 000
　　贷：固定资产——厂房　　　　　　　　　　　　　　　　　　　　　12 000 000
　　　　投资性房地产累计折旧　　　　　　　　　　　　　　　　　　　3 000 000

（2）企业将自用建筑物或土地使用权转换为以公允价值模式计量的投资性房地产时，应当以该项建筑物或土地使用权在转换日的公允价值作为投资性房地产的入账价值。公允价值小于原账面价值的差额，计入当期损益；公允价值大于原账面价值的差额，计入其他综合收益，待该项投

资性房地产处置时，转入处置当期损益。转换时，按建筑物或土地使用权的公允价值，借记"投资性房地产——成本"科目，按累计已提折旧或累计已摊销金额，借记"累计折旧"或"累计摊销"科目；原已计提减值准备的，按已计提的减值准备金额，借记"固定资产减值准备""无形资产减值准备"科目；按其账面余额，贷记"固定资产"或"无形资产"科目。同时，转换日的公允价值小于账面价值的，按其差额，借记"公允价值变动损益"科目；转换日的公允价值大于账面价值的，按其差额，贷记"其他综合收益"科目。

【例8-10】某房地产开发公司的办公楼处于商业繁华地段，为了获得更大的经济利益，该公司决定将办公地点迁往新址，原办公楼腾空后用于出租，以赚取租金收入。2×23年10月，房地产开发公司完成了办公地点的搬迁工作，原办公楼停止自用。2×23年12月，房地产开发公司与D公司签订了租赁协议，将原办公楼出租给D公司使用，租赁期开始日为2×24年1月1日，租赁期为3年。该办公楼原价为25 000万元，累计已提折旧7 500万元。该房地产开发公司对投资性房地产采用公允价值模式计量。

①假定办公楼2×24年1月1日的公允价值为17 000万元。

借：投资性房地产——办公楼（成本）　　　　　　　　170 000 000
　　公允价值变动损益　　　　　　　　　　　　　　　　5 000 000
　　累计折旧　　　　　　　　　　　　　　　　　　　 75 000 000
　　贷：固定资产——办公楼　　　　　　　　　　　　　　　　　250 000 000

②假定办公楼2×24年1月1日的公允价值为18 000万元。

借：投资性房地产——办公楼（成本）　　　　　　　　180 000 000
　　累计折旧　　　　　　　　　　　　　　　　　　　 75 000 000
　　贷：固定资产——办公楼　　　　　　　　　　　　　　　　　250 000 000
　　　　其他综合收益　　　　　　　　　　　　　　　　　　　　 5 000 000

**（二）作为存货的房地产转换为投资性房地产**

房地产开发企业将其持有的开发产品以经营租赁的方式出租，转换日通常为房地产的租赁期开始日。租赁期开始日是指承租人有权行使其使用租赁资产权利的日期。对于企业自行建造或开发完成但尚未使用的建筑物，如果企业董事会或类似机构正式作出书面决议，明确表示将其用于经营出租且持有意图短期内不再发生变化，应视为存货转为投资性房地产，转换日为企业董事会或类似机构作出书面决议的日期。

（1）企业将作为存货的房地产转换为采用成本模式计量的投资性房地产，应当按该项房地产在转换日的账面价值，作为投资性房地产的入账价值。转换时，按该项房地产的账面价值，借记"投资性房地产"科目，按已计提的跌价准备，借记"存货跌价准备"科目，按其账面余额，贷记"开发产品"等科目。

【例8-11】2×24年6月10日，某房地产开发公司与C公司签订了租赁协议，将其开发的一栋原准备出售的写字楼出租给C公司使用，租赁期开始日为2×24年7月1日。该写字楼的实际建造成本为65 000万元，未计提存货跌价准备。该房地产开发公司对投资性房地产采用成本模式计量。

借：投资性房地产——写字楼　　　　　　　　　　　　650 000 000
　　贷：开发产品　　　　　　　　　　　　　　　　　　　　　　650 000 000

（2）企业将作为存货的房地产转换为采用公允价值模式计量的投资性房地产，应当按该项房地产在转换日的公允价值，作为投资性房地产的入账价值。公允价值小于原账面价值的差额，计入当期损益；公允价值大于原账面价值的差额，计入其他综合收益，待该项投资性房地产处置时，转入处置当期损益。转换时，按该项房地产的公允价值，借记"投资性房地产——成本"科目，按已计提的跌价准备，借记"存货跌价准备"科目，按其账面余额，贷记"开发产品"等科目。同时，转换日的公允价值小于账面价值的，按其差额，借记"公允价值变动损益"科目；转换日的公允价值大于账面价值的，按其差额，贷记"其他综合收益"科目。

【例 8-12】按【例 8-11】资料，现假定该房地产开发公司对投资性房地产采用公允价值模式计量，2×24 年 7 月 1 日，写字楼的公允价值为 68 000 万元，其他条件不变。则该房地产开发公司将作为存货的房地产转换为投资性房地产的会计处理如下：

借：投资性房地产——写字楼（成本）　　　　　　　　680 000 000
　贷：开发产品　　　　　　　　　　　　　　　　　　　　　　650 000 000
　　　其他综合收益　　　　　　　　　　　　　　　　　　　　 30 000 000

### 三、投资性房地产转换为非投资性房地产

#### （一）投资性房地产转换为自用房地产

企业将原本用于赚取租金或资本增值的房地产改用于生产商品、提供劳务或者经营管理，转换日是指房地产达到自用状态，企业开始将房地产用于生产商品、提供劳务或者经营管理的日期。

（1）企业将采用成本模式计量的投资性房地产转换为自用房地产时，应当将该项投资性房地产在转换日的账面余额、累计折旧（摊销）、减值准备等，分别转入"固定资产"或"无形资产"、"累计折旧"或"累计摊销"、"固定资产减值准备"或"无形资产减值准备"科目。转换时，按投资性房地产的账面余额，借记"固定资产"或"无形资产"科目，贷记"投资性房地产"科目；按累计已提折旧或累计已摊销金额，借记"投资性房地产累计折旧（摊销）"科目，贷记"累计折旧"或"累计摊销"科目；按已计提的减值准备金额，借记"投资性房地产减值准备"科目，贷记"固定资产减值准备"或"无形资产减值准备"科目。

【例 8-13】2×24 年 7 月 1 日，华联实业股份有限公司将出租的厂房收回，开始用于本企业的产品生产。厂房在转换前采用成本模式计量，账面原价为 2 000 万元，累计已提折旧为 450 万元。

借：固定资产——厂房　　　　　　　　　　　　　　20 000 000
　　投资性房地产累计折旧　　　　　　　　　　　　　 4 500 000
　贷：投资性房地产——厂房　　　　　　　　　　　　　　　 20 000 000
　　　累计折旧　　　　　　　　　　　　　　　　　　　　　 4 500 000

（2）企业将采用公允价值模式计量的投资性房地产转换为自用房地产时，应当以转换日的公允价值作为自用房地产的账面价值，公允价值与原账面价值的差额计入当期损益。转换时，按该项投资性房地产的公允价值，借记"固定资产"或"无形资产"科目，按该项投资性房地产的成本，贷记"投资性房地产——成本"科目，按该项投资性房地产的累计公允价值变动，贷记或借记"投资性房地产——公允价值变动"科目，按其差额，贷记或借记"公允价值变动损益"科目。

【例 8-14】2×24 年 3 月 1 日，某房地产开发公司对外出租的写字楼租赁期满予以收回，准备作为办公楼用于本企业的行政管理。写字楼在转换前采用公允价值模式计量，原账面价值为 8 500 万元，其中，成本为 8 000 万元，公允价值变动（截至 2×23 年 12 月 31 日）为 500 万元。2×24 年 3 月 1 日，写字楼开始自用，当日的公允价值为 8 600 万元。

借：固定资产——写字楼      86 000 000

    贷：投资性房地产——写字楼（成本）      80 000 000

            ——写字楼（公允价值变动）      5 000 000

        公允价值变动损益      1 000 000

### （二）投资性房地产转换为存货

房地产开发企业将用于经营出租的房地产收回，重新开发用于对外销售，转换日为租赁期届满、企业董事会或类似机构作出书面决议明确表明将其重新开发用于对外销售的日期。

（1）企业将采用成本模式计量的投资性房地产转换为存货时，应当按照该项投资性房地产在转换日的账面价值，作为存货的入账成本。转换时，应当按照该项投资性房地产在转换日的账面价值，借记"开发成本"科目，按照累计已提折旧或累计已摊销金额，借记"投资性房地产累计折旧（摊销）"科目，原已计提减值准备的，按已计提的减值准备金额，借记"投资性房地产减值准备"科目，按其账面余额，贷记"投资性房地产"科目。

【例8-15】某房地产开发公司将其开发的一栋写字楼以经营租赁方式出租给其他单位使用。2×24年4月1日，因租赁期满，该房地产开发公司将出租的写字楼收回，并作出书面决议，将写字楼重新开发用于对外销售。写字楼在转换前采用成本模式计量，账面原价为5 800万元，已计提的折旧为420万元，已计提的减值准备金额为200万元。

借：开发成本      51 800 000

    投资性房地产累计折旧      4 200 000

    投资性房地产减值准备      2 000 000

    贷：投资性房地产——写字楼      58 000 000

（2）企业将采用公允价值模式计量的投资性房地产转换为存货时，应当以转换日的公允价值作为存货的入账成本，公允价值与原账面价值的差额计入当期损益。转换时，按该项投资性房地产的公允价值，借记"开发成本"科目，按该项投资性房地产的成本，贷记"投资性房地产——成本"科目，按该项投资性房地产的累计公允价值变动，贷记或借记"投资性房地产——公允价值变动"科目，按其差额，贷记或借记"公允价值变动损益"科目。

【例8-16】按【例8-15】资料，现假定写字楼在转换前采用公允价值模式计量，原账面价值为6 200万元，其中，成本为5 800万元，公允价值变动（截至2×23年12月31日）为400万元；2×24年4月1日，写字楼的公允价值为6 300万元，其他条件不变。则该房地产开发公司将投资性房地产转换为存货的会计处理如下：

借：开发成本      63 000 000

    贷：投资性房地产——写字楼（成本）      58 000 000

            ——写字楼（公允价值变动）      4 000 000

        公允价值变动损益      1 000 000

# 第六节　投资性房地产的处置

## 一、投资性房地产的终止确认与处置损益

投资性房地产的处置主要指投资性房地产的出售、报废和毁损，也包括对外投资、非货币性资产交换、债务重组等原因转出投资性房地产的情形。当投资性房地产被处置，或者永久退出使

用且预计不能从其处置中取得经济利益时，应当终止确认该项投资性房地产。

投资性房地产在处置时会发生处置损益。出售、报废或毁损的投资性房地产，处置损益是指取得的处置收入扣除投资性房地产账面价值和相关税费后的金额。其中，处置收入包括出售价款、残料变价收入、保险及过失人赔款等项收入；账面价值是指投资性房地产的成本扣减累计已提折旧（摊销）和已计提的减值准备后的金额（采用成本模式计量的投资性房地产），或者是指投资性房地产的成本加上或减去累计公允价值变动后的金额（采用公允价值模式计量的投资性房地产）；相关税费主要包括处置投资性房地产时发生的整理、拆卸、搬运等项清理费用，以及出售建筑物或转让土地使用权而应当缴纳的税费。投资性房地产的处置损益，应当计入处置当期损益。

### 二、处置投资性房地产的会计处理

#### （一）采用成本模式计量的投资性房地产的处置

企业处置采用成本模式计量的投资性房地产，应将取得的处置收入作为其他业务收入，将所处置的投资性房地产账面价值计入其他业务成本。处置时，应当按实际收到的金额，借记"银行存款"等科目，贷记"其他业务收入"科目；按该项投资性房地产的账面价值，借记"其他业务成本"科目，按照累计已提折旧或累计已摊销金额，借记"投资性房地产累计折旧（摊销）"科目，按照已计提的减值准备金额，借记"投资性房地产减值准备"科目，按其账面余额，贷记"投资性房地产"科目。

【例8-17】华联实业股份有限公司将其一栋写字楼用于对外出租，采用成本模式计量。租赁期届满后，华联公司将该写字楼出售给N公司，合同价款为12 500万元，N公司已用银行存款付清。出售时，该栋写字楼的成本为11 000万元，累计已提折旧1 320万元。

| | | |
|---|---|---|
| 借：银行存款 | 125 000 000 | |
| 　贷：其他业务收入 | | 125 000 000 |
| 借：其他业务成本 | 96 800 000 | |
| 　投资性房地产累计折旧 | 13 200 000 | |
| 　贷：投资性房地产——写字楼 | | 110 000 000 |

延伸阅读8-4

出售房地产
增值税

#### （二）采用公允价值模式计量的投资性房地产的处置

企业处置采用公允价值模式计量的投资性房地产，应将取得的处置收入作为其他业务收入，将所处置的投资性房地产账面价值计入其他业务成本；同时，还应将该投资性房地产累计公允价值变动损益转出，计入处置当期其他业务成本；若存在原转换日计入其他综合收益的金额，也需一并转出，计入处置当期其他业务成本。处置时，应当按实际收到的金额，借记"银行存款"等科目，贷记"其他业务收入"科目；按该项投资性房地产的账面余额，借记"其他业务成本"科目，按其成本，贷记"投资性房地产——成本"科目，按其累计公允价值变动，贷记或借记"投资性房地产——公允价值变动"科目；同时，结转投资性房地产累计公允价值变动，借记或贷记"公允价值变动损益"科目，贷记或借记"其他业务成本"科目。若存在原转换日计入其他综合收益的金额，还应借记"其他综合收益"科目，贷记"其他业务成本"科目。

【例8-18】2×22年6月25日，某房地产开发公司与C公司签订经营租赁协议，将其原为自用的一栋写字楼出租给C公司使用，租期为2年，租赁期开始日为2×22年7月1日。写字楼的实际建造成本为46 000万元，截至2×22年6月30日，累计已提折旧5 750万元，该房地产开发公司对投资性房地产采用公允价值模式计量。2×22年7月1日，写字楼的公允价值为42 000万元；2×22

年12月31日，写字楼的公允价值为41 000万元；2×23年12月31日，写字楼的公允价值为44 000万元。2×24年6月30日，租赁期届满，该房地产开发公司收回写字楼，并以45 000万元售出，价款已收存银行。

（1）2×22年7月1日，自用房地产转换为投资性房地产。

借：投资性房地产——写字楼（成本）　　　　　　　420 000 000
　　累计折旧　　　　　　　　　　　　　　　　　　57 500 000
　　贷：固定资产——写字楼　　　　　　　　　　　　　　　　460 000 000
　　　　其他综合收益　　　　　　　　　　　　　　　　　　　17 500 000

（2）2×22年12月31日，确认公允价值变动。

借：公允价值变动损益　　　　　　　　　　　　　　10 000 000
　　贷：投资性房地产——写字楼（公允价值变动）　　　　　10 000 000

（3）2×23年12月31日，确认公允价值变动。

借：投资性房地产——写字楼（公允价值变动）　　　30 000 000
　　贷：公允价值变动损益　　　　　　　　　　　　　　　　30 000 000

（4）2×24年6月30日，出售投资性房地产。

借：银行存款　　　　　　　　　　　　　　　　　　450 000 000
　　贷：其他业务收入　　　　　　　　　　　　　　　　　　450 000 000
借：其他业务成本　　　　　　　　　　　　　　　　440 000 000
　　贷：投资性房地产——写字楼（成本）　　　　　　　　　420 000 000
　　　　　　　　——写字楼（公允价值变动）　　　　　　　20 000 000
借：公允价值变动损益　　　　　　　　　　　　　　20 000 000
　　贷：其他业务成本　　　　　　　　　　　　　　　　　　20 000 000
借：其他综合收益　　　　　　　　　　　　　　　　17 500 000
　　贷：其他业务成本　　　　　　　　　　　　　　　　　　17 500 000

### 三、投资性房地产的列报

**（一）列示**

在资产负债表中，投资性房地产应当作为一个单独的报表项目，按照成本模式或公允价值模式核算的账面价值列示其金额。其中，按照成本模式核算的账面价值，是指投资性房地产的初始成本减去累计折旧（或累计摊销）以及投资性房地产减值准备后的金额；按照公允价值模式核算的账面价值，是指投资性房地产的期末公允价值。

**（二）披露**

企业应当在附注中披露与投资性房地产有关的下列信息：

（1）投资性房地产的种类、金额和计量模式。

（2）采用成本模式的，投资性房地产的折旧或摊销，以及减值准备的计提情况。

（3）采用公允价值模式的，公允价值的确定依据和方法，以及公允价值变动对损益的影响。

（4）房地产转换情况、理由，以及对损益或所有者权益的影响。

（5）当期处置的投资性房地产及其对损益的影响。

【思政课堂】　　　　　　　　　　"5·17房地产新政"概览

2024年5月17日，全国切实做好保交房工作视频会议在京召开，国务院就继续坚持因城施策，打好商品住房烂尾风险处置攻坚战，扎实推进保交房、消化存量商品房等重点工作做出部署。同日，央行推出四项政策措施：（1）设立3 000亿元保障性住房再贷款；（2）降低全国层面个人住房贷款最低首付比例，将首套房最低首付比例从不低于20%调整为不低于15%，二套房最低首付比例从不低于30%调整为不低于25%；（3）取消全国层面个人住房贷款利率政策下限，首套房和二套房贷利率均不再设置政策下限，实现房贷利率市场化；（4）下调各期限品种住房公积金贷款利率0.25个百分点。当日下午，国务院新闻办公室举办政策例行吹风会，住房和城乡建设部、自然资源部、中国人民银行、国家金融监督管理总局负责人介绍了切实做好保交房工作配套政策的有关情况。

为贯彻落实党中央、国务院决策部署，适应房地产市场供求关系的新变化，促进房地产市场平稳健康发展，全国各地政府纷纷出台新政，对信贷、限购、土地供给等政策进行全方位调整，通过降低或取消购房门槛、减轻购房者利息负担等措施，提振购房者入市信心。房地产新政的针对性更强、力度更大、涉及范围更广。

必须强调的是，房地产新政的目的是寻求市场机制与政府调控的最佳平衡点，旨在促进房地产市场平稳健康发展，兼顾市场活力和社会稳定，让住房回归居住的本质，让人民住上高质量、合心意的好房子，而不是要过度刺激楼市，更不是鼓励投机，"房住不炒"的基本定位并未发生改变。房地产关系人民群众切身利益和经济社会发展大局。未来，我们希望看到的是一个平稳健康的房地产市场，在这个市场中，购房者的合理需求得到满足，投机性购房受到抑制，更多优质的保障性住房项目得以推进。我们有理由相信，随着房地产政策的持续优化和不断完善，实现房地产市场长期平稳健康发展的目标可期。

思政案例

房地产金融新政密集落地，楼市活跃度明显提升

## □ 复习思考题

1.什么是投资性房地产？投资性房地产包括哪些项目？

2.投资性房地产有哪些后续计量模式？

3.如何确定投资性房地产的取得成本？

4.如何对投资性房地产的后续支出进行会计处理？

5.采用公允价值模式对投资性房地产进行后续计量需要满足哪些条件？

6.如何进行投资性房地产后续计量模式的变更？

7.在不同后续计量模式下投资性房地产转换的会计处理有何不同？

8.在不同后续计量模式下投资性房地产处置的会计处理有何不同？

9.在资产负债表中，应如何对投资性房地产进行列报？

自测题

# 第九章 资产减值

## 第一节 资产减值概述

### 一、资产减值的含义

"资产减值"又称为资产减损，是指因外部因素、内部使用方式或使用范围发生变化而对资产造成不利影响，导致资产使用价值降低，致使资产未来可流入企业的全部经济利益低于其现有的账面价值。资产减值的本质是资产的现时经济利益预期低于原记账时对未来经济利益的确认值，在会计上则表现为资产的可收回金额低于其账面价值。

资产是指企业过去的交易或者事项形成的、由企业拥有或者控制的、预期会给企业带来经济利益的资源。资产的主要特征之一是它必须能够为企业带来经济利益的流入，如果资产不能够为企业带来经济利益或者带来的经济利益低于其账面价值，那么资产就不能再予以确认，或者不能再以原账面价值予以确认，否则将不符合资产的定义，也无法反映资产的实际价值，其结果会导致企业资产虚增和利润虚增。因此，当企业资产的可收回金额低于其账面价值时，即表明资产发生了减值，企业应当确认资产减值损失，并把资产的账面价值减记至可收回金额。可见，资产减值是和资产计价相关的，是对资产计价的一种调整。

延伸阅读9-1

使用其他相关
会计准则的
资产减值

企业所有资产在发生减值时，原则上都应当及时加以确认和计量，但是由于有关资产特性不同，其减值会计处理有所差别，因而所适用的企业会计准则也不尽相同。本章内容仅限于《企业会计准则第8号——资产减值》规定的资产范围，具体包括下列非流动资产：固定资产、无形资产、长期股权投资、采用成本模式进行后续计量的投资性房地产、生产性生物资产、商誉、探明石油天然气矿区权益和井及相关设施。

### 二、资产减值的确认

资产减值的确认实质上是对资产价值的再确认，与以交易成本作为入账依据的初始确认不同，资产减值会计对于资产价值的确认是在资产的持有过程中进行的。资产减值摒弃了只对实际发生的交易进行确认的传统惯例，只要某项资产的价格或价值的减损能够可靠地予以计量，而且对于帮助信息使用者作出正确决策具有相关性，就应当确认价值的减少。它不再局限于过去，而更多地立足于现在和未来。因此，资产减值的确认不是交易而是事项，即使没有发生交易，只要造成资产价值减少的情况已经存在，资产价值的下降可以相对可靠地计量，就应该加以确认。

资产负债表日，企业应当判断资产是否存在减值的迹象，主要可从外部信息来源和内部信息来源两方面加以判断：

（1）从企业外部信息来源来看，如果出现了以下情况，均属于资产可能发生减值的迹象，企业需要据此估计资产的可收回金额，从而决定是否需要确认减值损失：资产的市价在当期大幅度下跌，其跌幅明显高于因时间的推移或者正常使用而预计的下跌；企业经营所处的经济、技术或者法律环境以及资产所处的市场在当期或者将在近期发生重大变化，从而对企业产生不利影响；市场利率或者其他市场投资报酬率在当期已经提高，从而影响企业计算资产预计未来现金流量现值的折现率，导致资产可收回金额大幅度降低等。

延伸阅读9-2

资产减值损失
的确认标准

（2）从企业内部信息来源来看，如果有证据表明资产已经陈旧过时或者其实体已经损坏；资产已经或者将被闲置、终止使用或者计划提前处置；企业内部报告的证据表明资产的经济绩效已经低于或者将低于预期，如资产所创造的净现金流量或者实现的营业利润远远低于原来的预算或者预计金额、资产发生的营业损失远远高于原来的预算或者预计金额、资产在建造或者收购时所需的现金支出远远高于最初的预算、资产在经营或者维护中所需的现金支出远远高于最初的预算等，均属于资产可能发生减值的迹象。

企业应当根据实际情况来认定资产可能发生减值的迹象。有确凿证据表明资产存在减值迹象的，应当在资产负债表日进行减值测试，估计资产的可收回金额。资产存在减值迹象是资产是否需要进行减值测试的必要前提，但是有两项资产除外，即因企业合并形成的商誉和使用寿命不确定的无形资产。因企业合并所形成的商誉和使用寿命不确定的无形资产，在后续计量中不再进行摊销，但是考虑到这两类资产的价值和产生的未来经济利益有较大的不确定性，为了避免资产价值高估，应及时确认商誉和使用寿命不确定的无形资产的减值损失，如实反映企业财务状况和经营成果。对于这两类资产，企业至少应当于每年年度终了进行减值测试。

【思政课堂】　　　　　　　呈报长期资产的真实价值

固定资产等长期资产的管理对于企业至关重要。固定资产是企业重要的"家底"；企业创新研发的无形资产及国家对企业转型升级的各项政策，让人们感受国家藏富于企、藏富于民的情怀，实现人格信念的升华；长期股权投资资产，选择投资项目时不可存有投机的侥幸心理；对投资的目标公司要做好充足的尽职调查，以判断该投资项目是否具有市场前景。

习近平总书记在党的二十大报告中指出，"高质量发展是全面建设社会主义现代化国家的首要任务。没有坚实的物质技术基础，就不可能全面建成社会主义现代化强国"。正因为企业的长期资产是企业重要的物质基础，呈报在资产负债表中的企业长期资产的价值，不能掺杂太多的水分。从长远的视角出发，一旦长期资产具备减值迹象，就应计提减值准备并计入当期损益。尽管短期看企业资产缩水了，利润减少了，却加快了企业对于固定资产更新、无形资产创新的动力，增强了企业发展后劲。这对于企业是长期利好的。

# 第二节　资产可收回金额的计量

## 一、估计资产可收回金额的基本方法

资产的可收回金额是指资产的公允价值减去处置费用后的净额与资产预计未来现金流量的现值两者之间的较高者。企业资产存在减值迹象的，应当估计其可收回金额，然后将所估计的资产可收回金额与其账面价值相比较，以确定资产是否发生了减值，以及是否需要计提资产减值准备并确认相应的减值损失。在估计资产可收回金额时，原则上应当以单项资产为基础，如果企业难以对单项资产的可收回金额进行估计，应当以该资产所属的资产组为基础确定资产组的可收回金额。有关资产组的认定及减值处理将在本章第四节中阐述。

资产可收回金额的估计，应当根据其公允价值减去处置费用后的净额与资产预计未来现金流量的现值两者之间较高者确定。因此，要估计资产的可收回金额，通常需要同时估计该资产的公允价值减去处置费用后的净额和资产预计未来现金流量的现值，但是在下列情况下，可以有例外或者作特殊考虑：

第一，资产的公允价值减去处置费用后的净额与资产预计未来现金流量的现值，只要有一项超过了资产的账面价值，就表明资产没有发生减值，不需再估计另一项金额。

第二，没有确凿证据或者理由表明，资产预计未来现金流量现值显著高于其公允价值减去处置费用后的净额的，可以将资产的公允价值减去处置费用后的净额视为资产的可收回金额。企业持有待售的资产往往属于这种情况，即该资产在持有期间（处置之前）所产生的现金流量可能很少，其最终取得的未来现金流量往往就是资产的处置净收入。在这种情况下，以资产公允价值减去处置费用后的净额作为其可收回金额是适宜的，因为资产未来现金流量现值不会显著高于其公允价值减去处置费用后的净额。

延伸阅读9-3

可以不估计
可收回金额的
情况

第三，资产的公允价值减去处置费用后的净额如果无法可靠估计，应当以该资产预计未来现金流量的现值作为其可收回金额。

### 二、资产的公允价值减去处置费用后的净额的估计

资产的公允价值减去处置费用后的净额，通常反映的是资产被出售或者处置时可以收回的净现金收入。其中，公允价值，是指市场参与者在计量日发生的有序交易中，出售一项资产所能收到或者转移一项负债所支付的价格；处置费用是指可以直接归属于资产处置的增量成本，包括与资产处置有关的法律费用、相关税费、搬运费以及为使资产达到可销售状态所发生的直接费用等。需要注意的是，财务费用和所得税费用等不包括在处置费用中。处置费用是可以直接归属于资产处置的增量成本，而财务费用主要是筹资活动产生的，不属于直接归属于资产处置的增量成本，所以不属于处置费用；所得税费用通常是年末针对事项总的收益来计算的，不属于直接归属于资产处置的增量成本，所以也不属于处置费用。

企业在估计资产的公允价值减去处置费用后的净额时，应当按照下列顺序进行：

（1）以销售协议价作为公允价值。通常情况下，应当根据公平交易中资产的销售协议价格减去可直接归属于该资产处置费用的金额确定资产的公允价值减去处置费用后的净额。这是估计资产的公允价值减去处置费用后的净额的最佳方法，企业应当优先采用这一方法。

【例9-1】华联实业股份有限公司的某项资产在公平交易中的销售协议价格为1 500万元，可直接归属于该资产的处置费用为180万元。公司应确定该资产的公允价值减去处置费用后的净额为1 320万元（1 500-180）。

（2）以买方出价作为公允价值。如果资产不存在销售协议但存在活跃市场，应当根据该资产的市场价格减去处置费用后的金额确定。资产的市场价格通常应当按照资产的买方出价确定，但是如果难以获得资产在估计日的买方出价的，企业可以资产最近的交易价格作为其公允价值减去处置费用后的净额的估计基础，其前提是资产的交易日和估计日之间相关经济、市场环境等情况没有发生重大变化。

【例9-2】华联实业股份有限公司的某项资产不存在销售协议但存在活跃市场，市场价格为1 000万元，估计的处置费用为120万元。该公司应确定该项资产的公允价值减去处置费用后的

净额为880万元（1 000-120）。

（3）以最佳信息的估计数作为公允价值。如果既不存在资产销售协议又不存在资产活跃市场，企业应当以可获取的最佳信息为基础，根据在资产负债表日如果处置资产的话，熟悉情况的交易双方自愿进行公平交易愿意提供的交易价格减去资产处置费用后的金额，估计资产的公允价值减去处置费用后的净额。在实务中，该金额可以参考同行业类似资产的最近交易价格或者结果进行估计。

**【例9-3】**华联实业股份有限公司的某项资产不存在销售协议，也不存在活跃市场。该公司参考同行业类似资产的最近交易价格估计该资产的公允价值为210万元，可直接归属于该资产的处置费用为5万元。该公司应确定该项资产的公允价值减去处置费用后的净额为205万元（210-5）。

资产的可收回金额等于资产的公允价值减去处置费用后的净额是需要优先确定的，但企业如果按照上述要求仍然无法可靠估计资产的公允价值减去处置费用后的净额的，应当以该资产预计未来现金流量的现值作为其可收回金额。

### 三、资产预计未来现金流量现值的估计

资产预计未来现金流量的现值，应当按照资产在持续使用过程中和最终处置时所产生的预计未来现金流量，选择恰当的折现率对其进行折现后的金额加以确定。因此，预计资产未来现金流量的现值，主要应当综合考虑以下因素：①资产的预计未来现金流量；②资产的使用寿命；③折现率。其中，资产使用寿命的预计与前面讲述的固定资产和无形资产等规定的使用寿命预计方法相同。以下重点阐述资产未来现金流量和折现率的预计方法。

（一）资产未来现金流量的预计

1.预计资产未来现金流量的基础

估计资产未来现金流量的现值，需要首先预计资产的未来现金流量。企业管理层应当在合理和有依据的基础上对资产剩余使用寿命内整体经济状况进行最佳估计，并将资产未来现金流量的预计，建立在经企业管理层批准的最近财务预算或者预测数据之上。但是出于数据可靠性和便于操作等方面的考虑，建立在该预算或者预测基础上的预计现金流量一般涵盖5年，如果企业管理层能证明更长的期间是合理的，也可涵盖更长的期间。

由于经济环境随时都在变化，资产的实际现金流量往往会与预计数有出入，而且预计资产未来现金流量时的假设也有可能发生变化，因此，企业管理层在每次预计资产未来现金流量时，应当首先分析以前期间现金流量预计数与现金流量实际数出现差异的情况，以评判当期现金流量预计所依据的假设的合理性。通常情况下，企业管理层应当确保当期现金流量预计所依据的假设与前期实际结果相一致。

2.预计资产未来现金流量应当考虑的因素

（1）以资产的当前状况为基础预计资产未来现金流量。企业资产在使用过程中有时会因为改良、重组等原因而发生变化，因此，在预计资产未来现金流量时，企业应当以资产的当前状况为基础，不应当包括将来可能会发生的、尚未作出承诺的重组事项或者与资产改良有关的预计未来现金流量。

（2）预计资产未来现金流量不应当包括筹资活动和所得税收付产生的现金流量。企业预计的资产未来现金流量，不应当包括筹资活动产生的现金流入或者流出以及与所得税收付有关的现金流量，其原因：一是所筹集资金的货币时间价值已经通过折现因素予以考虑；二是折现率要求以税前基础计算确定，因此，现金流量的预计也必须建立在税前基础之上，这样可以有效避免在资产未来现金流量现值的计算过程中可能出现的重复计算等问题，以保证现值计算的正确性。

（3）对通货膨胀因素的考虑应当和折现率相一致。企业在预计资产未来现金流量和折现率

时，如果折现率考虑了因一般通货膨胀而导致的物价上涨影响因素，资产预计未来现金流量也应予以考虑；反之，如果折现率没有考虑因一般通货膨胀而导致的物价上涨影响因素，资产预计未来现金流量也应当剔除这一影响因素，在考虑通货膨胀因素的问题上，资产未来现金流量的预计和折现率的预计，应保持一致。

（4）内部转移价格应当予以调整。在一些企业集团里，出于集团整体战略发展的考虑，某些资产生产的产品或者产出可能是供其集团内部其他企业使用或者对外销售的，所确定的交易价格或者结算价格基于内部转移价格，而内部转移价格很可能与市场交易价格不同，在这种情况下，为了如实测算企业资产的价值，就不应当简单地以内部转移价格为基础预计资产未来现金流量，而应当采用在公平交易中企业管理层能够达成的最佳的未来价格估计数进行预计。

3.预计资产未来现金流量的构成内容

（1）资产持续使用过程中预计产生的现金流入。

（2）为实现资产持续使用过程中产生的现金流入所必需的预计现金流出（包括为使资产达到预定可使用状态所发生的现金流出）。该现金流出应当是可直接归属于或者可通过合理和一致的基础分配到资产中的现金流出，后者通常是指那些与资产直接相关的间接费用。对于在建工程、开发过程中的无形资产等，企业在预计其未来现金流量时，就应当包括预期为使该类资产达到预定可使用状态（或者可销售状态）而发生的全部现金流出数。

（3）资产使用寿命结束时，处置资产所收到或者支付的净现金流量。该现金流量应当是在公平交易中，熟悉情况的交易双方自愿进行交易时，企业预期可从资产的处置中获取或者支付的、减去预计处置费用后的金额。

4.预计资产未来现金流量的方法

（1）传统法。传统法是指预计资产未来现金流量时，根据资产未来每期最有可能产生的现金流量进行预测的方法。它使用单一的未来每期预计现金流量和单一的折现率计算资产未来现金流量的现值。

【例9-4】华联实业股份有限公司拥有A固定资产，该固定资产剩余使用年限为5年，企业预计未来5年内，该资产每年可为企业产生的净现金流量分别为：第1年300万元，第2年200万元，第3年120万元，第4年80万元，第5年20万元。该现金流量为最有可能产生的现金流量，企业应以该现金流量的预计数为基础计算A固定资产未来现金流量的现值。

（2）期望现金流量法。期望现金流量法是指资产未来现金流量应当根据每期现金流量期望值进行预计，每期现金流量期望值按照各种可能情况下的现金流量与其发生概率加权计算。

在实务中，有些时候影响资产未来现金流量的因素较多，情况较为复杂，带有很大的不确定性，为此，使用单一的现金流量可能不会如实地反映资产创造现金流量的实际情况。这样，企业应当采用期望现金流量法预计资产未来现金流量。

【例9-5】华联实业股份有限公司拥有B固定资产，该固定资产剩余使用年限为3年，利用B固定资产生产的产品受市场行情波动影响较大。企业预计未来3年内不同行情下该资产每年为企业产生的现金流量情况见表9-1。

表9-1　　　　　　　　　　　　**预计未来3年每年的现金流量情况表**　　　　　　　　　　单位：万元

| 年份 | 产品行情好（30%的可能性） | 产品行情一般（60%的可能性） | 产品行情差（10%的可能性） |
|------|------|------|------|
| 第1年 | 300 | 200 | 100 |
| 第2年 | 160 | 100 | 40 |
| 第3年 | 40 | 20 | 0 |

按照表9-1提供的资料，企业采用期望现金流量法预计未来3年每年的期望现金流量如下：

第1年的预计未来现金流量（期望现金流量）=300×30%+200×60%+100×10%=220（万元）

第2年的预计未来现金流量（期望现金流量）=160×30%+100×60%+40×10%=112（万元）

第3年的预计未来现金流量（期望现金流量）=40×30%+20×60%+0×10%=24（万元）

（二）折现率的预计

折现率是指将未来有限期预期收益折算成现值的比率。计算资产未来现金流量现值时所使用的折现率应当是反映当前市场货币时间价值和资产特定风险的税前利率，该折现率是企业在购置或者投资资产时所要求的必要报酬率。需要说明的是，如果在预计资产的未来现金流量时已经对资产特定风险的影响作了调整，折现率的估计不需要考虑这些特定风险。如果用于估计折现率的基础是税后的，应当将其调整为税前的折现率，以便与资产未来现金流量的估计基础相一致。

企业在确定折现率时，应当首先以该资产的市场利率为依据，如果该资产的利率无法从市场获得，可以使用替代利率估计。替代利率在估计时，可以根据企业加权平均资本成本、增量借款利率或者其他相关市场借款利率作适当调整后确定。调整时，应当考虑与资产预计现金流量有关的特定风险以及其他有关政治风险、货币风险和价格风险等。

延伸阅读9-4

未来现金流量
涉及外币的
处理方法

（三）资产未来现金流量现值的预计

在预计资产未来现金流量和折现率的基础之上，资产未来现金流量的现值只需将该资产的预计未来现金流量按照预计的折现率在预计期限内加以折现即可确定。

【例9-6】华联实业股份有限公司2×24年年末对一艘远洋货轮进行减值测试。该货轮原值为30 000万元，累计折旧14 000万元，2×24年年末账面价值为16 000万元，预计尚可使用8年。假定该货轮的公允价值减去处置费用后的净额难以确定，该公司通过计算其未来现金流量的现值确定可收回金额。

公司在考虑了与该货轮资产有关的货币时间价值和特定风险因素后，确定10%为该资产的最低必要报酬率，并将其作为计算未来现金流量现值时使用的折现率。

公司根据有关部门提供的该船舶历史营运记录、船舶性能状况和未来每年运量发展趋势，预计未来每年营运收入和相关人工费用、燃料费用、安全费用、港口码头费用以及日常维护费用等支出。

在此基础上估计该货轮在2×25至2×32年每年预计未来现金流量分别为：2 500万元、2 460万元、2 380万元、2 360万元、2 390万元、2 470万元、2 500万元和2 510万元。根据上述预计未来现金流量和折现率，计算该货轮预计未来现金流量的现值为13 038万元，计算过程见表9-2。

表9-2 折现计算表 金额单位：万元

| 年份 \ 项目 | 预计现金流量 | 复利现值系数 | 折现金额 |
| --- | --- | --- | --- |
| 2×25年 | 2 500 | 0.9091 | 2 273 |
| 2×26年 | 2 460 | 0.8264 | 2 033 |
| 2×27年 | 2 380 | 0.7513 | 1 788 |
| 2×28年 | 2 360 | 0.6830 | 1 612 |
| 2×29年 | 2 390 | 0.6209 | 1 484 |
| 2×30年 | 2 470 | 0.5645 | 1 394 |
| 2×31年 | 2 500 | 0.5132 | 1 283 |
| 2×32年 | 2 510 | 0.4665 | 1 171 |
| 合 计 | 19 570 | — | 13 038 |

注：复利现值系数可根据公式计算或者直接查复利现值系数表取得。

由于该货轮的账面价值为16 000万元，可收回金额为13 038万元，其账面价值高于可收回金额2 962万元（16 000-13 038）。公司2×24年年末应将账面价值高于可收回金额的差额确认为当期资产减值损失，并计提相应的减值准备，账务处理见【例9-7】。

# 第三节　资产减值损失的确认与计量

## 一、资产减值损失确认与计量的一般原则

企业在对资产进行减值测试并计算了资产可收回金额后，如果资产的可收回金额低于其账面价值，应当将资产的账面价值减记至可收回金额，将减记的金额确认为资产减值损失，计入当期损益，同时，计提相应的资产减值准备。这样，企业当期确认的减值损失应当反映在其利润表中，而计提的资产减值准备应当作为相关资产的备抵项目，反映在资产负债表中，从而夯实企业资产价值，避免利润虚增，如实反映企业的财务状况和经营成果。

资产减值损失确认后，减值资产的折旧或者摊销费用应当在未来期间作相应调整，以使该资产在剩余使用寿命内，系统地分摊调整后的资产账面价值（扣除预计净残值）。比如，固定资产计提了减值准备后，固定资产账面价值将根据计提的减值准备相应抵减，因此，固定资产在未来计提折旧时，应当以新的固定资产账面价值为基础计提每期折旧。

考虑到固定资产、无形资产、商誉等资产发生减值后，一方面，价值回升的可能性比较小，通常属于永久性减值；另一方面，从会计信息谨慎性要求考虑，为了避免确认资产重估增值和操纵利润，对于资产减值准则范围内的资产，资产减值损失一经确认，在以后会计期间不得转回。以前期间计提的资产减值准备，在资产处置、出售、对外投资、以非货币性资产交换方式换出、在债务重组中抵偿债务等时，才可予以转出。

## 二、资产减值损失的账务处理

为了记录企业确认的资产减值损失和计提的资产减值准备，企业应当设置"资产减值损失"科目，按照资产类别进行明细核算，反映各类资产在当期确认的资产减值损失金额；同时，应当根据不同的资产类别，分别设置"固定资产减值准备""在建工程减值准备""投资性房地产减值准备""无形资产减值准备""商誉减值准备""长期股权投资减值准备"等科目。

当企业确定资产发生了减值时，应当根据所确认的资产减值金额，借记"资产减值损失"科目，贷记"固定资产减值准备""在建工程减值准备""投资性房地产减值准备""无形资产减值准备""商誉减值准备""长期股权投资减值准备"等科目。期末，企业应当将"资产减值损失"科目累计发生额转入"本年利润"科目，结转后该科目应当没有余额。各资产减值准备科目累积每期计提的资产减值准备，直至相关资产被处置时才予以转出。

【例9-7】沿用【例9-6】资料，根据测试和计算结果，华联实业股份有限公司2×24年年末对该艘远洋货轮应确认的减值损失为2 962万元，账务处理如下：

借：资产减值损失——计提固定资产减值损失　　　　　　　29 620 000
　　贷：固定资产减值准备　　　　　　　　　　　　　　　　　　29 620 000

计提资产减值准备后，该货轮的账面价值变为13 038万元（16 000-2 962），在该货轮剩余使用寿命内，公司应当以此为基础计提折旧。如果发生进一步减值，再作进一步的减值测试。

【例9-8】2×24年12月31日，华联实业股份有限公司对在生产经营过程中使用的一条生产线

进行检查时发现该类生产线可能发生减值。该生产线的公允价值总额为605 000元，可归属于该生产线的处置费用为5 000元。预计尚可使用5年，预计其在未来4年内每年年末产生的现金流量分别为：200 000元、180 000元、160 000元、125 000元。第5年产生的现金流量以及使用寿命结束时处置形成的现金流量合计为100 000元。假定在考虑相关因素的基础上，华联公司决定采用5%的折现率。假设经计算华联公司预计资产未来现金流量的现值为673 135.5元，大于其公允价值减去处置费用后的净额600 000元（605 000-5 000），所以，该生产线的可收回金额为673 135.5元。同时，假设2×24年12月31日该生产线的账面价值为750 000元，以前年度没有计提资产减值准备。2×24年华联公司为该生产线计提减值准备76 864.5元（750 000-673 135.5），其会计处理如下：

借：资产减值损失——计提固定资产减值损失 76 864.5
　　贷：固定资产减值准备 76 864.5

【例9-9】2×24年12月31日，华联实业股份有限公司在对外购专利权的账面价值进行检查时，发现市场上已存在类似专利技术所生产的产品，从而对华联实业股份有限公司产品的销售造成重大不利影响。当时，该专利权的摊余价值为120 000元，剩余摊销年限为5年。根据2×24年12月31日技术市场的行情，如果华联实业股份有限公司将该专利权予以出售，则在扣除发生的律师费和其他相关税费后，可以获得100 000元。但是，如果公司计划继续使用该专利权进行产品生产，则在未来5年内预计可以获得的现金流量的现值为90 000元（假定使用年限结束时处置收益为零）。

华联实业股份有限公司该专利权的公允价值减去处置费用后的净额为100 000元，预计未来现金流量现值为90 000元，因此，公司该专利权的可收回金额为100 000元。2×24年公司为该专利权计提减值准备20 000元（120 000-100 000），其会计处理如下：

借：资产减值损失——计提无形资产减值损失 20 000
　　贷：无形资产减值准备 20 000

【例9-10】2×24年12月31日，华联实业股份有限公司持有甲股份有限公司的普通股股票账面价值为135万元，作为长期股权投资进行核算；由于甲股份有限公司当年经营不善，资金周转发生困难，使得其股票市价下跌至114万元，短期内难以恢复。假设华联实业股份有限公司本年度首次对其计提长期股权投资减值准备，计提的长期股权投资减值准备金额为21万元（135-114），其会计处理如下：

借：资产减值损失——计提长期股权投资减值损失 210 000
　　贷：长期股权投资减值准备——股票投资（甲公司） 210 000

企业确认资产减值损失后，减值资产的折旧或者摊销费用应当在未来期间作相应调整，以使该资产在剩余使用寿命内，系统地分摊调整后的资产账面价值。

具体来说，已计提减值准备的资产，应当按照该资产的账面价值以及尚可使用寿命重新计算确定折旧率和折旧额。资产计提减值准备后，企业应当重新复核资产的折旧方法（或摊销方法）、预计使用寿命和预计净残值，并区别情况采用不同的处理方法。

第一，如果资产所含经济利益的预期实现方式没有发生变更，企业仍应遵循原有的折旧方法（或摊销方法），按照资产的账面价值扣除预计净残值后的余额以及尚可使用寿命重新计算确定折旧率和折旧额（或摊销额）；如果资产所含经济利益的预期实现方式发生了重大改变，企业应当相应改变资产的折旧方法（或摊销方法），并按照会计估计变更的有关规定进行会计处理。

第二，如果资产的预计使用寿命没有发生变更，企业仍应遵循原有的预计使用寿命，按照资产的账面价值扣除预计净残值后的余额以及尚可使用寿命重新计算确定折旧率和折旧额；如果资产的预计使用寿命发生变更，企业应当相应改变资产的预计使用寿命，并按照会计估计变更的有关规定进行会计处理。

第三，如果资产的预计净残值没有发生变更，企业仍应按照资产的账面价值扣除预计净残值后的余额以及尚可使用寿命重新计算确定折旧率和折旧额（摊销额）；如果资产的预计净残值发生变更，企业应当相应改变资产的预计净残值，并按照会计估计变更的有关规定进行会计处理。

【例9-11】2×24年12月16日，华联实业股份有限公司购进一台不需要安装的设备，确认其入账价值为411万元。该设备于当日投入使用，预计使用年限为10年，预计净残值为15万元，采用年限平均法计提折旧。2×25年12月31日，华联实业股份有限公司对该设备进行检查时发现其已经发生减值，预计可收回金额为321万元，确认减值后预计使用年限、预计净残值及折旧方法均未改变。

2×25年度该设备计提的折旧额=（411-15）÷10=39.6（万元）

2×25年12月31日该设备计提的减值准备=（411-39.6）-321=50.4（万元）

借：资产减值损失——计提固定资产减值损失　　　　　　　　504 000

　　贷：固定资产减值准备　　　　　　　　　　　　　　　　　　　504 000

2×26年度该设备计提的折旧额=（321-15）÷9=34（万元）

# 第四节　资产组的认定及减值处理

## 一、资产组的认定

根据《企业会计准则第8号——资产减值》的规定，如果有迹象表明一项资产可能发生减值，企业应当以单项资产为基础估计其可收回金额。但是在企业难以对单项资产的可收回金额进行估计的情况下，应当以该资产所属的资产组为基础确定资产组的可收回金额。因此，资产组的认定十分重要。

### （一）资产组的概念与认定

资产组是企业可以认定的最小资产组合，其产生的现金流入应当基本上独立于其他资产或者资产组。资产组应当由创造现金流入相关的资产组成。认定资产组应考虑的因素如下：

（1）认定资产组最关键的因素是该资产组能否独立产生现金流入。比如，企业的某一生产线、营业网点、业务部门等，如果能够独立于其他部门或者单位等创造收入、产生现金流入，或者其创造的收入和现金流入绝大部分独立于其他部门或者单位，并且属于可认定的最小的资产组合，通常应将该生产线、营业网点、业务部门等认定为一个资产组。

【例9-12】华联实业股份有限公司拥有一个大型煤矿，该煤矿建有一条专用铁路，用于煤矿的生产和运输。该专用铁路在其持续使用中，难以脱离煤矿相关的其他资产而产生单独的现金流入，因此，企业难以对该专用铁路的可收回金额进行单独估计，专用铁路和煤矿等其他相关资产必须结合在一起，成为一个资产组，以估计该资产组的可收回金额。

在资产组的认定过程中，企业几项资产的组合生产的产品存在活跃市场，无论这些产品对外出售还是仅供企业内部使用，均表明这几项资产的组合能够独立创造现金流入，在符合其他相关条件的情况下，应当将这些资产的组合认定为资产组。

【例9-13】A公司生产W产品，并且只拥有甲、乙、丙三家企业。三家企业分别位于三个不同的地区。甲企业生产一种组件，由乙企业或者丙企业进行组装，最终产品W由乙企业或者丙企业销往各地，乙企业的产品可以在本地销售，也可以在丙企业所在地销售。乙企业和丙企业的生产能力合在一起尚有剩余，并没有被完全利用。乙企业和丙企业生产能力的利用程度依赖于A公司对于销售产品在两地之间的分配。以下分别认定与甲、乙、丙有关的资产组。

①假定甲企业生产的产品（即组件）存在活跃市场，则甲企业很可能可以认定为一个单独的资产组，原因是它生产的产品尽管主要用于乙企业或者丙企业，但是由于该产品存在活跃市场，可以带来独立的现金流量，因此，通常应当认定为一个单独的资产组。

对于乙企业和丙企业而言，即使乙企业和丙企业组装的产品存在活跃市场，但乙企业和丙企业的现金流入依赖于产品在两地之间的分配。乙企业和丙企业的未来现金流入不可能单独地确定。因此，乙企业和丙企业组合在一起是可以认定的、可产生基本上独立于其他资产或者资产组的现金流入的资产组合，乙企业和丙企业应当认定为一个资产组。

②假定甲企业生产的产品不存在活跃市场，它的现金流入依赖于乙企业或者丙企业生产的最终产品的销售，因此，甲企业很可能难以单独产生现金流入，其可收回金额很可能难以单独估计。

而对于乙企业和丙企业而言，其生产的产品虽然存在活跃市场，但是乙企业和丙企业的现金流入依赖于产品在两个企业之间的分配，乙企业和丙企业在生产和销售上的管理是统一的，因此，乙企业和丙企业也难以单独产生现金流量，因而也难以单独估计其可收回金额。因此，只有甲、乙、丙三个企业组合在一起，才很可能是一个可以认定的、能够基本上独立产生现金流入的最小的资产组合，从而将甲、乙、丙的组合认定为一个资产组。

（2）企业对生产经营活动的管理或者监控方式以及对资产使用或者处置的决策方式等，也是认定资产组应考虑的重要因素。比如，某服装企业有童装、西装、衬衫三个工厂，每个工厂在核算、考核和管理等方面都相对独立，在这种情况下，每个工厂通常为一个资产组。再如，某家具制造商有A车间和B车间，A车间专门生产家具部件，生产完后由B车间负责组装，该企业对A车间和B车间资产的使用和处置等决策是一体的，在这种情况下，A车间和B车间通常应当认定为一个资产组。

**（二）资产组认定后不得随意变更**

资产组一经确定，在各个会计期间应当保持一致，不得随意变更，即资产组的各项资产构成通常不能随意变更。比如，甲设备在2×24年归属于A资产组，在无特殊情况下，该设备在2×25年仍然应当归属于A资产组，而不能随意将其变更至其他资产组。但是，如果由于企业重组、变更资产用途等原因，导致资产组构成确需变更的，企业可以进行变更，但企业管理层应当证明该变更是合理的，并应当在附注中作相应说明。

**二、资产组减值测试**

资产组减值测试的原理和单项资产是一致的，即企业需要预计资产组的可收回金额和计算资产组的账面价值，并将两者进行比较，如果资产组的可收回金额低于其账面价值，表明资产组发生了减值损失应当予以确认。

**（一）资产组账面价值和可收回金额的确定基础**

资产组账面价值的确定基础应当与其可收回金额的确定方式相一致。资产组的账面价值应当包括可直接归属于资产组并可以合理和一致地分摊至资产组的资产账面价值，通常不应当包括已确认负债的账面价值，但如不考虑该负债金额就无法确定资产组可收回金额的除外。为什么在确定资产组账面价值时，通常不应当包括已确认负债的账面价值呢？这是因为在预计资产组的可收回金额时，既不包括与该资产组的资产无关的现金流量，也不包括已在财务报表中确认的与负债有关的现金流量。因此，为了与资产组可收回金额的确定基础相一致，资产组的账面价值也不应当包括这些项目。因为只有这样，资产组的账面价值与资产组的可收回金额的确定方式才是一致的，两者的比较才有意义，否则如果两者在不同的基础上进行估计和比较，就难以正确估算资产组的减值损失。

资产组的可收回金额在确定时，应当按照该资产组的公允价值减去处置费用后的净额与其预计未来现金流量的现值两者之间的较高者确定。

【例9-14】华联实业股份有限公司属于矿业生产企业，法律要求矿产的业主必须在完成开采后将该地区恢复原貌。恢复费用包括表土覆盖层的复原，因为表土覆盖层在矿山开发前必须搬走。表土覆盖层一旦移走，企业就应为其确认一项负债，其有关费用计入矿山成本，并在矿山使用寿命内计提折旧。假定该公司为恢复费用确认的预计负债的账面金额为1 200万元。2×24年12月31日，该公司正在对矿山进行减值测试，矿山的资产组是整座矿山。华联实业股份有限公司已经收到愿意以4 800万元的价格购买该矿山的合同。这一价格已经考虑了复原表土覆盖层的成本。矿山的预计未来现金流量的现值为6 600万元，不包括恢复费用；矿山的账面价值为6 720万元（包括确认的恢复山体原貌的预计负债），假定不考虑矿山的处置费用。

分析：本例中该资产组预计未来现金流量的现值在考虑了恢复费用后的价值为5 400万元（6 600-1 200），大于该资产组的公允价值减去处置费用后的净额4 800万元，所以该资产组的可收回金额为5 400万元，资产组的账面价值为5 520万元（6 720-1 200），所以该资产组计提的减值准备为120万元（5 520-5 400）。

**（二）资产组减值的会计处理**

企业根据减值测试的结果，资产组的可收回金额如低于其账面价值，应当确认相应的减值损失。减值损失金额应当按照以下顺序进行分摊：

首先抵减分摊至资产组中商誉的账面价值。

然后根据资产组中除商誉之外的其他各项资产的账面价值所占比重，按比例抵减其他各项资产的账面价值。

以上资产账面价值的抵减，应当作为各单项资产（包括商誉）的减值损失处理，计入当期损益。抵减后的各资产的账面价值不得低于以下三者之中最高者：该资产的公允价值减去处置费用后的净额（如可确定）、该资产预计未来现金流量的现值（如可确定）和零。因此而导致的未能分摊的减值损失金额，应当按照相关资产组中其他各项资产的账面价值所占比重进行分摊。

【例9-15】华联实业股份有限公司于2×24年12月31日对某资产组进行减值测试，其账面价值为550万元；该资产组包括固定资产生产线、车间厂房、宿舍和浴室，账面价值分别为118万元、156万元、276万元。经咨询有关专家，华联实业股份有限公司确定该资产组的公允价值减去处置费用后的净额为430万元，未来现金流量现值为410万元。因此，该资产组发生减值，确认的减值损失为120万元（550-430），同时，根据该资产组内固定资产的账面价值，按比例分摊减值损失至资产组内的固定资产。

（1）按资产组的账面价值分摊减值损失。

生产线分摊的减值损失=1 180 000÷5 500 000×1 200 000=257 455（元）

车间厂房分摊的减值损失=1 560 000÷5 500 000×1 200 000=340 364（元）

宿舍和浴室分摊的减值损失=1 200 000-257 455-340 364=602 181（元）

（2）根据计算结果进行会计处理。

借：资产减值损失——计提固定资产减值损失            1 200 000

贷：固定资产减值准备——生产线        257 455

      ——车间厂房         340 364

      ——宿舍和浴室        602 181

（3）计算分摊减值损失后各单项资产的账面价值。

生产线的账面价值=1 180 000−257 455=922 545（元）

车间厂房的账面价值=1 560 000−340 364=1 219 636（元）

宿舍和浴室的账面价值=2 760 000−602 181=2 157 819（元）

分摊减值损失后资产组的账面价值=922 545+1 219 636+2 157 819=4 300 000（元）

【例9-16】华联实业股份有限公司有一条生产特种仪器的生产线，该生产线由D、E、F三部机器构成，预计使用年限为10年，预计净残值为零，以年限平均法计提折旧。由于三部机器均无法单独产生现金流量，但整条生产线构成完整的产销单位，属于一个资产组。2×24年该生产线所生产的特种产品，由于有新产品冲击，导致华联公司特种仪器的销路锐减，因此，对该生产线进行减值测试。

2×24年12月31日，D、E、F三部机器的账面价值分别为30万元、45万元、75万元。估计机器D的公允价值减去处置费用后的净额为22.5万元，机器E、机器F都无法合理估计其公允价值减去处置费用后的净额以及未来现金流量的现值。

整条生产线预计尚可使用5年。经估计其未来5年的现金流量，确定恰当的折现率后，得到该生产线预计未来现金流量的现值为90万元。由于无法合理估计生产线的公允价值减去处置费用后的净额，所以华联公司以该生产线预计未来现金流量的现值为其可收回金额。

鉴于在2×24年12月31日，该生产线的账面价值为150万元，而其可收回金额为90万元，生产线的账面价值高于其可收回金额，因此，该生产线已经发生了减值，公司应当确认减值损失60万元，并将该减值损失分摊到构成生产线的三部机器中。由于机器D的公允价值减去处置费用后的净额为22.5万元，因此，机器D分摊了减值损失后的账面价值不应低于22.5万元。具体分摊过程见表9-3。

表9-3             减值损失分摊过程           单位：元

| 项 目 | 机器D | 机器E | 机器F | 整个生产线（资产组） |
|---|---|---|---|---|
| 账面价值 | 300 000 | 450 000 | 750 000 | 1 500 000 |
| 可收回金额 | | | | 900 000 |
| 减值损失 | | | | 600 000 |
| 减值损失分摊比例 | 20% | 30% | 50% | |
| 分摊减值损失 | 75 000* | 180 000 | 300 000 | 555 000 |
| 分摊后账面价值 | 225 000 | 270 000 | 450 000 | |
| 尚未分摊的减值损失 | | | | 45 000 |
| 二次分摊比例 | | 37.50% | 62.50% | |
| 二次分摊减值损失 | | 16 875 | 28 125 | 45 000 |
| 二次分摊后应确认减值损失总额 | | 196 875 | 328 125 | |
| 二次分摊后账面价值 | 225 000 | 253 125 | 421 875 | 900 000 |

注：*按照分摊比例，机器D应当分摊减值损失120 000元（600 000×20%），但由于机器D的公允价值减去处置费用后的净额为225 000元，因此，机器D最多只能确认减值损失75 000元（300 000−225 000），未能分摊的减值损失45 000元（120 000−75 000），应当在机器E和机器F之间进行再分摊。

根据上述计算和分摊结果，构成该生产线的机器D、机器E和机器F应当分别确认减值损失

75 000元、196 875元和328 125元，账务处理如下：

```
借：资产减值损失——机器 D                               75 000
              ——机器 E                              196 875
              ——机器 F                              328 125
    贷：固定资产减值准备——机器 D                            75 000
                  ——机器 E                         196 875
                  ——机器 F                         328 125
```

### 三、总部资产的减值测试

企业总部资产包括企业集团或其事业部的办公楼、电子数据处理设备、研发中心等资产。总部资产的显著特征是难以脱离其他资产或者资产组产生独立的现金流入，而且其账面价值难以完全归属于某一资产组。因此，总部资产通常难以单独进行减值测试，需要结合其他相关资产组或者资产组组合进行。资产组组合，是指由若干个资产组组成的最小资产组组合，包括资产组或者资产组组合，以及按合理方法分摊的总部资产部分。

在资产负债表日，如果有迹象表明某项总部资产可能发生减值，企业应当计算确定该总部资产所归属的资产组或者资产组组合的可收回金额，然后将其与相应的账面价值相比较，据以判断是否需要确认减值损失。

企业对某一资产组进行减值测试时，应当先认定所有与该资产组相关的总部资产，再根据相关总部资产能否按照合理和一致的基础分摊至该资产组分别下列情况处理：

（1）对于相关总部资产能够按照合理和一致的基础分摊至该资产组的部分，应将该部分总部资产的账面价值分摊至该资产组，再据以比较该资产组的账面价值（包含已分摊的总部资产的账面价值部分）和可收回金额，并按照前述有关资产组减值测试顺序和方法处理。

【例9-17】华联实业股份有限公司资产组甲、乙、丙的账面价值分别为200万元、300万元和500万元，总部资产的账面价值为200万元。将总部资产账面价值分配至各资产组的比例分别设定为20%、30%、50%。

第一步，将总部资产向各资产组分配，分配后的资产组甲、乙、丙的账面价值分别为240万元、360万元、600万元。

假定，包含总部资产账面价值分配额的资产组乙、丙存在减值迹象，其总部资产账面价值分配后的资产组乙、丙的可收回金额分别为200万元和320万元。

第二步，分别对各资产组进行减值损失的确认和计量。由于包含总部资产账面价值分配额的资产组乙、丙的可收回金额分别为200万元和320万元，对于该资产组乙、丙应确认减值损失，将其账面价值分别减至其各自的可收回金额，计算过程见表9-4。

表9-4　　　　　　　　　　　　　　　**资产减值计算表**　　　　　　　　　　　　　　单位：万元

| 项　目 | 甲 | 乙 | 丙 | 小计 | 总部资产 | 合计 |
|---|---|---|---|---|---|---|
| 账面价值 | 200 | 300 | 500 | 1 000 | 200 | 1 200 |
| 分配总部资产账面价值 | 40 | 60 | 100 | 200 | -200 | 0 |
| 分配后的账面价值 | 240 | 360 | 600 | 1 200 | | 1 200 |
| 可收回金额 | | 200 | 320 | | | |
| 减值损失 | | 160 | 280 | 440 | | |
| 各资产组减值处理后的账面价值 | 240 | 200 | 320 | 760 | | |

第三步，按照确认减值损失前的账面价值，将包含总部资产账面价值分配额的资产组乙、丙应确认的减值损失分配到资产组和总部资产，计算过程见表9-5。

表9-5 资产减值计算表 单位：万元

| 项　目 | 减值损失 | 向资产组分配 | 向总部资产分配 |
|---|---|---|---|
| 总部资产价值分配后资产组乙 | 160 | 133<br>（160×300÷360） | 27<br>（160×60÷360） |
| 总部资产价值分配后资产组丙 | 280 | 233<br>（280×500÷600） | 47<br>（280×100÷600） |
| 合　计 | 440 | 366 | 74 |

综上结果，确认资产组甲减值损失0，确认资产组乙减值损失133万元，确认资产组丙减值损失233万元，确认总部资产减值损失74万元。

（2）对于相关总部资产中有部分资产难以按照合理和一致的基础分摊至该资产组的，应当按照下列步骤处理：

首先，在不考虑相关总部资产的情况下，估计和比较资产组的账面价值和可收回金额，并按照前述有关资产组减值测试的顺序和方法处理。

其次，认定由若干个资产组组成的最小的资产组组合，该资产组组合应当包括所测试的资产组与可以按照合理和一致的基础将该部分总部资产的账面价值分摊其上的部分。

最后，比较所认定的资产组组合的账面价值（包括已分摊的总部资产的账面价值部分）和可收回金额，并按照前述有关资产组减值测试的顺序和方法处理。

【例9-18】假定华联实业股份有限公司有关资料如下：资产组甲、乙、丙的账面价值分别为200万元、300万元和500万元；总部资产的账面价值为200万元。资产组丙和总部资产存在减值迹象。预计资产组丙的可收回金额为320万元，资产组甲和乙的可收回金额无法合理估计，包含总部资产在内的资产组组合的可收回金额为880万元。有关资产减值的会计处理如下：

（1）由于资产组丙存在减值迹象，预计的可收回金额320万元低于账面价值，判断应确认减值损失，并将其账面价值500万元减记至其可收回金额320万元，确认减值损失180万元。

（2）由于总部资产和资产组丙均存在减值迹象，包含总部资产的资产组组合的账面价值为1 200万元，而包含总部资产的资产组组合的可收回金额为880万元，判断应确认减值损失，确认减值损失的金额为320万元。

（3）包含总部资产在内的资产组组合的减值损失为320万元，而不包含总部资产的各资产组应确认的减值损失为180万元，增加140万元，计算过程见表9-6。

表9-6 资产减值计算表 单位：万元

| 项　目 | 甲 | 乙 | 丙 | 小计 | 总部资产 | 包含总部资产的资产组组合合计 |
|---|---|---|---|---|---|---|
| 分别各资产组的减值损失的确认与计量 | | | | | | |
| 账面价值 | 200 | 300 | 500 | 1 000 | 200 | 1 200 |
| 可收回金额 | — | — | 320 | — | | |
| 减值损失 | — | — | 180 | 180 | | |
| 分别各资产组减值处理后的账面价值 | 200 | 300 | 320 | 820 | 200 | 1 020 |

续表

| 项　目 | 甲 | 乙 | 丙 | 小计 | 总部资产 | 包含总部资产的资产组组合合计 |
|---|---|---|---|---|---|---|
| 包含总部资产的资产组组合的减值损失的确认与计量 | | | | | | |
| 账面价值 | 200 | 300 | 500 | 1 000 | 200 | 1 200 |
| 可收回金额 | | | | | | 880 |
| 减值损失 | | | | | | 320 |
| 包含总部资产的资产组组合减值损失增加 | | | | | 140 | |

这增加的减值损失140万元，应当分配到总部资产，作为总部资产应确认的减值损失处理。

对于各资产组确认的减值损失，则需要按照资产组内各项资产的账面价值，将其分配到各项资产，并以此为依据分别对各项资产进行资产减值的账务处理。至于总部资产应确认的减值损失，也应按照总部资产所包含的各项资产的账面价值，将其分配到各项资产并进行资产减值的账务处理。

【例9-19】华联实业股份有限公司是高科技企业，拥有D、E和F三个资产组，在2×24年年末，这三个资产组的账面价值分别为300万元、450万元和600万元，没有商誉。这三个资产组为三条生产线，预计剩余使用寿命分别为10年、20年和20年，采用平均年限法计提折旧。由于华联公司的竞争对手通过技术创新推出了技术含量更高的产品，并且受到市场欢迎，从而对华联公司产品产生了重大不利影响，为此，华联公司于2×24年年末对各资产组进行了减值测试。

华联公司的经营管理活动由总部负责，总部资产包括一栋办公大楼和电子数据处理设备，其中，办公大楼的账面价值为450万元，电子数据处理设备的账面价值为150万元，办公大楼的账面价值可以在合理和一致的基础上分摊至各资产组，但是电子数据处理设备的账面价值难以在合理和一致的基础上分摊至各相关资产组，具体计算见表9-7。

表9-7　　　　　　　　　　　　　　资产减值计算表　　　　　　　　　　　金额单位：万元

| 项　目 | 资产组D | 资产组E | 资产组F | 合计 |
|---|---|---|---|---|
| 各资产组账面价值 | 300 | 450 | 600 | 1 350 |
| 各资产组剩余使用寿命（年） | 10 | 20 | 20 | |
| 按使用寿命计算的权数 | 1 | 2 | 2 | |
| 加权计算后的账面价值 | 300 | 900 | 1 200 | 2 400 |
| 办公大楼的分摊比例（各组加权后的账面价值÷各组加权后的账面价值合计） | 12.5% | 37.5% | 50% | 100% |
| 办公大楼的账面价值分摊到各资产组的金额 | 56.25 | 168.75 | 225 | 450 |
| 包括分摊的办公大楼的账面价值部分的各资产组账面价值 | 356.25 | 618.75 | 825 | 1 800 |

假定各资产组和资产组组合的公允价值减去处置费用后的净额难以确定，华联公司根据预计未来现金流量的现值来计算其可收回金额，计算现值所用的折现率为15%。经计算（过程省略），企业确定资产组D、E、F的可收回金额分别为597万元、492万元和813万元，资产组组合的可收回金额为2 160万元。资产组E和F的可收回金额均低于其账面价值，应当分别确认126.75万元和12万元的减值损失，并将该减值损失在办公大楼和资产组之间进行分摊。

根据分摊结果，因资产组E发生减值损失126.75万元导致办公大楼减值34.57万元（126.75×168.75÷618.75），导致资产组E中所包括的资产发生减值92.18万元（126.75×450÷618.75）；因资产组F发生减值损失12万元导致办公大楼减值3.27万元（12×225÷825），导致资产组F中所包括的资产发生减值8.73万元（12×600÷825）。

经过上述减值测试后，资产组D、E、F和办公大楼的账面价值分别为300万元、357.82万元、591万元和412.43万元，电子数据处理设备的账面价值仍为150万元，由此包括电子数据处理设备在内的最小资产组组合（即华联公司）的账面价值总额为1 811.25万元（300+357.82+591+412.43+150），但其可收回金额为2 160万元，高于其账面价值，因此，华联公司不必再进一步确认减值损失。

# 第五节　商誉减值测试及会计处理

## 一、商誉减值测试的一般要求

企业合并所形成的商誉，至少应当在每年年度终了进行减值测试。由于商誉难以独立产生现金流量，因此，商誉应当结合与其相关的资产组或者资产组组合进行减值测试。但这些相关的资产组或者资产组组合应当是能够从企业合并的协同效应中受益的资产组或者资产组组合。

为了进行资产减值测试，对于因企业合并形成的商誉的账面价值，应当自购买日起按照合理的方法分摊至相关的资产组；难以分摊至相关的资产组的，应当将其分摊至相关的资产组组合。

## 二、商誉减值测试的方法及账务处理

企业在对包含商誉的相关资产组或者资产组组合进行减值测试时，如与商誉相关的资产组或者资产组组合存在减值迹象，应当首先对不包含商誉的资产组或者资产组组合进行减值测试，计算可收回金额，并与相关账面价值相比较，确认相应的减值损失。然后再对包含商誉的资产组或者资产组组合进行减值测试，比较这些相关资产组或者资产组组合的账面价值（包括所分摊的商誉的账面价值部分）与其可收回金额，如相关资产组或者资产组组合的可收回金额低于其账面价值，应当将其差额确认为减值损失，减值损失的金额首先应当抵减分摊至资产组或者资产组组合中商誉的账面价值；其次根据资产组或者资产组组合中除商誉之外的其他各项资产的账面价值所占比重，按比例抵减其他各项资产的账面价值。

上述资产账面价值的抵减，也作为各单项资产（包括商誉）的减值损失处理，计入当期损益。抵减后的各资产的账面价值不得低于以下三者之中最高者：该资产的公允价值减去处置费用后的净额（如可确定）；该资产预计未来现金流量的现值（如可确定）和零。因此而导致未能分摊的减值损失金额，应当按照相关资产组或者资产组组合中其他各项资产的账面价值所占比重进行分摊。

按照《企业会计准则第20号——企业合并》的规定，在合并报表中反映的商誉，不包括子公司归属于少数股东的商誉。但对相关资产组进行减值测试时，应当调整资产组的账面价值，将归属于少数股东权益的商誉包括在内，然后根据调整后的资产组账面价值与其可收回金额进行比较，以确定资产组（包括商誉）是否发生了减值。

上述资产组如发生减值，应当首先抵减商誉的账面价值，但由于根据上述方法计算的商誉减值包括了应由少数股东权益承担的部分，而少数股东权益承担的商誉价值及其减值损失都不在合并财务报表中反映，合并财务报表只反映归属于母公司商誉的减值损失，因此，应当将商誉减值损失在可归属于母公司和少数股东权益部分之间按比例进行分摊，以确认归属于母公司的商誉减值损失。

【例9-20】华联实业股份有限公司在2×24年1月1日以2 400万元的价格收购了D企业80%的股权。在购买日，D企业可辨认净资产的公允价值为2 250万元，没有负债和或有负债。因此，华联公司在购买日编制的合并资产负债表中确认商誉600万元（2 400-2 250×80%）、D企业可辨认净资产 2 250 万元和少数股东权益 450 万元（2 250×20%）。

假定 D 企业的所有资产被认定为一个资产组。由于该资产组包括商誉，因此，它应于每年年度终了进行减值测试。

在 2×24 年年末，华联公司确定该资产组的可收回金额为 1 500 万元，可辨认净资产的账面价值为 2 025 万元。由于 D 企业作为一个单独的资产组的可收回金额 1 500 万元中，包括归属于少数股东权益在商誉价值中享有的部分，因此，出于减值测试的目的，在与资产组的可收回金额进行比较之前，必须对资产组的账面价值进行调整，使其包括归属于少数股东权益的商誉价值 150 万元（（2 400÷80%−2 250）×20%）。然后再据以比较该资产组的账面价值和可收回金额，确定是否发生了减值损失，测试过程见表 9-8。

表9-8 资产减值损失计算表 单位：万元

| 2×24年年末 | 商誉 | 可辨认净资产 | 合计 |
| --- | --- | --- | --- |
| 账面价值 | 600 | 2 025 | 2 625 |
| 未确认归属于少数股东权益的商誉价值 | 150 | — | 150 |
| 调整后账面价值 | 750 | 2 025 | 2 775 |
| 可收回金额 | | | 1 500 |
| 减值损失 | | | 1 275 |

根据上述计算结果，资产组发生减值损失 1 275 万元，应当首先冲减商誉的账面价值，然后再将剩余部分分摊至资产组中的其他资产。在本例中，1 275 万元减值损失中有 750 万元应当属于商誉（调整后的账面价值）减值损失，其中由于在合并财务报表中确认的商誉仅限于华联公司持有 D 企业 80% 股权部分，因此，华联公司只需要在合并报表中确认归属于华联公司的商誉减值损失，即 750 万元商誉减值损失的 80%，为 600 万元。剩余的 525 万元（1 275−750）减值损失，应当冲减 D 企业的可辨认净资产的账面价值，作为 D 企业可辨认净资产的减值损失。

## 复习思考题

1. 什么是资产减值？

2. 我国对资产减值的认定标准是如何规定的？

3. 什么是资产的可收回金额？其意义是什么？

4. 资产的公允价值与处置费用的净额如何确定？

5. 什么是资产的预计未来现金流量现值？

6. 预计未来现金流量应考虑的主要因素有哪些？

7. 建立资产组和资产组组合的意义是什么？

8. 资产组如何进行减值测试？

9. 什么是总部资产？其主要特征是什么？

10. 对于企业合并所形成的商誉何时进行减值测试？

11. 确认的资产组的减值损失金额应如何分摊？

自测题

# 第十章 负 债

## 第一节 负债概述

### 一、负债的定义及确认条件

#### （一）负债的定义及特征

《企业会计准则——基本准则》（2014）第23条规定：负债是指企业过去的交易或者事项形成的、预期会导致经济利益流出企业的现时义务。

根据负债的定义，负债主要具备以下三个特征：

**1.负债是企业承担的现时义务**

现时义务是负债最本质的特征。义务是指企业无法避免的责任，比如企业取得贷款应支付的利息就属于义务。而现时义务则是企业在当前环境下已经承担的义务，企业预计未来经营期间很可能发生的亏损就不构成一项现时义务。这里的义务，既包括法定义务，也包括推定义务。其中，法定义务是指由具有约束力的合同或者法律法规产生的义务，比如企业通过商业信用购买物资形成的应付账款、按照税法规定应缴纳的各种税金等，均属于法定义务。推定义务是指根据企业实务中形成的惯例、公开作出的承诺或者公开宣布的政策而导致企业承担的责任，有关各方都对企业履行该义务形成了合理预期，比如企业承诺整治环境污染、企业重组过程中产生的员工辞退义务等。

**2.负债预期会导致经济利益流出企业**

企业在履行现时义务时，会导致经济利益流出企业，具体包括通过支付现金、转移非现金资产或提供劳务等形式来履行义务。

**3.负债是由过去的交易或者事项形成的**

负债应当由企业过去发生的交易或者事项形成。比如企业签订但尚未交货的购货合同、企业下一年度将取得的贷款等，均不构成负债。

#### （二）金融负债

金融负债属于金融工具，是由合同产生的义务，履行该义务会导致企业向其他方交付现金或者其他金融资产，或者在潜在不利条件下与其他方交换金融资产或金融负债。企业的很多负债项目都属于金融负债，比如企业在购买材料过程中形成的应付账款、企业发行债券形成的应付债券等。但也有部分负债项目不属于金融负债，比如企业提前预收的商品或劳务价款、企业对客户提供的产品质量保证等，这些负债形成的现时义务不是通过支付现金或其他金融资产来清偿，而是通过销售产品或者提供劳务等方式来履行义务，因而不属于金融负债。

#### （三）负债的确认条件

企业要确认一项负债，除了要符合负债的定义之外，还应当同时满足以下两个条件：

1.与该义务有关的经济利益很可能流出企业

由于经济业务存在不确定性，企业在发生经济业务时流出的经济利益有时需要估计，特别是由于推定义务而产生的负债。比如，企业因销售产品而承担的产品质量保证义务所发生的支出金额就存在很大的不确定性。如果有证据表明，与现时义务有关的经济利益很可能流出企业，就应当确认负债。反之，企业对于预期流出经济利益可能性较小的现时义务，不应确认为一项负债。

2.未来流出经济利益的金额能够可靠地计量

企业要确认负债，必须能够可靠地计量负债的金额，即能够可靠地计量未来经济利益流出的金额。企业因法定义务而预期发生的经济利益流出金额，通常可以根据法律或合同的规定予以确定。比如，企业应交税费的金额可以根据相关税法的规定计算确定。而企业因推定义务产生的未来经济利益的流出金额，则需要根据合理的估计才能确定履行相关义务所需支出的金额。

### 二、负债的分类

在资产负债表中，负债项目根据流动性分类列报，划分为流动负债和非流动负债。

1.流动负债

流动负债，是指满足下列情形之一的负债：

（1）预计在一个正常营业周期内清偿的负债，比如企业采用商业信用方式购买货物或接受劳务形成的应付账款和应付票据；

（2）主要为交易目的而持有的负债，比如银行发行的打算近期回购的短期票据；

（3）自资产负债表日起一年内（含一年）到期应予以清偿的负债，比如企业以前期间发行的将在资产负债表日起一年内到期偿还的债券；

（4）企业无权自主地将清偿期限推迟至资产负债表日后一年以上的负债，比如企业从银行借入的无权自主延长偿还期限的贷款。

流动负债主要包括短期借款、交易性金融负债、应付票据、应付账款、预收账款、应付职工薪酬、应交税费、其他应付款等。

2.非流动负债

非流动负债，是指流动负债以外的负债。非流动负债主要是企业为筹集长期项目资金而发生的负债，比如企业为购买设备或建造厂房而从银行借入的中长期贷款、为企业合并而发行的公司债券等。非流动负债主要包括长期借款、应付债券、长期应付款等。

# 第二节　流动负债

### 一、短期借款

#### （一）短期借款的核算内容

短期借款，是指企业从银行或者其他金融机构借入的期限在一年以内（含一年）的各种借款。企业在日常生产经营活动中面临资金短缺时，首先会考虑从银行借入资金，而银行也会根据企业的信用状况给予企业一定的信用额度，允许企业在信用额度之内支取现金，并在较短的期限内偿还借款本金和利息，形成一项短期借款。

#### （二）短期借款的会计核算

1.短期借款取得时的会计核算

企业应当设置"短期借款"科目，核算企业短期借款的取得和偿还业务。企业取得一项短期借款时，借记"银行存款""原材料"等科目，贷记"短期借款"科目。

2.短期借款利息的会计核算

企业对于短期借款的利息，通常应当按季度支付。同时，企业通常在每个月末计提借款利息，将应付未付的利息借记"财务费用"科目，贷记"应付利息"科目。

3.短期借款到期偿还的会计核算

企业应于到期日偿还短期借款的本金以及尚未支付的利息，借记"短期借款""应付利息"等科目，贷记"银行存款"科目。

【例10-1】甲公司为了缓解经营所需资金压力，2×24年9月1日从银行取得短期借款800 000元。借款合同规定，借款年利率为6%，期限为1年，到期日为2×25年9月1日。假定甲公司于每月末计提利息、每季末支付利息。

要求：编制甲公司与该项短期借款有关的会计分录。

（1）2×24年9月1日，甲公司实际取得短期借款时应编制的会计分录为：

借：银行存款　　　　　　　　　　　　　　　　　　　　　　　　800 000
　　贷：短期借款　　　　　　　　　　　　　　　　　　　　　　　　800 000

（2）2×24年9月30日，甲公司支付借款利息时应编制的会计分录为：

应付利息=800 000×6%÷12=4 000（元）

借：财务费用　　　　　　　　　　　　　　　　　　　　　　　　　4 000
　　贷：银行存款　　　　　　　　　　　　　　　　　　　　　　　　　4 000

（3）2×24年10月31日，甲公司计提借款利息时应编制的会计分录为：

应付利息=800 000×6%÷12=4 000（元）

借：财务费用　　　　　　　　　　　　　　　　　　　　　　　　　4 000
　　贷：应付利息　　　　　　　　　　　　　　　　　　　　　　　　　4 000

其余计提利息和支付利息的会计分录略。

（4）2×25年9月1日，甲公司偿还短期借款本金和尚未支付的利息时应编制的会计分录为：

借：短期借款　　　　　　　　　　　　　　　　　　　　　　　　800 000
　　应付利息　　　　　　　　　　　　　　　　　　　　　　　　　 8 000
　　贷：银行存款　　　　　　　　　　　　　　　　　　　　　　　　808 000

（三）短期借款的列报

期末，短期借款项目在资产负债表流动负债下面单独列报，根据"短期借款"科目的期末余额填列。

## 二、应付票据

### （一）应付票据的核算内容

应付票据核算企业采用商业汇票支付方式购买物资或服务等而承兑的商业汇票。当企业购买物资或服务的金额较大时，一般被要求以商业汇票方式结算以保证按期付款。商业汇票根据承兑人的不同，可以分为银行承兑汇票和商业承兑汇票。根据是否带息，商业汇票可以划分为带息的商业汇票和非带息的商业汇票。

### （二）应付票据的会计核算

1.应付票据发生时的会计核算

企业在购买物资并以商业汇票作为结算方式时，应当在收到物资时按照存货的成本借记"原材料""库存商品"等科目，按照收到的增值税专用发票注明的金额借记"应交税费——应交增值税（进项税额）"等科目，贷记"应付票据"科目。

2.带息应付票据利息的会计核算

对于带息的应付票据，企业应当于期末计提当期的利息，借记"财务费用"科目，贷记"应付票据"科目。

3.应付票据到期时的会计核算

对于不带息的商业汇票，购买方应当于到期日按照商业汇票的票面金额偿还应付票据。对于带息的应付票据，购买方还应当支付票据的利息。购买企业到期日付款时，借记"应付票据""财务费用"等科目，贷记"银行存款"科目。

【例10-2】2×24年3月8日，甲公司从乙公司购买一批原材料，从乙公司收到的增值税专用发票上注明该批材料的不含税价格为500 000元，增值税税额为65 000元。甲公司签发一张金额为565 000元的商业承兑汇票，期限为3个月。该批原材料当日已经验收入库。

要求：编制甲公司与应付票据有关的会计分录。

（1）2×24年3月8日，甲公司签发商业承兑汇票购入原材料并验收入库时应当编制的会计分录为：

借：原材料 500 000
　　应交税费——应交增值税（进项税额） 65 000
　　贷：应付票据 565 000

（2）2×24年6月8日，商业汇票到期，甲公司承兑商业汇票时应当编制的会计分录为：

借：应付票据 565 000
　　贷：银行存款 565 000

4.应付票据到期时企业无法付款的核算

在商业汇票到期时，企业如果无力支付票据款项，应当考虑承兑人的不同而进行相应处理。对于商业承兑汇票，企业应当将"应付票据"的账面价值结转至"应付账款"科目；对于银行承兑汇票，承兑银行向持票人无条件付款，同时对出票人尚未支付的汇票金额转作逾期贷款处理，企业应当借记"应付票据"科目，贷记"短期借款"科目。

（三）应付票据的列报

期末，应付票据项目应当在资产负债表流动负债项目下单独列报，根据"应付票据"科目的期末余额填列。

### 三、应付账款

#### （一）应付账款的核算内容

应付账款，是指企业因购买物资或接受劳务等经营活动而应支付给供货商的款项。比如，卖方在发货时同意给予买方30天的信用期，这时买方就取得了一项短期融资，应当确认为应付账款。应付账款应当于买方取得的相关资产或发生的相关费用符合确认条件时按照应付金额入账。由于应付账款的信用期限时间较短，所以应付账款的入账价值不需要考虑时间价值。

#### （二）应付账款的会计核算

在实务中，企业确认应付账款，应当区别下列情况处理：

1.物资和发票同时到达的会计核算

通常情况下，企业通过购买取得的物资和相关发票会同时到达企业。企业应当在所购入的物资验收入库时按照发票金额及增值税进项税额确认应付账款。

【例10-3】2×24年4月23日，甲公司从丙公司购买一批原材料，收到的增值税专用发票上注明的不含税价款为300 000元，增值税税额为39 000元。材料已经验收入库，款项尚未支付。

要求：编制甲公司购买原材料的会计分录。

甲公司在该批材料验收入库时应编制的会计分录为：

借：原材料 300 000

    应交税费——应交增值税（进项税额） 39 000

  贷：应付账款 339 000

2.先收到发票而后收到物资的会计核算

在有些情况下，企业购入的货物尚未到达，而相关发票已经收到。企业应当在收到相关发票时确认应付账款，借记"在途物资""应交税费——应交增值税（进项税额）"等科目，贷记"应付账款"科目。

3.先收到物资而后收到发票的会计核算

如果购入的物资已到达企业并验收入库而相应的发票尚未收到，企业应当在月末时按照暂估的金额入账，借记"原材料""库存商品"等科目，贷记"应付账款"科目。下月初，企业应将暂估入账的存货及应付账款全额冲回，等实际收到发票时再确认存货及应付账款。

4.确实无法支付的应付账款的会计核算

在某些情况下，收款人可能因为破产等原因确实无法收取全部或部分账款。此时，企业应当借记"应付账款"科目，贷记"营业外收入"科目。

（三）应付账款的列报

在资产负债表中，资产与负债需要严格划分并分别列报。因而，"应付账款"科目所属明细科目的期末贷方余额应当在流动负债中"应付账款"项目下列报；"应付账款"科目所属明细科目的期末借方余额应当在流动资产中"预付款项"项目下列报。

**四、合同负债**

（一）合同负债的核算内容

根据《企业会计准则第14号——收入》（2017）的规定，合同负债，是指企业已收或应收客户对价而应向客户转让商品或服务的义务。比如航空公司提前收取的旅客购票款、电信公司提前收取客户支付的网络数据服务使用费等。因转让商品收到的预收款适用收入准则进行会计处理时，不再使用"预收账款""递延收益"科目。

（二）合同负债的会计核算

1.收到客户支付价款时的会计核算

根据合同约定，企业收到客户对价而承担向客户转让商品或服务的义务时，应当按实际收到的金额借记"银行存款"等科目，贷记"合同负债"科目。

2.销售商品或提供劳务时的会计核算

企业按照合同约定向客户转让相关商品或服务确认收入时，借记"合同负债"科目，贷记"主营业务收入""应交税费——应交增值税（销项税额）"等科目。

【例10-4】2×24年4月5日，甲公司与乙公司签订销货合同，并根据约定于当日收到货款339 000元。2×24年4月20日，甲公司向乙公司发出一批商品，开出的增值税专用发票上注明的不含税价款为600 000元，增值税税额为78 000元。该批商品的实际生产成本为420 000元。2×24年4月28日，甲公司收到乙公司支付的剩余价款。

要求：编制甲公司与该销售合同有关的会计分录。

（1）2×24年4月5日，甲公司收到预收货款时应编制的会计分录为：

借：银行存款　　　　　　　　　　　　　　　　　　　　　　　　339 000

　　贷：合同负债　　　　　　　　　　　　　　　　　　　　　　　339 000

（2）2×24年4月20日，甲公司发出商品并确认收入时应编制的会计分录为：

借：合同负债　　　　　　　　　　　　　　　　　　　　　　　　678 000

　　贷：主营业务收入　　　　　　　　　　　　　　　　　　　　　600 000

　　　　应交税费——应交增值税（销项税额）　　　　　　　　　　78 000

同时结转销售商品成本：

借：主营业务成本　　　　　　　　　　　　　　　　　　　　　　420 000

　　贷：库存商品　　　　　　　　　　　　　　　　　　　　　　　420 000

（3）2×24年4月28日，甲公司收到剩余货款时应编制的会计分录为：

借：银行存款　　　　　　　　　　　　　　　　　　　　　　　　339 000

　　贷：合同负债　　　　　　　　　　　　　　　　　　　　　　　339 000

### （三）合同负债的列报

在资产负债表中，合同负债作为流动负债项目需要单独列报，应当分别根据"合同资产"科目、"合同负债"科目的相关明细科目的期末余额分析填列，这两个科目的贷方余额应当在合同负债项目下列报。其中，合同资产是指企业已向客户转让商品而应收取对价的权利，且该权利取决于时间流逝之外的其他因素。

同一合同下的合同资产和合同负债应当以净额列示，其中，净额为借方余额的，应当根据其流动性在"合同资产"或"其他非流动资产"项目中填列；净额为贷方余额的，应当根据其流动性在"合同负债"或"其他非流动负债"项目中填列。

### 五、应付职工薪酬

#### （一）职工薪酬的含义

1.职工薪酬的概念

根据《企业会计准则第9号——职工薪酬》（2014）的定义，职工薪酬，是指企业为获得职工提供的服务或解除劳动关系而给予各种形式的报酬或补偿。

2.职工的范围

职工薪酬中所指的职工，具体包括以下三类人员：

（1）与企业订立正式劳动合同的所有人员，包含企业的全职职工、兼职职工和临时职工；

（2）虽未与企业订立劳动合同但由企业正式任命的人员，比如公司董事会的成员；

（3）未与企业订立劳动合同或未由其正式任命，但向企业所提供服务与职工所提供服务类似的人员，包括通过企业与劳务中介公司签订用工合同而向企业提供服务的人员。

此外，企业提供给职工配偶、子女、受赡养人、已故员工遗属及其他受益人等的福利，也属于职工薪酬。

#### （二）职工薪酬的类型

职工薪酬的类型包括：短期薪酬、离职后福利、辞退福利和其他长期职工福利。

1.短期薪酬的内容

短期薪酬，是指企业在职工提供相关服务的年度报告期间结束后12个月内需要全部予以支付的职工薪酬，因解除与职工的劳动关系给予的补偿除外。短期薪酬是职工薪酬的主要形式，包括的内容如下：

（1）职工工资、奖金、津贴和补贴。这是指按照国家有关规定构成职工工资总额的计时工资、计件工资、各种因职工超额劳动报酬和增收节支而支付的奖金、为补偿职工特殊贡献或额外劳动而支付的津贴、支付给职工的交通补贴和通信补贴等各种补贴。

（2）职工福利费。这是指职工因工负伤赴外地就医路费、职工生活困难补助、未实行医疗统筹企业的职工医疗费用，以及按规定发生的其他职工福利支出。

（3）社会保险费。这是指企业按照国家规定的基准和比例计算的，并向社会保障经办机构缴纳的医疗保险费、工伤保险费和生育保险费等社会保险。

（4）住房公积金。这是指企业按照国家规定的基准和比例计算的，并向住房公积金管理机构缴存的用于购买商品房、支付住房租金的长期储金。住房公积金实行专款专用，一般由企业按照一定标准按月支付。

（5）工会经费和职工教育经费。这是指为改善职工文化生活、为职工学习先进技术和提高文化水平和业务素质，用于单位开展工会活动和职工教育及职业技能培训等活动的相关支出经费。

（6）非货币性福利。这是指企业以自产产品或外购商品等非货币性资产发放给职工作为福利、将自己拥有的资产或租赁的资产无偿提供给职工使用、为职工无偿提供医疗保健服务，或者向职工提供企业支付了一定补贴的商品或服务等职工福利。

（7）短期带薪缺勤。这是指企业支付工资或提供补偿的职工缺勤，包括年休假、病假、短期伤残、婚假、产假、丧假、探亲假等。职工在带薪缺勤期间，按照规定可以获得全部或部分工资。

（8）短期利润分享计划。这是指企业因职工提供服务而与职工达成的基于利润或其他经营成果为标准计算并提供薪酬的协议。比如，企业对部分职工按照当期实现的净利润超过目标金额部分的10%予以奖励。

2.离职后福利的内容

离职后福利，是指企业为获得职工提供的服务而在职工退休或与企业解除劳动关系后，提供的各种形式的报酬和福利。离职后福利计划包括设定提存计划和设定受益计划。

（1）设定提存计划，是指向独立的基金缴存固定费用后，企业不再承担进一步支付义务的离职后福利计划。企业应当在职工为其提供服务的会计期间，将根据设定提存计划确定的应缴存金额确认为负债，并计入当期损益或相关资产成本。

（2）设定受益计划，是指除设定提存计划以外的离职后福利计划。企业应当采用预期累计福利单位法和适当的精算假设，确认和计量设定受益计划所产生的义务，根据产生原因不同计入当期损益或其他综合收益。

3.辞退福利的内容

辞退福利，是指在职工劳动合同尚未到期前与职工解除劳动关系而给予的补偿。辞退福利包括以下两方面的内容：

（1）职工没有选择权的辞退福利。这是指在职工劳动合同尚未到期前，不论职工本人是否愿意，企业都决定解除与职工的劳动关系而给予的补偿。

（2）职工有选择权的辞退福利。这是指在职工劳动合同尚未到期前，企业为鼓励职工自愿接受裁减而给予的补偿，职工有权选择继续在职或接受补偿离职。

**4.其他长期职工福利的内容**

其他长期职工福利,是指除短期薪酬、离职后福利、辞退福利之外所有的职工薪酬,包括:长期带薪缺勤、长期残疾福利、长期利润分享计划等。

**(三)短期薪酬的确认**

**1.短期薪酬的确认原则**

企业应当在职工提供服务的会计期间,将短期薪酬确认为一项流动负债,记入"应付职工薪酬"科目,并根据职工所在部门、提供服务的性质和受益对象等情况,将短期薪酬计入当期损益或资产成本。

**2.短期薪酬的具体确认**

短期薪酬的确认,具体可以分为以下几种情况:

(1)应由企业生产的产品或提供的劳务负担的短期薪酬,计入相关产品成本或劳务成本,借记"生产成本""劳务成本""制造费用"等科目,贷记"应付职工薪酬"科目。

(2)符合固定资产或无形资产等长期资产资本化条件,应当计入相关资产成本的短期薪酬,借记"固定资产""在建工程""研发支出——资本化支出"等科目,贷记"应付职工薪酬"科目。

(3)公司董事会成员、监事会成员、管理人员、财务人员、销售人员,以及不符合资本化条件的研发人员的短期薪酬,应当在发生时直接计入当期损益,借记"管理费用""销售费用""研发支出——费用化支出"等科目,贷记"应付职工薪酬"科目。

**(四)短期薪酬的计量**

**1.货币性职工薪酬的计量**

货币性职工薪酬,包括企业以货币形式支付给职工以及为职工支付的工资、职工福利费、各种社会保险、住房公积金、工会经费以及职工教育经费等。其中,职工工资应当按照劳动合同规定的计时工资、计件工资、奖金、津贴和补贴等计算确定;职工福利费应当按照实际发生金额计量;社会保险、住房公积金、工会经费以及职工教育经费等,应当按照有关部门规定确定的计提基础和计提比例计算确定。国家没有规定计提基础和计提比例的,企业应当自行规定或参考历史经验数据和实际情况合理计算和估计。

**【例10-5】**甲公司2×24年5月职工短期薪酬明细表见表10-1,假定甲公司职工的医疗保险费、住房公积金、工会经费和职工教育经费分别按照职工工资总额的10%、8%、2%和1.5%提取。

表10-1

**甲公司职工短期薪酬明细表**

2×24年5月　　　　　　　　　　　　　　　　　单位:元

| 部门 ＼ 薪酬项目 | 工资总额 | 医疗保险费(10%) | 公积金(8%) | 工会经费(2%) | 职工教育经费(1.5%) | 合计 |
|---|---|---|---|---|---|---|
| 基本生产车间 | 80 000 | 8 000 | 6 400 | 1 600 | 1 200 | 97 200 |
| 车间管理部门 | 10 000 | 1 000 | 800 | 200 | 150 | 12 150 |
| 行政管理部门 | 30 000 | 3 000 | 2 400 | 600 | 450 | 36 450 |
| 研发部门 | 20 000 | 2 000 | 1 600 | 400 | 300 | 24 300 |
| 销售部门 | 25 000 | 2 500 | 2 000 | 500 | 375 | 30 375 |
| 合计 | 165 000 | 16 500 | 13 200 | 3 300 | 2 475 | 200 475 |

要求：编制甲公司2X24年5月末计提职工薪酬的会计分录。

2×24年5月31日，甲公司确认职工短期薪酬时应当编制的会计分录为：

| | | |
|---|---|---|
| 借：生产成本 | | 97 200 |
| 制造费用 | | 12 150 |
| 管理费用 | | 36 450 |
| 研发支出 | | 24 300 |
| 销售费用 | | 30 375 |
| 贷：应付职工薪酬——工资 | | 165 000 |
| ——医疗保险费 | | 16 500 |
| ——住房公积金 | | 13 200 |
| ——工会经费 | | 3 300 |
| ——职工教育经费 | | 2 475 |

企业在实际支付货币性职工薪酬时，还需要为职工代扣代缴个人所得税、社会保险费、住房公积金等支出。因而，企业按照应当支付给职工的薪酬总额，借记"应付职工薪酬"科目；按照实发职工薪酬的总额，贷记"银行存款"科目；将应由企业代扣代缴的职工个人所得税，贷记"应交税费——应交个人所得税"科目；将应由企业代扣代缴的医疗保险费、住房公积金等支出，贷记"其他应付款"科目。

【例10-6】2×24年6月5日，甲公司实际发放5月份职工工资，应付职工工资的总额为165 000元，其中，应由甲公司为职工代扣代缴的个人所得税为20 000元，应由甲公司为职工代扣代缴的各种社会保险费和住房公积金合计为30 000元。

要求：编制甲公司实际发放工资时的会计分录。

2×24年6月5日，甲公司实际发放职工工资时应当编制的会计分录为：

| | | |
|---|---|---|
| 借：应付职工薪酬——工资 | | 165 000 |
| 贷：银行存款 | | 115 000 |
| 应交税费——应交个人所得税 | | 20 000 |
| 其他应付款 | | 30 000 |

2.非货币性职工薪酬的计量

企业向职工提供的非货币性职工薪酬，应当按照公允价值计量，具体分为以下两种情况：

（1）以自产产品或外购商品发放给职工作为福利

企业将自产的产品作为非货币性福利发放给职工时，应当按照该产品的销售收入确认金额和相关税费，并在产品发出时确认销售收入，根据职工提供服务的性质确认当期损益或资产成本，同时结转销售成本。企业将外购商品作为非货币性福利发放给职工时，应当按照该商品的公允价值和相关税费计量，计入当期损益或资产成本。

【例10-7】甲公司生产服装，共有职工80人。2×24年2月，甲公司决定以自产的一批运动装作为福利发放给全体职工。该批服装的生产成本为每套1 500元，市场售价为每套2 500元（不含税），甲公司适用的增值税税率为13%。甲公司直接参加生产的职工有50人、车间管理人员有5人、销售人员有10人，其余15人为管理人员。

要求：编制甲公司与该项福利有关的会计分录。

分析：本例中，甲公司以自产的产品作为非货币性福利发放给职工，应当以该批产品的公允价值以及增值税税额计算确定职工薪酬的金额，同时确认销售收入，并结转销售成本，具体计算过程见表10-2。

表10-2

**非货币性福利计算表**

2×24年2月

单位：元

| 人员类别 | 人数 | 单价 | 合计（不含税） | 增值税 | 合计（含税） | 成本 |
|---|---|---|---|---|---|---|
| 生产车间 | 50 | 2 500 | 125 000 | 16 250 | 141 250 | 75 000 |
| 车间管理人员 | 5 | 2 500 | 12 500 | 1 625 | 14 125 | 7 500 |
| 销售人员 | 10 | 2 500 | 25 000 | 3 250 | 28 250 | 15 000 |
| 企业管理人员 | 15 | 2 500 | 37 500 | 4 875 | 42 375 | 22 500 |
| 合计 | 80 | | 200 000 | 26 000 | 226 000 | 120 000 |

2×24年2月，甲公司确认该非货币性福利时应当编制的会计分录为：

借：生产成本　　　　　　　　　　　　　　　　　　　　　　　　141 250

　　制造费用　　　　　　　　　　　　　　　　　　　　　　　　　14 125

　　销售费用　　　　　　　　　　　　　　　　　　　　　　　　　28 250

　　管理费用　　　　　　　　　　　　　　　　　　　　　　　　　42 375

　　贷：应付职工薪酬——非货币性福利　　　　　　　　　　　　　226 000

2×24年2月，甲公司向职工实际发放非货币性福利时应当编制的会计分录为：

借：应付职工薪酬　　　　　　　　　　　　　　　　　　　　　　226 000

　　贷：主营业务收入　　　　　　　　　　　　　　　　　　　　200 000

　　　　应交税费——应交增值税（销项税额）　　　　　　　　　　26 000

同时，结转该批产品的销售成本：

借：主营业务成本　　　　　　　　　　　　　　　　　　　　　　120 000

　　贷：库存商品　　　　　　　　　　　　　　　　　　　　　　120 000

（2）企业将拥有的住房或租赁的住房等无偿提供给职工作为非货币性福利

企业将拥有的住房等固定资产无偿提供给职工作为非货币性福利时，应当按照企业对该固定资产每期计提的折旧来计量应付职工薪酬，同时根据职工提供服务的性质计入当期损益或资产成本。

企业将租赁的住房无偿提供给职工作为非货币性福利时，应当按照企业每期支付的租金来计量应付职工薪酬，同时根据职工提供服务的性质计入当期损益或资产成本。

**【例10-8】** 丙电器公司从2×24年1月1日起开始向公司的一名高管提供一辆轿车作为非货币性福利，已知该轿车的成本为200 000元，预计净残值为2 000元，预计使用寿命为6年，采用直线法计提折旧。假定丙公司按年计提折旧。

要求：编制丙公司与该非货币性福利有关的会计分录。

分析：本例中，丙公司应当按照轿车每期计提的折旧费用来计量应付职工薪酬。

2×24年该轿车应计提的折旧费用=（200 000-2 000）÷6=33 000（元）

2×24年12月31日，甲公司确认提供给高管的非货币性福利，并计提轿车折旧费用的会计分录为：

借：管理费用　　　　　　　　　　　　　　　　　　　　　　　　33 000

　　贷：应付职工薪酬——非货币性福利　　　　　　　　　　　　　33 000

借：应付职工薪酬——非货币性福利　33 000
　　贷：累计折旧　33 000

【例10-9】甲公司从2×24年1月1日起开始租赁一单元房屋提供给公司的研发人员居住，并于年初预付该房屋上半年的租金84 000元。

要求：编制甲公司与该非货币性福利有关的会计分录。

分析：本例中，甲公司应当按照租赁房屋的租金来计量应付职工薪酬。

甲公司实际支付租金时的账务处理为：

借：预付账款　84 000
　　贷：银行存款　84 000

甲公司每月月末确认提供给研发人员非货币性福利的账务处理为：

该房屋每月的租金=84 000÷6=14 000（元）

借：研发支出　14 000
　　贷：应付职工薪酬——非货币性福利　14 000

借：应付职工薪酬——非货币性福利　14 000
　　贷：预付账款　14 000

3.带薪缺勤的计量

带薪缺勤，是指企业在职工因病假、婚假等原因缺勤期间支付的薪酬。带薪缺勤根据带薪的权利是否可以累积分为累积带薪缺勤和非累积带薪缺勤两种形式。

（1）累积带薪缺勤的核算

累积带薪缺勤，是指带薪缺勤权利可以结转至下期的带薪缺勤，本期尚未用完的带薪缺勤权利可以在未来一定期间继续使用。企业应当在职工提供服务从而增加了其未来享有的带薪缺勤权利时，确认与累积带薪缺勤相关的职工薪酬，并以累积未行使权利而增加的预期支付金额进行计量。在实务中，职工享有的带薪休假可以采用累积带薪缺勤的方式核算。

【例10-10】甲公司从2×24年开始实行累积带薪缺勤制度。公司财务部门的一名会计每个工作日的日标准工资为300元。根据公司相关制度规定：该会计每年有5天的带薪休假。对其当年未使用的休假，可以无限期向后结转，而且在其离开公司时以现金结算。2×24年，该会计实际休假3天。

要求：编制甲公司与该职工有关的带薪缺勤的会计分录。

分析：在本例中，由于甲公司实行累积带薪缺勤制度，而且可以无限期向后结转，因而甲公司应当于期末确认该职工未使用的累积带薪缺勤。

该会计未使用的累积带薪缺勤=（5-3）×300=600（元）

2×24年12月31日，甲公司确认该会计累积带薪缺勤时应当编制的会计分录为：

借：管理费用　600
　　贷：应付职工薪酬——累积带薪缺勤　600

（2）非累积带薪缺勤的核算

非累积带薪缺勤，是指带薪缺勤权利不能结转至下期的带薪缺勤，本期尚未用完的带薪缺勤权利将予以取消，并且职工离开企业时也无权获得现金支付。企业职工享有的婚假、产假、丧假、探亲假、病假期间的带薪缺勤通常属于非累积带薪缺勤。对于非累积带薪缺勤，由于职工本期未使用的缺勤天数不会产生一种权利，因而企业不会产生额外的义务。

4.利润分享计划的计量

利润分享计划同时满足下列条件的，企业应当确认相关的应付职工薪酬：

（1）企业因过去事项导致现在具有支付职工薪酬的义务。

（2）因利润分享计划所产生的应付职工薪酬义务金额能够可靠估计。

当发生下列三种情形之一时，视为该义务的金额能够可靠估计：

（1）在财务报告批准报出之前企业已确定应支付的薪酬金额。

（2）该短期利润分享计划的正式条款中包括确定薪酬金额的方式。

（3）过去的惯例为企业确定推定义务金额提供了明显证据。

**（五）辞退福利的确认与计量**

1.辞退福利的确认

企业应当在同时满足以下两个条件时将辞退福利确认为一项应付职工薪酬：

（1）企业已制订正式的解除劳动关系计划或提出自愿裁减建议，并即将实施。正式的辞退福利计划或建议，应当经过董事会或类似权力机构的批准。

（2）企业不能单方面撤回解除劳动关系计划或自愿裁减建议。

与其他形式的职工薪酬不同的是，由于被辞退的职工不再为企业提供服务，所以不论被辞退的职工原先的工作性质如何，企业都应将本期确认的辞退福利全部借记"管理费用"科目，贷记"应付职工薪酬——辞退福利"科目。

2.辞退福利的计量

辞退福利的计量需要考虑职工是否拥有选择权，具体计算方法如下：

（1）对于职工没有选择权的辞退计划，企业应当根据辞退计划规定的拟辞退的职工数量、每一职位的辞退补偿计提辞退福利。

（2）对于自愿接受裁减的辞退建议，企业应当按照或有事项准则的规定预计将接受裁减建议的职工数量，并根据预计自愿辞退职工数量和每一职位的辞退补偿等计提辞退福利。

**（六）应付职工薪酬的列报**

在资产负债表中，对于应付职工薪酬应当分析其流动性在负债项目中分别列报。"应付职工薪酬"科目的期末余额中将在一年或一个营业周期之内支付的短期薪酬、离职后福利、辞退福利等，应当在流动负债中"应付职工薪酬"项目下单独列报；"应付职工薪酬"科目的期末余额中将在一年或一个营业周期以上支付的长期带薪缺勤、长期辞退福利等职工薪酬项目，应当在非流动负债中"其他非流动负债"项目下列报。

## 六、应交税费

**（一）应交税费的核算内容**

应交税费核算企业按照税法和相关法规计算应缴纳的各种税费。企业按照规定应缴纳的税费主要包括：增值税、消费税、城市维护建设税、资源税、所得税、土地增值税、房产税、车船税、城镇土地使用税、教育费附加等。由企业为职工代扣代缴的个人所得税，也通过应交税费核算。上述企业应交的各项税费在尚未缴纳之前构成企业的一项现时义务，应当确认为负债。其中，企业应交所得税的核算方法将在第十二章中详细介绍，本章主要介绍应交增值税和应交消费税的核算方法。

**（二）应交增值税的会计核算**

增值税是对在境内销售货物、无形资产或者不动产，提供服务，以及进口货物的单位和个人的增值额征收的一种流转税。根据应税销售额的水平，增值税的纳税人分为一般纳税人和小规模纳税人，年应税销售额超过财政部和国家税务总局规定标准的纳税人为一般纳税人，未超过规定标准的纳税人为小规模纳税人。

1.一般纳税人应交增值税的核算方法

增值税实行比例税率，一般纳税人的增值税税率具体规定如下：

（1）纳税人销售货物、劳务、有形动产租赁服务或者进口货物，除本条第（2）项、第（4）项、第（5）项另有规定外，适用的增值税税率为13%。

（2）纳税人销售交通运输、邮政、基础电信、建筑、不动产租赁服务，销售不动产，转让土地使用权，销售或者进口粮食等农产品、食用植物油、食用盐、自来水、暖气、煤气、石油液化气、天然气、图书、报纸、杂志、电子出版物、饲料、化肥、农药等货物，适用的增值税税率为9%。

（3）提供金融、研发和技术、信息技术、文化创意、物流辅助、鉴证咨询、文化体育、教育医疗、旅游娱乐、餐饮住宿、居民日常等服务，销售著作权、商标、技术等无形资产，适用的增值税税率为6%。

（4）纳税人出口货物，税率为零，仅适用于法律不限制或不禁止的报关出口货物，以及输往保税区、保税工厂、保税仓库的货物。零税率不但不需要缴税，还可以退还以前纳税环节所缴纳的增值税，因而零税率意味着退税。

（5）境内单位和个人跨境销售国务院规定范围内的服务、无形资产，税率为零。

一般纳税人应纳增值税额采用扣税法计算，计算公式为：

应纳税额=当期销项税额-当期进项税额

2.一般纳税人增值税销项税额的核算

当期销项税额，是指纳税人发生应税行为时按照销售额和适用的增值税税率计算并收取的增值税额。一般纳税人在发生应税行为时，应向购买方开出增值税专用发票，按照应税行为的计税价格（不含税价格）和适用税率，计算应交增值税的销项税额，记入"应交税费——应交增值税（销项税额）科目"。

【例10-11】2×24年8月12日，甲公司销售给乙公司一批商品。销售合同中注明的合同价款为100 000元（不含税），适用的增值税税率为13%。已知甲公司生产该批产品的成本为85 000元。产品已经发出，货款尚未收到。

要求：编制甲公司销售该批商品的会计分录。

分析：本例中，甲公司的增值税销项税额应当根据该批产品不含税的合同价款和适用税率计算。

应交增值税销项税额=100 000×13%=13 000（元）

2×24年8月12日，甲公司销售商品时应编制的会计分录为：

借：应收账款——乙公司 113 000
　贷：主营业务收入 100 000
　　　应交税费——应交增值税（销项税额） 13 000

同时结转产品销售成本：

借：主营业务成本 85 000
　贷：库存商品 85 000

【例10-12】2×24年1月1日，丁会计师事务所和乙公司签订合同，为乙公司提供审计服务，期限为3个月，总价款为318 000元（含税），适用的增值税税率为6%。2×24年3月31日，丁会计师事务所按时完成该审计服务，款项尚未收到。

要求：编制丁会计师事务所确认审计服务收入的会计分录。

分析：本例中的合同价款318 000元为含税价格，首先应当计算不含税的服务价格，在此基础上计算应交增值税的销项税额。

不含税的收入金额=318 000÷（1+6%）=300 000（元）

应交增值税销项税额=300 000×6%=18 000（元）

2×24年3月31日，丁会计师事务所确认审计服务收入时应编制的会计分录为：

借：应收账款                                               318 000

　　贷：主营业务收入                                              300 000

　　　　应交税费——应交增值税（销项税额）                          18 000

下列情形视同应税交易，应当按照规定缴纳增值税：

（1）单位和个体工商户将自产或者委托加工的货物用于集体福利或者个人消费；

（2）单位和个体工商户无偿赠送货物，但用于公益事业的除外；

（3）单位和个人无偿赠送无形资产、不动产或者金融商品，但用于公益事业的除外。

【例10-13】2×24年7月29日，甲公司将自产的一批产品无偿赠送给某单位（非公益事业）。该批产品的成本为85 000元，一般售价（不含税）为100 000元，适用的增值税税率为13%。

要求：编制甲公司2×24年7月无偿赠送产品的会计分录。

分析：该业务属于视同应税交易，甲公司应当按照该批产品的计税价格和适用税率计算增值税的销项税额。

销项税额=100 000×13%=13 000（元）

2×24年7月29日，甲公司应编制的会计分录为：

借：营业外支出                                               98 000

　　贷：库存商品                                                   85 000

　　　　应交税费——应交增值税（销项税额）                          13 000

3.一般纳税人增值税进项税额的核算

当期进项税额，是指纳税人当期购进货物或者接受应税劳务已缴纳的增值税额，进项税额可以从销项税额中予以抵扣。根据我国增值税税法规定，允许从当期销项税额中抵扣进项税额的情形，主要包括以下几类：

（1）从销售方取得的增值税专用发票上注明的增值税额。

（2）从海关取得的海关进口增值税专用缴款书上注明的增值税额。

（3）购进农产品，除取得增值税专用发票或者海关进口增值税专用缴款书外，从按照简易计税方法依照3%征收率计算缴纳增值税的小规模纳税人取得增值税专用发票的，以增值税专用发票上注明的金额和9%的扣除率计算进项税额。

（4）从境外单位或者个人购进服务、无形资产或者不动产，自税务机关或者扣缴义务人取得的解缴税款的完税凭证上注明的增值税额。

在上述4种情形下，企业可以将增值税的进项税额，记入"应交税费——应交增值税（进项税额）"科目，从而从当期的销项税额中抵扣。

【例10-14】2×24年5月13日，甲家具公司从乙公司购买一批木材，取得的增值税专用发票上注明的材料价款（不含税）为200 000元，增值税为26 000元。同时，甲公司取得的运输费用增值税专用发票上注明运输费（不含税）为5 000元，增值税为450元。货款和运输费尚未支付，材料已经收到并已验收入库。甲公司采用实际成本法对原材料进行计量。

要求：编制甲公司购买该批木材的会计分录。

分析：本例中，甲公司可以抵扣的增值税进项税额包括原材料的增值税进项税额和运输费用的增值税进项税额两部分。

可抵扣的增值税进项税额=26 000+450=26 450（元）

原材料入账价值=200 000+5 000=205 000（元）

2×24年5月13日，甲公司应编制的会计分录为：

借：原材料               205 000

  应交税费——应交增值税（进项税额）    26 450

  贷：应付账款            231 450

【例10-15】2×24年10月16日，甲公司接受某科研院所为其提供的生产技术研究服务，当日收到的增值税专用发票上注明的研究服务价格为848 000元，其中包含增值税48 000元。款项尚未支付，甲公司判断该研究支出不符合资本化条件。

要求：编制甲公司购买研究服务的会计分录。

2×24年10月16日，甲公司收到增值税专用发票时应当编制的会计分录为：

借：研发支出——费用化支出         800 000

  应交税费——应交增值税（进项税额）    48 000

  贷：应付账款            848 000

【例10-16】2×24年6月20日，甲建筑公司购买一批水泥，增值税专用发票上注明的价款（不含税）为200 000元，增值税为26 000元。材料已验收入库，款项尚未支付。2×24年8月30日，甲公司将该批材料全部用于建造一座自用办公楼。

要求：编制甲公司购买水泥并用于建造办公楼的会计分录。

（1）2×24年6月20日购入原材料时应当编制的会计分录为：

借：原材料               200 000

  应交税费——应交增值税（进项税额）    26 000

  贷：应付账款            226 000

（2）2×24年8月30日建造不动产领用原材料时应当编制的会计分录为：

借：在建工程             200 000

  贷：原材料             200 000

在某些情况下，税法规定企业发生的进项税额不得从销项税额中抵扣，主要情形包括：

（1）用于简易计税方法计税项目、免征增值税项目、集体福利或者个人消费的购进货物、加工修理修配劳务、服务、无形资产和不动产。

（2）非正常损失的购进货物，以及相关的加工修理修配劳务和交通运输服务。

（3）非正常损失的在产品、产成品所耗用的购进货物（不包括固定资产）、加工修理修配劳务和交通运输服务。

（4）非正常损失的不动产，以及该不动产所耗用的购进货物、设计服务和建筑服务。

（5）非正常损失的不动产在建工程所耗用的购进货物、设计服务和建筑服务。

（6）购进的贷款服务、餐饮服务、居民日常服务和娱乐服务。

在上述情形下，已经发生的增值税进项税额应当予以转出，记入"应交税费——应交增值税（进项税额转出）"科目，不得从当期销项税额中抵扣。

【例10-17】2×24年10月，甲餐饮公司进行存货盘点发现之前购进的一批食材因管理不善发生霉烂。该批原材料的材料成本为30 000元，进项税额为3 900元。甲公司查明原因并经过批准，应由责任人赔偿损失24 000元。

要求：编制甲公司与处理该批材料损失有关的会计分录。

分析：本例中的原材料发生非正常损失，进项税额不允许从销项税额中抵扣，应当予以转出。

（1）甲公司发生材料损失时应当编制的会计分录为：

借：待处理财产损溢                                      33 900

  贷：原材料                                          30 000

      应交税费——应交增值税（进项税额转出）       3 900

（2）甲公司查明原因批准处理后应当编制的会计分录为：

借：其他应收款                                     24 000

    管理费用                                       9 900

  贷：待处理财产损溢                               33 900

**4.一般纳税人缴纳增值税和期末结转的会计核算**

企业在向税务部门实际缴纳本期的增值税额时，按照实际缴纳的增值税额，借记"应交税费——应交增值税（已交税金）"科目，贷记"银行存款"等科目。企业向税务部门缴纳以前期间的增值税额时，按照实际缴纳的增值税金额，借记"应交税费——未交增值税"科目，贷记"银行存款"等科目。

期末，企业应当将本期应交或多交的增值税，结转至"应交税费——未交增值税"科目。具体来说，对于企业当期应交未交的增值税，应当借记"应交税费——应交增值税（转出未交增值税）"科目，贷记"应交税费——未交增值税"科目；对于企业当期多交的增值税，应当借记"应交税费——未交增值税"科目，贷记"应交税费——应交增值税（转出多交增值税）"科目。

**5.小规模纳税人增值税的会计核算**

小规模纳税人，是指应纳增值税销售额在规定的标准以下，并且会计核算不健全的纳税人。小规模纳税人增值税核算的主要特点包括：

（1）小规模纳税人购买货物或接受劳务时，按照所应支付的全部价款计入存货入账价值，不论是否取得增值税专用发票，其支付的增值税额均不确认为进项税额。

（2）小规模纳税人销售货物或者提供应税劳务时，如果向客户开具普通发票，销售额包含增值税额。

（3）小规模纳税人应纳增值税额采用简易办法计算，按照不含税销售额和征收率计算确定。增值税小规模纳税人计算税款时使用征收率，目前增值税征收率一共有4档，0.5%，1%，3%和5%，一般情况下为3%。应纳增值税的计算公式为：

不含税销售额=含税销售额÷（1+增值税征收率）

应纳增值税额=不含税销售额×增值税征收率

**【例10-18】** 甲企业为小规模纳税人。2×24年7月，甲企业购买一批原材料，收到的增值税专用发票上注明的材料价款为100 000元，应当负担的运杂费为3 000元，增值税进项税额为13 270元。全部价款尚未支付，材料收到并已验收入库。

要求：编制甲企业购买该批原材料的会计分录。

分析：本例中，由于甲企业为小规模纳税人，购买货物时缴纳的增值税不能抵扣，因而全部计入存货成本。

原材料成本=100 000+3 000+13 270=116 270（元）

对于上述业务，甲企业应当在该批材料验收入库时编制如下会计分录：

借：原材料                                        116 270

  贷：应付账款                                    116 270

**【例10-19】** 甲企业为小规模纳税人。2×24年7月，甲企业销售一批产品，开出的普通发票上注明的产品价款为51 500元（含税）。货款尚未收到。已知该批产品的成本为40 000元。适用的增值税征收率为3%。

要求：编制甲企业销售该批产品的会计分录。

分析：本例中，甲企业销售价款51 500元为含税价格，首先计算不含税价格，再计算应交增值税额。具体计算过程如下：

不含税销售额=51 500÷（1+3%）=50 000（元）

应交增值税额=50 000×3%=1 500（元）

甲企业在销售货物时应编制的会计分录为：

| | | |
|---|---|---|
| 借：应收账款 | | 51 500 |
| 　贷：主营业务收入 | | 50 000 |
| 　　　应交税费——应交增值税 | | 1 500 |

同时结转商品成本：

| | | |
|---|---|---|
| 借：主营业务成本 | | 40 000 |
| 　贷：库存商品 | | 40 000 |

**（三）应交消费税的会计核算**

**1.消费税的征收范围**

消费税，是以特定消费品的流转额为计税依据而征收的一种商品税。消费税是世界各国普遍开征的一种流转税。在我国，消费税是国家为了正确引导消费方向，对在我国境内生产、委托加工和进口应税消费品的单位和个人，就其销售额或销售数量在特定环节征收的一种税。

我国实行的是选择性的特种消费税，只在特定商品中征收消费税，目前征收消费税的商品主要包括以下四大类：

（1）过度消费会对人类健康、社会秩序和生态环境造成危害的特殊消费品，包括烟酒、鞭炮与焰火、电池、涂料等。

（2）非生活必需品、奢侈品等高档消费品，包括高档化妆品、贵重首饰及珠宝玉石、高尔夫球及球具、高档手表、游艇等。

（3）高能耗消费品，包括小汽车、摩托车等。

（4）使用和消耗不可再生和替代的稀缺资源的消费品，包括成品油、木制一次性筷子、实木地板等。

**2.消费税的计算方法**

消费税应纳税额的计算方法有3种：从价定率计征法、从量定额计征法以及从价定率和从量定额复合计征法。

（1）从价定率计征法

实行从价定率计征法的消费税以销售额为基数，乘以适用的比例税率来计算应交消费税的金额。其中，销售额不包括向购货方收取的增值税。目前，我国的消费税税率在5%至56%之间。其具体计算公式为：

应纳消费税额=销售额×比率税率

（2）从量定额计征法

实行从量定额计征法的消费税以应税消费品销售数量为基数，乘以适用的定额税率来计算应交消费税的金额。其计算公式为：

应纳消费税额=销售数量×定额税率

（3）复合计征法

实行复合计征法的消费税，既规定了比例税率，又规定了定额税率，其应纳税额实行从价定率和从量定额相结合的复合计征方法。复合计征法目前只适用于卷烟和白酒应交消费税的计算。其具体计算公式为：

应纳消费税额=销售额×比率税率+销售数量×定额税率

3.销售应税消费品的会计核算

企业将生产的应税消费品对外销售时，应按照税法规定计算应交消费税的金额，将其确认为一项负债，并直接计入当期损益，借记"税金及附加"科目，贷记"应交税费——应交消费税"科目。

【例10-20】甲公司为增值税一般纳税人。2×24年5月，甲公司销售一批贵重首饰，不含税售价为300 000元，适用的增值税税率为13%。同时，该批商品为应税消费品，适用的消费税税率为10%。该批商品的成本为230 000元。商品已经发出，款项尚未收到。

要求：编制甲公司销售该批商品的会计分录。

分析：本例中，甲公司销售首饰，要计算应交增值税，同时由于该产品属于应税消费品还要计算应交消费税额。

应交增值税销项税额=300 000×13%=39 000（元）

应纳消费税额=300 000×10%=30 000（元）

甲公司销售商品时应当编制的会计分录为：

借：应收账款 339 000
　　贷：主营业务收入 300 000
　　　　应交税费——应交增值税（销项税额） 39 000
借：税金及附加 30 000
　　贷：应交税费——应交消费税 30 000

同时结转产品销售成本：

借：主营业务成本 230 000
　　贷：库存商品 230 000

【例10-21】甲公司为增值税一般纳税人。2×24年10月18日，甲公司将一批自产的应税消费品用于发放职工福利。该批产品的生产成本为72 000元，不含税的销售价格为80 000元。该产品适用的增值税税率为13%，适用的消费税税率为15%。

要求：编制甲公司与该批应税消费品有关的会计分录。

分析：本例中，甲公司将自产的应税消费品用于发放职工福利，属于视同销售业务，要计算应交增值税的销项税额。同时，该产品属于应税消费品，还要计算应交消费税的金额。

应交增值税销项税额=80 000×13%=10 400（元）

应交消费税额=80 000×15%=12 000（元）

2×24年10月18日，甲公司发放职工福利时应当编制的会计分录为：

借：应付职工薪酬 90 400
　　贷：主营业务收入 80 000
　　　　应交税费——应交增值税（销项税额） 10 400
借：税金及附加 12 000
　　贷：应交税费——应交消费税 12 000
借：主营业务成本 72 000

　　　　　贷：库存商品 72 000

　　4.委托加工应税消费品的会计核算

　　根据税法规定，企业委托加工应税消费品时，除受托方为个人的之外，应由受托方在向委托方交货时代收代缴消费税（除委托加工或翻新改制金银首饰按规定由受托方缴纳消费税）。对于委托方用于连续生产的应税消费品，所纳税款允许按规定抵扣。这里的委托加工应税消费品，是指由委托方提供原料和主要材料，受托方只收取加工费和代垫部分辅助材料加工的应税消费品。对于委托方收回后直接出售的应税消费品，不再征收消费税。

　　【例10-22】2×24年6月，甲公司委托乙公司加工一批材料（非金银首饰），该批材料为应税消费品，其实际成本为20 000元。甲公司应支付给受托方的不含税加工费为7 000元，应支付的增值税进项税额为910元，应支付的消费税为3 000元，款项尚未支付。甲公司收回该批委托加工物资后用于连续生产。该批材料已由乙公司加工完成，甲公司全部收回并已验收入库。

　　要求：编制甲公司与该批委托加工物资有关的会计分录。

　　分析：本例中，由于委托加工的应税消费品收回后用于连续生产，因而支付的消费税允许抵扣，借记"应交税费——应交消费税"科目。

　　2×24年6月甲公司具体的账务处理为：

　　（1）甲公司发出材料时。

　　借：委托加工物资 20 000

　　　　贷：原材料 20 000

　　（2）甲公司确认加工费及相关税费时。

　　借：委托加工物资 7 000

　　　　应交税费——应交增值税（进项税额） 910

　　　　　　　　——应交消费税 3 000

　　　　贷：应付账款 10 910

　　（3）该批物资加工完成，甲公司收回并验收入库时。

　　借：原材料 27 000

　　　　贷：委托加工物资 27 000

　　【例10-23】2×24年3月，甲公司委托乙公司加工一批材料（非金银首饰），该批材料为应税消费品，其实际成本为20 000元。甲公司支付给受托方的不含税加工费为7 000元，应支付的增值税进项税额为910元，应支付的消费税为3 000元，全部价款通过银行支付。甲公司收回该批委托加工物资后直接出售。该批材料已由乙公司加工完成，甲公司全部收回并已验收入库。

　　要求：编制甲公司与该批委托加工物资有关的会计分录。

　　分析：本例中，由于甲公司委托加工的应税消费品收回后直接出售，不再征收消费税，因而甲公司支付的消费税应当直接计入存货成本。

　　2×24年3月甲公司具体的账务处理如下：

　　（1）甲公司发出材料时。

　　借：委托加工物资 20 000

　　　　贷：原材料 20 000

　　（2）甲公司支付加工费和相关税费时。

　　借：委托加工物资 10 000

　　　　应交税费——应交增值税（进项税额） 910

> 贷：银行存款 10 910
> （3）该批物资加工完成，甲公司收回并验收入库时。
> 借：库存商品 30 000
> 　　贷：委托加工物资 30 000

5.进口应税消费品的会计核算

企业进口应税消费品应交的消费税，由海关代征，于报关进口时纳税。因而，企业应当将进口应税消费品的消费税直接计入存货成本，借记"固定资产""原材料""材料采购"等科目，贷记"银行存款""应付账款"等科目。

6.实际缴纳消费税的会计核算

企业应定期向税务部门缴纳消费税，按照规定计算应交消费税的金额，借记"应交税费——应交消费税"科目，贷记"银行存款"科目。

（四）应交税费的列报

企业应交的增值税、消费税、所得税等各项税费，需要在一年内支付完成，因而"应交税费"总账科目的期末余额应当在资产负债表流动负债中"应交税费"项目下单独列报。

## 七、应付利息

（一）应付利息的核算内容

应付利息，是指企业按照合同约定应当定期支付的利息。企业在取得银行借款或发行债券时，按照合同规定一般应定期支付利息，在资产负债表日确认当期利息费用时，应将当期应付未付的利息通过"应付利息"科目单独核算。

（二）应付利息的会计核算

1.资产负债表日计算确认利息费用的会计核算

资产负债表日，企业应当采用实际利率法按照银行借款或应付债券的摊余成本和实际利率计算确定当期的利息费用，属于筹建期间的借记"管理费用"科目；属于生产经营期间符合资本化条件的，借记"在建工程"等科目；属于生产经营期间但不符合资本化条件的，借记"财务费用"科目；按照银行借款或应付债券本金和合同利率计算确定的当期应付未付的利息，贷记"应付利息"科目；同时将借贷方的差额记入"长期借款——利息调整""应付债券——利息调整"等科目。具体的计算方法将在非流动负债中详细介绍。

2.实际支付利息的会计核算

在合同规定的付息日，企业应当按照合同约定实际支付利息的金额，借记"应付利息"科目，贷记"银行存款"等科目。

（三）应付利息的列报

资产负债表日，"应付利息"科目的期末余额应当在资产负债表流动负债中"其他应付款"项目下与"其他应付款"和"应付股利"科目的余额合并列报。

## 八、应付股利

（一）应付股利的核算内容

应付股利，是指企业根据股东大会或类似机构审议批准的利润分配方案确定应分配而尚未发放给投资者的现金股利或利润，在企业对外宣告但尚未支付前构成企业的一项负债。企业对外宣告的股票股利不属于一项现时义务，因而不能确认为负债。需要注意的是，企业董事会或类似机构作出的利润分配预案，尚未构成企业的现时义务，不能作为确认负债的依据，而只能在财务报表附注中予以披露。

**（二）应付股利的会计核算**

企业股东大会或类似机构审议批准利润分配方案时，按照应支付的现金股利或利润金额，借记"利润分配——应付现金股利或利润"科目，贷记"应付股利"科目；实际支付现金股利或利润时，借记"应付股利"科目，贷记"银行存款"等科目。

**【例10-24】** 2×24年5月16日，甲股份有限公司宣告2×23年度利润分配方案的具体内容为：以公司现有总股本800 000股为基数，每10股派发现金3元（不考虑相关税费），剩余未分配利润结转以后年度分配。同时，甲公司宣告本次股利分配的股权登记日为2×24年5月20日，除权除息日和股利支付日为2×24年5月21日。

要求：编制甲公司2×24年5月与发放股利有关的会计分录。

分析：本例中，甲公司对外宣告分配现金股利，形成一项现时义务，应当通过"应付股利"科目记录应付未付的股利。

甲公司应付股利总额=800 000×3÷10=240 000（元）

2×24年5月16日，甲公司宣告分配现金股利时应编制的会计分录为：

借：利润分配——应付现金股利　　　　　　　　　　　　240 000
　　贷：应付股利　　　　　　　　　　　　　　　　　　　　　　240 000

2×24年5月21日，甲公司实际支付现金股利时应编制的会计分录为：

借：应付股利　　　　　　　　　　　　　　　　　　　　240 000
　　贷：银行存款　　　　　　　　　　　　　　　　　　　　　　240 000

**（三）应付股利的列报**

资产负债表日，"应付股利"科目的期末余额应当在资产负债表流动负债中"其他应付款"项目下与"其他应付款"和"应付利息"科目的余额合并列报。

**九、其他应付款**

**（一）其他应付款的核算内容**

其他应付款，是指除应付票据、应付账款、预收账款、应付职工薪酬、应付利息、应付股利、应交税费、长期应付款等以外的其他经营活动产生的各项应付、暂收的款项，其核算内容主要包括：

（1）企业应付租入包装物的租金；

（2）企业发生的存入保证金；

（3）企业代职工缴纳的社会保险费和住房公积金等。

**（二）其他应付款的会计核算**

企业发生的各种应付、暂收款项，借记"管理费用""银行存款"等科目，贷记"其他应付款"科目；实际支付其他各种应付、暂收款项时，借记"其他应付款"科目，贷记"银行存款"科目。

**（三）其他应付款的列报**

需要注意的是，"其他应付款"科目与资产负债表中"其他应付款"项目并不完全等同。资产负债表日，"其他应付款"科目的期末余额应当在资产负债表流动负债中"其他应付款"项目下与"应付利息"和"应付股利"科目的余额合并列报。

# 第三节　非流动负债

## 一、长期借款

### (一) 长期借款的核算内容

长期借款,是指企业向银行或其他金融机构借入的偿还期在1年以上(不含1年)的各种借款。企业采用长期借款方式融资的主要特点有:

(1) 债务偿还的期限较长,长期借款的借款期限一般在5年以上;

(2) 债务的金额较大,可以用于满足房屋建造、大型设备购买等项目的资金需要;

(3) 通常情况下,债务利息按期支付,债务本金到期一次偿还或分期偿还;

(4) 与发行股票相比,长期借款不会影响股东对公司的控制权;

(5) 长期借款一般需要企业向银行提供一定的资产(比如房屋)作为抵押。

### (二) 长期借款的会计核算

企业应当设置"长期借款"科目,来核算长期借款的取得和归还,以及利息确认等业务,并设置"本金"和"利息调整"两个明细科目,分别核算长期借款的本金和因实际利率与合同利率不同产生的利息调整额。

1.取得长期借款的会计核算

企业借入长期借款时,按照实际收到的金额,借记"银行存款"科目;按照取得长期借款的本金,贷记"长期借款——本金"科目;二者如果有差额,借记或贷记"长期借款——利息调整"科目。

2.长期借款利息的会计核算

企业应当在资产负债表日确认长期借款当期的利息费用,按照长期借款的摊余成本和实际利率计算确定的利息费用,符合资本化条件的部分,借记"在建工程"等科目,不符合资本化条件的部分,借记"财务费用"科目;按照借款本金和合同利率计算确定的应支付的利息,贷记"应付利息"科目;按照二者的差额,贷记"长期借款——利息调整"科目。

企业在付息日实际支付利息时,按照本期应支付的利息金额,借记"应付利息"科目,贷记"银行存款"科目。

3.偿还长期借款的会计核算

企业到期偿还长期借款时,应当按照偿还的长期借款本金金额,借记"长期借款——本金"科目;同时,贷记"银行存款"科目。

【例10-25】2×24年4月1日,甲公司为建造厂房从银行借入期限为2年的专门借款800 000元,款项已存入银行。借款利率为6%,每年4月1日支付利息,期满后一次还清本金。该厂房于2×25年7月1日完工,达到预定可使用状态。

要求:编制甲公司与该笔长期借款有关的会计分录。

(1) 2×24年4月1日,取得长期借款时应编制的会计分录为:

借:银行存款　　　　　　　　　　　　　　　　　　　　　　　　　　800 000

　　贷:长期借款——本金　　　　　　　　　　　　　　　　　　　　　　　800 000

(2) 2×24年12月31日,计提利息时应编制的会计分录为:

甲公司应计提的借款利息=800 000×6%×9÷12=36 000(元)

借：在建工程 36 000

    贷：应付利息 36 000

（3）2×25年4月1日，支付利息时应编制的会计分录为：

甲公司应支付的借款利息=800 000×6%=48 000（元）

借：应付利息 36 000

    在建工程 12 000

    贷：银行存款 48 000

（4）2×25年12月31日，计提利息时应编制的会计分录为：

甲公司应计提的借款利息=800 000×6%×9÷12=36 000（元）

其中，

资本化的利息=800 000×6%×3÷12=12 000（元）

借：在建工程 12 000

    财务费用 24 000

    贷：应付利息 36 000

（5）2×26年4月1日，偿还长期借款本金和利息时应编制的会计分录为：

借：长期借款——本金 800 000

    应付利息 36 000

    财务费用 12 000

    贷：银行存款 848 000

### （三）长期借款的列报

资产负债表日，"长期借款"科目的期末余额需要根据流动性进行分析，在一年或一个营业周期以上到期偿还的部分，在资产负债表非流动负债中"长期借款"项目下单独列报；在一年或一个营业周期之内到期偿还的部分在资产负债表流动负债中"一年内到期的非流动负债"项目下列报。

## 二、应付债券

### （一）应付债券的核算内容

应付债券核算企业发行的1年以上的债券。应付债券是公司取得长期融资的主要形式。和银行借款相比，公司债券具有融资规模较大、融资期限较长的特点。

公司债券根据是否需要提供担保，可以分为有担保债券和无担保债券；根据利率是否固定，可以分为固定利率债券和浮动利率债券；根据是否存在明确的到期日，可以分为普通债券和永续债。

债券通常存在两个利率：一个是债券的票面利率，是在债券发行契约中标明的利率，也称名义利率、合同利率；另一个是债券发行时的市场利率，市场利率是计算债券发行价格的基础。

### （二）应付债券的发行方式

债券发行时的票面利率可能与市场利率不同，根据债券票面利率和市场利率的关系，债券的发行方式分为平价发行、溢价发行与折价发行三种方式，具体分类方法见表10-3。

表10-3 债券的发行方式

| 票面利率与实际利率的关系 | 债券的发行方式 | 发行价和面值的关系 |
| --- | --- | --- |
| 票面利率等于实际利率 | 平价发行 | 发行价等于面值 |
| 票面利率大于实际利率 | 溢价发行 | 发行价高于面值 |
| 票面利率小于实际利率 | 折价发行 | 发行价低于面值 |

### （三）应付债券发行日的会计核算

**1.应付债券发行价格的确定**

债券的发行价格由债券发行期间按照债券契约流出的现金流量的现值来确定，具体包括债券本金的现金流量现值和债券利息的现金流量现值两个部分。其中，债券本金一般在债券到期日一次性支付，因而其现值采用复利现值系数（P/F，i，n）计算确定；而债券利息通常由发行方定期支付，比如每年支付一次，或者每半年支付一次，因而其现值采用年金现值系数（P/A，i，n）计算确定。

**【例10-26】** 甲公司2×24年1月1日发行债券，面值为200 000元，票面利率为5%，每年6月30日和12月31日支付利息。债券期限为5年，到期日为2×29年1月1日。债券发行时的市场利率为6%，不考虑发行费用。

要求：计算该债券的发行价格。

分析：本例中，债券的发行价格为包括债券本金和利息在内的未来现金流量按照实际利率折现的现值。由于该债券每半年支付一次利息，因而折现率为3%（6%÷2），折现期为10期（5×2）。由于债券的票面利率低于市场利率，因而债券为折价发行，即发行价格低于面值。具体计算过程如下：

债券本金的现值=200 000×（P/F，3%，10）=200 000×0.7441=148 820（元）

债券利息的现值=200 000×5%×6/12×（P/A，3%，10）=5 000×8.5302=42 651（元）

债券的发行价格=148 820+42 651=191 471（元）

债券发行日的折价=200 000-191 471=8 529（元）

**2.应付债券的初始确认**

应付债券应当按照债券在发行日的公允价值进行初始计量。债券的发行费用，比如支付给承销商的承销费用，应当从债券的初始确认金额中扣除。在进行会计核算时，应付债券通常设置两个明细科目，"应付债券——面值"核算发行债券的面值，"应付债券——利息调整"核算债券发行时的溢价和折价金额。

在【例10-26】中，2×24年1月1日，甲公司发行债券时应当编制的会计分录为：

借：银行存款　　　　　　　　　　　　　　　　191 471
　　应付债券——利息调整　　　　　　　　　　　8 529
　　贷：应付债券——债券面值　　　　　　　　　　　200 000

### （四）应付债券利息费用的会计核算

**1.实际利率法**

根据《企业会计准则第22号——金融工具确认和计量》（2017）的规定，应付债券的利息费用应当采用实际利率法在债券发行期间的每个资产负债表日分期确认。实际利率法，是指按照应付债券的实际利率计算其摊余成本及各期利息费用的方法。其中，实际利率是指将应付债券在债券存续期间的未来现金流量折现为该债券当前账面价值所使用的利率。债券的实际利率一旦确定，在整个债券的存续期间内应当保持不变。

应付债券的利息费用按照债券的摊余成本和实际利率计算确定。其中，应付债券的摊余成本，是指应付债券的初始确认金额经过下列调整后的结果：

（1）扣除已偿还的本金；

（2）加上或减去采用实际利率法将该初始确认金额与到期日金额之间的差额进行摊销形成的累计摊销额。

**2.应付债券利息的账务处理**

**（1）资产负债表日的账务处理**

在资产负债表日，企业应当按照债券面值和票面利率计算当期的合同利息金额，贷记"银行存款"或"应付利息"科目。同时，根据应付债券的摊余成本和实际利率计算当期的利息费用，计入当期财务费用或资产成本。应付债券票面利息和实际利息的差额为债券溢价或折价的调整额，记入"应付债券——利息调整"科目。

（2）应付债券付息日的账务处理

债券发行方应当在债券契约规定的付息日支付利息。如果付息日与资产负债表日为同一天，则不需要单独编制支付利息的会计分录。如果付息日与资产负债表日不同，企业还应当计算从资产负债表日至付息日的利息费用和利息调整的金额。

【例10-27】2×24年1月1日，甲公司经批准发行5年期、面值为1 000万元的债券。债券的票面利率为6%，债券利息于每年12月31日支付。债券到期日为2×29年1月1日，本金于到期日一次偿还。该债券发行时的市场利率为6%。假定公司发行债券筹集的资金专门用于厂房建设，建设期为2×24年1月1日至2×25年12月31日，假定不考虑发行费用。

要求：编制甲公司与该债券有关的会计分录。

分析：本例中，由于债券的票面利率与市场利率相同，债券应按平价发行。债券各期的利息费用等于当期实际支付的利息。借款费用的资本化期间为2×24年1月1日至2×25年12月31日，在此期间债券的利息费用应当予以资本化，计入资产成本（在建工程）；其余期间的利息费用应当直接计入各期的财务费用。具体的会计分录如下。

（1）2×24年1月1日，甲公司发行债券时应当编制的会计分录为：

借：银行存款　　　　　　　　　　　　　　　　　10 000 000
　　贷：应付债券——面值　　　　　　　　　　　　　　10 000 000

（2）2×24年12月31日和2×25年12月31日，甲公司确认利息费用时应当编制的会计分录为：

债券每期应付利息=10 000 000×6%=600 000（元）

借：在建工程　　　　　　　　　　　　　　　　　　600 000
　　贷：银行存款　　　　　　　　　　　　　　　　　　600 000

2×26年12月31日、2×27年12月31日和2×28年12月31日，甲公司确认利息费用时应当编制的会计分录为：

借：财务费用　　　　　　　　　　　　　　　　　　600 000
　　贷：银行存款　　　　　　　　　　　　　　　　　　600 000

2×29年1月1日，债券到期时甲公司应当编制的会计分录为：

借：应付债券——面值　　　　　　　　　　　　　10 000 000
　　贷：银行存款　　　　　　　　　　　　　　　　　10 000 000

【例10-28】2×24年1月1日，乙公司经批准发行5年期、面值为10 000 000元的债券。债券的发行收入扣除发行费用后的净收入为10 432 700元。债券的票面利率为6%，债券利息于每年12月31日支付。债券本金于到期日一次偿还。该债券的实际利率为5%。假定公司发行债券筹集的资金专门用于厂房建设，建设期为2×24年1月1日至2×25年12月31日。

要求：编制乙公司2×24年与该债券有关的会计分录。

分析：本例中，由于债券的票面利率大于实际利率，所以债券按溢价发行，即发行价格高于面值。借款费用的资本化期间为2×24年1月1日至2×25年12月31日，在此期间债券的利息费用应当予以资本化，计入资产成本（在建工程）；其余期间的利息费用应当直接计入财务费用。

（1）2×24年1月1日，乙公司发行债券时应当编制的会计分录为：

借：银行存款　　　　　　　　　　　　　　　　　10 432 700

| | | 10 000 000 |
|---|---|---|
| 贷：应付债券——面值 | | 10 000 000 |
| ——利息调整 | | 432 700 |

在债券发行的存续期间，乙公司应当采用实际利率法计算每期的利息费用，利息费用计算见表10-4。

表10-4 　　　　　　　　　　　　乙公司应付债券利息费用计算表　　　　　　　　　　　单位：元

| 日　　期 | 票面利息(6%)<br>(1) | 利息费用(5%)<br>(2)=上一行(5)×5% | 溢价摊销<br>(3)=(1)-(2) | 未摊销溢价<br>(4)=上一行(4)-(3) | 摊余成本<br>(5)=上一行(5)-(3) |
|---|---|---|---|---|---|
| 2×24年1月1日 | | | | 432 700 | 10 432 700 |
| 2×24年12月31日 | 600 000 | 521 635 | 78 365 | 354 335 | 10 354 335 |
| 2×25年12月31日 | 600 000 | 517 717 | 82 283 | 272 052 | 10 272 052 |
| 2×26年12月31日 | 600 000 | 513 603 | 86 397 | 185 655 | 10 185 655 |
| 2×27年12月31日 | 600 000 | 509 283 | 90 717 | 94 938 | 10 094 938 |
| 2×28年12月31日 | 600 000 | 505 062* | 94 938* | 0 | 10 000 000 |
| 合　　计 | 3 000 000 | 2 567 300 | 432 700 | — | — |

注：*系尾数调整。

（2）2×24年12月31日，乙公司计提债券利息时的会计分录为：

| 借：在建工程 | 521 635 |
|---|---|
| 　应付债券——利息调整 | 78 365 |
| 贷：银行存款 | 600 000 |

【例10-29】2×24年4月1日，丙公司经批准发行5年期、面值为10 000 000元的可赎回债券。债券的发行收入扣除发行费用后的净收入为9 590 120元。债券的票面利率为6%，债券利息于每年4月1日支付。债券到期日为2×29年4月1日，债券本金于到期日一次偿还。该债券的实际利率为7%。假定公司发行债券筹集的资金专门用于厂房建设，建设期为2×24年4月1日至2×25年12月31日。

要求：

（1）编制丙公司2×24年4月1日发行债券的会计分录；

（2）编制丙公司2×24年12月31日计提债券利息的会计分录；

（3）编制丙公司2×25年4月1日支付债券利息的会计分录。

分析：本例中，由于债券的票面利率小于实际利率，所以债券按折价发行，即发行价格低于面值。借款费用的资本化期间为2×24年4月1日至2×25年12月31日，在此期间债券的利息费用应当予以资本化，计入在建工程；其余期间的利息费用应当直接计入财务费用。

（1）2×24年4月1日，丙公司发行债券时应当编制的会计分录为：

| 借：银行存款 | 9 590 120 |
|---|---|
| 　应付债券——利息调整 | 409 880 |
| 贷：应付债券——面值 | 10 000 000 |

在债券发行的存续期间，丙公司应采用实际利率法计算每期的利息费用，实际利息计算见表10-5。

本例中，由于资产负债表日与债券的付息日不同，资产负债表日在两个付息日之间。而利息费用计算表中的金额是按照付息期计算的，因而在资产负债表日计提利息时需要将利息费用计算表中计算的当期票面利息、利息费用、折价摊销等金额按照时间比例进行分摊。

表10-5 丙公司应付债券利息费用计算表 单位：元

| 日 期 | 票面利息(6%)<br>(1) | 利息费用(7%)<br>(2)=上一行(5)×7% | 折价摊销<br>(3)=(2)-(1) | 未摊销折价<br>(4)=上一行(4)-(3) | 摊余成本<br>(5)=上一行(5)+(3) |
|---|---|---|---|---|---|
| 2×24年4月1日 | | | | 409 880 | 9 590 120 |
| 2×25年4月1日 | 600 000 | 671 308 | 71 308 | 338 572 | 9 661 428 |
| 2×26年4月1日 | 600 000 | 676 300 | 76 300 | 262 272 | 9 737 728 |
| 2×27年4月1日 | 600 000 | 681 641 | 81 641 | 180 631 | 9 819 369 |
| 2×28年4月1日 | 600 000 | 687 356 | 87 356 | 93 275 | 9 906 725 |
| 2×29年4月1日 | 600 000 | 693 275* | 93 275* | 0 | 10 000 000 |
| 合 计 | 3 000 000 | 3 409 880 | 409 880 | — | — |

注：*系尾数调整。

2×24年12月31日，丙公司应当计提从2×24年4月1日至2×24年12月31日的利息费用，并按照票面利率确认当期的应付利息，差额计入利息调整。具体的账务处理为：

2×24年应确认的利息费用=671 308×9/12=503 481（元）

2×24年应确认的应付利息=600 000×9/12=450 000（元）

借：在建工程 503 481

　贷：应付利息 450 000

　　应付债券——利息调整 53 481

2×24年12月31日，丙公司资产负债表中"应付债券"项目应当以摊余成本列报，摊余成本的金额为9 643 601元（9 590 120+53 481）。

（2）2×25年4月1日，丙公司支付第1年的债券利息，同时确认2×25年1月1日至4月1日的利息费用和利息调整，具体的账务处理如下：

2×25年1月1日至4月1日的利息费用=671 308-503 481=167 827（元）

借：应付利息 450 000

　在建工程 167 827

　贷：银行存款 600 000

　　应付债券——利息调整 17 827

**（五）应付债券的列报**

应付债券在资产负债表中按照摊余成本列报。资产负债表日，"应付债券"科目的期末余额需要根据流动性进行分析，在一年或一个营业周期以上到期偿还的部分，在资产负债表非流动负债中"应付债券"项目下单独列报；在一年或一个营业周期之内到期偿还的部分在资产负债表流动负债中"一年内到期的非流动负债"项目下列报。

**三、长期应付款**

**（一）长期应付款的核算内容**

长期应付款，是指企业除长期借款和应付债券以外的其他各种长期应付款项，包括以分期付款方式购入固定资产、无形资产或存货等发生的应付款项等。

**（二）长期应付款的会计核算**

企业如果在购买固定资产、无形资产或存货过程中，延期支付的购买价款超过正常信用条件，实质上具有融资性质。企业应当按照未来分期付款的现值借记"固定资产""无形资产""原材料""库存商品"等科目；按照未来分期付款的总额贷记"长期应付款"科目；按照差额借记"未确认融资费用"科目。企业在按照合同约定的付款日分期支付价款时，借记"长期应付款"科目，贷记"银行存款"等科目。

### （三）长期应付款的列报

长期应付款应当在资产负债表非流动负债中"长期应付款"项目下列报，该项目反映资产负债表日企业除长期借款和应付债券以外的其他各种长期应付款项的期末账面价值。该项目应根据"长期应付款"科目的期末余额，减去相关的"未确认融资费用"科目的期末余额后的金额，以及"专项应付款"科目的期末余额填列。

"专项应付款"科目主要反映来自于政府的资本性投入，以及企业因城镇整体规划、库区建设、棚户区改造、沉陷区治理等公共利益进行搬迁，收到政府从财政预算直接拨付的搬迁补偿款等。

## 四、递延收益

### （一）递延收益的核算内容

递延收益，是指不能计入当期损益，而应当在以后期间确认为收益的负债项目。递延收益的核算内容主要包括：

（1）企业给予客户奖励积分计划形成的负债，按照奖励积分的公允价值核算；

（2）企业因政府补助形成的负债，按照政府补助的计量金额核算。

本章主要介绍因政府补助形成的递延收益的核算方法。

根据《企业会计准则第16号——政府补助》（2017）的规定，政府补助，是指企业从政府无偿取得货币性资产或非货币性资产。其中，政府包括各级政府及其机构，国际的类似组织也在其范围之内。

### （二）政府补助的特征

政府补助具有以下两个特征：

（1）政府补助是来源于政府的经济资源。

对于企业收到的来源于其他方的补助，有确凿证据表明政府是补助的实际拨付者，而其他方只起到代收代付作用的，则该项补助也属于来源于政府的经济资源。政府补助要和政府援助相区分，企业通过政府补助获得了经济资源。

（2）无偿性。

政府补助是企业无偿从政府取得的经济资源，而不需要向政府交付任何商品或服务等对价。

### （三）政府补助的形式及分类

1.政府补助的形式

政府补助主要包括：财政拨款、财政贴息、税收返还、政府无偿划拨非货币性资产等形式。

2.政府补助的分类

政府补助应当区分与资产相关的政府补助和与收益相关的政府补助。

（1）与资产相关的政府补助。

与资产相关的政府补助是指企业取得的、用于购建或以其他方式形成长期资产的政府补助。

（2）与收益相关的政府补助。

与收益相关的政府补助是指除与资产相关的政府补助之外的政府补助。

**（四）政府补助的确认与计量**

1.政府补助的确认条件

政府补助需同时满足下列条件，才能予以确认：

（1）企业能够满足政府补助所附条件；

（2）企业能够收到政府补助。

政府补助应当确认为损益，但要根据政府补助与企业日常活动的关系进行确认。与企业日常活动相关的政府补助，应当按照经济业务实质，计入其他收益或冲减相关成本费用。与企业日常活动无关的政府补助，应当计入营业外收入。

2.政府补助的计量

政府补助为货币性资产的，应当按照收到或应收的金额计量。政府补助为非货币性资产的，应当按照公允价值计量；公允价值不能可靠取得的，按照名义金额计量。

3.与资产相关的政府补助的会计核算

与资产相关的政府补助，应当冲减相关资产的账面价值或确认为递延收益。与资产相关的政府补助确认为递延收益的，应当在相关资产使用寿命内按照合理、系统的方法分期计入损益。按照名义金额计量的政府补助，直接计入当期损益。

【例10-30】2×24年6月25日，甲煤炭公司购入一项环保设备并达到预定可使用状态，总金额为400 000元（不考虑税金），款项已支付，同日收到政府补助200 000元。该设备预计使用寿命为4年。甲公司采用直线法对该设备计提折旧，预计净残值为4 000元。不考虑相关税费。假定甲公司按照总额法进行会计处理。

要求：编制甲公司与该政府补助有关的会计分录。

分析：在本例中，甲公司收到的政府补助属于与资产相关的政府补助，应当先记入"递延收益"科目，并在该设备的使用期间进行摊销，冲减"制造费用"科目。

2×24年6月25日，甲公司购入环保设备并收到政府补助时应当编制的会计分录为：

借：固定资产　　　　　　　　　　　　　　　　　400 000
　　贷：银行存款　　　　　　　　　　　　　　　　　　400 000
借：银行存款　　　　　　　　　　　　　　　　　200 000
　　贷：递延收益　　　　　　　　　　　　　　　　　　200 000

2×24年12月31日，甲公司计提折旧并摊销递延收益时应编制的会计分录为：

应计提的折旧费=（400 000-4 000）÷4×6÷12=49 500（元）

应摊销的递延收益=200 000÷4×6÷12=25 000（元）

借：制造费用　　　　　　　　　　　　　　　　　49 500
　　贷：累计折旧　　　　　　　　　　　　　　　　　　49 500
借：递延收益　　　　　　　　　　　　　　　　　25 000
　　贷：制造费用　　　　　　　　　　　　　　　　　　25 000

其余会计分录略。

4.与收益相关的政府补助的会计核算

与收益相关的政府补助，应当分情况按照以下规定进行会计处理：

（1）用于补偿企业以后期间的相关成本费用或损失的，确认为递延收益，并在确认相关成本费用或损失的期间，分期计入当期损益或冲减相关成本。

（2）用于补偿企业已发生的相关成本费用或损失的，直接计入当期损益或冲减相关成本。

**【例10-31】** 甲粮食储备公司根据国家有关政策规定，每年按照上年12月1日实际储存粮食的储备量获得下一年度的财政补贴，每吨补助800元。2×24年12月1日，甲公司粮食实际储备12 000吨。2×24年12月23日，甲公司从财政部门获得下一年度的财政补贴9 600 000元。假定甲公司按照总额法核算政府补助。

要求：编制甲公司与该政府补助有关的会计分录。

分析：该政府补助属于与收益相关的政府补助，而且补助的期间是以后期间，所以先记入"递延收益"科目，以后期间再分摊至"其他收益"科目。

2×24年12月23日，甲公司获得政府补助时应编制的会计分录为：

借：银行存款                9 600 000
  贷：递延收益              9 600 000

2×25年每月月末，甲公司摊销递延收益。

每月应摊销的递延收益=9 600 000÷12=800 000（元）

借：递延收益                800 000
  贷：其他收益               800 000

**（五）递延收益的列报**

资产负债表日，"递延收益"科目的期末余额在资产负债表非流动负债中"递延收益"项目下单独列报。

### 五、预计负债

企业在生产经营活动中会面临诉讼、债务担保、产品质量保证等具有较大不确定性的经济事项，这些具有不确定性的或有事项可能会对企业的财务状况和经营成果产生较大影响。企业应当对或有事项可能会给企业带来的风险和损失及时进行会计核算并披露相关信息，对符合负债定义及确认条件的或有事项应当及时确认为一项预计负债。

**（一）或有事项的含义及特征**

根据《企业会计准则第13号——或有事项》（2006）规定，或有事项，是指过去的交易或者事项形成的，其结果须由某些未来事项的发生或不发生才能决定的不确定事项。常见的或有事项主要包括：未决诉讼或未决仲裁、债务担保、产品质量保证、承诺、亏损合同、重组义务、环境污染整治等。与企业其他的业务和事项相比，或有事项具有以下三个特征：

1.或有事项由过去的交易或事项形成

或有事项作为一种不确定事项，是由企业过去的交易或者事项形成，这是指或有事项的现存状况是过去交易或者事项引起的客观存在。比如，企业年末有一项未决诉讼，是由于该企业当期发生的经济行为导致被其他单位起诉，这是一种现存状况，但结果具有不确定性，属于或有事项。而企业未来可能发生的经营亏损，则不属于或有事项。

2.或有事项的结果具有不确定性

或有事项结果的不确定性表现为两层含义：一是或有事项的结果是否发生具有不确定性，比如企业因销售产品而提供的质量保证，未来是否会发生经济利益的流出取决于在规定的质量保证期间内是否会提供产品维修、退换等服务；二是或有事项的结果预计将发生，但是发生的具体时间或金额具有不确定性，比如，企业对外承诺将会对当期因生产产品对周围环境造成的污染进行整治，但是该企业何时将发生环境整治支出，以及整治过程中发生的支出金额具有较大的不确定性。

3.或有事项的结果须由未来事项的发生或不发生来决定

或有事项的结果只能由未来不确定事项的发生或不发生决定。比如，企业为外单位提供债务担保，该担保最终是否会导致该企业履行担保责任，将取决于被担保方的未来经营状况和偿债能力。如果被担保方未来期间财务状况良好，能够偿还到期债务，则该企业作为担保人不会承担任何连带责任；而未来如果被担保方财务状况恶化，到期无力偿还债务，则该企业将承担债务的连带责任，偿还全部或部分债务。

或有事项的结果可能会产生一项预计负债、或有负债或者或有资产等。

**（二）预计负债的确认条件**

企业承担的与或有事项有关的义务如果同时满足以下三个条件，应当确认为一项预计负债。

**1.该义务是企业承担的现时义务**

预计负债确认的第一个条件是与或有事项有关的经济义务是企业在当前条件下已经承担的现时义务，企业没有其他选择，只能履行该现时义务。这里的义务既包括法定义务，也包括推定义务。法定义务，是指因法律、合同规定而产生的企业必须履行的义务。比如企业因与供货方签订购货合同而产生的付款义务就属于法定义务。推定义务，是指法定义务之外的，因企业以往的习惯做法、已公开的承诺或已公开宣布的政策而产生的义务。比如，企业向社会公开承诺对其生产经营可能产生的环境污染进行治理就属于一项推定义务。而且，这种推定义务已经以一种相当具体的方式传达给受影响的各方，使各方形成了企业将履行其责任的合理预期。

**2.履行该义务很可能导致经济利益流出企业**

不确定事项根据其发生的可能性可以分为基本确定、很可能、可能和极小可能四种，从发生的概率来看，在实务中进行职业判断时可以参照一定的标准，各种类型不确定事项及参照的发生概率见表10-6。

表10-6                                   **不确定事项的分类及发生的概率**

| 不确定事项 | 发生概率 |
| --- | --- |
| 基本确定 | 大于95%但小于100% |
| 很可能 | 大于50%但小于等于95% |
| 可能 | 大于5%但小于等于50% |
| 极小可能 | 小于等于5% |

预计负债确认的第二个条件是履行与该或有事项有关的现时义务很可能导致经济利益流出企业，从概率来看应当超过50%但小于等于95%。例如，如果企业的未决诉讼根据律师的预计将败诉并发生赔偿的可能性超过50%，那么就可以认为企业履行该义务很可能导致经济利益流出企业。如果或有事项包含多项类似的义务，在判断经济利益流出可能性时应当总体考虑加以确定。比如产品质量保证，对于单个产品来说经济利益流出的可能性较小，但对于全部产品承担的义务来说，很可能导致经济利益流出企业，因而应当从总体上判断经济利益流出的可能性。

**3.该义务的金额能够可靠地计量**

预计负债确认的第三个条件是与该或有事项相关的现时义务的金额能够合理地估计。因为或有事项产生现时义务的金额具有不确定性，因而需要估计。企业要将或有事项确认为一项预计负债，履行相关义务的金额应当能够可靠估计。比如，企业对当年销售的产品提供一年期的产品质量保证，根据以往经验，该企业可以合理地估计在保证期内将发生的相关维修费用的金额，则可以认为履行该义务的金额能够可靠地计量。

只有或有事项同时满足上述三个条件时，才能单独确认为一项预计负债。需要注意的是，预计负债要和应付款项、应交税费等负债项目严格区分。预计负债是一种未来履行经济义务的时间或者金额具有一定不确定性的负债，而应付账款、应交税费等其他负债尽管有时也需要估计将支付的金额，但是其不确定性远远小于预计负债，所以预计负债不能和其他负债合并，应当在资产负债表中单独列报。

（三）预计负债的计量

预计负债的计量需要对未来经济利益的流出金额作出合理的估计，在每期期末确定未来将发生支出的最佳估计数，并要考虑预期可能得到的补偿金额。

1.最佳估计数的确定

最佳估计数是在考虑当前各种信息的条件下作出的最优估计结果，具体确定时应当分别以下两种情况处理：

（1）所需支出存在一个连续范围，且该范围内各种结果发生的可能性相同，则最佳估计数应当按照该范围内的中间值确定，即按照该连续范围上下限金额的算术平均数确定。

【例10-32】2×24年10月，甲公司因为合同违约而被乙公司起诉。截至2×24年12月31日，法院尚未对该诉讼进行正式判决。根据律师的估计甲公司很可能败诉，赔偿的金额根据相关法律规定估计为80万元至90万元，其中包括甲公司应承担的诉讼费用3万元。

要求：编制甲公司与该诉讼有关的会计分录。

分析：本例中，2×24年12月31日，尽管该诉讼尚未判决，但是根据律师的估计，甲公司很可能败诉，赔偿金额的范围估计为80万元至90万元，而且这个区间内每个金额的可能性都大致相同。因而，甲公司应当在年末按照估计范围的中间值85万元确认一项预计负债，同时在附注中披露相关信息。甲公司期末应当编制的会计分录为：

借：管理费用 30 000

　　营业外支出 820 000

　　贷：预计负债——未决诉讼 850 000

（2）所需支出不存在连续范围的，或虽然存在一个连续范围，但在该范围内各种结果发生的可能性不相同。在这种情况下，要进一步考虑或有事项涉及单个项目还是多个项目。如果或有事项涉及单个项目，比如一项未决诉讼、一项未决仲裁或一项债务担保，最佳估计数按照最可能发生的金额确定；如果或有事项涉及多个项目，比如产品质量保证中提出产品保修服务要求的可能有许多客户，则按照各种可能结果及相关概率计算未来所需支出的期望值进行计量。

【例10-33】2×24年1月，甲公司与乙公司签订了债务担保协议，为乙公司一项银行贷款作担保。2×24年11月，由于乙公司到期无法偿还该贷款被银行起诉，甲公司因债务担保协议而成为该诉讼的第二被告。截至2×24年12月31日，该诉讼尚未判决。根据律师的估计，由于乙公司经营困难，甲公司很可能要承担连带责任，承担还款责任100万元的可能性为70%，承担还款责任80万元的可能性为30%。

要求：编制甲公司与该诉讼有关的会计分录。

分析：本例中，由于甲公司很可能因债务担保而承担连带责任，而且赔偿的金额能够合理地估计，因而甲公司应当根据最有可能发生的金额100万元确认一项预计负债。甲公司期末应当编制的会计分录为：

借：营业外支出 1 000 000

　　贷：预计负债——未决诉讼 1 000 000

【例10-34】甲公司2×24年销售A产品的收入共计5 000 000元。甲公司根据惯例为A产品提供一年的质量保证。质量保证条款规定，A产品出售后一年内，如果发生正常质量问题，甲公司负责免费修理。根据以往的销售经验，如果产品发生较小的质量问题，需要发生的修理费用为当期销售额的1%；如果发生较大的质量问题，需要发生的修理费用为当期销售额的5%。甲公司预测本年销售的A产品中有90%不会发生质量问题，有8%将发生较小的质量问题，有2%将发生较大的质量问题。

要求：

（1）计算甲公司与A产品有关的产品质量保证的最佳估计数；

（2）编制2×24年12月31日甲公司确认产品质量保证的会计分录；

（3）编制2×25年12月31日甲公司发生产品质量保证支出的会计分录。

分析：本例中，尽管甲公司销售的A产品就单个产品来说，发生经济利益流出的可能性很小，但就总体而言，甲公司很可能会发生产品质量保证费用，而且金额可以根据各种可能的结果及相关概率合理地估计，因而甲公司应当于销售产品的当期确认一项预计负债，同时确认一项费用，与当期的销售收入相配比。

产品质量保证的最佳估计数=5 000 000×（1%×8%+5%×2%）=9 000（元）

甲公司2×24年12月31日应编制的会计分录为：

借：销售费用 9 000

贷：预计负债——产品质量保证 9 000

假定甲公司2×25年实际发生的A产品质量保证支出为8 000元，其中，原材料支出为6 200元，人工成本为1 800元，则甲公司2×25年12月31日实际发生产品质量保证支出当期应当编制的会计分录为：

借：预计负债——产品质量保证 8 000

贷：原材料 6 200

应付职工薪酬 1 800

2.预期可能获得补偿的确定

企业在某些情况下，在履行因或有事项产生的现时义务时，所需支出的全部或部分金额可能会得到第三方的补偿。比如，乙公司因交通事故而被起诉，很可能要赔偿相关损失，但也会得到保险公司的一定补偿。对于企业可能从第三方得到的补偿，由于存在很大的不确定性，因而企业只能在估计补偿金额基本确定能够收到时，才能将补偿金额作为资产单独确认，而不能作为预计负债的抵减项目，而且确认的补偿金额也不能超过预计负债的账面价值。

3.预计负债计量需要考虑的其他因素

企业在确定或有事项的最佳估计数时，应当综合考虑与或有事项有关的风险和不确定性、货币时间价值及未来事项等因素的影响。

（1）风险和不确定性。

风险是对过去的交易或事项结果变化可能性的一种描述。企业在或有事项存在风险和不确定性的情况下，应当谨慎判断，不得低估负债和费用的金额。

（2）货币时间价值。

在未来应支付金额与其现值相差较大的情况下，应当按照未来应支付金额的现值确定最佳估计数。比如油气行业相关设施取得时应确认的弃置费用，由于时间跨度很长，货币时间价值影响重大，所以在确定预计负债计量金额时，应当采用现值进行计量。

（3）未来事项。

在确定或有事项的最佳估计数时，如果有足够的客观证据表明相关未来事项将会发生，则应当考虑相关未来事项的影响，但不应考虑预期处置相关资产的利得。比如，核电站在确认弃置费用产生的预计负债时，根据专家的判断预计未来技术更新会导致弃置费用的金额显著降低，则应当考虑该因素来确定弃置费用的最佳估计数。

4.预计负债账面价值的复核

企业应当在资产负债表日对预计负债的账面价值进行复核。如果有确凿证据表明该账面价值不能真实反映当前最佳估计数，则应当按照当前最佳估计数对预计负债的账面价值进行调整。比如，企业由于生产某种产品对环境造成污染，根据相关法律规定预计清理污染所需支出的金额为50万元，确认为一项预计负债。期末复核时由于有关环保法律的变化导致企业预计清理该项污染的支出金额将增加至80万元，则该企业应当增加预计负债的账面价值30万元，并同时确认为当期损益。

**（四）亏损合同**

企业因亏损合同而产生的义务如果符合预计负债的确认条件，应当将其确认为一项预计负债。亏损合同，是指履行合同义务时会不可避免地发生成本超过预期经济利益的合同。对于因亏损合同而产生的预计负债的计量，应当反映企业退出该合同的最低成本，即履行该合同的亏损与未能履行该合同而发生的违约成本二者中的较低者。企业与其他单位签订的商品销售合同、劳务合同、租赁合同等待执行合同，均可能因环境发生变化而转化为亏损合同。

【例10-35】2×24年9月1日，甲公司与乙公司签订了一批A产品的销售合同。双方约定甲公司须在2×25年4月30日之前向乙公司销售200件A产品，合同单价为每件1 600元。甲公司签订合同时，估计A产品的单位成本为每件1 200元。该合同同时规定，如果甲公司2×25年4月30日未能按期交货，须向乙公司支付未按期交货部分合同价款的20%作为违约金。

2×24年12月31日，由于甲公司在组织生产A产品时原材料价格突然大幅上涨，预计生产A产品的单位成本会上升至每件1 700元。

要求：

（1）计算甲公司对该亏损合同应当确认的金额；

（2）编制甲公司与该亏损合同有关的会计分录。

分析：在本例中，由于原材料价格上涨导致生产A产品的成本超过合同单价，所以甲公司与乙公司签订的销售合同变为亏损合同，销售每件A产品亏损100元，总亏损金额为20 000元（100×200）。另一方面，如果甲公司不能按期交货需要支付的违约金金额为64 000元（200×1 600×20%）。因而甲公司应确认预计负债的金额为二者中的较低者20 000元。有关账务处理如下：

（1）2×24年12月31日，确认亏损合同产生的预计负债。

借：营业外支出               20 000

 贷：预计负债——亏损合同          20 000

（2）待相关产品生产完成后，再将已确认的预计负债冲减产品成本。

借：预计负债——亏损合同           20 000

 贷：库存商品               20 000

需要注意的是，如果亏损合同存在标的资产，则企业应当对标的资产计提减值准备。如果预计亏损超过已确认的减值损失，再将超出部分确认为预计负债。

**（五）重组义务**

重组是指企业制定和控制的，将显著改变企业组织形式、经营范围或经营方式的计划实施行为，具体事项主要包括：

（1）出售或终止企业部分业务。

（2）对企业的组织结构进行较大调整。

（3）关闭企业的部分营业场所，或将营业活动由一个国家或地区迁移到其他国家或地区。

当重组同时满足以下两个条件时，表明企业承担了一项重组义务：

（1）企业有详细、正式的重组计划，包括重组涉及的业务、主要地点、需要补偿的职工人数、预计重组支出、计划实施时间等。

（2）企业已经将该重组计划对外公告，重组计划已经开始实施，或已向受影响的各方通告了该计划的主要内容，从而使受影响的各方形成了对该企业将实施重组的合理预期。

对于重组义务产生的预计负债的计量，应当按照与重组有关的直接支出确定预计负债的金额，并计入当期损益。重组义务的直接支出不包括留用职工岗前培训、市场推广、新系统和营销网络投入等支出。

### （六）弃置费用

弃置费用也叫弃置成本，是指根据国家法律、行政法规和国际公约等规定，企业承担的环境保护和生态恢复等义务所确定的支出，比如核电站、油气行业相关设施的弃置支出。弃置费用是特定行业在取得相关固定资产时根据相关法律规定所承担的现时义务，而且金额较大，因而企业应当在取得相关固定资产时将弃置费用确认为一项预计负债。由于弃置费用发生在相关固定资产到期报废时，货币的时间价值较大，因而应当以弃置费用的现值进行初始计量，同时增加固定资产的入账价值。在固定资产的使用寿命内，应当将按弃置费用现值确认的预计负债的摊余成本和实际利率计算的利息确认为财务费用。

【例10-36】甲公司经过国家批准建造一座核电站，2×24年1月1日工程完工并交付使用，建造成本为500 000万元，预计使用寿命为30年。根据法律规定，甲公司有义务在该核电站使用期满时恢复当地环境，估计将发生弃置费用200 000万元，假定折现率为8%。

要求：

（1）计算甲公司应当确认的预计负债金额。

（2）编制甲公司2×24年与该核电站有关的会计分录。

分析：本例中，甲公司预计核电站使用期满时发生的弃置费用，不同于一般企业固定资产发生的清理费用，应当在核电站初始确认时按照现值确认为预计负债，同时计入固定资产的初始成本。

（1）2×24年1月1日，甲公司核电站达到预定可使用状态时确认固定资产及因弃置费用产生的预计负债。

弃置费用的现值＝200 000×（P/F，8%，30）＝200 000×0.0994＝19 880（万元）

固定资产的入账价值＝500 000+19 880＝519 880（万元）

甲公司应当编制的会计分录为：（单位：万元）

借：固定资产　　　　　　　　　　　　　　　　　　　　　　　519 880

　　贷：在建工程　　　　　　　　　　　　　　　　　　　　　　500 000

　　　　预计负债——弃置费用　　　　　　　　　　　　　　　　　19 880

（2）2×24年12月31日，甲公司确认预计负债的利息费用。

利息费用＝19 880×8%＝1 590.4（万元）

甲公司应当编制的会计分录为：（单位：万元）

借：财务费用　　　　　　　　　　　　　　　　　　　　　　　1 590.4

　　贷：预计负债　　　　　　　　　　　　　　　　　　　　　　1 590.4

**【思政课堂】**                从弃置费用的会计核算看生态环境的改善

对于特殊行业企业来说，如核电站等，在确定其固定资产的初始成本时，应考虑弃置费用。弃置费用通常是指根据国家法律和行政法规、国际公约等规定，企业承担的环境保护和生态恢复等义务所确定的支出。

党的二十大报告指出："必须牢固树立和践行绿水青山就是金山银山的理念，站在人与自然和谐共生的高度谋划发展。"工业文明是农耕文明之后的文明形态，是伴随工业生产方式确立而发展起来的文明。一方面，工业文明推动了人类历史的巨大发展和进步，创造了自有人类社会以来所积累全部生产力和物质财富的总和。另一方面，工业文明取得的巨大的物质财富，以过度消耗自然资源和破坏生态环境为代价，造成了人与自然关系的高度紧张，在事实上已经触及人与自然关系的底线、红线，关系人类自身的生死存亡。党的二十大报告强调："中国式现代化是人与自然和谐共生的现代化。"这奠定了中国未来生态文明发展在党和国家发展全局、社会主义建设全局中的重要地位。

当今时代，科学技术高度发展，在信息产业、智能化应用、新材料、节能环保、清洁能源、生态修复、生态技术、循环利用等领域取得了重大的突破，绿色产业和绿色经济已经成为走高质量发展之路的必然选择。

因而，党的二十大报告指出，完善支持绿色发展的财税、金融、投资、价格政策和标准体系，发展绿色低碳产业，健全资源环境要素市场化配置体系，加快节能降碳先进技术研发和推广应用，倡导绿色消费，推动形成绿色低碳的生产方式和生活方式。

资料来源：黄承梁. 从人统治自然的哲学走向人与自然和谐共生的哲学［J］. 马克思主义研究，2023（3）.

**（七）预计负债的列报**

资产负债表日，"预计负债"科目的期末余额需要根据流动性进行分析列报，一年或一个营业周期以上到期偿还的部分，在资产负债表非流动负债中"预计负债"项目下单独列报；一年或一个营业周期之内到期偿还的部分在资产负债表流动负债中"一年内到期的非流动负债"项目下列报。

为了使财务报告使用者获得充分、详细的有用信息，企业还应当在财务报表附注中披露以下内容：

（1）预计负债的种类、形成原因以及经济利益流出不确定性的说明。

（2）各类预计负债的期初、期末余额和本期变动情况。

（3）与预计负债有关的预期补偿金额和本期已确认的预期补偿金额。

## 六、或有负债和或有资产

### （一）或有负债

1.或有负债的定义

或有负债，是指过去的交易或者事项形成的潜在义务，其存在须通过未来不确定事项的发生或不发生予以证实；或过去的交易或者事项形成的现时义务，履行该义务不是很可能导致经济利益流出企业或该义务的金额不能可靠计量。比如，企业签订的债务担保合同，如果企业预计不是很可能发生经济利益的流出，属于一项或有负债。

2.或有负债的会计处理

因为或有负债不符合负债的确认条件，所以或有负债不能确认为一项负债。企业应当在财务报表附注中披露当期发生的或有负债的下列信息：

（1）或有负债的种类及其形成原因。

（2）因或有负债产生的经济利益流出不确定性的说明。

（3）或有负债预计产生的财务影响及获得补偿的可能性。无法预计的，应当说明原因。

同时，为了保护企业的利益，当或有负债涉及未决诉讼、未决仲裁的情况下，如果企业认为披露全部或部分信息预期会对企业造成重大不利影响，则无须披露这些信息，但应当披露该未决诉讼、未决仲裁的性质，以及没有披露其他信息的事实和原因。此外，对于导致经济利益极小可能流出企业的或有负债也不需要披露。

3.或有负债和预计负债的转换

随着或有负债形成因素的不断变化，或有负债对应的潜在义务可能会转化为现时义务，未来经济利益流出的可能性也会增大，金额也能可靠地计量，此时或有负债就会转换为一项预计负债，企业应当及时将该或有事项确认为一项预计负债。

（二）或有资产

1.或有资产的含义

或有资产，是指过去的交易或者事项形成的潜在资产，其存在须通过未来不确定事项的发生或不发生予以证实。比如，期末企业作为原告可能会因一项未决诉讼胜诉而获得被告的赔偿，就属于或有资产。

2.或有资产的会计处理

或有资产不符合资产的确认条件，因而不能确认为一项资产，不能在资产负债表中列报为一项资产。

当或有资产很可能会给企业带来经济利益时，企业应当在财务报表附注中披露其形成的原因、预计产生的财务影响等。

# 第四节 借款费用

## 一、借款费用的含义

### （一）借款费用的概念

企业在生产经营活动中，如果面临资金短缺，需要通过短期借款、商业汇票等方式筹集资金。而企业对于购建固定资产、对外投资等大的投资项目，一般情况下需要通过长期借款或发行债券的方式来筹集所需资金。对于这些筹资行为，企业都应当承担相应的借款费用。根据《企业会计准则第17号——借款费用》（2006）的规定，借款费用是指企业因借款而发生的利息及其他相关成本。

### （二）借款费用的内容

借款费用的内容包括借款利息、溢折价摊销、汇兑差额、辅助费用和租赁费用等。

（1）借款利息，包括企业向银行或者其他金融机构等借入资金发生的利息、发行公司债券发生的利息，以及其他带息债务所承担的利息等。

（2）因借款产生的折价或者溢价的摊销，是指因发行债券等所发生的折价或者溢价在资产负债表日确认利息费用时的调整额。

（3）因外币借款而发生的汇兑差额，是指由于汇率变动对外币借款本金及其利息的记账本位币金额所产生的影响。由于汇率的变化往往和利率的变化相关，是外币借款所需承担的风险，因此，因外币借款相关汇率变化所导致的汇兑差额属于借款费用的有机组成部分。

（4）辅助费用，是指企业在借款过程中发生的诸如手续费、佣金等费用。由于这些费用是因安排借款而发生的，也属于借入资金所付出的成本，因而属于借款费用。

（5）租赁负债的利息费用，是指承租人根据《企业会计准则第21号——租赁》（2018）所确认的租赁负债每期发生的利息费用。

## 二、借款费用的确认

借款费用有两种确认方法:一是将借款费用资本化计入相关资产的成本;二是将借款费用直接计入当期损益。

### (一)借款费用确认为资产成本

企业发生的借款费用可直接归属于符合资本化条件的资产的购建或者生产的,应当予以资本化,计入相关资产成本。

符合资本化条件的资产,是指需要经过相当长时间(大于等于1年)购建或生产活动才能达到预定可使用或者可销售状态的固定资产、投资性房地产和存货等资产。建造合同成本、确认为无形资产的开发支出等在符合条件的情况下,也可以认定为符合资本化条件的资产。如果由于人为或者故意等非正常因素导致资产的购建或者生产时间相当长的,该资产不属于符合资本化条件的资产。

那些购入即可使用的资产,或者购入后需要安装但所需安装时间较短的资产,或者需要建造或生产但建造或生产时间较短的资产,均不属于符合资本化条件的资产。

### (二)借款费用确认为当期损益

其他借款费用,应当在发生时直接计入当期损益。

## 三、资本化期间的确定

资本化的借款费用必须发生在资本化期间内。因而,资本化期间是借款费用资本化的前提条件。借款费用的资本化期间,是指从借款费用开始资本化的时点到停止资本化时点的期间,但不包括借款费用暂停资本化的期间。

### (一)借款费用开始资本化的时点

借款费用允许开始资本化必须同时满足下列三个条件:

(1)资产支出已经发生,这是指企业为购建和生产符合资本化条件资产的支出已经发生,其中,资产支出包括支付现金、转移非现金资产或承担带息债务(如带息应付票据)所发生的支出。

(2)借款费用已经发生,是指企业已经发生了因购建或者生产符合资本化条件的资产而专门借入款项的借款费用或者所占用一般借款的借款费用。比如企业取得的银行借款已经开始计算利息。

(3)为使资产达到预定可使用或者可销售状态所必要的购建或者生产活动已经开始,这是指符合资本化条件的资产的实体建造或者生产工作已经开始,比如设备开始安装、厂房实际开工建造等。但不包括仅仅持有资产但没有发生为改变资产形态而进行的实质上的建造或者生产活动。比如,企业为建造厂房购置了建筑用地,但是尚未开工,还不能开始资本化。

### (二)借款费用暂停资本化的时间

符合资本化条件的资产在购建或生产期间,如果同时满足以下两个条件应当暂停借款费用的资本化。

1.符合资本化条件资产的购建或生产活动发生非正常中断

非正常中断,通常是由于企业管理决策上的原因或者其他不可预见的原因等所导致的中断。比如,企业在建造厂房时因与施工方发生了质量纠纷而暂停建造,或者由于工程、生产用料没有及时供应而发生中断,或者由于资金周转发生了困难导致资产购建或者生产活动发生中断,均属于非正常中断。

而正常中断通常仅限于因购建或者生产符合资本化条件的资产达到预定可使用或者可销售状态

所必要的程序，或者事先可预见的不可抗力因素导致的中断。比如，某项工程建造到一定阶段必须暂停进行质量或者安全检查，检查通过后才可继续下一阶段的建造工作，这类中断是在施工前可以预见的，而且是工程建造必须经过的程序，属于正常中断。还有某些地区的工程在建造过程中，由于可预见的不可抗力因素（如雨季或冰冻季节等原因）导致施工出现停顿，也属于正常中断。

2.符合资本化条件资产的购建或生产活动中断时间连续超过3个月

如果符合资本化条件资产的购建或生产活动发生较长时间的中断应当暂停资本化。实务中，一般要求中断时间连续超过3个月。

### （三）停止资本化的时点

当企业购建或者生产符合资本化条件的资产达到预定可使用或者可销售状态时，应当停止借款费用的资本化。符合下列情形之一的，应当认为企业购建或生产的符合资本化条件的资产达到了预定可使用或可销售状态：

（1）资产的实体建造全部完成或实质完成。

（2）购建的固定资产与设计要求或合同要求基本相符。

（3）继续发生的支出很少或者几乎不再发生。

如果所购建或者生产的符合资本化条件资产的各部分分别完工，且每部分在其他部分继续建造或者生产过程中可供使用或者对外销售，可以停止已经达到预定可使用或可销售状态的部分相关借款费用的资本化。如果企业购建或者生产的资产的各部分分别完工，但必须等到整体完工后才可使用或者对外销售的，应当在该资产整体完工时停止借款费用的资本化。

### 四、借款费用资本化金额的确定

#### （一）借款利息费用资本化金额的确定

借款利息是指按照实际利率法计算的各期实际利息，既包括按照借款合同利率计算的票面利息，也包括因实际利率与合同利率不同而产生的折价或溢价的摊销额。企业在确定借款利息资本化金额时，首先应当判断借款的来源。借款包括专门借款和一般借款。专门借款是指为购建或者生产符合资本化条件的资产而专门借入的款项。比如，企业为购建一条生产线而从银行取得的贷款就属于专门借款。专门借款的使用用途明确，而且其使用受与银行签订的借款合同的限制。一般借款是指除专门借款之外的借款。相对于专门借款而言，一般借款在借入时，其用途通常没有特指用于某项符合资本化条件资产的购建或者生产。

1.专门借款资本化金额的确定

专门借款利息的资本化金额，应当以专门借款当期实际发生的利息费用，减去将尚未动用的借款资金存入银行取得的利息收入或进行暂时性投资取得的投资收益后的金额确定。

2.一般借款利息资本化金额的确定

企业在购建或生产符合资本化条件的资产时，如果专门借款资金不足而占用了一般借款资金，应当根据为购建或生产符合资本化条件的资产而发生的累计资产支出超过专门借款部分的资产支出加权平均数乘以所占用一般借款的资本化率，计算确定一般借款应予资本化的利息金额。一般借款的资本化率应当根据一般借款加权平均利率计算确定。

【例10-37】甲公司于2×24年1月1日正式动工兴建一幢办公楼，工期为1年。该工程采用出包方式，甲公司分别于2×24年1月1日、7月1日和10月1日向施工方支付工程进度款1 500万元、4 000万元和2 500万元。办公楼于2×24年12月31日完工，达到预定可使用状态。

甲公司为建造办公楼取得了两笔专门借款：

（1）2×24年1月1日，甲公司取得专门借款2 000万元，借款期限为3年，年利率为8%，利息按年支付。

（2）2×24年7月1日，甲公司取得专门借款3 000万元，借款期限为5年，年利率为10%，利息按年支付。

甲公司将闲置的专门借款资金用于固定收益债券短期投资，假定该短期投资月收益率为0.5%，投资收益到年末为止尚未收到。

甲公司为建造该办公楼还占用了两笔一般借款，具体信息如下：

（1）2×23年5月1日，甲公司向A银行借入一笔长期借款5 000万元，期限为2×23年5月1日至2×26年5月1日，年利率为6%，按年支付利息。

（2）2×23年3月1日，甲公司发行公司债券10 000万元，期限为5年，年利率为8%，按年支付利息。

要求：

（1）计算甲公司专门借款利息应当资本化的金额，并编制2×24年12月31日确认专门借款利息的会计分录。

（2）计算甲公司一般借款利息应当资本化的金额，并编制2×24年12月31日确认一般借款利息的会计分录。

分析：本例中的办公楼建造期限为1年，符合资本化条件，资本化期间为2×24年1月1日至2×24年12月31日。工程支出及资金来源见表10-7。

表10-7　　　　　　　　　　甲公司办公楼建造支出及资金来源表　　　　　　　　单位：万元

| 日　期 | 资产支出 | 资金来源 | |
|---|---|---|---|
| | | 专门借款 | 一般借款 |
| 2×24年1月1日 | 1 500 | 1 500 | |
| 2×24年7月1日 | 4 000 | 3 500 | 500 |
| 2×24年10月1日 | 2 500 | | 2 500 |
| 合　计 | 8 000 | 5 000 | 3 000 |

（1）专门借款资本化利息的计算

专门借款中有5 000 000元（20 000 000-15 000 000）资金从2×24年1月1日至7月1日闲置6个月。

专门借款2×24年应付利息金额=20 000 000×8%+30 000 000×10%×6÷12=3 100 000（元）

专门借款闲置期间的投资收益金额=5 000 000×0.5%×6=150 000（元）

专门借款的资本化利息金额=3 100 000-150 000=2 950 000（元）

对于专门借款的利息，甲公司在2×24年12月31日应当编制的会计分录为：

借：在建工程　　　　　　　　　　　　　　　　　　　　　　　　　　2 950 000

　　应收利息　　　　　　　　　　　　　　　　　　　　　　　　　　　150 000

　　贷：应付利息　　　　　　　　　　　　　　　　　　　　　　　　　　3 100 000

（2）一般借款资本化利息的计算

一般借款2×24年应付利息金额=50 000 000×6%+100 000 000×8%=11 000 000（元）

占用一般借款部分的资产支出加权平均数=5 000 000×6÷12+25 000 000×3÷12=8 750 000（元）

一般借款资本化率=（50 000 000×6%+100 000 000×8%）÷（50 000 000+100 000 000）×100%≈7.33%

一般借款资本化利息金额=8 750 000×7.33%=641 375（元）

对于一般借款的利息，甲公司在2×24年12月31日应编制的会计分录为：

借：在建工程　　　　　　　　　　　　　　　　　　　　　　　　　　　641 375

　　财务费用　　　　　　　　　　　　　　　　　　　　　　　　　　10 358 625

贷：应付利息            11 000 000

在资本化期间内，每一会计期间的利息资本化金额，不应当超过当期相关借款实际发生的利息金额。

### （二）汇兑差额资本化金额的确定

企业为购建或者生产符合资本化条件的资产所借入的专门借款为外币借款时，由于汇率变动会产生汇兑差额。为简化起见，在借款费用的资本化期间内，外币专门借款本金及利息的汇兑差额，应当予以资本化，计入符合资本化条件资产的成本。而一般借款的本金及利息所产生的汇兑差额，应当直接计入当期财务费用。

### （三）辅助费用资本化金额的确定

辅助费用是企业为了取得借款而发生的必要费用，包括借款手续费、佣金等。辅助费用各期的发生额，是按照实际利率法所确定的金融负债交易费用对每期利息费用的调整额。对于专门借款发生的辅助费用，在所购建或生产的符合资本化条件的资产资本化期间内发生的应予以资本化。一般借款发生的辅助费用，也应当比照上述原则处理。

### （四）租赁负债利息费用资本化金额的确定

租赁负债的利息费用，是指承租人因租赁产生的负债每一期应当确认的利息费用，按照租赁负债的期初余额和选择的折现率计算确定。租赁负债的利息费用如果发生在资本化期间，应当予以资本化。其他租赁负债的利息费用应当直接计入当期损益。

# 第五节 债务重组

## 一、债务重组的含义及特征

### （一）债务重组的含义

随着企业面临的外部环境的不确定性的增加，企业和债权人在某些情况下可能会对债务协议进行修改，也可能会因为债务纠纷而诉诸法律，这样会对原有的债务进行重组。为了规范债务重组的确认、计量和相关信息的披露，2019年，财政部修订发布了新的债务重组准则。根据《企业会计准则第12号——债务重组》（2019）的规定，债务重组，是指在不改变交易对手方的情况下，经债权人和债务人协定或法院裁定，就清偿债务的时间、金额或方式等重新达成协议的交易。

### （二）债务重组的特征

根据债务重组的定义，债务重组有以下三个基本特征：

1.债务重组不改变交易对手

债务重组准则中的债务重组是在不改变交易对手的情况下进行的交易。在实务中，经常出现有第三方参与相关债务交易的情形，比如债权人将债权出售给资产管理公司，再由其与债务人进行交易，此时，企业首先应当考虑相关债权和债务是否满足终止确认的条件。

2.债务重组不再强调在债务人发生财务困难的背景下进行，也不论债权人是否作出让步

这意味着，无论什么原因导致债务人未按原定条件偿还债务，也无论双方是否同意债务人以低于债务的金额偿还债务，只要债权人和债务人重新达成了偿还协议，就符合债务重组的定义。比如，债权人在减免债务人部分债务本金的同时提高剩余债务的利息，就属于债务重组准则的范畴。

3.债务重组的方式与原来双方约定的偿债方式不同

经过双方自愿达成的协定，或者经过法院裁定，债权人和债务人改变了偿债方式，比如延长

了债务的时间、改变了债务偿还的金额，或者改成以非现金资产偿还债务，这些重新达成的协议都属于债务重组交易。

## 二、债务重组的方式

债务重组的方式主要包括：债务人以资产清偿债务、将债务转为权益工具、修改其他条款，以及上述一种以上方式的组合。

### （一）债务人以资产清偿债务

债务人以资产清偿债务，是指债务人转让其资产给债权人以清偿债务的债务重组方式。债务人用于清偿债务的资产既包括现金资产，也包括存货、金融资产、长期股权投资、投资性房地产、固定资产、在建工程、生物资产、无形资产等非现金资产。债务人用于偿债的资产通常是已经在其资产负债表中确认的资产。在某些情况下，债务人也可能以未予确认的资产清偿债务，比如以未确认的内部产生的品牌清偿债务。在少数情况下，债务人还可能以处置组清偿债务。

### （二）债务人将债务转为权益工具

债务人将债务转为权益工具，在实务中通常称为"债转股"，是指将债务转为债务人自身的普通股等权益工具。这种方式在债务人报表中表现为"股本""实收资本""资本公积"等项目。但是有些情况下，该协议同时附加相关条款，如约定债务人在未来某一时点有义务以某一金额回购股权，则可能无法分类为权益工具。如果债务人将债务转换为可转换债券这样的复合金融工具，也不属于该方式。

### （三）修改其他债务条款

修改债权和债务的其他条款，是指债务人不以资产清偿债务，也不将债务转为权益工具，而是改变债权和债务的其他条款的债务重组方式，比如双方协议调整债务本金、改变债务利息、延长还款期限等。经修改其他条款的债权和债务分别形成重组债权和重组债务。

### （四）组合方式

组合方式，是指采用债务人以资产清偿债务、债务人将债务转为权益工具、修改其他条款三种方式中一种以上方式的组合来清偿债务的债务重组方式。比如，债权人和债务人约定，由债务人以一批生产的产品清偿部分债务，将另一部分债务转为债务人的普通股，再减少剩余债务的本金。

## 三、债务重组的会计核算

### （一）以资产清偿债务的核算

1.债权人的核算

当债务人以其资产清偿债务时，债权人应当在受让的相关资产符合其定义和确认条件时予以确认。同时，债权人需要根据受让资产的类型进行会计核算。

（1）债权人受让金融资产的核算

债权人受让包括现金在内的单项或多项金融资产的，应当按照金融工具准则的规定对金融资产进行确认和计量。债权人受让的金融资产应当以其公允价值进行初始计量。金融资产确认金额与债权终止确认日账面价值之间的差额，记入"投资收益"科目。

（2）债权人受让非金融资产的核算

债权人初始确认受让非金融资产时，应当考虑资产的类别在符合相关资产确认条件时按照下列原则以成本进行初始计量：

存货的成本，包括放弃债权的公允价值，以及使该资产达到当前位置和状态所发生的可直接归属于该资产的税金、运输费、装卸费、保险费等其他成本。

对联营企业或合营企业投资的成本，包括放弃债权的公允价值，以及可直接归属于该资产的税金等其他成本。

投资性房地产的成本，包括放弃债权的公允价值，以及可直接归属于该资产的税金等其他成本。

固定资产的成本，包括放弃债权的公允价值，以及使该资产达到预定可使用状态前所发生的可直接归属于该资产的税金、运输费、装卸费、安装费、专业人员服务费等其他成本。确定固定资产成本时，应当考虑预计弃置费用因素。

无形资产的成本，包括放弃债权的公允价值，以及可直接归属于使该资产达到预定用途所发生的税金等其他成本。

债权人放弃债权的公允价值与账面价值之间的差额，记入"投资收益"科目。

（3）债权人受让多项资产的核算

债权人受让多项资产的，应当按照下列顺序确认和计量资产：

首先，按照金融工具准则的规定确认和计量受让的金融资产；

其次，按照受让的金融资产以外的各项资产在债务重组合同生效日的公允价值比例，对放弃债权在合同生效日的公允价值扣除受让金融资产当日公允价值后的净额进行分配，并以此为基础分别确定各项资产的成本。

债权人放弃债权的公允价值与账面价值之间的差额，记入"投资收益"科目。

2.债务人的核算

债务重组采用以资产清偿债务方式进行的，债务人应当将所清偿债务账面价值与转让资产账面价值之间的差额计入当期损益。具体核算时还需要考虑转让资产的类型。

（1）债务人以金融资产清偿债务

债务人以单项或多项金融资产清偿债务的，债务的账面价值与偿债金融资产账面价值的差额，记入"投资收益"科目。偿债金融资产已计提减值准备的，应结转已计提的减值准备。

对于以分类为以公允价值计量且其变动计入其他综合收益的债务工具投资清偿债务的，之前计入其他综合收益的累计利得或损失应当从其他综合收益中转出，记入"投资收益"科目。

对于以指定为以公允价值计量且其变动计入其他综合收益的非交易性权益工具投资清偿债务的，之前计入其他综合收益的累计利得或损失应当从其他综合收益中转出，记入"盈余公积""利润分配——未分配利润"等科目。

【例10-38】2×24年6月1日，甲公司与乙公司就双方的债权债务共计452 000元达成一项债务重组协议。双方同意：乙公司向甲公司支付300 000元抵偿公司所负债务。甲公司豁免乙公司所负其余债务。2×24年6月5日，甲公司收到乙公司支付的300 000元。

要求：分别编制甲公司和乙公司与该债务重组协议有关的会计分录。

分析：本例属于以一项金融资产清偿债务。债权人和债务人应当分别将因债务重组产生的损益记入"投资收益"科目。

2×24年6月5日，甲公司收到乙公司支付的款项时应当编制的会计分录为：

借：银行存款 300 000
　　投资收益 152 000
　　贷：应收账款——乙公司 452 000

2×24年6月5日，乙公司向甲公司支付款项时应当编制的会计分录为：

借：应付账款——甲公司 452 000

　　贷：银行存款　　　　　　　　　　　　　　　　　　　　　　　　　300 000
　　　　投资收益　　　　　　　　　　　　　　　　　　　　　　　　　152 000

（2）债务人以非金融资产清偿债务

　　债务人以单项或多项非金融资产（如固定资产、日常活动产出的商品等）清偿债务，或者以包括金融资产和非金融资产在内的多项资产清偿债务的，不需要区分资产处置损益和债务重组损益，也不需要区分不同资产的处置损益，而应将所清偿债务账面价值与转让资产账面价值之间的差额，全部记入"其他收益"科目。偿债资产已计提减值准备的，应结转已计提的减值准备。

　　**【例10-39】** 2×22年6月5日，甲公司向乙公司销售一批商品，应收乙公司款项的入账金额为5 600 000元。

　　2×24年6月13日，双方签订债务重组协议。协议规定，乙公司以一座办公楼偿还该欠款。该办公楼的账面余额为6 000 000元，累计折旧额为800 000元，已计提资产减值准备50 000元。2×24年6月18日，双方办理完成该办公楼的转让手续，甲公司将该办公楼作为固定资产管理，支付资产评估费用20 000元。重组当日，甲公司应收款项的公允价值为5 500 000元，已计提坏账准备90 000元，乙公司应付款项的账面价值仍为5 600 000元。假设不考虑相关税费。

　　要求：

　　（1）分别计算甲公司和乙公司的债务重组损益；

　　（2）分别编制甲公司和乙公司与债务重组有关的会计分录。

　　分析：本例属于以非现金资产清偿债务。

　　（1）甲公司应当以放弃债权的公允价值和相关初始直接费用确定受让办公楼的入账价值，重组损益记入"投资收益"科目。

　　甲公司受让办公楼的入账价值=5 500 000+20 000=5 520 000（元）

　　投资收益=5 500 000-（5 600 000-90 000）=-10 000（元）

　　2×24年6月18日，甲公司确认办公楼及债务重组损益时应当编制的会计分录为：

　　借：固定资产　　　　　　　　　　　　　　　　　　　　　　　　　5 520 000
　　　　坏账准备　　　　　　　　　　　　　　　　　　　　　　　　　　 90 000
　　　　投资收益　　　　　　　　　　　　　　　　　　　　　　　　　　 10 000
　　　　贷：应收账款——乙公司　　　　　　　　　　　　　　　　　　　5 600 000
　　　　　　银行存款　　　　　　　　　　　　　　　　　　　　　　　　　20 000

　　（2）乙公司应当以所清偿债务的账面价值和偿债资产的账面价值的差额记入"其他收益"科目。

　　乙公司偿债资产的账面价值=6 000 000-800 000-50 000=5 150 000（元）

　　其他收益=5 600 000-5 150 000=450 000（元）

　　2×24年6月18日，乙公司处置办公楼并确认债务重组损益时应当编制的会计分录为：

　　借：应付账款——甲公司　　　　　　　　　　　　　　　　　　　　5 600 000
　　　　累计折旧　　　　　　　　　　　　　　　　　　　　　　　　　　800 000
　　　　固定资产减值准备　　　　　　　　　　　　　　　　　　　　　　 50 000
　　　　贷：固定资产　　　　　　　　　　　　　　　　　　　　　　　　6 000 000
　　　　　　其他收益——债务重组收益　　　　　　　　　　　　　　　　　450 000

**（二）债务人将债务转为权益工具**

1.债权人的核算

当债务人将债务转为权益工具时，债权人应当在受让的债务人权益工具符合资产定义和确认条件时予以确认。同时，债权人需要根据受让资产的类型进行会计核算。

（1）债权人受让金融资产的核算

债权人受让的债务人权益工具如果属于金融资产的核算范围，应当按照金融工具准则的规定对该金融资产进行确认和计量。债权人受让的金融资产应当以其公允价值进行初始计量。金融资产确认金额与债权终止确认日账面价值之间的差额，记入"投资收益"科目。

（2）债权人受让非金融资产的核算

债权人初始确认受让非金融资产时，应当根据债权人对债务人的影响力将受让的债务人权益工具投资确认为对联营企业或合营企业的投资，记入"长期股权投资"科目，其入账价值包括放弃债权的公允价值，以及可直接归属于该资产的税金等其他成本。债权人放弃债权的公允价值与账面价值之间的差额，记入"投资收益"科目。

2.债务人的核算

债务人将债务转为权益工具方式进行债务重组，债务人初始确认权益工具时，应当按照权益工具的公允价值计量，权益工具的公允价值不能可靠计量的，应当按照所清偿债务的公允价值计量。所清偿债务账面价值与权益工具确认金额之间的差额，记入"投资收益"科目。债务人因发行权益工具而支出的相关税费等，应当依次冲减资本溢价、盈余公积、未分配利润等。

【例10-40】2×24年3月13日，甲公司从乙公司购买一批材料，约定6个月后甲公司应结清款项200万元。

2×24年12月15日，甲公司因无法支付货款与乙公司协商进行债务重组，双方商定乙公司将该债权转为对甲公司的股权投资。

2×24年12月20日，乙公司办结了对甲公司的增资手续，甲公司和乙公司分别支付手续费等相关费用3万元和2万元。

债转股实施后甲公司总股本为300万元，乙公司持有股份占甲公司总股本的20%，对甲公司具有重大影响，甲公司股权公允价值不能可靠计量。甲公司应付款项的账面价值仍为200万元。乙公司对该应收账款计提了20万元的坏账准备。

2×24年12月20日，应收款项和应付款项的公允价值均为175万元。假定不考虑其他相关税费。

要求：

（1）分别计算甲公司和乙公司的债务重组损益；

（2）分别编制甲公司和乙公司与债务重组有关的会计分录。

分析：在本例中，债务人将债务转换为权益工具。

（1）乙公司应当将受让的股权投资作为长期股权投资核算，入账价值为放弃债权的公允价值及相关初始直接费用。

乙公司确认的长期股权投资入账价值=175+2=177（万元）

乙公司确认的投资收益=175－（200－20）=－5（万元）

2×24年12月20日，乙公司受让甲公司权益工具时应当编制的会计分录为：（单位：万元）

借：长期股权投资——投资成本    177
    坏账准备    20
    投资收益    5
  贷：应收账款——甲公司    200
    银行存款    2

（2）甲公司应当将增资产生的权益工具按照所清偿债务的公允价值计量。

甲公司应当确认的权益工具的入账价值=175万元

甲公司应当确认的股本金额=300×20%=60（万元）

甲公司应当确认的股本溢价=175−60−3=112（万元）

甲公司应当确认的投资收益=200−175=25（万元）

2×24年12月20日，甲公司完成增资时应当编制的会计分录为：（单位：万元）

借：应付账款——乙公司 200

    贷：股本 60

        资本公积——股本溢价 112

        银行存款 3

        投资收益 25

### （三）修改其他条款

**1.债权人的核算**

在修改其他条款的方式下，债权人需要考虑重组债权是否终止确认。

（1）债务重组导致债权终止确认的核算

如果修改其他条款导致全部债权终止确认，债权人应当按照修改后的条款以公允价值对重组债权进行初始计量，重组债权的确认金额与债权终止确认日账面价值之间的差额，记入"投资收益"科目。

（2）债务重组未导致债权终止确认的核算

如果修改其他条款未导致债权终止确认，债权人应当根据债权的分类核算，继续以摊余成本、以公允价值计量且其变动计入其他综合收益，或者以公允价值计量且其变动计入当期损益进行后续计量。

对于以摊余成本计量的债权，债权人应当根据重新议定合同的现金流量变化情况，重新计算该重组债权的账面余额，并将相关利得或损失记入"投资收益"科目。

**2.债务人的核算**

债务重组采用修改其他条款方式进行的，如果修改其他条款导致债务终止确认，债务人应当按照公允价值计量重组债务，终止确认的债务账面价值与重组债务确认金额之间的差额，记入"投资收益"科目。

如果修改其他条款未导致债务终止确认，或者仅导致部分债务终止确认，对于未终止确认的部分债务，债务人应当根据其分类，继续以摊余成本、以公允价值计量且其变动计入当期损益或其他适当方法进行后续计量。

对于以摊余成本计量的债务，债务人应当根据重新议定合同的现金流量变化情况，重新计算该重组债务的账面价值，并将相关利得或损失记入"投资收益"科目。

### （四）组合方式

**1.债权人的核算**

债务重组采用组合方式进行的，一般可以认为对全部债权的合同条款作出了实质性修改，债权人应当按照修改后的条款，以公允价值初始计量重组债权和受让的新金融资产，按照受让的金融资产以外的各项资产在债务重组合同生效日的公允价值比例，对放弃债权在合同生效日的公允价值扣除重组债权和受让金融资产当日公允价值后的净额进行分配，并以此为基础分别确定各项资产的成本。放弃债权的公允价值与账面价值之间的差额，记入"投资收益"科目。

2.债务人的核算

债务人应当按照债务转为权益工具和修改其他债务条款方式的规定确认和计量权益工具和重组债务，所清偿债务的账面价值与转让资产的账面价值以及权益工具和重组债务的确认金额之和的差额，记入"其他收益"或"投资收益"科目。

**四、债务重组的信息披露**

债务重组中涉及的债权、重组债权、债务、重组债务和其他金融工具的披露应当按照《企业会计准则第37号——金融工具列报》的规定处理。此外，债权人和债务人还应当在附注中披露与债务重组有关的额外信息。

**（一）债权人的信息披露**

债权人应当在附注中披露与债务重组有关的下列信息：

（1）根据债务重组方式，分组披露债权账面价值和债务重组相关损益。

（2）债务重组导致的对联营企业或合营企业的权益性投资增加额，以及该投资占联营企业或合营企业股份总额的比例。

**（二）债务人的信息披露**

债务人应当在附注中披露与债务重组有关的下列信息：

（1）根据债务重组方式，分组披露债务账面价值和债务重组相关损益。

（2）债务重组导致的股本等所有者权益的增加额。

**□ 复习思考题**

1.负债有什么特征？如何分类？确认条件有哪些？

2.什么是流动负债？常见的流动负债包括哪些内容？

3.职工薪酬核算的内容有哪些类型？

4.短期职工薪酬包括哪些内容？确认原则是什么？如何计量？

5.一般纳税人应交增值税的金额如何确定？如何核算？

6.应交消费税的金额如何确定？如何核算？

7.什么是实际利率法？实际利率法下应付债券的摊余成本和利息费用如何计算？

8.什么是或有事项？或有事项形成的结果有哪些？

9.什么是预计负债？预计负债的确认条件有哪些？金额如何计量？

10.什么是或有负债？或有负债如何进行会计处理？

11.借款费用包括的内容有哪些？借款费用资本化条件有哪些？

12.什么是债务重组？债务重组有哪些方式？

自测题

# 第十一章　所有者权益

## 第一节　所有者权益概述

### 一、企业组织形式

我国的市场经济已形成多种经济成分并存的格局，在市场经济中企业是主体，虽然企业所有制性质不同，但与所有者权益会计密切相关的不是企业所有制的性质，而是企业的组织形式。所有者权益会计，要核算不同企业的所有者对企业应承担的风险及享有的利益。国际通行的做法是按企业资产经营的法律责任，把企业划分为非公司型企业和公司型企业。

#### （一）非公司型企业

**1.独资型企业**

独资型企业也称私人独资企业。它是企业的最简单、最原始的组织形式。企业的全部资产归出资者一人所有，企业的经营也由出资者个人承担，因此，企业的所有权与经营权是统一的。独资企业不具有法人资格，企业的所有者对企业的债务负有无限的清偿责任。这种类型的企业，一般规模比较小，资金来源有限，适用于生产条件和生产过程比较简单、财产经营规模比较小的生产经营活动，具有较大的局限性。

**2.合伙型企业**

合伙型企业是两个或两个以上的合伙人按照协议共同出资，共同承担企业经营风险，并且对企业债务承担连带责任的企业。其最大的特点是，合伙人对债务承担无限连带责任。一旦发生债务，债权人可以向任何一个合伙人请求清偿全部债务。企业的事务通常由合伙人共同决定，然后再委托一个或部分合伙人去执行。合伙企业由于吸收了其他私人的投资，为扩大企业生产经营规模提供了一定的条件，因而是一种比私人独资企业先进的企业组织形式，但是，合伙企业也有很大的局限性，主要是权力分散，决策缓慢，筹资也比较困难，并且由于合伙企业也不具有法人资格，合伙人对企业的债务要负无限责任，风险也比较大。

#### （二）公司型企业

公司是依据一定的法律程序申请登记设立，并以营利为目的的具有法人资格的经济组织。它有自己独立的财产，独立地承担经济责任，同时享有相应的民事权利。公司具有法人资格，这是区别于非法人企业，如独资企业和合伙企业的一个重要标志。法人是具有民事权利能力和民事行为能力，依法独立享有民事权利和承担民事义务的组织。因此，它必须具有独立的法人财产，自主经营、自负盈亏。公司是随着资本主义制度的发展，伴随着资本集中的过程而兴起的。这种企业组织形式适合规模比较大的生产经营企业。

《中华人民共和国公司法》（以下简称《公司法》）规定："公司是指依照本法在中国境内设

立的有限责任公司和股份有限公司。"可见，公司是以责任形式设立的，而不是以所有制或以行政隶属关系来建立的，公司包含多种经济成分，容纳多种来源的投资，不同的所有者都可以采用公司形式。我国《公司法》将公司分为有限责任公司和股份有限公司。

**1.有限责任公司**

有限责任公司是指由一定数量的股东共同出资组成，股东仅就自己的出资额对公司的债务承担有限责任的公司。有限责任公司的股东不限于自然人，也可以是法人和政府（但其股东的数量有最高上限，有限责任公司的股东应在50人以下）。有限责任公司对公司的资本不分为等额股份，不对外公开募集股份，不能发行股票。股东以其出资比例，享受公司权利，承担公司义务。公司股东以其出资额承担有限责任，并享受相应的权益。公司股份的转让有严格的限制，如需转让，应在其他股东同意的条件下方可进行。

按我国《公司法》的规定，可以设立一人有限责任公司。一人有限责任公司是指只有一个自然人股东或者一个法人股东的有限责任公司。一个自然人只能投资设立一个一人有限责任公司，该一人有限责任公司不能投资设立新的一人有限责任公司。一人有限责任公司应当在公司登记中注明自然人独资或者法人独资，并在公司营业执照中载明。一人有限责任公司的股东不能证明公司财产独立于股东自己的财产的，应当对公司债务承担连带责任。

按我国《公司法》的规定，可以设立国有独资公司。国有独资公司是指国家单独出资、由国务院或者地方人民政府授权本级人民政府国有资产监督管理机构履行出资人职责的有限责任公司。国有独资公司不设股东会，由国有资产监督管理机构行使股东会职权。国有独资公司应设董事会，董事每届任期不得超过3年，董事会成员中应当有公司职工代表；应设监事会并且成员不得少于5人，其中职工代表的比例不得低于1/3，具体比例由公司章程规定。

**2.股份有限公司**

股份有限公司是指由一定数量的股东共同出资组成，股东仅就自己的出资额对公司的债务承担有限责任的公司。它与有限责任公司的主要区别就是，公司的资本总额平分为金额相等的股份，并通过公开发行股票向社会筹集资金。同时，公司的股份可以自由转让，股票可以在社会上公开交易、转让，但不能退股。股份有限公司彻底实现了所有权与经营权的分离。因此，股份有限公司具有筹资便利、风险分散、资本有充分的流动性等优点。由于股份有限公司资本雄厚，实力强大，所以，在发达国家整个国民经济中占统治地位。它适合从事较大规模的生产经营活动。

不同的企业组织形式，对资产和负债的会计处理并无重大影响，但涉及所有者权益方面的会计处理却不大一样。公司组织，尤其是股份有限公司，已是当今世界上最广泛采用的企业组织形式。它具有独资企业和合伙企业所不具备的生命力和优越性，在资本结构和筹资方式上更具灵活性。因此，我们选择股份有限公司的股东权益作为重点论述，其他稍加提及。

**【思政课堂】**　　　　　　　　**运用法律手段依法维权**

习近平总书记在党的二十大报告中指出，"深化国资国企改革，加快国有经济布局优化和结构调整，推动国有资本和国有企业做强做优做大，提升企业核心竞争力。优化民营企业发展环境，依法保护民营企业产权和企业家权益，促进民营经济发展壮大"。无论是企业的大股东还是小股东，相关权利受到侵害，都可运用法律手段依法维权。近年来，大股东损害中小股东利益的案例时有发生，这些事实表明中小股东利益保护具有现实需要和紧迫性。为了保护作为市场基础和最大主体的中小股东群体，对中小股东权益的保护变得十分必要。中小股东权益的保护有利于市场平稳快速地发展，有利于我国公司法及公司制度的完善，更能促进绝大多数股民的投资积极性，同时也有利于构建和谐社会。

### 二、所有者权益的含义及构成

#### (一)所有者权益的含义

关于所有者权益的含义,虽有各种不同的说法,但共识要多于分歧。国际会计准则委员会在其《关于编报财务报表的框架》中,将所有者权益表述为:"所有者权益是指企业的资产中扣除企业全部负债后的剩余权益。"美国财务会计准则委员会在其发布的《财务报表要素》中,将所有者权益表述为:"所有者权益(或净资产)是某个主体的资产减去负债后的剩余权益。"上述这两个含义侧重于从定量方面来对所有者权益进行界定,说明了所有者权益的量化办法,即"所有者权益=资产总计-负债总计"。

我国《企业会计准则——基本准则》规定:"所有者权益是指企业资产扣除负债后由所有者享有的剩余权益。公司的所有者权益又称为股东权益。""所有者权益的来源包括所有者投入的资本、直接计入所有者权益的利得和损失、留存收益等。"所有者权益是所有者对企业资产的剩余索取权,它是企业资产中扣除债权人权益后应由所有者享有的部分,既可反映所有者投入资本的保值增值情况,又体现保护债权人权益的理念。

所有者对企业的经营活动承担着最终的风险,与此同时,也享有最终的权益。如果企业在经营中获利,所有者权益将随之增加;反之,所有者权益将随之缩减。任何企业的所有者权益都是由企业的投资者投入资本及其增值所构成的。

所有者权益与负债虽然都是权益,共同构成企业的资金来源,但所有者权益是投资者享有的对投入资本及其运用所产生盈余(或亏损)的权利;负债是在经营或其他活动中所发生的债务,是债权人要求企业清偿的权利。所有者享有参与收益分配、参与经营管理等多项权利,但对企业资产的要求权在顺序上置于债权人之后,即只享有对剩余资产的要求权;债权人享有到期收回本金及利息的权利,在企业清算时,有优先获取资产赔偿的要求权,但没有经营决策的参与权和收益分配权。在企业持续经营的情况下,所有者权益一般不存在抽回的问题,即不存在约定的偿还日期,因而是企业的一项可以长期使用的资金,只有在企业清算时才予以退还;负债必须于一定时期后偿还。为了保证债权人的利益不受侵害,法律规定债权人对企业资产的要求权优先于投资者,因此,债权又称为第一要求权;投资者具有对剩余财产的要求权,故又称剩余权益。

所有者能够获得多少收益,需视企业的盈利水平及经营政策而定,风险较大;债权人获取的利息一般按一定利率计算,并且是预先可以确定的固定数额,无论盈亏,企业都要按期付息,风险相对较小。

#### (二)所有者权益的来源构成

我国企业会计准则规定,基于公司制的特点,所有者权益具体项目的来源通常由实收资本(或股本)、其他权益工具、资本公积、其他综合收益和留存收益(盈余公积和未分配利润)构成。

实收资本是指所有者在企业注册资本的范围内实际投入的资本。注册资本是指企业在设立时向市场监督管理部门登记的资本总额,也是全部出资者设定的出资额之和。注册资本是企业的法定资本,是企业承担民事责任的财力保证。

其他权益工具是指企业发行的除普通股以外的归类于权益工具的各种金融工具,主要包括归类于权益工具的优先股、永续债等金融工具。

资本公积是指企业收到投资者的超过其在企业注册资本(或股本)中所占份额的投资,以及直接计入所有者权益的利得和损失等。资本公积包括资本溢价(或股本溢价)和其他资本公积。

　　其他综合收益是指在企业经营活动中形成的未计入当期损益但归所有者共有的利得或损失，主要包括以公允价值计量且其变动计入其他综合收益的金融资产公允价值变动，权益法下被投资单位所有者权益其他变动等。

　　留存收益是指归所有者共有的、企业历年实现的净利润留存于企业的部分，主要包括法定盈余公积、任意盈余公积和未分配利润。

　　从会计上说，界定所有者权益来源构成的目的之一，是让股东和债权人知道，公司付给股东的款项是利润的分配还是投入资本的返还。只有当期的税后利润和前期的未分配利润才可用于股利分派。企业的利润分配有限度，既是法律的约束，也反映了公司持续经营的愿望。这种分类的另一个目的在于让股东用累计利润来判断管理人员的称职程度。许多股东一般不直接参与公司经营管理，他们将公司管理人员视为投入资本的经管责任者，将累计利润与投入资本相比较即可评价其经营管理的成绩。

# 第二节　实收资本与其他权益工具

## 一、实收资本

### （一）实收资本的性质

　　实收资本（或股本）是所有者投入资本形成法定资本的价值。所有者向企业投入的资本，在一般情况下无须偿还，可供企业长期周转使用。实收资本（或股本）的构成比例，通常是确定所有者在企业所有者权益中所占的份额和参与企业财务经营决策的基础，也是企业进行利润分配或股利分配的依据，同时还是企业清算时确定所有者对净资产要求权的依据。我国《公司法》规定，公司注册资本应为在市场监督管理机关登记的实收资本总额。根据这一规定，公司的实收资本（或股本）即为注册资本。

### （二）关于注册资本的主要法律规定

　　（1）有限责任公司的注册资本为在公司登记机关登记的全体股东认缴的出资额。股东可以用货币出资，也可以用实物、知识产权、土地使用权等可以用货币估价并可以依法转让的非货币财产作价出资，但法律、行政法规规定不得作为出资的财产除外。对作为出资的非货币财产应当评估作价、核实财产，不得高估或者低估作价。股东应当按期足额缴纳公司章程中规定的各自所认缴的出资额。股东以货币出资的，应当将货币出资足额存入有限责任公司在银行开设的账户；以非货币财产出资的，应当依法办理其财产权的转移手续。

　　股东不按照前款规定缴纳出资的，除应当向公司足额缴纳外，还应当向已按期足额缴纳出资的股东承担违约责任。

　　（2）股份有限公司采取发起设立方式设立的，注册资本为在公司登记机关登记的全体发起人认购的股本总额。在发起人认购的股份缴足前，不得向他人募集股份。发起人应当书面认足公司章程规定其认购的股份，并按照公司章程规定缴纳出资。以非货币财产出资的，应当依法办理其财产权的转移手续；发起人不依照前款规定缴纳出资的，应当按照发起人协议承担违约责任；发起人认足公司章程规定的出资后，应当选举董事会和监事会，由董事会向公司登记机关报送公司章程以及法律、行政法规规定的其他文件，申请设立登记。

　　股份有限公司采取募集方式设立的，注册资本为在公司登记机关登记的实收股本总额。法律、行政法规以及国务院决定对股份有限公司注册资本实缴、注册资本最低限额另有规定的，从其规定。发起人认购的股份不得少于公司股份总数的35%；若法律、行政法规另有规定的，从其规定。

### （三）实收资本的会计处理

#### 1.一般企业的实收资本

一般企业是指除股份有限公司以外的企业，如国有企业、有限责任公司等。投资者投入资本的形式可以有多种，如投资者可以用现金投资，可以用实物资产投资，也可以用无形资产投资。一般企业投入资本通过"实收资本"账户进行账务处理。

企业收到投资时，一般应作如下账务处理：收到投资人投入的现金，应当以实际收到或存入企业开户银行的金额，借记"库存现金""银行存款"科目；以实物资产投资的，应在办理实物产权转移手续时借记有关资产科目；以无形资产投资的，应在按合同协议或公司章程规定移交有关凭证时借记"无形资产"科目；当企业接受股东或国家的股权投资时，以其投资额为股权的评估价值，借记"长期股权投资""交易性金融资产""其他权益工具投资"等科目，贷记"实收资本"科目。

【例11-1】企业接受某股东以现金投资100万元，其账务处理如下：

借：银行存款　　　　　　　　　　　　　　　　　　　　　1 000 000
　　贷：实收资本　　　　　　　　　　　　　　　　　　　　　1 000 000

【例11-2】甲公司接受A企业以其所拥有的专利权出资，双方协议价值（公允价值）为320万元，已办妥相关手续。其账务处理如下：

借：无形资产　　　　　　　　　　　　　　　　　　　　　3 200 000
　　贷：实收资本　　　　　　　　　　　　　　　　　　　　　3 200 000

#### 2.股份有限公司的股本

股份有限公司与一般企业相比，其显著特点在于将公司资本划分为等额股份，并通过发行股票的方式来筹集资本。股份有限公司股票发行的普通股的会计核算主要通过"股本"账户进行，仅核算公司发行股票的面值部分。企业在"股本"账户下，按股票种类及股东名称设置明细账。

股票的发行价格受发行时资本市场的需求和投资人对公司获利能力估计的影响，公司发行股票的价格往往与股票的面值不一致。按照《公司法》的规定，同次发行的股票，每股的发行条件和价格应当相同，任何单位或者个人所认购的股份，每股应当支付相同金额。股票的发行价格，可以等于票面金额，也可以超过票面金额，但不得低于票面金额。因此，我国目前仅允许股票溢价、平价发行，不允许折价发行。

企业在发行普通股时，必须按照股票的票面金额入账，记入"股本"科目。超过部分作为股票溢价，记入"资本公积——股本溢价"科目。

【例11-3】甲公司发行普通股1 000万股；每股面值1元。假定均按面值发行（未考虑手续费）。收到股款时，其账务处理如下：

借：银行存款　　　　　　　　　　　　　　　　　　　　　10 000 000
　　贷：股本——普通股　　　　　　　　　　　　　　　　　　10 000 000

延伸阅读11-1

【例11-4】承【例11-3】假定上述普通股每股按1.2元的价格溢价发行（未考虑手续费）。收到股款时，其账务处理如下：

借：银行存款　　　　　　　　　　　　　　　　　　　　　12 000 000
　　贷：股本——普通股　　　　　　　　　　　　　　　　　　10 000 000
　　　　资本公积——股本溢价　　　　　　　　　　　　　　　 2 000 000

发行股票
手续费的处理

除了所有者投入增加实收资本或股本外，企业通过下列途径也可增加资本：资本公积（仅限于资本或股本溢价）转为实收资本或股本；盈余公积转为实收资本或股本、股份有限公司发放股票股利、可转换公司债券持有人行使转换权利、将重组债务转为资本或股本、以权益结算的股份支付的行权等，都会使企业实收资本或股本增加。企业由于资本过剩减资、股份有限公司回购股票等，会使实收资本或股本减少。

### 3.库存股

库存股是指已公开发行但发行公司通过回购或其他方式重新获得，可再次出售或注销的股票。库存股股票既不分配股利，又不附投票权。在公司的资产负债表上以负数形式列为一项股东权益。

企业应设置"库存股"科目，用来核算企业收购的尚未转让或注销的该公司股份数额。企业为减少注册资本等而收购该公司股份时，应按实际支付的金额，借记"库存股"科目，贷记"银行存款"等科目。注销库存股时，如果库存股的账面价值超过股票面值，应按股票面值和注销股数计算的股票面值总额，借记"股本"科目，按注销库存股的账面余额，贷记"库存股"科目，按其差额，借记"资本公积——股本溢价"科目，股本溢价不足冲减的，应借记"盈余公积""利润分配——未分配利润"科目。如果按低于股票面值价格回购本公司股票，注销时股票面值和库存股账面价值的差额记入"资本公积"科目的贷方。

【例11-5】A股份有限公司截至2×24年12月31日共发行股票3 000万股，股票面值1元，资本公积（股本溢价）600万元，盈余公积400万元。经股东大会批准，A公司以现金回购本公司股票300万股并注销。A公司的账务处理如下：

假定A公司按每股4元回购股票，不考虑其他因素。

①库存股的成本=4×300=1 200（万元）

借：库存股　　　　　　　　　　　　　　　　　　　　12 000 000

　　贷：银行存款　　　　　　　　　　　　　　　　　　　　12 000 000

②借：股本　　　　　　　　　　　　　　　　　　　　3 000 000

　　　资本公积——股本溢价　　　　　　　　　　　　6 000 000

　　　盈余公积　　　　　　　　　　　　　　　　　　3 000 000

　　贷：库存股　　　　　　　　　　　　　　　　　　　　12 000 000

假定A公司按每股0.6元回购股票，不考虑其他因素。

①库存股的成本=0.6×300=180（万元）

借：库存股　　　　　　　　　　　　　　　　　　　　1 800 000

　　贷：银行存款　　　　　　　　　　　　　　　　　　　　1 800 000

②借：股本　　　　　　　　　　　　　　　　　　　　3 000 000

　　贷：库存股　　　　　　　　　　　　　　　　　　　　1 800 000

　　　资本公积——股本溢价　　　　　　　　　　　　　　1 200 000

延伸阅读11-2

库存股的积极意义与负面影响

## 二、其他权益工具

### （一）相关概念

#### 1.权益工具的概念

权益工具，是指能证明拥有某个企业在扣除所有负债后的资产中的剩余权益的合同。权益工具是金融工具分类的一部分，是指所有代表着企业扣除负债后剩余权益的合同，包括各类权益性质的合同，比如股权、股票本身，当然也包括符合认定条件的优先股、永续债等。权益工具与金融负债的区别在于：一个属于所有者权益，另一个属于负债；一个没有偿还义务，另一个具有偿还义务。常见的金融负债，如短期借款、交易性金融负债、应付票据、应付账款、长期借款、应付债券等，是需要支付利息的，与筹资有关。常见的权益工具有普通股、普通股的认股权证等。

2.其他权益工具的概念

其他权益工具，是指企业发行的除普通股以外的归类为权益工具的各种金融工具，如企业发行的分类为权益工具的优先股、永续债等。优先股和永续债，可能是权益工具，也可能是金融负债，划分需要遵循实质重于形式的原则。通常来讲，不能无条件避免归还本息义务的是金融负债，反之是权益工具。

**（二）其他权益工具的会计处理**

企业应设置"其他权益工具"科目，用以核算企业发行的除普通股以外的归类为权益工具的各种金融工具。该科目可以按发行金融工具的种类进行明细核算。企业发行的其他权益工具，应按实际收到的对价扣除直接归属于权益性交易费用后的金额，借记"银行存款"等科目，贷记"其他权益工具"科目。其他权益工具存续期间分配股利和利息的，作为利润分配处理。企业应根据分配的股利或利润金额，借记"利润分配"科目，贷记"应付股利"科目。企业按合同约定将其他权益工具转换为普通股的，按该权益工具的账面价值，借记"其他权益工具"科目，按普通股的面值，贷记"实收资本（或股本）"科目，按其差额，贷记"资本公积——资本溢价（或股本溢价）"科目。

延伸阅读11-3

金融工具发行方主要业务的账务处理

思政案例

中小股东的维权与权益保护

【例11-6】某公司发行归类于权益工具的可转换优先股180万股，实际收到价款252万元。其账务处理如下：

| | |
|---|---|
| 借：银行存款 | 2 520 000 |
| 　　贷：其他权益工具——优先股 | 2 520 000 |

【例11-7】沿用【例11-6】资料。可转换优先股全部转换为普通股36万股，每股面值1元。

| | |
|---|---|
| 借：其他权益工具——优先股 | 2 520 000 |
| 　　贷：股本 | 360 000 |
| 　　　　资本公积——股本溢价 | 2 160 000 |

# 第三节　资本公积与其他综合收益

## 一、资本公积

资本公积是指企业收到的投资者超出其在企业注册资本（或股本）中所占份额的投资，以及除资本公积（资本溢价或股本溢价）项目以外所形成的其他资本公积。企业应设置"资本公积"账户核算该类业务。

**（一）资本溢价**

有限责任公司的出资者依其出资份额对企业经营决策享有表决权，依其所认缴的出资额对企业承担有限责任。在企业创立时，出资者认缴的出资额全部记入"实收资本"科目。在企业重组并有新的投资者加入时，为了维护原有投资者的权益，新加入的投资者的出资额并不一定全部作为实收资本处理。

这是因为，在企业正常经营过程中投入的资金即使与企业创立时投入的资金在数量上一致，其获利能力也不一致。企业创立时，要经过筹建、试生产经营、为产品寻找市场、开拓市场等过程，从投入资金到取得投资回报需要较长时间，并且这种投资具有风险性，在这个过程中资本利润率很低。而企业进入正常生产经营阶段后，资本利润率要高于企业初创阶段。这种高于初创阶段的资本利润率是由初创时必要的垫支资本带来的，企业创办者为此付出了代价。

因此，相同数量的投资，由于出资时间不同，其对企业的影响程度不同，由此带给投资者的权利也不同，前者往往大于后者。因此，新加入的投资者要付出大于原投资者的出资额，才能取得与原投资者相同的投资比例。另外，原投资者的原有投资不仅在质量上发生了变化，而且在数量上也可能发生变化，这是因为企业经营过程中所实现利润的一部分留在企业形成留存收益，而留存收益也属于投资者权益，但未转入实收资本。新加入的投资者如与原投资者共享这部分留存收益，也要求其付出大于原投资者的出资额，才能取得与原投资者相同的投资比例。投资者投入的资本中按其投资比例计算的出资额部分，应记入"实收资本"科目，大于部分应记入"资本公积——资本溢价"科目。

【例11-8】某公司原来由三个投资者组成，每一投资者各投资100万元，共计实收资本300万元。经营1年后，有另一投资者欲加入该公司并希望占有25%的股份，经协商该公司将注册资本增加到400万元。但该投资者不能仅投资100万元就占25%的股份，假定其交纳140万元。在这种情况下，只能将100万元作为实收资本入账，超过部分作为资本溢价，记入"资本公积"科目。其账务处理如下：

借：银行存款 1 400 000
　贷：实收资本 1 000 000
　　　资本公积——资本溢价 400 000

（二）股本溢价

股份有限公司以发行股票的方式筹集股本，股票是企业签发的证明股东按其所持股份享有权利和承担义务的书面证明。由于股东按其所持的企业股份享有权利和承担义务，为了反映和便于计算各股东所持股份占企业全部股本的比例，企业的股本总额应按股票的面值与股份总数的乘积计算。

我国规定，实收股本总额应与注册资本相等。因此，为提供企业股本总额及构成，以及注册资本等信息，在采用与股票面值相同的价格发行股票的情况下，企业发行股票取得的收入，应全部记入"股本"科目；在溢价发行股票的情况下，企业发行股票取得的收入，相当于股票面值的部分记入"股本"科目，超出股票面值的溢价收入记入"资本公积——股本溢价"科目。这里要注意，委托证券商代理发行股票而支付的手续费、佣金等，应从溢价发行收入中扣除，企业应按扣除手续费、佣金后的数额记入"资本公积——股本溢价"科目。可参见【例11-4】、【例11-7】。

（三）其他资本公积

其他资本公积是指除资本溢价（或股本溢价）以外所形成的资本公积，包括以权益结算的股份支付及采用权益法核算的长期股权投资涉及的业务。

企业以权益结算的股份支付换取职工或其他方提供服务的，在等待期内的每个资产负债表日，应按照授予日权益工具的公允价值，借记"管理费用"科目，贷记"资本公积——其他资本公积"科目。在行权日，应按实际行权的权益工具数量计算确定的金额，借记"资本公积——其他资本公积"科目，按计入实收资本或股本的金额，贷记"实收资本"或"股本"科目，并将其差额记入"资本公积——资本溢价"或"资本公积——股本溢价"。

【例 11-9】A公司为一上市公司。2×24年1月1日，A公司向其200名管理人员每人授予1 000股的股票期权。这些职员从2×24年1月1日起在该公司连续服务3年，即可以每股5元的价格购买A公司1 000股股票，从而获益。公司估计该期权在授予日的公允价值为每股18元。

第1年有20名职员离开A公司，A公司估计3年中离开的职员的比例将达到20%；第2年有10名职员离开公司，A公司将估计的职员离开比例修正为15%；第3年有15名职员离开。

（1）费用和资本公积的计算过程如下。

①2×24年：

200×1 000×（1-20%）×18×1/3=960 000（元）

②2×25年：

200×1 000×（1-15%）×18×2/3=2 040 000（元）

其中，

当期费用=2 040 000-960 000=1 080 000（元）

③2×26年：

155×1 000×18=2 790 000（元）

其中，

当期费用=2 790 000-2 040 000=750 000（元）

（2）账务处理如下。

①2×24年1月1日，授予日不作账务处理。

②2×24年12月31日。

借：管理费用  960 000
　　贷：资本公积——其他资本公积  960 000

③2×25年12月31日。

借：管理费用  1 080 000
　　贷：资本公积——其他资本公积  1 080 000

④2×26年12月31日。

借：管理费用  750 000
　　贷：资本公积——其他资本公积  750 000

⑤假定全部155名职员都在2×27年12月31日行权，A公司股票面值为1元。

借：银行存款  775 000
　　资本公积——其他资本公积  2 790 000
　　贷：股本  155 000
　　　　资本公积——资本溢价  3 410 000

企业长期股权投资采用权益法核算的，投资方对于被投资单位除净损益、其他综合收益和利润分配以外的所有者权益的其他变动，应当按照持股比例与被投资单位所有者权益的其他变动计算的归属于本企业的部分，相应调整长期股权投资的账面价值，并增加或减少其他资本公积。所有者权益的其他变动主要包括：被投资单位接受其他股东的资本性投入、以权益结算的股份支付等。

【例 11-10】甲企业持有A公司30%的股份，能够对A公司施加重大影响，采用权益法核算。

A公司为上市公司。当期，A公司的母公司向A公司捐赠现金800万元。该捐赠实质上属于资本性投资，A公司将其计入资本公积（股本溢价）。

甲企业在确认应享有被投资单位所有者权益的变动时，应进行的账务处理如下。

应享有其他权益变动份额=800×30%=240（万元）

借：长期股权投资——其他权益变动             2 400 000

    贷：资本公积——其他资本公积                  2 400 000

## 二、其他综合收益

其他综合收益是指企业根据会计准则规定未在当期损益中确认的各项利得和损失。其他综合收益包括两类：一是以后会计期间不能重新分类进损益的其他综合收益；二是以后会计期间满足规定条件时，将重新分类进损益的其他综合收益。

在企业经营活动中形成的未计入当期损益但归所有者共有的利得或损失，主要包括以公允价值计量且变动计入其他综合收益的金融资产公允价值变动；权益法下被投资单位所有者权益其他变动等。

以公允价值计量且变动计入其他综合收益的金融资产的公允价值高于其账面余额的差额，应计入其他综合收益；反之，应冲减其他综合收益。

【例11-11】2×24年7月13日，乙公司从二级市场购入股票100万股，每股市价15元，手续费3万元；初始确认时，该股票划分为其他权益工具投资，以公允价值计量且变动计入其他综合收益。乙公司2×24年12月31日仍持有该股票，该股票当时的市价为每股16元。2×25年2月1日，乙公司将该股票售出，售价为每股13元，另支付交易费用1.3万元。假定不考虑其他因素，乙公司的账务处理如下：

（1）2×24年7月13日，购入股票。

购入成本=15×1 000 000+30 000=15 030 000（元）

借：其他权益工具投资——成本            15 030 000

    贷：银行存款                          15 030 000

（2）2×24年12月31日，确认股票价格变动，增加其他综合收益。

其他综合收益=16×1 000 000-15 030 000=970 000（元）

借：其他权益工具投资——公允价值变动       970 000

    贷：其他综合收益                       970 000

（3）2×25年2月1日，出售股票。

出售损失=16×1 000 000-（13×1 000 000-13 000）=3 013 000（元）

借：银行存款                 12 987 000

    盈余公积                   301 300

    利润分配——未分配利润        2 711 700

    贷：其他权益工具投资——成本                 15 030 000

                ——公允价值变动                970 000

借：其他综合收益                970 000

    贷：盈余公积                        97 000

        利润分配——未分配利润         873 000

在权益法核算下，被投资单位确认的其他综合收益及其变动，也会影响被投资单位所有者权

*延伸阅读11-4*

*其他综合收益项目构成*

益总额，进而影响投资企业应享有被投资单位所有者权益的份额。因此，当被投资单位其他综合收益发生变动时，投资企业应当按照归属于本企业的部分，相应调整长期股权投资的账面价值，同时增加或减少其他综合收益。

**【例11-12】** A企业持有B企业30%的股份，能够对B企业施加重大影响。当期，B企业因持有的金融资产公允价值的变动计入其他综合收益的金额为1 200万元。假定A企业与B企业适用的会计政策、会计期间相同，A企业投资时B企业有关资产、负债的公允价值与其账面价值亦相同，双方当期及以前期间未发生任何内部交易。

A企业在确认应享有被投资单位所有者权益的变动时，应进行的账务处理如下。

应享有其他综合收益份额=1 200×30%=360（万元）

借：长期股权投资——其他综合收益       3 600 000

  贷：其他综合收益             3 600 000

# 第四节 留存收益

## 一、留存收益的性质及构成

### （一）留存收益的性质

留存收益是股东权益的一个重要项目，是企业历年剩余的净收益累积而成的资本。因此，留存收益也可称为累积收益。虽然留存收益与投资者投入的资本属性一致，即均为股东权益，但与投入资本不同的是，投入资本是由所有者从外部投入公司的，它构成了公司股东权益的基本部分，而留存收益不是由投资者从外部投入的，而是依靠公司经营所得的盈利累积而形成的。

留存收益既然是股东权益，股东便有权决定如何使用，按照公司章程或其他有关规定，公司可将留存收益在股东间进行分配，作为公司股东的投资所得；也可以为了某些特殊用途和目的，而将其中一部分留在公司不予分配。可见，留存收益会因经营获取收益而增加，又因分给投资者而减少。留存收益的反面为亏损，公司经营如果入不敷出，就意味着亏损。发生经营亏损将减少留存收益。

对留存收益有较大影响的是股利分配。公司将会因分派股利而大幅度减少留存收益。因此，公司必须有足够的留存收益才能分配股利。但这并不意味着，只要有足够多的留存收益就能进行股利分配。公司往往会因特别目的或法令规定而限制留存收益，不作股利分配，留存收益的这种限制，一般称为"拨定"。在我国实务中，为了约束企业过量分配，有关法规均规定企业必须留有一定积累，如提取盈余公积，以利于企业持续经营、维护债权人利益。留存收益可分为两部分：已拨定的留存收益与未拨定的留存收益。

### （二）留存收益的构成

留存收益由盈余公积和未分配利润构成。盈余公积包括法定盈余公积、任意盈余公积，它们属于已拨定的留存收益，而未分配利润属于未拨定的留存收益。

1.盈余公积

（1）法定盈余公积

法定盈余公积是指企业按规定从净利润中提取的积累资金。法定，意味着提取时由国家法规强制规定。企业必须提取法定盈余公积，目的是确保企业不断积累资本，固本培元，自我壮大实力。我国《公司法》规定，公司制企业的法定盈余公积按照税后利润的10%提取，法定盈余公积累计额已达注册资本的50%时可以不再提取。

（2）任意盈余公积

任意盈余公积是公司出于实际需要或采取审慎经营策略，从税后利润中提取的一部分留存利润。任意是出于自愿，而非外力强制，但也非随心所欲。如果公司有优先股，必须在支付了优先股股利之后，才可提取任意盈余公积。由于任意盈余公积是企业自愿拨定的留存利益，其数额也视实际情况而定。

企业提取任意盈余公积的原因是多样的，如可能需要偿还一笔长期负债，也可能是为了控制本期股利的分派不至于过高等。可见，任意盈余公积，一经拨定就不能再供本期发放股利之用，所以提取任意盈余公积本身，就是压低当年股利的一种手段，是企业管理当局对发放股利施加的限制。

法定盈余公积和任意盈余公积的区别就在于各自计提的依据不同。前者以国家的法律或行政规章为依据提取；后者则由企业自行决定提取。

2.未分配利润

未分配利润是企业留待以后年度进行分配的结存利润，也是企业股东权益的组成部分。相对于股东权益的其他部分来说，企业对于未分配利润的使用分配有较大的自主权。从数量上来说，未分配利润是期初未分配利润，加上本期实现的税后利润，减去提取的各种盈余公积和分出利润后的余额。未分配利润有两层含义：一是留待以后年度处理的利润；二是未指定特定用途的利润。

## 二、留存收益的会计处理

### （一）盈余公积的会计处理

为了反映盈余公积的形成及使用情况，企业应设置"盈余公积"科目，并按其种类设置明细账，分别进行明细核算。

企业提取盈余公积时，借记"利润分配"科目，贷记"盈余公积"（法定盈余公积、任意盈余公积）科目。企业用提取的盈余公积转增资本，应当按照批准的转增资本的数额，借记"盈余公积"科目，贷记"实收资本"或"股本"科目。企业将盈余公积转增股本时，应当按照转增股本前的股本结构比例，将盈余公积转增股本的数额记入"股本"科目下各股东的明细账，相应增加各股东对企业的股本投资。

【例11-13】华联实业股份有限公司2×24年实现净利润4 000 000元。公司董事会于2×25年3月31日提出公司当年利润分配方案，拟对当年实现的净利润进行分配。董事会提请批准的利润分配方案见表11-1。

表11-1 利润分配方案 单位：元

| 项 目 | 提请批准的方案 |
| --- | --- |
| 提取法定盈余公积 | 400 000 |
| 提取任意盈余公积 | 600 000 |
| 分配现金股利 | 2 400 000 |
| 合 计 | 3 400 000 |

华联实业股份有限公司应根据董事会提出的利润分配方案，进行账务处理，即应编制会计分录如下：

借：利润分配——提取法定盈余公积　　　　　　　　　　　　　　400 000
　　　　　　——提取任意盈余公积　　　　　　　　　　　　　　600 000
　　贷：盈余公积——法定盈余公积　　　　　　　　　　　　　　　　400 000
　　　　　　　　　——任意盈余公积　　　　　　　　　　　　　　　　600 000

值得说明的是，按规定对董事会或类似机构通过的利润分配方案中拟分配的现金股利或利润，暂不作账务处理，但应在附注中披露。董事会或类似机构通过的利润分配方案已经获得股东大会或类似机构审议批准后，企业方可按应支付的现金股利或利润，借记"利润分配"科目，贷记"应付股利"科目；实际支付现金股利或利润时，借记"应付股利"科目，贷记"银行存款"等科目。

### （二）未分配利润的会计处理

企业未分配利润的核算是通过"利润分配——未分配利润"科目进行的，具体来说是通过"利润分配"科目之下的"未分配利润"明细科目进行核算的。企业在生产经营过程中取得的收入和发生的费用，最终通过"本年利润"科目进行归集，计算出当年盈利或亏损，然后转入"利润分配——未分配利润"科目进行分配，结存于"利润分配——未分配利润"科目的贷方余额，则为未分配利润；如为借方余额，则为未弥补亏损。年度终了，再将"利润分配"科目下的其他明细科目（如提取法定盈余公积、提取任意盈余公积、应付现金股利或利润、转作股本的股利、盈余公积补亏等）的余额，转入"未分配利润"明细科目。结转后，"未分配利润"明细科目的贷方余额，就是未分配利润的数额；如出现借方余额，则表示未弥补亏损的数额。

### （三）弥补亏损的会计处理

企业在生产经营过程中既可能发生盈利，也有可能出现亏损。企业在当年发生亏损的情况下，与实现利润的情况相同，应当将本年发生的亏损自"本年利润"科目转入"利润分配——未分配利润"科目，借记"利润分配——未分配利润"科目，贷记"本年利润"科目，结转后"利润分配"科目的借方余额，即为未弥补亏损的数额。然后通过"利润分配"科目核算有关亏损的弥补情况。

企业发生的亏损可以次年实现的税前利润弥补。在以次年实现的税前利润弥补以前年度亏损的情况下，企业当年实现的利润自"本年利润"科目转入"利润分配——未分配利润"科目，将本年实现的利润结转到"利润分配——未分配利润"科目的贷方后，其贷方发生额与"利润分配——未分配利润"的借方余额自然抵补。因此，以当年实现净利润弥补以前年度结转的未弥补亏损时，不需要进行专门的账务处理。

由于未弥补亏损形成的时间长短不同等原因，以前年度未弥补亏损有的可以当年实现的税前利润弥补，有的则须用税后利润弥补；无论是以税前利润还是以税后利润弥补亏损，其会计处理方法相同，所不同的只是两者计算缴纳所得税时的处理方法不同而已。在以税前利润弥补亏损的情况下，其弥补的数额可以抵减当期企业应纳税所得额，而以税后利润弥补的数额，则不能作为纳税所得的扣除处理。

【例11-14】华联实业股份有限公司2×20年发生亏损96万元。本例中该公司适用的所得税税率为25%，本例不考虑由未弥补亏损确认的递延所得税资产。在年度终了时，企业应当结转本年发生的亏损，即编制如下会计分录：

| 借：利润分配——未分配利润 | 960 000 | |
| 贷：本年利润 | | 960 000 |

假设2×21年至2×25年，华联实业股份有限公司每年均实现利润16万元。按照现行规定，企业在发生亏损以后的5年内可以税前利润弥补亏损。华联实业股份有限公司在2×21年至2×25年均可在税前弥补亏损。此时，华联实业股份有限公司在2×21年至2×25年每年年度终了时，均应编制如下会计分录：

| 借：本年利润 | 160 000 | |
| 贷：利润分配——未分配利润 | | 160 000 |

2×21年至2×25年各年度终了，按照上述会计处理的结果，2×25年"利润分配——未分配利润"账户期末余额为借方余额16万元，即2×26年年初未弥补亏损16万元。假设华联实业股份有限公司2×26年实现税前利润32万元，按现行规定，该公司只能用税后利润弥补以前年度亏损。在2×26年年度终了时，华联实业股份有限公司首先应当按照当年实现的税前利润计算缴纳当年应负担的所得税，然后再将当期扣除计算缴纳的所得税后的净利润，转入"利润分配"账户。华联实业股份有限公司在2×26年度计算缴纳所得税时，其应纳税所得额为32万元，当年应缴纳的所得税为8万元（32×25%）。此时，该公司应编制如下会计分录：

（1）计算缴纳所得税。

| 借：所得税费用 | 80 000 | |
| 贷：应交税费——应交所得税 | | 80 000 |
| 借：本年利润 | 80 000 | |
| 贷：所得税费用 | | 80 000 |

（2）结转本年利润，弥补以前年度未弥补亏损。

| 借：本年利润 | 240 000 | |
| 贷：利润分配——未分配利润 | | 240 000 |

（3）经过上述处理，该企业2×26年"利润分配——未分配利润"科目的期末贷方余额为8万元（-16+24）。

本例如考虑由未弥补亏损而确认递延所得税资产，应按《企业会计准则第18号——所得税》的规定处理，即企业对于能够结转以后年度的可抵扣亏损和税款抵减，应当以很可能获得用来抵扣可抵扣亏损和税款抵减的未来应纳税所得额为限，确认相应的递延所得税资产；如果未来应纳税所得额预计不足以抵扣或抵减，出于谨慎性信息质量要求的考虑，不能确认递延所得税资产。

### 三、股利分派

公司型企业的股东享有分配股利权。股利是指公司型企业依据公司章程规定发放给股东的投资报酬，其实质是公司财富中属于股东收益盈余的一部分。一个公司型企业只有经营获利具有留存收益余额时才可分派股利。《公司法》规定，税后利润提取了法定盈余公积之后，余下部分应先发放优先股股利，然后依董事会决定提取任意盈余公积，再余下的部分可向普通股股东分派普通股股利。在未付清优先股股利之前，公司不得发放普通股股利。

#### （一）股利分派限制

股利是否发放及以何种形式发放，虽然公司管理当局可以作出决定，但在实务中还必须考虑一些有关限制因素。这些限制因素通常有以下几个方面：

### 1.法律上的制约

任何公司总是在一定的法律环境条件下从事经营活动。在通常情况下，法律会直接制约公司的股利分配政策。这种制约表现为：不弥补亏损、不提取法定盈余公积、无偿债能力等均不得分派股利。这就要求公司不能因支付股利而减少资本总额，要维护法定资本的完整。按照这一要求，股利一般依据公司本期的净收益来分派；然而，如果公司本期经营有亏损，出于维护公司形象的考虑，公司可以运用以前年度的留存收益分派股利，但必须在先弥补完亏损后进行，而且仍要保留一定数额的留存收益，特别是不能因发放股利而使股东权益降到核定的股本金额以下，如果这样，债权人的利益便失去了应有的保障。

### 2.现金支付能力的制约

留存收益通常以各种实物资产形式存在，而不是以现金的形式被持有。公司若要发放现金股利，就会受其现金支付能力的制约。一般来说，公司现金越多，资产流动性越大，其支付股利的能力也就越强。事实上，大部分公司，由于将大量的资金用于购置固定资产，扩大经营规模，普遍存在资产流动性较差的现象。这类公司为了保持应对各种意外情况的能力，往往采取少发现金股利的策略，这必然使得股利分配受到限制。

### 3.与优先股股东的契约

有时在发行优先股股票的条款中规定，公司要定期或不定期地收回优先股股票，并且在派发普通股股利时还规定若干限制，以便有必要的资金收回优先股股票。这类限制的用意在于防止营运资本的削弱，以保护优先股股东和债权人的利益。

### 4.董事会自行限制

公司董事会为使股利发放具有连续性和稳定性，也可能是出于替潜在损失做事先的准备等种种原因，自行作出了限制发放股利的决定。

### 5.股东要求与税收政策的制约

对公司股东而言，他们投资于公司的目的是获取经济利益。而这种经济利益可以来自于公司的股利，也可来自于其出售股票的收益。高税率的股东可能希望少发股利而多留一些利润在公司，以便股票的价值提高而使其市价上升，低税率的股东则可能希望有较高的股利发放比率。这时，这类公司的股利政策可能是高低两者折中的产物。

此外，国家的税收政策会影响股东的收益，从而引起股东对公司股利分配策略的选择。通常国家按照不同的产业结构政策，或者鼓励企业扩大留存收益用于再投资，或者抑制企业增加的留存收益，促使企业扩大现金股利分配。相应的税收政策便是对分给股东个人的股利征收个人所得税，留于企业的留存收益则免于征税。但对留存收益过多的企业，也可能征收不合理留利税，以防止少数股东操纵股利分配达到逃避个人所得税的目的。

### （二）股利分派的有关日期

（1）宣告日。宣告日是指董事会宣告分派股利的日期，它表明向股东支付股利的义务在这一天成立，也是公司在会计上应登记有关股利负债的日期。

（2）股权登记日。股权登记日是指公司宣告发放股利后所定下的在该日截止过户登记的日期，也称为停止过户日。其意义是，只有在该日公司股东名册所记载的股东有权享有股利，而在该日以后取得股票的股东，则无权获取股利。因此，这一日又可称为除息日。在该日以后取得的股票由于不能享受股利，称为除息股；反之，在该日之前取得的股票由于可以分配股利，故称为含息股。

（3）分派日。分派日也称付息日，是指实际支付股利的日期。通常是在股权登记截止后的若干天开始支付股利。

（三）股利的种类

1.现金股利

现金股利是指以现金方式分配给股东的股利。通常情况下，公司在决定是否分配现金股利时，应考虑以下因素：是否有足够的现金；是否有董事会的决定。派发现金股利，一方面会减少留存收益，另一方面会减少现金。派发股利后，会减少股东权益总额。由于现金股利一经宣布，就成为公司对股东的偿付责任。因此，要及时在"应付股利"账户上反映。

【例 11-15】华联实业股份有限公司某年度经股东大会审议，通过向全体股东每股派发 0.6 元的现金股利分配方案。华联实业股份有限公司总股本为 4 000 万股。

宣告派发现金股利时：

借：利润分配——应付现金股利或利润　　　　　　　　　　　　　　　24 000 000

　　贷：应付股利　　　　　　　　　　　　　　　　　　　　　　　　　　24 000 000

2.财产股利

财产股利是指以现金资产以外的资产形式向股东派发的股利。最为常见的财产股利是以其持有的有价证券代替现金发给股东。公司虽有留存收益，但无现金可供分配股利，这时可以发放财产股利。这种财产股利在进行会计处理时，应以股利宣告日的公允市价作为入账基准，而不能以实际支付日为基准。这样确定的理由是因为用作股利分配的资产，在宣告之日起便已有了指定用途，公司不能因其市价的上下波动而获益或受损。

【例 11-16】华联实业股份有限公司某年度经股东大会审议，将以公允价值计量且其变动计入当期损益的金融资产（持有的 ABC 公司的股票），向股东派发 1 000 万元的财产股利。用于派发财产股利的 ABC 公司股票的账面价值为 950 万元，股利宣告日的市价为 1 000 万元。其账务处理如下：

（1）宣告派发股利。

借：交易性金融资产　　　　　　　　　　　　　　　　　　　　　　　500 000

　　贷：投资收益　　　　　　　　　　　　　　　　　　　　　　　　　　500 000

借：利润分配——应付股利（财产股利）　　　　　　　　　　　　　10 000 000

　　贷：应付股利　　　　　　　　　　　　　　　　　　　　　　　　　10 000 000

（2）派发财产股利。

借：应付股利　　　　　　　　　　　　　　　　　　　　　　　　　10 000 000

　　贷：交易性金融资产　　　　　　　　　　　　　　　　　　　　　　10 000 000

3.负债股利

负债股利是指公司用债券、应付票据等证券来发放的股利。有时公司已宣告了现金股利，但在股利发放期间，可能临时出现现金不足，难以支付的情况。在这种特定情况下，可向股东开出短期应付票据等，在约定的日期付款。这种股利实际上是负债股利，公司应于派发时，将应付股利转为应付票据。发放负债股利，一方面会相应地减少留存收益，另一方面会相应地增加负债。

【例 11-17】华联实业股份有限公司某年经股东大会审议，决定派发 300 万元的负债股利，并于股利发放日签发了期限为 6 个月、票面利率 6% 的应付票据。

（1）宣告派发负债股利。

借：利润分配——应付股利（负债股利）　　　　　　　　　　　　　3 000 000

　　贷：应付股利　　　　　　　　　　　　　　　　　　　　　　　　　3 000 000

（2）派发负债股利。

借：应付股利 3 000 000

    贷：应付票据 3 000 000

（3）票据到期支付票据本息。

借：应付票据 3 000 000

    财务费用 90 000

    贷：银行存款 3 090 000

**4.股票股利**

股票股利是指公司用增发股票的方式发放的股利，俗称"红股"。公司宣告和分发股票股利，既不影响公司的资产和负债，也不影响股东权益总额。它只是股东权益内部各项目之间发生的增减变动，即减少留存收益项目，增加股本项目。至于获取股票股利的股东，其所持股票数量虽有所增加，但在公司中所占股东权益的份额不会发生任何变化。

公司发放股票股利的原因可能有：①当公司需要现金以扩展业务时，为了保留现金，发放股票股利既不减少公司现金，又能使股东分享收益。②发放股票股利有利于股票流通。③为了避免股东被课征所得税。股票股利在大多数国家并不被认为是一种所得，因此，股东可免缴个人所得税。

分配股票股利对股东是否有利，取决于公司的投资机会及经营效率。如果公司将留存收益用于再投资，其投资报酬率低于股东以现金股利用于其他投资所得的报酬率，则公司分配股票股利对股东较为不利；反之，若公司的投资报酬率较股东自行投资的报酬率高，则股票股利较现金股利对股东更有利。

股票股利的会计处理，其主要的会计问题是如何计价，是决定应把多少金额转作股本，按面值转还是按市价转。有人主张按面值转，认为符合实际成本会计原则；有人主张按市价转，因为股票可以流通，随时可以抛售变现。股票股利在股东看来就好比无偿配股，基于这种考虑，在会计实务中一般都按其面值从留存收益转入"股本"。

**【例11-18】** 华联实业股份有限公司2×24年度经股东大会审议，通过向股东每10股派发3股股票股利的分配方案。华联公司总股本4 000万股，每股面值1元。宣告派发股利当日每股市价2.8元。

（1）假定按股票面值将留存收益转入"股本"账户。

①宣告发放股票股利时：

派发的股票股利总数=4 000×3÷10=1 200（万股）

用于派发股票股利的留存收益=1 200×1=1 200（万元）

借：利润分配——转作股本的股利 12 000 000

    贷：待发股票股利 12 000 000

②实际派发股票股利时：

借：待发股票股利 12 000 000

    贷：股本 12 000 000

在会计实务中，经股东大会或类似机构决议，分配给股东的股票股利，应在办理增资手续后，直接按股票面值借记"利润分配——转作股本的股利"科目，贷记"股本"科目。

（2）假定按股票市价将留存收益转入"股本"和"资本公积"账户。

①宣告发放股票股利时：

派发的股票股利总数=4 000×3÷10=1 200（万股）

用于派发股票股利的留存收益=1 200×2.8=3 360（万元）

借：利润分配——转作股本的股利　　　　　　　33 600 000

　　贷：待发股票股利　　　　　　　　　　　　　　　　　12 000 000

　　　　资本公积——股本溢价　　　　　　　　　　　　　21 600 000

②实际派发股票股利时：

借：待发股票股利　　　　　　　　　　　　　　12 000 000

　　贷：股本　　　　　　　　　　　　　　　　　　　　　12 000 000

**5.清算股利**

清算股利是指公司在无留存收益的情况下，以现金或公司其他资产形式分配的股利。清算股利不是真正的股利，其实质是资本的返回。从股东的角度看，如果公司所分配的股利大于其投资后公司所获取的收益，其超过部分也可归属于清算股利。公司分配清算股利时，其会计分录为：借记"股本"科目，贷记"资产"科目。

### 四、股票分割

#### （一）股票分割的含义及性质

股票分割是指公司型企业征得董事会和股东的认可后，将一张较大面值的股票拆成几张较小面值的股票，因此，股票分割又称股票拆细。当股票的价格达到了相当高的水平时，往往会影响流通，例如每股面值为100元的股票市价为1 800元，购买1 000股股票就需要1 800 000元，这样的股票因转手困难，交易呆滞，自然就不受投资者欢迎，抑制了小额投资者的投资热情。在此前提下，公司为降低其股票市价，将股票加以分割，降低其面值，增加股数，从而降低了每股市价，刺激了小额投资者的入市欲望。

我国采用无票流通方式，股票分割不需要办理任何法律手续，因而董事会作出决定即可。通常是证券公司接到公司通知后，在各股东账号上进行分割，表明其分割后的股数，然后股东就可按新的股数进行交易。

股票分割时，虽然股票股数增加，面值变小，但股本的面值总额及其他股东权益并不因之而发生任何增减变化，故不必作任何会计处理。

#### （二）股票分割与股票股利

股票分割与股票股利，都不会使股东权益总额发生任何变动，变动的仅仅是股份总数，但两者还是存在明显差别的。其表现在：股票分割不影响公司的留存收益及股本总额，仅使每股面值下降；而股票股利将使股本总额扩大，公司留存收益减少但每股面值不变。从两者对市场的影响来看，股票分割导致股票的市价下降是必然的，而股票股利的发放不一定使股票市价下降。大额的股票股利会使股票市价大幅下降，小额的股票股利对股票市价影响较小。

此外，对于因前期损益调整项目而调整留存收益的，这类项目不列入利润表，而是直接调整留存收益期初余额。公司除分派股利外，还可能存在引起前期损益调整的情况。按规定，企业年度财务报表报出后，如果由于以前年度记账差错等原因导致多计或少计利润，但以前年度的账目已经结清，不能再调整以前年度的利润的，会计核算时，不再调整以前年度的账目，而是通过"以前年度损益调整"科目，归集所有需要调整以前年度损益的事项，以及相关所得税的调整，并将其余额转入"利润分配——未分配利润"科目。也不再调整以前年度财务报表，仅调整本年度财务报表相关项目的年初数。前期损益调整的具体方法可参见教材第十五章会计调整部分。

## □ 复习思考题

1.简述企业的组织形式及特征。

2.何谓所有者权益？所有者权益的来源包括哪些项目？

3.简述注册资本（实收资本）的主要法律规定。

4.何谓库存股？库存股如何进行会计处理？

5.何谓权益工具？何谓其他权益工具？

6何谓资本公积？其构成内容如何？

7.何谓其他资本公积？其构成内容如何？

8.库存股的账务处理特点是什么？

9.简述库存股的积极意义与负面影响。

自测题

10.何谓其他综合收益？其他综合收益的构成项目如何？

11.试述留存收益的构成内容。

12.简述股利的分配形式及特征。

13.何谓股票分割？股票分割的意义如何？

# 第十二章 费 用

## 第一节 费用的概念及确认

### 一、费用的概念

费用是企业在生产经营过程中发生的各项耗费，即企业在生产经营过程中为取得收入而支付或耗费的各项资产。费用的发生意味着资产的减少或负债的增加，收入表示企业经济利益的增加，而费用表示企业经济利益的减少。正如国际会计准则中所说的："费用是指会计期间经济利益的减少，其形式表现为由资产流出、资产递耗或是发生负债而引起业主产权的减少。"美国财务会计准则委员会在《论财务会计概念》一书中，对费用所下的定义是："费用是某一个体在其持续的、主要或核心业务中，因交付或生产了货品，提供了劳务，或进行了其他活动，而付出的或其他耗用的资产，或因而承担的t负债（或两者兼而有之）。"我国的《企业会计准则——基本准则》将费用表述为："费用是指企业在日常活动中发生的、会导致所有者权益减少的、与向所有者分配利润无关的经济利益的总流出。"

上述对费用的定义虽然各国间仍存在一定的差异，但一般认为费用具有以下两项特征：

1. 费用最终将导致企业经济资源的减少

费用的发生会引起企业经济资源的减少，这种减少可具体表现为一个企业实际的现金或非现金支出，也可以是预期的现金支出。因此，也可以将这种减少看作企业资源的流动，但它是资源流出企业，与形成一个企业的收入不同。收入虽然也是企业资源的流动，但它表现为资源流入企业。如果将现金及现金等价物流入视作企业未来经济利益的最终体现，那么，费用的本质就是一种现实或预期的现金流出。例如，支付销售费用和工资是现实的现金流出；消耗原材料或机器设备等同样是现金流出，但却是过去的现金流出。承担一项负债，在未来期间履行相应义务时，也将导致现金的流出，但这是一项预期的或未来的现金流出。

2. 费用最终会减少企业的所有者权益

企业的收入会导致企业经济利益流入企业，因此，会使企业所有者权益增加。费用会导致企业经济利益流出企业，因此，会使企业所有者权益减少。但是，企业在生产经营过程中发生的支出并非都会引起企业所有者权益的减少，有两类支出是不应归入费用的：一类是企业偿债性支出。例如，企业以银行存款偿付一项债务，只是一项资产和一项负债的等额减少，对所有者权益没有影响，因此，不构成费用。另一类是向所有者分配利润或股利。这一现金流出虽然减少了企业的净资产，但按照"所有权理论"，向所有者分配利润或股利不是费用，它不是经营活动的结果，而属于最终利润的分配。费用的这一特征表明，费用应同盈利活动相联系，即费用是企业在取得收入过程中所发生的各项支出。

## 二、费用与资产、成本和损失的关系

### (一) 费用与资产

从上述定义可以看出，费用与资产有着密切的联系，但两者又有明显的区别。按照我国会计准则对资产的定义，资产是指由过去的交易、事项形成，并由企业拥有或控制的资源，该资源预期会给企业带来经济利益。资产从本质上讲是一种经济资源，并且能给企业带来未来的经济利益。企业为了得到未来的经济利益，通常要发生费用。也就是说，通过交换从其他个体取得资产时，要牺牲别的资产或者要承诺负债，而这项负债将来要用某项资产来偿还。从这个意义上讲，费用是为取得某项资产而耗费的另一项资产。或者说，部分地或全部地耗费了未来的经济资源。例如，产品成本中的材料费是已耗费的原材料，折旧费是已耗费的固定资产。成本与资产也是有区别的，取得资产通常要引起成本的发生，发生的成本是取得某项资产的证据，是资产计价的依据，但发生的成本并非结论性证据。发生的成本可能并未增加未来的经济利益，还可能得到资产而并未引起成本的发生。确认资产的最终证据是未来的经济利益，而不是发生的成本。比如，生产废品发生的成本并不能给企业带来经济利益，只能作为损失列作费用。又如，捐赠人赠予设备并未发生成本，但设备属于企业的资源，并能为企业带来经济利益。有时成本与资产相互转换，例如，在产品成本在月末会转换为存货资产，生产中消耗的原材料会转换为在产品成本。当产品出售时，产品成本才转为费用。虽然成本与资产可以相互转化，但成本并不等于资产，资产的价值不等于消耗资产的成本。资产的价值中除了消耗的成本之外，有时还有增值部分，如商品成本是 C+V，而商品价值则是 C+V+M。另外，成本并非都能转化为资产，有时成本可以转化为资产，而有时则会转化为费用。产品生产成本可以转化为存货（产成品），产品销售成本可以转化为费用。

### (二) 费用与成本

费用与成本既有区别，也有联系。虽然两者都是支付或耗费的各项资产，但是严格来讲，成本并不等于费用。费用是相对于收入而言的，当这些支出和耗费与当期收入相配比时，即计入当期损益时，才成为当期的费用。费用与一定的期间相联系，而成本与一定的成本计算对象相联系。当期的成本不一定是当期的费用。比如，产品的生产成本在生产产品的报告期内不能确认为费用，而只有在销售产品的报告期内才能确认为费用。也就是说，生产产品的生产成本在产品没有销售之前，只是一种资产（在产品或产成品），只有产品销售以后才能作为产品销售成本，转作当期费用。成本和费用的关系可以通过下式加以说明：

期初在产品成本
加： 本期生产费用
减：期末在产品成本
　本期完工产品成本
期初产成品成本
加：本期完工产品成本
减： 期末产成品成本
本期销售产品成本（本期费用）

从上式可以看出，本期为生产产品而支付或消耗的资产，首先形成在产品成本，待产品完工后形成产成品成本，只有产品销售后才形成当期费用。

（三）费用与损失

费用与损失也有区别。从广义上讲，费用包括了损失。损失和费用一样都是经济利益的减少，这一点和费用在性质上没有差别。但从狭义上讲，费用与损失是有区别的。费用是相对于收入而言的，两者存在着配比关系；而损失与利得是相对应的，但两者不存在配比关系。美国财务会计准则委员会在《论财务会计概念》一书中，对利得和损失的表述为："各种个体的利得与损失，是边缘性或偶发性交易，以及其他事项和情况的结果。这些交易、事项和情况，绝大部分源自个别个体及其管理方面无力控制的外界因素。"也就是说，损失是某一个体除了费用或派给业主款项之外的一些边缘性或偶发性支出。该书还将利得和损失分为四种类型：

（1）"某些利得与损失来自与其他个体所进行的边缘性或偶发性交易，是对比交易与所失的净结果，如有价证券投资的出售、旧设备的处理或未按账面价值清偿的负债。"

（2）"其他利得与损失，来自某一个体与业主以外的其他个体间非互惠性的财物转移，如得到的赠与或捐赠、诉讼获胜取得的赔偿、盗窃损失和法庭判决的罚款或赔款等。"

（3）"还有些利得或损失，因所持有的资产负债价值从成本降低到市价，由于权益性有价证券上的投资市价变动，将其账面价值按市价与成本孰低进行的调整，以及由于外汇兑换率变动而发生等。"

（4）"另外，还有些利得或损失，则来自其他情况因素，诸如，地震或洪水引起的财产损失或毁坏。"利得和损失也可以按"营业"或"营业外"加以分类，视其与某一个体主要的、持续的或核心业务的关系而定。例如，废品损失一般被认为是营业损失，而自然灾害损失一般被认为是营业外损失。我国一般将营业外损失列作营业外支出。区分费用与损失，很大程度上取决于企业经营活动的性质。对于某一类企业属于费用的项目，对于另一类企业可能属于损失。我国企业会计准则将实现的利得与损失列作当期损益，将未实现的利得与损失列作所有者权益中的其他资本公积。

### 三、费用的分类

企业发生的各项费用根据其性质，可以按照不同的标准进行分类。其中最基本的是按照经济内容和经济用途分类。此外，还有一些其他的分类方法，下面加以具体说明：

（一）按照经济内容分类

费用按照经济内容（或性质）进行分类，不外乎劳动对象方面的费用、劳动手段方面的费用和活劳动方面的费用三大类。这三大类又可细分为以下九类：

（1）外购材料，指企业为进行生产而耗用的一切从外部购入的原材料及主要材料、半成品、辅助材料、包装物、修理用备件和低值易耗品等。

（2）外购燃料，指企业为进行生产而耗用的从外部购进的各种燃料。

（3）外购动力，指企业为进行生产而耗用的从外部购进的各种动力。

（4）工资，指企业应计入成本费用的职工工资。

（5）提取的职工福利费用，指按照一定比例从成本费用中提取的职工福利费用。

（6）折旧费，指企业按照核定的固定资产折旧率计算提取的折旧基金。

（7）利息支出，指企业应计入成本费用的利息支出减去利息收入后的净额。

（8）税金，指企业应计入成本费用的各种税金。

（9）其他支出，指不属于以上各要素的费用支出。

## （二）按照经济用途分类

费用按照经济用途分类，可分为直接材料、直接工资、其他直接支出、制造费用和期间费用。

（1）直接材料，指构成产品实体，或有助于产品形成的各项原料及主要材料、辅助材料、燃料、备品备件、外购半成品和其他直接材料。

（2）直接工资，指直接从事产品生产人员的工资、奖金、津贴和补贴。

（3）其他直接支出，指直接从事产品生产人员的职工福利费。

（4）制造费用，指企业各生产单位为组织和管理生产所发生的各项费用。

（5）期间费用，指企业在生产经营过程中发生的销售费用、管理费用和财务费用。

## （三）按照费用同产量之间的关系分类

按照费用同产量之间的关系，可以把费用分为固定费用和变动费用。

固定费用，是指产量在一定范围内，费用总额不随着产品产量的变动而变动的费用，如固定资产折旧费、管理人员工资、办公费等。变动费用，是指费用总额随着产品产量的变动而变动的费用，如原材料费用和生产工人计件工资等。

## 四、费用的确认与计量

### （一）费用的确认

企业发生的费用如何进行确认，这是正确计算企业损益的重要问题。国际会计准则提出了费用确认标准，即"如果资产的减少或负债的增加关系到未来经济利益的减少，并且能够可靠地加以计量，就应当在利润表中确认费用"。也就是说，确认费用的标准主要有两点：一是某项资产的减少或负债的增加，如果不会减少企业的经济利益，就不能确认为费用。生产产品领用的材料、支付的工资和其他支出，虽然减少了存货和货币资金，即某种资产已经减少，但是，它又转化为另一种资产形式，企业的经济利益并没有因此而减少。因此，它只是成本而不是费用。只有产品已完工并销售时，才确认为费用。二是某项资产的减少或负债的增加必须能够准确地加以计量。如果某项资产的耗费不能够加以计量，也无法作出合理的估计，那么就不能在利润表中确认为费用。费用的确认一般以权责发生制和配比原则为基础。

在费用的确认过程中，首先要为费用的确认划定一个时间上的总体界限，即按照支出效益涉及的期间来确认费用。如果某项支出的效益仅涉及本会计年度（或一个营业周期），就应将其作为收益性支出，在一个会计期间内确认为费用；如果某项支出的效益涉及几个会计年度（或几个营业周期），该项支出则应予以资本化，不能作为当期费用，而应在以后各期逐渐确认为费用。

在此基础上，再按照费用与收入的关联关系来确认费用的实现。也就是说，按照与费用关联的收入实现的期间来确认费用实现的期间。费用与收入之间的关联或一致性不仅表现在经济性质上的因果性方面，也表现在时间方面，因此，联系收入来确认费用的配比原则也就表现为以下几个方面：

#### 1.按因果关系直接确认

这种确认方法是以所发生的费用与所取得的具体收益项目之间的直接联系为基础，直接地、联合地将来自相同交易或其他事项的营业收入与费用合并起来予以确认。例如，在确认产品销售收入时，同时确认构成产品销售成本的各种费用，包括销售产品的生产成本、销售费用等。因为产品销售成本与产品销售收入之间存在着直接的因果关系。费用与收入之间的因果关系除了直接的因果关系，还存在着间接的因果关系。

**2.按系统且合理的分配方法加以确认**

这种确认方法是以系统的、合理的分配程序为基础，在利润表中确认费用。收入与费用之间的内在联系不仅表现为经济性质上的因果性，而且表现为时间上的一致性。收入与费用的期间性特征决定了费用必须与同一期间的收入相配比，即本期确认的收入应该与本期的费用相配比。如果收入要等到未来期间实现，相应的费用或已耗成本就要递延到未来的实际受益期间。这时，费用便应当被系统、合理地分配于各个受益期间。例如，许多资产是跨及若干会计期间使得企业受益的，并且只能大致、间接地确定费用与收益的联系，如固定资产、无形资产等资产。使用这些资产而发生的费用，一般用"系统而合理"的分配方法，在估计的有效期限内进行分配。可见，系统且合理的分配确认原则实质上仍然体现了收入与费用之间的内在联系，从时间上反映了收入与费用之间的关联性。

**3.按期间配比确认**

在现实工作中，有些支出很难找到直接相关、对应的收入，它们不能与特定营业收入相关联，在其发生期内消耗，但不产生未来的经济利益，或者是其受益期难以确定。有些支出与当期收入虽然存在着间接联系，但却找不出一个系统而合理分配的基础。会计中将这些支出与其发生的期间相联系，称为"期间配比"。例如，企业管理人员的工资，管理部门的办公费、水电费、差旅费等。我们一般将这类费用称为期间费用，应当在它们的发生期内确认为费用。

**（二）费用的计量**

由于费用一般被视为资产价值的减少，而理论上已耗用的资产又可以从不同的角度来计量，所以，与之相适应的费用也可采用不同的计量属性。不过，通常的费用计量标准是实际成本。费用采用实际成本计量属性来计量，是由于实际成本代表了企业获得商品或劳务时的交换价值由交易双方认可，具有客观性和可验证性，从而能够使会计信息具有足够的可靠性。费用的实际成本是按企业为取得商品和劳务而放弃的资源的实际价值来计量的，即按交换价值或市场价格计量的。这种市场价格的确定则取决于交易中所具体采取的支付方式。交易中最基本的支付方式是现金，但费用的发生与现金支出在时间上有时是不一致的，一般有三种可能：现金支出与费用同时发生；费用发生在先；费用发生在后。在第一种情况下，市场价格可恰当地用于确认现金支出时所发生的费用，如用现金支付的管理部门的办公费和水电费等，费用的实际成本就代表了当时的市场价格。但在费用先于或后于现金支出的情况下，费用的实际成本与费用发生时的市场价格可能会出现一定的背离。比如，费用发生后于现金支出的最常见的例证是固定资产折旧，固定资产折旧的计提基础是固定资产的购入成本，它在取得资产时是当时的市场价格，但一经入账就固定下来，成为历史成本。费用发生时，费用的实际成本并非固定资产现实的市场价格。又如，对那些先于现金支出而发生的费用来说，由于实际的交易尚未发生，没有市场价格可资计量，因而一般采用预计价值确认入账。常见的情况有预提借款利息、预提大修理费用、预提产品保证费用等。这些费用只有实际支付时才能确认其市场价格。因此，费用的实际成本不一定是费用发生时所支出或耗费资产的现行成本。完全采用现行成本来计量费用是难以操作的，这是因为在实际工作中，对于以前取得的同类商品和劳务可能没有现行成本，即使有现行成本，也会缺少可以验证的计量标准。

# 第二节　生产成本

## 一、生产成本的概念

生产成本，是指一定期间生产产品所发生的直接费用和间接费用的总和。生产成本与费用是一个既有联系又有区别的概念。首先，成本是对象化的费用，生产成本是相对于一定的产品而言所发生的费用，它是按照产品品种等成本计算对象对当期发生的费用进行归集所形成的。在按照费用的经济用途所进行的分类中，企业一定期间发生的直接费用和间接费用的总和构成一定期间产品的生产成本。费用的发生过程同时也是产品成本的形成过程。其次，成本与费用是相互转化的。企业在一定期间发生的直接费用按照成本计算对象进行归集；间接费用则通过分配计入各成本计算对象，使本期发生的费用予以对象化，转化为成本。

企业的产品成本项目可以根据企业的具体情况自行设定，一般包括直接材料、燃料及动力、直接人工和制造费用等。

### 1.直接材料

直接材料指构成产品实体的原料、主要材料以及有助于产品形成的辅助材料、设备配件、外购半成品的消耗。

### 2.燃料及动力

燃料及动力指直接用于产品生产的外购和自制的燃料及动力。

### 3.直接人工

直接人工指直接参加生产的工人工资及按生产工人工资和规定比例计提的职工福利费、住房公积金、工会经费、职工教育经费等。

### 4.制造费用

制造费用指直接用于产品生产，但不便于直接计入产品成本，因而没有专设成本项目的费用，以及间接用于产品生产的各项费用，如生产单位管理人员的职工薪酬、生产单位固定资产的折旧费和修理费、物料消耗、办公费、水电费、保险费、劳动保护费等费用项目。

## 二、生产成本核算应设置的账户

企业为了核算各种产品所发生的各项生产费用，应设置"生产成本"账户和"制造费用"账户。"生产成本"账户是用来核算企业进行工业性生产所发生的各项生产费用，包括生产各种产成品、自制半成品、提供劳务、自制材料、自制工具以及自制设备等所发生的各项费用。该账户借方反映企业发生的各项直接材料、直接人工和制造费用，贷方反映期末按实际成本计价的、生产完工入库的工业产品、自制材料、自制工具以及提供工业性劳务的成本结转，期末余额一般在借方，表示期末尚未加工完成的在产品制造成本。"生产成本"账户应按不同的成本计算对象（包括产品的品种、产品的批次和产品的生产步骤等）来设置明细分类账户，并按直接材料、直接人工和制造费用等成本项目设置专栏，进行明细核算，以便于分别归集各成本计算对象所发生的各项生产费用，计算各成本计算对象的总成本、单位成本和期末在产品成本。企业可以根据自身生产特点和管理要求，将"生产成本"账户分为"基本生产成本"和"辅助生产成本"两个明细账户。"基本生产成本"二级账户核算企业为完成主要生产目的而进行的产品生产所发生的费用，计算基本生产的产品成本。"辅助生产成本"二级账户核算企业为基本生产服务而进行的产品生产和劳务供应所发生的费用，计算辅助生产成本和劳务成本。

"制造费用"账户是用来核算企业为生产产品和提供劳务而发生的各项间接费用，包括生产车间管理人员的职工薪酬、折旧费、修理费、办公费、水电费、机物料消耗、劳动保护费、租赁费、保险费、季节性和修理期间的停工损失等。该账户借方反映企业发生的各项制造费用，贷方反映期末按一定的分配方法和分配标准将制造费用在各成本计算对象间的分配结转，期末结转后本账户一般无余额。"制造费用"账户通常按不同的车间、部门设置明细账，并按费用的经济用途和费用的经济性质设置专栏，而不应将各车间、部门的制造费用汇总起来，在整个企业范围内统一进行分配。

### 三、生产费用的归集和分配

#### （一）材料费用的归集和分配

产品生产中消耗的各种材料物资的货币表现就是材料费。在一般情况下，它包括产品生产中消耗的原料、主要材料、辅助材料和外购半成品等。材料费用的归集和分配，是由财会部门在月份终了时，将当月发生应计入成本的全部领料单、限额领料单、退料单等各种原始凭证，按产品和用途进行归集，编制"发出材料汇总表"。对直接用于制造产品的材料费用，能够直接计入的，直接计入该产品成本计算单中"直接材料"项下。只有在几种产品合用一种材料时，才采用适当方法分配计入该产品成本计算单中"直接材料"项下。在实际工作中，常用的分配方法是按各种产品的材料定额耗用量的比例，或按各种产品的重量比例分配。归集和分配之后，根据分配的结果编制"发出材料汇总表"，据此登记有关明细账和产品成本计算单。"发出材料汇总表"的格式见表12-1。

表12-1

**发出材料汇总表**

2×24年12月31日

单位：元

| 会计科目 | 领用单位及用途 | 原材料 | 低值易耗品 | 合　计 |
|---|---|---|---|---|
| 生产成本 | 一车间：甲产品 | 20 000 | | 20 000 |
| | 乙产品 | 15 000 | | 15 000 |
| | 二车间：甲产品 | 10 000 | | 10 000 |
| | 乙产品 | 12 000 | | 12 000 |
| | 小　计 | 57 000 | | 57 000 |
| 制造费用 | 一车间 | 1 000 | 7 500 | 8 500 |
| | 二车间 | 1 500 | 3 000 | 4 500 |
| | 小　计 | 2 500 | 10 500 | 13 000 |
| 生产成本 | 机　修 | 2 500 | 300 | 2 800 |
| 管理费用 | 厂　部 | 200 | 450 | 650 |
| 合　计 | | 62 200 | 11 250 | 73 450 |

【**例12-1**】某企业本月发生的材料费用见表12-1。

根据表12-1中的有关数字编制会计分录：

| | | |
|---|---|---:|
| （1）借：生产成本——基本生产成本（甲产品） | | 30 000 |
| ——基本生产成本（乙产品） | | 27 000 |
| ——辅助生产成本 | | 2 500 |
| 制造费用 | | 2 500 |
| 管理费用 | | 200 |
| 贷：原材料 | | 62 200 |
| （2）借：制造费用 | | 10 500 |
| 生产成本——辅助生产成本 | | 300 |
| 管理费用 | | 450 |
| 贷：低值易耗品 | | 11 250 |

### （二）工资费用的归集和分配

**1.职工薪酬的构成内容**

职工薪酬，是指企业为获得职工提供的服务或解除劳动关系而给予的各种形式的报酬或补偿。职工薪酬包括短期薪酬、离职后福利、辞退福利和其他长期职工福利四类内容。

（1）短期薪酬

短期薪酬，是指企业在职工提供相关服务的年度报告期结束后12个月内需要全部予以支付的职工薪酬，因解除与职工的劳动关系给予的补偿除外。短期薪酬具体包括：职工工资、奖金、津贴和补贴，职工福利费，医疗保险费、工伤保险费和生育保险费等社会保险费，住房公积金，工会经费和职工教育经费，短期带薪缺勤，短期利润分享计划，非货币性福利以及其他短期薪酬。

其中，职工工资、奖金、津贴和补贴是指按照国家统计局的规定构成职工薪酬总额的计时工资、计件工资、超额劳动报酬和为增收节支而支付的奖金、为补偿职工特殊贡献或额外劳动而支付的津贴，以及为了保证职工工资水平不受物价变动的影响而支付给职工的物价补贴等；职工福利费是指给职工提供的福利，如职工生活困难补助等；社会保险费是指企业按照国家规定的基准和比例计算，向社会保险经办机构缴纳医疗保险费、工伤保险费和生育保险费等；住房公积金是指企业按照国家有关规定的基准和比例计算，并向住房公积金管理机构缴存的住房公积金；工会经费和职工教育经费是指为改善职工文化生活、提高职工业务素质，根据国家规定，从成本费用中提取的金额；带薪缺勤，是指企业支付工资或提供补偿的职工缺勤，包括年休假、病假、短期伤残、婚假、产假、丧假、探亲假等；利润分享计划，是指因职工提供服务而与职工达成的基于利润或其他经营成果提供薪酬的协议；非货币性福利是指企业以自产产品或外购商品发放给职工作为福利，将自己拥有的资产或租赁的资产无偿提供给职工使用，如为职工无偿提供医疗保健服务，或者向职工提供由企业支付一定补贴的商品或服务等。

（2）离职后福利

离职后福利，是指企业为获得职工提供的服务而在职工退休或与企业解除劳动关系后，提供的各种形式的报酬和福利，短期薪酬和辞退福利除外。

（3）辞退福利

辞退福利，是指企业在职工劳动合同到期之前解除与职工的劳动关系，或者为鼓励职工自愿接受裁减而给予职工的补偿。

（4）其他长期职工福利

其他长期职工福利，是指除短期薪酬、离职后福利、辞退福利之外所有的职工薪酬，包括长期带薪缺勤、长期残疾福利、长期利润分享计划等。

2.职工薪酬的确认和计量

职工薪酬作为企业的一项负债，除因解除与职工的劳动关系给予的补偿外，应根据职工提供服务的受益对象分别进行处理。

（1）应由生产产品、提供劳务负担的职工薪酬，计入产品成本或劳务成本。

生产产品、提供劳务中的直接生产人员和直接提供劳务人员发生的职工薪酬，应计入生产成本，借记"生产成本"账户，贷记"应付职工薪酬"账户。

（2）应由在建工程负担的职工薪酬，计入固定资产成本。

自行建造固定资产过程中发生的职工薪酬，应计入固定资产成本，借记"在建工程"账户，贷记"应付职工薪酬"账户。

（3）应由无形资产负担的职工薪酬，计入无形资产成本。

企业自行研发无形资产过程中发生的职工薪酬，要区别情况进行处理，在研究阶段发生的职工薪酬不能计入无形资产成本，在开发阶段发生的职工薪酬应当计入无形资产成本，借记"研发支出——资本化支出"账户，贷记"应付职工薪酬"账户。

（4）除以上三项外的职工薪酬，如公司管理人员、董事会和监事会成员等人员的职工薪酬，难以确定受益对象，均应当在发生时确认为当期损益。当支出发生时，借记"管理费用"账户，贷记"应付职工薪酬"账户。

3.工资费用的分配

企业的工资费用应按其发生的地点和用途进行分配。企业工资费用的归集和分配，是根据工资结算凭证和工时统计记录，通过编制"工资结算汇总表"（其格式见表12-2）和"工资费用分配表"进行的。

【例12-2】某企业"工资结算汇总表"见表12-2。

表12-2

**工资结算汇总表**

2×24年12月

单位：元

| 车间、部门 | 标准工资 | 奖金 | 病假工资 | 产假工资 | 粮价补贴 | 副食补贴 | 应发工资 | 扣　款 | | | | 实发工资 |
| | | | | | | | | 家属医药费 | 房租 | 互助储金 | 小计 | |
|---|---|---|---|---|---|---|---|---|---|---|---|---|
| 第一生产车间 | | | | | | | | | | | | |
| 　生产工人 | 6 728 | 816 | 165 | 128 | 198.60 | 555 | 8 590.60 | 21.90 | 63.70 | 81 | 166.60 | 8 424 |
| 　管理人员 | 825 | 60 | | | 12.40 | 75 | 972.40 | | 12.40 | 24 | 36.40 | 936 |
| 第二生产车间 | | | | | | | | | | | | |
| 　生产工人 | 7 486 | 714 | 156 | 142 | 218 | 510 | 9 226 | 26.50 | 74.50 | 110 | 211 | 9 015 |
| 　管理人员 | 715 | 36 | | | 4.60 | 65 | 820.60 | 2.10 | 14.50 | 30 | 46.60 | 774 |
| 供电车间 | 1 430 | 110 | 26 | | 14.80 | 130 | 1 710.80 | 5.80 | 46 | 80 | 131.80 | 1 579 |

续表

| 车间、部门 | 标准工资 | 奖金 | 病假工资 | 产假工资 | 粮价补贴 | 副食补贴 | 应发工资 | 扣　款 | | | | 实发工资 |
| --- | --- | --- | --- | --- | --- | --- | --- | --- | --- | --- | --- | --- |
| | | | | | | | | 家属医药费 | 房租 | 互助储金 | 小计 | |
| 锅炉车间 | 1 504 | 151 | 48 | 36 | 21.20 | 165 | 1 925.20 | 6.70 | 21.50 | 45 | 73.20 | 1 852 |
| 企业管理部门 | 2 480 | 148 | 62 | 43.50 | 26.50 | 350 | 3 110 | 14.60 | 43.40 | 200 | 258 | 2 852 |
| 医务保育人员 | 572 | | | | | 55 | 627 | 4.50 | 14.50 | 20 | 39 | 588 |
| 长病人员 | 240 | | | | 4.50 | 30 | 274.50 | | 2.50 | | 2.50 | 272 |
| 合　计 | 21 980 | 2 035 | 457 | 349.50 | 500.60 | 1 935 | 27 257.10 | 82.10 | 293 | 590 | 965.10 | 26 292 |

对于生产车间直接从事产品生产工人的工资，能直接计入各种产品成本的，应根据"工资结算汇总表"直接记入"基本生产成本明细账"和"产品成本计算单"，并借记"生产成本"账户中的"直接工资"项目。对于车间管理人员的工资和企业管理部门的工资，应分别记入有关的费用明细账，并分别记入"制造费用"账户和"管理费用"账户。固定资产建造等工程人员的工资，应记入"在建工程"账户；长病人员的工资不属于企业的工资费用，应在"管理费用"账户中列支。现举例说明如下：

根据表12-2分配工资费用时，应作如下会计分录：

借：生产成本——基本生产成本　　　　　　　　　　　　17 816.60
　　　　　　——辅助生产成本　　　　　　　　　　　　3 636
　　制造费用　　　　　　　　　　　　　　　　　　　　1 793
　　管理费用　　　　　　　　　　　　　　　　　　　　4 011.50
　　贷：应付职工薪酬　　　　　　　　　　　　　　　　　　27 257.10

**（三）制造费用的归集和分配**

制造费用是企业为组织和管理生产所发生的各项费用，主要包括：企业各个生产单位（分厂、车间）为组织和管理生产所发生的生产单位管理人员工资、职工福利费、生产单位房屋建筑物及机器设备等的折旧费、机物料消耗、低值易耗品、水电费、办公费、劳动保护费、季节性及修理期间的停工损失以及其他制造费用。

这些费用是管理和组织生产而发生的间接费用，不是生产产品的直接费用，所以，这些费用在发生时，不能直接计入产品成本，需要通过"制造费用"账户进行归集，然后分配计入各种产品成本。在实际工作中，企业应设置"制造费用明细账"，按费用项目归集这些费用。由于制造费用属于间接费用，因此，要采用适当的方法在产品之间进行分配。在生产一种产品的情况下，制造费用可以直接计入该种产品成本；在生产多种产品的情况下，就需要在不同产品之间进行分配，常用的分配方法有生产工时比例法、生产工人工资比例法、预算分配率法。

为了正确反映制造费用的发生和分配，控制费用预算的执行情况，企业应将发生的制造费用记入"制造费用"账户，并建立"制造费用明细账"，按不同车间、部门和费用项目进行明细核算。

"制造费用"账户属于集合分配账户，借方登记制造费用的发生数，贷方登记制造费用的分配数。在一般情况下，期末应将全部费用都分配出去，不留余额。制造费用是各种产品共同发生的一般费用，需要采用一定标准分配计入各种产品成本。在分配时，应从该账户的贷方转入"生产成本"账户的借方。如果车间除加工制造工业产品外，还制造一些自制材料、自制设备和自制工具，应按各自负担的数额分配转入"原材料""在建工程""低值易耗品"等账户的借方。

下面举例说明制造费用的发生和分配的核算过程。

【例12-3】某企业本月发生各种制造费用如下：

（1）计提本月车间使用的固定资产折旧，共计40 000元。

借：制造费用 40 000
　贷：累计折旧 40 000

（2）车间领用一般性消耗材料，其实际成本为5 000元。

借：制造费用 5 000
　贷：原材料 5 000

（3）支付本月固定资产租金4 000元，以银行存款支付。

借：制造费用 4 000
　贷：银行存款 4 000

（4）以现金100元购买车间办公用纸。

借：制造费用 100
　贷：库存现金 100

（5）车间办事员王某报销差旅费1 500元，预借款为2 000元。

借：制造费用 1 500
　　库存现金 500
　贷：其他应收款 2 000

（6）应付车间管理人员工资6 000元。

借：制造费用 6 000
　贷：应付职工薪酬 6 000

（7）甲车间领用活扳手，价值12 000元（该厂低值易耗品采用分次摊销法，分6个月摊销）。

①借：周转材料——在用 12 000
　　贷：周转材料——在库 12 000
②借：制造费用 2 000
　　贷：周转材料——摊销 2 000

（8）甲车间支付本月设备租金3 000元，以银行存款支付。

借：制造费用 3 000
　贷：银行存款 3 000

（9）分配本期制造费用，总计61 600元，其中甲产品负担32 400元，乙产品负担29 200元。

借：生产成本——基本生产成本（甲产品） 32 400
　　　　　　——基本生产成本（乙产品） 29 200
　贷：制造费用 61 600

**（四）辅助生产费用的归集和分配**

辅助生产主要是为基本生产服务的，它所生产的产品和劳务，大部分都被基本生产车间和管理部门所消耗，一般很少对外销售。辅助生产按其提供产品或劳务的种类不同，可以分为以下两类：

（1）只生产一种产品或劳务的辅助生产，如供电、供水、蒸汽、运输等。

（2）生产多种产品或劳务的辅助生产，如工具、模型、机修等。

辅助生产的类型不同，其费用分配、转出的程序也不一样。生产多种产品的辅助生产车间，如工具、模型等车间，它所发生的费用，应在产品完工入库后，从辅助生产账户和明细账中转出，记入"原材料"或"低值易耗品"账户，有关车间或部门领用时，再从"原材料"或"低值易耗品"账户转入"生产成本"或"管理费用"等账户。只生产单一品种的辅助生产车间，如供电、蒸汽、供水等产品或劳务所发生的费用，应在月末汇总后，按各受益车间或部门耗用劳务的数量，选择适当的分配方法进行分配后，从"生产成本"账户的"辅助生产成本"账户和明细账中转出，记入有关账户。分配单一产品或劳务费用的方法，常用的有：直接分配法、一次交互分配法、计划成本分配法、代数分配法和顺序分配法等。下面仅就直接分配法作以具体说明：

直接分配法是指把各辅助生产车间的实际成本，在基本生产车间和管理部门之间，按其受益数量进行分配，对于各辅助生产车间相互提供的产品或劳务则不进行分配。

【例12-4】某企业有供电、供水两个辅助生产车间，本月供电车间直接发生的费用为30 800元，供水车间直接发生的费用为21 000元，劳务供应通知单中各车间和管理部门耗用劳务的数量见表12-3。

表12-3 　　　　　　　　　　　　　　　　**劳务供应通知单**

| 受益单位 | 用电度数（度） | 用水吨数（吨） |
|---|---|---|
| 供电车间 | | 700 |
| 供水车间 | 14 000 | |
| 第一生产车间 | 72 800 | 1 344 |
| 第二生产车间 | 56 000 | 1 036 |
| 管理部门 | 11 200 | 420 |
| 合　计 | 154 000 | 3 500 |

辅助生产费用分配表见表12-4。

表12-4 　　　　　　　　　　　　　　　**辅助生产费用分配表**　　　　　　　　数量单位：度、吨

金额单位：元

| 项　目 | 分配费用 | 分配数量 | 分配率 | 分配额 | | | |
|---|---|---|---|---|---|---|---|
| | | | | 生产成本 | | 管理费用 | |
| | | | | 数　量 | 金　额 | 数　量 | 金　额 |
| 供电车间 | 30 800 | 140 000 | 0.22 | 128 800 | 28 336 | 11 200 | 2 464 |
| 供水车间 | 21 000 | 2 800 | 7.50 | 2 380 | 17 850 | 420 | 3 150 |

根据表12-4的分配结果，应编制如下会计分录：

（1）借：生产成本——基本生产成本　　　　　　　　　　　　　　　　28 336

　　　　　管理费用　　　　　　　　　　　　　　　　　　　　　　　　2 464

贷：生产成本——辅助生产成本（供电） 30 800

（2）借：生产成本——基本生产成本 17 850

　　　管理费用 3 150

　　贷：生产成本——辅助生产成本（供水） 21 000

### 四、在产品成本的计算和完工产品成本的结转

工业企业生产过程中发生的各项生产费用，经过在各种产品之间的归集和分配，都已集中登记在"生产成本明细账"和"产品成本计算单"中。在"产品成本计算单"中，减去交库废料价值后，就是该产品本月发生的费用。当月初、月末都没有在产品时，本月发生的费用就等于本月完工产品的成本；如果月初、月末都有在产品时，本月发生的生产费用加上月初在产品成本之后的合计数额，还要在完工产品和在产品之间进行分配，计算完工产品成本。完工产品成本一般按下式计算：

完工产品成本=月初在产品成本+本月发生费用−月末在产品成本

从上述公式可以看出，完工产品成本是在月初在产品成本加本期发生费用的合计数额基础上，减去月末在产品成本后计算出来的。因此，计算月末在产品成本是计算完工产品成本的条件。在实际工作中正确地计算在产品成本，是正确计算完工产品成本的关键。

#### （一）在产品成本的计算

工业企业的在产品是指生产过程中尚未完工的产品。从整个企业来讲，在产品包括正在加工中的产品和加工已经告一段落的自制半成品，这叫广义在产品。从某一加工阶段来讲，在产品是指正在加工中的产品，一般将它叫作狭义在产品。

企业应根据生产特点、月末在产品数量的多少、各项费用比重的大小，以及定额管理基础的好坏等具体条件，采用适当的方法计算在产品成本。

如果在产品数量很少，计算或不计算在产品成本对完工产品成本的影响都很小，为了简化计算工作，可以不计算在产品成本。这就是说，某种产品每月发生的生产费用，全部作为当月完工产品的成本。如果在产品数量较少，或者在产品数量虽然较多，但各月之间变化不大，因而月初、月末在产品成本的差额对完工产品成本的影响不大，就可以将在产品成本按年初数固定不变，把每月发生的生产费用全部作为当月完工产品的成本，但在年终时，必须根据实际盘点的在产品数量，重新计算一次在产品成本，以免在产品成本与实际出入过大，影响成本计算的正确性。

在产品数量较多，而且各月之间变化也较大的企业，要根据实际结存的产品数量，计算在产品成本。一般来说，在产品成本计算的方法通常有以下几种：在产品成本按其所耗用的原材料费用计算、按定额成本计算、按约当产量计算、按定额比例分配计算。

#### （二）完工产品成本的结转

在计算出当期完工产品成本后，对验收入库的产成品，应结转成本。结转本期完工产品成本时，借记"产成品"或"库存商品"账户，贷记"生产成本"账户。通过在产品成本的计算，生产费用在完工产品和月末在产品之间进行分配之后，就可以确定完工产品的成本，根据计算的完工产品成本，从有关"产品成本计算单"中转出，编制"完工产品成本汇总计算表"（见表12-5），计算出完工产品总成本和单位成本。结转时，借记"产成品"账户，贷记"生产成本"账户。

表12-5
**完工产品成本汇总计算表**

数量单位：件

2×24年12月

金额单位：元

| 成本项目 | 产品名称：A产品<br>规格：<br>产量：100件 | | 产品名称：B产品<br>规格：<br>产量：250件 | | 合　计 |
|---|---|---|---|---|---|
| | 总成本 | 单位成本 | 总成本 | 单位成本 | |
| 直接材料 | 33 000 | 330 | 15 000 | 60 | 48 000 |
| 燃料和动力 | 6 100 | 61 | 3 500 | 14 | 9 600 |
| 直接工资 | 10 500 | 105 | 8 000 | 32 | 18 500 |
| 制造费用 | 15 600 | 156 | 11 000 | 44 | 26 600 |
| 合　计 | 65 200 | 652 | 37 500 | 150 | 102 700 |

当产成品按实际成本计价时，月末根据"完工产品成本汇总计算表"中完工产品成本的数字，应作如下会计分录：

借：产成品　　　　　　　　　　　　　　　　　　　　　　　　　　102 700

　　贷：生产成本　　　　　　　　　　　　　　　　　　　　　　　　　102 700

# 第三节　期间费用

期间费用是指企业当期发生的，不能直接归属于某个特定产品成本的费用。由于难以判定其所归属的产品，因而不能列入产品制造成本，而在发生的当期直接计入当期损益。期间费用主要包括销售费用、管理费用（含研发费用）、财务费用。

## 一、销售费用

### （一）销售费用的内容

销售费用是指企业在销售商品过程中发生的各项费用以及为销售本企业商品而专设的销售机构（含销售网点、售后服务网点等）的经营费用。其具体项目包括：

（1）产品自销费用，包括应由本企业负担的包装费、运输费、装卸费、保险费。

（2）产品促销费用，包括展览费、广告费、经营租赁费、销售服务费。

（3）销售部门的费用，一般是指专设销售机构的职工工资及福利费、类似工资性质的费用、业务费等经营费用。企业内部销售部门所发生的费用，不包括在销售费用中，而应列入管理费用中。

（4）委托代销费用，主要是指企业委托其他单位代销，按代销合同规定支付的委托代销手续费。

（5）商品流通企业的进货费用，是指商品流通企业在进货过程中发生的运输费、装卸费、包装费、保险费、运输途中的合理损耗和入库前的挑选整理费等。

### （二）销售费用的核算

企业发生的销售费用在"销售费用"账户中核算，并按费用项目设置明细账进行明细核算。

企业发生的各项销售费用借记该账户，贷记"库存现金""银行存款""应付职工薪酬"等账户；月终，将借方归集的销售费用全部由本账户的贷方转入"本年利润"账户的借方，计入当期损益。结转销售费用后，"销售费用"账户期末无余额。

【例12-5】东海公司8月份发生的销售费用包括：以银行存款支付广告费5 000元；以现金支付应由公司负担的销售A产品的运输费800元；本月分配给专设销售机构的职工工资4 000元，提取的职工福利费560元。月末将全部销售费用予以结转。

根据上述资料，应作账务处理如下：

（1）支付广告费

借：销售费用——广告费     5 000

  贷：银行存款     5 000

（2）支付运输费

借：销售费用——运输费     800

  贷：库存现金     800

（3）分配职工工资及提取福利费

借：销售费用——工资及福利费     4 560

  贷：应付职工薪酬——工资     4 000

             ——福利费     560

（4）月末结转销售费用

借：本年利润     10 360

  贷：销售费用     10 360

## 二、管理费用

### （一）管理费用的内容

（1）企业管理部门发生的直接管理费用，如公司经费等。公司经费包括总部管理人员工资、职工福利费、差旅费、办公费、折旧费、修理费、物料消耗、低值易耗品摊销及其他公司经费。

（2）用于企业直接管理之外的费用，主要包括董事会费、咨询费、聘请中介机构费、诉讼费等。

（3）提供生产技术条件的费用，主要包括研究费用、无形资产摊销、长期待摊费用摊销。

（4）业务招待费。业务招待费是指企业为业务经营的合理需要而支付的交际应酬费用，应按《中华人民共和国企业所得税法实施条例》现行规定处理。

（5）其他费用，是指不包括在以上各项之内又应列入管理费用的费用。

### （二）管理费用的核算

企业应设置"管理费用"账户，核算发生的管理费用，并按费用项目设置明细账进行明细核算。企业发生的各项管理费用借记该账户，贷记"库存现金"、"银行存款"、"原材料"、"应付职工薪酬"、"累计折旧"、"累计摊销"、"研发支出"和"应交税费"等账户；期末，将本账户借方归集的管理费用全部由本账户的贷方转入"本年利润"账户的借方，计入当期损益。结转管理费用后，"管理费用"账户期末无余额。

【例12-6】东海公司某年8月份发生以下管理费用：以银行存款支付业务招待费7 200元；计提管理部门使用的固定资产折旧费8 000元；分配管理人员工资12 000元，提取职工福利费1 680元；以银行存款支付董事会成员差旅费3 500元；摊销无形资产2 000元。月末结转管理费用。

根据上述资料，应作账务处理如下：

（1）支付业务招待费

借：管理费用——业务招待费        7 200

    贷：银行存款        7 200

（2）计提折旧费

借：管理费用——折旧费        8 000

    贷：累计折旧        8 000

（3）分配工资及计提福利费

借：管理费用——工资及福利费        13 680

    贷：应付职工薪酬——工资        12 000

                ——福利费        1 680

（4）支付董事会成员差旅费

借：管理费用——董事会费        3 500

    贷：银行存款        3 500

（5）摊销无形资产

借：管理费用——无形资产摊销        2 000

    贷：累计摊销        2 000

（6）结转管理费用

借：本年利润        34 380

    贷：管理费用        34 380

### 三、财务费用

**（一）财务费用的内容**

财务费用是指企业为筹集生产经营所需资金而发生的各项费用，具体包括的项目有利息净支出（减利息收入后的支出）、汇兑净损失（减汇兑收益后的损失）、金融机构手续费，以及筹集生产经营资金发生的其他费用等。其具体包括的项目为：

（1）利息净支出，是指企业短期借款利息、长期借款利息、应付票据利息、票据贴现利息、应付债券利息、长期应付引进外国设备款利息等利息支出减去银行存款等利息收入后的净额。

（2）汇兑净损失，是指企业因向银行结售或购入外汇而产生的银行买入、卖出价与记账所采用的汇率之间的差额，以及月度终了，各种外币账户的外币期末余额，按照期末汇率折合的记账本位币金额与账面记账本位币金额之间的差额等。

（3）金融机构手续费，是指发行债券所需支付的手续费、开出汇票的银行手续费、调剂外汇手续费等。

（4）其他费用，如融资租入固定资产发生的融资租赁费用，以及筹集生产经营资金发生的其他费用等。

**（二）财务费用的核算**

企业发生的财务费用在"财务费用"账户中核算，并按费用项目设置明细账进行明细核算。企业发生的各项财务费用借记该账户，贷记"银行存款"等账户；企业发生利息收入、汇兑收益时，借记"银行存款"等账户，贷记该账户。月终，将借方归集的财务费用全部由该账户的贷方转入"本年利润"账户的借方，计入当期损益。结转当期财务费用后，"财务费用"账户期末无余额。

【例12-7】东海公司8月份发生如下事项：接银行通知，已划拨本月银行借款利息5 000元；银行转来存款利息2 000元。月末结转财务费用。

根据上述资料，作账务处理如下：

（1）借：财务费用——利息支出                        5 000

      贷：银行存款                                5 000

（2）借：银行存款                             2 000

     贷：财务费用——利息收入               2 000

（3）借：本年利润                             3 000

     贷：财务费用                           3 000

## 复习思考题

1.什么是费用？费用与成本、损失是什么关系？

2.费用的确认原则有哪些？

3.期间费用通常包括哪些内容？其发生通常有几种形式？

4.简述产品成本的构成。

5.为什么企业的期间费用要直接与当期营业收入相配比？

6.职工薪酬包括哪些？应如何进行确认？

7.在核算费用时，需要划清哪些界限？

自测题

# 第十三章 收入和利润

## 第一节 收　入

### 一、收入及其分类

#### （一）收入的定义与特征

收入，是指企业在日常活动中形成的、会导致所有者权益增加的、与所有者投入资本无关的经济利益的总流入。收入具有如下特征：

1.收入是企业日常活动形成的经济利益流入

日常活动，是指企业为完成其经营目标所从事的经常性活动以及与之相关的其他活动。企业的有些活动属于为完成其经营目标所从事的经常性活动，如工业企业制造并销售产品、商业企业购进和销售商品、租赁企业出租资产、商业银行对外贷款、保险公司签发保单、咨询公司提供咨询服务、软件企业为客户开发软件、安装公司提供安装服务、建筑企业提供建造服务、广告商提供广告策划服务等，由此产生的经济利益的总流入构成收入；企业还有一些活动属于与经常性活动相关的其他活动，如工业企业出售不需用的原材料、出售或出租固定资产及无形资产、对外投资等，由此产生的经济利益的总流入也构成收入。

除了日常活动以外，企业的有些活动不是为完成其经营目标所从事的经常性活动，也不属于与经常性活动相关的其他活动，如企业处置报废或毁损的固定资产和无形资产、接受捐赠等活动，由此产生的经济利益的总流入不构成收入，应当确认为营业外收入。

2.收入必然导致所有者权益的增加

收入无论表现为资产的增加还是负债的减少，根据"资产=负债+所有者权益"的会计恒等式，最终必然导致所有者权益的增加。不符合这一特征的经济利益流入，不属于企业的收入。例如，企业代税务机关收取的税款，旅行社代客户购买门票、飞机票等收取的票款等，性质上属于代收款项，应作为暂收应付款记入相关的负债类科目，而不能作为收入处理。

延伸阅读13-1

3.收入不包括所有者向企业投入资本导致的经济利益流入

收入只包括企业通过自身活动获得的经济利益流入，而不包括企业的所有者向企业投入资本导致的经济利益流入。所有者向企业投入的资本，在增加资产的同时，直接增加所有者权益，不能作为企业的收入。

收入的范围

#### （二）收入的分类

1.按交易性质分类

按交易的性质，收入可分为转让商品收入和提供服务收入。

（1）转让商品收入，是指企业通过销售产品或商品实现的收入，如工业企业销售产成品或半成品实现的收入、商业企业销售商品实现的收入、房地产开发商销售自行开发的房地产实现的收入等。工业企业销售不需用的原材料、包装物等存货实现的收入，也视同转让商品收入。

（2）提供服务收入，是指企业通过提供各种服务实现的收入，如工业企业提供工业性劳务作业服务实现的收入、商业企业提供代购代销服务实现的收入、建筑企业提供建造服务实现的收入、金融企业提供各种金融服务实现的收入、交通运输企业提供运输服务实现的收入、咨询公司提供咨询服务实现的收入、软件开发企业为客户开发软件实现的收入、安装公司提供安装服务实现的收入、服务性企业提供客房餐饮等各类服务实现的收入等。

不同性质的收入，其交易过程和实现方式各具特点。企业应当根据收入确认和计量的要求，结合收入的性质，对各类收入进行合理的确认和计量。

2.按在经营业务中所占比重分类

按在经营业务中所占的比重，收入可分为主营业务收入和其他业务收入。

（1）主营业务收入，或称基本业务收入，是指企业通过为完成其经营目标所从事的主要经营活动实现的收入。不同行业的企业，具有不同的主营业务。例如，工业企业的主营业务是制造和销售产成品及半成品，商业企业的主营业务是销售商品，商业银行的主营业务是存贷款和办理结算，保险公司的主营业务是签发保单，租赁公司的主营业务是出租资产，咨询公司的主营业务是提供咨询服务，软件开发企业的主营业务是为客户开发软件，安装公司的主营业务是提供安装服务，旅游服务企业的主营业务是提供景点服务以及客房、餐饮服务等。企业通过主营业务形成的经济利益的总流入，属于主营业务收入。主营业务收入经常发生，并在收入中占有较大的比重。

（2）其他业务收入，或称附营业务收入，是指企业通过除主要经营业务以外的其他经营活动实现的收入，如工业企业出租固定资产、出租无形资产、出租周转材料、销售不需用的原材料等实现的收入。其他业务收入不经常发生，金额一般较小，在收入中所占比重较小。

在日常核算中，企业应当设置"主营业务收入"和"其他业务收入"科目，分别核算主营业务形成的经济利益的总流入和其他业务形成的经济利益的总流入，但在利润表中，应将二者合并为营业收入项目反映。

## 二、收入确认与计量的基本方法

企业确认收入的方式应当反映其向客户转让商品或提供服务（以下将转让商品或提供服务简称为转让商品）的模式，收入的金额应当反映企业因转让这些商品或服务（以下将商品或服务简称为商品）而预期有权收取的对价金额。具体来说，收入的确认与计量应当采用五步法模型，即识别与客户订立的合同、识别合同中的单项履约义务、确定交易价格、将交易价格分摊至各单项履约义务、履行每一单项履约义务时确认收入。其中，识别与客户订立的合同、识别合同中的单项履约义务、履行每一单项履约义务时确认收入，主要与收入的确认有关；确定交易价格、将交易价格分摊至各单项履约义务，主要与收入的计量有关。

（一）识别与客户订立的合同

合同，是指双方或多方之间订立有法律约束力的权利义务的协议，包括书面形式、口头形式以及其他可验证的形式（如隐含于商业惯例或企业以往的习惯做法中等）。客户，是指与企业订立合同以向该企业购买其日常活动产出的商品并支付对价的一方。

1.收入确认的原则

企业应当在履行了合同中的履约义务，即在客户取得相关商品控制权时确认收入。

取得相关商品控制权，是指能够主导该商品的使用并从中获得几乎全部的经济利益。企业在判断商品的控制权是否发生转移时，应当从客户的角度进行分析，即客户是否取得了相关商品的控制权以及何时取得该控制权。取得商品控制权包括以下三个要素：

（1）能力，是指客户必须拥有主导该商品的使用并从中获得几乎全部的经济利益的现时权利。如果客户只是在未来某一期间才具有主导该商品的使用并从中获得经济利益的权利，则在客户实际取得对商品的控制权之前，企业不应确认收入。

（2）主导该商品的使用，是指客户拥有在其活动中使用该商品、允许其他方在其活动中使用该商品或者阻止其他方使用该商品的权利。

（3）能够获得几乎全部的经济利益，是指客户能够获得该商品几乎全部的潜在现金流量，既包括现金流入的增加，也包括现金流出的减少。客户可以通过多种方式（如通过使用、消耗、出售、交换、偿债、抵押、持有等）直接或间接地获得商品的经济利益。

延伸阅读13-2

收入确认原则示例

2.收入确认的前提条件

企业在履行了合同中的履约义务，即客户取得了相关商品的控制权时确认收入，强调的是确认收入的时点或标志。只有当企业与客户之间的合同同时满足下列条件时，企业才能在客户取得相关商品控制权时确认收入：

（1）合同各方已批准该合同并承诺将履行各自义务；

（2）该合同明确了合同各方与所转让商品相关的权利和义务；

（3）该合同有明确的与所转让商品相关的支付条款；

（4）该合同具有商业实质，即履行该合同将改变企业未来现金流量的风险、时间分布或金额；

（5）企业因向客户转让商品而有权取得的对价很可能收回。

在评估企业与客户之间的合同是否同时满足上列条件时，应当着重关注对以下三个方面的判断：①合同约定的权利和义务是否具有法律约束力，需要根据企业所处的法律环境和实务操作进行判断，包括合同订立的方式和流程、具有法律约束力的权利和义务的设立时间等。合同各方均有权单方面终止完全未执行的合同，且无须对合同其他方作出补偿的，该合同应当被视为不存在。其中，完全未执行的合同，是指企业尚未向客户转让任何合同中承诺的商品，也尚未收取且尚未有权收取已承诺商品的任何对价的合同。②合同是否具有商业实质，应当根据履行该合同是否会对企业未来现金流量在风险、时间分布、金额任何一个方面或多个方面带来显著改变进行判断，或者根据履行该合同对企业未来现金流量现值的改变是否重大进行判断。③企业因向客户转让商品而有权取得的对价是否很可能收回，判断时仅应考虑客户到期时支付对价的能力和意图，即客户的信用风险。企业预期很可能无法收回全部合同对价时，应当判断是客户的信用风险所致还是企业向客户提供了价格折让所致。

在合同开始日即能够同时满足上列条件的合同，企业在后续期间无须对其进行重新评估，除非有迹象表明相关事实和情况发生了重大变化；在合同开始日尚不能同时满足上列条件的合同，企业应当对其进行持续评估，并在能够同时满足上列条件后，在客户取得相关商品控制权时确认收入。合同开始日通常是指合同开始赋予合同各方具有法律约束力的权利和义务的日期，即合同生效日。

对于不能同时满足上列5个条件的合同，企业只有在不再负有向客户转让商品的剩余义务，且已向客户收取的对价无须退回时，才能将已收取的对价确认为收入；否则，应当将已收取的对价作为负债进行会计处理。

3.合同合并

有的资产建造虽然形式上签订了多项合同，但各项资产在设计、技术、功能、最终用途上是密不可分的，实质上是一项合同，在会计上应当作为一个核算对象。企业与同一客户（或该客户的关联方）同时订立或在相近时间内先后订立的两份或多份合同，在满足下列条件之一时，应当合并为一份合同进行会计处理：

（1）该两份或多份合同基于同一商业目的而订立并构成一揽子交易。

（2）该两份或多份合同中的一份合同的对价金额取决于其他合同的定价或履行情况。

（3）该两份或多份合同中所承诺的商品（或每份合同中所承诺的部分商品）构成单项履约义务。

延伸阅读13-3

收入确认的
前提条件示例

【例13-1】为建造一个冶炼厂，某建造承包商与客户先后签订了三项合同，分别为其建造一个选矿车间、一个冶炼车间和一个工业污水处理系统。根据合同的规定，这三项工程将由该建造承包商同时安排施工，客户根据冶炼厂的整体施工进度统一办理价款结算。

上例中，由于建造承包商与客户签订的三项合同基于同一商业目的而订立并构成一揽子交易，因而满足合同合并的条件，该建造承包商应将该组合同合并为一个合同进行会计处理。

4.合同变更

合同变更，是指经合同各方批准对原合同范围或价格作出的变更。企业应当区分下列三种情形对合同变更分别进行会计处理：

（1）合同变更部分作为单独合同进行会计处理。合同变更增加了可明确区分的商品及合同价款，且新增合同价款反映了新增商品单独售价的，应当将该合同变更部分作为一份单独的合同进行会计处理。其中，单独售价是指企业向客户单独销售商品的价格。

【例13-2】某建筑公司与客户签订了一项建造合同，为客户设计并建造一栋办公楼。合同履行了一段时间后，客户决定追加建造一座地上车库，并就追加建造地上车库的工程造价等与该建筑商进行协商并达成一致，变更了原合同内容。

上例中，由于建筑公司为客户追加建造的地上车库在设计、技术和功能上与原合同的办公楼存在重大差异，双方就地上车库的工程造价进行了专门协商并达成一致，表明合同变更增加了可明确区分的商品及合同价款，如果新增合同价款能够反映新增地上车库的单独售价，则该建筑公司应当将合同变更部分作为一份单独的合同进行会计处理。

（2）合同变更作为原合同终止及新合同订立进行会计处理。合同变更不属于上述（1）的情形，且在合同变更日已转让的商品或已提供的服务与未转让的商品或未提供的服务之间可明确区分的，应当视为原合同终止，同时，将原合同未履约部分与合同变更部分合并为新合同进行会计处理。新合同的交易价格应当为原合同交易价格中尚未确认为收入的部分与合同变更中客户已承诺的对价金额之和。

【例13-3】华联实业股份有限公司与客户签订合同，向其销售A产品200件，合同价格为20 000元（即每件100元），该合同将在6个月内履行完毕。华联公司向客户销售了100件A产品时，客户提出再追加购买50件A产品，双方对追加购买的A产品最初议定的价格为4 500元（即每件90元），该价格反映了合同变更日A产品的单独售价。在合同协商过程中，客户发现前期已收到的100件A产品存在独有的质量问题，要求华联公司给予补偿，华联公司承诺给予2 500元的补偿，双方同意将补偿额纳入追加购买的50件A产品价格中，因此，追加购买的50件A产品最终商定的价格为2 000元（4 500−2 500），即每件40元。

上例中，由于客户追加购买的50件A产品最终商定的价格不能反映合同变更日A产品的单独售价，因而华联公司不能将合同变更部分作为一份单独的合同进行会计处理；同时，由于在合同变更日已销售的A产品与未销售的A产品之间可以明确区分，因而华联公司应将合同的变更视为原合同的终止，并将原合同未履约部分与合同变更部分合并为新的合同进行会计处理，新的合同为华联公司向客户销售A产品150件（100+50），合同价格为12 000元（10 000+2 000），即每件80元。

（3）合同变更部分作为原合同的组成部分进行会计处理。合同变更不属于上述（1）的情形，且在合同变更日已转让的商品或已提供的服务与未转让的商品或未提供的服务之间不可明确区分的，应当将该合同变更部分作为原合同的组成部分进行会计处理，由此产生的对已确认收入的影响，应当在合同变更日调整当期收入。

【例13-4】某建造承包商与客户签订了一项建造实验大楼的合同，合同总金额为6 000万元，建设期为2年。第一年年末，该建造承包商按已发生合同成本占合同预计总成本的比例计算确定的履约进度为55%，确认合同收入3 300万元（6 000×55%）；第二年年初，客户要求将原设计中的门窗更换为隔音和保温效果更好的新型门窗，建造承包商提出须增加合同造价200万元，客户同意增加合同造价200万元。

上例中，由于在合同变更日已提供的建造服务与未提供的建造服务之间不可明确区分，因此，建造承包商应当将该合同变更部分作为原合同的组成部分进行会计处理，在合同变更日，按照变更后的合同总造价和重新估计的履约进度对已确认收入的影响，调整当期收入。合同变更日，假定该建造承包商按已发生合同成本占合同变更后预计总成本（合同原预计总成本+合同变更新增成本）的比例重新估计的履约进度为54%，则应追加确认收入48万元（6 200×54%−3 300）。

**（二）识别合同中的单项履约义务**

履约义务，是指合同中企业向客户转让可明确区分商品的承诺。履约义务既包括合同中明确的承诺，也包括由于企业已公开宣布的政策、特定声明或以往的习惯做法等导致合同订立时客户合理预期企业将履行的承诺。企业为履行合同而应开展的初始活动，通常不构成履约义务，除非该活动向客户转让了承诺的商品。

延伸阅读13-4
合同变更示例

合同开始日，企业应当对合同进行评估，识别该合同所包含的各单项履约义务。企业应当将下列向客户转让商品的承诺作为单项履约义务：

1.企业向客户转让可明确区分商品（或商品组合）的承诺

可明确区分商品，是指企业向客户承诺的商品同时满足下列条件：

（1）客户能够从该商品本身或从该商品与其他易于获得资源一起使用中受益，即该商品本身能够明确区分。例如，企业通常会将该商品单独销售给客户，则表明该商品能够明确区分。在评估某项商品是否能够明确区分时，应当基于该商品自身的特征，而与客户可能使用该商品的方式无关。

（2）企业向客户转让该商品的承诺与合同中其他承诺可单独区分，即转让该商品的承诺在合同中是可以明确区分的。在确定了商品本身能够明确区分后，还应当在合同层面继续评估转让该商品的承诺与合同中的其他承诺之间是否可以明确区分。下列情形通常表明企业向客户转让该商品的承诺与合同中的其他承诺不可明确区分：

①企业需提供重大的服务以将该商品与合同中承诺的其他商品整合成合同约定的组合产出转让给客户。

【例13-5】华联实业股份有限公司与客户签订了一项为其设计并安装一条生产线的合同，构成该生产线的各单项设备、装置等都由华联公司提供。由于客户对生产线有特殊的要求，因而华联公司需专门提供重大设计、安装、调试等服务对各单项设备及装置进行整合，以形成合同约定的组合产出（即生产线）转让给客户。

上例中，由于华联公司向客户承诺的是为其设计并安装一条符合客户要求的生产线，而不仅仅是构成生产线的各单项设备及装置，因此，生产线是合同约定的组合产出，而构成该生产线的各单项设备、装置以及华联公司提供的重大设计、安装、调试等服务之间在该合同中是不能明确区分的。

②该商品将对合同中承诺的其他商品予以重大修改或定制。

【例13-6】华联实业股份有限公司与客户签订了一项合同，向客户销售一款自行开发的现有软件并提供安装服务。合同明确规定，作为安装服务的一部分，华联公司须对该软件作重大定制以增添重要的新功能，从而使该软件能够与客户使用的其他定制软件应用程序相对接。

上例中，由于华联公司在提供安装服务过程中，需要对销售的软件在现有的基础上进行定制化的重大修改，因此，提供安装服务的承诺和转让软件的承诺在该合同中是不能明确区分的。

③该商品与合同中承诺的其他商品具有高度关联性。

【例13-7】华联实业股份有限公司与客户签订了一项合同，按照客户的要求为其专门设计并制造一台专用设备。在设备制造和调试过程中，华联公司根据实际情况，对专用设备的设计方案进行了数次修正，并根据修正的设计，对设备相应的结构、装置、部件等进行了不同程度的返工、改进。

上例中，由于专用设备的设计和制造两项承诺是不断交替反复进行的，具有高度的关联性，因此，二者在该合同中是不能明确区分的。

企业向客户转让商品时，如果合同约定企业需要将商品运送至客户指定的地点，则发生的运输活动是否构成单项履约义务，需要根据相关商品的控制权转移时点进行判断。通常情况下，控制权转移给客户之前发生的运输活动是企业为了履行合同而从事的必要活动，相关成本应当作为合同履约成本，不构成单项履约义务；控制权转移给客户之后发生的运输活动则可能表明企业向客户提供了一项运输服务，企业应当考虑该项服务是否构成单项履约义务。

2.企业向客户转让一系列实质相同且转让模式相同的、可明确区分商品的承诺

转让模式相同，是指每一项可明确区分商品均满足在某一时段内履行履约义务的条件，且采用相同方法确定其履约进度。企业应当将实质相同且转让模式相同的一系列商品作为单项履约义务，即使这些商品本身可以明确区分。

企业在判断所转让的一系列商品是否实质上相同时，应当考虑合同中承诺的性质：如果企业承诺的是提供确定数量的商品，需要考虑这些商品本身是否实质相同；如果企业承诺的是在某一期间内随时向客户提供某项服务，则需要考虑企业在该期间内各个时间段的服务承诺是否相同，而不是具体的服务行为是否相同。

【例13-8】华联实业股份有限公司与客户签订一项为期3年的服务合同。合同约定，华联公司为客户的写字楼提供保洁、维修服务，但没有具体的服务次数或时间要求。

上例中，华联公司为客户提供的保洁、维修服务是可明确区分的，而且均满足在某一时段内履行履约义务的条件；虽然具体的服务行为可能并不相同，但对客户的服务承诺是相同的，符合"实质相同"的条件。因此，华联公司为客户提供的保洁、维修服务属于一系列实质上相同且转让模式相同、可明确区分的服务承诺，华联公司应将其作为单项履约义务。

延伸阅读13-5

单项履约义务示例

**（三）确定交易价格**

交易价格，是指企业因向客户转让商品而预期有权收取的对价金额。企业代第三方收取的款项以及企业预期将退还给客户的款项，应当作为负债进行会计处理，不计入交易价格。合同标价并不一定代表交易价格，企业应当根据合同条款，并结合其以往的习惯做法确定交易价格。在确定交易价格时，企业应当考虑可变对价、合同中存在的重大融资成分、非现金对价、应付客户对价等因素的影响，并应当假定将按照现有合同的约定向客户转移商品，且该合同不会被取消、续约或变更。

1.可变对价

企业与客户在合同中约定的对价金额可能会因折扣、价格折让、返利、退款、奖励积分、激励措施、业绩奖金、索赔等因素而发生变化。此外，根据某些或有事项的发生或不发生而收取不同对价金额的合同，也属于可变对价的情形。

【例13-9】华联实业股份有限公司与客户签订了一项资产建造合同，客户已承诺的合同对价为600万元。合同同时规定，如果华联公司未能在合同指定的日期完工，则每延期完工一天，已承诺的合同对价将减少2万元；但若华联公司能提前完工，则每提前完工一天，已承诺的合同对价将增加2万元。此外，资产完工后，将由第三方对资产实施检查并基于合同界定的标准给予评级。如果资产达到特定评级，华联公司将有权获得奖励性付款30万元。

上例中，对华联公司来说，合同中包含了两项可变对价：一项是已承诺合同对价600万元加上或减去每天2万元的提前完工奖励或延期完工罚金；另一项是根据资产是否能达到特定评级而给予的金额为30万元或者0的奖励性付款。

企业在判断合同中是否存在可变对价时，不仅应当考虑合同条款的约定，还应当考虑下列情况对合同对价金额的影响：一是根据企业已公开宣布的政策、特定声明或者以往的习惯做法等，客户能够合理预期企业将会接受低于合同约定的对价金额，即企业会以折扣、返利等形式提供价格折让；二是其他相关事实和情况表明，企业在与客户签订合同时即打算向客户提供价格折让。

合同中存在可变对价的，企业应当按照期望值或最可能发生金额确定计入交易价格的可变对价最佳估计数。

（1）期望值是按照各种可能发生的对价金额及相关概率计算确定的金额。如果企业拥有大量具有类似特征的合同，并估计可能产生多个结果时，通常按照期望值估计可变对价金额。例如，【例13-9】中的提前完工奖励或延期完工罚金应按照期望值进行估计。

（2）最可能发生金额是一系列可能发生的对价金额中最可能发生的单一金额，即合同最可能产生的单一结果。当合同仅有两个可能结果时，通常按照最可能发生金额估计可变对价金额。例如，【例13-9】中因达到特定评级而给予的奖励性付款应按照最可能发生金额进行估计。

企业按照期望值或最可能发生金额确定可变对价金额之后，计入交易价格的可变对价金额还应该满足限制条件，即包含可变对价的交易价格，应当不超过在相关不确定性消除时累计已确认收入极可能不会发生重大转回的金额，以避免因某些不确定性因素的发生导致之前已经确认的收入发生转回。其中，"极可能"是指发生的可能性远高于"很可能（发生的可能性大于50%但小于或等于95%）"的下限，但不要求达到"基本确定（发生的可能性大于95%但小于100%）"。企业在评估累计已确认收入是否极可能不会发生重大转回时，应当同时考虑收入转回的可能性及其比重（指可能发生的收入转回金额相对于包括固定对价和可变对价在内的合同总对价的比重）。每一资产负债表日，企业应当重新估计应计入交易价格的可变对价金额。

【例13-10】2×24年1月1日，华联实业股份有限公司与客户签订了一项A产品销售合同，合同售价为每件100元。为了鼓励客户多购商品，合同规定，如果客户在2×24年度内累计购买A产品超过5 000件，则A产品售价将追溯调整为每件90元，即A产品的合同对价是可变的。2×24年第一季度，华联公司向该客户实际出售A产品500件。华联公司根据以往与该客户交易的大量经验，估计该客户在2×24年度内累计购买的A产品数量不会超过5 000件。基于这一事实，华联公司认为在不确定性因素消除时（即获悉2×24年度客户购买总量时），按合同售价每件100元确认的收入极有可能不会发生重大转回，因此，华联公司2×24年第一季度确认收入50 000元（100×500）。2×24年第二季度，客户收购了另一家企业，扩大了营业规模，华联公司第二季度向该客户出售A产品2 000件。基于这一新的事实，华联公司经过重新评估认为，该客户在2×24年度内累计购买的A产品数量极可能会超过5 000件，即A产品的最终售价极可能为每件90元。

上例中，为了避免相关不确定性因素消除时发生转回之前已经确认收入的情况，华联公司2×24年第二季度确认的收入金额应当为175 000元（90×2 000-10×500）。华联公司2×24年上半年累计确认的收入金额应当为225 000元（（50 000+175 000）或者（90×2 500））。

**2.合同中存在的重大融资成分**

合同中存在重大融资成分的，企业应当按照假定客户在取得商品控制权时即以现金支付的应付金额确定交易价格。该交易价格与合同对价之间的差额，应当在合同期间内采用实际利率法摊销。

延伸阅读13-6

合同开始日，企业预计客户取得商品控制权与客户支付价款间隔不超过一年的，可以不考虑合同中存在的重大融资成分。

可变对价示例

**3.非现金对价**

非现金对价包括客户以存货、固定资产、无形资产、股权、客户提供的广告服务等方式支付的对价。客户支付非现金对价的，企业应当按照非现金对价的公允价值确定交易价格。非现金对价的公允价值不能合理估计的，企业应当参照其承诺向客户转让商品的单独售价间接确定交易价格。非现金对价的公允价值计量日为合同开始日。

非现金对价的公允价值可能会因对价的形式而发生变动（例如，企业有权向客户收取的对价是股票，股票本身的价格会发生变动），也可能会因对价形式以外的原因而发生变动（例如，企业有权收取的非现金对价公允价值因企业的履约情况而发生变动）。合同开始日后，非现金对价的公允价值因对价形式以外的原因而发生变动的，应当作为可变对价进行会计处理；合同开始日后，非现金对价的公允价值因对价形式而发生变动的，该变动金额不应计入交易价格。

**【例13-11】**华联实业股份有限公司与A公司签订合同，为其生产一台专用设备。合同约定，专用设备的交易价格为150 000元，如果华联公司能够在30天内交货，则可以额外获得500股A公司的股票作为奖励。合同开始日，A公司股票的价格为每股10元。由于缺乏执行类似合同的经验，华联公司判断，将A公司股票的公允价值计入交易价格不满足将可变对价金额计入交易价格的限制条件。合同开始日之后的第28天，华联公司将专用设备交付给A公司，从而获得了500股A公司股票，华联公司将其分类为以公允价值计量且其变动计入当期损益的金融资产。当日，A公司股票的价格为每股12元。

上例中，合同开始日，由于华联公司判断A公司股票的公允价值不满足计入交易价格的限制条件，因此，未将其计入交易价格。合同开始日之后的第28天，华联公司获得了500股A公司股票，此时，应将A公司股票的公允价值因对价形式以外的原因（30天内交货）而发生的变动5 000元（10×500）确认为收入，因对价形式原因而发生的变动1 000元（2×500）计入公允价值变动损益。

4.应付客户对价

企业应付客户对价的,应当将该应付对价冲减交易价格,并在确认相关收入与支付(或承诺支付)客户对价二者孰晚的时点冲减当期收入,但应付客户对价是为了向客户取得其他可明确区分商品的除外。

【例13-12】华联实业股份有限公司与一家大型连锁超市签订了一项销售B产品的一年期合同,客户承诺在合同期内至少购买价值2 000万元的B产品。合同同时规定,华联公司须在合同开始时,向客户支付100万元的不可返还款项,作为客户改造货架以适合摆放B产品的补偿。

上例中,由于华联公司并未取得对客户货架的任何控制权,因而向客户支付对价的目的并不是取得可明确区分的商品。华联公司应将该笔向客户支付的对价作为对合同交易价格的抵减,在确认转让B产品的收入时,按应付客户对价占商品交易价格的比例5%($\frac{100}{2\,000} \times 100\%$)冲减收入。假定华联公司在合同期内的第一个月向客户转让了发票金额为200万元的B产品,则华联公司应确认的收入为190万元(200-200×5%)。

企业应付客户对价是为了向客户取得其他可明确区分商品的,应当采用与本企业其他采购相一致的方式确认所购买的商品。企业应付客户对价超过向客户取得可明确区分商品公允价值的,超过金额应当冲减交易价格。向客户取得的可明确区分商品公允价值不能合理估计的,企业应当将应付客户对价全额冲减交易价格。

(四)将交易价格分摊至各单项履约义务

合同中包含两项或多项履约义务的,企业应当在合同开始日,按照各单项履约义务所承诺商品的单独售价的相对比例,将交易价格分摊至各单项履约义务,并按照分摊至各单项履约义务的交易价格计量收入。企业不得因合同开始日之后单独售价的变动而重新分摊交易价格。

1.确定单独售价

企业在类似环境下向类似客户单独销售商品的价格,应作为确定该商品单独售价的最佳证据。单独售价无法直接观察的,企业应当综合考虑其能够合理取得的全部相关信息,包括市场情况(如商品的市场供求状况、竞争、限制和趋势等)、企业特定因素(如企业的定价策略和实务操作安排等)以及与客户有关的信息(如客户类型、所在地区和分销渠道等)等,采用市场调整法、成本加成法、余值法等方法合理估计单独售价。在估计单独售价时,企业应当最大限度地采用可观察的输入值,并对类似的情况采用一致的估计方法。

(1)市场调整法,是指企业根据某商品或类似商品的市场售价考虑本企业的成本和毛利等进行适当调整后,确定其单独售价的方法。

(2)成本加成法,是指企业根据某商品的预计成本加上其合理毛利后的价格,确定其单独售价的方法。

(3)余值法,是指企业根据合同交易价格减去合同中其他商品可观察的单独售价后的余值,确定某商品单独售价的方法。企业在商品近期售价波动幅度巨大,或者因未定价且未曾单独销售而使售价无法可靠确定时,可采用余值法估计其单独售价。

2.分摊合同折扣

合同折扣,是指合同中各单项履约义务所承诺商品的单独售价之和高于合同交易价格的金额。合同折扣的分摊,需要区分以下三种情况:

(1)通常情况下,企业应当在各单项履约义务之间按比例分摊合同折扣。

【例13-13】华联实业股份有限公司与客户签订了一项合同,以100 000元的价格向客户销售甲、乙、丙三种产品。其中，甲产品是华联公司定期单独对外销售的产品，单独售价可直接观察；乙产品和丙产品的单独售价则不可直接观察，华联公司采用市场调整法估计乙产品的单独售价，采用成本加成法估计丙产品的单独售价。华联公司对单独售价的估计见表13-1。

表13-1　　　　　　　　　　　　　　　　单独售价估计表　　　　　　　　　　　　　　　　单位：元

| 合同产品 | 单独售价 | 方法 |
|---|---|---|
| 甲产品 | 66 000 | 直接观察法 |
| 乙产品 | 18 000 | 市场调整法 |
| 丙产品 | 36 000 | 成本加成法 |
| 合计 | 120 000 | — |

从表13-1可知，甲、乙、丙三种产品单独售价之和超过了合同对价，因此，华联公司实际上是因为客户一揽子购买商品而给予了客户折扣。华联公司认为，没有可观察的证据表明该项折扣是针对一项或多项特定产品的，因此，将该项折扣在甲、乙、丙三种产品之间按单独售价的相对比例进行分摊。甲、乙、丙三种产品合同折扣的分摊见表13-2。

表13-2　　　　　　　　　　　　　　　　合同折扣分摊表　　　　　　　　　　　　　　　　单位：元

| 合同产品 | 按比例分摊 | 交易价格 |
|---|---|---|
| 甲产品 | $\frac{66\,000}{120\,000}\times100\,000$ | 55 000 |
| 乙产品 | $\frac{18\,000}{120\,000}\times100\,000$ | 15 000 |
| 丙产品 | $\frac{36\,000}{120\,000}\times100\,000$ | 30 000 |
| 合计 | | 100 000 |

（2）有确凿证据表明合同折扣仅与合同中一项或多项（而非全部）履约义务相关的，企业应当将该合同折扣分摊至相关一项或多项履约义务。

【例13-14】华联实业股份有限公司与客户签订了一项合同，以250 000元的价格向客户销售A、B、C三种产品，三种产品都是华联公司定期单独对外销售的产品，单独售价均可直接观察。华联公司确定的合同产品单独售价见表13-3。

表13-3　　　　　　　　　　　　　　　　单独售价估计表　　　　　　　　　　　　　　　　单位：元

| 合同产品 | 单独售价 | 方法 |
|---|---|---|
| A产品 | 80 000 | 直接观察法 |
| B产品 | 88 000 | 直接观察法 |
| C产品 | 132 000 | 直接观察法 |
| 合计 | 300 000 | — |

华联公司在日常销售中，以80 000元的价格销售A产品，并定期以170 000元的价格将B产品和C产品组合在一起销售。由于华联公司将B产品和C产品组合在一起进行销售的价格170 000元与B产品和C产品单独售价之和220 000元的差额为50 000元，与合同的整体折扣一致，而A

产品日常销售价格与其单独售价一致，证明合同折扣只是针对B产品和C产品的。因此，华联公司在分摊合同折扣时，应将合同折扣按单独售价的相对比例分摊给B产品和C产品。B产品和C产品合同折扣的分摊见表13-4。

表13-4　　　　　　　　　　　　　合同折扣分摊表　　　　　　　　　　　　单位：元

| 合同产品 | 按比例分摊 | 交易价格 |
|---|---|---|
| B产品 | $\dfrac{88\,000}{88\,000+132\,000}\times170\,000$ | 68 000 |
| C产品 | $\dfrac{132\,000}{88\,000+132\,000}\times170\,000$ | 102 000 |
| 合计 | — | 170 000 |

（3）合同折扣仅与合同中一项或多项（而非全部）履约义务相关，且企业采用余值法估计单独售价的，应当首先在该一项或多项（而非全部）履约义务之间分摊合同折扣，然后采用余值法估计单独售价。

【例13-15】沿用【例13-14】的资料，现假定华联实业股份有限公司以280 000元的价格向客户销售A、B、C、D四种产品。其中，D产品因其近期售价波动幅度巨大而无法可靠确定单独售价，华联公司采用余值法估计其单独售价，其他资料不变。华联公司对D产品单独售价的估计，见表13-5。

表13-5　　　　　　　　　　　　　单独售价估计表　　　　　　　　　　　　单位：元

| 合同产品 | 单独售价 | 方法 |
|---|---|---|
| A产品 | 80 000 | 直接观察法 |
| B产品 | 68 000 | 直接观察法（已扣除折扣） |
| C产品 | 102 000 | 直接观察法（已扣除折扣） |
| D产品 | 30 000 | 余值法 |
| 合计 | 280 000 | — |

3.分摊可变对价

对于可变对价及可变对价的后续变动额，企业应当按照与分摊合同折扣相同的方法，将其分摊至与之相关的一项或多项履约义务，或者分摊至构成单项履约义务的一系列可明确区分商品中的一项或多项商品。

对于已履行的履约义务，其分摊的可变对价后续变动额应当调整变动当期的收入。

4.分摊合同变更之后发生的可变对价后续变动

合同变更之后发生可变对价后续变动的，企业应当区分下列三种情形分别进行会计处理：

（1）合同变更属于将合同变更部分作为一份单独的合同进行会计处理的情况下，企业应当判断可变对价后续变动与哪一项合同相关，并按照分摊可变对价的要求进行会计处理。

（2）合同变更属于将原合同视为终止并将原合同未履约部分与合同变更部分合并为新合同进行会计处理的情况下，如果可变对价后续变动与合同变更前已承诺可变对价相关的，企业应当首先将该可变对价后续变动额以原合同开始日确定的基础进行分摊，然后再将分摊至合同变更日尚未履行履约义务的该可变对价后续变动额以新合同开始日确定的基础进行二次分摊。

（3）合同变更之后发生除上述（1）、（2）情形以外的可变对价后续变动的，企业应当将该可变对价后续变动额分摊至合同变更日尚未履行的履约义务。

【例13-16】2×23年8月20日，华联实业股份有限公司与乙公司签订合同，向其销售E产品和F产品。合同约定，E产品于2×23年10月31日前交付乙公司，F产品于2×24年1月31日前交付乙公司；合同约定的对价包括50 000元的固定对价和估计金额为6 000元的可变对价，将该可变对价计入交易价格，可以满足将可变对价计入交易价格的限制条件。E产品的单独售价为36 000元，F产品的单独售价为24 000元，二者合计大于合同对价，说明华联公司因为客户一揽子购买商品而给予了客户折扣。华联公司认为，没有可观察的证据表明可变对价和合同折扣是专门针对E产品或者F产品的，因此，将可变对价和合同折扣在E、F两种产品之间按单独售价的比例进行分摊。合同开始日，华联公司对可变对价和合同折扣的分摊见表13-6。

表13-6　　　　　　　　　　　　　　　可变对价与合同折扣分摊表　　　　　　　　　　　　　　单位：元

| 合同产品 | 按比例分摊 | 交易价格 |
|---|---|---|
| E产品 | $\dfrac{36\,000}{36\,000+24\,000}\times 56\,000$ | 33 600 |
| F产品 | $\dfrac{24\,000}{36\,000+24\,000}\times 56\,000$ | 22 400 |
| 合计 | — | 56 000 |

2×23年10月31日，华联公司将E产品交付乙公司后，确认销售收入33 600元。

2×23年12月25日，华联公司与乙公司对合同进行了变更，华联公司向乙公司额外销售一批G产品，G产品于2×24年5月31日前交付乙公司。G产品的单独售价为16 000元，双方确定的合同价格为10 000元。由于G产品的合同价格不能反映G产品的单独售价，并且在合同变更日已转让的E产品与未转让的F产品之间可明确区分，因此，华联公司将合同变更作为原合同终止，同时将原合同未履行部分与合同变更部分合并为新合同进行会计处理。在新合同下，合同交易价格为32 400元（22 400+10 000）。华联公司将新合同的交易价格在F产品和G产品之间的分摊见表13-7。

表13-7　　　　　　　　　　　　　　　　交易价格分摊表　　　　　　　　　　　　　　　　单位：元

| 合同产品 | 按比例分摊 | 交易价格 |
|---|---|---|
| F产品 | $\dfrac{24\,000}{24\,000+16\,000}\times 32\,400$ | 19 440 |
| G产品 | $\dfrac{16\,000}{24\,000+16\,000}\times 32\,400$ | 12 960 |
| 合计 | — | 32 400 |

2×23年12月31日，华联公司对可变对价金额进行了重新估计，可变对价金额由原先估计的6 000元变更为8 000元，该可变对价的后续变动与合同变更前已承诺的可变对价相关，并且可以满足将可变对价计入交易价格的限制条件。华联公司应当首先将该可变对价后续变动额2 000元在原合同的E产品和F产品之间进行分摊，然后再将分摊至合同变更日尚未履行履约义务的F产品的可变对价后续变动额在新合同的F产品和G产品之间进行二次分摊。

华联公司将可变对价后续变动额在E产品和F产品之间的分摊，见表13-8。

表13-8 可变对价后续变动额分摊表 单位：元

| 合同产品 | 按比例分摊 | 可变对价后续变动额 |
|---|---|---|
| E产品 | $\dfrac{36\,000}{36\,000+24\,000}\times2\,000$ | 1 200 |
| F产品 | $\dfrac{24\,000}{36\,000+24\,000}\times2\,000$ | 800 |
| 合计 | — | 2 000 |

由于可变对价发生后续变动时，E产品已经销售并已确认了收入，因此，应将分摊至E产品的可变对价后续变动额1 200元全部确认为变动当期的收入。同时，应将分摊至F产品的可变对价后续变动额800元，在F产品和G产品之间进行二次分摊，见表13-9。

表13-9 可变对价后续变动额分摊表 单位：元

| 合同产品 | 按比例分摊 | 可变对价变动额 | 交易价格 |
|---|---|---|---|
| F产品 | $\dfrac{24\,000}{24\,000+16\,000}\times800$ | 480 | 19 440+480=19 920 |
| G产品 | $\dfrac{16\,000}{24\,000+16\,000}\times800$ | 320 | 12 960+320=13 280 |
| 合计 | — | 800 | 32 400+800=33 200 |

假定可变对价在此后期间没有再次发生变动，则F产品于2×24年1月31日交付给乙公司后，华联公司应确认销售收入19 920元；G产品于2×24年5月31日交付乙公司后，华联公司应确认销售收入13 280元。

**（五）履行每一单项履约义务时确认收入**

合同开始日，企业应当在对合同进行评估并识别该合同所包含的各单项履约义务的基础上，确定各单项履约义务是在某一时段内履行，还是在某一时点履行，然后，在履行了各单项履约义务即客户取得相关商品控制权时确认收入。

1.在某一时段内履行的履约义务

企业应当首先判断履约义务是否满足在某一时段内履行履约义务的条件，如果不能满足，则属于在某一时点履行的履约义务。满足下列条件之一的，属于在某一时段内履行的履约义务：

（1）客户在企业履约的同时即取得并消耗企业履约所带来的经济利益。如果企业在履约过程中是持续地向客户转移该服务控制权的，则表明客户在企业履约的同时即取得并消耗企业履约所带来的经济利益，该履约义务属于在某一时段内履行的履约义务。企业在进行判断时，可以假定在企业履约过程中更换为其他企业继续履行剩余履约义务，如果该继续履行合同的企业实质上无须重新执行企业累计至今已经完成的工作，则表明客户在企业履约的同时即取得并消耗了企业履约所带来的经济利益。例如，甲运输公司承诺将客户的一批货物由A地运至B地，途经C地时，甲运输公司将该批货物交由乙运输公司继续运往B地。由于乙运输公司无须重新执行A地到C地的运输服务，表明客户在企业履约的同时即取得并消耗了企业履约所带来的经济利益，该运输服务属于在某一时段内履行的履约义务。

（2）客户能够控制企业履约过程中在建的商品。企业在履约过程中在建的商品包括在产品、在建工程、尚未完成的研发项目、正在进行的服务等。如果在企业创建这些商品的过程中客户就能够控制这些在建商品，则表明该履约义务属于在某一时段内履行的履约义务。例如，建造承包商应客户要求为其扩建厂房，在扩建过程中，客户有权根据需要变更扩建方案并重新协商合同价款，客户每月按扩建进度向建造承包支付工程款，如果客户终止合同，则已部分完成扩建的厂房归客户所有。由于客户能够控制企业履约过程中在建的商品，因此，该厂房扩建工程属于在某一时段内履行的履约义务。

（3）企业履约过程中所产出的商品具有不可替代用途，且该企业在整个合同期间内有权就累计至今已完成的履约部分收取款项。具有不可替代用途，是指因合同限制或实际可行性限制，企业不能轻易地将商品用于其他用途；有权就累计至今已完成的履约部分收取款项，是指在由于客户或其他方原因终止合同的情况下，企业有权就累计至今已完成的履约部分收取能够补偿其已发生成本和合理利润的款项，并且该权利具有法律约束力。例如，甲设备制造企业为一客户专门设计并制造一台大型专用设备，如果客户终止合同，甲设备制造企业需要支付重大的改制成本，才能将其出售给其他客户，因此，该专用设备具有不可替代用途。如果合同约定，在客户单方面终止合同的情况下，客户须按设备完工进度支付已完工部分的合同价款，该价款能够补偿甲设备制造企业已发生成本和合理利润，则该项设备制造属于在某一时段内履行的履约义务；如果合同约定，在客户单方面终止合同的情况下，客户只需按合同价款的20%支付违约金，则该项设备制造属于在某一时点履行的履约义务。

2.在某一时点履行的履约义务

当一项履约义务不能满足在某一时段内履行履约义务的条件时，即不属于在某一时段内履行的履约义务时，则属于在某一时点履行的履约义务。对于在某一时点履行的履约义务，企业应当综合分析控制权转移的迹象，判断其转移时点。企业应当在客户取得相关商品控制权时点确认收入。

延伸阅读13-7
履约义务示例

### 三、合同成本

#### （一）合同履约成本

企业为履行合同会发生各种成本，如果这些成本不属于存货、固定资产、无形资产等资产的取得成本且同时满足下列三个条件，应当作为合同履约成本确认为一项资产：

（1）该成本与一份当前或预期取得的合同直接相关，包括直接人工、直接材料、制造费用（或类似费用）、明确由客户承担的成本以及仅因该合同而发生的其他成本。

（2）该成本增加了企业未来用于履行履约义务的资源。

（3）该成本预期能够收回。

企业应当在下列支出发生时，将其计入当期损益：

（1）管理费用，除非这些费用明确由客户承担。

（2）非正常消耗的直接材料、直接人工和制造费用（或类似费用），这些支出为履行合同发生，但未反映在合同价格中。

（3）与履约义务中已履行（包括已全部履行或部分履行）部分相关的支出，即该支出与企业过去的履约活动相关。

（4）无法在尚未履行的与已履行的履约义务之间区分的相关支出。

#### （二）合同取得成本

企业为取得合同发生的增量成本预期能够收回的，应当作为合同取得成本确认为一项资产；但是，该资产摊销期限不超过一年的，可以在发生时计入当期损益。

增量成本，是指企业不取得合同就不会发生的成本（如销售佣金等）。

企业为取得合同发生的、除预期能够收回的增量成本之外的其他支出（如无论是否取得合同均会发生的差旅费、投标费等），应当在发生时计入当期损益，但是，明确由客户承担的除外。

### （三）与合同成本有关的资产的摊销与减值

与合同成本有关的资产，是指按合同履约成本确认的资产和按合同取得成本确认的资产。

与合同成本有关的资产，应当采用与该资产相关的商品收入确认相同的基础（即按照履约进度或者履约时点）进行摊销，计入当期损益。

与合同成本有关的资产，其账面价值高于下列两项的差额的，超出部分应当计提减值准备，并确认为资产减值损失：

（1）企业因转让与该资产相关的商品预期能够取得的剩余对价；

（2）为转让该相关商品估计将要发生的成本。

以前期间减值的因素之后发生变化，使得上列两项的差额高于该资产账面价值的，应当转回原已计提的资产减值准备，并计入当期损益，但转回后的资产账面价值不应超过假定不计提减值准备情况下该资产在转回日的账面价值。

在确定与合同成本有关的资产的减值损失时，企业应当首先对与合同有关的存货、固定资产、无形资产等资产确定减值损失；然后，按照上述与合同成本有关的资产减值要求确定与合同成本有关的资产的减值损失。

**【例13-17】**华联公司与客户签订了一项为期5年的合同，为客户的信息中心提供管理服务。华联公司为取得合同发生的成本见表13-10。

表13-10　　　　　　　　　　　合同取得成本表　　　　　　　　　　　单位：元

| 成本项目 | 金额 |
| --- | --- |
| 与尽职调查相关的外部法律费用 | 35 000 |
| 参加投标发生的差旅费 | 40 000 |
| 因签订合同而支付给员工的销售佣金 | 25 000 |
| 合计 | 100 000 |

此外，华联公司基于年度销售目标、企业整体盈利情况以及个人业绩，酌情向销售主管支付年度奖金50 000元。

在向客户提供服务之前，华联公司设计并搭建了一个供华联公司内部使用的与客户信息系统相连接的技术平台。该平台并不会转让给客户，但将用于向客户提供信息中心管理服务。华联公司为搭建技术平台发生的初始成本见表13-11。

表13-11　　　　　　　　　　　搭建技术平台的初始成本表　　　　　　　　单位：元

| 成本项目 | 金额 |
| --- | --- |
| 设计服务 | 100 000 |
| 硬件 | 300 000 |
| 软件 | 200 000 |
| 数据中心测试 | 150 000 |
| 合计 | 750 000 |

除构建技术平台的初始成本外，华联公司还委派两名员工，主要负责向客户提供日常服务，每月向其支付工资等费用18 000元。

华联公司对发生的上列支出所作的分析及相应的会计处理如下：

（1）外部法律费用和差旅费，由于无论企业是否取得合同均将发生，因而不属于增量成本，应当在发生时计入当期损益。

（2）销售佣金，由于企业不取得合同就不会发生，因而属于取得合同的增量成本，华联公司预期将通过未来向客户收取的信息中心管理服务费收回该成本，因而应确认为一项资产，记入"合同取得成本"科目，并在未来提供服务的5年内分期摊销。

（3）向销售主管支付的年度奖金，由于该奖金是基于年度销售目标、企业整体盈利情况以及个人业绩酌情支付的，并不能直接归属于所取得的合同，因而应当作为职工薪酬，在发生时计入当期损益。

（4）购买的硬件应作为固定资产进行会计处理，购买的软件应作为无形资产进行会计处理。

（5）设计服务成本和数据中心测试成本，由于与所取得的合同直接相关、增加了企业未来用于履行履约义务的资源并且华联公司预期能够收回，因而应确认为一项资产，记入"合同履约成本"科目，并在未来提供服务的5年内分期摊销。

（6）向负责日常管理的员工支付的工资，并不会增加企业未来用于履行履约义务的资源，属于与履约义务中已履行部分相关的支出，应当作为职工薪酬，于发生时计入当期损益。

### 四、销售业务的一般会计处理

收入确认与计量的五步法模型是为了满足企业在各种合同安排下，特别是在某些包含多重交易、可变对价等复杂合同安排下，对相关收入进行确认和计量的需要而设定的。在会计实务中，企业转让商品的合同在相当多的情况下属于履约义务单一、交易价格固定的简单合同。对于简单合同，企业在应用五步法模型时，可以简化或者省略其中的某些步骤，如在区分属于在某一时段内履行的履约义务还是在某一时点履行的履约义务的前提下，重点关注企业是否已经履行了履约义务即客户是否已经取得了相关商品的控制权、企业因向客户转让商品而有权取得的对价是否很可能收回等。

#### （一）在某一时段内履行履约义务的收入确认

对于在某一时段内履行的履约义务，企业应当在该段时间内按照履约进度确认收入，但是，履约进度不能合理确定的除外。资产负债表日，企业应当按照合同收入总额乘以履约进度再扣除以前会计期间累计确认的合同收入后的金额，确认当期收入；同时，按照履行合同估计发生的总成本乘以履约进度再扣除以前会计期间累计确认的合同成本后的金额，结转当期成本。用公式表示如下：

本期确认的收入=合同总收入×本期末止履约进度−以前期间已确认的收入

本期确认的成本=合同总成本×本期末止履约进度−以前期间已确认的成本

企业应当考虑商品的性质，采用产出法或投入法确定恰当的履约进度。

（1）产出法是根据已转移给客户的商品对于客户的价值确定履约进度的方法，如按照实际测量的完工进度、已实现的结果、已达到的里程碑、已完成的时间进度、已生产或已交付的产品单位等产出指标确定履约进度。产出法是根据能够代表向客户转移商品控制权的产出指标直接计算履约进度的，因此，通常能够客观地反映履约进度。如果产出法下有关产出指标的信息无法直接观察获得，企业为获得这些信息需要花费很高的成本，则需要采用投入法来确定履约进度。

（2）投入法是根据企业为履行履约义务的投入确定履约进度的方法，如按照投入的材料数量、花费的人工工时或机器工时、发生的成本、时间进度等投入指标确定履约进度。当企业从事的工作或发生的投入是在整个履约期间内平均发生时，企业也可以按照直线法确认收入。在会计实务中，经常使用的方法是按照累计实际发生的成本占预计总成本的比例确定履约进度（成本法）。投入法所需要的投入指标比较易于获得，但在有些情况下，投入指标与企业向客户转移商品的控制权之间未必存在直接的对应关系。因此，企业在采用投入法确定履约进度时，应当扣除那些虽然已经发生但并未导致向客户转移商品的投入。

**延伸阅读 13-9**

**履约进度示例**

每一资产负债表日，企业应当对履约进度进行重新估计，以确保履约进度能够反映履约情况的变化。对于每一项履约义务，企业只能采用一种方法来确定其履约进度，并加以一贯运用。对于类似情况下的类似履约义务，企业应当采用相同的方法确定履约进度。

对于在某一时段内履行的履约义务，只有当其履约进度能够合理确定时，才应当按照履约进度确认收入。当履约进度不能合理确定时，企业已经发生的成本预计能够得到补偿的，应当按照已经发生的成本金额确认收入，直到履约进度能够合理确定为止。

**【例 13-18】** 2×21 年 8 月 20 日，华联实业股份有限公司与甲公司签订了一项为期 3 年的服务合同，为其写字楼提供保洁服务。合同约定的服务费总额为 1 800 000 元（不含增值税），于每年的 12 月 31 日按已完成的时间进度结算一次。该合同于 2×21 年 9 月 1 日开始执行。

华联公司为客户提供的保洁服务属于可明确区分的服务承诺，因此应作为单项履约义务进行会计处理。由于华联公司在履约过程中是持续地向客户提供服务的，表明客户在企业履约的同时即取得并消耗企业履约所带来的经济利益，因此该项服务属于在某一时段内履行的履约义务。华联公司判断，因向客户提供保洁服务而有权取得的对价很可能收回，华联公司于每年的 12 月 31 日根据实际结算的服务费金额确认收入。假定华联公司提供保洁服务适用的增值税税率为 6%，于结算服务费时发生纳税义务。

（1）2×21 年 12 月 31 日，结算服务费并确认收入。

本年应确认合同收入 $= 1\ 800\ 000 \times \dfrac{4}{3 \times 12} = 200\ 000$（元）

本年应收合同价款（含增值税）$= 200\ 000 \times (1+6\%) = 212\ 000$（元）

借：银行存款（或应收账款） 212 000
　　贷：主营业务收入 200 000
　　　　应交税费——应交增值税（销项税额） 12 000

（2）2×22 年 12 月 31 日，结算服务费并确认收入。

本年应确认合同收入 $= 1\ 800\ 000 \times \dfrac{4 + 12}{3 \times 12} - 200\ 000 = 600\ 000$（元）

本年应收合同价款（含增值税）$= 600\ 000 \times (1+6\%) = 636\ 000$（元）

借：银行存款（或应收账款） 636 000
　　贷：主营业务收入 600 000
　　　　应交税费——应交增值税（销项税额） 36 000

（3）2×23 年 12 月 31 日，结算服务费并确认收入。

本年应确认合同收入 $= 1\ 800\ 000 \times \dfrac{4 + 12 \times 2}{3 \times 12} - (200\ 000 + 600\ 000) = 600\ 000$（元）

本年应收合同价款（含增值税）$= 600\ 000 \times (1+6\%) = 636\ 000$（元）

借：银行存款（或应收账款） 636 000
    贷：主营业务收入 600 000
        应交税费——应交增值税（销项税额） 36 000

（4）2×24年8月31日，合同到期，结算剩余服务费并确认收入。

本年应确认合同收入=1 800 000-（200 000+600 000+600 000）=400 000（元）

本年应收合同价款（含增值税）=400 000×（1+6%）=424 000（元）

借：银行存款（或应收账款） 424 000
    贷：主营业务收入 400 000
        应交税费——应交增值税（销项税额） 24 000

【例13-19】2×23年11月25日，华联实业股份有限公司与乙公司签订了一项设备安装服务合同，乙公司将其购买的一套大型设备交由华联公司安装。根据合同约定，设备安装费总额为200 000元（不含增值税），于设备安装完成、验收合格后一次结清。2×23年12月1日，华联公司开始进行设备安装，至2×23年12月31日，实际发生安装成本60 000元，其中，支付安装人员薪酬36 000元，领用库存原材料5 000元，以银行存款支付其他费用19 000元；据合理估计，至设备安装完成，还会发生安装成本90 000元。2×24年2月10日，设备安装完成，本年实际发生安装成本92 000元，其中，支付安装人员薪酬65 000元，领用库存原材料2 000元，以银行存款支付其他费用25 000元。设备经检验合格后，乙公司如约支付安装费。

由于乙公司能够控制华联公司履约过程中的在安装设备，因而该项安装服务属于在某一时段内履行的履约义务。华联公司判断，因向客户提供安装服务而有权取得的对价很可能收回。华联公司按已经发生的成本占估计总成本的比例确定履约进度。假定华联公司提供安装服务适用的增值税税率为9%，结算安装费时发生纳税义务。

（1）支付2×23年实际发生的安装成本（总括分录）。

借：合同履约成本——服务成本 36 000
    贷：应付职工薪酬 36 000
借：合同履约成本——服务成本 5 000
    贷：原材料 5 000
借：合同履约成本——服务成本 19 000
    贷：银行存款 19 000

（2）2×23年12月31日，确认收入并结转成本。

$$履约进度=\frac{60\,000}{60\,000+90\,000}×100\%=40\%$$

本年应确认合同收入=200 000×40%=80 000（元）

本年应结转合同成本=150 000×40%=60 000（元）

本年应收合同价款（含增值税）=80 000×（1+9%）=87 200（元）

借：应收账款——乙公司 87 200
    贷：主营业务收入 80 000
        应交税费——待转销项税额 7 200
借：主营业务成本 60 000
    贷：合同履约成本——服务成本 60 000

其中，"待转销项税额"明细科目核算一般纳税人销售货物，提供加工修理修配劳务，销售服务、无形资产或不动产，已确认相关收入或已收取合同价款但尚未发生增值税纳税义务且需于以后期间确认为销项税额的增值税税额。

（3）支付2×24年发生的安装成本（总括分录）。

| | | |
|---|---|---|
| 借：合同履约成本——服务成本 | 65 000 | |
| 　贷：应付职工薪酬 | | 65 000 |
| 借：合同履约成本——服务成本 | 2 000 | |
| 　贷：原材料 | | 2 000 |
| 借：合同履约成本——服务成本 | 25 000 | |
| 　贷：银行存款 | | 25 000 |

（4）设备经检验合格后收到安装费，同时，确认收入并结转成本。

本年应确认合同收入=200 000−80 000=120 000（元）

本年应结转合同成本=152 000−60 000=92 000（元）

应收合同价款总额（含增值税）=200 000×（1+9%）=218 000（元）

| | | |
|---|---|---|
| 借：银行存款 | 218 000 | |
| 　应交税费——待转销项税额 | 7 200 | |
| 　贷：应收账款——乙公司 | | 87 200 |
| 　　主营业务收入 | | 120 000 |
| 　　应交税费——应交增值税（销项税额） | | 18 000 |
| 借：主营业务成本 | 92 000 | |
| 　贷：合同履约成本——服务成本 | | 92 000 |

**【例13-20】**华联实业股份有限公司与客户签订了一项总金额为2 000万元（不含增值税）的固定造价合同，该合同不可撤销。华联公司负责工程的施工及管理，合同价款按第三方工程监理公司认定的工程进度于每年年末结算一次；建造工程的工期预计为24个月，客户承诺，若工程能够提前完工并经验收合格，则每提前完工1天，奖励华联公司5万元（不含增值税）；工程质保金为100万元（不含增值税），保证期为工程竣工后12个月。各年合同成本、合同价款结算及收取情况等有关资料，见表13-12。

表13-12　　　　　　　　　　　合同成本与价款结算及收取情况一览表　　　　　　　　　　单位：万元

| 项目 | 2×21年 | 2×22年 | 2×23年 | 2×24年 |
|---|---|---|---|---|
| 累计实际发生成本 | 360 | 1 575 | 2 080 | — |
| 预计完成合同尚需发生成本 | 1 440 | 525 | — | — |
| 结算合同价款（不含增值税） | 450 | 1 080 | 670 | 100 |
| 实际收到价款（不含增值税） | 430 | 1 050 | 720 | 100 |

2×21年9月1日，工程正式开工，华联公司最初预计的工程总成本为1 800万元；2×22年年末，由于受材料价格上涨等因素的影响，华联公司将工程预计总成本调增至2 100万元。2×23年6月末，工程提前60天竣工，工程质量符合设计要求，客户验收后同意向华联公司支付奖励款300万元（不含增值税）。

该项建造工程整体构成单项履约义务，并且属于在某一时段内履行的履约义务，华联公司按照累计实际发生的成本占预计总成本的比例确定履约进度，于每年的12月31日确认本年收入。

建造合同的对价包含两部分：一部分是金额固定的合同对价2 000万元，另一部分是奖励款导致的可变对价，其金额要视华联公司是否能够提前完工以及提前完工的时间而定。华联公司判断，将提前完工的奖励款计入交易价格不能满足将可变对价计入交易价格的限制条件，因而在各年确认收入时，未将其计入交易价格，直到客户同意向华联公司支付奖励款时，才将其计入交易价格。假定华联公司提供建筑服务适用的增值税税率为9%，结算合同价款时发生纳税义务。

（1）2×21年的会计处理。

①实际发生合同成本（总括分录）。

借：合同履约成本——工程施工　　　　　　　　　　　　　　3 600 000
　　贷：原材料、应付职工薪酬等　　　　　　　　　　　　　　　　　　　3 600 000

②结算合同价款。

应收合同价款（含增值税）=450×（1+9%）=490.5（万元）

借：应收账款　　　　　　　　　　　　　　　　　　　　　　4 905 000
　　贷：合同结算——价款结算　　　　　　　　　　　　　　　　　　　　4 500 000
　　　　应交税费——应交增值税（销项税额）　　　　　　　　　　　　　　405 000

③实际收到合同价款。

已收合同价款（含增值税）=430×（1+9%）=468.7（万元）

借：银行存款　　　　　　　　　　　　　　　　　　　　　　4 687 000
　　贷：应收账款　　　　　　　　　　　　　　　　　　　　　　　　　　4 687 000

④确认本年的合同收入并结转合同成本。

2×21年的履约进度 $= \dfrac{360}{360+1\,440} \times 100\% = 20\%$

2×21年确认的合同收入=2 000×20%=400（万元）

2×21年结转的合同成本=（360+1 440）×20%=360（万元）

借：合同结算——收入结转　　　　　　　　　　　　　　　　4 000 000
　　贷：主营业务收入　　　　　　　　　　　　　　　　　　　　　　　　4 000 000

借：主营业务成本　　　　　　　　　　　　　　　　　　　　3 600 000
　　贷：合同履约成本——工程施工　　　　　　　　　　　　　　　　　　3 600 000

2×21年12月31日，"合同结算"科目的余额为贷方50万元（450-400），该贷方余额是华联公司已经与客户结算但尚未履行履约义务的金额，应在资产负债表中作为合同负债列示。

合同负债，是指企业已收或应收客户对价而应向客户转让商品的义务。

（2）2×22年的会计处理。

①实际发生合同成本（总括分录）。

2×22年发生的合同成本=1 575-360=1 215（万元）

借：合同履约成本——工程施工　　　　　　　　　　　　　　12 150 000
　　贷：原材料、应付职工薪酬等　　　　　　　　　　　　　　　　　　　12 150 000

②结算合同价款。

应收合同价款（含增值税）=1 080×（1+9%）=1 177.2（万元）

借：应收账款　　　　　　　　　　　　　　　　　　　　　　11 772 000
　　贷：合同结算——价款结算　　　　　　　　　　　　　　　　　　　　10 800 000
　　　　应交税费——应交增值税（销项税额）　　　　　　　　　　　　　　972 000

延伸阅读13-10

合同负债示例

③实际收到合同价款。

已收合同价款（含增值税）=1 050×（1+9%）=1 144.5（万元）

| | | |
|---|---|---|
| 借：银行存款 | 11 445 000 | |
| 贷：应收账款 | | 11 445 000 |

④确认本年的合同收入并结转合同成本。

2×22年的履约进度=$\frac{1\ 575}{1\ 575\ +\ 525}$×100%=75%

2×22年确认的合同收入=2 000×75%-400=1 100（万元）

2×22年结转的合同成本=（1 575+525）×75%-360=1 215（万元）

| | | |
|---|---|---|
| 借：合同结算——收入结转 | 11 000 000 | |
| 贷：主营业务收入 | | 11 000 000 |
| 借：主营业务成本 | 12 150 000 | |
| 贷：合同履约成本——工程施工 | | 12 150 000 |

2×22年年末，最新预计的合同总成本为2 100万元（1 575+525），大于合同总收入2 000万元，因此，合同预计发生的损失总额为100万元。其中，75万元（100×75%）的损失已在确认收入和结转成本时予以确认（400-360+1 100-1 215），剩余的25万元（100-75）为尚未确认的预计损失。根据或有事项准则的相关规定，待执行合同变成亏损合同的，该亏损合同产生的义务如果符合预计负债的确认条件，则应当对亏损合同确认预计负债。本例中，继续履行合同预计还会发生的合同损失25万元符合预计负债的确认条件，应当确认为预计负债。

| | | |
|---|---|---|
| 借：主营业务成本 | 250 000 | |
| 贷：预计负债 | | 250 000 |

2×22年12月31日，"合同结算"科目的余额为贷方30万元（50+1 080-1 100），应在资产负债表中作为合同负债列示。

（3）2×23年的会计处理。

①实际发生合同成本（总括分录）。

2×23年发生的合同成本=2 080-1 575=505（万元）

| | | |
|---|---|---|
| 借：合同履约成本——工程施工 | 5 050 000 | |
| 贷：原材料、应付职工薪酬等 | | 5 050 000 |

②结算合同价款。

应收合同价款（含增值税）=670×（1+9%）=730.3（万元）

| | | |
|---|---|---|
| 借：应收账款 | 7 303 000 | |
| 贷：合同结算——价款结算 | | 6 700 000 |
| 应交税费——应交增值税（销项税额） | | 603 000 |

③实际收到合同价款。

已收合同价款（含增值税）=720×（1+9%）=784.80（万元）

| | | |
|---|---|---|
| 借：银行存款 | 7 848 000 | |
| 贷：应收账款 | | 7 848 000 |

④确认本年的合同收入并结转合同成本。

2×23年确认的合同收入=（2 000+300）-（400+1 100）=800（万元）

2×23年结转的合同成本=2 080-（360+1215）=505（万元）

借：合同结算——收入结转　　　　　　　　　　　　　　　8 000 000
　　贷：主营业务收入　　　　　　　　　　　　　　　　　　　　8 000 000
借：主营业务成本　　　　　　　　　　　　　　　　　　5 050 000
　　贷：合同履约成本　　　　　　　　　　　　　　　　　　　　5 050 000

合同履行完毕后，合同总收入和合同总成本均已据实确认，因此，应将前期按预计金额确认的合同损失转回。

借：预计负债　　　　　　　　　　　　　　　　　　　　250 000
　　贷：主营业务成本　　　　　　　　　　　　　　　　　　　　250 000

2×23 年 12 月 31 日，"合同结算"科目的余额为借方 100 万元（30+670-800），是工程质保金，须待保证期结束且工程未发生重大质量问题时方能收款，在资产负债表中应作为合同资产列示。

合同资产，是指企业已向客户转让商品而有权收取对价的权利，且该权利取决于时间流逝之外的其他因素。合同资产不同于应收款项。应收款项是企业拥有的无条件向客户收取对价的权利，即企业仅仅随着时间的流逝即可收款。合同资产并不是一项无条件的收款权，该权利除了时间流逝之外，还取决于其他条件（如履行合同中的其他履约义务）是否得以满足，只有当这些其他条件也得以满足时，该项有条件的收款权利才能转化为无条件的收款权利，即合同资产才能转化为应收款项。因此，合同资产和应收款项的风险是不同的，二者都面临信用风险，但是合同资产同时面临其他风险，如履约风险。本例中，质保金并不是一项无条件的收款权利，华联公司是否有权收回质保金，取决于保证期内工程是否会发生重大质量问题，因而符合合同资产的定义。

（4）2×24 年的会计处理。

①在质保期内未发生重大工程质量问题，结算剩余合同价款（质保金）。

应收合同价款（含增值税）=100×（1+9%）=109（万元）

借：应收账款　　　　　　　　　　　　　　　　　　　1 090 000
　　贷：合同结算——价款结算　　　　　　　　　　　　　　　　1 000 000
　　　　应交税费——应交增值税（销项税额）　　　　　　　　　　90 000

通过上列会计处理，华联公司的合同资产已经转化为应收账款。

②实际收到剩余合同价款。

借：银行存款　　　　　　　　　　　　　　　　　　　1 090 000
　　贷：应收账款　　　　　　　　　　　　　　　　　　　　　　1 090 000

③项目结算完毕，对冲"合同结算"明细科目的余额。

剩余合同价款结算完毕后，"合同结算"总账科目的余额为 0（-100+100），因此，应将其明细科目的余额也对冲为 0。

借：合同结算——价款结算　　　　　　　　　　　　　23 000 000
　　贷：合同结算——收入结转　　　　　　　　　　　　　　　　23 000 000

**（二）在某一时点履行履约义务的收入确认**

对于在某一时点履行的履约义务，企业应当在客户取得相关商品控制权的时点确认收入。在判断客户是否已取得商品控制权时，企业应当考虑下列迹象：

（1）企业就该商品享有现时收款权利，即客户就该商品负有现时付款义务。

（2）企业已将该商品的法定所有权转移给客户，即客户已拥有该商品的法定所有权。

延伸阅读13-11

售后代管示例

（3）企业已将该商品实物转移给客户，即客户已实物占有该商品。

（4）企业已将该商品所有权上的主要风险和报酬转移给客户，即客户已取得该商品所有权上的主要风险和报酬。

（5）客户已接受该商品。

（6）其他表明客户已取得商品控制权的迹象。

需要注意的是，上列判断客户是否已取得商品控制权所应当考虑的迹象中，没有哪一项是决定性的，企业应当根据合同条款和交易实质进行综合分析，以判断客户是否以及何时取得商品的控制权，据以确定收入确认的时点。

当客户取得相关商品控制权时，企业应当按已收或预期有权收取的合同价款确认销售收入，同时或在资产负债表日，按已销商品的账面价值结转销售成本。如果销售的商品已经发出，但客户尚未取得相关商品的控制权或者尚未满足收入确认的前提条件，则发出的商品应通过"发出商品"科目进行核算，企业不应确认销售收入。资产负债表日，"发出商品"科目的余额，应在资产负债表的"存货"项目中反映。

【例13-21】2×23年1月20日，华联实业股份有限公司与甲公司签订合同，向甲公司销售一批A产品。A产品的生产成本为120 000元，合同约定的销售价格为150 000元，增值税销项税额为19 500元。华联公司开出发票并按合同约定的品种和质量发出A产品，甲公司收到A产品并验收入库。根据合同约定，甲公司须于30天内付款。

在这项交易中，华联公司已按照合同约定的品种和质量发出商品，甲公司也已将该批商品验收入库，表明华联公司已经履行了合同中的履约义务，甲公司也已经取得了该批商品的控制权；同时，华联公司判断，因向甲公司转让A产品而有权取得的对价很可能收回。因此，华联公司应于甲公司取得该批商品的控制权时确认收入。

| | | |
|---|---|---|
| 借：应收账款——甲公司 | 169 500 | |
| 贷：主营业务收入 | | 150 000 |
| 应交税费——应交增值税（销项税额） | | 19 500 |
| 借：主营业务成本 | 120 000 | |
| 贷：库存商品 | | 120 000 |

【例13-22】按【例13-21】的资料，现假定华联公司在向甲公司销售A产品时，已知悉甲公司资金周转发生困难，近期内难以收回货款，但为了减少存货积压以及考虑到与甲公司长期的业务往来关系，仍将A产品发运给甲公司并开出发票账单。甲公司于2×23年12月1日给华联公司开出、承兑一张面值169 500元、为期6个月的不带息商业汇票。2×24年6月1日，华联公司收回票款。

本例与【例13-21】唯一不同的是，华联公司在向甲公司销售A产品时已知悉甲公司资金周转发生困难，近期内几乎不可能收回货款，而能否收回货款以及何时收回货款，尚存在重大不确定因素，即不能满足"企业因向客户转让商品而有权取得的对价很可能收回"的条件。因此，华联公司在发出商品时不能确认销售收入，而应待将来满足上列条件后再确认销售收入。华联公司的有关会计处理如下：

（1）2×23年1月20日，发出商品。

| | | |
|---|---|---|
| 借：发出商品 | 120 000 | |
| 贷：库存商品 | | 120 000 |
| 借：应收账款——甲公司（应收销项税额） | 19 500 | |

贷：应交税费——应交增值税（销项税额）　19 500

（2）2×23年12月1日，收到甲公司开来的不带息商业汇票，华联公司判断已经满足"企业因向客户转让商品而有权取得的对价很可能收回"的条件，因而据以确认销售收入。

借：应收票据　169 500
　贷：主营业务收入　150 000
　　应收账款——甲公司（应收销项税额）　19 500
借：主营业务成本　120 000
　贷：发出商品　120 000

（3）2×24年6月1日，收回票款。

借：银行存款　169 500
　贷：应收票据　169 500

【例13-23】2×24年4月1日，华联实业股份有限公司与乙公司签订了一项合同，以195 000元的价格（不含增值税）向乙公司出售A、B、C三种产品。A、B、C三种产品的生产成本依次为65 000元、50 000元和35 000元；单独售价（不含增值税）依次为80 000元、70 000元和50 000元。华联公司按合同约定的品种和质量发出A、B、C三种产品，乙公司收到上列产品并验收入库。根据合同约定，乙公司须于2×24年4月1日、6月30日、9月30日和12月31日分四次等额付款（包括相应的增值税），华联公司按付款进度给乙公司开具增值税专用发票并发生增值税纳税义务。

由于A、B、C三种产品单独售价之和200 000元（80 000+70 000+50 000）超过了合同对价195 000元，因此，华联公司实际上是因为乙公司一揽子购买商品而给予了乙公司折扣。华联公司认为，没有可观察的证据表明该项折扣是针对一项或多项特定产品的，因此，将该项折扣在A、B、C三种产品之间按比例进行分摊。A、B、C三种产品合同折扣的分摊，见表13-13。

表13-13　　合同折扣分摊表　　单位：元

| 合同产品 | 按比例分摊 | 交易价格 |
|---|---|---|
| A产品 | $\frac{80\,000}{200\,000}\times195\,000$ | 78 000 |
| B产品 | $\frac{70\,000}{200\,000}\times195\,000$ | 68 250 |
| C产品 | $\frac{50\,000}{200\,000}\times195\,000$ | 48 750 |
| 合计 | — | 195 000 |

在这项交易中，华联公司采用的是分期收款销售方式。分期收款销售，是指商品已经交付客户，但货款分期收回的一种销售方式。在分期收款销售方式下，如果企业仅仅是为了确保到期收回货款而保留了商品的法定所有权，则企业保留的这项权利通常不会对客户取得对所购商品的控制权形成障碍。因此，企业将商品交付给客户，通常可以表明客户已经取得了对商品的控制权，企业应于向客户交付商品时确认销售收入。需要注意的是，在分期收款销售方式下，货款按照合同约定的收款日期分期收回，强调的只是分期结算货款而已，与客户是否取得对商品的控制权没有关系，企业不应当按照合同约定的收款日期分期确认收入。华联公司的有关会计处理如下：

（1）2×24年4月1日，销售商品并收到乙公司支付的货款。

已收合同价款（不含增值税）=$\frac{195\,000}{4}$=48 750（元）

已收增值税销项税额=48 750×13%=6 337.50（元）

已收账款合计=48 750+6 337.50=55 087.50（元）

应收合同价款（不含增值税）=195 000-48 750=146 250（元）

应收增值税销项税额=146 250×13%=19 012.50（元）

应收账款合计=146 250+19 012.50=165 262.50（元）

| | | |
|---|---|---:|
| 借：银行存款 | | 55 087.50 |
| 　　应收账款——乙公司 | | 165 262.50 |
| 　　贷：主营业务收入——A产品 | | 78 000 |
| 　　　　　　　　——B产品 | | 68 250 |
| 　　　　　　　　——C产品 | | 48 750 |
| 　　　　应交税费——应交增值税（销项税额） | | 6 337.50 |
| 　　　　　　——待转销项税额 | | 19 012.50 |
| 借：主营业务成本——A产品 | | 65 000 |
| 　　　　　　——B产品 | | 50 000 |
| 　　　　　　——C产品 | | 35 000 |
| 　　贷：库存商品——A产品 | | 65 000 |
| 　　　　　　——B产品 | | 50 000 |
| 　　　　　　——C产品 | | 35 000 |

（2）2×24年6月30日，收到乙公司支付的货款。

| | | |
|---|---|---:|
| 借：银行存款 | | 55 087.50 |
| 　　应交税费——待转销项税额 | | 6 337.50 |
| 　　贷：应收账款——乙公司 | | 55 087.50 |
| 　　　　应交税费——应交增值税（销项税额） | | 6 337.50 |

（3）2×24年9月30日，收到乙公司支付的货款。

| | | |
|---|---|---:|
| 借：银行存款 | | 55 087.50 |
| 　　应交税费——待转销项税额 | | 6 337.50 |
| 　　贷：应收账款——乙公司 | | 55 087.50 |
| 　　　　应交税费——应交增值税（销项税额） | | 6 337.50 |

（4）2×24年12月31日，收到乙公司支付的货款。

| | | |
|---|---|---:|
| 借：银行存款 | | 55 087.50 |
| 　　应交税费——待转销项税额 | | 6 337.50 |
| 　　贷：应收账款——乙公司 | | 55 087.50 |
| 　　　　应交税费——应交增值税（销项税额） | | 6 337.50 |

【例13-24】2×24年6月1日，华联实业股份有限公司与丙公司签订了一项合同，以30 000元的价格（不含增值税）向丙公司出售A、B两种产品。A、B两种产品的生产成本依次为13 500元和9 000元；单独售价（不含增值税）依次为18 000元和12 000元。合同约定，A产品于6月1日交付丙公司，B产品于7月1日交付丙公司，只有当A、B两种产品全部交付丙公司后，华联公司才有权收取30 000元的合同对价。华联公司按合同约定的日期先后发出A产品和B产品，丙公

司收到上列产品并验收入库。

在这项交易中，华联公司于6月1日将A产品交付丙公司后，其收取对价的权利还要取决于时间流逝之外的其他因素——必须向丙公司交付B产品，因此，该项收款权利是有条件的，从而形成一项合同资产。华联公司的有关会计处理如下：

（1）2×24年6月1日，向丙公司交付A产品。

借：合同资产——丙公司　　　　　　　　　　　　　　　　　　20 340
　　贷：主营业务收入　　　　　　　　　　　　　　　　　　　　　　18 000
　　　　应交税费——应交增值税（销项税额）　　　　　　　　　　　 2 340
借：主营业务成本　　　　　　　　　　　　　　　　　　　　　13 500
　　贷：库存商品　　　　　　　　　　　　　　　　　　　　　　　　13 500

（2）2×24年7月1日，向丙公司交付B产品。

借：应收账款——丙公司　　　　　　　　　　　　　　　　　　33 900
　　贷：主营业务收入　　　　　　　　　　　　　　　　　　　　　　12 000
　　　　应交税费——应交增值税（销项税额）　　　　　　　　　　　 1 560
　　　　合同资产——丙公司　　　　　　　　　　　　　　　　　　　20 340
借：主营业务成本　　　　　　　　　　　　　　　　　　　　　 9 000
　　贷：库存商品　　　　　　　　　　　　　　　　　　　　　　　　 9 000

### 五、销售折扣、折让与退回的会计处理

企业在销售商品时，有时还会附有一些销售折扣条件，也会因售出的商品质量不符合要求等原因而在价格上给予客户一定的折让或为客户办理退货。当企业发生销售折扣、销售折让以及销售退回时，将会对收入金额以及销售成本、有关费用金额产生一定的影响。

#### （一）销售折扣

销售折扣，是指企业在销售商品时为鼓励客户多购商品或尽早付款而给予的价款折扣，包括商业折扣和现金折扣。

商业折扣，是指企业为促进商品销售而在商品标价上给予客户的价格扣除。商业折扣的目的是鼓励客户多购商品，通常根据客户不同的购货数量而给予不同的折扣比率。商品标价扣除商业折扣后的金额，为双方的实际交易价格，即发票价格。由于会计记录是以实际交易价格为基础的，而商业折扣是在交易成立之前予以扣除的折扣，它只是购销双方确定交易价格的一种方式，不属于可变对价的情形，因此，并不影响销售的会计处理。

【例13-25】华联实业股份有限公司A商品的标价为每件100元。乙公司一次购买A商品2 000件，根据规定的折扣条件，可得到10%的商业折扣，增值税税率为13%。

发票价格=100×2 000×（1−10%）=180 000（元）

销项税额=180 000×13%=23 400（元）

华联公司应于乙公司取得该批商品的控制权时，作如下会计处理：

借：应收账款——乙公司　　　　　　　　　　　　　　　　　　203 400
　　贷：主营业务收入　　　　　　　　　　　　　　　　　　　　　 180 000
　　　　应交税费——应交增值税（销项税额）　　　　　　　　　　　23 400

现金折扣，是指企业为鼓励客户在规定的折扣期限内付款而给予客户的价格扣除。现金折扣的目的是鼓励客户尽早付款，如果客户能够取得现金折扣，则发票金额扣除现金折扣后的余额，

为客户的实际付款金额。现金折扣条件通常用一个简单的分式表示。例如，一笔赊销期限为30天的商品交易，企业规定的现金折扣条件为10天内付款可得到2%的现金折扣，超过10天但在20天内付款可得到1%的现金折扣，超过20天付款须按发票金额全额付款，则该现金折扣条件可表示为"2/10，1/20，N/30"。在销售附有现金折扣条件的情况下，应收账款的未来收现金额是不确定的，可能是全部的发票金额，也可能是发票金额扣除现金折扣后的净额，要视客户能否在折扣期限内付款而定。因此，对于附有现金折扣条件的销售，交易价格实际上属于可变对价，企业的会计处理将面临两种选择：一是按发票金额对应收账款及销售收入计价入账，这种会计处理方法称为总价法；二是按发票金额扣除现金折扣后的净额对应收账款及销售收入计价入账，这种会计处理方法称为净价法。企业选择总价法还是净价法进行会计处理，应当取决于对可变对价最佳估计数的判断。附有现金折扣条件的销售，合同仅有两个可能结果，即交易价格为发票价格（购货方不能获得现金折扣时）和交易价格为发票价格扣除现金折扣后的净额（购货方可以获得现金折扣时）。因此，销货方应当按照最可能发生金额估计可变对价金额并相应地进行会计处理。如果企业判断客户在折扣期限内不是很可能取得现金折扣，即在相关不确定性消除时最终确定的交易价格最可能为发票价格，应当采用总价法；如果企业判断客户在折扣期限内很可能取得现金折扣，即在相关不确定性消除时最终确定的交易价格最可能为发票价格扣除现金折扣后的净额，应当采用净价法。在总价法下，如果客户能够在折扣期限内付款，企业应按客户取得的现金折扣金额调减收入；在净价法下，如果客户未能在折扣期限内付款，企业应按客户丧失的现金折扣金额调增收入。

【例13-26】华联实业股份有限公司向乙公司赊销一批产品，合同约定的销售价格为10 000元，增值税销项税额为1 300元。华联公司开出发票账单并发出产品。根据合同约定，产品赊销期限为30天，现金折扣条件为"2/10，1/20，N/30"，计算现金折扣时不包括增值税。

1.如果华联公司采用总价法，相关会计处理如下：

（1）赊销产品。

借：应收账款——乙公司　　　　　　　　　　　　　　　11 300
　　贷：主营业务收入　　　　　　　　　　　　　　　　　　　10 000
　　　　应交税费——应交增值税（销项税额）　　　　　　　　1 300

（2）收回货款。

①假定乙公司在10天内付款，可按2%得到现金折扣。

现金折扣=10 000×2%=200（元）

借：银行存款　　　　　　　　　　　　　　　　　　　　11 100
　　主营业务收入　　　　　　　　　　　　　　　　　　　　200
　　贷：应收账款——乙公司　　　　　　　　　　　　　　　　11 300

②假定乙公司超过10天但在20天内付款，可按1%得到现金折扣。

现金折扣=10 000×1%=100（元）

借：银行存款　　　　　　　　　　　　　　　　　　　　11 200
　　主营业务收入　　　　　　　　　　　　　　　　　　　　100
　　贷：应收账款——乙公司　　　　　　　　　　　　　　　　11 300

③假定乙公司超过20天付款，不能得到现金折扣。

借：银行存款　　　　　　　　　　　　　　　　　　　　11 300
　　贷：应收账款——乙公司　　　　　　　　　　　　　　　　11 300

2.如果华联公司采用净价法，相关会计处理如下：

（1）赊销产品。

现金折扣=10 000×2%=200（元）

销货净额=10 000−200=9 800（元）

应收账款=11 300−200=11 100（元）

借：应收账款——乙公司　　　　　　　　　　　　　　　　　　　　　　11 100

　　贷：主营业务收入　　　　　　　　　　　　　　　　　　　　　　　　　9 800

　　　　应交税费——应交增值税（销项税额）　　　　　　　　　　　　　　1 300

（2）收回货款。

①假定乙公司在10天内付款，可按2%得到现金折扣。

借：银行存款　　　　　　　　　　　　　　　　　　　　　　　　　　　11 100

　　贷：应收账款——乙公司　　　　　　　　　　　　　　　　　　　　　11 100

②假定乙公司超过10天但在20天内付款，可按1%得到现金折扣。

借：银行存款　　　　　　　　　　　　　　　　　　　　　　　　　　　11 200

　　贷：应收账款——乙公司　　　　　　　　　　　　　　　　　　　　　11 100

　　　　主营业务收入　　　　　　　　　　　　　　　　　　　　　　　　　　100

③假定乙公司超过20天付款，不能得到现金折扣。

借：银行存款　　　　　　　　　　　　　　　　　　　　　　11 300

　　贷：应收账款——乙公司　　　　　　　　　　　　　　　　11 100

　　　　主营业务收入　　　　　　　　　　　　　　　　　　　　200

延伸阅读13−12

现金折扣

## （二）销售折让

如果销售折让导致合同对价成为可变对价，应按该可变对价最佳估计数确定交易价格，据以确认收入；如果销售折让不属于可变对价的情形，例如，销售折让是因企业售出的商品质量不符合合同要求而被迫给予客户的价格减让，则应当根据发生销售折让时是否已经确认收入等具体情况，分别进行会计处理。如果销售折让发生在企业确认收入之前，企业应直接从原定的销售价格中扣除给予客户的销售折让作为实际销售价格，并据以确认收入；如果销售折让发生在企业确认收入之后，企业应按实际给予客户的销售折让，冲减当期销售收入。销售折让属于资产负债表日后事项的，应当按照资产负债表日后事项的相关规定进行会计处理。

【例13−27】2×23年12月15日，华联实业股份有限公司向乙公司销售一批产品。产品生产成本为15 000元，合同约定的销售价格为20 000元，增值税销项税额为2 600元。华联公司在与乙公司签订合同时没有打算向乙公司提供任何价格折让。

（1）假定合同约定验货付款，华联公司于乙公司验货并付款后向其开具发票账单。2×23年12月20日，乙公司在验货时发现产品质量存在问题，要求华联公司给予15%的价格折让，华联公司同意给予折让，乙公司按折让后的金额支付货款。

在验货付款销售方式下，华联公司在客户验货并付款之前，无法判断客户是否会接受该批商品，也无法判断因向客户转让商品而有权取得的对价是否很可能收回，因此，在发出产品时不能确认销售收入，发出的产品应从"库存商品"科目转入"发出商品"科目核算；待乙公司验货并付款后，华联公司按扣除销售折让后的实际交易价格给乙公司开具发票账单，并据以确认销售收入。华联公司的有关会计处理如下：

①2×23年12月15日，华联公司发出产品。

借：发出商品　　　　　　　　　　　　　　　　　　　　　15 000
　　贷：库存商品　　　　　　　　　　　　　　　　　　　　　　　15 000

②2×23年12月20日，乙公司按折让后的价格付款。

实际销售价格=20 000×（1-15%）=17 000（元）

增值税销项税额=2 600×（1-15%）=2 210（元）

借：银行存款　　　　　　　　　　　　　　　　　　　　　19 210
　　贷：主营业务收入　　　　　　　　　　　　　　　　　　　　17 000
　　　　应交税费——应交增值税（销项税额）　　　　　　　　　　2 210

借：主营业务成本　　　　　　　　　　　　　　　　　　　15 000
　　贷：发出商品　　　　　　　　　　　　　　　　　　　　　　15 000

（2）假定合同约定交款提货，华联公司于乙公司付款后向其开具发票及提货单。2×23年12月20日，乙公司在验货时发现产品质量存在问题，要求华联公司给予15%的价格折让，华联公司同意给予折让，并退回多收货款。

在交款提货销售方式下，客户可以凭借提货单随时提货，销货方对客户尚未提取的货物负有保管责任，但不能自行使用或提供给其他客户。因此，华联公司在向乙公司收取货款并开具发票、提货单时，已将商品的控制权转移给了乙公司，可以确认销售收入。待乙公司提出给予价格折让时，华联公司按给予乙公司的销售折让冲减销售收入。华联公司的有关会计处理如下：

①2×23年12月15日，华联公司收款后向乙公司开具发票、提货单。

借：银行存款　　　　　　　　　　　　　　　　　　　　　22 600
　　贷：主营业务收入　　　　　　　　　　　　　　　　　　　　20 000
　　　　应交税费——应交增值税（销项税额）　　　　　　　　　　2 600

借：主营业务成本　　　　　　　　　　　　　　　　　　　15 000
　　贷：库存商品　　　　　　　　　　　　　　　　　　　　　　15 000

②2×23年12月20日，华联公司退回多收货款。

销售价格折让=20 000×15%=3 000（元）

增值税销项税额折让=2 600×15%=390（元）

借：主营业务收入　　　　　　　　　　　　　　　　　　　3 000
　　应交税费——应交增值税（销项税额）　　　　　　　　　　　390
　　贷：银行存款　　　　　　　　　　　　　　　　　　　　　　3 390

（3）假定合同约定交款提货，华联公司于乙公司付款后向其开具发票及提货单。2×24年1月5日，乙公司在验货时发现产品质量存在问题，要求华联公司给予15%的价格折让，华联公司同意给予折让，并退回多收货款。华联公司按净利润的10%计提法定盈余公积，所得税税率为25%，2×23年度的所得税尚未汇算清缴。

由于乙公司提出折让货款的时间是2×24年1月5日，因而属于资产负债表日后事项。华联公司的有关会计处理如下：

①2×23年12月15日，华联公司收款后给乙公司开具发票、提货单。

借：银行存款　　　　　　　　　　　　　　　　　　　　　22 600
　　贷：主营业务收入　　　　　　　　　　　　　　　　　　　　20 000
　　　　应交税费——应交增值税（销项税额）　　　　　　　　　　2 600

延伸阅读13-13

资产负债表
日后事项

借：主营业务成本       15 000

   贷：库存商品       15 000

②2×24年1月5日，华联公司退回多收货款。

销售价格折让=20 000×15%=3 000（元）

增值税销项税额折让=2 600×15%=390（元）

销售折让影响所得税金额=3 000×25%=750（元）

销售折让影响净利润金额=3 000−750=2 250（元）

销售折让影响提取法定盈余公积金额=2 250×10%=225（元）

借：以前年度损益调整       3 000

      应交税费——应交增值税（销项税额）       390

   贷：银行存款       3 390

借：应交税费——应交所得税       750

   贷：以前年度损益调整       750

借：利润分配——未分配利润       2 250

   贷：以前年度损益调整       2 250

借：盈余公积——法定盈余公积       225

   贷：利润分配——未分配利润       225

同时，调整2×23年度会计报表相关项目的数字，此处略。

**（三）销售退回**

销售退回，是指企业售出的商品由于质量、品种不符合要求等原因而发生的退货。发生销售退回时，如果企业尚未确认销售收入，应将已记入"发出商品"等科目的商品成本转回"库存商品"科目；如果企业已经确认了销售收入，则不论是本年销售本年退回，还是以前年度销售本年退回，除属于资产负债表日后事项的销售退回外，均应冲减退回当月的销售收入和销售成本；如果属于资产负债表日后事项，应按照资产负债表日后事项的相关规定进行会计处理。

**【例13-28】** 2×23年12月10日，华联实业股份有限公司向乙公司销售一批产品，产品生产成本为400 000元，销售价格为500 000元，增值税销项税额为65 000元。

（1）假定根据合同约定乙公司验货付款，华联公司于乙公司验货并付款后开出增值税专用发票。2×23年12月20日，乙公司在验货时发现产品质量存在问题，要求退货，华联公司同意退货，并于当日为乙公司办理了退货。

在验货付款销售方式下，华联公司发出产品时不能确认销售收入，发出的产品应从"库存商品"科目转入"发出商品"科目核算。待乙公司付款、华联公司给乙公司开具发票账单后，再据以确认销售收入。如果发生销售退回，则直接将发出商品转回为库存商品。华联公司的有关会计处理如下：

①2×23年12月10日，发出产品。

借：发出商品       400 000

   贷：库存商品       400 000

②2×23年12月20日，为乙公司办理退货。

借：库存商品       400 000

   贷：发出商品       400 000

（2）假定合同约定货款采用托收承付方式进行结算。2×23年12月10日，华联公司发出产品并向其开户银行办妥托收手续；乙公司在验货时，发现产品的品种、规格与合同要求不符，向其开户银行提出拒付，并要求华联公司予以退货，华联公司于 2×23 年 12 月 25 日为乙公司办理了退货。

托收承付，是指收款人根据购销合同发货后委托其开户银行向异地付款人收取款项，付款人验单或验货后向其开户银行承诺付款的一种结算方式。采用托收承付方式销售商品，企业在发出商品并办妥托收手续后，通常可以认为商品的控制权已经转移给了客户，并且销售商品的价款很可能收回，因此，应当于发出商品并办妥托收手续时确认收入。华联公司的有关会计处理如下：

①2×23 年 12 月 10 日，发出产品并办妥托收手续。

借：应收账款 565 000
　　贷：主营业务收入 500 000
　　　　应交税费——应交增值税（销项税额） 65 000
借：主营业务成本 400 000
　　贷：库存商品 400 000

②2×23 年 12 月 25 日，为乙公司办理退货。

借：主营业务收入 500 000
　　应交税费——应交增值税（销项税额） 65 000
　　贷：应收账款 565 000
借：库存商品 400 000
　　贷：主营业务成本 400 000

（3）假定合同约定采用赊销方式销售商品，赊销期为 1 个月，乙公司应于 2×24 年 1 月 10 日之前付款。华联公司根据与乙公司以往的交易经验，认为赊销商品的价款很可能收回，因而在将商品的控制权转移给乙公司后，确认了收入。乙公司在验货时，发现产品质量存在问题，要求退货，华联公司于 2×24 年 1 月 5 日为乙公司办理了退货。另外，华联公司按应收账款年末余额的 5% 计提坏账准备（假定计提的坏账准备不允许在所得税前扣除），按净利润的 10% 计提法定盈余公积，所得税税率为 25%，2×23 年度的所得税尚未汇算清缴。

由于该项销售退回发生在年度资产负债表日至财务报告批准报出日之间，因此，属于资产负债表日后事项。华联公司办理退货后，应作如下会计处理：

①调整销售收入。

借：以前年度损益调整 500 000
　　应交税费——应交增值税（销项税额） 65 000
　　贷：应收账款 565 000

②调整销售成本。

借：库存商品 400 000
　　贷：以前年度损益调整 400 000

③调整坏账准备余额。

调整金额=565 000×5%=28 250（元）

借：坏账准备 28 250
　　贷：以前年度损益调整 28 250

④调整应交所得税。

调整金额=（500 000-400 000）×25%=25 000（元）

借：应交税费——应交所得税　　　　　　　　　　　　　　　25 000
　　贷：以前年度损益调整　　　　　　　　　　　　　　　　　　　　25 000
⑤调整递延所得税。
调整金额=28 250×25%=7 062.50（元）
借：以前年度损益调整　　　　　　　　　　　　　　　　　7 062.50
　　贷：递延所得税资产　　　　　　　　　　　　　　　　　　　　　7 062.50
⑥将"以前年度损益调整"科目余额转入"利润分配"科目。
以前年度损益调整科目余额（借方）=500 000-400 000-28 250-25 000+7 062.50=53 812.50（元）
借：利润分配——未分配利润　　　　　　　　　　　　　　53 812.50
　　贷：以前年度损益调整　　　　　　　　　　　　　　　　　　　　53 812.50
⑦调整利润分配。
调整金额=53 812.50×10%=5 381.25（元）
借：盈余公积　　　　　　　　　　　　　　　　　　　　　5 381.25
　　贷：利润分配——未分配利润　　　　　　　　　　　　　　　　　5 381.25
⑧调整2×23年度会计报表相关项目的数字（略）。

### 六、特定交易的会计处理

企业交易的方式是多种多样的，在将收入确认和计量的五步法模型运用于特定交易的会计处理时，应结合各种交易的特点，并注重交易的实质。

#### （一）合同中存在重大融资成分的销售

在企业将商品的控制权转移给客户的时间与客户实际付款的时间不一致的情况下（如企业以赊销的方式销售商品，或者要求客户支付预付款等），如果合同各方以在合同中（或者以隐含的方式）约定的付款时间为客户或企业就该交易提供了重大融资利益，则合同中存在重大融资成分。

合同中存在重大融资成分的，企业应当按照现销价格确定交易价格。现销价格，是指假定客户在取得商品控制权时即以现金支付的应付金额。合同对价与现销价格之间的差额，应当在合同期间内采用实际利率法摊销。

实际利率，是指将合同对价折现为现销价格所使用的利率。实际利率一经确定，不得因后续市场利率或客户信用风险等情况的变化而变更。

企业在评估合同中是否存在融资成分以及该融资成分对于该合同而言是否重大时，应当考虑的因素包括：（1）合同对价与现销价格之间的差额；（2）客户从取得商品控制权至支付价款的间隔时间和市场的现行利率两个因素的共同影响。具体来说，如果合同对价与现销价格之间存在差额，而该差额又是由于客户从取得商品控制权至支付价款的间隔时间和市场现行利率两个因素共同影响的结果，则表明合同中存在融资成分。至于该融资成分是否属于重大，企业应当在单个合同层面而不是在合同组合层面予以评估。

合同开始日，企业预计客户取得商品控制权与客户支付价款的时间间隔不超过一年的，可以不考虑合同中存在的重大融资成分。

【例13-29】2×20年1月1日，华联实业股份有限公司向A公司赊销一套大型设备，设备的生产成本为500万元。根据合同约定，设备的销售价格为800万元，增值税销项税额为104万元；全部合同应收款（包含增值税）分5次于每年年末等额收取，华联公司按收款进度为A公司开具增值税专用发票并发生纳税义务。2×20年1月1日，华联公司履行了履约义务，将设备的控制权转移给了A公司。在现销方式下，该大型设备的销售价格为650万元（不含增值税）。

在该项交易中，合同对价与现销价格之间存在较大差额，华联公司判断，该差额仅仅是由于为A公司提供了较长时间的延期付款期间和现行市场利率两个因素共同影响所致，因而在合同中华联公司为客户提供了重大融资利益，即合同存在重大融资成分。华联公司不能按照合同价款确认收入，而应当按照现销价格确认收入。华联公司的有关会计处理如下：

（1）计算确定实际利率

首先，按7%作为折现率进行测算。查年金现值系数表可知，5期、7%的年金现值系数为4.100197。应收合同价款以7%作为折现率计算的现值如下：

$$每年应收合同价款（不含增值税）=\frac{8\,000\,000}{5}=1\,600\,000（元）$$

合同价款的现值=1 600 000×4.100197=6 560 315（元）

上式计算结果大于设备的现销价格，说明实际利率大于7%。再按8%作为折现率进行测算。查年金现值系数表可知，5期、8%的年金现值系数为3.99271。应收合同价款以8%作为折现率计算的现值如下：

合同价款的现值=1 600 000×3.99271=6 388 336（元）

上式计算结果小于设备的现销价格，说明实际利率小于8%。因此，实际利率介于7%和8%之间。使用插值法估算实际利率如下：

$$实际利率=7\%+（8\%-7\%）\times\frac{6\,560\,315-6\,500\,000}{6\,560\,315-6\,388\,336}=7.35\%$$

（2）编制融资收益分配表

华联公司采用实际利率法编制的融资收益分配表，见表13-14。

表13-14 　　　　　　　　　　　　融资收益分配表（实际利率法）　　　　　　　　　　　　单位：元

| 日　期 | 分期应收款 | 应分配融资收益 | 应收本金减少额 | 应收本金余额 |
|---|---|---|---|---|
| ① | ② | ③=期初⑤×7.35% | ④=②-③ | 期末⑤=期初⑤-④ |
| 2×20年1月1日 | | | | 6 500 000 |
| 2×20年12月31日 | 1 600 000 | 477 750 | 1 122 250 | 5 377 750 |
| 2×21年12月31日 | 1 600 000 | 395 265 | 1 204 735 | 4 173 015 |
| 2×22年12月31日 | 1 600 000 | 306 717 | 1 293 283 | 2 879 732 |
| 2×23年12月31日 | 1 600 000 | 211 660 | 1 388 340 | 1 491 392 |
| 2×24年12月31日 | 1 600 000 | 108 608 | 1 491 392 | 0 |
| 合　计 | 8 000 000 | 1 500 000 | 6 500 000 | — |

（3）编制有关会计分录

①2×20年1月1日，确认销售商品收入并结转销售成本。

借：长期应收款——A公司　　　　　　　　　　　　　　　　　　9 040 000

　　贷：主营业务收入　　　　　　　　　　　　　　　　　　　　6 500 000

　　　　应交税费——待转销项税额　　　　　　　　　　　　　　1 040 000

　　　　未实现融资收益　　　　　　　　　　　　　　　　　　　1 500 000

| 借：主营业务成本 | 5 000 000 | |
| 贷：库存商品 | | 5 000 000 |

②2×20年12月31日，收取合同价款并分配融资收益。

$$每年应收合同价款和增值税=\frac{9\ 040\ 000}{5}=1\ 808\ 000（元）$$

$$每年应确认增值税销项税额=\frac{1\ 040\ 000}{5}=208\ 000（元）$$

| 借：银行存款 | 1 808 000 | |
| 应交税费——待转销项税额 | 208 000 | |
| 贷：长期应收款——A公司 | | 1 808 000 |
| 应交税费——应交增值税（销项税额） | | 208 000 |
| 借：未实现融资收益 | 477 750 | |
| 贷：财务费用 | | 477 750 |

③2×21年12月31日，收取合同价款并分配融资收益。

| 借：银行存款 | 1 808 000 | |
| 应交税费——待转销项税额 | 208 000 | |
| 贷：长期应收款——A公司 | | 1 808 000 |
| 应交税费——应交增值税（销项税额） | | 208 000 |
| 借：未实现融资收益 | 395 265 | |
| 贷：财务费用 | | 395 265 |

④2×22年12月31日，收取合同价款并分配融资收益。

| 借：银行存款 | 1 808 000 | |
| 应交税费——待转销项税额 | 208 000 | |
| 贷：长期应收款——A公司 | | 1 808 000 |
| 应交税费——应交增值税（销项税额） | | 208 000 |
| 借：未实现融资收益 | 306 717 | |
| 贷：财务费用 | | 306 717 |

⑤2×23年12月31日，收取合同价款并分配融资收益。

| 借：银行存款 | 1 808 000 | |
| 应交税费——待转销项税额 | 208 000 | |
| 贷：长期应收款——A公司 | | 1 808 000 |
| 应交税费——应交增值税（销项税额） | | 208 000 |
| 借：未实现融资收益 | 211 660 | |
| 贷：财务费用 | | 211 660 |

⑥2×24年12月31日，收取合同价款并分配融资收益。

| 借：银行存款 | 1 808 000 | |
| 应交税费——待转销项税额 | 208 000 | |
| 贷：长期应收款——A公司 | | 1 808 000 |
| 应交税费——应交增值税（销项税额） | | 208 000 |
| 借：未实现融资收益 | 108 608 | |

　　　　贷：财务费用　　　　　　　　　　　　　　　　　　　　　　　　　　　　108 608

　　**【例13-30】** 2×23年1月1日，华联实业股份有限公司与B公司签订了一项出售资产的合同。合同约定，华联公司于2×24年12月31日将资产的控制权转移给B公司。合同为B公司提供了两种可供选择的付款方式：（1）在签订合同时支付600万元，另支付增值税78万元；（2）在B公司取得对资产的控制权时支付670万元，另支付增值税87.1万元。B公司选择在签订合同时支付600万元和相应的增值税78万元。假定华联公司在向B公司交付资产时发生增值税纳税义务。

　　在该项交易中，按照上述两种付款方式计算的内含利率为5.68%。基于客户为获得资产进行付款至取得资产的控制权之间的时间间隔和现行市场利率，华联公司认为在该合同中客户为华联公司提供了重大融资利益，即合同包含重大融资成分。华联公司在确定交易价格时，应当对合同承诺的对价金额进行调整，以反映该重大融资成分的影响。假定相关的融资费用不符合借款费用资本化的要求。华联公司的有关会计处理如下：

　　（1）2×23年1月1日，收取合同价款并确认合同负债。

　　借：银行存款　　　　　　　　　　　　　　　　　　　　　　　　　　　　6 780 000
　　　　未确认融资费用　　　　　　　　　　　　　　　　　　　　　　　　　　700 000
　　　贷：合同负债　　　　　　　　　　　　　　　　　　　　　　　　　　　6 700 000
　　　　　应交税费——待转销项税额　　　　　　　　　　　　　　　　　　　　780 000

　　（2）2×23年12月31日，分摊融资费用。

融资费用=600×5.68%≈34（万元）

　　借：财务费用　　　　　　　　　　　　　　　　　　　　　　　　　　　　　340 000
　　　贷：未确认融资费用　　　　　　　　　　　　　　　　　　　　　　　　　340 000

　　（3）2×24年12月31日，分摊融资费用。

融资费用=（600+34）×5.68%≈36（万元）

　　借：财务费用　　　　　　　　　　　　　　　　　　　　　　　　　　　　　360 000
　　　贷：未确认融资费用　　　　　　　　　　　　　　　　　　　　　　　　　360 000

　　（4）2×24年12月31日，向客户交付资产，即客户取得资产的控制权。

　　借：合同负债　　　　　　　　　　　　　　　　　　　　　　　　　　　　6 700 000
　　　　应交税费——待转销项税额　　　　　　　　　　　　　　　　　　　　　780 000
　　　贷：主营业务收入　　　　　　　　　　　　　　　　　　　　　　　　　6 700 000
　　　　　应交税费——应交增值税（销项税额）　　　　　　　　　　　　　　　780 000

　　**（二）附有销售退回条款的销售**

　　附有销售退回条款的商品销售，是指购买方依照有关合同有权退货的销售方式。例如，企业为了推销一项新产品，为该产品规定了一个月的试用期，凡对产品不满意的购买者，均可在试用期内退货。

　　对于附有销售退回条款的销售，企业向客户收取的对价实际上是可变的。因此，企业在客户取得相关商品控制权时，应当按照因向客户转让商品而预期有权收取的对价金额（即从合同对价中扣除预期因销售退回将退还的金额）确认收入，按照预期因销售退回将退还的金额确认负债；同时，按照预期将退回商品转让时的账面价值，扣除收回该商品预计发生的成本（包括退回商品的价值减损）后的余额，确认为一项资产，按照所转让商品转让时的账面价值，扣除上述资产成本的净额结转成本。

每一资产负债表日，企业应当重新估计未来的销售退回情况，如有变化，应当作为会计估计变更进行会计处理。

**【例13-31】** 2×23年9月15日，华联实业股份有限公司向D公司销售商品2 000件，单位售价300元（不含增值税），单位生产成本250元。华联公司发出商品并开出增值税专用发票，专用发票上列明的增值税销项税额为78 000元，货款已如数收存银行，该批商品的控制权同时转移给了D公司。根据合同约定，华联公司给D公司提供了6个月的试销期，在2×24年3月15日之前，D公司有权将未售出的商品退回华联公司，华联公司根据实际退货数量，给D公司开具红字的增值税专用发票并退还相应的货款。根据以往的经验，华联公司在发出商品时估计该批商品的退货率为20%（即退回400件商品）；2×23年12月31日，华联公司对退货率进行了重新评估，根据D公司对商品的销售情况等最新证据，华联公司认为只有5%的商品会被退回（即退回100件商品）。

（1）2×23年9月15日，华联公司发出商品并收到货款。

预计应付退货款（不含增值税）=300×400=120 000（元）

应确认销售收入=300×2 000-120 000=480 000（元）

预计应收退货成本=250×400=100 000（元）

应确认销售成本=250×2 000-100 000=400 000（元）

借：银行存款　　　　　　　　　　　　　　　　678 000

　　贷：主营业务收入　　　　　　　　　　　　　　　　480 000

　　　　预计负债——应付退货款　　　　　　　　　　　120 000

　　　　应交税费——应交增值税（销项税额）　　　　　　78 000

借：主营业务成本　　　　　　　　　　　　　　400 000

　　应收退货成本　　　　　　　　　　　　　　100 000

　　贷：库存商品　　　　　　　　　　　　　　　　　500 000

（2）2×23年12月31日，华联公司对退货率进行重新评估。

调增销售收入=300×300=90 000（元）

调增销售成本=250×300=75 000（元）

借：预计负债——应付退货款　　　　　　　　　　90 000

　　贷：主营业务收入　　　　　　　　　　　　　　　　90 000

借：主营业务成本　　　　　　　　　　　　　　75 000

　　贷：应收退货成本　　　　　　　　　　　　　　　　75 000

（3）2×24年3月15日，退货期届满。

①假定D公司没有退货。

借：预计负债——应付退货款　　　　　　　　　　30 000

　　贷：主营业务收入　　　　　　　　　　　　　　　　30 000

借：主营业务成本　　　　　　　　　　　　　　25 000

　　贷：应收退货成本　　　　　　　　　　　　　　　　25 000

②假定D公司实际退回60件商品。

调增销售收入=300×40=12 000（元）

调增销售成本=250×40=10 000（元）

退回商品应退价款=300×60=18 000（元）

退回商品应退销项税额=18 000×13%=2 340（元）

退回商品的成本=250×60=15 000（元）

| | |
|---|---|
| 借：预计负债——应付退货款 | 30 000 |
| 　　应交税费——应交增值税（销项税额） | 2 340 |
| 　　贷：主营业务收入 | 12 000 |
| 　　　　银行存款 | 20 340 |
| 借：主营业务成本 | 10 000 |
| 　　库存商品 | 15 000 |
| 　　贷：应收退货成本 | 25 000 |

③假定D公司实际退回100件商品。

| | |
|---|---|
| 借：预计负债——应付退货款 | 30 000 |
| 　　应交税费——应交增值税（销项税额） | 3 900 |
| 　　贷：银行存款 | 33 900 |
| 借：库存商品 | 25 000 |
| 　　贷：应收退货成本 | 25 000 |

④假定D公司实际退回120件商品。

调减销售收入=300×20=6 000（元）

调减销售成本=250×20=5 000（元）

退回商品应退价款=300×120=36 000（元）

退回商品应退销项税额=36 000×13%=4 680（元）

退回商品的成本=250×120=30 000（元）

| | |
|---|---|
| 借：预计负债——应付退货款 | 30 000 |
| 　　应交税费——应交增值税（销项税额） | 4 680 |
| 　　主营业务收入 | 6 000 |
| 　　贷：银行存款 | 40 680 |
| 借：库存商品 | 30 000 |
| 　　贷：主营业务成本 | 5 000 |
| 　　　　应收退货成本 | 25 000 |

附有销售退回条款的销售，在客户要求退货时，如果企业有权向客户收取一定金额的退货费，则企业在估计预期有权收取的对价金额时，应当将该退货费包括在内。

【例13-32】按【例13-31】的资料，假定合同约定，D公司在退货期内要求退货时，需要向华联公司支付10%（不含增值税）的退货费（即每件产品的退货费为30元）。根据历史资料，华联公司预计每件产品的退货成本为20元。其他条件不变。华联公司在将产品的控制权转移给D公司时应作如下账务处理：

预计应付退货款（不含增值税）=300×400-400×30=108 000（元）

应确认销售收入=300×2 000-108 000=492 000（元）

或　　　　　　　=300×（2 000-400）+400×30=492 000（元）

预计应收退货成本=250×400-20×400=92 000（元）

应确认销售成本=250×2 000-92 000=408 000（元）

| | |
|---|---|
| 借：银行存款 | 678 000 |

|  | 贷：主营业务收入 | 492 000 |
|---|---|---|
|  | 预计负债——应付退货款 | 108 000 |
|  | 应交税费——应交增值税（销项税额） | 78 000 |
| 借：主营业务成本 |  | 408 000 |
| 应收退货成本 |  | 92 000 |
|  | 贷：库存商品 | 500 000 |

附有销售退回条款的销售，如果企业缺乏有关退货情况的历史数据（如推销新产品），难以对退货的可能性作出合理估计，根据将可变对价计入交易价格的限制要求，在合同开始日不能将可变对价计入交易价格，而应待退货期满后，根据实际退货情况，按照预期有权收取的对价金额确定交易价格。

【例13-33】按【例13-31】的资料，假定华联公司向D公司销售的商品是最新推出的产品，华联公司尚无有关该产品退货率的历史数据，也没有其他可以参考的市场信息，无法合理估计退货率。考虑将可变对价计入交易价格的限制要求，华联公司在将商品的控制权转移给客户时没有确认收入。

（1）2×23年9月15日，华联公司发出商品并收到货款。

| 借：银行存款 |  | 678 000 |
|---|---|---|
|  | 贷：预计负债——应付退货款 | 600 000 |
|  | 应交税费——应交增值税（销项税额） | 78 000 |
| 借：应收退货成本 |  | 500 000 |
|  | 贷：库存商品 | 500 000 |

（2）2×24年3月15日，退货期届满。

①假定D公司没有退货。

| 借：预计负债——应付退货款 |  | 600 000 |
|---|---|---|
|  | 贷：主营业务收入 | 600 000 |
| 借：主营业务成本 |  | 500 000 |
|  | 贷：应收退货成本 | 500 000 |

②假定D公司实际退回100件商品。

应确认销售收入=300×（2 000-100）=570 000（元）

应结转销售成本=250×（2 000-100）=475 000（元）

退回商品应退价款=300×100=30 000（元）

退回商品应退销项税额=30 000×13%=3 900（元）

退回商品的成本=250×100=25 000（元）

| 借：预计负债——应付退货款 |  | 600 000 |
|---|---|---|
| 应交税费——应交增值税（销项税额） |  | 3 900 |
|  | 贷：主营业务收入 | 570 000 |
|  | 银行存款 | 33 900 |
| 借：主营业务成本 |  | 475 000 |
| 库存商品 |  | 25 000 |
|  | 贷：应收退货成本 | 500 000 |

### （三）附有质量保证条款的销售

企业在向客户销售商品时，根据合同约定、法律规定或本企业以往的习惯做法等，可能会为所销售的商品提供质量保证，这些质量保证的性质可能因行业或者客户而不同。其中，有一些质量保证是为了向客户保证所销售的商品符合既定标准，即保证类质量保证；而另一些质量保证则是在向客户保证所销售的商品符合既定标准之外提供了一项单独的服务，即服务类质量保证。

对于附有质量保证条款的销售，企业应当评估该质量保证是否在向客户保证所销售商品符合既定标准之外提供了一项单独的服务。企业提供额外服务的，应当作为单项履约义务，按照收入确认的相关要求进行会计处理；否则，质量保证责任应当按照或有事项的相关要求进行会计处理。

在评估质量保证是否在向客户保证所销售商品符合既定标准之外提供了一项单独的服务时，企业应当考虑的主要因素包括：（1）该质量保证是否为法定要求。法定要求通常是为了使客户避免购买瑕疵或缺陷商品的风险而采取的保护措施，旨在保证客户购买的商品符合既定标准，并非为客户提供一项单独的质量保证服务。（2）质量保证期限。质量保证期限越长，越有可能是单项履约义务。（3）企业承诺履行义务的性质。如果企业必须履行某些特定的义务以保证所转让的商品符合既定标准（如承担客户退回瑕疵商品的运费），则这些特定的义务一般不构成单项履约义务。客户能够选择单独购买质量保证的，该质量保证构成单项履约义务。

**【例13-34】**华联实业股份有限公司与A公司签订合同，将其生产的一套设备销售给A公司，合同售价为285 000元，增值税为37 050元。A公司收到设备并验收无误后，支付了全部合同价款。华联公司为其销售的设备提供一年的产品质量保证，承诺设备在质量保证期间内若出现质量问题或与之相关的其他属于正常范围的问题，华联公司提供免费的维修或调换服务。同时，华联公司还承诺免费为客户提供为期三天的设备操作培训。

上例中，华联公司提供的产品质量保证服务，是为了向客户保证所销售商品符合既定标准，不构成单项履约义务，应当按照或有事项的相关要求进行会计处理；华联公司免费为客户提供的设备操作培训服务，属于在向客户保证所销售商品符合既定标准之外提供的额外服务，并且该服务与销售的设备可明确区分，应作为单项履约义务。因此，该销售合同存在两项履约义务：销售设备和提供设备操作培训服务。假定合同售价反映了设备的单独售价，设备操作培训服务的单独售价为15 000元；税法规定，该项交易按照销售产品计算缴纳增值税，培训服务不单独纳税。

（1）销售生产设备时

$$生产设备的交易价格=\frac{285\,000}{285\,000+15\,000}×285\,000=270\,750（元）$$

$$设备操作培训服务的交易价格=\frac{15\,000}{285\,000+15\,000}×285\,000=14\,250（元）$$

| | |
|---|---:|
| 借：银行存款 | 322 050 |
| 　贷：主营业务收入 | 270 750 |
| 　　合同负债 | 14 250 |
| 　　应交税费——应交增值税（销项税额） | 37 050 |

（2）提供设备操作培训服务时

| | |
|---|---:|
| 借：合同负债 | 14 250 |
| 　贷：主营业务收入 | 14 250 |

### （四）主要责任人和代理人

企业应当根据其在向客户转让商品前是否拥有对该商品的控制权，来判断其从事交易时的身份是主要责任人还是代理人。企业在向客户转让商品前能够控制该商品的，该企业为主要责任人，应当按照已收或应收对价总额确认收入；否则，该企业为代理人，应当按照预期有权收取的佣金或手续费的金额确认收入，该金额应当按照已收或应收对价总额扣除应支付给其他相关方的价款后的净额，或者按照既定的佣金金额或比例等确定。

企业向客户转让商品前能够控制该商品的情形包括：

（1）企业自第三方取得商品或其他资产控制权后，再转让给客户。

（2）企业能够主导第三方代表本企业向客户提供服务。

（3）企业自第三方取得商品控制权后，通过提供重大的服务将该商品与其他商品整合成某组合产出转让给客户。

在具体判断向客户转让商品前是否拥有对该商品的控制权时，企业不应仅局限于合同的法律形式，而应当综合考虑所有相关事实和情况，这些事实和情况包括：

（1）企业承担向客户转让商品的主要责任。

（2）企业在转让商品之前或之后承担了该商品的存货风险。

（3）企业有权自主决定所交易商品的价格。

（4）其他相关事实和情况。

需要注意的是，上述"相关事实和情况"只是在企业难以评估将特定商品转让给客户之前是否能够控制这些商品的情况下，帮助企业进行相关判断，并不构成一项单独或额外的评估。企业应当根据相关商品的性质、合同条款的约定以及其他具体情况，对在向客户转让商品前是否拥有对该商品的控制权进行综合判断。

延伸阅读13-15

主要责任人示例

**（五）委托代销**

委托代销是指委托方根据合同，委托受托方代销商品的一种销售方式。

在委托代销方式下，委托方可以通过下列迹象判断一项合同安排是否在实质上属于委托代销安排：（1）在特定事件发生之前（例如，受托方向其客户出售商品之前），委托方拥有对商品的控制权；（2）委托方能够要求将委托代销的商品退回或者将其销售给其他方（如其他经销商）；（3）尽管受托方可能被要求向委托方支付一定金额的押金，但是受托方并没有承担对受托代销商品无条件付款的义务。受托方则应当根据在向客户转让商品前是否拥有对该商品的控制权，来判断其向客户转让商品时的身份是主要责任人还是代理人，从而确定其应当按照已收或应收客户对价总额确认收入，还是应当按照预期有权收取的代销手续费金额确认收入。

委托代销具体又可分为视同买断方式和支付手续费方式两种。

1.视同买断方式

视同买断方式，是指委托方和受托方签订合同，委托方按合同价格收取代销商品的货款，实际售价可由受托方自行决定，实际售价与合同价之间的差额归受托方所有的一种代销方式。在视同买断方式下，受托方可以自行决定受托代销商品的销售价格并且实际售价与合同价之间的差额全部归受托方所有，表明受托方有能力主导该商品的使用并从中获得几乎全部的经济利益，因此，一般可以认为委托方在向受托方交付代销商品时，商品的控制权已经转移给了受托方。从受托方来看，由于已经取得了对代销商品的控制权，因而在向客户转让商品时，其身份是主要责任人，应当按照已收或应收客户对价总额确认销售商品收入；从委托方来看，应当根据受托方是否承担了对受托代销商品无条件付款的义务等迹象，判断该项合同安排是否在实质上属于委托代销安排，并进行相应的会计处理。

如果委托方和受托方之间的合同明确标明，受托方在取得代销商品后，无论是否能够卖出、

是否获利，均与委托方无关，则可以认为受托方实际上已经承担了对受托代销商品无条件付款的
义务，委托方和受托方之间的代销商品交易与委托方直接销售商品给受托方没有实质区别。委托
方应于受托方取得代销商品控制权时确认销售收入，受托方应将取得的代销商品作为购进商品
处理。

**【例 13-35】** 华联实业股份有限公司采用视同买断方式委托 B 公司代销一批商品。该批商品
的成本为 12 000 元，合同价为 16 000 元，增值税税额为 2 080 元；B 公司在取得代销商品后，无
论是否能够卖出、是否获利，均与华联公司无关，代销商品的实际售价由 B 公司自行决定。B 公
司将该批商品按 20 000 元的价格售出，收取增值税 2 600 元，并给华联公司开来代销清单、结清
合同价款。

（1）华联公司（委托方）的会计处理。

①发出委托代销商品。

| | |
|---|---|
| 借：应收账款——B公司 | 18 080 |
| 　贷：主营业务收入 | 16 000 |
| 　　　应交税费——应交增值税（销项税额） | 2 080 |
| 借：主营业务成本 | 12 000 |
| 　贷：库存商品 | 12 000 |

②收到 B 公司开来的代销清单及汇入的货款。

| | |
|---|---|
| 借：银行存款 | 18 080 |
| 　贷：应收账款——B公司 | 18 080 |

（2）B 公司（受托方）的会计处理。

①收到受托代销的商品。

| | |
|---|---|
| 借：库存商品 | 16 000 |
| 　　应交税费——应交增值税（进项税额） | 2 080 |
| 　贷：应付账款——华联公司 | 18 080 |

②售出代销商品。

| | |
|---|---|
| 借：银行存款 | 22 600 |
| 　贷：主营业务收入 | 20 000 |
| 　　　应交税费——应交增值税（销项税额） | 2 600 |
| 借：主营业务成本 | 16 000 |
| 　贷：库存商品 | 16 000 |

③按合同价将货款汇给华联公司。

| | |
|---|---|
| 借：应付账款——华联公司 | 18 080 |
| 　贷：银行存款 | 18 080 |

如果委托方和受托方之间的合同明确标明，将来受托方没有将商品售出时可以将商品退回给
委托方，或受托方因代销商品出现亏损时可以要求委托方补偿，在这种情况下，说明受托方并没
有承担对受托代销商品无条件付款的义务，因而该项合同安排不仅在形式上而且在实质上属于委
托代销安排。委托方在发出商品时不确认收入，发出的商品通过"发出商品"科目核算，也可以
单独设置"委托代销商品"科目核算；受托方在收到商品时也不作为商品购进处理，收到的代销
商品通过"受托代销商品"科目核算。随后期间，受托方将受托代销的商品售出后，按实际售价

确认销售收入，并向委托方开具代销清单；委托方收到代销清单时，根据代销清单所列的已销商品确认销售收入。

【例13-36】按【例13-35】的资料，现假定B公司将来没有将受托代销的商品售出时，可以将商品退回给华联公司，其他条件不变。

（1）华联公司（委托方）的会计处理。

①发出委托代销商品。

借：发出商品　　　　　　　　　　　　　　　　　　　　　　　　　　12 000

　　贷：库存商品　　　　　　　　　　　　　　　　　　　　　　　　　　12 000

②收到B公司开来的代销清单。

借：应收账款——B公司　　　　　　　　　　　　　　　　　　　　　18 080

　　贷：主营业务收入　　　　　　　　　　　　　　　　　　　　　　　16 000

　　　　应交税费——应交增值税（销项税额）　　　　　　　　　　　　2 080

借：主营业务成本　　　　　　　　　　　　　　　　　　　　　　　　12 000

　　贷：发出商品　　　　　　　　　　　　　　　　　　　　　　　　　12 000

③收到B公司汇入的货款。

借：银行存款　　　　　　　　　　　　　　　　　　　　　　　　　　18 080

　　贷：应收账款——B公司　　　　　　　　　　　　　　　　　　　　18 080

（2）B公司（受托方）的会计处理。

①收到受托代销的商品。

借：受托代销商品　　　　　　　　　　　　　　　　　　　　　　　　16 000

　　贷：受托代销商品款　　　　　　　　　　　　　　　　　　　　　　16 000

②售出代销商品。

借：银行存款　　　　　　　　　　　　　　　　　　　　　　　　　　22 600

　　贷：主营业务收入　　　　　　　　　　　　　　　　　　　　　　　20 000

　　　　应交税费——应交增值税（销项税额）　　　　　　　　　　　　2 600

借：主营业务成本　　　　　　　　　　　　　　　　　　　　　　　　16 000

　　贷：受托代销商品　　　　　　　　　　　　　　　　　　　　　　　16 000

借：受托代销商品款　　　　　　　　　　　　　　　　　　　　　　　16 000

　　贷：应付账款——华联公司　　　　　　　　　　　　　　　　　　　16 000

③收到增值税专用发票。

借：应交税费——应交增值税（进项税额）　　　　　　　　　　　　　2 080

　　贷：应付账款——华联公司　　　　　　　　　　　　　　　　　　　2 080

④按合同价将货款汇给华联公司。

借：应付账款——华联公司　　　　　　　　　　　　　　　　　　　　18 080

　　贷：银行存款　　　　　　　　　　　　　　　　　　　　　　　　　18 080

2.支付手续费方式

支付手续费方式，是指委托方和受托方签订合同，委托方根据代销商品的数量向受托方支付手续费的一种代销方式。与视同买断方式相比，支付手续费方式的主要特点是在受托方向其客户出售商品之前，委托方拥有对商品的控制权；受托方一般应按照委托方规定的价格销售商品，不得自行改变售价。

支付手续费方式是一种典型的委托代销安排。因此，委托方向受托方交付代销商品时，不能确认收入，应将发出的代销商品转入"发出商品"科目或"委托代销商品"科目核算；待收到受托方开来的代销清单时，再根据代销清单所列的已销商品金额确认收入，支付的代销手续费计入当期销售费用。从受托方来看，由于受托方在向客户转让商品前并不拥有对该商品的控制权，其向客户转让商品时的身份是代理人，因而对收到的代销商品不能作为商品购进处理，应设置"受托代销商品"科目单独核算；受托方将受托代销的商品售出后，应根据代销商品的数量和合同约定的收费方式，计算应向委托方收取的手续费，作为提供代销服务收入确认入账，不确认销售商品收入。

【例13-37】华联公司采用支付手续费方式委托C公司代销一批商品，商品成本15 000元。根据代销合同，商品售价为20 000元，增值税为2 600元，C公司按商品售价（不包括增值税）的5%收取手续费，手续费适用的增值税税率为6%。C公司将该批商品售出后，给华联公司开来了代销清单，华联公司根据代销清单所列的已销商品金额给C公司开具了增值税专用发票。

（1）华联公司（委托方）的会计处理。

①发出委托代销商品。

| | |
|---|---|
| 借：发出商品 | 15 000 |
| 贷：库存商品 | 15 000 |

②收到C公司开来的代销清单。

| | |
|---|---|
| 借：应收账款——C公司 | 22 600 |
| 贷：主营业务收入 | 20 000 |
| 应交税费——应交增值税（销项税额） | 2 600 |
| 借：主营业务成本 | 15 000 |
| 贷：发出商品 | 15 000 |

③确认应付的代销手续费。

代销手续费=20 000×5%=1 000（元）

增值税税额=1 000×6%=60（元）

| | |
|---|---|
| 借：销售费用 | 1 000 |
| 应交税费——应交增值税（进项税额） | 60 |
| 贷：应收账款——C公司 | 1 060 |

④收到C公司汇来的货款。

| | |
|---|---|
| 借：银行存款 | 21 540 |
| 贷：应收账款——C公司 | 21 540 |

（2）C公司（受托方）的会计处理。

①收到受托代销商品。

| | |
|---|---|
| 借：受托代销商品——华联公司 | 20 000 |
| 贷：受托代销商品款——华联公司 | 20 000 |

②售出受托代销商品。

| | |
|---|---|
| 借：银行存款 | 22 600 |
| 贷：受托代销商品——华联公司 | 20 000 |
| 应交税费——应交增值税（销项税额） | 2 600 |

③收到增值税专用发票。

借：受托代销商品款——华联公司　　　　　　　　　　　　　　　　20 000

　　应交税费——应交增值税（进项税额）　　　　　　　　　　　　2 600

　　贷：应付账款——华联公司　　　　　　　　　　　　　　　　　　　　22 600

④计算代销手续费并结清代销商品款。

借：应付账款——华联公司　　　　　　　　　　　　　　　　　　22 600

　　贷：银行存款　　　　　　　　　　　　　　　　　　　　　　　　　　21 540

　　　　其他业务收入　　　　　　　　　　　　　　　　　　　　　　　　1 000

　　　　应交税费——应交增值税（销项税额）　　　　　　　　　　　　　　60

**（六）附有客户额外购买选择权的销售**

某些情况下，企业在销售商品的同时，会向客户授予选择权，允许客户可以据此免费或者以折扣价格购买额外的商品。企业授予客户的额外购买选择权有多种形式，如销售激励措施、客户奖励积分、续约选择权、针对未来购买商品的折扣券等。

对于附有客户额外购买选择权的销售，企业应当评估该选择权是否向客户提供了一项重大权利。如果客户只有在订立了一项合同的前提下才能取得额外购买选择权，并且客户行使该选择权购买额外商品时，能够享受到超过该地区或该市场中其他同类客户所能够享有的折扣，则通常认为该选择权向客户提供了一项重大权利。企业提供重大权利的，应当作为单项履约义务，按照各单项履约义务所承诺商品的单独售价的相对比例，将交易价格分摊至该履约义务，在客户未来行使购买选择权取得相关商品控制权时，或者该选择权失效时，按照分摊至该单项履约义务的交易价格确认相应的收入。客户额外购买选择权的单独售价无法直接观察的，企业应当综合考虑客户行使和不行使该选择权所能获得的折扣的差异、客户行使该选择权的可能性等全部相关信息后，予以合理估计。

客户虽然有额外购买商品选择权，但客户行使该选择权购买商品时的价格反映了这些商品单独售价的，不应被视为企业向该客户提供了一项重大权利。

【例13-38】2×24年9月份，华联公司推出一项为期1个月的促销计划。根据该促销计划，客户在2×24年9月1日至30日期间购物每满10元可获得1个积分，不足10元部分不予积分；从下月开始，每个积分在购物时可以抵减1元的购物款；积分在2×24年12月31日之前有效，过期作废。2×24年9月份，华联公司销售各类商品共计9 190 000元（含增值税），授予客户积分共计900 000分，华联公司预计顾客在有效期内将兑换90%的积分；2×24年10月份，客户使用积分162 000分，华联公司对积分的兑换率进行了重新估计，仍然预计积分的兑换率为90%；2×24年11月份，客户累计已使用积分598 500分，华联公司对积分的兑换率进行了重新估计，预计积分的兑换率将为95%；2×24年12月份，客户累计使用积分865 000分。假定授予客户的积分在客户使用积分兑换商品时发生增值税纳税义务。

（1）2×24年9月份，销售商品并授予客户积分。

华联公司认为授予客户积分为客户提供了一项重大权利，应当作为一项单独的履约义务。客户购买商品的单独售价合计为9 190 000元，考虑积分的兑换率，华联公司估计积分的单独售价为810 000元（900 000×1×90%）。华联公司按单独售价的相对比例分摊交易价格如下：

$$分摊至商品的交易价格（含增值税）=\frac{9\,190\,000}{9\,190\,000+810\,000}×9\,190\,000=8\,445\,610（元）$$

$$本月销售商品应确认收入=\frac{8\,445\,610}{1+13\%}=7\,473\,991（元）$$

分摊至积分的交易价格（含增值税）$=\dfrac{810\,000}{9\,190\,000+810\,000}\times 9\,190\,000=744\,390$（元）

合同负债$=\dfrac{744\,390}{1+13\%}=658\,752$（元）

| | |
|---|---|
| 借：银行存款 | 9 190 000 |
| 贷：主营业务收入 | 7 473 991 |
| 应交税费——应交增值税（销项税额） | 971 619 |
| 合同负债 | 658 752 |
| 应交税费——待转销项税额 | 85 638 |

（2）2×24年10月份，客户使用积分。

积分应确认收入$=\dfrac{162\,000}{810\,000}\times 658\,752=131\,750$（元）

| | |
|---|---|
| 借：合同负债 | 131 750 |
| 应交税费——待转销项税额 | 17 128 |
| 贷：主营业务收入 | 131 750 |
| 应交税费——应交增值税（销项税额） | 17 128 |

（3）2×24年11月份，客户使用积分。

预计累计兑换积分$=900\,000\times 95\%=855\,000$（分）

积分应确认收入$=\dfrac{598\,500}{855\,000}\times 658\,752-131\,750=329\,376$（元）

| | |
|---|---|
| 借：合同负债 | 329 376 |
| 应交税费——待转销项税额 | 42 819 |
| 贷：主营业务收入 | 329 376 |
| 应交税费——应交增值税（销项税额） | 42 819 |

（4）2×24年12月份，客户使用积分。

由于积分在2×24年12月31日之前有效，过期作废，因此，应将分摊至积分的交易价格中尚未确认收入的部分全部确认为收入。

积分应确认收入$=658\,752-131\,750-329\,376=197\,626$（元）

| | |
|---|---|
| 借：合同负债 | 197 626 |
| 应交税费——待转销项税额 | 25 691 |
| 贷：主营业务收入 | 197 626 |
| 应交税费——应交增值税（销项税额） | 25 691 |

延伸阅读13-16

购买选择权
示例

**（七）向客户授予知识产权许可**

授予知识产权许可，是指企业授予客户对企业拥有的知识产权享有相应权利。常见的知识产权包括软件和技术、影视和音乐等的版权、特许经营权以及专利权、商标权和其他版权等。企业向客户授予知识产权许可的，应当评估该知识产权许可是否构成单项履约义务。

授予知识产权许可不构成单项履约义务的，企业应当将该知识产权许可和其他商品一起作为一项履约义务进行会计处理。下列情形下，授予知识产权许可不构成单项履约义务：

（1）该知识产权许可构成有形商品的组成部分并且对于该商品的正常使用不可或缺，如企业向客户销售设备和相关软件，该软件内嵌于设备之中，该设备必须安装了该软件之后才能正常使用。

（2）客户只有将该知识产权许可和相关服务一起使用才能够从中获益，如客户取得授权许可，但是只有通过企业提供的在线服务才能访问相关内容。

授予知识产权许可构成单项履约义务的，应当进一步确定其是在某一时段内履行还是在某一时点履行。企业向客户授予知识产权许可，在同时满足下列条件时，应当作为在某一时段内履行的履约义务确认相关收入：

（1）合同要求或客户能够合理预期企业将从事对该项知识产权有重大影响的活动；

（2）该活动对客户将产生有利或不利影响；

（3）该活动不会导致向客户转让某项商品。

企业向客户授予知识产权许可不能同时满足上述条件的，应当作为在某一时点履行的履约义务确认相关收入。

延伸阅读13-17

授予知识产权许可示例

企业向客户授予知识产权许可，并约定按客户实际销售或使用情况收取特许权使用费的，应当在下列两项孰晚的时点确认收入：

（1）客户后续销售或使用行为实际发生；

（2）企业履行相关履约义务。

这是估计可变对价的例外规定，该例外规定只有在下列两种情形下才能使用：

（1）特许权使用费仅与知识产权许可相关；

（2）特许权使用费可能与合同中的知识产权许可和其他商品都相关，但是与知识产权许可相关的部分占有主导地位。

【例13-39】华联实业股份有限公司特许乙公司经营其连锁店。根据双方签订的合同，华联公司向乙公司收取特许权初始费用350 000元（不含增值税），用于向乙公司提供家具、柜台等商品，并提供选址、店面装潢、人员培训、广告等初始服务；连锁店开业后，华联公司向乙公司持续提供经营指导、广告营销等后续服务，乙公司须于每年的12月31日，按当年营业额的5%（不含增值税）向华联公司支付特许权使用费。

合同签订当日，乙公司一次性付清特许权初始费用及相应的增值税。2×22年12月5日，华联公司开始提供初始服务，当月发生提供初始服务成本126 000元；2×23年2月20日，华联公司向乙公司提供家具、柜台等商品，单独售价为85 000元（不含增值税），成本为72 000元；2×23年3月10日，连锁店正式营业，华联公司本年发生提供初始服务成本97 000元。2×23年度，连锁店营业额为1 500 000元，华联公司提供后续服务的成本为36 000元；2×24年度，连锁店营业额为2 000 000元，华联公司提供后续服务的成本为39 000元。假定华联公司提供初始服务和后续服务的成本均以银行存款支付。在提供特许经营期间，乙公司各年均如期支付了特许权使用费。

华联公司判断，上述特许经营合同包含转让商品、提供初始服务和提供后续服务三个单项履约义务。其中，转让商品属于在某一时点履行的履约义务，交易价格为其单独售价85 000元，增值税额为11 050元；提供初始服务属于在某一时段内履行的履约义务，交易价格为265 000元（350 000-85 000），增值税额为15 900元，华联公司无法合理确定提供初始服务的履约进度，但已经发生的初始服务成本预计能够得到补偿；提供后续服务属于在某一时段内履行的履约义务，交易价格为年度营业额的5%，属于可变对价，增值税率为6%，华联公司于每年年末根据乙公司当年实际营业额计算应收取的特许权使用费并据以确认收入，同时结转后续服务成本。假定华联公司于确认相关收入时发生增值税纳税义务。

（1）收到乙公司支付的特许权初始费用及相应的增值税。

应收增值税税额=11 050+15 900=26 950（元）

应收全部价款=350 000+26 950=376 950（元）

借：银行存款 376 950

　　贷：合同负债 350 000

　　　　应交税费——待转销项税额 26 950

（2）2×22年12月份，支付初始服务成本126 000元（总括分录）。

借：合同履约成本——服务成本 126 000

　　贷：银行存款 126 000

（3）2×22年12月31日，确认提供初始服务收入并结转成本。

应确认销项税额=126 000×6%=7 560（元）

借：合同负债 126 000

　　应交税费——待转销项税额 7 560

　　贷：主营业务收入 126 000

　　　　应交税费——应交增值税（销项税额） 7 560

借：主营业务成本 126 000

　　贷：合同履约成本——服务成本 126 000

（4）2×23年2月20日，确认转让商品收入并结转成本。

借：合同负债 85 000

　　应交税费——待转销项税额 11 050

　　贷：主营业务收入 85 000

　　　　应交税费——应交增值税（销项税额） 11 050

借：主营业务成本 72 000

　　贷：库存商品 72 000

（5）2×23年1月1日至3月10日，支付初始服务成本97 000元（总括分录）。

借：合同履约成本——服务成本 97 000

　　贷：银行存款 97 000

（6）2×23年3月10日，确认提供初始服务收入139 000元（265 000−126 000）并结转成本。

应确认销项税额=139 000×6%=8 340（元）

借：合同负债 139 000

　　应交税费——待转销项税额 8 340

　　贷：主营业务收入 139 000

　　　　应交税费——应交增值税（销项税额） 8 340

借：主营业务成本 97 000

　　贷：合同履约成本——服务成本 97 000

（7）2×23年3月10日至12月31日，支付后续服务成本36 000元（总括分录）。

借：合同履约成本——服务成本 36 000

　　贷：银行存款 36 000

（8）2×23年12月31日，确认特许权使用费收入并结转成本。

特许权使用费=1 500 000×5%=75 000（元）

应确认销项税额=75 000×6%=4 500（元）

应收全部价款=75 000+4 500=79 500（元）

借：银行存款（或应收账款）　　　　　　　　　　　　　　　　　　79 500

　　贷：主营业务收入　　　　　　　　　　　　　　　　　　　　　75 000

　　　　应交税费——应交增值税（销项税额）　　　　　　　　　　　4 500

借：主营业务成本　　　　　　　　　　　　　　　　　　　　　　　36 000

　　贷：合同履约成本——服务成本　　　　　　　　　　　　　　　36 000

（9）2×24年1月1日至12月31日，支付后续服务成本39 000元（总括分录）。

借：合同履约成本——服务成本　　　　　　　　　　　　　　　　　39 000

　　贷：银行存款　　　　　　　　　　　　　　　　　　　　　　　39 000

（10）2×24年12月31日，确认特许权使用费收入并结转成本。

特许权使用费=2 000 000×5%=100 000（元）

应确认销项税额=100 000×6%=6 000（元）

应收全部价款=100 000+6 000=106 000（元）

借：银行存款（或应收账款）　　　　　　　　　　　　　　　　　 106 000

　　贷：主营业务收入　　　　　　　　　　　　　　　　　　　　 100 000

　　　　应交税费——应交增值税（销项税额）　　　　　　　　　　　6 000

借：主营业务成本　　　　　　　　　　　　　　　　　　　　　　　39 000

　　贷：合同履约成本——服务成本　　　　　　　　　　　　　　　39 000

**（八）售后回购**

售后回购，是指企业销售商品的同时承诺或有权选择日后再将该商品（包括相同或几乎相同的商品，或以该商品作为组成部分的商品）购回的销售方式。对于售后回购交易，企业应当区分下列两种情形分别进行会计处理：

（1）企业因存在与客户的远期安排而负有回购义务或企业享有回购权利的，表明客户在销售时点并未取得相关商品控制权，企业应当作为租赁交易或融资交易进行相应的会计处理。其中，回购价格低于原售价的，应当视为租赁交易，按照租赁准则的相关规定进行会计处理；回购价格不低于原售价的，应当视为融资交易，在收到客户款项时确认金融负债，并将该款项和回购价格的差额在回购期间内确认为利息费用等。企业到期未行使回购权利的，应当在该回购权利到期时终止确认金融负债，同时确认收入。例如，甲公司向乙公司销售一台设备，销售价格为150万元。双方约定，两年后甲公司将该设备购回。由于甲公司负有在两年后回购该设备的义务，因此，乙公司并未取得该设备的控制权。假定不考虑货币时间价值的影响，如果双方约定的回购价格为90万元，则该售后回购交易的实质是乙公司支付了60万元（150-90）的对价取得了该设备2年的使用权，甲公司应当作为租赁交易进行会计处理；如果双方约定的回购价格为160万元，则该售后回购交易的实质是甲公司以设备为质押向乙公司借款150万元并支付了10万元（160-150）的利息，甲公司应当作为融资交易进行会计处理；如果甲公司到期未行使回购权利，应终止确认金融负债，同时确认销售商品收入。

（2）企业负有应客户要求回购商品义务的，应当在合同开始日评估客户是否具有行使该要求权的重大经济动因。客户具有行使该要求权重大经济动因的（比如回购价格明显高于该资产回购时的市场价值），企业应当将售后回购作为租赁交易或融资交易，按照上述（1）的要求进行会计处理；否则，企业应当将其作为附有销售退回条款的销售交易进行会计处理。例如，甲公司向乙公司销售一台设备，销售价格为 2 000 万元。双方约定，乙公司在 5 年后有权要求甲公司将该设备购回，甲公司预计该设备回购时的市场价值为 1 500 万元。假定不考虑货币时间价值的影响，如果双方约定的回购价格为 1 600 万元，甲公司判断乙公司有重大的经济动因行使其权利要求甲公司回购该设备，甲公司应当作为租赁交易进行会计处理；如果双方约定的回购价格为 2 100 万元，甲公司判断乙公司有重大的经济动因行使其权利要求甲公司回购该设备，甲公司应当作为融资交易进行会计处理；如果双方约定的回购价格为 1 300 万元，甲公司判断乙公司没有重大的经济动因行使其权利要求甲公司回购该设备，甲公司应当作为附有销售退回条款的销售交易进行会计处理。

售后回购交易如果属于融资交易，企业在销售商品后，按实际收到的价款，借记"银行存款"科目，按增值税专用发票上注明的增值税，贷记"应交税费——应交增值税（销项税额）"科目，按其差额，贷记"其他应付款"科目；计提利息费用时（通常采用直线法），借记"财务费用"科目，贷记"其他应付款"科目；依据合同约定日后重新购回该项商品时，按约定的商品回购价格，借记"其他应付款"科目，按增值税专用发票上注明的增值税，借记"应交税费——应交增值税（进项税额）"科目，按实际支付的金额，贷记"银行存款"等科目。如果所销售的商品已实际发出，则在发出商品时，还应按发出商品的成本，借记"发出商品"科目，贷记"库存商品"科目；待日后回购该项商品时，再将其从发出商品转为库存商品。

**【例 13-40】** 2×24 年 3 月 1 日，华联实业股份有限公司与 B 公司签订一项售后回购合同。合同约定，华联公司向 B 公司销售一批商品，售价为 500 000 元，增值税专用发票上注明的增值税销项税额为 65 000 元；华联公司须于 2×24 年 12 月 31 日将所售商品购回，回购价格为 520 000 元，增值税为 67 600 元。2×24 年 3 月 1 日，华联公司收到 B 公司支付的货款，但所售商品并未发出；2×24 年 12 月 31 日，华联公司购回所售商品。

在上述售后回购交易中，由于回购价格高于原售价，因而该售后回购交易属于融资交易。华联公司的有关会计处理如下：

（1）2×24 年 3 月 1 日，华联公司收到销售价款。

借：银行存款 565 000
    贷：应交税费——应交增值税（销项税额） 65 000
        其他应付款——B 公司 500 000

（2）2×24 年 3 月 31 日，华联公司计提利息。

回购价格大于原售价的差额=520 000-500 000=20 000（元）

每月计提的利息费用=$\frac{20\,000}{10}$=2 000（元）

借：财务费用 2 000
    贷：其他应付款——B 公司 2 000

以后各月计提利息费用的会计处理同上，此处略。

（3）2×24 年 12 月 31 日，华联公司按约定的价格购回该批商品。

借：其他应付款——B 公司 520 000
    应交税费——应交增值税（进项税额） 67 600
    贷：银行存款 587 600

## （九）预收款销售

企业因销售商品而向客户预收的款项，赋予了客户一项在未来从企业取得相关商品的权利，并使企业承担了向客户转让该商品的义务。因此，企业在预收款项时，应当首先将其确认为合同负债，待未来履行了相关履约义务，即向客户转让了相关商品后，再将该负债转为收入。但预收款项中的增值税部分，不符合合同负债的定义，不应确认为合同负债。

【例13-41】2×24年1月1日，华联实业股份有限公司与乙公司签订了一项合同对价为56 500元（含增值税）的商品转让合同。合同约定，乙公司应于2×24年1月31日向华联公司预付全部合同价款，华联公司则于2×24年3月31日向乙公司交付商品。乙公司未能按合同约定的日期支付价款，而是推迟到2×24年3月1日才支付价款；华联公司于2×24年3月31日向乙公司交付了商品。

1.假定华联公司与乙公司签订的是一项可撤销的合同，乙公司在向华联公司支付合同价款之前均可以撤销合同。

由于合同可撤销，因此，在乙公司向华联公司支付合同价款之前，华联公司并不拥有无条件收取合同价款的权利。华联公司应将2×24年3月1日收到的款项确认为负债，待向乙公司交付商品时再转为收入。

（1）2×24年3月1日，华联公司收到乙公司预付的价款。

借：银行存款　　　　　　　　　　　　　　　　　　　　　56 500
　　贷：合同负债　　　　　　　　　　　　　　　　　　　　50 000
　　　　应交税费——待转销项税额　　　　　　　　　　　　6 500

（2）2×24年3月31日，华联公司向乙公司交付商品。

借：合同负债　　　　　　　　　　　　　　　　　　　　　50 000
　　应交税费——待转销项税额　　　　　　　　　　　　　6 500
　　贷：主营业务收入　　　　　　　　　　　　　　　　　　50 000
　　　　应交税费——应交增值税（销项税额）　　　　　　　6 500

2.假定华联公司与乙公司签订的是一项不可撤销的合同。

由于合同不可撤销，因此，在合同约定的乙公司预付合同价款日（2×24年1月31日），华联公司即已拥有无条件收取合同价款的权利。华联公司应于2×24年1月31日确认应收账款，同时确认合同负债；收到乙公司预付的价款时，作为应收账款的收回；待向乙公司交付商品时，将合同负债转为收入。

（1）2×24年1月31日，华联公司确认应收账款和合同负债。

借：应收账款　　　　　　　　　　　　　　　　　　　　　56 500
　　贷：合同负债　　　　　　　　　　　　　　　　　　　　50 000
　　　　应交税费——待转销项税额　　　　　　　　　　　　6 500

（2）2×24年3月1日，华联公司收到乙公司预付的价款。

借：银行存款　　　　　　　　　　　　　　　　　　　　　56 500
　　贷：应收账款　　　　　　　　　　　　　　　　　　　　56 500

（3）2×24年3月31日，华联公司向乙公司交付商品。

借：合同负债　　　　　　　　　　　　　　　　　　　　　50 000
　　应交税费——待转销项税额　　　　　　　　　　　　　6 500
　　贷：主营业务收入　　　　　　　　　　　　　　　　　　50 000
　　　　应交税费——应交增值税（销项税额）　　　　　　　6 500

当企业预收款项无须退回，且客户可能会放弃其全部或部分合同权利时，企业预期将有权获得与客户所放弃的合同权利相关金额的，应当按照客户行使合同权利的模式按比例将上述金额确认为收入；否则，企业只有在客户要求其履行剩余履约义务的可能性极低时，才能将上述负债的相关余额转为收入。

**【例13-42】** 华联实业股份有限公司经营一家连锁超市。2×24年，华联公司向客户销售了4 000张不可退的储值卡，每张储值卡的面值为300元，总额为1 200 000元，客户可在华联公司经营的任意一家门店使用该储值卡进行消费。根据历史经验，华联公司预期客户购买的储值卡中将有大约5%（即60 000元）的金额不会被消费。截至2×24年12月31日，客户使用该储值卡实际消费的金额为500 000元。华联公司为增值税一般纳税人，假定在客户使用该储值卡消费时发生增值税纳税义务。

（1）销售储值卡。

$$合同负债 = \frac{1\ 200\ 000}{1 + 13\%} = 1\ 061\ 947（元）$$

$$应交增值税 = 1\ 061\ 947 \times 13\% = 138\ 053（元）$$

借：银行存款　　　　　　　　　　　　　　　　　　　　　1 200 000
　　贷：合同负债　　　　　　　　　　　　　　　　　　　　　　　1 061 947
　　　　应交税费——待转销项税额　　　　　　　　　　　　　　　　138 053

（2）客户持储值卡消费。

华联公司预期将有权获得与客户未行使的合同权利相关的金额为60 000元，该金额应当按照客户行使合同权利的模式按比例确认为收入。华联公司销售的储值卡在2×24年应当确认的收入计算如下：

$$应确认收入 = \frac{500\ 000 + 60\ 000 \times 500\ 000 \div 1\ 140\ 000}{1 + 13\%} = 465\ 766（元）$$

$$应确认销项税额 = \frac{500\ 000}{1 + 13\%} \times 13\% = 57\ 522（元）$$

借：合同负债　　　　　　　　　　　　　　　　　　　　　　465 766
　　应交税费——待转销项税额　　　　　　　　　　　　　　　57 522
　　贷：主营业务收入　　　　　　　　　　　　　　　　　　　　　465 766
　　　　应交税费——应交增值税（销项税额）　　　　　　　　　　　57 522

**（十）无须退回的初始费**

企业在合同开始（或接近合同开始）日向客户收取的无须退回的初始费（如俱乐部的入会费等）应当计入交易价格。企业应当评估该初始费是否与向客户转让已承诺的商品相关。该初始费与向客户转让已承诺的商品相关，并且该商品构成单项履约义务的，企业应当在转让该商品时，按照分摊至该商品的交易价格确认收入；该初始费与向客户转让已承诺的商品相关，但该商品不构成单项履约义务的，企业应当在包含该商品的单项履约义务履行时，按照分摊至该单项履约义务的交易价格确认收入；该初始费与向客户转让已承诺的商品不相关的，该初始费应当作为未来将转让商品的预收款，在未来转让该商品时确认为收入。

企业收取了无须退回的初始费且为履行合同应开展初始活动，但这些活动本身并没有向客户转让已承诺的商品的，该初始费与未来将转让的已承诺商品相关，应当在未来转让该商品时确认为收入，企业在确定履约进度时不应考虑这些初始活动；企业为该初始活动发生的支出应当作为合同成本，确认为一项资产或计入当期损益。

**【例13-43】** 华联实业股份有限公司的下属A公司是一家会员制的健身俱乐部。2×24年1月1

日，A公司与150名客户签订了为期2年的合同，为客户提供健身服务。合同约定，A公司向每位客户收取100元的入会费，用于补偿为客户注册登记、准备会籍资料以及制作会员卡等初始活动的成本花费；同时，向每位客户收取每年2 600元、2年共计5 200元的年费。收取的入会费和年费均无须返还。A公司以银行存款支付初始活动成本11 200元；2×24年度，以银行存款支付提供健身服务成本175 000元。

A公司开展的初始活动属于行政管理性质的准备工作，并没有向客户转让已承诺的健身服务，因而不构成单项履约义务；收取的入会费实质上是客户为获得健身服务所支付的对价的一部分，应当作为健身服务的预收款，与收取的年费一起在2年内分摊，确认为收入（本例中，为简化起见，假定A公司按年确认收入）。假定A公司适用6%的增值税税率，于确认相关收入时发生增值税纳税义务。

（1）2×24年1月1日，收取入会费和年费。

收取的入会费和年费合计=5 200×150+100×150=795 000（元）

合同负债=$\frac{795\,000}{1+6\%}$=750 000（元）

应交增值税=750 000×6%=45 000（元）

借：银行存款 795 000
  贷：合同负债 750 000
    应交税费——待转销项税额 45 000

（2）支付初始活动成本（总括分录）。

借：合同履约成本——服务成本 11 200
  贷：银行存款 11 200

（3）支付2×24年度健身服务成本（总括分录）。

借：合同履约成本——服务成本 175 000
  贷：银行存款 175 000

（4）2×24年12月31日，确认收入并结转成本。

应确认合同收入=750 000×$\frac{1}{2}$=375 000（元）

应确认销项税额=45 000×$\frac{1}{2}$=22 500（元）

应确认合同成本=175 000+11 200×$\frac{1}{2}$=180 600（元）

借：合同负债 375 000
  应交税费——待转销项税额 22 500
  贷：主营业务收入 375 000
    应交税费——应交增值税（销项税额） 22 500
借：主营业务成本 180 600
  贷：合同履约成本——服务成本 180 600

## 七、收入的列报

### （一）列示

1.合同资产和合同负债

在资产负债表中，应当将合同资产和合同负债作为单独的报表项目予以列示。企业拥有的、无条件（即仅取决于时间流逝）向客户收取对价的权利应当作为应收款项单独列示。

2.合同履约成本和合同取得成本

（1）确认为资产的合同履约成本，初始确认时摊销期限不超过一年或一个正常营业周期的，在资产负债表中列入"存货"项目；初始确认时摊销期限在一年或一个正常营业周期以上的，在资产负债表中列入"其他非流动资产"项目。

（2）确认为资产的合同取得成本，初始确认时摊销期限不超过一年或一个正常营业周期的，在资产负债表中列入"其他流动资产"项目；初始确认时摊销期限在一年或一个正常营业周期以上的，在资产负债表中列入"其他非流动资产"项目。

（二）披露

企业应当在附注中披露与收入有关的下列信息：

1.收入确认和计量所采用的会计政策、对于确定收入确认的时点和金额具有重大影响的判断以及这些判断的变更。

2.与合同相关的下列信息：

（1）与本期确认收入相关的信息。

（2）与应收款项、合同资产和合同负债的账面价值相关的信息。

（3）与履约义务相关的信息。

（4）与分摊至剩余履约义务的交易价格相关的信息。

3.与合同成本有关的资产相关的信息：

（1）在确定该资产的金额时所运用的判断；

（2）该资产的摊销方法；

（3）按该资产的主要类别披露合同取得成本或合同履约成本的期末账面价值；

（4）本期确认的摊销以及减值损失的金额。

4.有关简化处理方法的披露。

企业因预计客户取得商品控制权与客户支付价款间隔未超过一年而未考虑合同中存在的重大融资成分，或者因合同取得成本的摊销期限未超过一年而将其在发生时计入当期损益的，应当披露该事实。

# 第二节  利  润

## 一、利润及其构成

### （一）利润的定义

利润是指企业在一定会计期间的经营成果，包括收入减去费用后的净额、直接计入当期利润的利得和损失等。其中，直接计入当期利润的利得和损失，是指应当计入当期损益、最终会引起所有者权益发生增减变动的、与所有者投入资本或者向所有者分配利润无关的利得或者损失。

收入减去费用后的净额反映的是企业日常活动的业绩，直接计入当期利润的利得和损失反映的是企业非日常活动的业绩。企业应当严格划分收入和利得、费用和损失之间的界线，以更加准确地反映企业的经营业绩。

利润的确认主要依赖于收入和费用以及直接计入当期利润的利得和损失的确认，利润金额的计量主要取决于收入和费用金额以及直接计入当期利润的利得和损失金额的计量。

**（二）利润的构成**

在利润表中，利润的金额分为营业利润、利润总额和净利润三个层次计算确定。

**1.营业利润**

营业利润是指企业通过一定期间的日常活动取得的利润。营业利润的具体构成，可用公式表示如下：

$$营业利润=营业收入-营业成本-税金及附加-销售费用-管理费用-研发费用-财务费用+其他收益\pm投资净损益\pm公允价值变动净损益\pm信用减值损失\pm资产减值损失\pm资产处置净损益$$

其中，营业收入是指企业经营业务所实现的收入总额，包括主营业务收入和其他业务收入；营业成本是指企业经营业务所发生的实际成本总额，包括主营业务成本和其他业务成本；税金及附加是指企业经营业务应负担的税金及附加费用，如消费税、城市维护建设税、资源税、教育费附加、房产税、城镇土地使用税、车船税、印花税等；研发费用是指企业在研究与开发过程中发生的费用化支出以及计入管理费用的无形资产摊销金额，是管理费用的一部分，在利润表中应将其从管理费用当中分离出来，单独列报；其他收益是指与企业日常活动相关但不属于营业收入的经济利益流入，主要包括与企业日常活动相关但不宜冲减成本费用而应计入其他收益的政府补助、代扣代缴税款手续费、增值税减免、债务人获得的部分债务重组收益等；资产处置净损益是指企业出售划分为持有待售的非流动资产（金融资产、长期股权投资和投资性房地产除外）或处置组（子公司和业务除外）时确认的处置利得或损失，以及处置（包括投资、非货币性资产交换、捐赠等）未划分为持有待售的固定资产、在建工程、无形资产等而产生的处置利得或损失。

**2.利润总额**

利润总额是指企业一定期间的营业利润，加上营业外收入减去营业外支出后的所得税前利润总额，即：

$$利润总额=营业利润+营业外收入-营业外支出$$

其中，营业外收入和营业外支出是指企业发生的与日常活动无直接关系的各项利得或损失。营业外收入与营业外支出虽然与企业日常生产经营活动无直接关系，但站在企业主体的角度来看，同样是其经济利益的流入或流出，从而构成利润的一部分，对企业的盈亏状况具有不可忽视的影响。

（1）营业外收入，是指企业取得的与日常活动没有直接关系因而不构成营业利润的各项利得，主要包括非流动资产毁损报废利得、政府补助利得、捐赠利得、盘盈利得等。

①非流动资产毁损报废利得，是指因自然灾害等发生毁损、已丧失使用功能而报废的固定资产等非流动资产所产生的清理净收益。

②政府补助利得，是指企业取得的与其日常活动无关的政府补助，如企业因遭受重大自然灾害而获得的政府补助。

③捐赠利得，是指企业接受外部现金和非现金资产捐赠而获得的利得。但是，企业接受控股股东（或控股股东的子公司）以及非控股股东（或非控股股东的子公司）直接或间接代为偿债、债务豁免或捐赠，其经济实质表明属于股东对企业的资本性投入的，应当将相关利得计入所有者权益（资本公积——其他资本公积）。

④盘盈利得，是指企业在财产清查中发现的库存现金实存数额超过账面数额而获得的资产溢余利得。

延伸阅读13-18

其他收益释义

（2）营业外支出，是指企业发生的与日常活动没有直接关系因而不构成营业利润的各项损失或支出，主要包括非流动资产毁损报废损失、公益性捐赠支出、非常损失、盘亏损失等。

①非流动资产毁损报废损失，是指因自然灾害等发生毁损、已丧失使用功能而报废的固定资产等非流动资产所产生的清理净损失。

②公益性捐赠支出，是指企业对外进行公益性捐赠而付出资产的公允价值。

③非常损失，是指企业由于自然灾害等客观原因造成的财产损失，在扣除保险公司赔款和残料价值后，应计入当期损益的净损失。

④盘亏损失，是指企业在财产清查中发现的固定资产实存数量少于账面数量而发生的资产短缺损失。

营业外收入和营业外支出所包括的收支项目互不相关，不存在配比关系，因此，不得以营业外支出直接冲减营业外收入，也不得以营业外收入抵补营业外支出，二者的发生金额应当分别核算。

3.净利润

净利润是指企业一定期间的利润总额减去所得税费用后的净额，即：

净利润=利润总额-所得税费用

其中，所得税费用是指企业按照会计准则的规定确认的应从当期利润总额中扣除的当期所得税费用和递延所得税费用。

【例13-44】华联实业股份有限公司2×24年度取得主营业务收入5 000万元，其他业务收入1 800万元，其他收益120万元，投资净收益800万元，营业外收入250万元；发生主营业务成本3 500万元，其他业务成本1 400万元，税金及附加60万元，销售费用380万元，管理费用340万元（其中，研发费用150万元），财务费用120万元，公允价值变动净损失100万元，信用减值损失90万元，资产减值损失110万元，资产处置净损失160万元，营业外支出210万元；本年度确认的所得税费用为520万元。

根据上述资料，华联公司2×24年度的利润构成情况，见表13-15。

表13-15

**利润表（简表）**

2×24年度

单位：元

| 项　　目 | 本年金额 |
|---|---|
| 一、营业收入 | 68 000 000 |
| 　减：营业成本 | 49 000 000 |
| 　　　税金及附加 | 600 000 |
| 　　　销售费用 | 3 800 000 |
| 　　　管理费用 | 1 900 000 |
| 　　　研发费用 | 1 500 000 |
| 　　　财务费用 | 1 200 000 |
| 　加：其他收益 | 1 200 000 |
| 　　　投资收益（损失以"-"号填列） | 8 000 000 |
| 　　　公允价值变动收益（损失以"-"号填列） | -1 000 000 |
| 　　　信用减值损失（损失以"-"号填列） | -900 000 |
| 　　　资产减值损失（损失以"-"号填列） | -1 100 000 |
| 　　　资产处置收益（损失以"-"号填列） | -1 600 000 |

续表

| 项　目 | 本年金额 |
|---|---|
| 二、营业利润（亏损以"-"号填列） | 14 600 000 |
| 加：营业外收入 | 2 500 000 |
| 减：营业外支出 | 2 100 000 |
| 三、利润总额（亏损总额以"-"号填列） | 15 000 000 |
| 减：所得税费用 | 5 200 000 |
| 四、净利润（净亏损以"-"号填列） | 9 800 000 |

## 二、利润的结转与分配

### （一）利润的结转

企业应设置"本年利润"科目，用于核算企业当期实现的净利润或发生的净亏损。利润计算与结转的基本会计处理程序如下：

（1）会计期末，企业应将各损益类科目的余额转入"本年利润"科目，结平各损益类科目，即将收入类科目的贷方余额转入"本年利润"科目的贷方，借记"主营业务收入""其他业务收入""其他收益""营业外收入"等科目，贷记"本年利润"科目；将支出类科目的借方余额转入"本年利润"科目的借方，借记"本年利润"科目，贷记"主营业务成本""其他业务成本""税金及附加""销售费用""管理费用""财务费用""信用减值损失""资产减值损失""营业外支出""所得税费用"等科目。"投资收益""公允价值变动损益""资产处置损益"科目如为净收益，借记"投资收益""公允价值变动损益""资产处置损益"科目，贷记"本年利润"科目；如为净损失，借记"本年利润"科目，贷记"投资收益""公允价值变动损益""资产处置损益"科目。期末结转损益类科目余额后，"本年利润"科目如为贷方余额，反映年初至本期末累计实现的净利润；如为借方余额，反映年初至本期末累计发生的净亏损。为了简化核算，企业在中期期末也可以不进行上述利润结转，年内各期实现的利润直接通过利润表计算；年度终了时，再将各损益类科目全年累计金额一次转入"本年利润"科目。

（2）年度终了，企业应将收入和支出相抵后结出的本年实现的净利润，转入"利润分配——未分配利润"科目，借记"本年利润"科目，贷记"利润分配——未分配利润"科目；如果为净亏损，借记"利润分配——未分配利润"科目，贷记"本年利润"科目。结转后，"本年利润"科目应无余额。

**【例13-45】**按【例13-44】的资料，假定华联公司中期期末不进行利润结转，年末一次结转利润。华联公司结转利润的会计处理如下：

①2×24年12月31日，结转本年损益类科目余额。

| | |
|---|---|
| 借：主营业务收入 | 50 000 000 |
| 　其他业务收入 | 18 000 000 |
| 　其他收益 | 1 200 000 |
| 　投资收益 | 8 000 000 |
| 　营业外收入 | 2 500 000 |
| 　贷：本年利润 | 79 700 000 |

| 借：本年利润 | 69 900 000 |
| --- | --- |
| 贷：主营业务成本 | 35 000 000 |
| 其他业务成本 | 14 000 000 |
| 税金及附加 | 600 000 |
| 销售费用 | 3 800 000 |
| 管理费用 | 3 400 000 |
| 财务费用 | 1 200 000 |
| 公允价值变动损益 | 1 000 000 |
| 信用减值损失 | 900 000 |
| 资产减值损失 | 1 100 000 |
| 资产处置损益 | 1 600 000 |
| 营业外支出 | 2 100 000 |
| 所得税费用 | 5 200 000 |

②2×24年12月31日，结转本年净利润。

| 借：本年利润 | 9 800 000 |
| --- | --- |
| 贷：利润分配——未分配利润 | 9 800 000 |

**（二）利润的分配**

企业当期实现的净利润，加上年初未分配利润（或减去年初未弥补亏损）后的余额，为可供分配的利润。可供分配的利润，一般按下列顺序分配：

（1）提取法定盈余公积，是指企业根据有关法律的规定，按照净利润的10%提取的盈余公积。法定盈余公积累计金额超过企业注册资本的50%以上时，可以不再提取。

（2）提取任意盈余公积，是指企业按股东大会决议提取的盈余公积。

（3）应付现金股利或利润，是指企业按照利润分配方案分配给股东的现金股利，也包括非股份有限公司分配给投资者的利润。

（4）转作股本的股利，是指企业按照利润分配方案以分派股票股利的形式转作股本的股利，也包括非股份有限公司以利润转增的资本。

企业应当设置"利润分配"科目，核算利润的分配（或亏损的弥补）情况，以及历年积存的未分配利润（或未弥补亏损）。该科目还应当分别按"提取法定盈余公积"、"提取任意盈余公积"、"应付现金股利（或利润）"、"转作股本的股利"、"盈余公积补亏"和"未分配利润"等进行明细核算。年度终了，企业应将"利润分配"科目所属其他明细科目余额转入"未分配利润"明细科目。结转后，除"未分配利润"明细科目外，其他明细科目应无余额。

企业按有关法律规定提取的法定盈余公积，借记"利润分配——提取法定盈余公积"科目，贷记"盈余公积——法定盈余公积"科目；按股东大会或类似机构决议提取的任意盈余公积，借记"利润分配——提取任意盈余公积"科目，贷记"盈余公积——任意盈余公积"科目；按股东大会或类似机构决议分配给股东的现金股利，借记"利润分配——应付现金股利（或利润）"科目，贷记"应付股利"科目；按股东大会或类似机构决议分配给股东的股票股利，在办理增资手续后，借记"利润分配——转作股本的股利"科目，贷记"股本"或"实收资本"科目，如有差额，贷记"资本公积——股本溢价（或资本溢价）"科目；企业用盈余公积弥补亏损，借记"盈余公积——法定盈余公积（或任意盈余公积）"科目，贷记"利润分配——盈余公积补亏"科目。年度终了，将"利润分配"科目所属其他明细科目余额转入"未分配利润"明细科目，借记"利润分配——未分配利润"科目，贷记"利润分配——提取法定盈余公积""利润分配——提取任意盈余公积""利润分配——应付现金股利（或利润）""利润分配——转作股本的股利"等科目；或者借记"利润分配——盈余公积补亏"等科目，贷记"利润分配——未分配利润"科目。

**【例13-46】** 华联实业股份有限公司2×24年度实现净利润980万元，按净利润的10%提取法定盈余公积，按净利润的15%提取任意盈余公积，向股东分派现金股利350万元，同时分派每股面值1元的股票股利250万股。

（1）提取盈余公积。

借：利润分配——提取法定盈余公积　　　　　　　　　　980 000
　　　　　　——提取任意盈余公积　　　　　　　　　1 470 000
　　贷：盈余公积——法定盈余公积　　　　　　　　　　　　　　980 000
　　　　　　　　——任意盈余公积　　　　　　　　　　　　　1 470 000

（2）分配现金股利。

借：利润分配——应付现金股利　　　　　　　　　　　3 500 000
　　贷：应付股利　　　　　　　　　　　　　　　　　　　　　3 500 000

（3）分配股票股利，已办妥增资手续。

借：利润分配——转作股本的股利　　　　　　　　　　2 500 000
　　贷：股本　　　　　　　　　　　　　　　　　　　　　　　2 500 000

（4）结转"利润分配"科目所属其他明细科目余额。

借：利润分配——未分配利润　　　　　　　　　　　　8 450 000
　　贷：利润分配——提取法定盈余公积　　　　　　　　　　　　980 000
　　　　　　　　——提取任意盈余公积　　　　　　　　　　　1 470 000
　　　　　　　　——应付现金股利　　　　　　　　　　　　　3 500 000
　　　　　　　　——转作股本的股利　　　　　　　　　　　　2 500 000

# 第三节　所得税

## 一、所得税会计概述

企业会计准则和所得税法是基于不同目的、遵循不同原则分别制定的，二者在资产与负债的计量标准、收入与费用的确认原则等诸多方面存在着一定的分歧，导致企业一定期间按企业会计准则的要求确认的会计利润往往不等于按税法规定计算的应纳税所得额。所得税会计是研究如何处理会计利润和应纳税所得额之间差异的会计理论与方法。

### （一）会计利润与应纳税所得额之间的差异

会计利润与应纳税所得额是两个既有联系又有区别的概念。会计利润，是指企业根据会计准则的要求，采用一定的会计程序与方法确定的所得税前利润总额，其目的是向财务报告使用者提供关于企业经营成果的会计信息，为其决策提供相关、可靠的依据；应纳税所得额，是指按照所得税法的要求，以一定期间应税收入扣减税法准予扣除的项目后计算的应税所得，其目的是为企业进行纳税申报和国家税收机关对企业的经营所得征税提供依据。由于会计利润与应纳税所得额的确定依据和目的不同，因此，二者之间往往存在一定的差异，这种差异按其性质可以分为永久性差异和暂时性差异两个类型。

1. 永久性差异

永久性差异是指某一会计期间，由于会计准则和税法在计算收益、费用或损失时的口径不同所产生的税前会计利润与应纳税所得额之间的差异。例如，企业购买国债取得的利息收入，在会计处理上作为投资收益，计入当期利润表，但根据税法的规定，不属于应税收入，不计入应纳税所得额；再如，企业支付的违法经营罚款、税收滞纳金等，在会计处理上作为一项支出，计入当期利润表，但根据税法的规定，不允许在所得税前扣除。永久性差异的特点是在本期发生，不会在以后期间转回。

2. 暂时性差异

暂时性差异是指资产、负债的账面价值与其计税基础不同产生的差异，该差异的存在将影响未来期间的应纳税所得额。例如，按照企业会计准则的规定，以公允价值计量且其变动计入当期损益的金融资产期末应以公允价值计量，公允价值的变动计入当期损益；但按照税法的规定，金融资产在持有期间的公允价值变动不计入应纳税所得额，待处置金融资产时，按实际取得成本从处置收入中扣除，因而其计税基础保持不变，仍为初始投资成本，由此产生了该项金融资产的账面价值与其计税基础之间的差异，该项差异将会影响处置金融资产期间的应纳税所得额。暂时性差异的特点是发生于某一会计期间，但在以后一期或若干期内能够转回。

**（二）所得税的会计处理方法**

1. 应付税款法与纳税影响会计法

如果会计利润与应纳税所得额之间仅存在永久性差异，则根据确定的应纳税所得额和适用税率计算当期应交所得税，并确认为当期所得税费用即可，不存在复杂的会计处理问题。但如果还存在暂时性差异，则所得税的会计处理方法有应付税款法和纳税影响会计法之分。

（1）应付税款法

应付税款法，是指企业不确认暂时性差异对所得税的影响金额，按照当期计算的应交所得税确认当期所得税费用的方法。在这种方法下，当期确认的所得税费用等于当期应交所得税。

采用应付税款法进行所得税的会计处理，不需要区分永久性差异和暂时性差异，本期发生的各类差异对所得税的影响金额，均在当期确认为所得税费用或抵减所得税费用，不将暂时性差异对所得税的影响金额递延和分配到以后各期。

应付税款法的会计处理比较简便，但不符合权责发生制原则。因此，我国企业会计准则不允许采用这种方法。

（2）纳税影响会计法

纳税影响会计法，是指企业确认暂时性差异对所得税的影响金额，按照当期应交所得税和暂时性差异对所得税影响金额的合计确认所得税费用的方法。

采用纳税影响会计法进行会计处理，暂时性差异对所得税的影响金额需要递延和分配到以后各期，即采用跨期摊配的方法逐渐确认和依次转回暂时性差异对所得税的影响金额。在资产负债表中，尚未转销的暂时性差异对所得税的影响金额，反映为一项资产或一项负债。

应付税款法与纳税影响会计法对永久性差异的会计处理是一致的，如果本期发生的永久性差异已从会计利润中扣除，但不能从应纳税所得额中扣除，永久性差异对所得税的影响金额构成本期的所得税费用；如果本期发生的永久性差异未从会计利润中扣除，但可以从应纳税所得额中扣除，永久性差异对所得税的影响金额可抵减本期的所得税费用。

应付税款法与纳税影响会计法的主要区别是，应付税款法不确认暂时性差异对所得税的影响金额，直接以本期应交所得税作为本期的所得税费用；而纳税影响会计法确认暂时性差异对所得税的影响金额，在资产负债表中单独作为递延所得税项目列示，同时，在利润表中增加或抵减本期的所得税费用。

2.递延法与债务法

在采用纳税影响会计法进行所得税的会计处理时，按照税率变动时是否需要对已入账的递延所得税项目进行调整，又可以分为递延法和债务法两种具体处理方法。

（1）递延法

递延法是指在产生暂时性差异时，均按当期的适用税率计算对所得税的影响金额并作为递延所得税项目确认入账，在税率发生变动的情况下，不需要按未来适用税率调整已入账的递延所得税项目，待转回暂时性差异对所得税的影响金额时，按照原确认递延所得税项目时的适用税率计算并予以转销的一种会计处理方法。

采用递延法进行会计处理，递延所得税项目的账面余额是按产生暂时性差异时的适用税率而不是按未来适用税率计算确认的，这使得递延所得税项目的账面余额不能完全代表企业未来收款的权利或付款的义务，不符合资产或负债的定义，因而只能将其视为一项递延所得税借项或递延所得税贷项。鉴于递延法的不足，我国企业会计准则不允许采用这种方法进行所得税的会计处理。

（2）债务法

债务法是指在产生暂时性差异时，均按当期的适用税率计算确认对所得税的影响金额并作为递延所得税项目确认入账，在税率发生变动的情况下，需要按未来转回暂时性差异对所得税的影响金额期间的适用税率调整已入账的递延所得税项目，待转回暂时性差异对所得税的影响金额时，均按照转回期间适用税率计算并予以转销的一种会计处理方法。

采用债务法进行会计处理，由于在税率发生变动时需要对已入账的递延所得税项目按未来适用税率进行调整，因而其账面余额均是按未来适用税率计算的，递延所得税项目的账面余额所代表的是企业未来收款的权利或付款的义务，符合资产或负债的定义，因而可以分别称为递延所得税资产或递延所得税负债。

在税率没有变动的情况下，递延法与债务法的会计处理程序是相同的，二者的区别仅在于税率发生变动时，是否需要对已入账的递延所得税项目按未来适用税率进行调整。

3.利润表债务法和资产负债表债务法

在债务法下，按照确定暂时性差异对未来所得税影响的目的不同，又分为利润表债务法和资产负债表债务法。

（1）利润表债务法。

利润表债务法是从利润表出发，将暂时性差异对未来所得税的影响看作本期所得税费用的一部分，首先据以确定本期的所得税费用，并在此基础上倒推出递延所得税负债或递延所得税资产的一种方法。利润表债务法以"收入费用观"为理论基础，其主要目的是合理确认利润表中的所得税费用，递延所得税资产或递延所得税负债是由利润表间接得出来的。

在利润表债务法下，递延所得税项目设置"递延税款"科目核算，该科目的借方余额反映预付税款，贷方余额反映应付税款。在资产负债表上，该科目若为借方余额，以"递延税款借项"项目反映，若为贷方余额，则以"递延税款贷项"项目反映。可见，在利润表债务法下，是将递延所得税资产和递延所得税负债的数值直接抵销后予以列示的，这就混淆了资产和负债的内涵，违背了财务报表中资产和负债项目不得相互抵销后以净额列报的基本要求，使得资产负债表无法真实、完整地揭示企业的财务状况，也降低了会计信息的可比性，不利于财务报表使用者对企业财务状况作出判断和评价。因此，我国企业会计准则已不再允许采用利润表债务法。

（2）资产负债表债务法。

资产负债表债务法是从资产负债表出发，通过分析暂时性差异产生的原因及其性质，将其对未来所得税的影响分别确认为递延所得税负债和递延所得税资产，并在此基础上倒推出各期所得税费用的一种方法。资产负债表债务法以"资产负债观"为理论基础，其主要目的是合理确认资产负债表中的递延所得税资产和递延所得税负债，所得税费用是由资产负债表间接得出来的。

在资产负债表债务法下，递延所得税项目分别设置"递延所得税资产"和"递延所得税负债"科目核算，并以"递延所得税资产"和"递延所得税负债"项目分别列示于资产负债表中，这就将递延所得税资产和递延所得税负债区分开来，使资产负债表可以清晰地反映企业的财务状况，有利于财务报表使用者的正确决策。

综上所述，所得税的会计处理方法包括应付税款法和纳税影响会计法，其中，纳税影响会计法又有递延法和债务法之分，而债务法具体又分为利润表债务法和资产负债表债务法。我国现行企业会计准则只允许采用资产负债表债务法进行所得税的会计处理。

**（三）资产负债表债务法的基本核算程序**

在资产负债表债务法下，企业一般应于每一资产负债表日进行所得税的相关会计处理。如果发生企业合并等特殊交易或事项，则应在确认该交易或事项取得的资产、负债的同时，确认相关的所得税影响。资产负债表债务法的基本核算程序如下：

1.确定资产和负债的账面价值

资产、负债的账面价值，是指按照会计准则的相关规定对资产、负债进行会计处理后确定的在资产负债表中应列示的金额。例如，某企业存货的账面余额为1 000万元，会计期末，企业对存货计提了50万元的跌价准备，则存货的账面价值为950万元，该金额亦即存货在资产负债表中应列示的金额。资产和负债的账面价值可以直接根据有关账簿的记录确定。

2.确定资产和负债的计税基础

资产和负债的计税基础应按照会计准则中对资产和负债计税基础的确定方法，以适用的税收法规为基础进行确定。

3.确定递延所得税

比较资产、负债的账面价值和计税基础，对于两者之间存在差异的，分析其性质，除准则中规定的特殊情况外，应分别按照应纳税暂时性差异和适用税率确定递延所得税负债的期末余额，按照可抵扣暂时性差异和适用税率确定递延所得税资产的期末余额，然后与递延所得税负债和递延所得税资产的期初余额进行比较，确定当期应予进一步确认或应予转回的递延所得税负债和递延所得税资产金额，并将二者的差额作为利润表中所得税费用的一个组成部分——递延所得税。

4.确定当期所得税

按照适用的税法规定计算确定当期应纳税所得额，以应纳税所得额乘以适用的所得税税率计算确定当期应交所得税，作为利润表中所得税费用的另一个组成部分——当期所得税。

5.确定利润表中的所得税费用

利润表中的所得税费用由当期所得税和递延所得税两部分构成。企业在计算确定当期所得税和递延所得税的基础上，将两者之和（或之差）作为利润表中的所得税费用。

从资产负债表债务法的基本核算程序可以看出，所得税费用的确认包括当期所得税的确认和递延所得税的确认；当期所得税可以根据当期应纳税所得额和适用税率计算确定，而递延所得税则要根据当期确认（或转回）的递延所得税负债和递延所得税资产的差额予以确认；递延所得税负债和递延所得税资产，取决于当期存在的应纳税暂时性差异和可抵扣暂时性差异的金额，而应纳税暂时性差异和可抵扣暂时性差异是通过分析比较资产和负债的账面价值与计税基础确定的；资产和负债的账面价值可以通过会计核算资料直接取得，而其计税基础则需要根据会计人员的职业判断，以适用的税收法规为基础，通过合理的分析和计算予以确定。因此，所得税会计的关键在于确定资产和负债的计税基础。

**二、资产和负债的计税基础**

**（一）资产的计税基础**

资产的计税基础，是指企业在收回资产账面价值的过程中，计算应纳税所得额时按照税法规定可以自应税经济利益中抵扣的金额，即某一项资产在未来期间计税时按照税法规定可予税前扣除的金额。

通常情况下，企业取得资产的实际成本为税法所认可，即企业为取得某项资产而支付的成本在未来收回资产账面价值过程中准予税前扣除。因此，资产在初始确认时，其计税基础一般为资产的取得成本，或者说资产初始确认的账面价值等于计税基础。资产在持有期间，其计税基础是指资产的取得成本减去以前期间按照税法规定已经从税前扣除的金额后的余额，因为该余额代表的是按照税法规定相关资产在未来期间计税时仍然可以从税前扣除的金额。例如，固定资产、无形资产等资产，在持续使用期间某一资产负债表日的计税基础，是指其取得成本扣除按照税法规定已经在以前期间从税前扣除的累计折旧额或累计摊销额后的金额。资产在后续计量过程中，如果会计准则与税法的规定不同，将会导致资产的账面价值与其计税基础之间产生差异。

**1.固定资产**

企业以各种方式取得的固定资产，初始确认时按照会计准则规定确定的入账价值基本上为税法所认可，即固定资产在取得时的计税基础一般等于账面价值。但固定资产在持续使用期间，由于会计准则规定按照"成本-累计折旧-固定资产减值准备"进行后续计量，而税法规定按照"成本-按照税法规定已在以前期间从税前扣除的累计折旧"进行后续计量，由此导致固定资产的账面价值与其计税基础之间产生差异，包括折旧方法及折旧年限不同导致的差异和计提固定资产减值准备导致的差异。

（1）折旧方法及折旧年限不同导致的差异。会计准则规定，企业应当根据与固定资产有关的经济利益预期实现方式合理选择折旧方法，可供选择的折旧方法包括年限平均法、工作量法、双倍余额递减法和年数总和法；税法规定，固定资产一般按年限平均法计提折旧，由于技术进步等原因确需加速折旧的，也可以采用双倍余额递减法或年数总和法计提折旧。另外，会计准则规定，折旧年限由企业根据固定资产的性质和使用情况自行合理确定，而税法则对每一类固定资产的最低折旧年限作出了明确规定。如果企业进行会计处理时采用的折旧方法、折旧年限与税法规定不同，将导致固定资产的账面价值与其计税基础之间产生差异。

**【例13-47】** 2×23年12月25日，华联实业股份有限公司购入一套环保设备，实际成本为800万元，预计使用年限为8年，预计净残值为零，采用年限平均法计提折旧。假定税法对该类固定资产折旧年限和净残值的规定与会计相同，但可以采用加速折旧法计提折旧并于税前扣除。华联公司在计税时采用双倍余额递减法计列折旧费用。2×24年12月31日，华联公司确定的该项固定资产的账面价值和计税基础如下：

账面价值$=800-\dfrac{800}{8}=700$（万元）

计税基础$=800-800\times25\%=600$（万元）

该项固定资产因会计处理和计税时采用的折旧方法不同，导致其账面价值大于计税基础100万元，该差额将于未来期间增加企业的应纳税所得额。

【例13-48】按【例13-47】的资料，现假定税法规定的最短折旧年限为10年，并要求采用年限平均法计提折旧，其他条件不变，则华联公司2×24年12月31日确定的该项固定资产的账面价值和计税基础如下：

账面价值$=800-\dfrac{800}{8}=700$（万元）

计税基础$=800-\dfrac{800}{10}=720$（万元）

该项固定资产因会计处理和计税时采用的折旧年限不同，导致其账面价值小于计税基础20万元，该差额将于未来期间减少企业的应纳税所得额。

（2）计提固定资产减值准备导致的差异。会计准则规定，企业在持有固定资产期间，如果固定资产发生了减值，应当对固定资产计提减值准备；而根据税法的规定，企业计提的资产减值准备在发生实质性损失前不允许税前扣除，即固定资产的计税基础不会随减值准备的提取发生变化，由此导致固定资产的账面价值与其计税基础之间产生差异。

【例13-49】2×22年12月25日，华联实业股份有限公司购入一套管理设备，实际成本为200万元，预计使用年限为8年，预计净残值为零，采用年限平均法计提折旧。假定税法对该类设备规定的最短折旧年限、净残值和折旧方法与会计相同。2×24年12月31日，华联公司估计该设备的可收回金额为100万元。2×24年12月31日，华联公司确定的该项固定资产的账面价值和计税基础如下：

计提减值准备前的账面价值$=200-\dfrac{200}{8}\times2=150$（万元）

应计提的减值准备$=150-100=50$（万元）

计提减值准备后的账面价值$=150-50=100$（万元）

计税基础$=200-\dfrac{200}{8}\times2=150$（万元）

该项固定资产因计提减值准备，导致其账面价值小于计税基础50万元，该差额将于未来期间减少企业的应纳税所得额。

2.无形资产

除内部研究开发形成的无形资产以外，企业通过其他方式取得的无形资产，初始确认时按照会计准则规定确定的入账价值与按照税法规定确定的计税基础之间一般不存在差异。无形资产的账面价值与其计税基础之间的差异主要产生于企业内部研究开发形成的无形资产、使用寿命不确定的无形资产和计提无形资产减值准备。

（1）企业内部研究开发形成的无形资产导致的差异。会计准则规定，企业内部研究开发活动中研究阶段的支出和开发阶段符合资本化条件前发生的支出应当费用化，计入当期损益；符合资本化条件后至达到预定用途前发生的支出应当资本化，计入无形资产成本。税法规定，自行开发的无形资产，以开发过程中符合资本化条件后至达到预定用途前发生的支出为该资产的计税基础。因此，企业内部研究开发形成的无形资产，一般情况下初始确认时按照会计准则规定确定的成本与计税基础是相同的。但是，享受研发费用所得税前加计扣除政策的企业，为获得科学与技术新知识，创造性运用科学技术新知识，或实质性改进技术、产品（服务）、工艺而持续进行的具有明确目标的系统性活动发生的研发费用，税法规定，未形成无形资产而计入当期损益的，在按照规定据实扣除的基础上，可以再按照实际发生额的一定比例加计扣除；形成无形资产的，在按照无形资产成本分期摊销的基础上，可以再按照无形资产成本的一定比例加计摊销。因此，适用税前加计扣除政策的研发费用，在形成无形资产时，该项无形资产的计税基础应当在会计确定的成本的基础上加计一定比例确定，由此产生了内部研究开发形成的无形资产在初始确认时账面价值与计税基础的差异。

【例13-50】2×24年1月1日，华联实业股份有限公司开发的一项新技术达到预定用途，作为无形资产确认入账。华联公司将开发阶段符合资本化条件后至达到预定用途前发生的支出1 000万元确认为该项无形资产的成本，并从2×24年度起分期摊销。假定该项研发活动发生的费用适用税前加计扣除政策，加计扣除比例为100%，则形成的无形资产在初始确认时的账面价值和计税基础如下：

账面价值＝入账成本＝1 000万元

计税基础＝1 000+1 000×100%=2 000（万元）

由于该项研发活动发生的费用适用税前加计扣除政策，导致所形成的无形资产初始确认的账面价值小于计税基础1 000万元，该差额将于未来期间减少企业的应纳税所得额。

（2）使用寿命不确定的无形资产导致的差异。会计准则规定，无形资产在取得之后，应根据其使用寿命是否确定，分为使用寿命有限的无形资产和使用寿命不确定的无形资产两类。对于使用寿命不确定的无形资产，不要求摊销，但持有期间每年都应当进行减值测试。税法没有按使用寿命是否确定对无形资产进行分类，要求无形资产的成本（外购商誉除外）均应按一定期限进行摊销。对于使用寿命不确定的无形资产，会计处理时不予摊销，但计税时按照税法规定确定的摊销额允许税前扣除，由此导致该类无形资产在后续计量时账面价值与计税基础之间产生差异。

【例13-51】2×24年1月1日，华联实业股份有限公司以200万元的成本取得一项无形资产，由于无法合理预计其使用寿命，将其划分为使用寿命不确定的无形资产。2×24年12月31日，华联公司对该项无形资产进行了减值测试，结果表明未发生减值。假定税法规定，该无形资产应采用直线法按10年进行摊销，摊销金额允许税前扣除。2×24年12月31日，华联公司确定的该项无形资产的账面价值和计税基础如下：

账面价值＝入账成本＝200万元

计税基础$=200-\frac{200}{10}=180$（万元）

该项使用寿命不确定的无形资产因会计处理和计税时的后续计量要求不同，导致其账面价值大于计税基础20万元，该差额将于未来期间增加企业的应纳税所得额。

（3）计提无形资产减值准备导致的差异。会计准则规定，企业在持有无形资产期间，如果无形资产发生了减值，应当对无形资产计提减值准备；而根据税法的规定，企业计提的资产减值准备在发生实质性损失前不允许税前扣除，即无形资产的计税基础不随减值准备的提取而发生变化，由此导致无形资产的账面价值与其计税基础之间产生差异。

【例13-52】2×22年1月1日，华联实业股份有限公司购入一项专利权，实际成本为600万元，预计使用年限为10年，采用直线法分期摊销。假定税法有关使用年限、摊销方法的规定与会计相同。2×24年12月31日，华联公司估计该专利权的可收回金额为300万元。2×24年12月31日，华联公司确定的该项无形资产的账面价值和计税基础如下：

$$计提减值准备前的账面价值=600-\frac{600}{10}\times3=420（万元）$$

$$应计提的减值准备=420-300=120（万元）$$

$$计提减值准备后的账面价值=420-120=300（万元）$$

$$计税基础=600-\frac{600}{10}\times3=420（万元）$$

该项无形资产因计提减值准备，导致其账面价值小于计税基础120万元，该差额将于未来期间减少企业的应纳税所得额。

### 3.以公允价值进行后续计量的资产

会计准则规定，以公允价值进行后续计量的资产（主要有以公允价值计量且其变动计入当期损益的金融资产、以公允价值计量且其变动计入其他综合收益的金融资产、采用公允价值模式进行后续计量的投资性房地产等），某一会计期末的账面价值为该时点的公允价值。税法规定，以公允价值进行后续计量的金融资产、投资性房地产等，持有期间公允价值的变动不计入应纳税所得额，在实际处置时，处置取得的价款扣除其历史成本或以历史成本为基础确定的处置成本后的差额计入处置期间的应纳税所得额。因此，根据税法的规定，企业以公允价值进行后续计量的资产在持有期间计税时不考虑公允价值的变动，其计税基础仍为取得成本或以取得成本为基础确定的成本，由此导致该类资产的账面价值与其计税基础之间产生差异。

【例13-53】2×24年9月20日，华联实业股份有限公司自公开市场购入A公司股票200万股并分类为以公允价值计量且其变动计入当期损益的金融资产，支付购买价款（不含交易税费）1 800万元。2×24年12月31日，A公司股票的市价为1 500万元。2×24年12月31日，华联公司确定的该项金融资产的账面价值和计税基础如下：

账面价值=期末公允价值=1 500万元

计税基础=初始入账成本=1 800万元

该项金融资产因按公允价值进行后续计量，导致其账面价值小于计税基础300万元，该差额将于未来期间减少企业的应纳税所得额。

【例13-54】华联实业股份有限公司的投资性房地产采用公允价值模式进行后续计量。2×24年1月1日，华联公司将其一栋自用的房屋用于对外出租，房屋的成本为1 600万元，预计使用年限为20年，转为投资性房地产之前，已使用4年，按照年限平均法计提折旧，预计净残值为零。假定税法规定的折旧年限、净残值以及折旧方法与会计相同。2×24年12月31日，该项投资性房地产的公允价值为2 000万元。2×24年12月31日，华联公司确定的该项投资性房地产的账面价值和计税基础如下：

账面价值=期末公允价值=2 000万元

$$计税基础=1 600-\frac{1 600}{20}\times5=1 200（万元）$$

该项投资性房地产因按公允价值进行后续计量，导致其账面价值大于计税基础800万元，该差额将于未来期间增加企业的应纳税所得额。

### 4.采用权益法核算的长期股权投资

会计准则规定，长期股权投资在持有期间，应根据对被投资单位财务和经营政策的影响程度等，分别采用成本法和权益法进行核算。

长期股权投资采用权益法核算时，其账面价值会随着初始投资成本的调整、投资损益的确认、利润分配、应享有被投资单位其他综合收益及其他权益变动的确认而发生相应的变动，但税法中并没有权益法的概念，税法要求长期股权投资在处置时按照取得投资时确定的实际投资成本予以扣除，即长期股权投资的计税基础为其投资成本，由此导致了长期股权投资的账面价值与计税基础之间产生差异。

5.其他计提了减值准备的资产

如前所述，企业的固定资产、无形资产会因计提减值准备而导致其账面价值与计税基础之间产生差异，企业的存货、金融资产、长期股权投资、投资性房地产等，也同样会因计提减值准备而导致其账面价值与计税基础之间产生差异。

【例13-55】2×24年12月31日，华联实业股份有限公司原材料的账面余额为1 000万元，经减值测试，确定原材料的可变现净值为900万元，华联公司计提了存货跌价准备100万元。假定在此之前，华联公司从未对原材料计提过存货跌价准备。2×24年12月31日，华联公司确定的该项原材料的账面价值和计税基础如下：

账面价值=1 000-100=900（万元）

计税基础=入账成本=1 000万元

该项存货因计提减值准备，导致其账面价值小于计税基础100万元，该差额将于未来期间减少企业的应纳税所得额。

（二）负债的计税基础

负债的计税基础，是指负债的账面价值减去未来期间计算应纳税所得额时按照税法规定可予抵扣的金额。用公式表示如下：

负债的计税基础=负债的账面价值-未来期间按照税法规定可予税前扣除的金额

通常情况下，负债的确认与偿还不会影响企业的损益，也不会影响企业的应纳税所得额，未来期间计算应纳税所得额时按照税法规定可予税前扣除的金额为零，因此，负债的计税基础一般等于账面价值。但是，在某些情况下，负债的确认可能会影响企业的损益，进而影响不同期间的应纳税所得额，导致其计税基础与账面价值之间产生差额，如按照会计准则规定确认的某些预计负债等。

1.因提供产品售后服务等原因确认的预计负债

按照会计准则的规定，企业因提供产品售后服务而预计将会发生的支出，在满足预计负债确认条件时，应于销售商品当期确认预计负债，同时确认相关的成本。如果按税法规定，与产品售后服务相关的支出未来期间实际发生时准予全额税前扣除，则该类事项产生的预计负债的账面价值等于未来期间按照税法规定可予税前扣除的金额，即该项预计负债的计税基础为零。

对于某些事项所确认的预计负债，如果税法规定在未来期间实际发生相关支出时只准予部分税前扣除，则其计税基础为预计负债的账面价值减去未来期间计税时按照税法规定可予税前扣除的部分，亦即其计税基础为未来期间计税时按照税法规定不允许税前扣除的部分；如果税法规定相关支出无论何时发生、是否实际发生，一律不允许税前扣除，即按照税法规定可予税前扣除的金额为零，则该预计负债的计税基础等于账面价值。

【例13-56】华联实业股份有限公司对销售的产品承诺提供3年的保修服务。2×24年12月31日，该公司资产负债表中列示的因提供产品售后服务而确认的预计负债金额为200万元。假定按照税法规定，与产品售后服务相关的支出在实际发生时允许税前扣除。2×24年12月31日，华联公司确定的该项预计负债的账面价值和计税基础如下：

账面价值=入账金额=200万元

计税基础=200-200=0

该项预计负债的账面价值与计税基础之间产生了200万元的差额，该差额将于未来期间减少企业的应纳税所得额。

【例13-57】2×22年8月20日，华联实业股份有限公司与B公司签订担保合同，为B公司一笔金额为2 000万元的银行借款提供全额担保，该项担保与华联公司的生产经营活动无关。借款到期时，因B公司未能如期还款，银行已提起诉讼，华联公司成为该诉讼的第二被告，截至2×24年12月31日，法院尚未作出判决。由于B公司经营困难，华联公司估计很可能要承担连带还款责任。综合考虑B公司目前的财务状况、法院的审理进展并咨询了公司的法律顾问后，华联公司预计最有可能承担的还款金额为1 000万元，为此，华联公司确认了1 000万元的预计负债。根据税法的有关规定，企业对外提供与本企业生产经营活动无关的担保，相关担保损失不得在所得税前扣除。

上例中，由于华联公司提供的担保与其生产经营活动无关，因而计入当期营业外支出的担保损失不允许税前扣除，并且在以后期间也不得从税前扣除，即该项预计负债未来期间允许扣除的金额为零。因此，该项预计负债的计税基础为1 000万元（1 000-0），等于其账面价值，二者之间不存在差异。从性质上来看，该项不允许税前扣除的担保支出属于永久性差异，不会对企业未来期间的应纳税所得额产生影响。

2.预收款项

企业预收的款项，因不符合会计准则规定的收入确认条件，会计上将其确认为负债。税法中对于收入的确认原则一般与会计规定相同，即会计上未确认收入的，计税时一般也不计入应纳税所得额。因此，预收款项形成的负债，其计税基础一般情况下等于账面价值。

如果某些因不符合收入确认条件而未确认为收入的预收款项，按照税法规定应计入收款当期的应纳税所得额，则该预收款项在未来期间确认为收入时，就不再需要计算缴纳所得税，即未来期间确认的收入可全额从税前扣除。因此，在该预收款项产生的期间，其计税基础为零。

【例13-58】2×24年12月20日，华联实业股份有限公司预收了一笔合同款，金额为500万元，因不符合收入确认条件而作为合同负债入账。假定按照税法的规定，该款项应计入收款当期应纳税所得额计算应纳所得税。2×24年12月31日，华联公司确定的该项合同负债的账面价值和计税基础如下：

账面价值=入账金额=500万元

计税基础=500-500=0

该项合同负债的账面价值与计税基础之间产生了500万元的差额，该差额将于未来期间减少企业的应纳税所得额。

3.应付职工薪酬

会计准则规定，企业为获得职工提供的服务给予的各种形式的报酬以及其他相关支出均应作为职工薪酬，根据职工提供服务的受益对象，计入有关成本费用，同时确认为负债（应付职工薪酬）。税法规定，企业发生的合理的职工薪酬，准予税前扣除，如支付给职工的工资薪金、按国家规定的范围和标准为职工缴纳的基本社会保险费、住房公积金、补充养老保险费、补充医疗保险费等；而对有些职工薪酬，税法中则规定了税前扣除的标准，如企业发生的职工福利费支出，不超过工资薪金总额14%的部分准予税前扣除；还有一些职工薪酬，税法中规定不得税前扣除，如企业为职工支付的商业保险费（企业为特殊工种职工支付的人身安全保险费等按规定可以税前扣除的商业保险费除外）。

对于发生当期准予税前扣除的职工薪酬，以后期间不存在税前扣除问题，因此，所确认的负债的账面价值等于计税基础；对于超过税前扣除标准支付的职工薪酬以及不得税前扣除的职工薪酬，在以后期间一般也不允许税前扣除，因此，所确认的负债的账面价值也等于计税基础。

【例13-59】2×24年12月，华联实业股份有限公司计入成本费用的职工薪酬总额为5 600万元，其中，应支付的工资薪金为3 500万元，应缴纳的社会保险费和住房公积金为1 500万元，应支付的职工福利费为600万元。上列职工薪酬至2×24年12月31日均未实际支付，形成资产负债表中的应付职工薪酬。按照税法的规定，计入当期成本费用的职工薪酬中，工资薪金、社会保险费和住房公积金均可予税前扣除，职工福利费可予税前扣除的金额为490万元（3 500×14%）。

上例中，工资薪金、社会保险费和住房公积金均允许当期税前扣除，不存在以后期间税前扣除问题；职工福利费大于允许税前扣除金额的差额110万元（600-490）不允许当期税前扣除，并且在以后期间也不得从税前扣除，即应付职工薪酬未来期间允许扣除的金额为零。因此，应付职工薪酬的计税基础为5 600万元（5 600-0），等于其账面价值，二者之间不存在差异。其中，职工福利费大于允许税前扣除金额的差额110万元在性质上属于一项永久性差异，不会对企业未来期间的应纳税所得额产生影响。

### 三、暂时性差异

暂时性差异是指资产、负债的账面价值与其计税基础不同产生的差额。暂时性差异按照对未来期间应纳税所得额的不同影响，分为应纳税暂时性差异和可抵扣暂时性差异。

#### （一）应纳税暂时性差异

应纳税暂时性差异，是指在确定未来收回资产或清偿负债期间的应纳税所得额时，将导致产生应税金额的暂时性差异，即该项暂时性差异在未来期间转回时，将会增加转回期间的应纳税所得额和相应的应交所得税。应纳税暂时性差异通常产生于下列情况：

（1）资产的账面价值大于其计税基础。资产的账面价值代表的是企业在持续使用和最终处置该项资产时将取得的经济利益总额，而计税基础代表的是资产在未来期间可予税前扣除的金额。如果资产的账面价值大于其计税基础，则表明该项资产未来期间产生的经济利益不能全部税前抵扣，两者之间的差额需要缴纳所得税，从而产生应纳税暂时性差异。例如，企业持有的一项以公允价值计量且其变动计入当期损益的金融资产，购买成本为2 000万元，期末公允价值为2 500万元，即其账面价值为2 500万元，计税基础为2 000万元；期末账面价值大于计税基础的差额500万元，将导致出售该金融资产期间的应纳税所得额相对于会计收益增加500万元，因而属于应纳税暂时性差异。在前面的举例中，【例13-47】、【例13-51】、【例13-54】所列举的差异，均属于资产的账面价值大于其计税基础导致的应纳税暂时性差异。

（2）负债的账面价值小于其计税基础。负债的账面价值为企业预计在未来期间清偿该项负债时的经济利益流出，而其计税基础代表的是账面价值在扣除税法规定未来期间允许税前扣除的金额之后的差额。负债的账面价值与其计税基础不同产生的暂时性差异，本质上是与该项负债相关的费用支出在未来期间计税时可予税前扣除的金额，即：

负债产生的暂时性差异=负债的账面价值-负债的计税基础

$$=负债的账面价值-\left(负债的账面价值-未来期间计税时按照税法规定可予税前扣除的金额\right)$$

$$=未来期间计税时按照税法规定可予税前扣除的金额$$

负债的账面价值小于其计税基础,就意味着该项负债在未来期间计税时可予税前扣除的金额为负数,即应在未来期间应纳税所得额的基础上进一步增加应纳税所得额和相应的应交所得税,产生应纳税暂时性差异。

### (二)可抵扣暂时性差异

可抵扣暂时性差异,是指在确定未来收回资产或清偿负债期间的应纳税所得额时,将导致产生可抵扣金额的暂时性差异,即该项暂时性差异在未来期间转回时,将会减少转回期间的应纳税所得额和相应的应交所得税。可抵扣暂时性差异通常产生于下列情况:

(1)资产的账面价值小于其计税基础。资产的账面价值小于其计税基础,意味着资产在未来期间产生的经济利益小于按照税法规定允许税前扣除的金额,两者之间的差额可以减少企业在未来期间的应纳税所得额,从而减少未来期间的应交所得税,产生可抵扣暂时性差异。例如,企业的一笔应收账款,账面余额为1 000万元,已计提坏账准备200万元,即其账面价值为800万元,计税基础为1 000万元;期末账面价值小于计税基础的差额200万元,将导致应收账款发生实质性损失期间的应纳税所得额相对于会计收益减少200万元,因而属于可抵扣暂时性差异。在前面的举例中,【例13-48】、【例13-49】、【例13-50】、【例13-52】、【例13-53】、【例13-55】所列举的差异,均属于资产的账面价值小于其计税基础导致的可抵扣暂时性差异。

(2)负债的账面价值大于其计税基础。负债的账面价值大于其计税基础,就意味着该项负债在未来期间可予税前抵扣的金额为正数,即按照税法规定与该项负债相关的费用支出未来期间计税时可以全部或部分自应税经济利益中扣除,从而减少未来期间的应纳税所得额和相应的应交所得税,产生可抵扣暂时性差异。例如,企业因合同违约而被客户提起诉讼,要求支付违约金,至年末时法院尚未作出判决,企业为此计提了100万元的预计负债。由于税法允许合同违约金在支付时从税前扣除,故该项预计负债的账面价值为100万元,计税基础为零;期末账面价值大于计税基础的差额100万元,将导致实际支付合同违约金期间的应纳税所得额相对于会计收益减少100万元,因而属于可抵扣暂时性差异。在前面的举例中,【例13-56】、【例13-58】所列举的差异,均属于负债的账面价值大于其计税基础导致的可抵扣暂时性差异。

### (三)特殊项目产生的暂时性差异

(1)未作为资产、负债确认的项目产生的暂时性差异。某些交易或事项发生以后,因为不符合资产、负债的确认条件而未确认为资产负债表中的资产或负债,但按照税法规定能够确定其计税基础的,其账面价值零与计税基础之间的差异也构成暂时性差异。例如,企业发生的广告费和业务宣传费支出,按照会计准则的规定,在发生时应全部计入当期损益,不形成资产负债表中的资产,即其账面价值为零;而根据税法的规定,不超过当年销售(营业)收入15%的部分,准予扣除;超过部分,准予在以后纳税年度结转扣除。因此,在广告费和业务宣传费支出超过当年销售(营业)收入15%的情况下,由于可以按超出部分确定其计税基础,因而在其支出期间形成一项可抵扣暂时性差异。

(2)可抵扣亏损及税款抵减产生的暂时性差异。按照税法规定可以结转以后年度的未弥补亏损及税款抵减,虽不是资产、负债的账面价值与计税基础不同导致的,但与可抵扣暂时性差异具有同样的作用,均能减少未来期间的应纳税所得额和相应的应交所得税,应视同可抵扣暂时性差异。例如,某企业2×19年度发生经营亏损1 000万元,根据税法的规定,准予向以后年度结转,用以后年度的所得弥补,但结转年限最长不得超过5年。因此,该企业2×19年度的经营亏损可用2×20年至2×24年连续5个会计年度的应纳税所得额予以弥补,共计可以抵减该期间应纳税所得额1 000万元,因而在2×19年发生经营亏损期间形成一项可抵扣暂时性差异。

#### 四、递延所得税负债和递延所得税资产

资产负债表日，企业应通过比较资产、负债的账面价值与计税基础，确定应纳税暂时性差异和可抵扣暂时性差异，进而按照会计准则规定的原则确认相关的递延所得税负债和递延所得税资产。

##### （一）递延所得税负债的确认和计量

应纳税暂时性差异在未来期间转回时，会增加转回期间的应纳税所得额和相应的应交所得税，导致经济利益流出企业，因而在其产生期间，相关的所得税影响金额构成一项未来的纳税义务，应确认为一项负债，即递延所得税负债产生于应纳税暂时性差异。

1.递延所得税负债的确认原则

为了充分反映交易或事项发生后引起的未来期间纳税义务，除会计准则中明确规定可不确认递延所得税负债的特殊情况外，企业对于所有的应纳税暂时性差异均应确认相关的递延所得税负债。

在确认应纳税暂时性差异形成的递延所得税负债的同时，由于导致应纳税暂时性差异产生的交易或事项在发生时大多会影响会计利润或应纳税所得额，因此，相关的所得税影响通常应增加利润表中的所得税费用，但与直接计入所有者权益的交易或事项相关的所得税影响以及与企业合并中取得的资产、负债相关的所得税影响除外。

【例13-60】2×23年9月20日，华联实业股份有限公司购入D公司股票并分类为以公允价值计量且其变动计入当期损益的金融资产，成本为200 000元；2×23年12月31日，华联公司持有的D公司股票的公允价值为260 000元；2×24年4月10日，华联公司将持有的D公司股票全部售出，收到价款280 000元。假定除该项金融资产产生的会计与税收之间的差异外，不存在其他会计与税收的差异。华联公司适用的所得税税率为25%。华联公司各年资产负债表日确认递延所得税负债的会计处理如下：

（1）2×23年12月31日

该项金融资产期末账面价值大于计税基础的差额60 000元（260 000−200 000）属于应纳税暂时性差异，华联公司应相应地确认递延所得税负债15 000元（60 000×25%），会计处理如下：

借：所得税费用　　　　　　　　　　　　　　　　　　　　　　　　　15 000
　　贷：递延所得税负债　　　　　　　　　　　　　　　　　　　　　　　　15 000

（2）2×24年12月31日

华联公司出售D公司股票时确认的收益为20 000元（280 000−260 000），而2×24年度计税时，出售D公司股票应确定的应纳税所得额为80 000元（280 000−200 000），二者之差60 000元为2×23年度产生的应纳税暂时性差异在2×24年度全部转回所增加的本年应纳税所得额，并相应地增加了本年应交所得税15 000元（60 000×25%）。由于2×23年度产生的应纳税暂时性差异在2×24年度已经全部转回，即相应的递延所得税负债已经全部偿付，因此，2×24年资产负债表日，华联公司应将2×23年确认的递延所得税负债全部转回。

借：递延所得税负债　　　　　　　　　　　　　　　　　　　　　　　　15 000
　　贷：所得税费用　　　　　　　　　　　　　　　　　　　　　　　　　15 000

【例13-61】2×19年12月25日，华联实业股份有限公司购入一套生产设备，实际成本为750 000元，预计使用年限为5年，预计净残值为零，采用年限平均法计提折旧。假定税法对折旧年限和净残值的规定与会计相同，但允许该设备采用加速折旧法计提折旧，华联公司在计税时

按年数总和法计列折旧费用。假定除该项固定资产产生的会计与税收之间的差异外，不存在其他会计与税收的差异。华联公司适用的所得税税率为25%。

根据上列资料，华联公司各年年末有关递延所得税的确认情况，见表13-16。

表13-16　　　　　　　　　　　　　　递延所得税确认表　　　　　　　　　　　　　　单位：元

| 项　目 | 2×20年 | 2×21年 | 2×22年 | 2×23年 | 2×24年 |
|---|---|---|---|---|---|
| 实际成本 | 750 000 | 750 000 | 750 000 | 750 000 | 750 000 |
| 累计会计折旧 | 150 000 | 300 000 | 450 000 | 600 000 | 750 000 |
| 期末账面价值 | 600 000 | 450 000 | 300 000 | 150 000 | 0 |
| 累计计税折旧 | 250 000 | 450 000 | 600 000 | 700 000 | 750 000 |
| 期末计税基础 | 500 000 | 300 000 | 150 000 | 50 000 | 0 |
| 应纳税暂时性差异 | 100 000 | 150 000 | 150 000 | 100 000 | 0 |
| 递延所得税负债期末余额 | 25 000 | 37 500 | 37 500 | 25 000 | 0 |

根据表13-16的资料，华联公司各年资产负债表日确认递延所得税负债的会计处理如下：

（1）2×20年12月31日

借：所得税费用　　　　　　　　　　　　　　　　　　　　　　　　　　　　25 000

　　贷：递延所得税负债　　　　　　　　　　　　　　　　　　　　　　　　　　　25 000

（2）2×21年12月31日

2×21年资产负债表日，递延所得税负债期末余额应为37 500元，递延所得税负债期初余额为25 000元，因而本期应进一步确认递延所得税负债12 500元（37 500-25 000）。

借：所得税费用　　　　　　　　　　　　　　　　　　　　　　　　　　　　12 500

　　贷：递延所得税负债　　　　　　　　　　　　　　　　　　　　　　　　　　　12 500

（3）2×22年12月31日

2×22年资产负债表日，递延所得税负债期末余额应为37 500元，递延所得税负债期初余额为37 500元，因而本期不需要确认递延所得税负债。

（4）2×23年12月31日

2×23年资产负债表日，递延所得税负债期末余额应为25 000元，递延所得税负债期初余额为37 500元，因而本期应转回原已确认的递延所得税负债12 500元（37 500-25 000）。

借：递延所得税负债　　　　　　　　　　　　　　　　　　　　　　　　　　12 500

　　贷：所得税费用　　　　　　　　　　　　　　　　　　　　　　　　　　　　12 500

（5）2×24年12月31日

2×24年资产负债表日，递延所得税负债期末余额应为零，递延所得税负债期初余额为25 000元，本期应将递延所得税负债账面余额全部转回。

借：递延所得税负债　　　　　　　　　　　　　　　　　　　　　　　　　　25 000

　　贷：所得税费用　　　　　　　　　　　　　　　　　　　　　　　　　　　　25 000

2.不确认递延所得税负债的特殊情况

在下列情况下，虽然资产、负债的账面价值与其计税基础不同，产生了应纳税暂时性差异，但基于各种考虑，会计准则明确规定不确认相关的递延所得税负债：

（1）商誉的初始确认。在非同一控制下的企业合并中，合并成本大于合并中取得的被购买方可辨认净资产公允价值份额的差额，按照会计准则的规定应确认为商誉。对于企业合并的税收处理，通常情况下，被合并企业应视为按公允价值转让、处置全部资产，计算资产的转让所得，依法缴纳所得税；合并企业接受被合并企业的有关资产，计税时可以按经评估确认的公允价值确定计税基础。因此，商誉在初始确认时，其计税基础一般等于账面价值，二者之间不存在差异；该商誉在后续计量过程中因会计准则规定与税法规定不同产生应纳税暂时性差异时，应确认相关的所得税影响。但是，如果企业合并符合税法规定的免税合并条件，在企业按照税法规定进行免税处理的情况下，购买方在企业合并中取得的被购买方有关资产、负债应维持其原计税基础不变，被购买方原账面上未确认商誉，计税时也不认可商誉的价值，即商誉的计税基础为零，商誉初始确认的账面价值大于其计税基础的差额形成一项应纳税暂时性差异。对于商誉的账面价值大于其计税基础产生的应纳税暂时性差异，会计准则规定不确认与其相关的递延所得税负债，原因在于：①如果确认该部分暂时性差异产生的递延所得税负债，则意味着购买方在企业合并中获得的可辨认净资产的价值量下降，企业应增加商誉的价值，而商誉的账面价值增加以后，可能很快就要计提减值准备，同时，商誉账面价值的增加还会导致进一步产生应纳税暂时性差异，使得递延所得税负债和商誉价值量的变化不断循环。②商誉本身是企业合并成本在取得的被购买方可辨认资产、负债之间进行分配后的剩余价值，确认递延所得税负债进一步增加其账面价值有违历史成本原则，会影响会计信息的可靠性。

（2）除企业合并以外的其他交易或事项中，如果该项交易或事项发生时既不影响会计利润，也不影响应纳税所得额，则所产生的资产、负债的初始确认金额与其计税基础不同形成应纳税暂时性差异的，交易或事项发生时不确认相应的递延所得税负债。这种情况下不确认相关的递延所得税负债，主要是因为交易发生时既不影响会计利润，也不影响应纳税所得额，确认递延所得税负债的直接结果是增加有关资产的账面价值或是减少有关负债的账面价值，使得资产、负债在初始确认时不符合历史成本原则，影响会计信息的可靠性。

（3）与子公司、联营企业、合营企业投资等相关的应纳税暂时性差异，一般应确认相关的递延所得税负债，但同时满足以下两个条件的除外：①投资企业能够控制暂时性差异转回的时间；②该暂时性差异在可预见的未来很可能不会转回。满足上述条件时，投资企业可以运用自身的影响力决定暂时性差异的转回，如果不希望其转回，则在可预见的未来不转回该项暂时性差异，从而对未来期间不会产生所得税影响，无须确认相应的递延所得税负债。

对于采用权益法核算的长期股权投资，其账面价值与计税基础不同产生的暂时性差异是否需要确认相关的所得税影响，应当考虑持有该投资的意图：①企业拟长期持有该项长期股权投资，一般不需要确认相关的所得税影响。长期股权投资采用权益法核算导致的暂时性差异中，因初始投资成本的调整而产生的暂时性差异和因确认应享有被投资单位其他综合收益、其他权益变动而产生的暂时性差异，要待处置该项投资时才能转回；因确认投资损益而产生的暂时性差异，一部分会随着被投资单位分配现金股利或利润而转回，另一部分也要待处置该项投资时才能转回。如果企业拟长期持有该项长期股权投资，则意味着处置投资时才能转回的暂时性差异在可预见的未来期间不会转回，对未来期间没有所得税影响；因被投资单位分配现金股利或利润而转回的暂时性差异，如果分回的现金股利或利润免税，也不存在对未来期间的所得税影响。因此，在企业拟长期持有该项长期股权投资的情况下，一般不需要确认相关的所得税影响。②企业改变持有意图拟近期对外出售该项长期股权投资，均应确认相关的所得税影响。按照税法的规定，企业在转让或者处置投资资产时，投资资产的成本准予扣除，即长期股权投资的计税基础为其投资成本。如果企业拟近期对外出售该项长期股权投资，则意味着采用权益法核算导致的暂时性差异都将随投资的出售而转回，从而影响出售股权期间的应纳税所得额和相应的应交所得税。因此，在企业改变持有意图拟近期对外出售该项长期股权投资的情况下，均应确认相关的所得税影响。

3.递延所得税负债的计量

资产负债表日，递延所得税负债应当根据税法的规定，按照预期清偿该负债期间的适用税率计量，即递延所得税负债应以相关应纳税暂时性差异转回期间的适用税率计量。无论应纳税暂时性差异的转回期间如何，相关的递延所得税负债均不要求折现。

**（二）递延所得税资产的确认和计量**

可抵扣暂时性差异在转回期间将减少企业的应纳税所得额和相应的应交所得税，导致经济利益流入企业，因而在其产生期间，相关的所得税影响金额构成一项未来的经济利益，应确认为一项资产，即递延所得税资产产生于可抵扣暂时性差异。

1.递延所得税资产的确认原则

企业应当以可抵扣暂时性差异转回的未来期间可能取得的应纳税所得额为限，确认可抵扣暂时性差异所产生的递延所得税资产。

递延所得税资产能够给企业带来的未来经济利益，表现在可以减少可抵扣暂时性差异转回期间的应交所得税。因此，该项经济利益是否能够实现，取决于在可抵扣暂时性差异转回的未来期间内，企业是否能够产生足够的应纳税所得额用以利用可抵扣暂时性差异。如果企业有明确的证据表明在可抵扣暂时性差异转回的未来期间能够产生足够的应纳税所得额，使得与可抵扣暂时性差异相关的经济利益能够实现，应当确认可抵扣暂时性差异产生的递延所得税资产；如果企业在可抵扣暂时性差异转回的未来期间无法产生足够的应纳税所得额，使得与可抵扣暂时性差异相关的经济利益无法全部实现，则应当以可能取得的应纳税所得额为限，确认相应的可抵扣暂时性差异产生的递延所得税资产；如果企业在可抵扣暂时性差异转回的未来期间无法产生应纳税所得额，使得与可抵扣暂时性差异相关的经济利益无法实现，就不应确认递延所得税资产。在判断企业于可抵扣暂时性差异转回的未来期间是否能够产生足够的应纳税所得额时，应考虑企业在未来期间通过正常的生产经营活动能够实现的应纳税所得额以及以前期间产生的应纳税暂时性差异在未来期间转回时将增加的应纳税所得额两方面的影响。

在确认可抵扣暂时性差异形成的递延所得税资产的同时，由于导致可抵扣暂时性差异产生的交易或事项在发生时大多会影响会计利润或应纳税所得额，因此，相关的所得税影响通常应减少利润表中的所得税费用，但与直接计入所有者权益的交易或事项相关的所得税影响以及与企业合并中取得的资产、负债相关的所得税影响除外。

**【例13-62】** 2×23年12月31日，华联实业股份有限公司库存A商品的账面余额为600万元，经减值测试，确定A商品的可变现净值为500万元，华联公司计提了存货跌价准备100万元；2×24年度，华联公司将库存A商品全部售出，收到出售价款（不包括收取的增值税销项税额）480万元。假定除该项库存商品计提存货跌价准备产生的会计与税收之间的差异外，不存在其他会计与税收的差异。华联公司预计在未来期间能够产生足够的应纳税所得额用来抵扣可抵扣暂时性差异，适用的所得税税率为25%。华联公司各年资产负债表日确认递延所得税资产的会计处理如下：

（1）2×23年12月31日

库存A商品期末账面价值小于计税基础的差额100万元（600-500）属于可抵扣暂时性差异，因预计未来期间能够产生足够的应纳税所得额用来抵扣可抵扣暂时性差异，华联公司应确认递延所得税资产25万元（100×25%），会计处理如下：

借：递延所得税资产　　　　　　　　　　　　　　　　　　　　　250 000

　　贷：所得税费用　　　　　　　　　　　　　　　　　　　　　　　　　250 000

（2）2×24年12月31日

华联公司出售A商品时确认的损失为20万元（500-480），而2×24年度计税时，出售A商品允许从当期应纳税所得额中扣除的损失为120万元（600-480），二者之差100万元为2×23年度产生的可抵扣暂时性差异在2×24年度全部转回所减少的本年应纳税所得额，并相应地减少了本年应交所得税25万元（100×25%）。由于2×23年度产生的可抵扣暂时性差异在2×24年度已经全部转回，即与递延所得税资产相关的经济利益已经全部实现，因此，2×24年资产负债表日，华联公司应将2×23年确认的递延所得税资产全部转回。

借：所得税费用　　　　　　　　　　　　　　　　　　　　　　　250 000

　　贷：递延所得税资产　　　　　　　　　　　　　　　　　　　　　　　250 000

【例13-63】2×18年12月15日，华联实业股份有限公司购入一套管理设备，实际成本为300 000元，预计使用年限为4年，预计净残值为零，采用年限平均法计提折旧。假定税法对该类设备折旧方法和净残值的规定与会计准则相同，但规定的最短折旧年限为6年，华联公司在计税时按税法规定的最短折旧年限计列折旧费用。假定除该项固定资产因折旧年限不同导致的会计与税收之间的差异外，不存在其他会计与税收的差异。华联公司预计在未来期间能够产生足够的应纳税所得额用以抵扣可抵扣暂时性差异，适用的所得税率为25%。

根据上列资料，华联公司各年年末有关递延所得税的确认情况，见表13-17。

表13-17　　　　　　　　　　　　　递延所得税确认表　　　　　　　　　　　　单位：元

| 项　目 | 2×19年 | 2×20年 | 2×21年 | 2×22年 | 2×23年 | 2×24年 |
|---|---|---|---|---|---|---|
| 实际成本 | 300 000 | 300 000 | 300 000 | 300 000 | 300 000 | 300 000 |
| 累计会计折旧 | 75 000 | 150 000 | 225 000 | 300 000 | 0 | 0 |
| 期末账面价值 | 225 000 | 150 000 | 75 000 | 0 | 0 | 0 |
| 累计计税折旧 | 50 000 | 100 000 | 150 000 | 200 000 | 250 000 | 300 000 |
| 期末计税基础 | 250 000 | 200 000 | 150 000 | 100 000 | 50 000 | 0 |
| 可抵扣暂时性差异 | 25 000 | 50 000 | 75 000 | 100 000 | 50 000 | 0 |
| 递延所得税资产期末余额 | 6 250 | 12 500 | 18 750 | 25 000 | 12 500 | 0 |

根据表13-17的资料，华联公司各年资产负债表日确认递延所得税资产的会计处理如下：

（1）2×19年12月31日

借：递延所得税资产　　　　　　　　　　　　　　　　　　　　　6 250

　　贷：所得税费用　　　　　　　　　　　　　　　　　　　　　　　　　6 250

（2）2×20年12月31日

2×20年资产负债表日，递延所得税资产期末余额应为12 500元，递延所得税资产期初余额为6 250元，因而本期应进一步确认递延所得税资产6 250元（12 500-6 250）。

借：递延所得税资产　　　　　　　　　　　　　　　　　　　　　6 250

　　贷：所得税费用　　　　　　　　　　　　　　　　　　　　　　　　　6 250

（3）2×21年12月31日

2×21年资产负债表日，递延所得税资产期末余额应为18 750元，递延所得税资产期初余额为12 500元，因而本期应进一步确认递延所得税资产6 250元（18 750-12 500）。

借：递延所得税资产                 6 250

  贷：所得税费用                 6 250

（4）2×22年12月31日

2×22年资产负债表日，递延所得税资产期末余额应为25 000元，递延所得税资产期初余额为18 750元，因而本期应进一步确认递延所得税资产6 250元（25 000-18 750）。

借：递延所得税资产                 6 250

  贷：所得税费用                 6 250

（5）2×23年12月31日

2×23年资产负债表日，递延所得税资产期末余额应为12 500元，递延所得税资产期初余额为25 000元，因而本期应转回原已确认的递延所得税资产12 500元（25 000-12 500）。

借：所得税费用                 12 500

  贷：递延所得税资产               12 500

（6）2×24年12月31日

2×24年资产负债表日，递延所得税资产期末余额应为零，递延所得税资产期初余额为12 500元，本期应将递延所得税资产账面余额全部转回。

借：所得税费用                 12 500

  贷：递延所得税资产               12 500

2.不确认递延所得税资产的特殊情况

除企业合并以外的其他交易或事项中，如果该项交易或事项发生时既不影响会计利润，也不影响应纳税所得额，则所产生的资产、负债的初始确认金额与其计税基础不同形成可抵扣暂时性差异的，交易或事项发生时不确认相应的递延所得税资产，其原因与这种情况下不确认应纳税暂时性差异的所得税影响相同。例如，企业发生的适用税前加计扣除政策的研发费用，在形成无形资产时，由于税法规定在按照无形资产成本分期摊销的基础上，可以再按照无形资产成本的一定比例加计摊销，由此产生了无形资产在初始确认时账面价值小于计税基础的差异。但由于该无形资产的确认不是产生于企业合并交易，同时在确认时既不影响会计利润，也不影响应纳税所得额，按照会计准则的规定，不确认该项可抵扣暂时性差异的所得税影响。

3.递延所得税资产的计量

资产负债表日，递延所得税资产应当根据税法的规定，按照预期收回该资产期间的适用税率计量。无论可抵扣暂时性差异的转回期间如何，递延所得税资产均不进行折现。

企业在确认了递延所得税资产以后，应当于资产负债表日对递延所得税资产的账面价值进行复核。如果根据新的情况估计未来期间很可能无法取得足够的应纳税所得额用以利用可抵扣暂时性差异，使得与递延所得税资产相关的经济利益无法全部实现，应当按预期无法实现的部分减记递延所得税资产的账面价值，同时，除原确认时计入所有者权益的递延所得税资产的减记金额应计入所有者权益外，其他情况均应增加当期的所得税费用。因估计无法取得足够的应纳税所得额用以利用可抵扣暂时性差异而减记递延所得税资产账面价值的，后续期间根据新的环境和情况判断又能够产生足够的应纳税所得额利用可抵扣暂时性差异，使得递延所得税资产包含的经济利益预计能够实现的，应相应恢复递延所得税资产的账面价值。

（三）特殊交易或事项中涉及的递延所得税的确认

1.与直接计入所有者权益的交易或事项相关的递延所得税

直接计入所有者权益的交易或事项主要有以公允价值计量且其变动计入其他综合收益的金融资产将确认的公允价值变动金额计入其他综合收益、自用房地产转换为以公允价值模式计量的投资性房地产时将公允价值大于原账面价值的差额计入其他综合收益、会计政策变更采用追溯调整法调整期初留存收益、前期差错更正采用追溯重述法调整期初留存收益、同时包含负债及权益成分的金融工具在初始确认时将分拆的权益成分计入其他资本公积等。暂时性差异的产生与直接计入所有者权益的交易或事项相关的，在确认递延所得税负债或递延所得税资产的同时，相关的所得税影响应当计入所有者权益的相应项目。

【例13-64】2×23年3月20日，华联实业股份有限公司自公开市场买入B公司债券并分类为以公允价值计量且其变动计入其他综合收益的金融资产，初始投资成本为500万元（等于债券面值）。税法规定，企业在未来处置金融资产期间，计算应纳税所得额时应按初始投资成本抵扣。华联公司预计在未来期间能够产生足够的应纳税所得额用以抵扣可抵扣暂时性差异，适用的所得税税率为25%。在下列不同情况下，华联公司对该项金融资产的公允价值变动及相应的递延所得税的会计处理如下：

（1）假定B公司债券2×23年12月31日的公允价值为506万元。

①2×23年12月31日，确认公允价值变动。

借：其他债权投资——公允价值变动　　　　　　　　　　　　　　　　60 000
　　贷：其他综合收益　　　　　　　　　　　　　　　　　　　　　　　　60 000

②2×23年12月31日，确认递延所得税负债。

应纳税暂时性差异=506-500=6（万元）

递延所得税负债=6×25%=1.5（万元）

借：其他综合收益　　　　　　　　　　　　　　　　　　　　　　　　15 000
　　贷：递延所得税负债　　　　　　　　　　　　　　　　　　　　　　　15 000

③2×24年6月10日，将B公司债券售出，收到价款507万元。

借：银行存款　　　　　　　　　　　　　　　　　　　　　　　5 070 000
　　贷：其他债权投资——成本　　　　　　　　　　　　　　　　　5 000 000
　　　　　　　　　　　——公允价值变动　　　　　　　　　　　　　　60 000
　　　　投资收益　　　　　　　　　　　　　　　　　　　　　　　　10 000

借：其他综合收益　　　　　　　　　　　　　　　　　　　　　　　45 000
　　递延所得税负债　　　　　　　　　　　　　　　　　　　　　　　15 000
　　贷：投资收益　　　　　　　　　　　　　　　　　　　　　　　　60 000

（2）假定B公司债券2×23年12月31日的公允价值为496万元。

①2×23年12月31日，确认公允价值变动。

借：其他综合收益　　　　　　　　　　　　　　　　　　　　　　　40 000
　　贷：其他债权投资——公允价值变动　　　　　　　　　　　　　　40 000

②2×23年12月31日，确认递延所得税资产。

可抵扣暂时性差异=500-496=4（万元）

递延所得税资产=4×25%=1（万元）

借：递延所得税资产　　　　　　　　　　　　　　　　　　　　　　10 000

贷：其他综合收益  10 000

③2×24年6月10日，将B公司债券售出，收到价款495万元。

借：银行存款  4 950 000

  其他债权投资——公允价值变动  40 000

  投资收益  10 000

  贷：其他债权投资——成本  5 000 000

借：投资收益  40 000

  贷：其他综合收益  30 000

   递延所得税资产  10 000

2.与企业合并相关的递延所得税

会计准则与税法对企业合并的处理不同，可能会造成企业合并中取得的资产、负债的账面价值与其计税基础之间产生差异。暂时性差异的产生与企业合并相关的，在确认递延所得税负债或递延所得税资产的同时，相关的所得税影响应调整购买日确认的商誉或是计入合并当期损益的金额。

【例13-65】华联实业股份有限公司以其增发的市场价值为10 000万元的普通股2 000万股作为合并对价，采用吸收合并方式取得B公司100%的净资产，合并前，华联公司与B公司不存在任何关联方关系。假定该项企业合并符合税法规定的免税合并条件，华联公司按照税法规定对企业合并进行免税处理。华联公司预计在未来期间能够产生足够的应纳税所得额用以抵扣企业合并产生的可抵扣暂时性差异，适用的所得税税率为25%。购买日，B公司原有各项可辨认资产、负债的公允价值和计税基础（为简化起见，表中各项可辨认资产、负债的公允价值与计税基础不存在差异的项目，以"其他资产"或"其他负债"总括），见表13-18。

表13-18  B公司原有可辨认资产、负债公允价值和计税基础一览表  单位：万元

| 项　目 | 公允价值 | 计税基础 | 暂时性差异 | |
|---|---|---|---|---|
| | | | 应纳税暂时性差异 | 可抵扣暂时性差异 |
| 资产 | | | | |
| 固定资产 | 6 000 | 5 000 | 1 000 | |
| 存货 | 1 000 | 1 200 | | 200 |
| 其他资产 | 8 000 | 8 000 | | |
| 资产合计 | 15 000 | 14 200 | 1 000 | 200 |
| 负债 | | | | |
| 预计负债 | 400 | 0 | | 400 |
| 其他负债 | 5 600 | 5 600 | | |
| 负债合计 | 6 000 | 5 600 | 0 | 400 |
| 总计 | 9 000 | 8 600 | 1 000 | 600 |

根据上列资料，华联公司在购买日的有关会计处理如下：

（1）计算企业合并中应确认的递延所得税及商誉金额，见表13-19。

表13-19　　　　　　　　　　　　　递延所得税及商誉计算表　　　　　　　　　　　单位：万元

| 项　目 | 金　额 |
|---|---|
| 企业合并成本 | 10 000 |
| B公司原有可辨认净资产公允价值 | 9 000 |
| 考虑递延所得税影响前的商誉 | 1 000 |
| 递延所得税负债（1 000×25%） | 250 |
| 递延所得税资产（600×25%） | 150 |
| 递延所得税影响商誉价值（250-150） | 100 |
| 考虑递延所得税影响后的商誉（1 000+100） | 1 100 |

（2）编制购买日相关会计分录（金额单位为万元）：

借：固定资产　　　　　　　　　　　　　　　　　　　　　　　　6 000
　　存货　　　　　　　　　　　　　　　　　　　　　　　　　　1 000
　　其他资产　　　　　　　　　　　　　　　　　　　　　　　　8 000
　　商誉　　　　　　　　　　　　　　　　　　　　　　　　　　1 000
　　贷：预计负债　　　　　　　　　　　　　　　　　　　　　　　　　400
　　　　其他负债　　　　　　　　　　　　　　　　　　　　　　　　5 600
　　　　股本　　　　　　　　　　　　　　　　　　　　　　　　　　2 000
　　　　资本公积——股本溢价　　　　　　　　　　　　　　　　　　8 000
借：递延所得税资产　　　　　　　　　　　　　　　　　　　　　150
　　商誉　　　　　　　　　　　　　　　　　　　　　　　　　　　100
　　贷：递延所得税负债　　　　　　　　　　　　　　　　　　　　　250

该项企业合并中所确认的商誉账面价值1 100万元与其计税基础0之间产生的应纳税暂时性差异，按照会计准则的规定，不再进一步确认相关的所得税影响。

**（四）适用税率变动时对已确认递延所得税项目的调整**

递延所得税负债和递延所得税资产所代表的是未来期间有关暂时性差异转回时，导致转回期间应交所得税增加或减少的金额。因此，在适用的所得税税率发生变动的情况下，按照原税率确认的递延所得税负债或递延所得税资产就不能反映有关暂时性差异转回时对应交所得税金额的影响。在这种情况下，企业应对原已确认的递延所得税负债和递延所得税资产按照新的税率进行重新计量，调整递延所得税负债及递延所得税资产金额，使之能够反映未来期间应当承担的纳税义务或可以获得的抵税利益。

在进行上述调整时，除对直接计入所有者权益的交易或事项产生的递延所得税负债及递延所得税资产的调整金额应计入所有者权益以外，其他情况下对递延所得税负债及递延所得税资产的调整金额，应确认为税率变动当期的所得税费用（或收益）。

**五、所得税费用的确认和计量**

所得税会计的主要目的之一是确定当期应交所得税以及利润表中的所得税费用。在资产负债表债务法下，利润表中的所得税费用由当期所得税和递延所得税两部分组成。

## （一）当期所得税

当期所得税是指企业对当期发生的交易和事项，按照税法规定计算确定的应向税务部门缴纳的所得税金额，即当期应交所得税。

企业在确定当期应交所得税时，对于当期发生的交易或事项，会计处理与纳税处理不同的，应在会计利润的基础上，按照适用税收法规的规定进行调整，计算出当期应纳税所得额，按照应纳税所得额与适用所得税税率计算确定当期应交所得税。一般情况下，应纳税所得额可在会计利润的基础上，考虑会计处理与纳税处理之间的差异，按照下列公式计算确定：

$$应纳税所得额=会计利润+计入利润表但不允许税前扣除的费用\pm计入利润表的费用与可予税前抵扣的费用之间的差额\pm计入利润表的收入与计入应纳税所得额的收入之间的差额$$

$$-计入利润表但不计入应纳税所得额的收入\pm其他需要调整的因素$$

当期应交所得税=应纳税所得额×适用的所得税税率

## （二）递延所得税

递延所得税是指按照会计准则的规定应当计入当期利润表的递延所得税费用（或收益），其金额为当期应予确认的递延所得税负债减去当期应予确认的递延所得税资产的差额，用公式表示如下：

$$递延所得税=\left(\frac{期末递延}{所得税负债}-\frac{期初递延}{所得税负债}\right)-\left(\frac{期末递延}{所得税资产}-\frac{期初递延}{所得税资产}\right)$$

其中：期末递延所得税负债=期末应纳税暂时性差异×适用税率

期末递延所得税资产=期末可抵扣暂时性差异×适用税率

上式中，期末递延所得税负债减去期初递延所得税负债，为当期应予确认的递延所得税负债；期末递延所得税资产减去期初递延所得税资产，为当期应予确认的递延所得税资产。当期应予确认的递延所得税负债与当期应予确认的递延所得税资产之间的差额，为当期应予确认的递延所得税。其中，当期应予确认的递延所得税负债大于当期应予确认的递延所得税资产的差额，为当期应予确认的递延所得税费用，递延所得税费用应当计入当期所得税费用；当期应予确认的递延所得税负债小于当期应予确认的递延所得税资产的差额，为当期应予确认的递延所得税收益，递延所得税收益应当抵减当期所得税费用。

需要注意的是，由于递延所得税指的是应当计入当期利润表的递延所得税费用（或收益），因此，在计算递延所得税时，不应当包括直接计入所有者权益的交易或事项产生的递延所得税负债和递延所得税资产以及企业合并中产生的递延所得税负债和递延所得税资产。

## （三）所得税费用

企业在计算确定了当期所得税以及递延所得税的基础上，将两者之和确认为利润表中的所得税费用，即：

所得税费用=当期所得税+递延所得税

【例13-66】华联实业股份有限公司适用的所得税税率为25%，某年度按照税法规定计算的应交所得税为1 200万元。期末，通过比较资产、负债的账面价值与其计税基础，确定应纳税暂时性差异为2 000万元，可抵扣暂时性差异为1 500万元，上列暂时性差异均与直接计入所有者权益的交易或事项无关。华联公司不存在可抵扣亏损和税款抵减，预计在未来期间能够产生足够的应纳税所得额用以抵扣可抵扣暂时性差异。

根据上述资料，在下列不同假定情况下，华联公司有关所得税的会计处理如下：

（1）假定递延所得税资产和递延所得税负债均无期初余额。

当期确认的递延所得税负债=2 000×25%=500（万元）

当期确认的递延所得税资产=1 500×25%=375（万元）

当期确认的递延所得税=500−375=125（万元）

当期确认的所得税费用=1 200+125=1 325（万元）

借：所得税费用——当期所得税 12 000 000

　贷：应交税费——应交所得税 12 000 000

借：所得税费用——递延所得税 1 250 000

　　递延所得税资产 3 750 000

　贷：递延所得税负债 5 000 000

（2）假定递延所得税资产期初账面余额为300万元，递延所得税负债期初账面余额为450万元。

当期确认的递延所得税负债=500−450=50（万元）

当期确认的递延所得税资产=375−300=75（万元）

当期确认的递延所得税=50−75=−25（万元）

当期确认的所得税费用=1 200−25=1 175（万元）

借：所得税费用——当期所得税 12 000 000

　贷：应交税费——应交所得税 12 000 000

借：递延所得税资产 750 000

　贷：递延所得税负债 500 000

　　所得税费用——递延所得税 250 000

（3）假定递延所得税资产期初账面余额为500万元，递延所得税负债期初账面余额为550万元。

当期确认的递延所得税负债=500−550=−50（万元）

当期确认的递延所得税资产=375−500=−125（万元）

当期确认的递延所得税=−50−（−125）=75（万元）

当期确认的所得税费用=1 200+75=1 275（万元）

借：所得税费用——当期所得税 12 000 000

　贷：应交税费——应交所得税 12 000 000

借：所得税费用——递延所得税 750 000

　　递延所得税负债 500 000

　贷：递延所得税资产 1 250 000

（4）假定递延所得税资产期初账面余额为300万元，递延所得税负债期初账面余额为600万元。

当期确认的递延所得税负债=500−600=−100（万元）

当期确认的递延所得税资产=375−300=75（万元）

当期确认的递延所得税=−100−75=−175（万元）

当期确认的所得税费用=1 200−175=1 025（万元）

借：所得税费用——当期所得税 12 000 000

　贷：应交税费——应交所得税 12 000 000

借：递延所得税资产 750 000

递延所得税负债 1 000 000

贷：所得税费用——递延所得税 1 750 000

（5）假定递延所得税资产期初账面余额为450万元，递延所得税负债期初账面余额为400万元。

当期确认的递延所得税负债=500−400=100（万元）

当期确认的递延所得税资产=375−450=−75（万元）

当期确认的递延所得税=100−（−75）=175（万元）

当期确认的所得税费用=1 200+175=1 375（万元）

借：所得税费用——当期所得税 12 000 000

贷：应交税费——应交所得税 12 000 000

借：所得税费用——递延所得税 1 750 000

贷：递延所得税资产 750 000

递延所得税负债 1 000 000

【例13-67】2×24年1月1日，华联实业股份有限公司递延所得税负债期初余额为400万元，其中，因其他债权投资公允价值变动而确认的递延所得税负债金额为60万元；递延所得税资产期初余额为200万元。2×24年度，华联公司发生下列会计处理与纳税处理存在差别的交易和事项：

（1）本年会计计提的固定资产折旧费用为560万元，按照税法规定允许税前扣除的折旧费用为720万元。

（2）向关联企业捐赠现金300万元，按照税法规定，不允许税前扣除。

（3）期末确认交易性金融资产公允价值变动收益300万元。

（4）期末确认其他债权投资公允价值变动收益140万元。

（5）当期支付产品保修费用100万元，前期已对产品保修费用计提了预计负债。

（6）违反环保法有关规定支付罚款260万元。

（7）期末计提存货跌价准备和无形资产减值准备各200万元。

2×24年12月31日，华联公司资产、负债的账面价值与其计税基础存在差异的项目，见表13-20。

表13-20 　　　　　　资产、负债账面价值与计税基础比较表

2×24年12月31日

单位：万元

| 项　目 | 账面价值 | 计税基础 | 暂时性差异 | |
|---|---|---|---|---|
| | | | 应纳税暂时性差异 | 可抵扣暂时性差异 |
| 交易性金融资产 | 5 000 | 4 000 | 1 000 | |
| 其他债权投资 | 2 500 | 2 120 | 380 | |
| 存货 | 8 000 | 8 500 | | 500 |
| 固定资产 | 6 000 | 5 200 | 800 | |
| 无形资产 | 3 400 | 3 600 | | 200 |
| 预计负债 | 200 | 0 | | 200 |
| 合　计 | — | — | 2 180 | 900 |

2×24年度，华联公司利润表中的利润总额为6 000万元，该公司适用的所得税税率为25%。假定华联公司不存在可抵扣亏损和税款抵减，预计在未来期间能够产生足够的应纳税所得额用以抵扣可抵扣暂时性差异。华联公司有关所得税的会计处理如下：

（1）计算确定当期所得税

应纳税所得额=6 000-（720-560）+300-300-100+260+200+200=6 400（万元）

应交所得税=6 400×25%=1 600（万元）

（2）计算确定递延所得税

当期确认的递延所得税负债=2 180×25%-400=145（万元）

其中，应计入其他综合收益的递延所得税负债=380×25%-60=35（万元）

当期确认的递延所得税资产=900×25%-200=25（万元）

递延所得税=（145-35）-25=110-25=85（万元）

所得税费用=1 600+85=1 685（万元）

（3）编制确认所得税的会计分录

借：所得税费用——当期所得税　　　　　　　　　　　　　　　　16 000 000

　　贷：应交税费——应交所得税　　　　　　　　　　　　　　　　　　16 000 000

借：所得税费用——递延所得税　　　　　　　　　　　　　　　　850 000

　　递延所得税资产　　　　　　　　　　　　　　　　　　　250 000

　　贷：递延所得税负债　　　　　　　　　　　　　　　　　　　1 100 000

借：其他综合收益　　　　　　　　　　　　　　　　　　　350 000

　　贷：递延所得税负债　　　　　　　　　　　　　　　　　　　350 000

### 六、所得税的列报

**（一）列示**

1.递延所得税资产和递延所得税负债应当分别作为非流动资产和非流动负债在资产负债表中列示。

2.所得税费用应当在利润表中单独列示。

**（二）披露**

企业应当在附注中披露与所得税有关的下列信息：

（1）所得税费用（收益）的主要组成部分。

（2）所得税费用（收益）与会计利润关系的说明。

（3）未确认递延所得税资产的可抵扣暂时性差异、可抵扣亏损的金额（如果存在到期日，还应披露到期日）。

（4）对每一类暂时性差异和可抵扣亏损，在列报期间确认的递延所得税资产或递延所得税负债的金额，确认递延所得税资产的依据。

（5）未确认递延所得税负债的，与对子公司、联营企业及合营企业投资相关的暂时性差异金额。

**【思政课堂】　　　　坚持把社会效益放在首位、社会效益和经济效益相统一**

商业利益和社会责任往往被认为是两个相互矛盾的领域。一方面，企业需要追求利润最大化，为股东和投资者创造价值；另一方面，社会要求企业承担更多的社会责任和义务，促进社会进步和发展。如何把商业利益和社会责任结合起来，协调好追求利润与社会责任之间的关系，是企业发展过程中不能回避的问题。

盈利是企业的目标，也是企业生存、发展的基础。企业只有不断增加利润，才能不断发展壮大，从而为国家税收、股东分红、员工就业作出更多的贡献。但盈利不应当成为企业追求的唯一目标。在中外企业发展史上，不乏规模巨大、盈利高速增长的企业，但是要成为一家伟大的企业，除了在商业上取得成功之外，其抱负还应上升到为实现社会美好愿景作出贡献的层面。

社会是企业持续健康发展的沃土，任何企业都不能脱离社会的发展而独善其身。企业的社会责任，就是企业在创造利润、对股东和员工承担法律责任的同时，还要承担对消费者、环境和社区的责任。这就要求企业必须超越把利润作为唯一目标的传统理念，注重其社会责任和社会贡献。

企业履行社会责任，不仅对保护生态环境、合理利用资源、发展地区经济具有积极的影响，也有助于提升企业自身的社会形象和美誉度，增强品牌竞争力，促进商业成功，实现良性循环。企业只有把商业利益和社会责任相协调，把创造出自身价值与社会价值相结合，才能成长为伟大的企业。

党的二十大报告指出："坚持把社会效益放在首位、社会效益和经济效益相统一。"这为企业的发展提出了要求、确立了目标、指明了方向。不断增加利润、承担更多的社会责任，将社会效益和经济效益相统一，是新时代企业可持续发展的必由之路。

思政案例
担责任　系天下——2023全球企业社会责任案例巡展

## 复习思考题

1.什么是收入？有何主要特征？如何分类？
2.什么是收入确认与计量的五步法模型？
3.什么是在某一时段内履行的履约义务？如何确认与计量？
4.什么是在某一时点履行的履约义务？如何确认与计量？
5.什么是合同中存在重大融资成分的销售？如何进行会计处理？
6.什么是委托代销？如何进行会计处理？
7.什么是附有销售退回条款的销售？如何进行会计处理？
8.什么是附有质量保证条款的销售？如何进行会计处理？
9.什么是附有客户额外购买选择权的销售？如何进行会计处理？
10.什么是售后回购？如何进行会计处理？
11.什么是现金折扣？如何进行会计处理？
12.销售折让与销售退回的会计处理有何不同？
13.在财务报表中，应如何对收入进行列报？
14.什么是营业利润？营业利润由哪些损益项目构成？
15.营业外收入和营业外支出包括哪些主要内容？
16.会计利润与应纳税所得额有何主要区别？
17.什么是暂时性差异？包括哪些类型？
18.什么是资产或负债的计税基础？
19.如何确认递延所得税资产和递延所得税负债？
20.什么是所得税费用？如何确认？
21.在财务报表中，应如何对所得税进行列报？

自测题

# 第十四章　财务报告

## 第一节　财务报告概述

### 一、财务报告的内容

财务报告是企业正式对外揭示或表述财务信息的总结性书面文件。财务报告亦称财务会计报告，我国《企业会计准则——基本准则》将其定义为"财务会计报告是指企业对外提供的反映企业某一特定日期的财务状况和某一会计期间的经营成果、现金流量等会计信息的文件"。在市场经济中，由于所有权与经营权分离，企业必须面向市场进行筹资、投资和经营活动，这在客观上要求企业向市场披露信息，以便帮助现有的和潜在的投资者、债权人和其他信息使用者对投资、信贷等作出正确的决策，并提供国家进行必要的宏观调控时所需要的基本数据。在企业对外披露的财务信息中，一些是通过财务报表提供的，另一些则是通过其他财务报告提供的。一般地说，财务报表是财务报告的核心，企业对外提供的主要财务信息都应纳入财务报表。财务报告一般应当提供以下信息：

（1）提供企业的经济资源，以及这些资源上的权利、引起资源和资源权利变动的各种交易、事项的信息。

（2）提供企业在报告期内的经营绩效，即企业经营活动（包括投资活动和理财活动）中引起的资产、负债和所有者权益的变动及其结果的信息。

（3）提供企业现金流动的信息。因为一家企业过去、现在和未来的现金流动（尤其是净现金流动）是现代企业在经济上有无活力、在财务上有无弹性、在未来发展上有无后劲的重要标志。就财务报告的外部使用者来说，他们特别关注企业的到期利息与本金能否用现金偿还，应付股利能否用现金分派以及表明影响企业变现能力或偿债能力的其他信息。

（4）反映企业管理层（董事长、经理等）向资源提供者报告，如何利用受托使用的资源进行资源的保值、增值活动并履行法律与合同规定的其他义务等有关受托责任的信息。

（5）根据社会经济的发展，逐渐扩大财务报告信息的内容，包括非财务信息和未来信息，如企业未来经营预测和社会责任的履行情况。

### 二、财务报告的作用

财务报告的目标是向财务报告使用者提供与企业财务状况、经营成果和现金流量等有关的会计信息，反映企业管理层受托责任履行情况，有助于财务报告使用者作出经济决策。财务报告使用者包括投资者、债权人、政府及其有关部门和社会公众等。

这里所说的财务报告，是通用的财务报告，它面向外部不同的使用者，所提供的应是外部集团共同关心、都能有用的信息，而不是针对某类使用者的特定信息需求。财务报告的作用表现在以下几个方面：

（1）财务报告有助于投资者和债权人等进行合理的决策。在企业外部集团中，投资者、债权人是财务报告最重要的使用者。对于投资者和债权人来说，利用企业有关经济资源和经济业务等方面的财务信息，判断企业在激烈竞争的市场环境中生存、适应、成长与扩展的能力是非常有益的。财务报告提供的信息虽然主要是对过去经营成果和财务状况的反映与总结，但反映过去是为了预测未来。由于事物的发展存在着一定程度的连续性、系统性和规律性，财务报告对企业已发生的资金运动及其结果的反映，有助于投资者和债权人等预测企业未来时期的现金流入净额、流入时间和不确定性。这些信息是外部使用者进行投资、信贷等决策时必须考虑的。

（2）财务报告反映企业管理层的受托经管责任。股份有限公司的"两权分离"使股东和企业管理层之间出现委托与受托关系。股东把资金投入公司，委托管理人员进行经营管理。他们为了确保自己的切身利益，保证其投入资本的保值与增值，需要经常了解管理层对受托经济资源的经营管理情况。通过公认会计原则或企业会计准则和其他一些法律规章的制约，财务报告能够较全面、系统、连续和综合地跟踪反映企业投入资源的渠道、性质、分布状态以及资源的运用效果，从而有助于评估企业的财务状况与经营绩效以及管理层对受托资源的经营管理责任的履行情况。

（3）财务报告能够帮助企业管理层改善经营管理，协调企业与相关利益集团的关系，促进企业快速、稳定地发展。在现代企业中，相关利益集团是企业各种资源的提供者，任何企业的生存与发展都必须依赖他们的贡献、配合与协作。企业管理层的主要职能就是鼓励和激发各种集团保持或扩大对企业的贡献，协调企业与相关利益集团以及各利益集团之间的关系。为此，管理人员不但要管理并有效地利用受托的各种资源，并且需要定期向有关利益集团全面、系统、连续和客观地报告对受托资源的管理与利用情况，以及利用这些资源所创造的效益及其分配情况。财务报告提供的信息，在这一领域发挥了不可替代的重要作用。

（4）财务报告能够帮助国家有关部门实现其经济与社会目标，并进行必要的宏观调控，促进社会资源的有效配置，这一点在我国社会主义市场经济体制下尤为重要。由于企业是国民经济的细胞，通过对企业提供的财务报告资源进行汇总分析，国家有关部门可以考核国民经济各部门的运行情况、各种财经法律制度的执行情况，一旦发现问题即可及时采取相应措施，通过各种经济杠杆和政策倾斜，发挥政府在市场经济优化资源配置中的补充作用。

### 三、财务报告的披露方式

财务报告不仅包括财务报表，而且包括同会计信息系统有关的其他财务报告。在我国，严格意义上的财务报告应当包括财务报表、附注、审计报告和自己披露的信息四部分。其中，财务报表中的基本财务报表，要符合财政部会计准则的规定；财务报表中的附注要符合财政部和中国证券监督管理委员会的规定（上市公司）；审计报告是指由具有证券相关业务资格的注册会计师遵守审计准则进行审计所出具的报告；经注册会计师审阅并发表的意见指的是企业自己披露的信息。

一般意义上的财务报告是由财务报表和其他财务报告组成的。财务报表主要提供反映过去的财务信息；其他财务报告主要提供未来的信息，且不限于财务信息。

虽然财务报告与财务报表的目的基本相同，在实务中人们对它们也没有加以严格区分，但根据现有企业会计准则和惯例，有些财务信息只能通过财务报表呈报，而另一些财务信息则通过财务报表的附注或其他财务报告披露。

**（一）财务报表**

财务报表是根据公认会计原则，以表格形式概括反映企业财务状况、现金流动、经营绩效及所有者权益变动的书面文件。按《企业会计准则第30号——财务报表列报》的规定，财务报表是对企业财务状况、经营成果和现金流量的结构性表述。财务报表至少应当包括资产负债表、利润表、现金流量表、所有者权益（或股东权益）变动表和附注。其中，资产负债表、利润表、现金流量表和所有者权益（或股东权益）变动表属于基本财务报表。附注是对基本财务报表信息进行的进一步说明、补充或解释，以便帮助使用者理解和使用报表信息。在会计实务中，财务报表附注可采用附表和底注等形式。

财务报表格式和附注分别按照一般企业、商业银行、保险公司、证券公司等企业类型予以规定。企业应当根据其经营活动的性质，确定本企业适用的财务报表格式和附注。

**（二）其他财务报告**

其他财务报告的编制基础与方式可以不受企业会计准则的约束，而以灵活多样的形式提供各种相关的信息，包括定性信息和非会计信息。其他财务报告作为财务报表的辅助报告，提供的信息十分广泛。这种报告既包括货币性和定量信息，又包括非货币性和定性信息；既包括历史性信息，又包括预测性信息。根据现行国际惯例，其他财务报告的内容主要包括：管理层的分析与讨论预测报告；物价变动影响报告；社会责任报告等。

**四、财务报告的分类**

前已述及，一般意义上的财务报告分为财务报表和其他财务报告，而这里讲的分类是指财务报表的分类。财务报表可以按照不同的标准进行分类。

**（一）按财务报表编报期间不同分类**

按编报期间的不同，财务报表可以分为中期财务报表和年度财务报表。中期财务报表是以短于一个完整会计年度的报告期间为基础编制的财务报表，包括月报、季报和半年报等。中期财务报表至少应当包括资产负债表、利润表、现金流量表和附注，其中，中期资产负债表、利润表和现金流量表应当是完整报表，其格式和内容应当与年度财务报表相一致。与年度财务报表相比，中期财务报表中的附注披露可适当简略。

**（二）按财务报表编报主体不同分类**

按编报主体的不同，财务报表可以分为个别财务报表和合并财务报表。个别财务报表是由企业在自身会计核算基础上对账簿记录进行加工而编制的财务报表，主要用以反映企业自身的财务状况、经营成果和现金流量情况。合并财务报表是以母公司和子公司组成的企业集团为会计主体，根据母公司和所属子公司的财务报表，由母公司编制的综合反映企业集团财务状况、经营成果及现金流量的财务报表。

**五、财务报告的编制原则**

**（一）报表内容真实可靠**

财务报表上的数据直接涉及许多集团的利益，也是许多外部集团进行经济决策的依据。因此，真实可靠是编制财务报表的必备特征，否则财务报表的作用就无从谈起。财务报表所披露的数据和信息，必须遵守公认会计原则，从这个意义上讲，要求报表内容真实可靠，既有必要，也有可能。财务报表提供的信息是通用信息，它是不同使用者集团都能同时得到并为各自进行决策所共同需要的。真实可靠是财务报表信息的主要质量特征，也就是说，报表中的数据应能由不同的会计人员在采用相同的方法下作出相同的结果。

### （二）信息具有相关性

财务报告的目标是提供有助于使用者决策的信息，因此，相关性也是编制财务报表的基本要求。从财务报表的内容选择、指标体系设置到项目分类和排列顺序等都应当考虑使用者的决策需要。相关性还要求报表所反映的内容充分完整。企业应将当期发生的交易与事项全部确认并通过报表披露。报表应填列的指标，包括附注和补充资料，必须填列齐全，不得漏列，一句话，就是要充分披露或揭示。只有这样，财务报表的使用者才能全面了解企业的经营状况及其结果。最后，相关性还要求财务报表的编制与报送都必须及时进行。

### （三）体现效益大于成本原则

从整个社会角度看，财务报表的编制、使用是具有效益的，但是它必须付出一定的代价。财务报表应以最小的投入和有效的产出来产生。也就是说，我们编制并公布财务报表，从报表提供者和使用者目标一致的基础看，必须是值得的。编制财务报表，信息加工和输出，不能不付出代价，但应能达到较大的效用，即帮助使用者作出合理的经济决策，从而促进社会资源的优化配置。与财务报表相关联的成本代价包括：（1）财务数据的收集、加工、传递成本；（2）信息使用成本；（3）信息不足、超量、错误或不公允，给使用者带来的损失或影响；（4）信息披露过量给企业带来的竞争劣势或给管理人员带来的额外约束等。很显然，无论是财务报表的成本还是效益都是比较难以确切计量的。但是当人们在确定财务报表内容、披露方式和披露频率等问题时，总不能不考虑财务报表的成本效益问题。从理论上说，只有提供财务报表的效益超过其所费成本，财务报表才是一种可取的信息披露手段。

## 六、财务报告列报的基本要求

财务报告列报主要是指财务报表的列报。财务报表列报的基本要求如下：

### （一）遵循企业会计准则

企业应当根据实际发生的交易和事项，遵循《企业会计准则——基本准则》和其他各项会计准则的规定进行会计确认和计量，并在此基础上编制财务报表。企业应当在附注中对遵循企业会计准则编制的财务报表作出声明。只有遵循了企业会计准则的所有规定，财务报表才能声明"遵循了企业会计准则"。

### （二）以持续经营为列报基础

企业应当以持续经营为基础编制财务报表。持续经营是会计的基本前提，是会计确认、计量及编制财务报表的基础。企业会计准则规范的是持续经营条件下企业对所发生交易和事项确认、计量及报表列报；相反，如果企业经营出现了非持续经营的情况，致使以持续经营为基础编制的财务报表不再合理的，企业应当采用其他基础编制财务报表。

### （三）遵循重要性原则

重要性是指在合理预期下，财务报表某项目的省略或错报会影响使用者据此作出经济决策的，该项目具有重要性。

1.重要性的标准

财务报表是通过对大量的交易或其他事项进行处理而生成的，这些交易或其他事项按其性质或功能汇总归类而形成财务报表中的项目。关于项目在财务报表中是单独列报还是合并列报，应当依据重要性原则来判断，即重要性是判断项目是否单独列报的重要标准。

2.重要性的判断

企业在进行重要性判断时，应当根据所处环境，从项目的性质和金额大小两方面予以判断：一方面，应当考虑该项目的性质是否属于企业日常活动，是否对企业的财务状况和经营成果具有较大影响等；另一方面，判断项目金额大小的重要性，应当通过单项金额占资产总额、负债总额、所有者权益总额、营业收入总额、营业成本总额、净利润、综合收益总额等直接相关项目金额的比重加以确定。

3.关于重要性的具体列报要求

（1）性质或功能不同的项目，一般应当在财务报表中单独列报，但是不具有重要性的项目可以合并列报。例如，存货和固定资产在性质上和功能上都有本质差别，必须分别在资产负债表上单独列报。（2）性质或功能类似的项目，一般可以合并列报，但是对具有重要性的类别，应该单独列报。例如，原材料、低值易耗品等项目在性质上类似，均通过生产过程形成企业的产品存货，因此，可以合并列报，合并之后的类别统称为"存货"，在资产负债表上单独列报。（3）项目单独列报的原则不仅适用于报表，还适用于附注。某些项目的重要程度不足以在资产负债表、利润表、现金流量表或所有者权益变动表中单独列示，但是可能对附注而言具有重要性，在这种情况下，这些项目应当在附注中单独披露。仍以上述存货为例，对于某制造业企业而言，原材料、包装物及低值易耗品、在产品、库存商品等项目的重要程度不足以在资产负债表上单独列示，因此，在资产负债表上合并列示，但是鉴于其对该制造业企业的重要性，应当在附注中单独披露。（4）无论是财务报表列报准则规定的单独列报项目，还是其他具体会计准则规定的单独列报项目，企业都应当予以单独列报。

（四）保证列报的一致与披露金额准确

财务报表项目的列报应当在各个会计期间保持一致，不得随意变更。这一要求不仅针对财务报表中的项目名称，还针对财务报表项目的分类、排列顺序等方面。当会计准则要求改变或企业经营业务的性质发生重大变化后，变更财务报表项目的列报能够提供更可靠、更相关的会计信息时，财务报表项目的列报是可以改变的。

财务报表中的资产项目和负债项目的金额、收入项目和费用项目的金额、直接计入当期利润的利得项目和损失项目的金额不得相互抵销，但其他会计准则另有规定的除外。财务报表项目以总额列报，从而保证了所提供信息的完整性、信息的可比性，有利于报表使用者作出合理的判断。以下三种情况不属于抵销，可以其净额列示。

（1）资产计提的减值准备，实质上意味着资产的价值确实发生了减损，资产项目应当按扣除减值准备后的净额列示。这样才能反映资产当时的真实价值，但并不属于上面所述的抵销。（2）非日常活动并非企业主要的业务，且具有偶然性，从重要性来讲，非日常活动产生的损益以收入和费用抵销后的净额列示。（3）一组类似交易形成的利得和损失应当以净额列示，但具有重要性的除外。例如，汇兑损益应当以净额列报，为交易目的而持有的金融工具形成的利得和损失应当以净额列报等。

（五）遵循可比性原则

企业当期财务报表的列报，至少应当提供所有列报项目上一可比会计期间的比较数据，以及与理解当期财务报表相关的说明，但其他会计准则另有规定的除外。通常情况下，企业列报所有列报项目的上一个可比会计期间的比较数据，至少包括两期各报表及相关附注。当企业追溯应用会计政策或追溯重述，或者重新分类财务报表项目时，企业应当在一套完整的财务报表中列报最早可比期间期初的财务报表，即应当至少列报三期资产负债表、两期其他各报表及相关附注。列报的三期资产负债表分别是指当期期末的资产负债表、上期期末的资产负债表以及上期期初的资产负债表。

**（六）财务报表表首的列报要求与报告期间**

财务报表一般分为表首、正表两部分，其中，企业应当在表首部分概括地说明下列基本信息：（1）编报企业的名称，如企业名称在所属当期发生了变更，还应明确标明。（2）对于资产负债表而言，须披露资产负债表日；对于利润表、现金流量表、所有者权益变动表而言，须披露报表涵盖的会计期间。（3）货币名称和单位，按照我国企业会计准则的规定，企业应当以人民币作为记账本位币列报，并标明金额单位，如元人民币、万元人民币等。（4）财务报表是合并财务报表的应当予以标明。

企业至少应当按年编制财务报表。年度财务报表涵盖的期间短于一年的，应当披露年度财务报表的涵盖期间、短于一年的原因以及报表数据不具可比性的事实。

# 第二节　资产负债表

## 一、资产负债表概述

### （一）资产负债表的概念及作用

资产负债表是反映企业在资产负债表日（某一特定日期）财务状况的会计报表。资产负债表的作用主要表现在以下方面：

1.反映企业财务状况及其相互关系

资产负债表主要提供有关企业财务状况方面的信息，即某一特定日期企业资产、负债、所有者权益及其相互关系。资产负债表可以提供某一日期的资产总额及其结构，表明企业拥有或控制的资源及其分布情况，使得使用者可以一目了然地从资产负债表上了解企业在某一特定日期所拥有的资产总额及其结构；可以提供某一日期的负债总额及其结构，表明企业未来需要用多少资产或劳务清偿债务以及清偿时间；可以反映所有者所拥有的权益，据以判断资本保值、增值的情况以及对负债的保障程度。

2.据以评价和预测企业的短期偿债能力

企业的偿债能力是指企业以其资产偿付债务的能力，分为短期偿债能力和长期偿债能力。短期偿债能力主要体现在企业资产和负债的流动性上。流动性指资产转换成现款的速度或负债离到期清偿日的时间，亦指企业资产接近现金的速度，或负债需要动用现金的期限。在资产项目中，除现金外，资产转换成现金的时间越短，速度越快，表明流动性越强。例如，可随时上市交易的有价证券，其流动性一般较应收款项强；应收款项的流动性又较存货项目强，因为通常应收款项能在更短的时间内转换成现金，而存货一般转换成现金的速度较慢。负债到期日越短，其流动性越强，表明越早需要动用现金。短期债权人关注的是，企业是否有足够的现款和足够的资产可及时转换成现金，以清偿短期内行将到期的债务。长期债权人及企业所有者也要评价和预测企业的短期偿债能力，短期偿债能力越弱，企业越有可能破产，越没有得到投资回报的保障，越有可能收不回投资。资产负债表分门别类地列示流动资产与流动负债，本身虽未直接反映出短期偿债能力，但通过将流动资产与流动负债相比较，并借助于报表，可以评价和预测企业的短期偿债能力。

3.据以评价和预测企业的长期偿债能力

企业的长期偿债能力主要指企业以全部资产清偿全部负债的能力。一般认为资产越多，负债越少，其长期偿债能力越强；反之，若资不抵债，则企业缺乏长期偿债能力。资不抵债往往由企业长期亏损、蚀耗资产引起，还可能因为举债过多所致。所以，企业的长期偿债能力一方面取决于它的获利能力，另一方面取决于它的资本结构。资产负债表按资产、负债和所有者权益三大会计要素分类，列示了重要项目，可据以评价、预测企业的长期偿债能力，为管理部门和债权人信贷决策提供重要的依据。

4.有助于评价、预测企业的财务弹性

财务弹性指企业应对各种挑战、适应各种变化的能力，即进攻性适应能力和防御性适应能力。进攻性适应能力是指企业有能力和财力去抓住突如其来的获利机会；防御性适应能力指企业在经营危机中生存下来的能力。财务弹性强的企业不仅能从有利可图的经营中获取大量资金，而且可以借助债权人的长期资金和所有者的追加资本获利，在万一需要偿还巨额债务时不至于陷入财务困境，在遇到新的、获利能力更高的投资机会时，也能及时筹集所需资金，调转船头，全力以赴。

财务弹性来自资产的流动性或变现能力；由经营产生资金流入的能力；向投资者和债权人筹措资金的能力；在不影响正常经营的前提下变卖现有资产取得现金的能力。资产负债表所展示的资源分布情形及对资源的请求权，有助于评价、预测企业的财务弹性。

5.有助于评价、预测企业的经营绩效

企业的经营绩效主要反映在它的获利能力上，获利能力直接影响企业能否有稳定而逐步增长的盈利水平，能否向债权人还本付息，能否维持甚至逐步提高股东的投资报酬率。衡量企业获利能力的指标主要有资产报酬率、股东权益报酬率等。

延伸阅读14-1

资产负债表的局限性

（二）资产负债表列报概述

1.资产负债表列报的总体要求

（1）分类别列报

资产负债表列报，最根本的目标就是如实反映企业在资产负债表日所拥有的资源、所承担的负债以及所有者所拥有的权益。因此，资产负债表应当按照资产、负债和所有者权益三大类别分类列报。

（2）资产和负债按流动性列报

资产和负债应当按照流动性分别流动资产和非流动资产、流动负债和非流动负债列示。流动性通常按资产的变现或耗用时间长短或者负债的偿还时间长短来确定，企业应先列报流动性强的资产或负债，再列报流动性弱的资产或负债。

银行、证券、保险等金融企业由于在经营内容上不同于一般的工商企业，导致其资产和负债的构成项目也与一般工商企业有所不同，具有特殊性。金融企业的有些资产或负债在无法严格区分为流动资产或负债和非流动资产或负债的情况下，按照流动性列示往往能够提供可靠且更相关的信息，因此金融企业可以大体按照流动性顺序列示资产和负债。

（3）列报相关的合计、总计项目

资产负债表中的资产类项目至少应当列示流动资产、非流动资产以及资产的合计项目；负债类项目至少应当列示流动负债、非流动负债以及负债的合计项目；所有者权益类项目应当列示所有者权益的合计项目。

资产负债表遵循"资产=负债+所有者权益"这一会计恒等式，把企业在特定日期所拥有的经济资源和与之相对应的企业所承担的债务及偿债以后属于所有者的权益充分反映出来。因此，资产负债表应当分别列示资产总计项目和负债与所有者权益之和的总计项目，并且这二者的金额应当相等。

**2.资产的列报**

资产负债表中的资产反映由过去的交易、事项形成并由企业在某一特定日期所拥有或控制的、预期会给企业带来经济利益的资源。资产应当按照流动资产和非流动资产两大类别在资产负债表中列示，在流动资产和非流动资产类别下进一步按性质分项列示。

（1）流动资产和非流动资产的划分

资产负债表中的资产应当分别按流动资产和非流动资产列报，因此，区分流动资产和非流动资产十分重要。资产满足下列条件之一的，应当归类为流动资产：①预计在一个正常营业周期中变现、出售或耗用。这主要包括存货、应收票据、应收账款等资产。需要指出的是，变现一般针对应收票据、应收账款等而言，指将资产变为现金；出售一般针对产品等存货而言；耗用一般指将存货（如原材料）转变成另一种形态（如产成品）。②主要为交易目的而持有。这主要是指交易性金融资产。但是，并非所有交易性金融资产均为流动资产，例如，自资产负债表日起超过12个月到期且预期持有超过12个月的衍生工具应当划分为非流动资产或非流动负债。③预计在资产负债表日起一年内（含一年）变现。④自资产负债表日起一年内，交换其他资产或清偿负债的能力不受限制的现金或现金等价物。流动资产以外的资产应当归类为非流动资产，并应按其性质分类列示。

（2）正常营业周期

正常营业周期通常短于一年，在一年内有几个营业周期。但是，也存在正常营业周期长于一年的情况，如房地产开发企业开发用于出售的房地产开发产品，造船企业制造的用于出售的大型船只等，从购买原材料进入生产，到制造出产品出售并收回现金或现金等价物的过程，往往超过一年。因生产周期较长等导致正常营业周期长于一年的，尽管相关资产往往超过一年才变现、出售或耗用，仍应当划分为流动资产。当正常营业周期不能确定时，应当以一年（12个月）作为正常营业周期。

**3.负债的列报**

资产负债表中的负债反映在某一特定日期企业所承担的、预期会导致经济利益流出企业的现时义务。负债应当按照流动负债和非流动负债两大类别在资产负债表中列示，在流动负债和非流动负债类别下再进一步按性质分项列示。

流动负债的判断标准与流动资产的判断标准相类似。负债满足下列条件之一的，应当归类为流动负债：①预计在一个正常营业周期中清偿。②主要为交易目的而持有。③自资产负债表日起一年内到期应予以清偿。④企业无权自主地将清偿义务推迟至资产负债表日后一年以上。

值得注意的是，有些流动负债，如应付票据、应付账款、应付职工薪酬等，属于企业正常营业周期中使用的营运资金的一部分。尽管这些经营性项目有时在资产负债表日后超过一年才到期清偿，但是它们仍应被划分为流动负债。

**4.所有者权益的列报**

资产负债表中的所有者权益是企业资产扣除负债后的剩余权益，反映企业在某一特定日期股东投资者拥有的净资产的总额。资产负债表中的所有者权益类项目一般按照净资产的不同来源和特定用途进行分类，应当按照实收资本（或股本）、其他权益工具、资本公积、其他综合收益、盈余公积、未分配利润等项目分项列示。

**5.特殊项目的列报**

（1）持有待售资产及负债

被划分为持有待售的非流动资产（如固定资产、无形资产、长期股权投资等），以及被划分为持有待售处置组中的资产，应当被归类为流动资产。被划分为持有待售的非流动负债，以及被划分为持有待售的处置组中的与转让资产相关的负债，应当被归类为流动负债。

（2）可展期负债

对于自资产负债表日起一年内到期的负债，企业预计能够自主地将清偿义务展期至资产负债表日后一年以上的，应当归类为非流动负债；不能自主地将清偿义务展期的，即使在资产负债表日后、财务报告批准报出日前签订了重新安排清偿计划协议，该项负债仍应被归类为流动负债。

（3）有清偿期限的负债

企业在资产负债表日或之前违反了长期借款协议，导致贷款人可随时要求清偿的负债，应当被归类为流动负债。在这种情况下，债务清偿的主动权并不在企业，企业只能被动地无条件归还贷款，而且该事实在资产负债表日即已存在，所以该负债应当作为流动负债列报。若贷款人在资产负债表日或之前同意提供资产负债表日后一年以上的宽限期，企业能够在此期限内改正违约行为，且贷款人不能要求随时清偿，则该项负债应当被归类为非流动负债。

延伸阅读14-2

单独列报项目

## 二、资产负债表的列报格式和列报方法

### （一）资产负债表的列报格式

资产负债表各项目在表中的排列方法不同，形成了各种各样的资产负债表格式。由于企业各异，资产负债表项目排列及采用的结构也会有所区别。

1.报告式资产负债表

报告式资产负债表将资产、负债、所有者权益项目采用垂直分列的形式体现，具体有两种形式：（1）依照"资产=权益"的等式；（2）依照"资产-负债=所有者权益"的等式。具体见表14-1。

表14-1 　　　　　　　　　　　　**不同形式的报告式资产负债表** 　　　　　　　　　　　单位：元

| "资产=权益"式 | | "资产-负债=所有者权益"式 | |
|---|---|---|---|
| 资产 | | 资产 | |
| ⋮ | | ⋮ | |
| 资产总计 | 101 000 | 资产总计 | 101 000 |
| 权益 | | 负债 | |
| 　负债 | | ⋮ | |
| 　⋮ | | | |
| 　负债合计 | 54 500 | 负债总计 | 54 500 |
| 　所有者权益 | | 所有者权益 | |
| 　⋮ | | ⋮ | |
| 　所有者权益合计 | 46 500 | | |
| 权益总计 | 101 000 | 所有者权益总计 | 46 500 |

报告式资产负债表的优点是便于编制比较资产负债表，即在一张报表中，除列示本期的财务状况外，还可增设几个栏目，分别列示过去几期的财务状况。报告式资产负债表的缺点是资产和权益间的恒等关系并不一目了然。

2.账户式资产负债表

账户式资产负债表是按照"T"形账户的形式设计资产负债表，将资产列在报表左方（借方），负债及所有者权益列在报表右方（贷方），左（借）右（贷）两方总额相等，见表14-2。

表 14-2　　　　　　　　　　　　账户式资产负债表　　　　　　　　　　　　单位：元

| 资　产 | | 权　益 | |
| --- | --- | --- | --- |
| 各项目明细 | | 负债 | |
| | | 负债合计 | 54 500 |
| | | 所有者权益 | |
| | | 所有者权益合计 | 46 500 |
| 资产总计 | 101 000 | 权益总计 | 101 000 |

账户式资产负债表的优缺点与报告式资产负债表正好相反。资产和权益间的恒等关系一目了然，但在编制比较资产负债表时需要做些旁注，这在操作上可能有些困难。

3.我国现行资产负债表格式

根据《企业会计准则第30号——财务报表列报》的规定，我国现行资产负债表采用账户式格式，即左侧列报资产方，一般按资产的流动性大小排列；右侧列报负债方和所有者权益方，一般按要求清偿时间的先后顺序排列。账户式资产负债表中的资产各项目的合计等于负债和所有者权益各项目的合计，即资产负债表左方和右方平衡。因此，通过账户式资产负债表，可以反映资产、负债、所有者权益之间的内在关系，即"资产=负债+所有者权益"。

同时，企业需要提供比较资产负债表，以便报表使用者通过比较不同时点资产负债表的数据，掌握企业财务状况的变动情况及发展趋势。所以，资产负债表还就各项目再分为"年初余额"和"期末余额"两栏分别填列。一般企业资产负债表的具体格式见表14-3。

表14-3　　　　　　　　　　　　资产负债表　　　　　　　　　　　　会企01表

编制单位：华联实业股份有限公司　　　　　2×24年12月31日　　　　　　　单位：元

| 资　产 | 期末余额 | 年初余额 | 负债和所有者权益（或股东权益） | 期末余额 | 年初余额 |
| --- | --- | --- | --- | --- | --- |
| 流动资产： | | | 流动负债： | | |
| 货币资金 | 489 078.60 | 843 780 | 短期借款 | 30 000 | 180 000 |
| 交易性金融资产 | 0 | 9 000 | 交易性金融负债 | 0 | 0 |
| 衍生金融资产 | 0 | 0 | 衍生金融负债 | 0 | 0 |
| 应收票据 | 39 600 | 147 600 | 应付票据 | 60 000 | 120 000 |
| 应收账款 | 358 920 | 179 460 | 应付账款 | 572 280 | 572 280 |

续表

| 资　产 | 期末余额 | 年初余额 | 负债和所有者权益（或股东权益） | 期末余额 | 年初余额 |
|---|---|---|---|---|---|
| 应收款项融资 | 0 | 0 | 预收款项 | 0 | 0 |
| 预付款项 | 60 000 | 60 000 | 合同负债 | 0 | 0 |
| 其他应收款 | 3 000 | 3 000 | 应付职工薪酬 | 108 000 | 66 000 |
| 存货 | 1 490 820 | 1 548 000 | 应交税费 | 136 038.60 | 21 960 |
| 合同资产 | 0 | 0 | 其他应付款 | 49 329.51 | 30 600 |
| 持有待售资产 | 0 | 0 | 持有待售负债 | 0 | 0 |
| 一年内到期的非流动资产 | 0 | 0 | 一年内到期的非流动负债 | 0 | 600 000 |
| 其他流动资产 | 60 000 | 60 000 | 其他流动负债 | 0 | 0 |
| 流动资产合计 | 2 501 418.60 | 2 850 840 | 流动负债合计 | 955 648.11 | 1 590 840 |
| 非流动资产： | 0 | 0 | 非流动负债： | 0 | 0 |
| 债权投资 | 0 | 0 | 长期借款 | 696 000 | 360 000 |
| 其他债权投资 | 0 | 0 | 应付债券 | 0 | 0 |
| 长期应收款 | 0 | 0 | 其中：优先股 | 0 | 0 |
| 长期股权投资 | 150 000 | 150 000 | 永续债 | 0 | 0 |
| 其他权益工具投资 | 0 | 0 | 租赁负债 | 0 | 0 |
| 其他非流动金融资产 | 0 | 0 | 长期应付款 | 0 | 0 |
| 投资性房地产 | 0 | 0 | 预计负债 | 0 | 0 |
| 固定资产 | 1 320 600 | 660 000 | 递延收益 | 0 | 0 |
| 在建工程 | 436 800 | 900 000 | 递延所得税负债 | 0 | 0 |
| 生产性生物资产 | 0 | 0 | 其他非流动负债 | 0 | 0 |
| 油气资产 | 0 | 0 | 非流动负债合计 | 696 000 | 360 000 |
| 使用权资产 | 0 | 0 | 负债合计 | 1 651 648.11 | 1 950 840 |
| 无形资产 | 324 000 | 360 000 | 所有者权益（或股东权益）： | | |
| 开发支出 | 0 | 0 | 实收资本（或股本） | 3 000 000 | 3 000 000 |
| 商誉 | 0 | 0 | 其他权益工具 | 0 | 0 |

续表

| 资　产 | 期末余额 | 年初余额 | 负债和所有者权益（或股东权益） | 期末余额 | 年初余额 |
|---|---|---|---|---|---|
| 长期待摊费用 | 0 | 0 | 其中：优先股 | 0 | 0 |
| 递延所得税资产 | 4 500 | 0 | 永续债 | 0 | 0 |
| 其他非流动资产 | 120 000 | 120 000 | 资本公积 | 0 | 0 |
| 非流动资产合计 | 2 355 900 | 2 190 000 | 减：库存股 | 0 | 0 |
| | | | 其他综合收益 | 0 | 0 |
| | | | 专项储备 | 0 | 0 |
| | | | 盈余公积 | 74 862.24 | 60 000 |
| | | | 未分配利润 | 130 808.25 | 30 000 |
| | | | 所有者权益（或股东权益）合计 | 3 205 670.49 | 3 090 000 |
| 资产总计 | 4 857 318.60 | 5 040 840 | 负债和所有者权益（或股东权益）总计 | 4 857 318.60 | 5 040 840 |

## （二）资产负债表的列报方法

1.资产负债表各项目的列报内容与方法

（1）"货币资金"项目，反映企业库存现金、银行结算户存款、外埠存款、银行汇票存款、银行本票存款、信用卡存款、信用证保证金存款等的合计数。本项目应根据"库存现金""银行存款""其他货币资金"科目期末余额的合计数填列。

（2）"交易性金融资产"项目，反映资产负债表日企业分类为以公允价值计量且其变动计入当期损益的金融资产，以及企业持有的指定为以公允价值计量且其变动计入当期损益的金融资产的期末账面价值。本项目应根据"交易性金融资产"科目相关明细科目的期末余额分析填列。自资产负债表日起超过一年到期且预期持有超过一年的以公允价值计量且其变动计入当期损益的非流动金融资产的期末账面价值，在"其他非流动金融资产"项目反映。

（3）"衍生金融资产"项目，反映衍生金融工具的资产价值。本项目应根据"衍生金融资产"科目的期末余额填列。

延伸阅读14-3

衍生金融资产

（4）"应收票据"项目，反映资产负债表日以摊余成本计量的、企业因销售商品、提供服务等收到的商业汇票，包括银行承兑汇票和商业承兑汇票。本项目应根据"应收票据"科目的期末余额，减去"坏账准备"科目中相关坏账准备期末余额后的金额分析填列。

（5）"应收账款"项目，反映资产负债表日以摊余成本计量的、企业因销售商品、提供服务等经营活动应收取的款项。本项目应根据"应收账款"科目的期末余额，减去"坏账准备"科目中相关坏账准备期末余额后的金额分析填列。

（6）"应收款项融资"项目，反映资产负债表日以公允价值计量且其变动计入其他综合收益的应收票据和应收账款等。本项目应根据"应收款项融资"科目的期末余额分析填列。

（7）"预付款项"项目，反映企业按照购货合同的规定预付给供应单位的款项等。本项目应根据"预付账款"和"应付账款"科目所属各明细科目的期末借方余额合计数，减去"坏账准备"科目中有关预付款项计提的坏账准备期末余额后的金额填列。如"预付账款"科目所属各明细科目期末有贷方余额，应在资产负债表"应付账款"项目内填列。

（8）"其他应收款"项目，反映企业除应收票据、应收账款、预付账款等经营活动以外的其他各种应收、暂付的款项。本项目应根据"其他应收款""应收股利""应收利息"科目的期末余额分析填列。

（9）"存货"项目，反映企业期末在库、在途和在加工中的各种存货的成本或可变现净值。本项目应根据"材料采购""原材料""低值易耗品""库存商品""周转材料""委托加工物资""生产成本"等科目的期末余额合计数，减去"存货跌价准备"科目期末余额后的金额填列。材料采用计划成本核算的，还应按加或减材料成本差异后的金额填列。

（10）"合同资产"项目，反映企业已向客户转让商品而有权收取对价的权利（该权利取决于时间流逝之外的其他因素）的价值。本项目应根据"合同资产"科目相关明细科目的期末余额填列。

延伸阅读14-4

增设"划分为持有待售资产"项目说明

同一合同下的合同资产和合同负债应当以净额列示，其中净额为借方余额的，应当根据其流动性在"合同资产"或"其他非流动资产"项目中填列，已计提减值准备的，还应减去"合同资产减值准备"科目中相关的减值准备期末余额。资产负债表日，"合同结算"科目的期末余额在借方的，根据其流动性在"合同资产"或"其他非流动资产"项目中填列。

（11）"持有待售资产"项目，反映资产负债表日划分为持有待售类别的非流动资产及被划分为持有待售类别的处置组中的流动资产和非流动资产的期末账面价值。本项目应根据"持有待售资产"科目的期末余额，减去"持有待售资产减值准备"科目的期末余额后的金额填列。

（12）"一年内到期的非流动资产"项目，反映预计自资产负债表日起一年内变现的非流动资产项目金额。本项目应根据有关科目的期末余额分析填列。

（13）"其他流动资产"项目，反映企业除货币资金、交易性金融资产、应收票据、应收账款、存货等流动资产以外的其他流动资产。本项目应根据有关科目的期末余额填列。

（14）"债权投资"项目，反映资产负债表日企业以摊余成本计量的长期债权投资的账面价值。本项目应根据"债权投资"科目的相关明细科目期末余额，减去"债权投资减值准备"科目的期末余额后的金额分析填列。

（15）"其他债权投资"项目，反映资产负债表日企业分类为以公允价值计量且其变动计入其他综合收益的长期债权投资的期末账面价值。本项目应根据"其他债权投资"科目的相关明细科目的期末余额分析填列。自资产负债表日起一年内到期的长期债权投资的期末账面价值，在"一年内到期的非流动资产"项目反映。企业购入的以公允价值计量且其变动计入其他综合收益的一年内到期的债权投资的期末账面价值，在"其他流动资产"项目反映。

（16）"长期应收款"项目，反映企业融资租赁产生的应收款项、采用递延方式具有融资性质的销售商品和提供服务等产生的长期应收款项等。本项目应根据"长期应收款"科目的期末余额，减去相应的"未实现融资收益"科目和"坏账准备"科目所属相关明细科目期末余额后的金额填列。

（17）"长期股权投资"项目，反映企业持有的对子公司、联营企业和合营企业的长期股权投资。本项目应根据"长期股权投资"科目的期末余额，减去"长期股权投资减值准备"科目期末余额后的金额填列。

（18）"其他权益工具投资"项目，反映资产负债表日企业指定为以公允价值计量且其变动计入其他综合收益的非交易性权益工具投资的期末账面价值。本项目应根据"其他权益工具投资"科目的期末余额填列。

（19）"其他非流动金融资产"项目，反映企业自资产负债表日起超过一年到期且预期持有超过一年的以公允价值计量且其变动计入当期损益的非流动金融资产的期末账面价值。本项目应根据"交易性金融资产"的发生额分析填列。

（20）"投资性房地产"项目，反映企业持有的投资性房地产。企业采用成本模式计量投资性房地产的，本项目应根据"投资性房地产"科目的期末余额，减去"投资性房地产累计折旧（或摊销）"和"投资性房地产减值准备"科目期末余额后的金额填列。企业采用公允价值模式计量投资性房地产的，本项目应根据"投资性房地产"科目的期末余额填列。

（21）"固定资产"项目，反映资产负债表日企业固定资产的期末账面价值和企业尚未清理完毕的资产清理净损益。本项目应根据"固定资产"科目的期末余额，减去"累计折旧"和"固定资产减值准备"科目期末余额后的金额，以及"固定资产清理"科目的期末余额填列。

（22）"在建工程"项目，反映资产负债表日企业尚未达到预定可使用状态的在建工程的期末账面价值和企业为在建工程准备的各种物资的期末账面价值。本项目应根据"在建工程"科目的期末余额，减去"在建工程减值准备"科目的期末余额后的金额，以及"工程物资"科目的期末余额，减去"工程物资减值准备"科目的期末余额后的金额填列。

（23）"生产性生物资产"项目，反映企业持有的生产性生物资产。本项目应根据"生产性生物资产"科目的期末余额，减去"生产性生物资产累计折旧"和"生产性生物资产减值准备"科目期末余额后的金额填列。

（24）"油气资产"项目，反映企业持有的矿区权益和油气井及相关设施的原价减去累计折耗和累计减值准备后的净额。本项目应根据"油气资产"科目的期末余额，减去"累计折耗"科目的期末余额和相应减值准备后的金额填列。

（25）"使用权资产"项目，反映资产负债表日承租人企业持有的使用权资产的期末账面价值。本项目应根据"使用权资产"科目的期末余额，减去"使用权资产累计折旧"和"使用权资产减值准备"科目的期末余额后的金额填列。

（26）"无形资产"项目，反映企业持有的无形资产，包括专利权、非专利技术、商标权、著作权、土地使用权等。本项目应根据"无形资产"科目的期末余额，减去"累计摊销"和"无形资产减值准备"科目期末余额后的金额填列。

（27）"开发支出"项目，反映企业开发无形资产过程中能够资本化形成无形资产成本的支出部分。本项目应根据"研发支出"科目中所属的"资本化支出"明细科目的期末余额填列。

（28）"商誉"项目，反映企业在合并中形成的商誉的价值。本项目应根据"商誉"科目的期末余额，减去相应减值准备后的金额填列。

（29）"长期待摊费用"项目，反映企业已经发生但应由本期和以后各期负担的分摊期限在一年以上的各项费用。长期待摊费用中在一年内（含一年）摊销的部分，在资产负债表"一年内到期的非流动资产"项目填列。本项目应根据"长期待摊费用"科目的期末余额减去将于一年内（含一年）摊销的数额后的金额填列。

（30）"递延所得税资产"项目，反映企业确认的可抵扣暂时性差异产生的递延所得税资产。本项目应根据"递延所得税资产"科目的期末余额填列。

（31）"其他非流动资产"项目，反映企业除长期股权投资、固定资产、在建工程、无形资产等资产以外的其他非流动资产。本项目应根据有关科目的期末余额填列。

（32）"短期借款"项目，反映企业向银行或其他金融机构等借入的期限在一年以下（含一年）的各种借款。本项目应根据"短期借款"科目的期末余额填列。

（33）"交易性金融负债"项目，反映资产负债表日企业承担的交易性金融负债，以及企业持有的指定为以公允价值计量且其变动计入当期损益的金融负债的期末账面价值。本项目应根据"交易性金融负债"科目的相关明细科目的期末余额填列。

（34）"衍生金融负债"项目，反映衍生金融工具的负债价值。本项目应根据"衍生金融负债"科目的期末余额填列。

（35）"应付票据"项目，反映资产负债表日以摊余成本计量的、企业因购买材料、商品和接受服务等而开出、承兑的商业汇票，包括银行承兑汇票和商业承兑汇票。本项目应根据"应付票据"科目的期末余额填列。

（36）"应付账款"项目，反映资产负债表日以摊余成本计量的、企业因购买材料、商品和接受服务等经营活动应支付的款项。本项目应根据"应付账款"和"预付账款"科目所属的相关明细科目的期末贷方余额合计数填列。

（37）"预收款项"项目，反映企业按照销货合同的规定预收购买单位的款项。本项目应根据"预收账款"和"应收账款"科目所属各明细科目的期末贷方余额合计数填列。

（38）"合同负债"项目，反映企业已收客户对价而应向客户转让商品的义务的价值。本项目应根据"合同负债"科目及相关明细科目的期末余额填列。

同一合同下的合同资产和合同负债应当以净额列示，其中净额为贷方余额的，应当根据其流动性在"合同负债"或"其他非流动负债"项目中填列。资产负债表日，"合同结算"科目的期末余额在贷方的，根据其流动性在"合同负债"或"其他非流动负债"项目中填列。

（39）"应付职工薪酬"项目，反映企业根据有关规定应付给职工的工资、职工福利、社会保险费、住房公积金、工会经费、职工教育经费、非货币性福利、辞退福利等各种薪酬。本项目应根据"应付职工薪酬"科目的期末余额填列。

（40）"应交税费"项目，反映企业按照税法的规定计算应缴纳的各种税费，包括增值税、消费税、所得税、资源税、土地增值税、城市维护建设税、房产税、城镇土地使用税、车船税、教育费附加、矿产资源补偿费等。本项目应根据"应交税费"科目的期末贷方余额填列。如"应交税费"科目期末为借方余额，应以"–"号填列。

（41）"其他应付款"项目，反映企业除应付票据、应付账款、预收款项、应付职工薪酬、应交税费等经营活动以外的其他各项应付、暂收的款项。本项目应根据"其他应付款"、"应付股利""应付利息"科目的期末余额合计数填列。

（42）"持有待售负债"项目，反映资产负债表日处置组中与划分为持有待售类别的资产直接相关的负债的期末账面价值。本项目应根据"持有待售负债"科目的期末余额填列。

（43）"一年内到期的非流动负债"项目，反映企业非流动负债中将于资产负债表日后一年内到期部分的金额，如将于一年内偿还的长期借款。本项目应根据有关科目的期末余额填列。

（44）"其他流动负债"项目，反映企业除短期借款、交易性金融负债、应付票据、应付账款、应付职工薪酬、应交税费等流动负债以外的其他流动负债。本项目应根据有关科目的期末余额填列。

（45）"长期借款"项目，反映企业向银行或其他金融机构借入的期限在一年以上（不含一年）的各项借款。本项目应根据"长期借款"科目的期末余额填列。

（46）"应付债券"项目，反映企业为筹集长期资金而发行的债券本金和利息。本项目应根据"应付债券"科目的期末余额填列。

（47）"租赁负债"项目，反映资产负债表日承租人企业尚未支付的租赁付款额的期末账面价值。本项目应根据"租赁负债"科目的期末余额填列。自资产负债表日起一年内到期应予清偿的租赁负债的期末账面价值，在"一年内到期的非流动负债"项目反映。

（48）"长期应付款"项目，反映资产负债表日企业除长期借款和应付债券以外的其他各种长期应付款项的期末账面价值。本项目应根据"长期应付款"科目的期末余额，减去相关的"未确认融资费用"科目期末余额后的金额，以及"专项应付款"科目的期末余额填列。

（49）"预计负债"项目，反映企业确认的对外提供担保、未决诉讼、产品质量保证、重组义务、亏损合同等预计负债。本项目应根据"预计负债"科目的期末余额填列。

（50）"递延收益"项目，反映企业应当在以后期间计入当期损益的政府补助。本项目应根据"递延收益"科目的期末余额填列。本项目中摊销期限只剩一年或不足一年的，或预计在一年内（含一年）进行摊销的部分，不得归类为流动负债，应在该项目中填列，不转入"一年内到期的非流动负债"项目。

（51）"递延所得税负债"项目，反映企业确认的应纳税暂时性差异产生的所得税负债。本项目应根据"递延所得税负债"科目的期末余额填列。

（52）"其他非流动负债"项目，反映企业除长期借款、应付债券等非流动负债以外的其他非流动负债。本项目应根据有关科目的期末余额减去将于一年内（含一年）到期偿还数后的余额填列。非流动负债各项目中将于一年内（含一年）到期的非流动负债，应在"一年内到期的非流动负债"项目内单独反映。

（53）"实收资本（或股本）"项目，反映企业各投资者实际投入的资本（或股本）总额。本项目应根据"实收资本（或股本）"科目的期末余额填列。

（54）"其他权益工具"项目，反映资产负债表日企业发行在外的除普通股以外分类为权益工具的金融工具的期末账面价值。对于资产负债表日企业发行的金融工具，分类为金融负债的，应在"应付债券"项目填列，对于优先股和永续债，还应在"应付债券"项目下设的"优先股"项目和"永续债"项目分别填列；分类为权益工具的，应在"其他权益工具"项目填列，对于优先股和永续债，还应在"其他权益工具"项目下设的"优先股"项目和"永续债"项目分别填列。

（55）"资本公积"项目，反映企业资本公积的期末余额。本项目应根据"资本公积"科目的期末余额填列。

（56）"库存股"项目，反映企业持有的尚未转让或注销的本公司股份金额。本项目应根据"库存股"科目的期末余额填列。

（57）"其他综合收益"项目，是指企业根据其他会计准则的规定未在当期损益中确认的各项利得和损失。本项目应根据"其他综合收益"科目的期末余额填列。

（58）"专项储备"项目，反映高危行业企业按国家规定提取的安全生产费的期末账面价值。本项目应根据"专项储备"科目的期末余额填列。

（59）"盈余公积"项目，反映企业盈余公积的期末余额。本项目应根据"盈余公积"科目的期末余额填列。

（60）"未分配利润"项目，反映企业尚未分配的利润。本项目应根据"本年利润"科目和"利润分配"科目的期末余额计算填列。未弥补的亏损在本项目内以"–"号填列。

**2.年初余额栏的列报方法**

资产负债表"年初余额"栏内各项数字,应根据上年年末资产负债表"期末余额"栏内所列数字填列。如果上年度资产负债表规定的各个项目的名称和内容同本年度不一致,应对上年年末资产负债表各项目的名称和数字按照本年度的规定进行调整,填入表中"年初余额"栏内。

延伸阅读 14-5

增设"专项储备"项目说明

**3.期末余额栏的列报方法**

资产负债表"期末余额"栏内各项数字,一般应根据资产、负债和所有者权益类科目的期末余额填列,主要包括以下方式:

(1)根据总账科目的余额填列。资产负债表中的有些项目,可直接根据有关总账科目的余额填列,如"交易性金融资产""短期借款""应付职工薪酬"等项目;有些项目则需根据几个总账科目的余额计算填列,如"货币资金"项目,需根据"库存现金""银行存款""其他货币资金"三个总账科目余额的合计数填列。

(2)根据有关明细科目的余额计算填列。如"应付账款"项目,需要根据"应付账款""预付账款"科目所属的相关明细科目的期末贷方余额计算填列。

(3)根据总账科目和明细科目的余额分析计算填列。如"长期借款"项目,需根据"长期借款"总账科目余额扣除"长期借款"科目所属的明细科目中将在资产负债表日起一年内到期,且企业不能自主地将清偿义务展期的长期借款后的金额计算填列。

(4)根据有关科目余额减去其备抵科目余额后的净额填列。如资产负债表中的"长期股权投资"等项目,应根据"长期股权投资"等科目的期末余额减去"长期股权投资减值准备"等科目余额后的净额填列。

(5)综合运用上述填列方法分析填列。例如,资产负债表中的"存货"项目,需根据"原材料"、"库存商品"、"委托加工物资"、"周转材料"、"材料采购"、"在途物资"、"发出商品"和"材料成本差异"等总账科目期末余额的分析汇总数,再减去"存货跌价准备"科目余额后的金额填列。

### 三、资产负债表编制实例

【例14-1】华联实业股份有限公司为增值税一般纳税人,增值税税率为13%,所得税税率为25%。该公司2×23年12月31日的资产负债表(简表)及2×24年12月31日的科目余额表分别见表14-4和表14-5。

表14-4           **资产负债表（简表）**

编制单位:华联实业股份有限公司        2×23年12月31日        单位:元

| 资　产 | 期末余额 | 年初余额 | 负债和所有者权益<br>(或股东权益) | 期末余额 | 年初余额 |
|---|---|---|---|---|---|
| 流动资产: | | | 流动负债: | | |
| 货币资金 | 843 780 | | 短期借款 | 180 000 | |
| 交易性金融资产 | 9 000 | | 交易性金融负债 | 0 | |
| 衍生金融资产 | 0 | | 衍生金融负债 | 0 | |
| 应收票据 | 147 600 | | 应付票据 | 120 000 | |
| 应收账款 | 179 460 | | 应付账款 | 572 280 | |

续表

| 资　产 | 期末余额 | 年初余额 | 负债和所有者权益（或股东权益） | 期末余额 | 年初余额 |
|---|---|---|---|---|---|
| 应收款项融资 | 0 | | 预收款项 | 0 | |
| 预付款项 | 60 000 | | 应交税费 | 21 960 | |
| 其他应收款 | 3 000 | | 合同负债 | 0 | |
| 存货 | 1 548 000 | | 应付职工薪酬 | 66 000 | |
| 合同资产 | 0 | | 其他应付款 | 30 600 | |
| 持有待售资产 | 0 | | 持有待售负债 | 0 | |
| 一年内到期的非流动资产 | 0 | | 一年内到期的非流动负债 | 600 000 | |
| 其他流动资产 | 60 000 | | 其他流动负债 | 0 | |
| 流动资产合计 | 2 850 840 | | 流动负债合计 | 1 590 840 | |
| 非流动资产： | | | 非流动负债： | | |
| 债权投资 | 0 | | 长期借款 | 360 000 | |
| 其他债权投资 | 0 | | 应付债券 | 0 | |
| 长期应收款 | 0 | | 其中：优先股 | 0 | |
| 长期股权投资 | 150 000 | | 永续债 | 0 | |
| 其他权益工具投资 | 0 | | 租赁负债 | 0 | |
| 其他非流动金融资产 | 0 | | 长期应付款 | 0 | |
| 投资性房地产 | 0 | | 预计负债 | 0 | |
| 固定资产 | 660 000 | | 递延收益 | 0 | |
| 在建工程 | 900 000 | | 递延所得税负债 | 0 | |
| 生产性生物资产 | 0 | | 其他非流动负债 | 0 | |
| 油气资产 | 0 | | 非流动负债合计 | 360 000 | |
| 使用权资产 | 0 | | 负债合计 | 1 950 840 | |
| 无形资产 | 360 000 | | 所有者权益（或股东权益）： | | |
| 开发支出 | 0 | | 实收资本（或股本） | 3 000 000 | |
| 商誉 | 0 | | 其他权益工具 | 0 | |
| 长期待摊费用 | 0 | | 其中：优先股 | 0 | |
| 递延所得税资产 | 0 | | 永续债 | 0 | |
| 其他非流动资产 | 120 000 | | 资本公积 | 0 | |
| 非流动资产合计 | 2 190 000 | | 减：库存股 | 0 | |
| | | | 其他综合收益 | 0 | |
| | | | 专项储备 | 0 | |
| | | | 盈余公积 | 60 000 | |
| | | | 未分配利润 | 30 000 | |
| | | | 所有者权益（或股东权益）合计 | 3 090 000 | |
| 资产总计 | 5 040 840 | | 负债和所有者权益（或股东权益）总计 | 5 040 840 | |

表14-5

**科目余额表**

2×24年12月31日 单位：元

| 科目名称 | 借方余额 | 科目名称 | 贷方余额 |
|---|---|---|---|
| 库存现金 | 1 200 | 短期借款 | 30 000 |
| 银行存款 | 483 498.60 | 应付票据 | 60 000 |
| 其他货币资金 | 4 380 | 应付账款 | 572 280 |
| 交易性金融资产 | 0 | 其他应付款 | 49 329.51 |
| 应收票据 | 39 600 | 应付职工薪酬 | 108 000 |
| 应收账款 | 360 000 | 应交税费 | 136 038.60 |
| 坏账准备 | −1 080 | 长期借款 | 696 000 |
| 预付账款 | 60 000 | 股本 | 3 000 000 |
| 其他应收款 | 3 000 | 盈余公积 | 74 862.24 |
| 材料采购 | 165 000 | 未分配利润 | 130 808.25 |
| 原材料 | 27 000 | | |
| 周转材料 | 22 830 | | |
| 库存商品 | 1 273 440 | | |
| 材料成本差异 | 2 550 | | |
| 其他流动资产 | 60 000 | | |
| 长期股权投资 | 150 000 | | |
| 固定资产 | 1 440 600 | | |
| 累计折旧 | −102 000 | | |
| 固定资产减值准备 | −18 000 | | |
| 在建工程 | 256 800 | | |
| 工程物资 | 180 000 | | |
| 无形资产 | 360 000 | | |
| 累计摊销 | −36 000 | | |
| 递延所得税资产 | 4 500 | | |
| 其他非流动资产 | 120 000 | | |
| 合 计 | 4 857 318.60 | 合 计 | 4 857 318.60 |

根据上述资料，华联实业股份有限公司编制 2×24 年 12 月 31 日的资产负债表，见表 14-3。

# 第三节　利润表

## 一、利润表的概念与作用

利润表是反映企业在一定会计期间的经营成果的会计报表。利润表的作用主要表现在以下几个方面：

### （一）为企业外部投资者以及信贷者进行投资决策及贷款决策提供依据

通过利润表，可以计算利润的绝对值指标，也可以计算投资报酬率以及资金利润率等相对值指标，并通过前后两个时期以及同一时期不同行业或企业的同类指标的比较分析，了解该企业的获利水平、利润增减变化趋势，据此决定是否投资、是否追加投资以及是否改变投资方向。

### （二）为企业内部管理层的经营决策提供依据

利润表综合地反映营业收入、营业成本以及期间费用等，披露利润组成的各大要素，通过比较分析利润的增减变化，可以寻求其根本原因，以便在价格、品种、成本、费用及其他方面揭露矛盾，找出差距，明确今后的工作重点，进而作出正确的决策。

### （三）为企业内部业绩考核提供重要的依据

企业一定时期的利润总额集中反映了各部门工作的结果，它既是制订各部门工作计划的参考，又是考核各部门计划执行结果的重要依据。利润表内所提供的相关数据可以用来评判各部门的工作业绩，以便企业作出正确的奖罚决策。

## 二、利润表列报的特点

### （一）列报企业经营业绩的主要来源及构成

利润表应列报企业一定会计期间收入的实现情况，如实现的营业收入有多少、实现的投资收益有多少、实现的营业外收入有多少等；列报企业一定会计期间费用耗费的情况，如耗费的营业成本有多少，税金及附加有多少及销售费用、管理费用、财务费用各有多少，营业外支出有多少等；列报企业生产经营活动的成果，即净利润的实现情况，据以判断资本保值、增值等情况。

### （二）费用列报采用功能法

延伸阅读 14-6
不同收益
计量观

费用应当按照功能分类，分为从事经营业务发生的成本、管理费用、销售费用和财务费用等。"功能法"是指按照费用在企业所发挥的功能进行分类列报，通常分为从事经营业务发生的成本、管理费用、销售费用和财务费用等，并且将营业成本与其他费用分开列报。企业的生产经营活动通常可以划分为生产、销售、管理、融资等，每一种活动发生的费用所发挥的功能并不相同，因此，按照费用功能法将其分开列报，有助于信息使用者了解费用发生的活动领域。

### （三）列报综合收益

综合收益是指企业在某一期间除与所有者以其所有者身份进行的交易之外的其他交易或事项所引起的所有者权益变动。利润表要分别列报综合收益总额和其他综合收益。综合收益总额反映净利润和其他综合收益扣除所得税影响后的净额相加后的合计金额。其他综合收益是指企业根据其他会计准则规定未在当期损益中确认的各项利得和损失。企业应当以扣除相关所得税影响后的净额，单独列示各项其他综合收益项目。

### 三、利润表的列报格式和列报方法

延伸阅读14-7

利润表的
局限性

#### （一）利润表的列报格式

利润表的格式有两种：单步式和多步式。

**1.单步式利润表**

单步式利润表是将当期所有的收入列在一起，然后将所有的费用列在一起，两者相减得出当期净损益。单步式利润表的格式见表14-6。

表14-6

**利润表**

编制单位：华联实业股份有限公司　　　　　　2×24年度　　　　　　单位：元

| 项　目 | 本期金额 | 上期金额（略） |
|---|---|---|
| 一、收入 | | |
| 营业收入 | 750 000 | |
| 投资收益 | 18 900 | |
| 营业外收入 | 30 000 | |
| 收入合计 | 798 900 | |
| 二、费用 | | |
| 营业成本 | 450 000 | |
| 税金及附加 | 1 200 | |
| 销售费用 | 12 000 | |
| 管理费用 | 94 260 | |
| 财务费用 | 24 900 | |
| 资产减值损失 | 18 540 | |
| 营业外支出 | 11 820 | |
| 所得税费用 | 51 180 | |
| 费用合计 | 663 900 | |
| 三、净利润 | 135 000 | |

单步式利润表的优点是编制方式简单，收入、支出归类清楚，缺点是收入、费用的性质不加区分，硬性归为一类，不利于报表分析。

**2.多步式利润表**

多步式利润表，将不同性质的收入和费用进行对比，从而可以得出一些中间性的利润数据，便于使用者理解企业经营成果的不同来源。企业可以按如下步骤编制利润表：

第一步，以营业收入为基础，减去营业成本、税金及附加、销售费用、管理费用、研发费用、财务费用，加上其他收益、投资收益（或减去投资损失）、公允价值变动收益（或减去公允价值变动损失）、信用减值损失（负数）、资产减值损失（负数）、资产处置收益（或减去资产处置损失），计算出营业利润。

第二步，以营业利润为基础，加上营业外收入，减去营业外支出，计算出利润总额。

第三步，以利润总额为基础，减去所得税费用，计算出净利润（或净亏损）。

第四步，以净利润为基础，加上其他综合收益的税后净额，计算出综合收益总额。

其中，其他综合收益包括以后会计期间不能重分类进损益的其他综合收益项目和以后会计期间在满足规定条件时将重分类进损益的其他综合收益项目两类。

普通股或潜在普通股已公开交易的企业，以及正处于公开发行普通股或潜在普通股过程中的企业，还应当在利润表中列示每股收益信息。

企业需要提供比较利润表，以使报表使用者通过比较不同期间利润的实现情况，判断企业经营成果的未来发展趋势。所以，利润表还就各项目再分为"本期金额"和"上期金额"两栏分别列示。

我国利润表的格式见表14-7。

表14-7

**利润表**

会企02表

编制单位：华联实业股份有限公司　　　　　　　　2×24年度　　　　　　　　　　单位：元

| 项　　目 | 本期金额 | 上期金额（略） |
|---|---|---|
| 一、营业收入 | 750 000 | |
| 　减：营业成本 | 450 000 | |
| 　　　税金及附加 | 1 200 | |
| 　　　销售费用 | 12 000 | |
| 　　　管理费用 | 94 260 | |
| 　　　研发费用 | 0 | |
| 　　　财务费用 | 24 900 | |
| 　　　　其中：利息费用 | | |
| 　　　　　　　利息收入 | | |
| 　加：其他收益 | 0 | |
| 　　　投资收益（损失以"-"号填列） | 18 900 | |
| 　　　　其中：对联营企业和合营企业的投资收益 | | |
| 　　　　　　　以摊余成本计量的金融资产终止确认收益（损失以"-"号填列） | | |
| 　　　净敞口套期收益（损失以"-"号填列） | 0 | |
| 　　　公允价值变动收益（损失以"-"号填列） | 0 | |
| 　　　信用减值损失（损失以"-"号填列） | 0 | |

| 项 目 | 本期金额 | 上期金额（略） |
|---|---|---|
| 资产减值损失（损失以"-"号填列） | -18 540 | |
| 资产处置收益（损失以"-"号填列） | 0 | |
| 二、营业利润（亏损以"-"号填列） | 168 000 | |
| 加：营业外收入 | 30 000 | |
| 减：营业外支出 | 11 820 | |
| 三、利润总额（亏损总额以"-"号填列） | 186 180 | |
| 减：所得税费用 | 51 180 | |
| 四、净利润（净亏损以"-"号填列） | 135 000 | |
| （一）持续经营净利润（净亏损以"-"号填列） | | |
| （二）终止经营净利润（净亏损以"-"号填列） | | |
| 五、其他综合收益的税后净额 | （略） | |
| （一）不能重分类进损益的其他综合收益 | | |
| 1.重新计量设定受益计划变动额 | | |
| 2.权益法下不能转损益的其他综合收益 | | |
| 3.其他权益工具投资公允价值变动 | | |
| 4.企业自身信用风险公允价值变动 | | |
| ⋮ | | |
| （二）将重分类进损益的其他综合收益 | | |
| 1.权益法下可转损益的其他综合收益 | | |
| 2.其他债权投资公允价值变动 | | |
| 3.金融资产重分类计入其他综合收益的金额 | | |
| 4.其他债权投资信用减值准备 | | |
| 5.现金流量套期储备 | | |
| 6.外币财务报表折算差额 | | |
| ⋮ | | |
| 六、综合收益总额 | 135 000 | |
| 七、每股收益： | （略） | |
| （一）基本每股收益 | | |
| （二）稀释每股收益 | | |

（二）利润表的列报方法

1.利润表"本期金额"栏各项目的列报

（1）"营业收入"项目，反映企业经营主要业务和其他业务所确认的收入总额。本项目应根据"主营业务收入"和"其他业务收入"科目的发生额分析填列。

（2）"营业成本"项目，反映企业经营主要业务和其他业务所发生的成本总额。本项目应根据"主营业务成本"和"其他业务成本"科目的发生额分析填列。

（3）"税金及附加"项目，反映企业经营业务应负担的消费税、城市维护建设税、资源税、土地增值税和教育费附加等。本项目应根据"税金及附加"科目的发生额分析填列。

（4）"销售费用"项目，反映企业在销售商品过程中发生的包装费、广告费等费用和为销售本企业商品而专设的销售机构的职工薪酬、业务费等经营费用。本项目应根据"销售费用"科目的发生额分析填列。

（5）"管理费用"项目，反映企业为组织和管理生产经营发生的管理费用。本项目应根据"管理费用"科目的发生额分析填列。

（6）"研发费用"项目，反映企业进行研究与开发过程中发生的费用化支出，以及计入管理费用的自行开发无形资产的摊销。本项目应根据"管理费用"科目下的"研究费用"明细科目的发生额，以及"管理费用"科目下的"无形资产摊销"明细科目的发生额分析填列。

（7）"财务费用"项目下的"利息费用"项目，反映企业为筹集生产经营所需资金等而发生的予以费用化的利息支出。"财务费用"项目下的"利息收入"项目，反映企业按相关会计准则确认的应冲减财务费用的利息收入。"利息费用"和"利息收入"项目，应根据"财务费用"科目的相关明细科目的发生额分析填列。两项目作为"财务费用"的其中项，均以正数填列。

（8）"其他收益"项目，反映计入其他收益的政府补助，以及其他与日常活动相关且计入其他收益的项目。本项目应根据"其他收益"科目的发生额分析填列。

（9）"投资收益"项目，反映企业以各种方式对外投资所取得的收益。其中"以摊余成本计量的金融资产终止确认收益"项目，反映企业因转让等情形导致终止确认以摊余成本计量的金融资产而产生的利得或损失。本项目应根据"投资收益"科目的有关明细科目的发生额分析填列；如为损失，以"-"号填列。

（10）"净敞口套期收益"项目，反映净敞口套期下被套期项目累计公允价值变动转入当期损益的金额或现金流量套期储备转入当期损益的金额。本项目应根据"净敞口套期损益"科目的发生额分析填列；如为套期损失，以"-"号填列。

（11）"公允价值变动收益"项目，反映企业应当计入当期损益的资产或负债的公允价值变动收益。本项目应根据"公允价值变动损益"科目的发生额分析填列；如为净损失，本项目以"-"号填列。

（12）"信用减值损失"项目，反映企业按照《企业会计准则第22号——金融工具确认和计量》（财会〔2017〕7号）的要求计提的各项金融工具信用减值准备所确认的信用损失。本项目应根据"信用减值损失"科目的发生额分析填列。

（13）"资产减值损失"项目，反映企业各项资产发生的减值损失。本项目应根据"资产减值损失"科目的发生额分析填列。

（14）"资产处置收益"项目，反映企业出售划分为持有待售的非流动资产或处置组时确认的处置利得或损失，以及处置未划分为持有待售的固定资产、在建工程、生产性生物资产及无形资产而产生的处置利得或损失。本项目应根据"资产处置损益"科目的发生额分析填列；如为处置损失，以"-"号填列。

（15）"营业利润"项目，反映企业实现的营业利润。如为亏损，本项目以"-"号填列。

（16）"营业外收入"项目，反映企业发生的除营业利润以外的收益，主要包括与企业日常活动无关的政府补助、盘盈利得、捐赠利得等。本项目应根据"营业外收入"科目的发生额分析填列。

（17）"营业外支出"项目，反映企业发生的除营业利润以外的支出，主要包括公益性捐赠支出、非常损失、盘亏损失、非流动资产毁损报废损失等。本项目应根据"营业外支出"科目的发生额分析填列。非流动资产毁损报废损失通常包括因自然灾害发生毁损、已丧失使用功能等原因而报废清理产生的损失。企业在不同的交易中形成的非流动资产毁损报废利得和损失，不得相互抵销，应分别在"营业外收入"项目和"营业外支出"项目中进行填列。

（18）"利润总额"项目，反映企业实现的利润。如为亏损，本项目以"-"号填列。

（19）"所得税费用"项目，反映企业应从当期利润总额中扣除的所得税费用。本项目应根据"所得税费用"科目的发生额分析填列。

（20）"净利润"项目，反映企业实现的净利润。如为亏损，本项目以"-"号填列。其中，"（一）持续经营净利润"和"（二）终止经营净利润"项目，分别反映净利润中与持续经营相关的净利润和与终止经营相关的净利润；如为净亏损，以"-"号填列。

（21）"其他综合收益的税后净额"项目，反映企业根据其他会计准则的规定未在当期损益中确认的各项利得和损失扣除所得税影响后的净额的合计数。

其中，"其他权益工具投资公允价值变动"项目，反映企业指定为以公允价值计量且其变动计入其他综合收益的非交易性权益工具投资发生的公允价值变动。本项目应根据"其他综合收益"科目的相关明细科目的发生额分析填列。

"企业自身信用风险公允价值变动"项目，反映企业指定为以公允价值计量且其变动计入当期损益的金融负债，由企业自身信用风险变动引起的公允价值变动而计入其他综合收益的金额。本项目应根据"其他综合收益"科目的相关明细科目的发生额分析填列。

"其他债权投资公允价值变动"项目，反映企业分类为以公允价值计量且其变动计入其他综合收益的债权投资发生的公允价值变动。企业将一项以公允价值计量且其变动计入其他综合收益的金融资产重分类为以摊余成本计量的金融资产或重分类为以公允价值计量且其变动计入当期损益的金融资产时，之前计入其他综合收益的累计利得或损失从其他综合收益中转出的金额作为该项目的减项。本项目应根据"其他综合收益"科目下的相关明细科目的发生额分析填列。

"金融资产重分类计入其他综合收益的金额"项目，反映企业将一项以摊余成本计量的金融资产重分类为以公允价值计量且其变动计入其他综合收益的金融资产时，计入其他综合收益的原账面价值与公允价值之间的差额。本项目应根据"其他综合收益"科目下的相关明细科目的发生额分析填列。

"其他债权投资信用减值准备"项目，反映企业分类为以公允价值计量且其变动计入其他综合收益的金融资产的损失准备。本项目应根据"其他综合收益"科目下"信用减值准备"明细科目的发生额分析填列。

"现金流量套期储备"项目，反映企业套期工具产生的利得或损失中属于套期有效的部分。本项目应根据"其他综合收益"科目下"套期储备"明细科目的发生额分析填列。

（22）"综合收益总额"项目，反映企业在某一期间除与所有者以其所有者身份进行的交易之外的其他交易或事项所引起的所有者权益变动。

综合收益总额项目反映净利润和其他综合收益税后净额的合计金额。

（23）"基本每股收益"项目，只考虑当期实际发行在外的普通股股份，按照归属于普通股股东的当期净利润除以当期实际发行在外普通股的加权平均数计算确定。

在计算基本每股收益时，分子为归属于普通股股东的当期净利润，即企业当期实现的可供普通股股东分配的净利润或应由普通股股东分担的净亏损金额。发生亏损的企业，每股收益以负数列示。

在计算基本每股收益时，分母为当期发行在外普通股的算术加权平均数，即期初发行在外普通股股数根据当期新发行或回购的普通股股数与相应时间权数的乘积进行调整后的股数。其中，作为权数的已发行时间、报告期时间和已回购时间通常按天数计算，在不影响计算结果合理性的前提下，也可以采用简化的计算方法，如按月数计算。公司库存股不属于发行在外的普通股，且无权参与利润分配，应当在计算分母时扣除。

例如，某公司2×24年期初发行在外的普通股为40 000万股；2月28日新发行普通股21 600万股；12月1日回购普通股9 600万股，以备将来奖励职工之用。该公司当年实现净利润13 000万元。2×24年度基本每股收益计算如下：

发行在外普通股加权平均数=40 000×12÷12+21 600×10÷12−9 600×1÷12=57 200（万股）

或者：

发行在外普通股加权平均数=40 000×2÷12+61 600×9÷12+52 000×1÷12=57 200（万股）

基本每股收益=13 000÷57 200=0.227（元/股）

（24）"稀释每股收益"项目，是以基本每股收益为基础，假设企业所有发行在外的稀释性潜在普通股均已转换为普通股，从而分别调整归属于普通股股东的当期净利润以及发行在外普通股的加权平均数计算而得的每股收益。

潜在普通股是指赋予其持有者在报告期或以后期间享有普通股权利的一种金融工具或其他合同。目前，我国企业发行的潜在普通股主要有可转换公司债券、认股权证、股份期权等。

稀释性潜在普通股，是指假设当期转换为普通股会减少每股收益的潜在普通股。对于亏损企业而言，稀释性潜在普通股是指假设当期转换为普通股会增加每股亏损金额的潜在普通股。计算稀释每股收益时只考虑稀释性潜在普通股的影响，不考虑不具有稀释性的潜在普通股。

2.利润表"上期金额"栏各项目的列报

利润表"上期金额"栏内各项数字，应根据上年该期利润表"本期金额"栏内所列数字填列。如果上年该期利润表规定的各个项目的名称和内容同本期不一致，应对上年该期利润表各项目的名称和数字按本期的规定进行调整，填入利润表"上期金额"栏内。

3.利润表"本期金额"栏的列报

利润表"本期金额"栏内各项数字一般应根据损益类科目的发生额分析填列。

**四、利润表编制实例**

【例14-2】华联实业股份有限公司2×24年度损益类科目的累计发生净额，见表14-8。

表14-8　　　　　华联实业股份有限公司2×24年度损益类科目的累计发生净额　　　　单位：元

| 科目名称 | 借方发生额 | 贷方发生额 |
|---|---|---|
| 主营业务收入 | | 750 000 |
| 主营业务成本 | 450 000 | |
| 税金及附加 | 1 200 | |
| 销售费用 | 12 000 | |
| 管理费用 | 94 260 | |
| 财务费用 | 24 900 | |
| 资产减值损失 | 18 540 | |
| 投资收益 | | 18 900 |
| 营业外收入 | | 30 000 |
| 营业外支出 | 11 820 | |
| 所得税费用 | 51 180 | |

根据上述资料，编制华联实业股份有限公司2×24年度利润表，见表14-7。

# 第四节　现金流量表

## 一、现金流量表概述

### （一）现金流量表的概念及作用

现金流量表，是反映企业一定会计期间现金和现金等价物流入和流出的报表。编制现金流量表的主要目的，是为财务报表使用者提供企业一定会计期间内现金和现金等价物流入和流出的信息，以便于财务报表使用者了解和评价企业获取现金和现金等价物的能力，并据以预测企业未来现金流量。现金流量表的作用主要体现在以下几个方面：

（1）现金流量表可以提供企业的现金流量信息，从而对企业整体财务状况作出客观评价。在市场经济条件下，竞争异常激烈，企业要想站稳脚跟，不但要想方设法把自身的产品销售出去，更重要的是要及时收回销货款，以便以后的经营活动能够顺利开展。除了经营活动以外，企业所从事的投资和筹资活动同样影响着现金流量，从而影响财务状况。如果企业进行投资，而没能取得相应的现金回报，就会对企业的财务状况（如流动性、偿债能力）产生不良影响。从企业的现金流量情况看，可以大致判断其经营周转是否顺畅。

（2）通过现金流量表可以对企业的支付能力和偿债能力，以及企业对外部资金的需求情况作出较为可靠的判断。评估企业是否具有这些能力，最直接有效的方法是分析现金流量。现金流量表披露的经营活动净现金流入本质上代表了企业自我创造现金的能力，尽管企业取得现金还可以通过对外筹资的途径，但债务本金的偿还最终取决于经营活动的净现金流入。因此，经营活动的净现金流入占总来源的比例越高，企业的财务基础越稳固，支付能力和偿债能力才越强。现金流量表有助于达到这一目的。

（3）通过现金流量表，不但可以了解企业当前的财务状况，还可以预测企业未来的发展情况。如果现金流量表中各部分现金流量结构合理，现金流入和流出无重大异常波动，一般来说企业的财务状况基本良好。而且，企业最常见的失败原因、症状也可在现金流量表中得到反映，比如从投资活动流出的现金、筹资活动流入的现金和筹资活动流出的现金中，可以分析企业是否过度扩大经营规模；通过比较当期净利润与当期净现金流量，可以看出非现金流动资产吸收利润的情况，评价企业产生净现金流量的能力是否偏低。

（4）现金流量表便于报表使用者评估报告期内与现金有关和无关的投资及筹资活动。现金流量表除披露经营活动的现金流量、投资及筹资活动的现金流量外，在全部资金概念下，还披露与现金无关的投资及筹资活动，这对报表使用者制定合理的投资与信贷决策，评估企业未来的现金流量同样具有重要意义。

**（二）现金流量表的编制基础**

现金流量表中的现金概念即为编表基础，其含义是广义的。它是指现金及现金等价物，具体包括库存现金、银行存款、其他货币资金和现金等价物。其中，库存现金是指企业持有的可随时用于支付的现金，与"库存现金"科目的核算内容一致。银行存款是指企业存入金融机构、可以随时用于支取的存款，与"银行存款"科目的核算内容基本一致，但不包括不能随时用于支付的存款。例如，不能随时支取的定期存款等不应作为现金；提前通知金融机构便可支取的定期存款则应包括在现金范围内。其他货币资金是指存放在金融机构的外埠存款、银行汇票存款、银行本票存款、信用卡存款、信用证保证金存款和存出投资款等，与"其他货币资金"科目的核算内容一致。现金等价物是指企业持有的期限短、流动性强、易于转换为已知金额现金、价值变动风险很小的投资。其中，"期限短"一般是指从购买日起3个月内到期，如可在证券市场上流通的3个月内到期的短期债券等。

现金等价物虽然不是现金，但其支付能力与现金的差别不大，可视为现金。例如，企业为保证支付能力，手持必要的现金；为了不使现金闲置，可以购买短期债券，在需要现金时随时可以变现。现金等价物的定义本身，包含了判断一项投资是否属于现金等价物的四个条件，即期限短、流动性强、易于转换为已知金额的现金、价值变动风险很小。其中，期限短、流动性强，强调了变现能力，而易于转换为已知金额的现金、价值变动风险很小，则强调了支付能力的大小。现金等价物通常包括3个月内到期的短期债券投资。权益性投资变现的金额通常不确定，因而不属于现金等价物。

不同企业现金及现金等价物的范围可能不同。企业应当根据经营特点等具体情况，确定现金及现金等价物的范围，一经确定不得随意变更。如果发生变更，应当按照会计政策变更处理。

**（三）现金流量的分类及列示**

1.现金流量及其影响因素

现金流量是指企业现金和现金等价物的流入和流出。在现金流量表中，现金及现金等价物被视为一个整体，企业现金（含现金等价物，下同）形式的转换不会产生现金的流入和流出。例如，企业从银行提取现金是企业现金存放形式的转换，并未流出企业，不构成现金流量。同样，现金与现金等价物之间的转换也不属于现金流量，例如，企业用现金购买3个月内到期的国库券。

影响现金流量的因素主要是企业的日常经营业务，但不是所有的业务都对现金流量有影响。企业的经营业务按其与现金流量的关系可以分为以下三类：

（1）现金各项目之间的增减变动。这一类业务账务处理的借方、贷方都是现金，因而不会影响现金流量的增减变动。

（2）非现金各项目之间的增减变动。这一类业务账务处理的借方、贷方都不是现金，当然也不会影响现金流量的增减变动。

（3）现金各项目与非现金各项目之间的增减变动。此类业务账务处理的借方、贷方中，一方是现金，另一方不是现金，所以，这类业务必然影响现金流量的增减变动。

现金流量表主要反映上述第三类业务即现金各项目与非现金各项目之间的增减变动对现金流量净额的影响。非现金各项目之间的增减变动如属于重要的投资和筹资活动，应在现金流量表的附注中予以披露。

2.现金流量的分类

在现金流量表中，应当按照企业发生的经济业务性质，将企业一定期间内产生的现金流量分为经营活动产生的现金流量、投资活动产生的现金流量和筹资活动产生的现金流量三类。

（1）经营活动产生的现金流量

经营活动是指企业投资活动和筹资活动以外的所有交易和事项。各类企业由于行业特点不同，对经营活动的认定存在一定差异。对于工商企业而言，经营活动主要包括销售商品、提供劳务、购买商品、接受劳务、支付税费等。对于商业银行而言，经营活动主要包括吸收存款、发放贷款等。对于保险公司而言，经营活动主要包括原保险业务和再保险业务等。对于证券公司而言，经营活动主要包括自营证券、代理承销证券、代理兑付证券、代理买卖证券等。

与企业经营活动相关的现金流量就是经营活动现金流量。

（2）投资活动产生的现金流量

投资活动是指企业长期资产的购建和不包括在现金等价物范围内的投资及其处置活动。长期资产是指固定资产、无形资产、在建工程、其他资产等持有期限在一年或一个营业周期以上的资产。这里所讲的投资活动，既包括实物资产投资，也包括金融资产投资。这里之所以将"包括在现金等价物范围内的投资"排除在外，是因为已经将包括在现金等价物范围内的投资视同现金。不同企业由于行业特点不同，对投资活动的认定也存在差异。例如，交易性金融资产所产生的现金流量，对于工商企业而言，属于投资活动现金流量，而对于证券公司而言，属于经营活动现金流量。

与企业投资活动相关的现金流量就是投资活动现金流量。

（3）筹资活动产生的现金流量

筹资活动是指导致企业资本及债务规模和构成发生变化的活动。这里所说的资本，既包括实收资本（或股本），也包括资本溢价（或股本溢价）；这里所说的债务，指对外举债，包括向银行借款、发行债券以及偿还债务等。通常情况下，应付账款、应付票据等属于经营活动，不属于筹资活动。

与企业筹资活动相关的现金流量就是筹资活动现金流量。

对于企业日常活动之外的、不经常发生的特殊项目，如自然灾害损失、保险赔款、捐赠等，应当归并到相应类别中，并单独反映。比如，对于自然灾害损失和保险赔款，如果能够确指属于流动资产损失，应当列入经营活动产生的现金流量；属于固定资产损失，应当列入投资活动产生的现金流量。如果不能确指，则可以列入经营活动产生的现金流量。捐赠收入和支出，可以列入经营活动产生的现金流量。如果特殊项目的现金流量金额不大，则可以列入现金流量类别下的"其他"项目，不单列项目。

3.现金流量的列示

通常情况下，现金流量应当分别按照现金流入和现金流出总额列报，从而全面揭示企业现金流量的方向、规模和结构，但是下列各项可以按照净额列报：

（1）代客户收取或支付的现金以及周转快、金额大、期限短的项目的现金流入和现金流出。例如，证券公司代收的客户证券买卖交割费、印花税等，旅游公司代游客支付的房费、餐费、交通费、文娱费、行李托运费、门票费、票务费、签证费等费用。这些项目由于周转快，在企业停留的时间短，企业加以利用的余地比较小，净额更能说明其对企业支付能力、偿债能力的影响；反之，如果以总额反映，会对评价企业的支付能力和偿债能力、分析企业的未来现金流量产生误导。

（2）金融企业的有关项目，主要指期限较短、流动性强的项目。对于商业银行而言，主要包括短期贷款发放与收回的贷款本金、活期存款的吸收与支付、同业存款和存放同业款项的存取、向其他金融企业拆借资金等；对于保险公司而言，主要包括再保险业务收到或支付的现金净额；对于证券公司而言，主要包括自营证券和代理业务收到或支付的现金净额等。

4.现金流量表的格式

现金流量表要求企业采用直接法表达经营活动的现金流量，同时揭示企业投资活动与筹资活动的现金流量。现金流量表附注资料要求揭示按间接法重新计算与表达经营活动现金流量以及不涉及现金的重大投资和筹资活动。现金流量表的格式见表14-9。

表14-9                            **现金流量表**                            会企03表

编制单位：华联实业股份有限公司               2×24年度                      单位：元

| 项　　目 | 本期金额 | 上期金额（略） |
|---|---|---|
| 一、经营活动产生的现金流量： | | |
| 　　销售商品、提供劳务收到的现金 | 787 500 | |
| 　　收到的税费返还 | 0 | |
| 　　收到其他与经营活动有关的现金 | 0 | |
| 　　　经营活动现金流入小计 | 787 500 | |
| 　　购买商品、接受劳务支付的现金 | 235 359.60 | |
| 　　支付给职工以及为职工支付的现金 | 180 000 | |
| 　　支付的各项税费 | 104 821.80 | |
| 　　支付其他与经营活动有关的现金 | 48 000 | |
| 　　　经营活动现金流出小计 | 568 181.40 | |
| 　　经营活动产生的现金流量净额 | 219 318.60 | |

| 项　目 | 本期金额 | 上期金额（略） |
|---|---|---|
| 二、投资活动产生的现金流量： | | |
| 收回投资收到的现金 | 9 900 | |
| 取得投资收益收到的现金 | 18 000 | |
| 处置固定资产、无形资产和其他长期资产收回的现金净额 | 180 180 | |
| 处置子公司及其他营业单位收到的现金净额 | 0 | |
| 收到其他与投资活动有关的现金 | 0 | |
| 投资活动现金流入小计 | 208 080 | |
| 购建固定资产、无形资产和其他长期资产支付的现金 | 360 600 | |
| 投资支付的现金 | 0 | |
| 取得子公司及其他营业单位支付的现金净额 | 0 | |
| 支付其他与投资活动有关的现金 | 0 | |
| 投资活动现金流出小计 | 360 600 | |
| 投资活动产生的现金流量净额 | -152 520 | |
| 三、筹资活动产生的现金流量： | | |
| 吸收投资收到的现金 | 0 | |
| 取得借款收到的现金 | 336 000 | |
| 收到其他与筹资活动有关的现金 | 0 | |
| 筹资活动现金流入小计 | 336 000 | |
| 偿还债务支付的现金 | 750 000 | |
| 分配股利、利润或偿付利息支付的现金 | 7 500 | |
| 支付其他与筹资活动有关的现金 | 0 | |
| 筹资活动现金流出小计 | 757 500 | |
| 筹资活动产生的现金流量净额 | -421 500 | |
| 四、汇率变动对现金及现金等价物的影响 | 0 | |
| 五、现金及现金等价物净增加额 | -354 701.40 | |
| 加：期初现金及现金等价物余额 | 843 780 | |
| 六、期末现金及现金等价物余额 | 489 078.60 | |

### （四）现金流量表编制方法概要

**1.直接法和间接法**

编制现金流量表时，列报经营活动现金流量的方法有两种：一是直接法，二是间接法。这两种方法通常也被称为编制现金流量表的方法。

直接法，是指按现金收入和现金支出的主要类别直接反映企业经营活动产生的现金流量的方法，如直接列报"销售商品、提供劳务收到的现金""购买商品、接受劳务支付的现金"等。在直接法下，一般是以利润表中的营业收入为起算点，调节与经营活动有关项目的增减变动，然后计算出经营活动产生的现金流量。

间接法，是指以净利润为起算点，调整不涉及现金的收入、费用、营业外收支等有关项目，剔除投资活动、筹资活动对现金流量的影响，据此计算出经营活动产生的现金流量。由于净利润是以权责发生制为核算基础确定的，且包括了与投资活动和筹资活动相关的收益和费用，将净利润调节为经营活动现金流量，实际上就是将按权责发生制为核算基础确定的净利润调整为现金净流入，并剔除投资活动和筹资活动对现金流量的影响。

采用直接法编报现金流量表，便于分析企业经营活动产生的现金流量的来源和用途，预测企业现金流量的未来前景；采用间接法编报现金流量表，便于将净利润与经营活动产生的现金流量净额进行比较，了解净利润与经营活动产生的现金流量差异的原因，从现金流量的角度分析净利润的质量。所以，我国现金流量表准则规定企业应当采用直接法编报现金流量表，同时要求在附注中提供以净利润为基础调节到经营活动现金流量的信息。

**2.工作底稿法或T形账户法**

在具体编制现金流量表时，可以采用工作底稿法或T形账户法，也可以根据有关科目记录分析填列，这些方法均属于技术上的辅助方法。

**（1）工作底稿法**

采用工作底稿法编制现金流量表，是以工作底稿为手段，以资产负债表和利润表数据为基础，对每一项目进行分析并编制调整分录，从而编制现金流量表。工作底稿法的程序是：

第一步，将资产负债表的年初数和期末数过入工作底稿的年初数栏和期末数栏。

第二步，对当期业务进行分析并编制调整分录。在编制调整分录时，要以利润表项目为基础，从"营业收入"开始，结合资产负债表项目逐一进行分析。在调整分录中，有关现金和现金等价物的事项，并不直接借记或贷记库存现金，而是分别记入"经营活动产生的现金流量""投资活动产生的现金流量""筹资活动产生的现金流量"有关项目，借记表示现金流入，贷记表示现金流出。

第三步，将调整分录过入工作底稿中的相应部分。

第四步，核对调整分录，借方、贷方合计数应该相等，资产负债表项目年初数加减调整分录中的借贷方金额以后，也应等于期末数。

第五步，根据工作底稿中的现金流量表项目部分编制正式的现金流量表。

工作底稿的格式见表14-10（该表仅提供参考格式，实例及编制过程省略）。

**（2）T形账户法**

采用T形账户法编制现金流量表，是以T形账户为手段，以资产负债表和利润表数据为基础，对每一项目进行分析并编制调整分录，从而编制现金流量表。T形账户法的程序是：

表14-10　　　　　　　　　　　　　　现金流量表工作底稿　　　　　　　　　　　单位：元

| 项　目 | 年初数 | 调整分录 | | 期末数 |
| --- | --- | --- | --- | --- |
| | | 借　方 | 贷　方 | |
| 一、资产负债表项目 | | | | |
| 借方项目： | | | | |
| 货币资金 | 562 520 | | (25)234 222 | 328 298 |
| 交易性金融资产 | 6 000 | | (7)6 000 | |
| 应收票据 | 98 400 | | (1)80 000 | 18 400 |
| 应收账款 | 119 640 | (1)120 000 | (11)360 | 239 280 |
| 预付款项 | 80 000 | | (12)40 000 | 40 000 |
| 其他应收款 | 2 000 | | | 2 000 |
| 存货 | 1 032 000 | | (2)2 120 | 1 029 880 |
| 长期股权投资 | 100 000 | | | 100 000 |
| 固定资产 | 440 000 | (8)60 000(折旧)<br>(9)72 000(折旧)<br>(13)600 400(原价) | (8)160 000(原价)<br>(9)80 000(原价)<br>(14)40 000(折旧) | 892 400 |
| 在建工程 | 600 000 | (15)171 200.00<br>(18)80 000 | (13)560 000 | 291 200 |
| 无形资产 | 240 000 | | (16)24 000(摊销) | 216 000 |
| 长期待摊费用 | 80 000 | | | 80 000 |
| 借方项目合计 | 3 360 560 | 1 103 600 | 1 226 702 | 3 237 458 |
| 贷方项目： | | | | |
| 短期借款 | 120 000 | (17)100 000 | | 20 000 |
| 应付票据 | 80 000 | (2)40 000 | | 40 000 |
| 应付账款 | 381 520 | | | 381 520 |
| 应付职工薪酬 | 44 000 | (18)200 000 | (15)11 200<br>(18)200 000<br>(19)16 800 | 72 000 |
| 应交税费 | 14 640 | (20)95 822 | (1)85 000<br>(10)40 959.60<br>(15)40 000 | 84 777.60 |
| 其他应付款 | 20 400 | (21)5 000 | (6)8 600<br>(15)60 000<br>(24)12 886.34 | 96 886.34 |

续表

| 项目 | 年初数 | 调整分录 | | 期末数 |
| --- | --- | --- | --- | --- |
| | | 借方 | 贷方 | |
| 一年内到期的非流动负债 | 400 000 | (22)400 000 | | |
| 长期借款 | 240 000 | | (22)160 000 | 400 000 |
| 实收资本 | 2 000 000 | | | 2 000 000 |
| 盈余公积 | 40 000 | | (24)14 274.06 | 54 274.06 |
| 未分配利润 | 20 000 | (24)27 160.40 | (23)95 160.40 | 88 000 |
| 贷方项目合计 | 3 360 560 | 867 982.40 | 744 880.40 | 3 237 458 |
| 二、利润表项目 | | | | 本期数 |
| 营业收入 | | | (1)500 000 | 500 000 |
| 营业成本 | | (2)300 000 | | 300 000 |
| 税金及附加 | | (3)800 | | 800 |
| 销售费用 | | (4)8 000 | | 8 000 |
| 管理费用 | | (5)62 840 | | 62 840 |
| 财务费用 | | (6)16 600 | | 16 600 |
| 资产减值损失 | | (5)360 | | 360 |
| 投资收益 | | | (7)12 600 | 12 600 |
| 营业外收入 | | | (8)20 000 | 20 000 |
| 营业外支出 | | (9)7 880 | | 7 880 |
| 所得税费用 | | (10)40 959.60 | | 40 959.60 |
| 净利润 | | (23)95 160.40 | | 95 160.40 |
| 三、现金流量表项目 | | | | |
| (一)经营活动产生的现金流量 | | | | |
| 销售商品、提供劳务收到的现金 | | (1)545 000 | (6)8 000 | 537 000 |
| 经营活动现金流入小计 | | | | 537 000 |
| 购买商品、接受劳务支付的现金 | | (12)36 000<br>(14)32 000<br>(18)114 000<br>(19)15 960 | (2)337 880<br>(20)16 986.40 | 156 906.40 |
| 支付给职工以及为职工支付的现金 | | | (18)120 000 | 120 000 |
| 支付的各项税费 | | | (20)78 835.60<br>(3)800 | 79 635.60 |

| 项　目 | 年初数 | 调整分录 | | 期末数 |
|---|---|---|---|---|
| | | 借　方 | 贷　方 | |
| 支付其他与经营活动有关的现金 | | (11)360<br>(12)4 000<br>(14)8 000<br>(16)24 000<br>(18)6 000<br>(19)840 | (4)8 000<br>(5)63 200 | 28 000 |
| 经营活动现金流出小计 | | | | 384 542 |
| 经营活动产生的现金流量净额 | | | | 152 458 |
| (二)投资活动产生的现金流量 | | | | |
| 收回投资收到的现金 | | (7)6 600 | | 6 600 |
| 取得投资收益收到的现金 | | (7)12 000 | | 12 000 |
| 处置固定资产、无形资产和其他长期资产收回的现金净额 | | (8)120 000<br>(9)120 | | 120 120 |
| 投资活动现金流入小计 | | | | 138 720 |
| 购建固定资产、无形资产和其他长期资产支付的现金 | | | (13)40 400<br>(15)60 000<br>(18)80 000 | 180 400 |
| 投资活动现金流出小计 | | | | 180 400 |
| 投资活动产生的现金流量净额 | | | | -41 680 |
| (三)筹资活动产生的现金流量 | | | | |
| 取得借款收到的现金 | | (22)160 000 | | 160 000 |
| 筹资活动现金流入小计 | | | | 160 000 |
| 偿还债务支付的现金 | | | (17)100 000<br>(22)400 000 | 500 000 |
| 分配股利、利润或偿付利息支付的现金 | | | (21)5 000 | 5 000 |
| 筹资活动现金流出小计 | | | | 505 000 |
| 筹资活动产生的现金流量净额 | | | | -345 000 |
| (四)现金及现金等价物净减少额 | | (25)234 222 | | 234 222 |
| 调整分录借贷方合计 | — | 3 823 284.40 | 3 823 284.40 | |

第一步，为所有的非现金项目（包括资产负债表项目和利润表项目）分别开设T形账户，并将各自的期末期初变动数过入各相关账户。如果项目的期末数大于期初数，则将差额过入和项目余额相同的方向；反之，过入相反的方向。

第二步，开设一个大的"现金及现金等价物"T形账户，每边分为经营活动、投资活动和筹资活动三个部分，左边记现金流入，右边记现金流出。与其他账户一样，过入期末期初变动数。

第三步，以利润表项目为基础，结合资产负债表分析每一个非现金项目的增减变动，并据此编制调整分录。

第四步，将调整分录过入各T形账户并进行核对，该账户借贷方相抵后的余额与原先过入的期末期初变动数应当一致。

第五步，根据大的"现金及现金等价物"T形账户编制正式的现金流量表。T形账户的格式见表14-11（该表仅提供参考格式，实例及编制过程省略）。

表14-11　　　　　　　　　　　　　　　　　现金及现金等价物

| 经营活动现金收入： | | | 经营活动现金支出： | | |
|---|---|---|---|---|---|
| 1.销售商品收到的现金 | （1） | 545 000 | 1.购买商品支付的现金 | （2） | 337 880 |
| | （6） | -8 000 | | （12） | -36 000 |
| 小计 | | 537 000 | | （14） | -32 000 |
| | | | | （18） | -114 000 |
| | | | | （19） | -15 960 |
| | | | | （20） | 16 986.40 |
| | | | 小计 | | 156 906.40 |
| | | | 2.支付给职工的现金 | （18） | 120 000 |
| | | | 3.支付的各项税费 | （3） | 800 |
| | | | | （20） | 78 835.60 |
| | | | 小计 | | 199 635.60 |
| | | | 4.支付其他与经营活动有关的现金 | （4） | 8 000 |
| | | | | （5） | 63 200 |
| | | | | （11） | -360 |
| | | | | （12） | -4 000 |
| | | | | （14） | -8 000 |
| | | | | （16） | -24 000 |
| | | | | （18） | -6 000 |
| | | | | （19） | -840 |
| | | | 小计 | | 28 000 |
| 投资活动现金收入： | | | 投资活动现金支出： | | |
| 1.收回投资收到的现金 | （7） | 6 600 | 1.购建固定资产支付的现金 | （13） | 40 400 |
| 2.取得投资收益收到的现金 | （7） | 12 000 | | （15） | 60 000 |
| 3.处置固定资产收回的现金净额 | （8） | 120 000 | | （18） | 80 000 |
| | （9） | 120 | 小计 | | 180 400 |
| 小计 | | 138 720 | | | |
| 筹资活动现金收入： | | | 筹资活动现金支出： | | |
| 1.取得借款收到的现金 | （22） | 160 000 | 1.偿还债务支付的现金 | （17） | 100 000 |
| | | | | （22） | 400 000 |
| | | | 小计 | | 500 000 |
| | | | 2.偿付利息支付的现金 | （21） | 5 000 |
| 现金流入合计 | | 835 720 | 现金流出合计 | | 1 069 942 |
| | | | 现金流出净额 | | 234 222 |

## 二、现金流量表的编制

### （一）编制依据与思路

现金流量表是按收付实现制反映企业报告期内的现金流量信息的，而企业编制的资产负债表、利润表和所有者权益变动表及有关账户记录资料反映的会计信息，都是以权责发生制为基础记录报告的。所以，现金流量表的编制依据必然是资产负债表、利润表及有关账户记录等资料，编制现金流量表的过程就是将权责发生制下的会计资料转换为按收付实现制表示的现金流量。

在具体编制现金流量表时，根据企业规模以及业务量的大小，可以选择适当的编制思路。一种编制思路是直接从企业会计记录中获得有关企业现金收入和现金支出的信息；第二种编制思路是在利润表中营业收入、营业成本等数据的基础上，通过调整有关资产负债表项目来获得有关现金收入和现金支出的信息。例如，"销售商品、提供劳务收到的现金"项目的数据，就可以根据库存现金、银行存款日记账中对应账户为"主营业务收入""应收账款""预收账款"等账户的相关记录填列，也可以根据利润表中"营业收入"项目金额和资产负债表中的"应收票据""应收账款""预收款项"等项目金额变动数分析填列。

**（二）经营活动现金流量列报的直接法**

1.直接法的内涵

由于直接法是按现金收入和现金支出的主要类别直接反映企业经营活动产生的现金流量的，加之企业净利润主要来自企业的经营活动，所以，直接法实际上是从利润表的营业收入项目开始，逐项将与经营活动有关的利润项目，转换为经营活动现金流入和经营活动现金流出项目。

但是，在实际操作时并不是所有的项目都需要通过这种"转换过程"，因为直接法下经营活动现金流量的项目有时并不完全与利润表项目逐一对应。根据《企业会计准则第31号——现金流量表》，现金流量表中直接法下经营活动现金流入与现金流出的项目设置比较简单，主要有"销售商品、提供劳务收到的现金"、"收到的税费返还"、"购买商品、接受劳务支付的现金"、"支付给职工以及为职工支付的现金"、"支付的各项税费"以及"收到其他与经营活动有关的现金"和"支付其他与经营活动有关的现金"等项目，其中如"支付给职工以及为职工支付的现金"项目，实际上分别与现行利润表中"营业成本""销售费用""管理费用"等诸多项目有关。

2.直接法下各项目的内容及填列方法

直接法下比较难填列的项目主要有"销售商品、提供劳务收到的现金"以及"购买商品、接受劳务支付的现金"等。

（1）"销售商品、提供劳务收到的现金"项目

"销售商品、提供劳务收到的现金"项目，反映企业销售商品、提供劳务实际收到的现金，包括销售收入和应向购买者收取的增值税销项税额，具体包括：本期销售商品、提供劳务收到的现金，以及前期销售商品、提供劳务本期收到的现金和本期预收的款项，减去本期销售本期退回的商品和前期销售本期退回的商品支付的现金。企业销售材料和代购代销业务收到的现金，也在本项目反映。

在填列"销售商品、提供劳务收到的现金"项目时，应考虑的因素有营业收入的发生额、应收账款的增减变动、应收票据的增减变动、预收款项的增减变动、核销坏账引起的应收账款的减少以及收回以前年度核销的坏账、销售退回、应交增值税销项税额的发生额等。

"销售商品、提供劳务收到的现金"项目的填列有根据账户记录的发生额资料填列和根据财务报表资料填列两种思路。

①根据有关账户记录的发生额资料填列的计算公式为：

$$\begin{array}{l}销售商品、提供\\劳务收到的现金\end{array} = \begin{array}{l}本期销售商品、\\提供劳务\\收到的现金\end{array} + \begin{array}{l}以前期间销售商品、\\提供劳务在本期\\收到的现金\end{array} + \begin{array}{l}以后将要销售商品、\\提供劳务在本期\\预收的现金\end{array} + \begin{array}{l}本期收回前期\\已核销的坏账\end{array} - \begin{array}{l}本期销售退回\\支付的现金\end{array}$$

**【例14-3】** 甲企业本期销售一批商品，开出的增值税专用发票上注明的销售价款为

1 400 000元，增值税销项税额为182 000元，以银行存款收讫；应收票据期初余额为135 000元，期末余额为30 000元；应收账款期初余额为500 000元，期末余额为200 000元；年度内核销的坏账损失为10 000元。另外，本期因商品质量问题发生退货，支付银行存款15 000元，货款已通过银行转账支付。

本期销售商品、提供劳务收到的现金计算如下：

| | |
|---|---:|
| 本期销售商品收到的现金 | 1 582 000 |
| 加：本期收到前期的应收票据（135 000-30 000） | 105 000 |
| 本期收到前期的应收账款（500 000-200 000-10 000） | 290 000 |
| 减：本期因销售退回支付的现金 | 15 000 |
| 本期销售商品、提供劳务收到的现金 | 1 962 000 |

②根据利润表、资产负债表有关项目以及部分账户记录资料填列的计算公式为：

$$\begin{aligned}\text{销售商品、提供劳务收到的现金} = &\text{营业收入} + \text{应收票据}\left(\text{期初余额} - \text{期末余额}\right) + \text{应收账款}\left(\text{期初余额} - \text{期末余额}\right) + \text{预收款项}\left(\text{期末余额} - \text{期初余额}\right) - \text{债务人以非现金资产抵债减少的应收票据、应收账款}\\ &- \text{本期计提坏账准备导致的应收票据、应收账款减少数}\end{aligned}$$

说明：如果企业发生本期转回的坏账准备业务，还应将本期转回的坏账准备导致的应收账款项目增加数作进一步的调整。

【例14-4】甲企业2×24年有关资料如下：利润表中"营业收入"300 000元；资产负债表中"应收账款"项目年初余额90 000元、期末余额30 000元。本年度发生坏账3 000元，已核销。根据上述资料，2×24年度现金流量表中"销售商品、提供劳务收到的现金"项目的计算如下：

销售商品、提供劳务收到的现金=300 000+（90 000-30 000）=360 000（元）

应注意的是，资产负债表中"应收账款"项目是根据"应收账款"科目余额与有关"坏账准备"科目余额之差填列的，所以，本年度核销坏账3 000元对"应收账款"项目的期末余额影响数为零。因此，在本题计算中不应将这3 000元予以扣减。

（2）"收到的税费返还"项目

"收到的税费返还"项目，反映企业收到返还的各种税费，如收到的增值税、所得税、消费税、关税和教育费附加返还款等。本项目可以根据"库存现金""银行存款""税金及附加""营业外收入"等科目的记录分析填列。

【例14-5】甲企业前期出口商品一批，已缴纳增值税，按规定应退增值税17 000元，前期未退，本期以转账方式收讫；本期收到退回的税款36 000元、收到教育费附加返还款66 000元，款项已存入银行。

本期收到的税费返还计算如下：

| | |
|---|---:|
| 本期收到的出口退回的增值税税额 | 17 000 |
| 加：收到的退税额 | 36 000 |
| 收到的教育费附加返还额 | 66 000 |
| 本期收到的税费返还 | 119 000 |

（3）"收到其他与经营活动有关的现金"项目

"收到其他与经营活动有关的现金"项目，反映企业除上述各项目外，收到的其他与经营活动有关的现金，如罚款收入、经营租赁固定资产收到的现金、流动资产损失中由个人赔偿的现金收入、除税费返还外的其他政府补助收入等。其他与经营活动有关的现金，如果金额较大，应单列项目反映。本项目可以根据"库存现金""银行存款""管理费用""销售费用"等科目的记录分析填列。企业实际收到的政府补助，不论是与资产相关还是与收益相关，均在本项目中填列。

（4）"购买商品、接受劳务支付的现金"项目

"购买商品、接受劳务支付的现金"项目，反映企业购买材料、商品、接受劳务实际支付的现金，包括支付的货款以及与货款一并支付的增值税进项税额，具体包括本期购买商品、接受劳务支付的现金，以及本期支付前期购买商品、接受劳务的未付款项和本期预付款项，减去本期发生的购货退回收到的现金。为购置存货而发生的借款利息资本化部分，应在"分配股利、利润或偿付利息支付的现金"项目中反映。在填列"购买商品、接受劳务支付的现金"项目时，应考虑的因素有：营业成本、存货增减变动、应交增值税（进项税额）的发生额、应付票据的增减变动、应付账款的增减变动、预付款项的增减变动以及购货退回收到的现金等。根据报表资料填列的计算公式如下：

$$\begin{aligned}\text{购买商品、接受}\atop\text{劳务支付的现金} = {\text{营业}\atop\text{成本}} + {\text{存货}\atop\text{项目}}\left({\text{期末}\atop\text{余额}} - {\text{期初}\atop\text{余额}}\right) + {\text{应付}\atop\text{票据}}\left({\text{期初}\atop\text{余额}} - {\text{期末}\atop\text{余额}}\right) + {\text{应付}\atop\text{账款}}\left({\text{期初}\atop\text{余额}} - {\text{期末}\atop\text{余额}}\right) + {\text{预付}\atop\text{款项}}\left({\text{期末}\atop\text{余额}} - {\text{期初}\atop\text{余额}}\right)\end{aligned}$$

还要考虑与投资、交换非流动资产、抵偿非流动负债等有关的存货增减数，非现金抵债、非存货抵债引起的应付账款、应付票据减少数，直接购货业务应交增值税（进项税额）的发生额及营业成本中的非外购存货费用。

【例14-6】甲企业本期购买原材料收到的增值税专用发票上注明的材料价款为300 000元，增值税进项税额为39 000元，款项已通过银行转账支付；本期支付应付票据200 000元。

本期购买商品、接受劳务支付的现金计算如下：

| | |
|---|---:|
| 本期购买原材料支付的价款 | 300 000 |
| 加：本期购买原材料支付的增值税进项税额 | 39 000 |
| 　本期支付的应付票据 | 200 000 |
| 本期购买商品、接受劳务支付的现金 | 539 000 |

【例14-7】甲企业是商品流通企业，其2×24年度利润表中"营业成本"1 200 000元；资产负债表中"应付账款"项目年初余额60 000元、期末余额40 000元，"预付款项"项目年初余额为0、期末余额10 000元，"存货"项目年初余额1 400 000元、期末余额1 800 000元；当年接受投资人投入存货160 000元。

根据上述资料，2×24年度现金流量表中"购买商品、接受劳务支付的现金"项目的计算如下：

购买商品、接受劳务支付的现金=1 200 000+（60 000-40 000）+10 000+（1 800 000-1 400 000）-160 000

=1 470 000（元）

（5）"支付给职工以及为职工支付的现金"项目

"支付给职工以及为职工支付的现金"项目，反映企业实际支付给职工的现金以及为职工支付的现金，包括企业为获得职工提供的服务，本期实际给予的各种形式的报酬以及其他相关支出，如支付给职工的工资、奖金、各种津贴和补贴等，以及为职工支付的其他费用，不包括支付给在建工程人员的工资。支付的在建工程人员的工资，在"购建固定资产、无形资产和其他长期资产支付的现金"项目中反映。

　　企业为职工支付的医疗、养老、失业、工伤、生育等社会保险基金、补充养老保险、住房公积金，企业为职工缴纳的商业保险金，因解除与职工劳动关系给予的补偿，现金结算的股份支付，以及企业支付给职工或为职工支付的其他福利费用等，应根据职工的工作性质和服务对象，分别在"购建固定资产、无形资产和其他长期资产支付的现金"和"支付给职工以及为职工支付的现金"项目中反映。

　　本项目可以根据"库存现金""银行存款""应付职工薪酬"等科目的记录分析填列。

　　【例14-8】甲企业本期实际支付工资500 000元，其中经营人员工资300 000元，在建工程人员工资200 000元。则本期支付给职工以及为职工支付的现金为300 000元。

　　（6）"支付的各项税费"项目

　　"支付的各项税费"项目，反映企业按规定支付的各项税费，包括本期发生并支付的税费，以及本期支付以前各期发生的税费和预交的税金，如支付的教育费附加、印花税、房产税、土地增值税、车船税、增值税、所得税等，不包括本期退回的增值税、所得税。本期退回的增值税、所得税等，在"收到的税费返还"项目中反映。本项目可以根据"应交税费""库存现金""银行存款"等科目分析填列。

　　【例14-9】甲企业本期向税务机关缴纳增值税68 000元；本期发生的所得税6 200 000元已全部缴纳；企业期初未缴所得税为560 000元；期末未缴所得税为240 000元。

　　本期支付的各项税费计算如下：

| | |
|---|---:|
| 本期支付的增值税税额 | 68 000 |
| 加：本期发生并缴纳的所得税税额 | 6 200 000 |
| 　　前期发生本期缴纳的所得税税额（560 000-240 000） | 320 000 |
| 本期支付的各项税费 | 6 588 000 |

　　（7）"支付其他与经营活动有关的现金"项目

　　"支付其他与经营活动有关的现金"项目，反映企业除上述各项目外，支付的其他与经营活动有关的现金，如罚款支出、支付的差旅费、业务招待费、保险费、经营租赁支付的现金等。其他与经营活动有关的现金，如果金额较大，应单列项目反映。本项目可以根据有关科目的记录分析填列。

　　（三）经营活动现金流量列报的间接法

　　间接法是以本期净利润（或净损失）为起算点，调整不增加或不减少现金的收入与费用项目；调整属于投资活动、筹资活动的收益与损失；调整与经营活动有关的非现金流动资产与流动负债的增减变动，从而计算出经营活动现金流量的一种方法。间接法的内容及具体填列方法将在现金流量表附注中解释。

　　（四）投资活动现金流量的列报

　　1. "收回投资收到的现金"项目

　　"收回投资收到的现金"项目，反映企业出售、转让或到期收回除现金等价物以外的交易性金融资产、债权投资、其他债权投资、其他权益工具投资、长期股权投资、投资性房地产而收到的现金，不包括债权性投资收回的利息、收回的非现金资产以及处置子公司及其他营业单位收到的现金净额。债权性投资收回的本金，在本项目反映，债权性投资收回的利息，不在本项目反映，而在"取得投资收益收到的现金"项目中反映。本项目可以根据"交易性金融资产"、"债权投资"、"其他债权投资"、"其他权益工具投资"、"长期股权投资"、"投资性房地产"、"库存现金"和"银行存款"等科目的记录分析填列。

【例14-10】甲企业出售某项长期股权投资，收回的全部投资金额为960 000元；出售某项长期债权性投资收回的全部投资金额为820 000元，其中，120 000元是债券利息。

本期收回投资收到的现金计算如下：

| | |
|---|---|
| 收回长期股权投资金额 | 960 000 |
| 加：收回长期债权性投资本金（820 000-120 000） | 700 000 |
| 本期收回投资收到的现金 | 1 660 000 |

2."取得投资收益收到的现金"项目

"取得投资收益收到的现金"项目，反映企业因股权性投资而分得的现金股利、因债权性投资而取得的现金利息收入。本项目可以根据"应收股利"、"应收利息"、"投资收益"、"库存现金"和"银行存款"等科目的记录分析填列。

【例14-11】甲企业期初长期股权投资余额4 000 000元，其中3 000 000元投资于联营企业A企业，占其股本的25%，采用权益法核算，另外400 000元和600 000元分别投资于B企业和C企业，各占接受投资企业总股本的5%和10%，采用成本法核算。当年A企业盈利4 000 000元，分配现金股利1 600 000元；B企业亏损没有分配股利；C企业盈利1 200 000元，分配现金股利400 000元。甲企业已如数收到现金股利。

本期取得投资收益收到的现金计算如下：

| | |
|---|---|
| 取得A企业实际分回的投资收益（1 600 000×25%） | 400 000 |
| 加：取得B企业实际分回的投资收益 | 0 |
| 取得C企业实际分回的投资收益（400 000×10%） | 40 000 |
| 本期取得投资收益收到的现金 | 440 000 |

3."处置固定资产、无形资产和其他长期资产收回的现金净额"项目

"处置固定资产、无形资产和其他长期资产收回的现金净额"项目，反映企业出售固定资产、无形资产和其他长期资产所取得的现金，减去为处置这些资产而支付的有关费用后的净额。处置固定资产、无形资产和其他长期资产所收到的现金，与处置活动支付的现金，两者在时间上比较接近，以净额反映更能准确反映处置活动对现金流量的影响。由于自然灾害等原因所造成的固定资产等长期资产报废、毁损而收到的保险赔偿收入，在本项目中反映。如处置固定资产、无形资产和其他长期资产所收回的现金净额为负数，则应作为投资活动产生的现金流量，在"支付其他与投资活动有关的现金"项目中反映。本项目可以根据"固定资产清理""库存现金""银行存款"等科目的记录分析填列。

【例14-12】乙公司出售一台不需用设备，收到价款60 000元，该设备原价80 000元，已提折旧30 000元。支付该项设备拆卸费用400元，运输费用160元，设备已由购入单位运走。

本期处置固定资产、无形资产和其他长期资产收回的现金净额计算如下：

| | |
|---|---|
| 本期出售固定资产收到的现金 | 60 000 |
| 减：支付出售固定资产的清理费用 | 560 |
| 本期处置固定资产、无形资产和其他长期资产收回的现金净额 | 59 440 |

4."处置子公司及其他营业单位收到的现金净额"项目

"处置子公司及其他营业单位收到的现金净额"项目，反映企业处置子公司及其他营业单位所取得的现金减去子公司或其他营业单位持有的现金和现金等价物以及相关处置费用后的净额。本项目可以根据有关科目的记录分析填列。

5. "收到其他与投资活动有关的现金"项目

"收到其他与投资活动有关的现金"项目，反映企业除上述各项目外，收到的其他与投资活动有关的现金。其他与投资活动有关的现金，如果金额较大，应单列项目反映。本项目可以根据有关科目的记录分析填列。

6. "购建固定资产、无形资产和其他长期资产支付的现金"项目

"购建固定资产、无形资产和其他长期资产支付的现金"项目，反映企业购买、建造固定资产、取得无形资产和其他长期资产支付的现金，包括购买机器设备所支付的现金、建造工程支付的现金、支付在建工程人员的工资等现金支出，不包括为购建固定资产、无形资产和其他长期资产而发生的借款利息资本化部分，以及融资租入固定资产所支付的租赁费。为购建固定资产、无形资产和其他长期资产而发生的借款利息资本化部分，在"分配股利、利润或偿付利息支付的现金"项目中反映；融资租入固定资产所支付的租赁费，在"支付其他与筹资活动有关的现金"项目中反映。本项目可以根据"固定资产"、"在建工程"、"工程物资"、"无形资产"、"库存现金"和"银行存款"等科目的记录分析填列。

【例 14-13】乙公司购入房屋一幢，价款 3 700 000 元，通过银行转账 3 600 000 元，其他价款用公司产品抵偿。为在建厂房购进建筑材料一批，价值为 320 000 元，价款已通过银行转账支付。

本期购建固定资产、无形资产和其他长期资产支付的现金计算如下：

| | |
|---|---:|
| 购买房屋支付的现金 | 3 600 000 |
| 加：为在建工程购买材料支付的现金 | 320 000 |
| 本期购建固定资产、无形资产和其他长期资产支付的现金 | 3 920 000 |

7. "投资支付的现金"项目

"投资支付的现金"项目，反映企业进行权益性投资和债权性投资所支付的现金，包括企业取得的除现金等价物以外的交易性金融资产、债权投资、其他债权投资等而支付的现金，以及支付的佣金、手续费等交易费用。企业购买债券的价款中含有债券利息的，以及溢价或折价购入的，均按实际支付的金额反映。

企业在购买股票和债券时，实际支付的价款中包含的已宣告但尚未领取的现金股利或已到付息期但尚未领取的债券利息，应在"支付其他与投资活动有关的现金"项目中反映；企业在收回购买股票和债券时支付的已宣告但尚未领取的现金股利或已到付息期但尚未领取的债券利息，应在"收到其他与投资活动有关的现金"项目中反映。

本项目可以根据"交易性金融资产"、"债权投资"、"其他债权投资"、"其他权益工具投资"、"投资性房地产"、"长期股权投资"、"库存现金"和"银行存款"等科目的记录分析填列。

【例 14-14】甲企业以银行存款 5 000 000 元投资于 A 企业的股票。此外，购买某银行发行的金融债券，面值总额 400 000 元，票面利率 8%，实际支付金额为 408 000 元。

本期投资支付的现金计算如下：

| | |
|---|---:|
| 投资于 A 企业的现金总额 | 5 000 000 |
| 加：投资于某银行金融债券的现金总额 | 408 000 |
| 本期投资支付的现金 | 5 408 000 |

8. "取得子公司及其他营业单位支付的现金净额"项目

"取得子公司及其他营业单位支付的现金净额"项目，反映企业取得子公司及其他营业单位

购买出价中以现金支付的部分，减去子公司或其他营业单位持有的现金和现金等价物后的净额。本项目可以根据有关科目的记录分析填列。

9. "支付其他与投资活动有关的现金"项目

"支付其他与投资活动有关的现金"项目，反映企业除上述各项目外，支付的其他与投资活动有关的现金。其他与投资活动有关的现金，如果金额较大，应单列项目反映。本项目可以根据有关科目的记录分析填列。

（五）筹资活动现金流量的列报

1. "吸收投资收到的现金"项目

"吸收投资收到的现金"项目，反映企业以发行股票、债券等方式筹集资金实际收到的款项净额（发行收入减去支付的佣金等发行费用后的净额）。以发行股票等方式筹集资金而由企业直接支付的审计、咨询等费用，不在本项目中反映，而在"支付其他与筹资活动有关的现金"项目中反映。本项目可以根据"实收资本（或股本）"、"资本公积"、"库存现金"和"银行存款"等科目的记录分析填列。

【例14-15】甲企业对外公开募集股份2 000 000股，每股1元，发行价每股1.1元，代理发行的证券公司为其支付的各种费用共计30 000元。甲企业已收到全部发行价款。

本期吸收投资收到的现金计算如下：

| | |
|---|---|
| 发行股票取得的现金 | 2 170 000 |
| 　其中：发行总额（2 000 000×1.1） | 2 200 000 |
| 　　　　减：发行费用 | 30 000 |
| 本期吸收投资收到的现金 | 2 170 000 |

2. "取得借款收到的现金"项目

"取得借款收到的现金"项目，反映企业举借各种短期、长期借款而收到的现金。本项目可以根据"短期借款"、"长期借款"、"交易性金融负债"、"应付债券"、"库存现金"和"银行存款"等科目的记录分析填列。

3. "收到其他与筹资活动有关的现金"项目

"收到其他与筹资活动有关的现金"项目，反映企业除上述各项目外，收到的其他与筹资活动有关的现金。其他与筹资活动有关的现金，如果金额较大，应单列项目反映。本项目可根据有关科目的记录分析填列。

4. "偿还债务支付的现金"项目

"偿还债务支付的现金"项目，反映企业以现金偿还债务的本金，包括归还金融企业的借款本金、偿付企业到期的债券本金等。企业偿还的借款利息、债券利息，在"分配股利、利润或偿付利息支付的现金"项目中反映。本项目可以根据"短期借款"、"长期借款"、"交易性金融负债"、"应付债券"、"库存现金"和"银行存款"等科目的记录分析填列。

5. "分配股利、利润或偿付利息支付的现金"项目

"分配股利、利润或偿付利息支付的现金"项目，反映企业实际支付的现金股利、支付给其他投资单位的利润或用现金支付的借款利息、债券利息。不同用途的借款，其利息的开支渠道不一样，如在建工程、财务费用等，均在本项目中反映。本项目可以根据"应付股利"、"应付利息"、"利润分配"、"财务费用"、"在建工程"、"制造费用"、"研发支出"、"库存现金"和"银行存款"等科目的记录分析填列。

**【例 14-16】**甲企业期初应付现金股利为 42 000 元，本期宣布并发放现金股利 100 000 元，期末应付现金股利为 24 000 元。

本期分配股利、利润或偿付利息支付的现金计算如下：

| | |
|---|---|
| 本期宣布并发放的现金股利 | 100 000 |
| 加：本期支付的前期应付股利（42 000-24 000） | 18 000 |
| 本期分配股利、利润或偿付利息支付的现金 | 118 000 |

6.“支付其他与筹资活动有关的现金”项目

“支付其他与筹资活动有关的现金”项目，反映企业除上述各项目外，支付的其他与筹资活动有关的现金，如以发行股票、债券等方式筹集资金而由企业直接支付的审计、咨询等费用，融资租赁所支付的现金，以分期付款方式购建固定资产以后各期支付的现金等。其他与筹资活动有关的现金，如果金额较大，应单列项目反映。本项目可以根据有关科目的记录分析填列。

**（六）“汇率变动对现金及现金等价物的影响”项目的列报**

汇率变动对现金及现金等价物的影响，指企业在将外币现金流量及境外子公司的现金流量折算成记账本位币时，所采用的汇率是现金流量发生日的汇率或按照系统合理的方法确定的、与现金流量发生日即期汇率近似的汇率，而现金流量表“现金及现金等价物净增加额”项目中外币现金净增加额是按资产负债表日的即期汇率折算的。这两者的差额即为汇率变动对现金及现金等价物的影响。

在编制现金流量表时，应当将企业外币现金流量以及境外子公司的现金流量折算成记账本位币。现金流量表准则规定，外币现金流量以及境外子公司的现金流量，应当采用现金流量发生日的即期汇率或按照系统合理的方法确定的、与现金流量发生日即期汇率近似的汇率折算。汇率变动对现金及现金等价物的影响额应当作为调节项目，在现金流量表中单独列报。

### 三、现金流量表附注

现金流量表附注，也是现金流量表的补充资料，分为三部分：第一部分是“将净利润调节为经营活动现金流量”；第二部分是“不涉及现金收支的重大投资和筹资活动”；第三部分是“现金及现金等价物净变动情况”等项目。按现金流量表准则的规定，企业应当采用间接法在现金流量表附注中披露将净利润调节为经营活动现金流量的信息，因此，将净利润调节为经营活动现金流量也是本部分的重点。现金流量表附注的具体内容见表 14-12。

表14-12　　　　　　　　　　　　　现金流量表附注　　　　　　　　　　　　　单位：元

| 补充资料 | 本期金额 | 上期金额（略） |
|---|---|---|
| 1.将净利润调节为经营活动现金流量： | | |
| 净利润 | 135 000 | |
| 加：资产减值准备 | 18 000 | |
| 信用损失准备 | 540 | |
| 固定资产折旧、油气资产折耗、生产性生物资产折旧 | 60 000 | |
| 无形资产摊销 | 36 000 | |

| 补充资料 | 本期金额 | 上期金额（略） |
|---|---|---|
| 长期待摊费用摊销 | 0 | |
| 处置固定资产、无形资产和其他长期资产的损失（收益以"–"号填列） | –30 000 | |
| 固定资产报废损失（收益以"–"号填列） | 11 820 | |
| 公允价值变动损失（收益以"–"号填列） | 0 | |
| 财务费用（收益以"–"号填列） | 6 900 | |
| 投资损失（收益以"–"号填列） | –18 900 | |
| 递延所得税资产减少（增加以"–"号填列） | –4 500 | |
| 递延所得税负债增加（减少以"–"号填列） | 0 | |
| 存货的减少（增加以"–"号填列） | 57 180 | |
| 经营性应收项目的减少（增加以"–"号填列） | –72 000 | |
| 经营性应付项目的增加（减少以"–"号填列） | 19 278.60 | |
| 其他 | 0 | |
| 经营活动产生的现金流量净额 | 219 318.60 | |
| 2.不涉及现金收支的重大投资和筹资活动 | | |
| 债务转为资本 | 0 | |
| 一年内到期的可转换公司债券 | 0 | |
| 融资租入固定资产 | 0 | |
| 3.现金及现金等价物净变动情况 | | |
| 现金的期末余额 | 489 078.60 | |
| 减：现金的期初余额 | 843 780 | |
| 加：现金等价物的期末余额 | 0 | |
| 减：现金等价物的期初余额 | 0 | |
| 现金及现金等价物净增加额 | –354 701.40 | |

**（一）将净利润调节为经营活动现金流量**

1.将净利润调节为经营活动现金流量的原因

"将净利润调节为经营活动现金流量"是经营活动现金流量的又一种表达方式，即间接法。间接法与直接法一样，都是从利润表项目入手；但间接法以利润表的最后一项"净利润"为起算点，调整不涉及经营活动的净利润项目、不涉及现金的净利润项目、与经营活动有关的非现金流动资产的变动、与经营活动有关的流动负债的变动等，据此计算出经营活动现金流量净额。为什么从净利润开始调整？因为净利润主要来自经营活动。因此"净利润"与"经营活动现金流量"有着必然的联系，但是"净利润"与"经营活动现金流量"又存在着金额差异。"净利润"与"经营活动现金流量"之间的差异主要表现在：与净利润有关的交易或事项不一定涉及现金，如计提的资产减值准备等；与净利润有关的交易或事项不一定都与经营活动有关，如投资损益等；有些交易或事项虽然与净利润没有直接关系，但属于经营活动，如用现金购买存货等。所以，只有将以上这些导致"净利润"和"经营活动现金流量"两者不一致的因素在"净利润"的基础上进行调整，才能计算出经营活动现金流量净额。可见，间接法能够说明为什么企业一定期间净利润与经营活动现金流量净额不一致。

2.将净利润调节为经营活动现金流量的公式

间接法下，将净利润调节为经营活动现金流量的方法用计算公式表示如下：

$$\begin{array}{l}\text{经营活动产生的} \\ \text{现金流量净额}\end{array} = \text{净利润} + \begin{array}{l}\text{实际没有支付现金的} \\ \text{费用和损失}\end{array} - \begin{array}{l}\text{实际没有收} \\ \text{到现金的收益}\end{array} + \begin{array}{l}\text{不涉及经营活动的} \\ \text{费用和损失}\end{array} - \begin{array}{l}\text{不涉及经营} \\ \text{活动的收益}\end{array} \pm$$

$$\begin{array}{l}\text{与经营活动有关的非现金流动} \\ \text{资产的减少数或增加数}\end{array} \pm \begin{array}{l}\text{与经营活动有关的流动} \\ \text{负债的增加数或减少数}\end{array}$$

对公式的进一步解释如下：

（1）"实际没有支付现金的费用和损失"包括计提的资产减值准备，计提的信用损失准备，计提的固定资产折旧、油气资产折耗、生产性生物资产折旧，无形资产的摊销，长期待摊费用的摊销，递延所得税资产的减少或递延所得税负债的增加等。

（2）"实际没有收到现金的收益"包括冲销已计提的资产减值准备，递延所得税资产的增加或递延所得税负债的减少等。

（3）"不涉及经营活动的费用和损失"包括投资损失，财务费用，非流动资产处置损失，固定资产报废损失以及与投资性房地产、生产性生物资产有关的公允价值变动损失等。

（4）"不涉及经营活动的收益"包括投资收益，财务收益，非流动资产处置收益，固定资产报废收益以及与投资性房地产、生产性生物资产有关的公允价值变动收益等。

（5）"与经营活动有关的非现金流动资产"项目、"与经营活动有关的流动负债"项目，是指存货、应收账款等经营性应收项目，应付账款等经营性应付项目。

这里的非现金流动资产、流动负债的变动，必须是与经营活动有关的。因此，与接受投资，进行债务性和权益性投资，固定资产、无形资产、长短期借款、应付债券、股本等投资活动和筹资活动有关的交易或事项引起的非现金流动资产、流动负债等的增减变动金额，不能在这里作为调整数。

3.将净利润调节为经营活动现金流量项目的填列

（1）资产减值准备

资产减值准备包括坏账准备、存货跌价准备、投资性房地产减值准备、长期股权投资减值准备、债权投资减值准备、固定资产减值准备、在建工程减值准备、工程物资减值准备、生产性生物资产减值准备、无形资产减值准备、商誉减值准备等。企业计提的各项资产减值准备，都包括在利润表中，属于利润的减除项目，但没有发生现金流出。所以，在将净利润调节为经营活动现金流量时，需要加回。本项目可根据"资产减值损失"科目的记录分析填列。

（2）固定资产折旧、油气资产折耗、生产性生物资产折旧

企业计提的固定资产折旧，有的包括在管理费用中，有的包括在制造费用中。计入管理费用中的部分，作为期间费用在计算净利润时从中扣除，但没有发生现金流出，在将净利润调节为经营活动现金流量时，需要予以加回。计入制造费用中的已经变现的部分，在计算净利润时通过销售成本予以扣除，但没有发生现金流出，计入制造费用中的没有变现的部分，既不涉及现金收支，也不影响企业当期净利润，由于在调节存货时，已经从中扣除，在此处将净利润调节为经营活动现金流量时，需要予以加回。同理，企业计提的油气资产折耗、生产性生物资产折旧，也需要予以加回。本项目可根据"累计折旧""累计折耗""生产性生物资产折旧"科目的贷方发生额分析填列。

（3）无形资产摊销和长期待摊费用摊销

企业在对使用寿命有限的无形资产摊销时，计入管理费用或制造费用。长期待摊费用摊销时，有的计入管理费用，有的计入销售费用，有的计入制造费用。计入管理费用等期间费用和计入制造费用中的已变现的部分，在计算净利润时已从中扣除，但没有发生现金流出，计入制造费用中的没有变现的部分，在调节存货时已经从中扣除，但不涉及现金收支，所以，在此处将净利润调节为经营活动现金流量时，需要予以加回。这个项目可根据"累计摊销""长期待摊费用"科目的贷方发生额分析填列。

（4）处置固定资产、无形资产和其他长期资产的损失（减：收益）

企业处置固定资产、无形资产和其他长期资产发生的损益，属于投资活动产生的损益，不属于经营活动产生的损益，所以，在将净利润调节为经营活动现金流量时，需要予以剔除。如为损失，在将净利润调节为经营活动现金流量时，应当加回；如为收益，在将净利润调节为经营活动现金流量时，应当扣除。本项目可根据"营业外收入""营业外支出"等科目所属有关明细科目的记录分析填列，如为收益，以"-"号填列。

（5）固定资产报废损失（减：收益）

企业发生的固定资产报废损益，属于投资活动产生的损益，不属于经营活动产生的损益，所以，在将净利润调节为经营活动现金流量时，需要予以剔除。同样，投资性房地产发生报废、毁损而产生的损益，也需要予以剔除。如为损失，在将净利润调节为经营活动现金流量时，应当加回；如为收益，在将净利润调节为经营活动现金流量时，应当扣除。本项目可根据"营业外支出""营业外收入"等科目所属有关明细科目的记录分析填列。

（6）公允价值变动损失（减：收益）

公允价值变动损益反映企业在初始确认时划分为以公允价值计量且其变动计入当期损益的交易性金融资产或金融负债、衍生工具、套期等业务中公允价值变动形成的计入当期损益的利得或损失。企业发生的公允价值变动损益，通常与企业的投资活动或筹资活动有关，而且并不影响企业当期的现金流量。为此，应当将其从净利润中剔除。本项目可以根据"公允价值变动损益"科目的发生额分析填列。如为持有损失，在将净利润调节为经营活动现金流量时，应当加回；如为持有利得，在将净利润调节为经营活动现金流量时，应当扣除。

（7）财务费用（减：收益）

企业发生的财务费用中不属于经营活动的部分，应当将其从净利润中剔除。本项目可根据"财务费用"科目的本期借方发生额分析填列；如为收益，以"-"号填列。

在实务中，企业的"财务费用"明细账一般是按费用项目设置的，为了编制现金流量表，企

业可在此基础上，再按"经营活动""筹资活动""投资活动"分设明细分类账。每一笔财务费用发生时，即将其归入"经营活动"、"筹资活动"或"投资活动"中。

（8）投资损失（减：收益）

企业发生的投资损益，属于投资活动产生的损益，不属于经营活动产生的损益，所以，在将净利润调节为经营活动现金流量时，需要予以剔除。如为损失，在将净利润调节为经营活动现金流量时，应当加回；如为收益，在将净利润调节为经营活动现金流量时，应当扣除。本项目可根据利润表中"投资收益"项目的数字填列；如为投资收益，以"－"号填列。

（9）递延所得税资产减少（减：增加）

如果递延所得税资产减少使计入所得税费用的金额大于当期应交的所得税金额，其差额没有发生现金流出，但在计算净利润时已经扣除，在将净利润调节为经营活动现金流量时，应当加回。如果递延所得税资产增加使计入所得税费用的金额小于当期应交的所得税金额，二者之间的差额并没有发生现金流入，但在计算净利润时已经包括在内，在将净利润调节为经营活动现金流量时，应当扣除。本项目可以根据资产负债表"递延所得税资产"项目期初、期末余额分析填列。

（10）递延所得税负债增加（减：减少）

如果递延所得税负债增加使计入所得税费用的金额大于当期应交的所得税金额，其差额没有发生现金流出，但在计算净利润时已经扣除，在将净利润调节为经营活动现金流量时，应当加回。如果递延所得税负债减少使计入所得税费用的金额小于当期应交的所得税金额，其差额并没有发生现金流入，但在计算净利润时已经包括在内，在将净利润调节为经营活动现金流量时，应当扣除。本项目可以根据资产负债表"递延所得税负债"项目期初、期末余额分析填列。

（11）存货的减少（减：增加）

期末存货比期初存货减少，说明本期生产经营过程耗用的存货有一部分是期初的存货，耗用这部分存货并没有发生现金流出，但在计算净利润时已经扣除，所以，在将净利润调节为经营活动现金流量时，应当加回。期末存货比期初存货增加，说明当期购入的存货除耗用外，还剩余了一部分，这部分存货也发生了现金流出，但在计算净利润时没有包括在内，所以，在将净利润调节为经营活动现金流量时，需要扣除。当然，存货的增减变化过程还涉及应付项目，这一因素在"经营性应付项目的增加"中考虑。本项目可根据资产负债表中"存货"项目的期初数、期末数之间的差额填列；期末数大于期初数的差额，以"－"号填列。如果存货的增减变化过程属于投资活动，如在建工程领用存货，应当将这一因素剔除。

（12）经营性应收项目的减少（减：增加）

经营性应收项目包括应收票据、应收账款、预付款项、长期应收款和其他应收款中与经营活动有关的部分，以及应收的增值税销项税额等。经营性应收项目期末余额小于经营性应收项目期初余额，说明本期收回的现金大于利润表中所确认的销售收入，所以，在将净利润调节为经营活动现金流量时，需要加回。经营性应收项目期末余额大于经营性应收项目期初余额，说明本期销售收入中有一部分没有收回现金，但是，在计算净利润时这部分销售收入已包括在内，所以，在将净利润调节为经营活动现金流量时，需要扣除。本项目应当根据有关科目的期初、期末余额分析填列；如为增加，以"－"号填列。

（13）经营性应付项目的增加（减：减少）

经营性应付项目包括应付票据、应付账款、预收款项、应付职工薪酬、应交税费、应付利息、长期应付款、其他应付款中与经营活动有关的部分，以及应付的增值税进项税额等。经营性应付项目期末余额大于经营性应付项目期初余额，说明本期购入的存货中有一部分没有支付现金，但是，在计算净利润时却通过销售成本包括在内，在将净利润调节为经营活动现金流量时需要加回；经营性应付项目期末余额小于经营性应付项目期初余额，说明本期支付的现金大于利润表中所确认的销售成本，在将净利润调节为经营活动现金流量时需要扣除。本项目应当根据有关科目的期初、期末余额分析填列；如为减少，以"-"号填列。

### （二）不涉及现金收支的重大投资和筹资活动

不涉及现金收支的重大投资和筹资活动，反映企业一定期间内影响资产或负债但不形成该期现金收支的所有投资和筹资活动的信息。这些投资和筹资活动虽然不涉及当期现金收支，但对以后各期的现金流量有重大影响。例如，企业融资租入设备，将形成的负债记入"长期应付款"账户，当期并不支付设备款及租金，但以后各期必须为此支付现金，从而在一定期间内形成了一项固定的现金支出。

现金流量表准则规定，企业应当在附注中披露不涉及当期现金收支但影响企业财务状况或在未来可能影响企业现金流量的重大投资和筹资活动，主要包括：（1）债务转为资本，反映企业本期转为资本的债务金额；（2）一年内到期的可转换公司债券，反映企业一年内到期的可转换公司债券的本息；（3）融资租入固定资产，反映企业本期融资租入的固定资产。

### （三）现金及现金等价物净变动情况

现金及现金等价物净变动情况，可以通过现金的期末、期初差额进行反映，用以检验用直接法编制的现金流量净额是否准确。现金等价物，现金流量表准则将其定义为企业持有的期限短、流动性强、易于转换为已知金额现金、价值变动风险很小的投资。其中，期限短指自购买日起，三个月内到期。企业可据此设定现金等价物的标准，根据期末、期初余额分析填列。若企业的现金等价物期末、期初余额相差不大，可以忽略不计。

### 四、现金流量表及附注的平衡关系

（1）现金流量表中用直接法填列的"经营活动产生的现金流量净额"等于现金流量表附注中用间接法调节得出的"经营活动产生的现金流量净额"。

（2）现金流量表中由"经营活动产生的现金流量净额"、"投资活动产生的现金流量净额"、"筹资活动产生的现金流量净额"以及"汇率变动对现金及现金等价物的影响"之和得出的"现金及现金等价物净增加额"等于现金流量表附注中通过"库存现金""银行存款""其他货币资金"账户的期末、期初余额的差额以及现金等价物期末、期初余额的差额得出的"现金及现金等价物净增加额"。

以上平衡关系是检验现金流量表编制正确性的最重要的两个依据，也是基本的平衡关系。

### 五、现金流量表编制实例

【例14-17】沿用华联实业股份有限公司2×24年12月31日的资产负债表（见表14-3）和2×24年度的利润表（见表14-7）资料，华联实业股份有限公司的其他相关资料如下：

（一）资产负债表有关项目的明细资料

1.存货中制造费用、生产成本的组成：固定资产折旧费用48 000元，职工薪酬194 940元。

2.本期用银行存款购买固定资产60 600元，购买工程物资180 000元。

3.本期收回交易性股票投资本金9 000元，公允价值变动600元，同时，实现投资收益

300元。

4.应付职工薪酬的期初数没有应付在建工程人员的部分，应付职工薪酬的期末数中应付在建工程人员的职工薪酬为16 800元，本期实际支付在建工程人员职工薪酬120 000元。本例中涉及的职工薪酬均为货币性薪酬。

5.应交税费的组成：本期增值税进项税额25 479.60元，本期增值税销项税额127 500元，已交增值税60 000元，应交所得税期初余额为0，应交所得税期末余额为12 058.20元，应交税费期末数中应由在建工程人员负担的部分为60 000元。

6.应付利息均为短期借款利息，其中本期计提利息6 900元，支付利息7 500元。

7.本期用银行存款偿还短期借款150 000元，偿还一年内到期的长期借款600 000元，借入长期借款336 000元。

**（二）本年度利润表有关项目的明细资料**

1.管理费用的组成：职工薪酬10 260元，无形资产摊销36 000元，固定资产折旧费用12 000元，支付其他费用36 000元。

2.财务费用的组成：计提借款利息6 900元，应收票据贴现利息18 000元。

3.利润表中的销售费用12 000元至期末已经全部支付。

4.资产减值损失的组成：本年计提固定资产减值准备18 000元。

5.信用损失准备的组成：上年年末坏账准备余额540元，本年计提坏账准备540元。

6.投资收益的组成：收到股息收入18 000元，与本金一起收回的交易性股票投资收益300元，自公允价值变动损益结转的投资收益600元。

7.营业外收入的组成：处置固定资产净收益30 000元，所报废固定资产原价为240 000元，累计折旧90 000元，收到处置收入180 000元。假定不考虑与固定资产处置有关的税费。

8.营业外支出的组成：报废固定资产净损失11 820元，所报废固定资产原价为120 000元，累计折旧108 000元，支付清理费用300元，收到残值收入480元。

9.所得税费用的组成：当期所得税费用55 680元，递延所得税收益4 500元。

**（三）根据以上资料，编制华联实业股份有限公司2×24年度现金流量表**

1.华联实业股份有限公司2×24年度现金流量表各项目金额，分析确定如下：

（1）销售商品、提供劳务收到的现金 = 营业收入 + 应交税费（应交增值税——销项税额）+ 应收票据（期初余额-期末余额）+ 应收账款（期初余额-期末余额）- 本期计提坏账准备 - 票据贴现利息
  = 750 000+127 500+（327 060-398 520）-540-18 000
  = 787 500（元）

（2）购买商品、接受劳务支付的现金 = 营业成本 + 应交税费（应交增值税——进项税额）+ 存货（期末余额-期初余额）+ 应付票据（期初余额-期末余额）+ 应付账款（期初余额-期末余额）+ 预付款项（期末余额-期初余额）- 当期列入生产成本、制造费用的固定资产折旧费用和修理费 - 当期列入生产成本、制造费用的职工薪酬
  = 450 000+25 479.60+（1 490 820-1 548 000）+（692 280-632 280）+（60 000-60 000）-48 000-194 940
  = 235 359.60（元）

（3）支付给职工以及为职工支付的现金 = 生产成本、制造费用及管理费用中的职工薪酬 + 应付职工薪酬（期初余额-期末余额）- 应付职工薪酬中在建工程部分（期初余额-期末余额）
  = 194 940 +10 260+（66 000-108 000）-（0-16 800）
  = 180 000（元）

（4） $\dfrac{\text{支付的}}{\text{各项税费}}=\dfrac{\text{当期所}}{\text{得税费用}}+\dfrac{\text{税金}}{\text{及附加}}+\dfrac{\text{应交税费（应交增}}{\text{值税——已交税金）}}+\dfrac{\text{应交所得税（期初}}{\text{余额-期末余额）}}$

$$=55\,680+1\,200+60\,000+（0-12\,058.20）$$
$$=104\,821.80（元）$$

（5）支付其他与经营活动有关的现金=销售费用+其他管理费用=12 000+36 000=48 000（元）

（6）收回投资收到的现金=交易性金融资产贷方发生额+与交易性金融资产一起收回的投资收益
$$=9\,600+300=9\,900（元）$$

（7）取得投资收益收到的现金=收到的股息收入=18 000元

（8）处置固定资产、无形资产和其他长期资产收回的现金净额=180 000+（480-300）
$$=180\,180（元）$$

（9） $\dfrac{\text{购建固定资产、无形资产}}{\text{和其他长期资产支付的现金}}=\dfrac{\text{以银行存款购买固定}}{\text{资产、工程物资}}+\dfrac{\text{支付在建工程}}{\text{人员职工薪酬}}=60\,600+180\,000+120\,000=360\,600（元）$

（10）取得借款收到的现金=336 000元

（11）偿还债务支付的现金=150 000+600 000=750 000（元）

（12）分配股利、利润或偿付利息支付的现金=7 500元

2.将净利润调节为经营活动现金流量各项目的计算分析如下：

（1）资产减值准备=18 000元

（2）信用损失准备=540元

（3）固定资产折旧=48 000+12 000=60 000（元）

（4）无形资产摊销=36 000元

（5）处置固定资产、无形资产和其他长期资产的损失（减：收益）=-30 000元

（6）报废固定资产净损失=11 820元

（7）财务费用=6 900元

（8）投资损失（减：收益）=-18 900元

（9）递延所得税资产的减少（减：增加）=-4 500元

（10）存货的减少=1 548 000-1 490 820=57 180（元）

（11） $\dfrac{\text{经营性应收项目的减少}}{\text{（减：增加）}}$ =（147 600-39 600）+[（179 460-358 920）-（1 080-540）]=-72 000（元）

（12） $\dfrac{\text{经营性应付项目的}}{\text{增加（减：减少）}}$ =（60 000-120 000）+（572 280-572 280）+[（108 000-16 800）-66 000]+
$$[（136\,038.60-60\,000）-21\,960]$$
$$=19\,278.60（元）$$

3.根据上述数据，编制现金流量表（见表14-9）及现金流量表附注（见表14-12）。

# 第五节　所有者权益变动表

## 一、所有者权益变动表概述

### （一）所有者权益变动表的概念及作用

所有者权益变动表是反映构成所有者权益的各组成部分当期的增减变动情况的报表。所有者

权益变动表应当全面反映一定时期所有者权益变动的情况，不仅包括所有者权益总量的增减变动，还包括所有者权益增减变动的重要结构性信息，让报表使用者准确理解所有者权益增减变动的根源。

**（二）所有者权益变动表列报的原则**

**1.单独列报项目**

所有者权益变动表至少应当单独列示反映下列信息的项目。①综合收益总额，在合并所有者权益变动表中还应单独列示归属于母公司所有者的综合收益总额和归属于少数股东的综合收益总额。②会计政策变更和前期差错更正的累积影响金额。③所有者投入资本和向所有者分配利润等。④按照规定提取的盈余公积。⑤所有者权益各组成部分的期初和期末余额及其调整情况。

**2.以矩阵的形式列报**

为了清楚地表明构成所有者权益的各组成部分当期的增减变动情况，所有者权益变动表应以矩阵的形式列示。一方面列示导致所有者权益变动的交易或事项，按所有者权益变动的来源对一定时期所有者权益变动情况进行全面反映；另一方面按照所有者权益各组成部分（包括实收资本、其他权益工具、资本公积、库存股、其他综合收益、盈余公积、未分配利润及其总额）列示交易或事项对所有者权益的影响。

**3.列示所有者权益变动的比较信息**

根据财务报表列报准则的规定，企业需要提供比较所有者权益变动表，因此，所有者权益变动表还就各项目再分为"本年金额"和"上年金额"两栏分别填列。所有者权益变动表的具体格式见表14-13。

**二、所有者权益变动表的列报**

**（一）所有者权益变动表各项目的说明与列报**

1."上年年末余额"项目，反映企业上年资产负债表中实收资本（或股本）、资本公积、其他权益工具、库存股、其他综合收益、盈余公积、未分配利润的年末余额。

2."会计政策变更"和"前期差错更正"项目，分别反映企业采用追溯调整法处理的会计政策变更的累积影响金额和采用追溯重述法处理的会计差错更正的累积影响金额。

企业应根据"盈余公积""利润分配""以前年度损益调整"等科目的发生额分析填列，并在"上年年末余额"的基础上调整得出"本年年初金额"项目。

3."本年增减变动金额"项目分别反映如下内容：

（1）"综合收益总额"项目，反映企业当年的综合收益总额，应根据当年利润表中"其他综合收益的税后净额"和"净利润"项目填列，并对应列在"其他综合收益"和"未分配利润"栏。

（2）"所有者投入和减少资本"项目，反映企业当年所有者投入的资本或减少的资本。其中："所有者投入的普通股"项目，反映企业接受投资者投入形成的实收资本（或股本）和资本公积，应根据"实收资本""资本公积"等科目的发生额分析填列，并对应列在"实收资本"和"资本公积"栏；"股份支付计入所有者权益的金额"项目，反映企业处于等待期中的权益结算的股份支付当年计入资本公积的金额，应根据"资本公积"科目所属的"其他资本公积"二级科目的发生额分析填列，并对应列在"资本公积"栏。

表14-13

编制单位：华联实业股份有限公司　　　　所有者权益（或股东权益）变动表　　　　2×24年度

会企04表　单位：元

| 项目 | 本年金额 | | | | | | | | | | | 上年金额（略） |
|---|---|---|---|---|---|---|---|---|---|---|---|---|
| | 实收资本（或股本） | 其他权益工具 优先股 | 其他权益工具 永续债 | 其他权益工具 其他 | 资本公积 | 减：库存股 | 其他综合收益 | 专项储备 | 盈余公积 | 未分配利润 | 所有者权益合计 | |
| 一、上年年末余额 | 3 000 000 | | | | | | | | 60 000 | 30 000 | 3 090 000 | |
| 加：会计政策变更 | | | | | | | | | | | | |
| 　　前期差错更正 | | | | | | | | | | | | |
| 　　其他 | | | | | | | | | | | | |
| 二、本年年初余额 | 3 000 000 | | | | | | | | 60 000 | 30 000 | 3 090 000 | |
| 三、本年增减变动金额（减少以"-"号填列） | | | | | | | | | | 135 000 | 135 000 | |
| （一）综合收益总额 | | | | | | | | | | | | |
| （二）所有者投入和减少资本 | | | | | | | | | | | | |
| 　1.所有者投入的普通股 | | | | | | | | | | | | |
| 　2.其他权益工具持有者投入资本 | | | | | | | | | | | | |
| 　3.股份支付计入所有者权益的金额 | | | | | | | | | | | | |
| 　4.其他 | | | | | | | | | | | | |
| （三）利润分配 | | | | | | | | | | | | |
| 　1.提取盈余公积 | | | | | | | | | 14 862.24 | -14 862.24 | 0 | |
| 　2.对所有者（或股东）的分配 | | | | | | | | | | -19 329.51 | -19 329.51 | |
| 　3.其他 | | | | | | | | | | | | |
| （四）所有者权益内部结转 | | | | | | | | | | | | |
| 　1.资本公积转增资本（或股本） | | | | | | | | | | | | |
| 　2.盈余公积转增资本（或股本） | | | | | | | | | | | | |
| 　3.盈余公积弥补亏损 | | | | | | | | | | | | |
| 　4.设定受益计划变动额结转留存收益 | | | | | | | | | | | | |
| 　5.其他综合收益结转留存收益 | | | | | | | | | | | | |
| 　6.其他 | | | | | | | | | | | | |
| 四、本年年末余额 | 3 000 000 | | | | | | | | 74 862.24 | 130 808.25 | 3 205 670.49 | |

（3）"利润分配"项下各项目，反映当年对所有者（或股东）分配的利润（或股利）金额和按照规定提取的盈余公积金额，并对应列在"未分配利润"和"盈余公积"栏。其中："提取盈余公积"项目，反映企业按照规定提取的盈余公积，应根据"盈余公积""利润分配"科目的发生额分析填列；"对所有者（或股东）的分配"项目，反映对所有者（或股东）分配的利润（或股利）金额，应根据"利润分配"科目的发生额分析填列。

（4）"所有者权益内部结转"项下各项目，反映不影响当年所有者权益总额的所有者权益各组成部分之间当年的增减变动，包括资本公积转增资本（或股本）、盈余公积转增资本（或股本）、盈余公积弥补亏损等项金额。这些项目应根据"实收资本""盈余公积""利润分配"等科目的发生额分析填列。

"其他综合收益结转留存收益"项目，主要反映企业指定为以公允价值计量且其变动计入其他综合收益的非交易性权益工具投资终止确认时，之前计入其他综合收益的累计利得或损失从其他综合收益中转入留存收益的金额；企业指定为以公允价值计量且其变动计入当期损益的金融负债终止确认时，之前由企业自身信用风险变动引起而计入其他综合收益的累计利得或损失从其他综合收益中转入留存收益的金额。本项目应根据"其他综合收益"科目的相关明细科目的发生额分析填列。

（二）上年金额栏的列报方法

所有者权益变动表"上年金额"栏内各项数字，应根据上年度所有者权益变动表"本年金额"栏内所列数字填列。如果上年度所有者权益变动表规定的各个项目的名称和内容同本年度不相一致，应对上年度所有者权益变动表各个项目的名称和数字按本年度的规定进行调整，填入所有者权益变动表"上年金额"栏内。

（三）本年金额栏的列报方法

所有者权益变动表"本年金额"栏内各项数字一般应根据"实收资本（或股本）"、"资本公积"、"其他权益工具"、"库存股"、"其他综合收益"、"盈余公积"、"利润分配"和"以前年度损益调整"等科目的发生额分析填列。企业的净利润及其分配情况作为所有者权益变动的组成部分，不需要单独设置利润分配表列示。

# 第六节　财务报表附注

## 一、财务报表附注概述

### （一）提供财务报表附注的原因

附注是财务报表不可或缺的组成部分，是对在资产负债表、利润表、现金流量表和所有者权益变动表等报表中列示项目的文字描述或明细资料，以及对未能在这些报表中列示项目的说明等。财务报表中的数字是经过分类与汇总后的结果，是对企业发生的经济业务的高度简化和浓缩的数字，若没有形成这些数字所使用的会计政策、理解这些数字所必需的披露，则财务报表就极难充分发挥效用。因此，附注与资产负债表、利润表、现金流量表、所有者权益变动表等报表具有同等的重要性，是财务报表的重要组成部分。报表使用者要了解企业的财务状况、经营成果和现金流量，应当全面阅读附注。

提供财务报表附注，其主要原因有以下三个方面：

（1）突出财务报表信息的重要性。财务报表中所含有的数量信息已比较全面，但内容繁多，报表用户可能抓不住重点，对其中的重要信息了解得可能不够全面、详细。通过注释，可将财务报表中的重要数据进一步分解、说明，有助于报表用户了解哪些是重要的信息，应当引起注意，并在决策中有所考虑。

（2）提高报表内信息的可比性。财务报表通常依据会计准则编制而成，会计准则在许多方面规定了多种会计处理方法，并允许企业根据本行业特点及其所处的经济环境选择能最恰当、公允地反映财务状况和经营成果的会计原则、程序和方法，结果导致不同行业或同一行业各企业所提供的会计信息产生较大的差异。此外，为使财务报表编制所采用的方法具有一贯性，使产生的信息具有可比性，会计准则要求企业慎重选择其所采用的会计原则、程序和方法，不得随意变更，但这并不意味着这些原则、程序和方法在确定后就绝对不能变更。只要新的经济环境表明，采用另一种会计原则、程序或方法，能更为恰当地反映企业的经济情况，那么改变原来的会计原则、程序或方法就是合理的。这种改变会影响信息的可比性，因而，在财务报告中用适当的方式通过注释来说明企业所采用的会计方法及其变更，有助于提高财务报表的可比性。

（3）增加报表内信息的可理解性。企业财务报表的使用者为数颇多，其知识结构必然有异，信息需求及侧重点各不相同，仅有财务报表肯定不能满足所有报表用户的需要。对表中数据进行解释，将一个抽象的数据分解成若干的具体项目，并说明产生各项目的会计方法，有助于报表用户理解财务报表中的信息。

由于会计管理机构加强了对企业信息披露的管理，近年来，注释中提供的信息有日益增多的趋势。尽管注释技术性很强，不易为非专业人员理解，但它确实向报表用户提供了许多富有意义的信息。

必须指出，尽管附注与表内信息不可分割，共同组成财务报表的整体，但是，附注中的定量或定性说明都不能用来更正表内的错误，也不能用以代替报表正文中的正常分类、计价和描述，或与正文数据发生矛盾。此外，附注作为一种会计信息的披露手段，还存在以下缺陷：（1）如果使用者对附注不作认真研究，便难以阅读和理解，从而可能忽视这项资料；（2）附注的文字叙述，比报表中所汇总的数据资源更难以用于决策；（3）随着企业业务复杂性的增加，存在着过多地使用附注的危险，这样势必会削弱基本报表的作用。

**（二）财务报表附注披露的基本要求**

（1）附注披露的信息应是定量、定性信息的结合，从而能从量和质两个角度对企业经济事项进行完整的反映，也才能满足信息使用者的决策需求。

（2）附注应当按照一定的结构进行系统合理的排列和分类，有顺序地披露信息。由于附注的内容繁多，因此更应按逻辑顺序排列，分类披露，条理清晰，具有一定的组织结构，以便于使用者理解和掌握，也能更好地实现财务报表的可比性。

（3）附注中的相关信息应当与资产负债表、利润表、现金流量表和所有者权益变动表等报表中列示的项目相互参照，有助于使用者联系相关联的信息，并由此从整体上更好地理解财务报表。

**（三）财务报表附注的形式**

在会计实务中，财务报表附注可采用旁注、附表和底注等形式。

1.旁注

旁注是指在财务报表的有关项目旁直接用括号加注说明。旁注是最简单的报表注释方法，如果报表上有关项目的名称或金额受到限制或需简要补充时，可以直接用括号加注说明。为了保持报表项目的简明扼要、清晰明了，旁注只适用个别只需简单补充的信息项目。

2.附表

附表是指为了保持财务报表的简明易懂而另行编制的一些反映其构成项目及年度内的增减来源与数额的表格。附表反映的内容，有些已直接包括在脚注之内，有些则附在报表和脚注之后，作为财务报告的一个单独组成部分。必须注意的是，附表与补充报表的含义并不相同。附表所反映的是财务报表中某一项目的明细信息，而补充报表则往往反映一些附加的信息或按不同基础编制的信息。最常见的补充报表是揭示物价变动对企业财务状况和经营成果影响的附表。

3.底注

底注也称脚注，是指在财务报表后面用一定文字和数字所作的补充说明。一般而言，每一种报表都可以有一定的底注，其篇幅大小随各种报表的复杂程度而定。底注的主要作用是揭示那些不便于列入报表正文的有关信息。但是，底注作为财务报表的组成部分，仅是对报表正文的补充，它不能取代或更正报表正文中的正常分类、计价和描述。凡列入财务报表正文部分的信息项目都必须符合会计要素的定义和一系列确认与计量的标准。财务报表正文主要是以表格形式描述有关企业财务状况与经营成果的定量信息，这一特征使报表正文所能包含的信息受到限制；而底注则比较灵活，它可提供有关报表编制基础等方面的定性信息、报表项目的性质、比报表正文更为详细的信息、一些相对次要的信息，这些信息对理解和使用报表信息是十分有益的。由于这一优点，底注在财务报表中已发挥越来越重要的作用。

## 二、财务报表附注的内容

按《企业会计准则第30号——财务报表列报》的规定，财务报表附注披露的内容如下：

### （一）企业的基本情况

企业应当披露的基本情况包括：企业注册地、组织形式和总部地址；企业的业务性质和主要经营活动；母公司以及集团最终母公司的名称；财务报告的批准报出者和财务报告批准报出日，或者以签字人及其签字日期为准；营业期限有限的企业，还应当披露有关其营业期限的信息。

### （二）财务报表的编制基础

财务报表的编制基础是指财务报表是在持续经营基础上还是在非持续经营基础上编制的。企业一般是在持续经营基础上编制财务报表的，清算、破产属于非持续经营基础。

### （三）遵循企业会计准则的声明

企业应当明确说明编制的财务报表符合企业会计准则体系的要求，真实、完整地反映了企业的财务状况、经营成果和现金流量等有关信息，以此明确企业编制财务报表所依据的制度基础。如果企业编制的财务报表只是部分地遵循了企业会计准则，附注中不得作出这种表述。

### （四）重要会计政策和会计估计

企业应当披露采用的重要会计政策和会计估计。在披露重要会计政策和会计估计时，企业应当披露重要会计政策的确定依据和财务报表项目的计量基础，及其会计估计中所采用的关键假设和不确定因素。会计政策的确定依据，主要是指企业在运用会计政策过程中所作的对报表中确认的项目金额最具影响的判断。财务报表项目的计量基础，是指企业计量该项目采用的是历史成本、重置成本、可变现净值、现值还是公允价值。在确定报表中确认的资产和负债的账面金额过程中，企业有时需要对不确定的未来事项在资产负债表日对这些资产和负债的影响加以估计，如企业预计固定资产未来现金流量采用的折现率和假设。这类假设的变动对这些资产和负债项目金额的确定影响很大，有可能会在下一个会计年度内作出重大调整。因此，强调这一披露要求,有助于提高财务报表的可理解性。

**(五) 会计政策和会计估计变更以及差错更正的说明**

企业应当按照《企业会计准则第28号——会计政策、会计估计变更和差错更正》的规定,披露会计政策和会计估计变更以及差错更正的情况。

1.企业应当在附注中披露与会计政策变更有关的下列信息:

(1) 会计政策变更的性质、内容和原因。

(2) 当期和各个列报前期财务报表中受影响的项目名称和调整金额。

(3) 无法进行追溯调整的,说明该事实和原因以及开始应用变更后的会计政策的时点、具体应用情况。

2.企业应当在附注中披露与会计估计变更有关的下列信息:

(1) 会计估计变更的内容和原因。

(2) 会计估计变更对当期和未来期间的影响数。

(3) 会计估计变更的影响数不能确定的,披露这一事实和原因。

3.企业应当在附注中披露与前期差错更正有关的下列信息:

(1) 前期差错的性质。

(2) 各个列报前期财务报表中受影响的项目名称和更正金额。

(3) 无法进行追溯重述的,说明该事实和原因以及对前期差错开始进行更正的时点、具体更正情况。

**(六) 报表重要项目的说明**

企业应当按照资产负债表、利润表、现金流量表、所有者权益变动表及其项目列示的顺序,对报表重要项目的说明采用文字和数字描述相结合的方式进行披露。报表重要项目的明细金额合计,应当与报表项目金额相衔接。重要报表项目披露说明及部分披露表格格式如下:

(1) 货币资金项目。按货币资金的种类披露原币、折算汇率及折合的人民币。

(2) 应收账款项目。按账龄结构披露期末余额和年初余额。应收账款按账龄结构披露的格式见表14-14。

表14-14　　　　　　　　　　　**应收账款按账龄结构披露的格式**

| 账龄结构 | 期末账面余额 | 年初账面余额 |
|---|---|---|
| 1年以内(含1年) | | |
| 1~2年(含2年) | | |
| 2~3年(含3年) | | |
| 3年以上 | | |
| 合　计 | | |

应收票据、预付款项、长期应收款、其他应收款的披露,比照应收账款进行。

(3) 存货项目。①按存货的种类披露年初账面余额、本期增加额、本期减少额、期末账面余额。②说明消耗性生物资产的期末实物数量,并披露年初账面余额、本期增加额、本期减少额、期末账面余额。③按存货种类披露存货跌价准备的年初账面余额、本期计提额、本期减少额(转回或转销)、期末账面余额。此外,企业应当按照外购存货、自行加工存货等类别,对确认为存货的数据资源（以下简称数据资源存货）相关会计信息进行披露，并可以在此基础上根据实际情况对类别进行拆分。

存货的披露格式见表14-15。

表14-15　　　　　　　　　　　　　　存货的披露格式

| 存货种类 | 年初账面余额 | 本期增加额 | 本期减少额 | 期末账面余额 |
|---|---|---|---|---|
| 1.原材料 | | | | |
| 2.在产品 | | | | |
| 3.库存商品 | | | | |
| 4.周转材料 | | | | |
| ⋮ | | | | |
| 合　计 | | | | |

存货跌价准备的披露格式见表14-16。

表14-16　　　　　　　　　　　存货跌价准备的披露格式

| 存货种类 | 年初账面余额 | 本期减少额 | | 本期计提额 | 期末账面余额 |
|---|---|---|---|---|---|
| | | 转回 | 转销 | | |
| 1.原材料 | | | | | |
| 2.在产品 | | | | | |
| 3.库存商品 | | | | | |
| 4.周转材料 | | | | | |
| ⋮ | | | | | |
| 合　计 | | | | | |

数据资源存货信息披露格式见表14-17。

表14-17　　　　　　　　　　数据资源存货信息披露格式

| 项　目 | 外购的数据资源存货 | 自行加工的数据资源存货 | 其他方式取得的数据资源存货 | 合计 |
|---|---|---|---|---|
| 一、账面原值 | | | | |
| 1.期初余额 | | | | |
| 2.本期增加金额 | | | | |
| 其中：购入 | | | | |
| 采集加工 | | | | |
| 其他增加 | | | | |

| 项　目 | 外购的数据资源存货 | 自行加工的数据资源存货 | 其他方式取得的数据资源存货 | 合　计 |
|---|---|---|---|---|
| 3.本期减少金额 | | | | |
| 其中：出售 | | | | |
| 失效且终止确认 | | | | |
| 其他减少 | | | | |
| 4.期末余额 | | | | |
| 二、存货跌价准备 | | | | |
| 1.期初余额 | | | | |
| 2.本期增加金额 | | | | |
| 3.本期减少金额 | | | | |
| 其中：转回 | | | | |
| 转销 | | | | |
| 4.期末余额 | | | | |
| 三、账面价值 | | | | |
| 1.期末账面价值 | | | | |
| 2.期初账面价值 | | | | |

（4）其他流动资产项目。按各项其他流动资产披露年初账面余额和期末账面余额。有长期待摊费用、其他非流动资产的，比照其他流动资产进行披露。

（5）长期股权投资项目。按被投资单位披露期末账面余额和年初账面余额。企业还应披露以下信息：①被投资单位由于所在国家或地区及其他方面的影响，其向投资企业转移资金的能力受到限制的，投资企业应当披露受限制的具体情况。②当期及累计未确认的投资损失金额。

长期股权投资的披露格式见表14-18。

表14-18　　　　　　　　　　　　　　长期股权投资的披露格式

| 项　目 | 期末账面余额 | 年初账面余额 |
|---|---|---|
| 1. | | |
| 2. | | |
| ⋮ | | |
| 合　计 | | |

（6）投资性房地产项目。

①企业采用成本模式进行后续计量的，按投资的具体项目，披露年初账面余额、本期增加额、本期减少额和期末账面余额。

采用成本模式进行后续计量的，应当披露的格式见表14-19。

表14-19　　　　　采用成本模式进行后续计量的投资性房地产的披露格式

| 项　目 | 年初账面余额 | 本期增加额 | 本期减少额 | 期末账面余额 |
|---|---|---|---|---|
| 一、原价合计 | | | | |
| 　1.房屋、建筑物 | | | | |
| 　2.土地使用权 | | | | |
| 二、累计折旧或累计摊销合计 | | | | |
| 　1.房屋、建筑物 | | | | |
| 　2.土地使用权 | | | | |
| 三、投资性房地产减值准备累计金额合计 | | | | |
| 　1.房屋、建筑物 | | | | |
| 　2.土地使用权 | | | | |
| 四、投资性房地产账面价值合计 | | | | |
| 　1.房屋、建筑物 | | | | |
| 　2.土地使用权 | | | | |

②采用公允价值模式进行后续计量的，应当披露投资性房地产公允价值的确定依据及公允价值的增减变动情况。如有投资性房地产转换的应当说明投资性房地产转换的原因及其影响。

（7）固定资产项目。按具体项目披露年初账面余额、本期增加额、本期减少额和期末账面余额。

固定资产的披露格式见表14-20。

表14-20　　　　　　　　　　固定资产的披露格式

| 项　目 | 年初账面余额 | 本期增加额 | 本期减少额 | 期末账面余额 |
|---|---|---|---|---|
| 一、原价合计 | | | | |
| 　其中：房屋、建筑物 | | | | |
| 　　　　机器设备 | | | | |
| 　　　　运输工具 | | | | |
| ⋮ | | | | |

| 项 目 | 年初账面余额 | 本期增加额 | 本期减少额 | 期末账面余额 |
|---|---|---|---|---|
| 二、累计折旧合计 | | | | |
| 其中：房屋、建筑物 | | | | |
| 机器设备 | | | | |
| 运输工具 | | | | |
| ⋮ | | | | |
| 三、固定资产减值准备累计金额合计 | | | | |
| 其中：房屋、建筑物 | | | | |
| 机器设备 | | | | |
| 运输工具 | | | | |
| ⋮ | | | | |
| 四、固定资产账面价值合计 | | | | |
| 其中：房屋、建筑物 | | | | |
| 机器设备 | | | | |
| 运输工具 | | | | |
| ⋮ | | | | |

企业确定准备处置固定资产的，应当说明准备处置的固定资产名称、账面价值、公允价值、预计处置费用和预计处置时间等。

（8）生产性生物资产和公益性生物资产项目。企业应说明各类生物资产的期末实物数量，并披露年初账面余额、本期增加额、本期减少额和期末账面余额。生物资产如有天然起源的，则应披露该资产的类别、取得方式和数量等。同时，还应披露以下信息：①各类生产性生物资产的预计使用寿命、预计净残值、折旧方法、累计折旧和减值准备累计金额。②与生物资产相关的风险情况与管理措施。

（9）油气资产项目。企业应当披露当期在国内和国外发生的取得矿区权益、油气勘探和油气开发各项支出的总额，按具体项目披露年初账面余额、本期增加额、本期减少额和期末账面余额。

（10）无形资产项目。企业应按各类无形资产披露年初账面余额、本期增加额、本期减少额和期末账面余额。企业还应当按照相关企业会计准则及相关规定等，在会计报表附注中对数据资源相关会计信息进行披露。

无形资产的披露格式见表14-21。

表14-21          **无形资产的披露格式**

| 项　目 | 年初账面余额 | 本期增加额 | 本期减少额 | 期末账面余额 |
|---|---|---|---|---|
| 一、原价合计 | | | | |
|   1. | | | | |
|   ⋮ | | | | |
| 二、累计摊销额合计 | | | | |
|   1. | | | | |
|   ⋮ | | | | |
| 三、无形资产减值准备合计 | | | | |
|   1. | | | | |
|   ⋮ | | | | |
| 四、无形资产账面价值合计 | | | | |
|   1. | | | | |
|   ⋮ | | | | |

此外，企业还应该披露计入当期损益和确认为无形资产研究开发支出的金额。

数据资源无形资产信息披露格式见表14-22。

表14-22          **数据资源无形资产信息披露的格式**

| 项目 | 外购的数据资源无形资产 | 自行开发的数据资源无形资产 | 其他方式取得的数据资源无形资产 | 合计 |
|---|---|---|---|---|
| 一、账面原值 | | | | |
|   1.期初余额 | | | | |
|   2.本期增加金额 | | | | |
|     其中：购入 | | | | |
|         内部研发 | | | | |
|         其他增加 | | | | |
|   3.本期减少金额 | | | | |
|     其中：处置 | | | | |
|         失效且终止确认 | | | | |
|         其他减少 | | | | |
|   4.期末余额 | | | | |
| 二、累计摊销 | | | | |
|   1.期初余额 | | | | |

续表

| 项　目 | 外购的数据<br>资源无形资产 | 自行开发的数据<br>资源无形资产 | 其他方式取得的<br>数据资源无形资产 | 合计 |
|---|---|---|---|---|
| 2.本期增加金额 | | | | |
| 3.本期减少金额 | | | | |
| 其中：处置 | | | | |
| 失效且终止确认 | | | | |
| 其他减少 | | | | |
| 4.期末余额 | | | | |
| 三、减值准备 | | | | |
| 1.期初余额 | | | | |
| 2.本期增加金额 | | | | |
| 3.本期减少金额 | | | | |
| 4.期末余额 | | | | |
| 四、账面价值 | | | | |
| 1.期末账面价值 | | | | |
| 2.期初账面价值 | | | | |

（11）商誉项目。企业应披露商誉的形成来源、账面价值的增减变动情况。

（12）递延所得税资产和递延所得税负债项目。企业应按具体项目披露已确认递延所得税资产和递延所得税负债的年初账面余额和期末账面余额。企业还应披露未确认递延所得税资产的可抵扣暂时性差异、可抵扣亏损等的金额（存在到期日的，还应披露到期日）。

（13）资产减值准备项目。企业应按资产种类披露资产减值准备的年初账面余额、本期计提额、本期减少额（转回或转销）、期末账面余额。

资产减值准备的披露格式见表14-23。

表14-23　　　　　　　　　　　**资产减值准备的披露格式**

| 项　目 | 年初账面<br>余额 | 本期<br>计提额 | 本期减少额 | | 期末账面<br>余额 |
|---|---|---|---|---|---|
| | | | 转回 | 转销 | |
| 一、坏账准备 | | | | | |
| 二、存货跌价准备 | | | | | |
| 三、债权投资减值准备 | | | | | |
| 四、其他债权投资减值准备 | | | | | |
| 五、长期股权投资减值准备 | | | | | |

续表

| 项 目 | 年初账面余额 | 本期计提额 | 本期减少额 | | 期末账面余额 |
| --- | --- | --- | --- | --- | --- |
| | | | 转回 | 转销 | |
| 六、投资性房地产减值准备 | | | | | |
| 七、固定资产减值准备 | | | | | |
| 八、工程物资减值准备 | | | | | |
| 九、在建工程减值准备 | | | | | |
| 十、无形资产减值准备 | | | | | |
| 十一、商誉减值准备 | | | | | |
| 十二、其他 | | | | | |
| 合 计 | | | | | |

（14）所有权受到限制的资产项目。企业需披露资产所有权受到限制的原因，并按受到限制资产的种类，披露年初账面余额、本期增加额、本期减少额和期末账面余额。

（15）职工薪酬项目。企业应分别按应付职工薪酬、短期薪酬及离职后福利——设定提存计划披露年初账面余额、本期增加额、本期减少额和期末账面余额；披露本期为职工提供的各项非货币性福利的形式、金额及计算依据。应付职工薪酬的披露格式见表14-24。

表14-24　　　　　　　　　　　　　应付职工薪酬的披露格式

| 项 目 | 年初账面余额 | 本期增加额 | 本期减少额 | 期末账面余额 |
| --- | --- | --- | --- | --- |
| 一、工资、奖金、津贴和补贴 | | | | |
| 二、社会保险费 | | | | |
| 　其中：1.医疗保险费 | | | | |
| 　　　　2.工伤保险费 | | | | |
| 　　　　3.生育保险费 | | | | |
| 三、住房公积金 | | | | |
| 四、非货币性福利 | | | | |
| 五、短期利润分享计划提供的职工薪酬金额 | | | | |
| 六、其他短期薪酬 | | | | |
| 合 计 | | | | |

（16）应交税费项目。企业应按税费项目披露年初账面余额和期末账面余额。

（17）其他流动负债项目。企业应按具体项目披露年初账面余额和期末账面余额。如有预计负债、其他非流动负债，比照其他流动负债进行披露。

（18）短期借款和长期借款项目。企业应按借款种类及细目披露年初账面余额和期末账面余额。对于期末逾期借款，企业应分别依照贷款单位、借款金额、逾期时间、年利率、逾期未偿还原因和预期还款期等进行披露。

（19）应付债券项目。企业应按应付债券的具体项目披露年初账面余额、本期增加额、本期减少额和期末账面余额。

（20）长期应付款项目。企业应按长期应付款的具体项目披露年初账面余额和期末账面余额。

（21）营业收入项目。企业应按营业收入的种类披露本期发生额和上期发生额。同时，企业还应披露建造合同当期预计损失的原因和金额。

（22）公允价值变动收益项目。企业应按产生公允价值变动损益的来源披露本期发生额和上期发生额。

（23）投资收益项目。企业应按产生投资收益的来源披露本期发生额和上期发生额。

另外，企业按照权益法核算的长期股权投资，还应披露直接以被投资单位的账面净损益计算确认投资损益的事实及原因。

（24）资产减值损失项目。企业应按资产减值损失的种类披露本期发生额和上期发生额。

（25）营业外收入项目。企业应按营业外收入的构成披露本期发生额和上期发生额。

（26）营业外支出项目。企业应按营业外支出的构成披露本期发生额和上期发生额。

（27）所得税费用项目。对于所得税费用，企业应披露如下内容：①所得税费用（收益）的组成，包括当期所得税、递延所得税。②所得税费用（收益）与会计利润的关系。

（28）政府补助项目。企业应当披露取得政府补助的种类及金额。

（29）每股收益项目。对于每股收益，企业应披露如下内容：①基本每股收益和稀释每股收益分子、分母的计算过程。②列报期间不具有稀释性但以后期间很可能具有稀释性的潜在普通股。③在资产负债表日至财务报告批准报出日之间，企业发行在外普通股或潜在普通股股数发生重大变化的情况，如股份发行、股份回购、潜在普通股发行、潜在普通股转换或行权等。

（30）按照费用分类披露利润表项目。企业可以按照费用的性质分类披露利润表。

（31）非货币性资产交换项目。对于非货币性资产交换，企业应披露如下内容：①换入资产、换出资产的类别。②换入资产成本的确定方式。③换入资产、换出资产的公允价值及换出资产的账面价值。

（32）股份支付项目。企业应披露如下内容：①当期授予、行权和失效的各项权益工具总额。②期末发行在外的股份期权或其他权益工具行权价的范围和合同剩余期限。③当期行权的股份期权或其他权益工具以其行权日价格计算的加权平均价格。④股份支付交易对当期财务状况和经营成果的影响。

（33）债务重组项目。企业应按照《企业会计准则第12号——债务重组》的相关规定来披露债务重组信息。

（34）借款费用项目。企业应披露如下内容：①当期资本化的借款费用金额。②当期用于计算确定借款费用资本化金额的资本化率。

（35）外币折算项目。企业应披露如下内容：①计入当期损益的汇兑差额。②处置境外经营对外币财务报表折算差额的影响。

（36）企业合并项目。对于企业合并发生当期的期末，合并方或购买方应当按照《企业会计准则第20号——企业合并》的相关规定进行披露。

（37）租赁项目。融资租赁出租人应当说明未实现融资收益的余额，并披露与融资租赁有关的剩余租赁期及最低租赁收款额。按经营租赁出租资产类别披露期末账面价值和年初账面价值。融资租赁承租人应当说明未确认融资费用的余额，并披露与融资租赁有关的下列信息：各类租入固定资产的年初和期末原价、累计折旧额、减值准备累计金额；以后年度将支付的最低租赁付款额；对于重大的经营租赁，应当披露剩余租赁期及最低租赁付款额。

（38）终止经营项目。企业应按项目披露本期发生额和上期发生额。

（39）分部报告项目。分部报告的主要报告形式是业务分部的，按业务种类及项目披露本期发生额和上期发生额；主要报告形式是地区分部的，比照业务分部进行披露。在主要报告形式的基础上，对于次要报告形式，企业还应披露对外交易收入、分部资产总额。

（40）按照费用性质分类的利润表补充资料项目。将费用分为耗用的原材料、职工薪酬费用、折旧费用、摊销费用等，并按具体项目披露本期金额和上期金额。

（41）其他综合收益各项目。企业应当披露如下内容：①其他综合收益各项目及其所得税影响。②其他综合收益各项目原计入其他综合收益、当期转出计入当期损益的金额。③其他综合收益各项目的年初和期末余额及其调节情况。

（42）股利项目。在资产负债表日后、财务报告批准报出日前提议或宣布发放的股利总额和每股股利金额（或向投资者分配的利润总额）。

**延伸阅读14-8**

**终止经营的认定**

（43）终止经营项目。企业应当披露终止经营的收入、费用、利润总额、所得税费用和净利润，以及归属于母公司所有者的终止经营利润。企业披露的上述数据应当是针对终止经营在整个报告期间的经营成果。

**（七）或有和承诺事项、资产负债表日后非调整事项、关联方关系及其交易等需要说明的事项**

（1）披露本企业母公司的公司名称、注册地、业务性质及注册资本。企业还应注意以下三点：①母公司不是本企业最终控制方的，说明最终控制方名称；②母公司和最终控制方均不对外提供财务报表的，说明母公司之上与其最相近的对外提供财务报表的母公司名称；③母公司对本企业的持股比例和表决权比例。

**延伸阅读14-9**

**报表重要项目列报格式说明**

（2）披露本企业的子公司的公司名称、注册地、业务性质、注册资本、本企业合计持股比例及本企业合计的表决权比例。

（3）披露本企业的合营企业的被投资单位名称、注册地、业务性质、注册资本、本企业持股比例、本企业在被投资单位的表决权比例、期末资产总额、期末负债总额、本期营业收入总额及本期净利润。有联营企业的，比照合营企业进行披露。

（4）本企业与关联方发生交易的，需分别说明各关联方关系的性质、交易类型及交易要素。交易要素至少应当包括以下内容：①交易的金额；②未结算项目的金额、条款和条件，以及有关提供或取得担保的信息；③未结算应收项目的坏账准备金额；④定价政策。

**（八）有助于财务报表使用者评价企业管理资本的目标、政策及程序的信息**

**【思政课堂】**                                   **育人的根本在于立德**

习近平总书记在党的二十大报告中指出，"教育是国之大计、党之大计。培养什么人、怎样培养人、为谁培养人是教育的根本问题。育人的根本在于立德。全面贯彻党的教育方针，落实立德树人根本任务，培养德智体美劳全面发展的社会主义建设者和接班人"。让财经领域的后辈，懂得奉献方可获得更多的净权益，赋予家国情怀，才能志存高远，奋发图强。探究资产负债表中的开发支出、无形资产项目及利润表中研发费用项目，让后辈们具有科技强国的自豪感。

# 第七节　中期财务报告

## 一、中期财务报告概述

### （一）中期财务报告的概念

中期财务报告，是指以中期为基础编制的财务报告。"中期"是指短于一个完整的会计年度（自公历1月1日起至12月31日止）的报告期间。它可以是一个月、一个季度或者半年，也可以是其他短于一个会计年度的期间，如1月1日至9月30日的期间等。中期财务报告包括月度财务报告、季度财务报告、半年度财务报告，也包括年初至本中期末的财务报告。

### （二）中期财务报告的构成

中期财务报告至少应当包括以下部分：资产负债表、利润表、现金流量表和附注。这是中期财务报告最基本的构成。在编制中期财务报告时，应注意以下三点：

（1）资产负债表、利润表、现金流量表和附注是中期财务报告至少应当编制的法定内容，对其他财务报表或者相关信息，如所有者权益（或股东权益）变动表等，企业可以根据需要自行决定是否提供。但其他财务报表或者相关信息一旦在中期财务报告中提供，就应当遵循中期财务报告准则的各项规定。比如企业编制的所有者权益（或股东权益）变动表，其内容和格式也应当与上年度相一致。

（2）中期资产负债表、利润表和现金流量表的格式和内容，应当与上年度财务报表相一致。如果当年新施行的会计准则对财务报表格式和内容作了修改，中期财务报表应当按照修改后的报表格式和内容编制，与此同时，在中期财务报告中提供的上年度比较财务报表的格式和内容也应当作相应的调整。例如，中期财务报告准则规定，基本每股收益和稀释每股收益应当在中期利润表中单独列示，企业在提供比较中期财务报告时，应当按企业会计准则的要求作出相应调整。

（3）中期财务报告中的附注相对于年度财务报告中的附注而言，是适当简化的。中期财务报告附注的编制应当遵循重要性原则。如果某项信息没有在中期财务报告附注中披露，会影响到投资者等信息使用者对企业财务状况、经营成果和现金流量判断的正确性，那么就认为这一信息是重要的。企业至少应当在中期财务报告附注中披露中期财务报告准则规定的信息。

### （三）中期财务报告的作用

中期财务报告的作用主要表现在以下几个方面：

1.有助于提高会计信息质量

会计信息的一个重要质量特征是相关性，对外披露的财务报告信息是否具有相关性在很大程度上取决于它的及时性。许多信息即使非常可靠相关，但是如果提供的时间相对滞后，其价值就有可能大打折扣，所以对于会计信息使用者来讲，会计信息的披露和传递无疑是越快越好，而中期财务报告正好可以在很大程度上满足这一要求，弥补年度财务报告时间间隔过长的缺陷，提高会计信息的质量。同时，会计信息的价值还体现在其反馈价值和预测价值上。中期财务报告对于及时反映企业中期末的财务状况和中期经营成果及现金流量，便于投资者、债权人等据以预测企业未来的获利能力和发展前景，从而作出比较正确的决策，能够起到积极作用。

2.有助于完善上市公司信息披露制度

上市公司信息披露的透明程度及制度的完善程度，是衡量一个国家证券市场乃至整个市场经济成熟程度的一个重要标志。上市公司信息披露制度包含内容较多，其中，中期财务报告是其有机组成部分，而且随着我国证券市场的发展，投资者对会计信息质量要求的提高和信息技术的日新月异，中期财务报告信息的作用将更趋突出。要及时了解企业的相关情况，强化监管，提高信息披露的及时性是一项重要措施。因此，编报中期财务报告有助于健全上市公司信息披露制度，提高证券市场效率，促进资源的有效配置。

**3.有助于规范企业行为**

延伸阅读14-10

中期财务报告的
理论基础

财务报告制度是企业业绩评价和监督机制的有机组成部分，正是因为有了定期财务报告，投资者、债权人等才可以据以评价企业的经营业绩和管理效率，对企业管理者是否站在投资者、债权人等利益相关者的角度从事生产经营活动实施有效监控。

编制中期财务报告可以使这种监控更加及时，更有助于揭示问题，寻求相应的应对措施，从而规范企业经营者的行为，谋求投资者利益的最大化。

## 二、中期财务报告的编制

### （一）中期财务报告的编制应遵循的原则

**1.遵循与年度财务报告相一致的会计政策与会计估计**

企业在编制中期财务报告时，应当将中期视同为一个独立的会计期间，所采用的会计政策应当与年度财务报告所采用的会计政策相一致。上年度资产负债表日之后发生了会计政策变更，且变更后的会计政策将在年度财务报表中采用的，中期财务报表应当采用变更后的会计政策，并按照准则规定在附注中作相应披露。会计政策变更的累积影响数能够合理确定且涉及本会计年度以前中期财务报表相关项目数字的，应当予以追溯调整，视同该会计政策在整个会计年度一贯采用；同时，上年度可比财务报表也应当作相应调整。

企业在一个会计年度内，前一个或者几个中期（如季度）的会计估计在以后一个中期或者几个中期（如季度）里发生了变更，不对以前中期已经报告过的会计估计金额作追溯调整，也不重编以前中期的财务报表，企业只需在变更当期或者以后期间按照变更后的会计估计进行会计处理即可。会计估计变更的影响数计入变更当期，如果还影响到以后的期间，应当将会计估计变更的影响数计入以后期间，同时在附注中作相应披露。

**2.遵循重要性原则**

重要性原则是企业编制中期财务报告的一项十分重要的原则。在遵循重要性原则时应注意以下几点：

（1）重要性程度的判断应当以中期财务数据为基础，而不得以预计的年度财务数据为基础。这里所指的"中期财务数据"，既包括本中期的财务数据，也包括年初至本中期末的财务数据。有些对于预计的年度财务数据显得不重要的信息对于中期财务数据而言可能是重要的。

（2）重要性原则的运用应当保证中期财务报告包括与理解企业中期末财务状况和中期经营成果及现金流量相关的信息。企业在运用重要性原则时，应当避免在中期财务报告中由于不确认、不披露或者忽略某些信息而对信息使用者的决策产生误导。

（3）重要性程度的判断需要根据具体情况作具体分析和职业判断。通常，在判断某一项目的重要性程度时，应当将项目的金额和性质结合在一起予以考虑，而且在判断项目金额的重要性时，应当以资产、负债、净资产、营业收入、净利润等直接相关项目数字作为比较基础，并综合考虑其他相关因素。在一些特殊情况下，单独依据项目的金额或者性质就可以判断其重要性。例如，企业发生会计政策变更，该变更事项对当期期末财务状况或者当期损益的影响可能比较小，但对以后期间财务状况或者损益的影响却比较大，因此会计政策变更从性质上属于重要事项，应当在财务报告中予以披露。

3.遵循及时性原则

编制中期财务报告的目的是向会计信息使用者提供比年度财务报告更加及时的信息，以提高会计信息的决策有用性。中期财务报告所涵盖的会计期间短于一个会计年度，其编报的时间通常也短于年度财务报告，所以，中期财务报告应当能够提供比年度财务报告更加及时的信息。为了体现企业编制中期财务报告的及时性原则，中期财务报告的计量相对于年度财务数据的计量而言，在很大程度上依赖于估计。例如，企业通常在会计年度末对存货进行全面、详细的实地盘点，因此，对年末存货可以达到较为精确的计价。在中期末，由于时间上的限制和成本方面的考虑，有时不大可能对存货进行全面、详细的实地盘点，在这种情况下，对于中期末存货的计价就可在更大程度上依赖于会计估计，但是，企业应当确保所提供的中期财务报告包括了相关的重要信息。

（二）中期会计确认与计量

1.中期会计计量应当以年初至本中期末为基础

无论企业中期财务报告的频率是月度、季度还是半年度，企业中期会计计量的结果最终都应当与年度财务报告中的会计计量结果相一致。为此，企业中期财务报告的计量应当以年初至本中期末为基础，即企业在中期应当以年初至本中期末作为中期会计计量的期间基础，而不应当以本中期作为会计计量的期间基础。

【例14-18】甲公司于2×24年11月利用专门借款资金开工兴建一项固定资产。2×25年3月1日，固定资产建造工程由于资金周转发生困难而停工。公司预计在一个半月内即可获得补充专门借款，解决资金周转问题，工程可以重新施工。

根据《企业会计准则第17号——借款费用》的规定，固定资产的购建活动发生非正常中断，并且中断时间连续超过3个月的，应当暂停借款费用的资本化，将在中断期间发生的借款费用确认为当期费用，直至资产的购建活动重新开始。据此，在第一季度末，公司考虑到所购建固定资产的非正常中断时间将短于3个月，所以，在编制2×25年第一季度财务报告时，没有中断借款费用的资本化，将3月份发生的符合资本化条件的借款费用继续资本化，计入在建工程成本。后来的事实发展表明，公司直至2×25年6月15日才获得补充专门借款，工程才重新开工。这样，公司在编制2×25年第二季度财务报告时，如果仅仅以第二季度发生的交易或者事项作为会计计量的基础，那么，公司在第二季度发生工程非正常中断的时间也只有两个半月，短于借款费用准则规定的借款费用应当暂停资本化的3个月的期限，从而在第二季度内将4月1日至6月15日之间所发生的与购建固定资产有关的借款费用继续资本化，计入在建工程成本。

显然，上述处理是错误的。因为，如果企业只需编制年度财务报告，不必编制季度财务报告，那么，从全年来看，企业建造固定资产工程发生非正常中断的时间为三个半月，企业应当暂停这三个半月内所发生的借款费用资本化。也就是说，如果以整个会计年度作为会计计量的基础，上述3月1日至6月15日之间发生的借款费用都应当予以费用化，计入当期损益。而如果仅仅以每一报告季度作为会计计量的基础，则上述3月1日至6月15日之间发生的相关借款费用将继续资本化，计入在建工程成本。季度计量的结果与年度计量的结果将不一致，而这种不一致的产生就是由于财务报告的频率由按年编报变为按季编报。毫无疑问，单纯以季度为基础对上述固定资产建造中断期间所发生的借款费用进行计量是不正确的。为了避免企业中期会计计量与年度量的不一致，防止因财务报告的编报频率而影响年度财务结果的计量，企业应当以年初至期末为期间基础进行中期会计计量。

本例中，当企业编制第二季度财务报告时，对于所购建固定资产中断期间所发生的借款费用的处理，应当以 2×25 年 1 月 1 日至 6 月 30 日的期间为基础。显然，在 1 月 1 日至 6 月 30 日的基础之上，所购建固定资产的中断期间超过了 3 个月，应当将中断期间所发生的所有借款费用全部费用化，所以在编制第二季度财务报告时，不仅第二季度 4 月 1 日至 6 月 15 日之间发生的借款费用应当费用化，计入第二季度的损益，而且，上一季度已经资本化了的 3 月份的借款费用应当费用化，调减在建工程成本，调增财务费用，这样计量的结果能够保证中期会计计量结果与年度会计计量结果相一致，实现财务报告的编报频率不影响年度财务结果计量的目标。

季节性、周期性或者偶然性取得收入的确认和计量

企业取得季节性、周期性或者偶然性收入，应当在发生时予以确认和计量，不应当在中期财务报告中预计或者递延，但会计年度末允许预计或者递延的除外。

企业经营的季节性特征，是指企业营业收入的取得或者营业成本的发生主要集中在全年度的某一期或者某段时间内。例如，供暖企业的营业收入主要来自冬季；冷饮企业的营业收入主要来自夏季。

企业经营的周期性特征，是指企业每隔一个周期就会稳定地取得一定的收入或者发生一定的成本的情况。例如，某房地产开发企业开发房地产项目通常需要一个周期，如需要 2 至 3 年才能完成开发，而该企业又不同时开发多个项目，这样，在房地产开发完成并出售之前，企业不能确认收入，所发生的相关成本费用则作为房地产的开发成本，企业通常只有在将所开发完成的房地产对外出售之后才能确认收入。

在通常情况下，企业各项收入一般是在一个会计年度的各个中期内均匀发生的，各中期之间实现的收入差异不会很大。但是，因季节性、周期性或者偶然性取得的收入，往往集中在会计年度的个别中期内，对于这些收入，中期财务报告准则规定企业应当在发生时予以确认和计量，不应当在中期财务报告中予以预计或者递延，也就是说，企业应当在这些收入取得并实现时及时予以确认和计量，不应当为了平衡各中期的收益而将这些收入在会计年度的各个中期之间进行分摊。同时，季节性、周期性或者偶然性取得的收入在会计年度末允许预计或者递延的，则在中期财务报表中也允许预计或者递延。

【例 14-19】甲公司为一家房地产开发公司，采取滚动开发房地产的方式开发房地产，即每开发完成一个房地产项目后，再开发下一个房地产项目。该公司于 2×24 年 1 月 1 日开始开发一住宅小区，小区建成完工需 2 年。公司采取边开发、边销售楼盘的策略。假定该公司在 2×24 年各季度分别收到楼盘销售款 2 000 万元、6 000 万元、5 000 万元和 4 000 万元；为小区建设分别发生开发成本 4 000 万元、3 000 万元、4 400 万元和 3 600 万元；在 2×25 年各季度分别收到楼盘销售款 5 000 万元、6 000 万元、6 000 万元和 2 000 万元；为小区建设分别发生开发成本 2 000 万元、3 400 万元、3 000 万元和 600 万元。小区所有商品房于 2×25 年 11 月完工，12 月全部交付给购房者，并办理完有关产权手续。

在本例中，甲公司的经营业务具有明显的周期性特征，公司只有在每隔一个周期，待房地产开发完成并实现对外销售后，才能确认收入，即公司只有在 2×25 年 12 月所建商品房完工后，已经履行了履约义务，即客户已经取得了相关商品的控制权、企业因向客户转让商品而有权取得的对价能够收回，符合收入确认标准后，才能确认收入。这一收入就属于周期性取得的收入，在 2×25 年 12 月之前的各中期都不能预计收入，也不能将已经收到的楼盘销售款直接确认为收入，

企业应当在收到这些款项时将其作为预收款处理。对于开发小区所发生的成本也应当首先归集在"开发成本"中，待到确认收入时，再结转相应的成本。另外，该公司对其经营的周期性特征，应当按要求在各有关中期财务报告附注中予以披露。

3.会计年度中不均匀发生的费用的确认与计量

企业在会计年度中不均匀发生的费用，应当在发生时予以确认和计量，不应在中期财务报表中预提或者待摊，但会计年度末允许预提或者待摊的除外。在通常情况下，与企业生产经营和管理活动有关的费用往往是在一个会计年度的各个中期内均匀发生的，各中期之间发生的费用不会有较大差异。但是，一些费用，如员工培训费等，往往集中在会计年度的个别中期内。对于这些会计年度中不均匀发生的费用，企业应当在发生时予以确认和计量，不应当在中期财务报表中予以预提或者待摊。也就是说，企业不应当为了各中期之间收益的平滑化而将这些费用在会计年度的各个中期之间进行分摊。

【例14-20】甲公司根据年度培训计划，在2×24年6月份对员工进行了专业技能和管理知识方面的集中培训，共发生培训费用30万元。

对于该项培训费用，公司应当直接计入6月份的损益，不能在6月份之前预提，也不能在6月份之后待摊。

（三）中期比较财务报表的编制要求

中期财务报告应当按照下列规定提供比较财务报表：（1）本中期末的资产负债表和上年度末的资产负债表。（2）本中期的利润表、年初至本中期末的利润表以及上年度可比期间的利润表。（3）年初至本中期末的现金流量表和上年度年初至可比本中期末的现金流量表。

【例14-21】某企业按要求需要提供半年度中期财务报告，则该企业在截至2×25年6月30日的上半年财务报告中应当提供的财务报表见表14-25。

表14-25　　　　　　　　　　**某企业2×25年上半年财务报告中应当提供的财务报表**

| 报表类别 | 本年度中期财务报表时间（或者期间） | 上年度比较财务报表时间（或者期间） |
|---|---|---|
| 资产负债表 | 2×25年6月30日 | 2×24年12月31日 |
| 利润表 | 2×25年1月1日至6月30日 | 2×24年1月1日至6月30日 |
| 现金流量表 | 2×25年1月1日至6月30日 | 2×24年1月1日至6月30日 |

【例14-22】某企业按照要求需提供季度财务报告，则该企业截至2×25年3月31日、6月30日和9月30日分别提供的各季度财务报告（即第一、第二、第三季度财务报告）中就应当分别提供如下财务报表：

（1）2×25年第一季度财务报告应当提供的财务报表见表14-26。

表14-26　　　　　　　　　　**某企业2×25年第一季度财务报告应当提供的财务报表**

| 报表类别 | 本年度中期财务报表时间（或者期间） | 上年度比较财务报表时间（或者期间） |
|---|---|---|
| 资产负债表 | 2×25年3月31日 | 2×24年12月31日 |
| 利润表* | 2×25年1月1日至3月31日 | 2×24年1月1日至3月31日 |
| 现金流量表 | 2×25年1月1日至3月31日 | 2×24年1月1日至3月31日 |

注：*在第一季度财务报告中，"本中期"与"年初至本中期末"的期间是相同的，所以，在第一季度财务报告中只需提供一张利润表，因为在第一季度，本中期利润表即为年初至本中期末利润表，相应地，上年度的比较财务报表也只需提供一张利润表。

（2）2×25年第二季度财务报告应当提供的财务报表见表14-27。

表14-27　　　　　　某企业2×25年第二季度财务报告应当提供的财务报表

| 报表类别 | 本年度中期财务报表时间（或期间） | 上年度比较财务报表时间（或期间） |
|---|---|---|
| 资产负债表 | 2×25年6月30日 | 2×24年12月31日 |
| 利润表（本中期） | 2×25年4月1日至6月30日 | 2×24年4月1日至6月30日 |
| 利润表（年初至本中期末） | 2×25年1月1日至6月30日 | 2×24年1月1日至6月30日 |
| 现金流量表 | 2×25年1月1日至6月30日 | 2×24年1月1日至6月30日 |

（3）2×25年第三季度财务报告应当提供的财务报表见表14-28。

表14-28　　　　　　某企业2×25年第三季度财务报告应当提供的财务报表

| 报表类别 | 本年度中期财务报表时间（或期间） | 上年度比较财务报表时间（或期间） |
|---|---|---|
| 资产负债表 | 2×25年9月30日 | 2×24年12月31日 |
| 利润表（本中期） | 2×25年7月1日至9月30日 | 2×24年7月1日至9月30日 |
| 利润表（年初至本中期末） | 2×25年1月1日至9月30日 | 2×24年1月1日至9月30日 |
| 现金流量表 | 2×25年1月1日至9月30日 | 2×24年1月1日至9月30日 |

### （四）中期财务报告附注

延伸阅读14-11

中期合并财务报表

中期财务报告附注，是对中期资产负债表、利润表、现金流量表等报表中列示项目的文字描述或明细阐述，以及对未能在这些报表中列示项目的说明等。其目的是使财务报告信息对会计信息使用者的决策更加相关、有用，但同时要考虑成本效益原则。

（1）中期财务报告附注应当以年初至本中期末为基础编制。编制中期财务报告的目的是向报告使用者提供自上年度资产负债表日之后所发生的重要交易或者事项，因此，中期财务报告附注应当以"年初至本中期末"为基础进行编制，而不应当仅仅披露本中期所发生的重要交易或者事项。

【例14-23】甲公司需要编制季度财务报告，该公司在2×24年3月5日对外进行重大投资，设立一家子公司。对于这一事项，甲公司不仅应当在2×24第一季度财务报告附注中予以披露，在2×24年度第二季度财务报告和第三季度财务报告附注中也应当予以披露。

（2）中期财务报告附注应当对自上年度资产负债表日之后发生的重要交易或者事项进行披露。为了全面反映企业财务状况、经营成果和现金流量，中期财务报告准则规定，中期财务报告附注应当以年初至本中期末发生的重要交易或者事项为基础编制，披露自上年度资产负债表日之后发生的，有助于理解企业财务状况、经营成果和现金流量变化情况的重要交易或者事项。此外，对于与理解本中期财务状况、经营成果和现金流量有关的重要交易或者事项，也应当在附注中作相应披露。

【例14-24】ABC公司在2×24年1月1日至6月30日累计实现净利润5 000万元，其中，第二季度实现净利润160万元，公司在第二季度转回前期计提的坏账准备200万元，第二季度末应收账款余额为1 600万元。

尽管该公司第二季度转回的坏账准备仅占ABC公司1—6月份净利润总额的4%（200÷5 000×100%），可能并不重要，但是该项转回金额占第二季度净利润的125%（200÷160×100%），占第二季度末应收账款余额的12.5%，对于理解第二季度（4—6月份）经营成果和第二季度末财务状况而言，属于重要事项，所以，ABC公司应当在第二季度财务报告附注中披露该事项。

思政案例

HW 的核心竞争力在于长期在研发领域的投资与研发能力

在实务工作中，企业还应当综合考虑资产规模、经营特征等因素，以对重要性作出较为合理的判断。

## □ 复习思考题

1.何谓财务报告？其编制目的和主要构成内容是什么？

2.财务报表提供的信息应达到的基本质量要求指的是什么？

3.何谓资产负债表？其作用如何？

4.何谓利润表？其作用如何？

5.何谓现金流量表？其作用如何？

6.现金流量表中现金的含义是什么？

7.所有者权益变动表有何作用？

8.现金流量表直接法和间接法的区别是什么？

9.财务报表附注的内容是什么？

10.财务报告列报的基本要求是什么？

11.简述资产负债表的作用及局限性。

12.简述两种不同的收益计量观。

13.简述经营活动现金流量列报的直接法。

14.简述经营活动现金流量列报的间接法。

15.简述现金流量表主要项目的转换方法。

16.简述所有者权益变动表的作用。

17.简述中期财务报告的概念、内容及作用。

自测题

# 第十五章  会计调整

会计调整是指企业因会计政策变更、会计估计变更、前期差错更正和资产负债表日后事项的调整而对会计记录和财务报表的调整。从这个意义上讲，会计调整是财务报表内容的延伸与扩充，其实质是对财务报表的调整。

# 第一节  会计政策及其变更

## 一、会计政策

### （一）会计政策的概念

会计政策是指企业在会计确认、计量和报告中所采用的原则、基础和会计处理方法。会计政策包括会计原则、基础和处理方法。其中，会计原则是指按照企业会计准则规定的、适合于企业会计核算所采用的具体会计原则。会计基础是指为了将会计原则应用于交易或者事项而采用的基础，主要是指会计计量基础，包括历史成本、重置成本、可变现净值、现值和公允价值等。会计处理方法是指企业在会计核算中按照法律、行政法规或者国家统一的会计制度等规定采用或者选择的、适合于本企业的具体会计处理方法。

### （二）会计政策的特点

在我国，会计准则属于法规，会计政策所包括的具体会计原则、基础和具体会计处理方法由企业会计准则规定。企业基本上是在法规所允许的范围内选择适合本企业实际情况的会计政策。所以，会计政策具有强制性和层次性特点。

1.会计政策的强制性

由于企业经济业务的复杂性和多样化，某些经济业务在符合会计原则和基础的要求下，可以有多种会计处理方法。例如，存货的计价有先进先出法、加权平均法、个别计价法等。但是，企业在发生某项经济业务时，必须从允许的会计原则、基础和会计处理方法中选择出适合本企业特点的会计政策。

2.会计政策的层次性

会计政策包括会计原则、基础和会计处理方法三个层次。其中，会计原则是指导企业会计核算的具体原则，如收入要同时具备规定的条件才能确认；会计基础是为将会计原则体现在会计核算中而采用的基础，如计量基础（即计量属性）；会计处理方法是按照会计原则和基础的要求，由企业在会计核算中采用或者选择的、适合于本企业的具体会计处理方法，如发出存货计价方法。会计原则、基础和会计处理方法三者之间是一个具有逻辑性、密不可分的整体，通过这个整体，会计政策才能得以应用和落实。

（三）重要的会计政策

判断会计政策是否重要，应当主要考虑与会计政策相关项目的性质和金额：一是判断该项目在性质上是否属于企业的日常活动；二是判断项目金额大小的重要性。企业应当披露重要的会计政策，不具有重要性的会计政策可以不予披露。企业应当披露的重要会计政策包括：

（1）发出存货成本的计量。发出存货成本的计量，是指企业确定发出存货成本所采用的会计处理方法。例如，企业发出存货成本的计量是采用先进先出法，还是采用其他计量方法。

（2）长期股权投资的后续计量。长期股权投资的后续计量，是指企业取得长期股权投资后的会计处理。例如，企业对被投资单位的长期股权投资是采用成本法，还是采用权益法核算。

（3）投资性房地产的后续计量。投资性房地产的后续计量，是指企业对投资性房地产进行后续计量所采用的会计处理方法。例如，企业对投资性房地产的后续计量是采用成本模式，还是采用公允价值模式。

（4）固定资产的初始计量。固定资产的初始计量，是指对取得的固定资产初始成本的计量。例如，企业取得的固定资产初始成本是以购买价款为基础进行计量，还是以购买价款的现值为基础进行计量。

（5）生物资产的初始计量。生物资产的初始计量，是指对取得的生物资产初始成本的计量。例如，企业为取得生物资产而产生的借款费用，是予以资本化，还是计入当期损益。

（6）无形资产的确认。无形资产的确认，是指对无形资产项目的支出是否确认为无形资产。例如，企业内部研究开发项目开发阶段的支出是确认为无形资产，还是在发生时计入当期损益。

（7）非货币性资产交换的计量。非货币性资产交换的计量，是指在非货币性资产交换事项中对换入资产成本的计量。例如，非货币性资产交换是以换出资产的公允价值作为确定换入资产成本的基础，还是以换出资产的账面价值作为确定换入资产成本的基础。

（8）收入的确认。收入的确认，是指收入确认所采用的会计原则。例如，企业确认收入时是按照从购货方已收的合同或协议价款确定销售商品收入金额，还是按照应收的合同或协议价款的公允价值确定销售商品收入金额。

（9）借款费用的处理。借款费用的处理，是指借款费用的会计处理方法，是采用资本化方法，还是采用费用化方法。

（10）合同收入与费用的确认。合同收入与费用的确认，是指确认建造合同的收入和费用所采用的会计处理方法。例如，企业确认建造合同的合同收入和合同费用采用完工百分比法。

（11）合并政策。合并政策，是指编制合并财务报表所采用的原则，如母公司与子公司的会计年度不一致的处理原则及合并范围的确定原则等。

（12）其他重要的会计政策等。

**二、会计政策变更**

会计政策变更，是指企业对相同的交易或者事项由原来采用的会计政策改用另一会计政策的行为。为保证会计信息的可比性，使财务报表使用者在比较企业一个以上期间的财务报表时，能够正确判断企业的财务状况、经营成果和现金流量的趋势，在一般情况下，企业采用的会计政策，在每一会计期间和前后各期应当保持一致，不得随意变更。否则，势必会削弱会计信息的可比性。

1.会计政策变更的条件

企业只有在以下两种情况下才可以变更会计政策：

（1）依法变更。这种情况是指按照法律、行政法规以及国家统一的会计制度的规定，要求企业采用新的会计政策，则企业应当按照法律、行政法规以及国家统一的会计制度的规定改变原会计政策，按照新的会计政策执行。例如，《企业会计准则第1号——存货》对发出存货实际成本的计价排除了后进先出法，这就要求企业将原来以后进先出法计量的发出存货成本改为现行准则规定可以采用的其他存货成本计价方法。

（2）自行变更。这种情况是指由于经济环境、客观情况的改变，企业原来采用的会计政策所提供的会计信息，已不能恰当地反映企业的财务状况、经营成果和现金流量等情况。在这种情况下，应改变原有会计政策，按变更后新的会计政策进行会计处理，以便对外提供更可靠、更相关的会计信息。

例如，某企业一直采用成本模式对投资性房地产进行后续计量，如果该企业能够从房地产交易市场上持续地取得同类或类似房地产的市场价格及其他相关信息，从而能够对投资性房地产的公允价值作出合理的估计，此时采用公允价值模式对投资性房地产进行后续计量可以更好地反映其价值。在这种情况下，该企业可以将投资性房地产的后续计量方法由成本模式变更为公允价值模式。

需要注意的是，自行变更会计政策时，必须有充分、合理的证据表明其变更的合理性，并说明变更会计政策后，能够提供关于企业财务状况、经营成果和现金流量等更可靠、更相关的会计信息的理由。对会计政策的变更，企业仍应经股东会或董事会、经理（厂长）会议或类似机构批准，并按照法律、行政法规等的规定报送有关各方备案。如无充分、合理的证据表明会计政策变更的合理性，或者未重新经股东会或董事会、经理（厂长）会议或类似机构批准擅自变更会计政策的，或者连续、反复地自行变更会计政策的，视为滥用会计政策，按照前期差错更正的方法进行处理。

上市公司的会计政策目录及变更会计政策后重新制定的会计政策目录，除应当按照信息披露的要求对外公布外，还应当报公司上市地交易所备案。未报公司上市地交易所备案的，视为滥用会计政策，按照前期差错更正的方法进行处理。

2.不属于会计政策变更的情况

企业在以下两种情况下改变会计政策，不属于会计政策变更：①企业本期发生的交易或事项与以前相比具有本质的差别而采用新的会计政策。这是因为，会计政策是针对特定类型的交易或事项的，如果发生的交易或事项与其他交易或事项有本质区别，那么，企业实际上是为新的交易或事项选择适当的会计政策，并没有改变原有的会计政策。例如，企业以往租入的设备均为临时需要而租入的，因此按经营租赁会计处理方法核算，但自本年度起租入的设备均采用融资租赁方式，则该企业自本年度起对新租赁的设备采用融资租赁会计处理方法核算。由于该企业原租入的设备均为经营性租赁，本年度起租赁的设备均改为融资租赁，经营租赁和融资租赁有着本质差别，因而改变会计政策不属于会计政策变更。②对初次发生的或不重要的交易或者事项采用新的会计政策。例如，某企业初次签订一项建造合同，为另一企业建造三栋厂房，该企业对该项建造合同采用完工百分比法确认收入。由于该企业初次发生该项交易，采用完工百分比法确认该项交易的收入，不属于会计政策变更。

### 三、会计政策变更的会计处理

#### （一）会计政策变更的会计处理原则

企业会计政策变更要根据具体情况，分别按以下规定进行会计处理：

1.企业依法变更会计政策

企业依法变更会计政策时，应当分别按以下情况进行会计处理：

（1）国家发布了相关的会计处理办法的，则按照国家发布的相关的会计处理规定进行处理。

（2）国家没有发布相关的会计处理办法的，则采用追溯调整法进行会计处理。

2.企业自行变更会计政策

企业自行变更会计政策时，应采用追溯调整法进行会计处理。

#### （二）会计政策变更的追溯调整法

追溯调整法是指对某项交易或事项变更会计政策，视同该项交易或事项初次发生时即采用变更后的会计政策，并以此对财务报表相关项目进行调整的方法。

企业采用追溯调整法时，对于比较财务报表期间的会计政策变更，应调整各期间净损益项目和财务报表其他相关项目，视同该政策在比较财务报表期间一直采用。

应当将会计政策变更的累积影响数调整期初留存收益。留存收益包括当年和以前年度的未分配利润和按照相关法律规定提取并累积的盈余公积。调整期初留存收益是指对期初未分配利润和盈余公积两个项目的调整。

1.追溯调整法的步骤

追溯调整法的运用通常由以下几步构成：

第一步，计算会计政策变更的累积影响数；

第二步，编制相关项目的调整分录；

第三步，调整列报前期最早期初财务报表相关项目及其金额；

第四步，附注说明。

其中，会计政策变更累积影响数是指按照变更后的会计政策对以前各期追溯计算的列报前期最早期初留存收益应有金额与现有金额之间的差额。会计政策变更的累积影响数又可以分解为以下两个金额之间的差额。①在变更会计政策当期，按变更后的会计政策对以前各期追溯计算，所得到的列报前期最早期初留存收益金额。②在变更会计政策当期，列报前期最早期初留存收益金额。

在财务报表只提供列报项目上一个可比会计期间比较数据的情况下，上述第②项，在变更会计政策当期，列报前期最早期初留存收益金额，即为上期资产负债表所反映的期初留存收益，可以从上年资产负债表项目中获得。真正需要计算确定的是第①项，即按变更后的会计政策对以前各期追溯计算，所得到的上期期初留存收益金额。

累积影响数通常可以通过以下各步计算获得：第一步，根据新会计政策重新计算受影响的前期交易或事项；第二步，计算两种会计政策下的差异；第三步，计算差异的所得税影响金额；第四步，确定前期中的每一期的税后差异；第五步，计算会计政策变更的累积影响数。

2.追溯调整法示例

【例15-1】华联股份有限公司2×24年、2×25年分别以900 000元和220 000元的价格从股票市场购入A、B两只以交易为目的的股票，市价一直高于购入成本。假定不考虑相关税费，且公司采用成本与市价孰低法对购入的股票进行计量。自2×26年起，公司对其以交易为目的的股票由成本与市价孰低法计量改为公允价值计量，公司保存的会计资料比较齐备，可以通过会计资料追溯计算。公司适用的所得税税率为25%，公司按净利润的10%提取法定盈余公积，按净利润的5%提取任意盈余公积。2×25年公司发行在外的普通股加权平均数为900万股。A、B股票的有关成本及公允价值资料见表15-1。

表15-1　　　　　　　　　　　　A、B股票有关成本及公允价值　　　　　　　　　　单位：元

| 项目 | 购入成本 | 2×24年年末公允价值 | 2×25年年末公允价值 |
|---|---|---|---|
| A股票 | 900 000 | 1 020 000 | 1 020 000 |
| B股票 | 220 000 | — | 260 000 |

根据上述资料，华联股份有限公司的会计处理如下：

（1）计算改变交易性金融资产计量方法后的累积影响数，见表15-2。

表15-2　　　　　　　　改变交易性金融资产计量方法后的累积影响数　　　　　　　　单位：元

| 时间 | 公允价值 | 成本与市价孰低 | 税前差异 | 所得税影响 | 税后差异 |
|---|---|---|---|---|---|
| 2×24年年末 | 1 020 000 | 900 000 | 120 000 | 30 000 | 90 000 |
| 2×25年年末 | 1 280 000 | 1 120 000 | 160 000 | 40 000 | 120 000 |

分析如下：

华联股份有限公司2×26年12月31日的比较财务报表列报前期最早期初为2×25年1月1日。

华联股份有限公司在2×24年年末按公允价值计量的A股票的账面价值为1 020 000元，按成本与市价孰低计量的账面价值为900 000元，两者的所得税影响额为30 000元，两者差异的税后净影响额为90 000元，即为该公司2×25年期初由成本与市价孰低计量改为公允价值计量的累积影响数。

华联股份有限公司在2×25年年末按公允价值计量的A、B股票的账面价值为1 280 000元，按成本与市价孰低计量的账面价值为1 120 000元，两者的所得税影响额为40 000元，两者差异的税后净影响额为120 000元，即90 000元是调整2×25年累积影响数，120 000元是调整2×25年当期金额。

华联股份有限公司按照公允价值重新计量2×24年年末A股票账面价值，结果为公允价值变动收益少计了120 000元，所得税费用少计了30 000元，净利润少计了90 000元。

华联股份有限公司按照公允价值重新计量2×25年年末A、B股票账面价值，其结果为公允价值变动收益少计了160 000元，所得税费用少计了40 000元，净利润少计了120 000元。

（2）编制有关项目的调整分录。

①调整交易性金融资产

借：交易性金融资产——公允价值变动　　　　　　　　　　　　　160 000
　　贷：利润分配——未分配利润　　　　　　　　　　　　　　　　　　　　120 000
　　　　递延所得税负债　　　　　　　　　　　　　　　　　　　　　　　　　40 000

②调整利润分配

借：利润分配——未分配利润　　　　　　　　　　　　　　　　　18 000
　　贷：盈余公积　　　　　　　　　　　　　　　　　　　　　　　　　　　　18 000

18 000=120 000×15%，其中，按净利润的10%提取法定盈余公积，按净利润的5%提取任意盈余公积。

（3）财务报表调整和重述（财务报表略）。

华联股份有限公司在列报2×26年度的财务报表时，应调整2×26年年末资产负债表有关项目的年初余额、利润表有关项目的上年金额及所有者权益变动表有关项目的上年余额和本年金额。

①资产负债表项目的调整

调增交易性金融资产年初余额160 000元；调增递延所得税负债年初余额40 000元；调增盈余公积年初余额18 000元；调增未分配利润年初余额102 000元（120 000-18 000）。

②利润表项目的调整

调增公允价值变动收益上年金额40 000元（160 000-120 000）；调增所得税费用上年金额10 000元（40 000-30 000）；调增净利润上年金额30 000元（120 000-90 000）；调增基本每股收益上年金额0.0033元（3÷900）。

③所有者权益变动表项目的调整

调增会计政策变更项目中盈余公积上年金额13 500元（90 000×15%）；未分配利润上年金额76 500元（90 000-13 500）；所有者权益合计上年金额90 000元。这里的上年金额要结合所有者权益变动表中栏目内容理解。

调增本年金额栏上年年末余额下的会计政策变更项目中盈余公积4 500元、未分配利润25 500元。

（4）附注说明。

华联股份有限公司2×26年按照企业会计准则的规定，对交易性金融资产计量由成本与市价孰低改为以公允价值计量，此项会计政策变更采用追溯调整法，2×26年的比较财务报表已重新表述。2×25年年初运用新会计政策追溯计算的会计政策变更累积影响数为90 000元。调增2×25年的年初留存收益90 000元，其中，调增未分配利润76 500元，调增盈余公积13 500元。会计政策变更对2×26年度财务报表的影响为，调增本年年初未分配利润102 000元、盈余公积18 000元；调增净利润上年数30 000元。

（三）未来适用法

未来适用法，是指将变更后的会计政策应用于变更日及以后发生的交易或者事项，或者在会计估计变更当期和未来期间确认会计估计变更影响数的方法。

在未来适用法下，不需要计算会计政策变更产生的累积影响数，也无须重编以前年度的财务报表。变更之日仍保留企业会计账簿记录及财务报表上反映的原有金额，不因会计政策变更而改变以前年度的既定结果，并在现有金额的基础上再按新的会计政策进行处理。

【例15-2】诚信实业股份有限公司2×24年以前存货计价采用后进先出法。该公司从2×24年1月1日起改用先进先出法。具体数字资料可直接参见表15-3。公司依法改变存货计价方法，因而属于会计政策变更。假设企业对以前年度的存货成本不能进行合理的调整，因此，采用未来适用法进行处理，即对存货采用先进先出法从2×24年及以后年度才适用，不需要计算2×24年1月1日以前按先进先出法计算的存货应有余额，以及对留存收益的影响金额。计算确定会计政策变更对当期净利润的影响数见表15-3。

由于会计政策变更，诚信实业股份有限公司2×24年净利润增加了690 000元。

表15-3                    **当期净利润的影响数计算简表**                    单位:元

| 项　目 | 后进先出法 | 先进先出法 |
|---|---|---|
| 营业收入 | 10 000 000 | 10 000 000 |
| 减:营业成本 | 7 320 000 | 6 400 000 |
| 其他费用 | 480 000 | 480 000 |
| 利润总额 | 2 200 000 | 3 120 000 |
| 减:所得税费用 | 550 000 | 780 000 |
| 净利润 | 1 650 000 | 2 340 000 |
| 差　额 | 690 000 | |

【思政课堂】                    **高素质人才更应自觉遵守职业道德**

习近平总书记在党的二十大报告中强调"培养造就大批德才兼备的高素质人才,是国家和民族长远发展大计""深化人才发展体制机制改革,真心爱才、悉心育才、倾心引才、精心用才,求贤若渴,不拘一格,把各方面优秀人才集聚到党和人民事业中来""引导广大人才爱党报国、敬业奉献、服务人民"。财经人才应自觉遵守各项法律制度,知法、守法、敬法,切实保护国家、社会公众及投资人等的利益,具有合规意识,任何时候都要自觉遵守职业道德。

### 四、会计政策变更的披露

企业应当在附注中披露与会计政策变更有关的下列信息:

① 会计政策变更的性质、内容和原因;

② 当期和各个列报前期财务报表中受影响的项目名称和调整金额;

③ 无法进行追溯调整的,应说明该事实和原因以及开始应用变更后的会计政策的时点、具体应用情况。

### 五、会计政策变更与会计估计变更的划分

企业应当以变更事项的会计确认、计量基础和列报项目是否发生变更作为判断标准,用以正确划分会计政策变更与会计估计变更。

**1.以会计确认是否发生变更作为判断标准**

企业对会计确认的指定或选择是会计政策,其相应的变更是会计政策变更。会计确认的变更一般会引起列报项目的变更。如无形资产研究开发费用由费用化改为符合条件的资本化,不但引起会计确认发生了变更,也引起报表项目发生了变更。再如,某企业在前期将某项内部研发项目开发阶段的支出计入当期损益,而当期按照企业会计准则的规定,该项支出符合无形资产的确认条件,应当确认为无形资产。该事项的会计确认发生变更,即前期将开发费用确认为一项费用,而当期将其确认为一项资产。该事项中会计确认发生了变化,所以该变更是会计政策变更。

**2.以计量基础是否发生变更作为判断标准**

企业对计量基础的指定或选择是会计政策,其相应的变更是会计政策变更。如存货期末计量由成本改为成本与可变现净值孰低计量;固定资产初始计量由成本改为现值计量等。

3.以列报项目是否发生变更作为判断标准

企业对列报项目的指定或选择是会计政策，其相应的变更是会计政策变更。如某商业企业在前期将商品采购费用列入营业费用，当期根据企业会计准则的规定，将采购费用列入成本，因列报项目发生了变化，所以该变更是会计政策变更。

需要特别注意的是，根据会计确认、计量基础和列报项目所选择的、为取得与资产负债表项目有关的金额或数值（如预计使用寿命、净残值等）所采用的处理方法，不是会计政策，而是会计估计，其相应的变更属于会计估计变更。例如，企业原采用双倍余额递减法计提固定资产折旧，根据固定资产使用的实际情况，企业决定改用年限平均法计提固定资产折旧。该事项前后采用的两种计提折旧方法都是以历史成本作为计量基础，其会计确认和列报项目均未发生变更，只是固定资产折旧、固定资产净值等相关金额发生了变化。因此，该事项属于会计估计变更。

如果企业通过判断会计政策变更和会计估计变更的划分基础仍然难以对某项变更进行区分，应当将其作为会计估计变更处理。

# 第二节　会计估计及其变更

## 一、会计估计

### （一）会计估计的概念

会计估计是指企业对结果不确定的交易或者事项以最近可利用的信息为基础所作的判断。由于受经营活动中内在的不确定因素影响，许多财务报表中的项目不能精确地计量，而只能加以估计。估计涉及以最近可利用的、可靠的信息为基础所作的判断。例如，以下项目可能要求估计：坏账、陈旧过时的存货、应折旧资产的使用寿命或者体现在应折旧资产中的未来经济利益的预期消耗方式、担保债务等。

延伸阅读15-1

会计估计与会计估计变更

### （二）会计估计的特点

1.会计估计的存在是由于经营活动中内在的不确定因素的影响

在会计核算中，企业总是力求保持会计核算的准确性，但有些经济业务本身具有不确定性（如坏账、固定资产折旧年限、固定资产残余价值、无形资产摊销年限、收入确认等），因而需要根据经验作出估计。可以说，在进行会计核算和相关信息披露的过程中，会计估计是不可避免的，并不会削弱会计确认和计量的可靠性。

2.在进行会计估计时，往往以最近可利用的信息或资料为基础

企业在会计核算中，由于经营活动中内在的不确定性，不得不经常进行估计。一些估计的主要目的是确定资产或负债的账面价值，如坏账准备、担保责任引起的负债；另一些估计的主要目的是确定将在某一期间记录的收益或费用的金额，如某一期间的折旧、摊销的金额。企业在进行会计估计时，通常应根据当时的情况和经验，以一定的信息或资料为基础。但是，随着时间的推移、环境的变化，进行会计估计的基础可能会发生变化，因此，进行会计估计所依据的信息或者资料不得不经常发生变化。由于最新的信息是最接近目标的信息，以其为基础所作的估计最接近实际，所以在进行会计估计时，应以最近可利用的信息或资料为基础。

3.进行会计估计并不会削弱会计确认和计量的可靠性

企业为了定期、及时地提供有用的会计信息，将延续不断的经营活动人为划分为一定的期间，并在权责发生制的基础上对企业的财务状况和经营成果进行定期确认和计量。例如，在会计分期的情况下，许多企业的交易跨越若干会计年度，以至于需要在一定程度上作出决定：某一年度发生的开支，哪些可以合理地预期能够产生其他年度以收益形式表示的利益，从而全部或部分向后递延；哪些可以合理地预期能够在当期得到补偿，从而确认为费用。也就是说，需要在结算日决定，哪些开支可以在资产负债表中处理，哪些开支可以在利润表中作为当期费用处理。因此，由于会计分期和货币计量的前提，在确认和计量过程中，不得不对许多尚在延续中、其结果尚未确定的交易或事项予以估计入账。

（三）会计估计的判断

企业会计估计的判断，应当考虑与会计估计相关项目的性质和金额。在通常情况下，下列情况属于会计估计：

（1）存货可变现净值的确定。

（2）采用公允价值模式下的投资性房地产公允价值的确定。

（3）固定资产的预计使用寿命、预计净残值和折旧方法、弃置费用的确定。

（4）存货及消耗性生物资产可变现净值的确定，生产性生物资产的使用寿命、预计净残值和折旧方法的确定。

（5）使用寿命有限的无形资产预计使用寿命与净残值和摊销方法的确定。

（6）非货币性资产公允价值的确定。

（7）固定资产、无形资产、长期股权投资等非流动资产可收回金额的确定。

（8）职工薪酬金额的确定。

（9）与股份支付相关的公允价值的确定。

（10）与债务重组相关的公允价值的确定。

（11）预计负债金额的确定。

（12）收入金额的确定、提供服务完工进度的确定。

（13）与政府补助相关的公允价值的确定。

（14）一般借款资本化金额的确定。

（15）应纳税暂时性差异和可抵扣暂时性差异的确定。

（16）与非同一控制下的企业合并相关的公允价值的确定。

## 二、会计估计变更

会计估计变更，是指由于资产和负债的当前状况及预期经济利益和义务发生了变化，从而对资产或负债的账面价值或者资产的定期消耗金额进行调整。

由于企业在经营活动中内在的不确定因素，许多财务报表项目不能准确地计量，只能加以估计，估计过程涉及以最近可以得到的信息为基础所作的判断。但是，估计毕竟是就现有资料对未来所作的判断，随着时间的推移，如果赖以进行估计的基础发生变化，或者由于取得了新的信息、积累了更多的经验或后来的发展可能不得不对估计进行修订，但会计估计变更的依据应当真实、可靠。会计估计变更的情形包括：

（1）赖以进行估计的基础发生了变化。企业进行会计估计，总是依赖于一定的基础。如果其所依赖的基础发生了变化，则会计估计也应相应发生变化。例如，某企业的一项无形资产摊销年限原定为10年，以后发生的情况表明，该资产的受益年限已不足10年，相应调减摊销年限。

（2）取得了新的信息、积累了更多的经验。企业进行会计估计是就现有资料对未来所作的判断。随着时间的推移，企业有可能取得新的信息、积累更多的经验，在这种情况下，企业可能不得不对会计估计进行修订，即发生会计估计变更。例如，某企业根据当时能够得到的信息，对应收账款计划每年按其余额的5%计提坏账准备。现在掌握了新的信息，判定不能收回的应收账款比例已达15%，企业改按15%的比例计提坏账准备。

会计估计变更，并不意味着以前期间会计估计是错误的，只是由于情况发生变化，或者掌握了新的信息，积累了更多的经验，变更会计估计能够更好地反映企业的财务状况和经营成果。如果以前期间的会计估计是错误的，则属于前期差错，按前期差错更正的会计处理办法进行处理。

### 三、会计估计变更的会计处理

企业对会计估计变更应当采用未来适用法处理，其具体处理方法如下：

（1）会计估计变更仅影响变更当期的，其影响数应当在变更当期予以确认。例如，某企业原按应收账款余额的5%提取坏账准备，由于企业不能收回应收账款的比例已达10%，则企业改按应收账款余额的10%提取坏账准备。这类会计估计的变更，只影响变更当期，因此，应于变更当期确认。

（2）既影响变更当期又影响未来期间的，其影响数应当在变更当期和未来期间予以确认。例如，某企业的一项可计提折旧的固定资产，其有效使用年限或预计净残值的估计发生变更，影响了变更当期及资产以后使用年限内各个期间的折旧费用，这项会计估计的变更，应于变更当期及以后各期确认，并将会计估计变更的影响数计入变更当期与以后各期相同的项目中。为了保证不同期间的财务报表具有可比性，会计估计变更的影响数如果以前包括在企业日常经营活动的损益中，则以后也应包括在相应的损益类项目中；如果会计估计变更的影响数以前包括在特殊项目中，则以后也相应作为特殊项目反映。

【例15-3】华联实业股份有限公司有一台于2×20年1月1日起计提折旧的管理用设备，价值67 200元，估计使用年限为8年，净残值为3 200元，按直线法计提折旧。至2×24年年初，由于新技术的发展等原因，需要对原估计的使用年限和净残值进行修改，修改后该设备的使用年限为6年，净残值为1 600元。该公司对上述会计估计变更的处理方式如下：

（1）不调整以前各期折旧，也不计算累积影响数；

（2）变更日及以后改按新估计使用年限及净残值提取折旧。

按原估计每年折旧额为8 000元，已提折旧4年，共计32 000元，固定资产净值为35 200元。改变估计使用年限后，自2×24年起每年计提的折旧费用为16 800元（（35 200-1 600）÷（6-4）），2×24年不必对以前年度已提折旧进行调整，需按重新预计的使用年限和净残值计算确定年折旧费用，编制会计分录如下：

借：管理费用               16 800

  贷：累计折旧             16 800

### 四、会计估计变更的披露

企业应当在附注中披露与会计估计变更有关的下列信息：

（1）会计估计变更的内容和原因，包括变更的内容、变更日期以及会计估计变更的原因。

（2）会计估计变更对当期和未来期间的影响数，包括会计估计变更对当期和未来期间损益的影响金额，以及对其他各项目的影响金额。

（3）会计估计变更的影响数不能确定的，披露这一事实和原因。

以【例15-3】资料为例，华联实业股份有限公司对其会计估计变更，应在附注中披露信息如下：

本公司一台管理用设备，原始价值67 200元，原估计使用年限为8年，预计净残值为3 200元，按直线法计提折旧。由于新技术的发展，该设备已不能按原估计使用年限计提折旧，本公司于2×24年年初变更该设备的使用年限为6年，预计净残值为1 600元，以反映该设备的真实使用年限和净残值。此会计估计变更影响本年度净利润，减少数为6 600元（（16 800-8 000）×（1-25%））。

# 第三节　前期差错及其更正

### 一、前期差错的概念及类型

#### （一）前期差错的概念

前期差错，是指由于没有运用或错误运用下列两种信息，而对前期财务报表造成省略或错报：（1）编报前期财务报表时预期能够取得并加以考虑的可靠信息；（2）前期财务报告批准报出时能够取得的可靠信息。

#### （二）前期差错的类型

前期差错通常包括计算错误、应用会计政策错误、疏忽或曲解事实以及舞弊产生的影响以及存货、固定资产盘盈等。没有运用或错误运用上述两种信息而形成前期差错的情形主要有：

（1）计算以及账户分类错误。例如，企业购入的五年期国债，意图长期持有，但在记账时计入了交易性金融资产，导致账户分类上的错误，并导致在资产负债表上流动资产和非流动资产的分类也有误。

（2）采用法律、行政法规或者国家统一的会计制度等不允许的会计政策。例如，按照《企业会计准则第17号——借款费用》的规定，为购建固定资产取得专门借款而发生的借款费用满足一定条件的，在固定资产达到预定可使用状态前发生的应予资本化，计入所购建固定资产的成本；在固定资产达到预定可使用状态后发生的计入当期损益。如果企业将固定资产已达到预定可使用状态后发生的借款费用，也计入该项固定资产的价值，则属于采用法律或会计准则等行政法规、规章所不允许的会计政策。

（3）对事实的疏忽或曲解，以及舞弊。例如，企业对某项建造合同收入应按某一时段内的履约进度确认收入，但该企业却按一般确认商品销售收入的原则确认收入。

（4）在期末对应计项目与递延项目未予调整。例如，企业应在本期摊销的长期待摊费用在期末未予摊销。

（5）漏计已完成的交易。例如，企业销售一批商品，商品已经发出，开出增值税专用发票，商品销售收入已达到规定的确认条件，但企业在期末未将已实现的销售收入入账。

（6）提前确认尚未实现的收入或不确认已实现的收入。例如，在采用委托代销商品的销售方式下，应在收到代销单位的代销清单时确认商品销售收入的实现，但企业在发出委托代销商品时即确认收入，则为提前确认尚未实现的收入。

（7）资本性支出与收益性支出划分差错等。例如，企业发生的管理人员的工资应作为收益性支出，发生的在建工程人员工资应作为资本性支出。如果企业将发生的在建工程人员工资计入了当期损益，则属于资本性支出与收益性支出的划分差错。

### 二、前期差错重要性的判断

如果财务报表项目的遗漏或错误表述可能影响财务报表使用者根据财务报表作出的经济决策，则该项目的遗漏或错误是重要的。重要的前期差错，足以影响财务报表使用者对企业财务状况、经营成果和现金流量作出正确判断。不重要的前期差错，是指不足以影响财务报表使用者对企业财务状况、经营成果和现金流量作出正确判断的前期差错。

前期差错的重要性取决于在相关环境下对遗漏或错误表述的规模和性质的判断。前期差错所影响的财务报表项目的金额或性质，是判断该前期差错是否具有重要性的决定性因素。一般来说，前期差错所影响的财务报表项目的金额越大、性质越严重，其重要性水平越高。

需要特别注意的是，企业应当严格区分会计估计变更和前期差错更正，对于前期根据当时的信息、假设等作了合理估计，在当期按照新的信息、假设等需要对前期估计金额作出变更的，应当作为会计估计变更处理，不应作为前期差错更正处理。

### 三、前期差错更正的会计处理

会计差错产生于财务报表项目的确认、计量、列报或披露的会计处理过程中，如果财务报表中包含重要差错，或者差错不重要但是故意造成的（以便形成对企业财务状况、经营成果和现金流量等会计信息某种特定形式的列报），即应认为该财务报表未遵循企业会计准则的规定进行编报。在当期发现的当期差错应当在财务报表发布之前予以更正。当重要差错直到下一期间才被发现，就形成了前期差错。

企业应当采用追溯重述法更正重要的前期差错，但确定前期差错累积影响数不切实可行的除外。追溯重述法，是指在发现前期差错时，视同该项前期差错从未发生过，从而对财务报表相关项目进行更正的方法。

#### （一）不重要的前期差错的会计处理

对于不重要的前期差错，企业不需调整财务报表相关项目的期初数，但应调整发现当期与前期相同的相关项目。属于影响损益的，应直接计入本期与前期相同的净损益项目；属于不影响损益的，应调整本期与前期相同的相关项目。

【例15-4】2×24年12月31日，甲公司发现2×23年度的一台管理用设备少计提折旧5 400元。这笔折旧相对于折旧费用总额而言金额不大，所以直接计入2×24年有关项目。其更正的会计分录为：

借：管理费用 5 400
　贷：累计折旧 5 400

【例15-5】甲公司在2×24年发现2×23年漏计了管理人员工资5 000元。则2×24年更正此差错的会计分录为：

借：管理费用 5 000
　贷：应付职工薪酬 5 000

【例15-6】甲公司于2×24年发现，2×23年从银行存款中支付全年机器设备商品展销费12 000元，账上借记"财务费用"12 000元，贷记"银行存款"12 000元。则2×24年发现时更正此差错的会计分录为：

借：销售费用               12 000

  贷：财务费用               12 000

**【例15-7】**甲公司于2×24年发现，2×23年从承租单位收到两个年度的房屋租金收入18 000元，账上借记"银行存款"18 000元，贷记"预收账款"18 000元，2×23年年底未作任何调整分录，则2×24年发现时更正此差错的会计分录为：

借：预收账款               9 000

  贷：其他业务收入             9 000

**【例15-8】**甲公司在2×24年12月31日发现，自2×23年1月1日开始计提折旧的一台价值为8 000元的管理用设备，该设备未入固定资产账，而在2×23年将其折旧费计入了当期管理费用。该公司固定资产折旧采用直线法计提，该设备估计使用年限为4年，假设不考虑净残值因素，则在2×24年12月31日更正此差错的会计分录为：

借：固定资产               8 000

  贷：管理费用               4 000

    累计折旧               4 000

**（二）重要的前期差错的会计处理**

对于重要的前期差错，企业应当在其发现当期的财务报表中，调整前期比较数据。具体地说，企业应当在重要的前期差错发现当期的财务报表中，通过下述处理对其进行追溯更正：①追溯重述差错发生期间列报的前期比较金额；②如果前期差错发生在列报的最早前期之前，则追溯重述列报的最早前期的资产、负债和所有者权益相关项目的期初余额。

对于发生的重要前期差错，如影响损益，企业应将其对损益的影响数调整发现当期的期初留存收益，财务报表其他相关项目的期初数也应一并调整；如不影响损益，应调整财务报表相关项目的期初数。

企业在编制比较财务报表时，对于比较财务报表期间的重要的前期差错，应调整各该期间的净损益和财务报表其他相关项目，视同该差错在产生的当期已经更正；对于比较财务报表期间以前的重要的前期差错，应调整比较财务报表最早期间的期初留存收益，财务报表其他相关项目的期初数也应一并调整。

确定前期差错影响数不切实可行的，可以从可追溯重述的最早期间开始调整留存收益的期初余额，财务报表其他相关项目的期初余额也应当一并调整，也可以采用未来适用法。当企业确定前期差错对所有前期的累积影响数不切实可行时，应当追溯重述切实可行的最早期间的资产、负债和所有者权益相关项目的期初余额。

需要注意的是，为了保证经营活动的正常进行，企业应当建立健全内部控制制度，保证会计资料的真实、完整。对于年度资产负债表日至财务报告批准报出日之间发现的报告年度的会计差错及报告年度前不重要的前期差错，企业应按照资产负债表日后事项的规定进行处理。

**【例15-9】**华联实业股份有限公司在2×24年发现，2×23年公司漏计一项固定资产的折旧费用300 000元，所得税纳税申报表中未扣除该项折旧费用，税法允许调整应交所得税。假设2×23年适用的所得税税率为25%，无其他纳税调整事项。该公司按净利润的10%提取法定盈余公积，按净利润的5%提取任意盈余公积。公司2×23年发行在外的普通股加权平均数为360万股。

1.分析差错的影响数

华联实业股份有限公司于2×23年少计折旧费用（累计折旧）300 000元；多计所得税费用75 000元（300 000×25%）；多计净利润225 000元；多计应交税费75 000元（300 000×25%）；多提法定盈余公积22 500元（225 000×10%）；多提任意盈余公积11 250元（225 000×5%）。

2.编制有关项目的调整分录

（1）补提折旧

借：以前年度损益调整 300 000

   贷：累计折旧 300 000

（2）调整应交所得税

借：应交税费——应交所得税 75 000

   贷：以前年度损益调整 75 000

（3）将"以前年度损益调整"科目的余额转入利润分配

借：利润分配——未分配利润 225 000

   贷：以前年度损益调整 225 000

（4）调整利润分配有关数字

借：盈余公积 33 750

   贷：利润分配——未分配利润 33 750

3.财务报表调整和重述（财务报表略）

华联实业股份有限公司在列报2×24年财务报表时，应调整2×24年年末资产负债表有关项目的年初余额、利润表有关项目的上年金额及所有者权益变动表有关项目的上年金额。

（1）资产负债表项目的调整

调减固定资产年初余额300 000元（因折旧增加故固定资产价值减少）；调减应交税费年初余额75 000元；调减盈余公积年初余额33 750元；调减未分配利润年初余额191 250元。

（2）利润表项目的调整

调增营业成本上年金额300 000元；调减所得税费用上年金额75 000元；调减净利润上年金额225 000元；调减基本每股收益0.0625元（225 000÷3 600 000）。

（3）所有者权益变动表项目的调整

调减前期差错更正项目中盈余公积上年金额33 750元，未分配利润上年金额191 250元，所有者权益合计上年金额225 000元。

4.附注说明

本年度发现2×23年漏计固定资产折旧300 000元，在编制2×23年与2×24年可比财务报表时，已对该项差错进行了更正。更正后，调减2×23年净利润及留存收益225 000元，调减固定资产300 000元。

## 四、前期差错更正的披露

企业应当在附注中披露与前期差错更正有关的下列信息：①前期差错的性质；②各个列报前期财务报表中受影响的项目名称和更正金额；③无法进行追溯重述的，说明该事实和原因以及对前期差错开始进行更正的时点、具体更正情况。

在以后期间的财务报表中，不需要重复披露在以前期间的附注中已披露的前期差错更正的信息。

# 第四节  资产负债表日后事项

## 一、资产负债表日后事项的概念及涵盖期间

### （一）资产负债表日后事项的概念

资产负债表日后事项是指资产负债表日至财务报告批准报出日之间发生的有利或不利事项。

1.资产负债表日

资产负债表日是指会计年度末和会计中期期末。其中，年度资产负债表日是指公历12月31日；会计中期通常包括半年度、季度和月度等，会计中期期末相应地是指公历半年末、季末和月末等。

如果母公司或者子公司在国外，无论该母公司或子公司如何确定会计年度和会计中期，其向国内提供的财务报告都应根据我国《会计法》和会计准则的要求确定资产负债表日。

2.财务报告批准报出日

财务报告批准报出日是指董事会或类似机构批准财务报告报出的日期，通常是指对财务报告的内容负有法律责任的单位或个人批准财务报告对外公布的批准日期。财务报告的批准者包括所有者、所有者中的多数、董事会或类似的管理单位、部门和个人。公司制企业的董事会有权批准对外公布财务报告，因此，公司制企业财务报告批准报出日是指董事会批准财务报告报出的日期。对于非公司制企业，财务报告批准报出日是指经理（厂长）会议或类似机构批准财务报告报出的日期。

3.有利或不利事项

资产负债表日后事项概念中所称"有利或不利事项"，是指资产负债表日后事项肯定对企业财务状况和经营成果具有一定影响（既包括有利影响也包括不利影响）。如果某些事项的发生对企业并无任何影响，那么，那些事项既不是有利事项，也不是不利事项，也就不属于资产负债表日后事项。

### （二）资产负债表日后事项涵盖的期间

资产负债表日后事项涵盖的期间是自资产负债表日次日起至财务报告批准报出日止的一段时间，具体是指报告年度次年的1月1日或报告期下一期间的第一天至董事会或类似机构批准财务报告对外公布的日期。财务报告批准报出以后、实际报出之前又发生与资产负债表日后事项有关的事项，并由此影响财务报告对外公布日期的，应以董事会或类似机构再次批准财务报告对外公布的日期为截止日期。

## 二、资产负债表日后事项的内容

资产负债表日后事项包括资产负债表日后调整事项（以下简称调整事项）和资产负债表日后非调整事项（以下简称非调整事项）两类。

### （一）调整事项

资产负债表日后调整事项，是指对资产负债表日已经存在的情况提供了新的或进一步证据的事项。如果资产负债表日及所属会计期间已经存在某种情况，但当时并不知道其存在或者不能知道确切结果，资产负债表日后发生的事项能够证实该情况的存在或者确切结果，则该事项属于资

产负债表日后事项中的调整事项。调整事项能对资产负债表日的存在情况提供追加的证据，并会影响编制财务报表过程中的内在估计。调整事项有两个特点：其一是在资产负债表日或以前已经存在，资产负债表日后得以证实的事项；其二是对按资产负债表日存在状况编制的财务报表产生重大影响的事项。

【例15-10】甲企业与乙企业签订合同，合同中订明乙企业在2×24年内给甲企业提供指定数量的电力。由于乙企业延迟了修建新发电厂的计划，乙企业没有履行合同规定的义务，甲企业不得不以明显较高的价格从另一供电单位购买电力。在2×24年内，甲企业通过法律手段要求乙企业赔偿由于其对供电合同的违约造成的经济损失。在2×24年的后期，法院作出了乙企业赔偿甲企业全部损失的判决。在编制2×24年12月31日的资产负债表时，甲企业与其法律顾问协商后得出的结论认为，甲企业有法定权力获取赔偿款，并且乙企业的任何上诉都不会获胜，甲企业已将可能收到的赔款作为一项应收款项列示在资产负债表上。在2×25年1月，乙企业建议用现金结算大部分赔款，余下的赔款不再支付，甲企业接受了以此全部结案的建议。对此，甲企业应对2×24年12月31日作出的估计进行调整，调整财务报表相关项目的数字。

【例15-11】甲企业与丁企业签订的经济合同中订明，甲企业应于2×24年8月2日提供给丁企业一批商品，由于甲企业未按合同规定按时提供商品，丁企业产生经济损失。丁企业于2×24年10月提出起诉，要求甲企业赔偿违约经济损失100万元。由于案件尚在审理过程中，并未作出最终判决，甲企业于2×24年12月31日根据当时的资料判断可能会败诉，估计赔偿金额为60万元，并按此估计金额计入了损益。但在2×25年3月1日财务报告批准报出前经一审判决，甲企业需赔偿丁企业经济损失90万元，甲企业和丁企业均接受此判决，不再上诉。这一事项表明，资产负债表日后至财务报告批准报出日之间有了最终的结果，因而对资产负债表日存在的状况提供了进一步证据，这一新的证据表明对资产负债表日所作估计需要调整，应对资产负债表日编制的财务报表进行调整。

【例15-12】甲企业应收乙企业账款56万元，乙企业按合同约定应在2×24年11月10日前偿还。在2×24年12月31日结账时甲企业尚未收到这笔应收账款，并已知乙企业财务状况不佳，近期内难以偿还债务，甲企业对该项应收账款提取2%的坏账准备。2×25年2月10日，在甲企业报出财务报告之前收到乙企业通知，乙企业已宣告破产，无法偿付部分欠款。从这一例子可见，甲企业于2×24年12月31日结账时已经知道乙企业财务状况不佳，即在2×24年12月31日，乙企业财务状况不佳的事实已经存在，但未得到乙企业破产的确切证据。

2×25年2月10日甲企业正式收到乙企业通知，得知乙企业已破产，并且无法偿付部分货款，即2×25年2月10日对2×24年12月31日存在的情况提供了新的证据，表明根据2×24年12月31日存在的情况提供的资产负债表所反映的应收乙企业账款中已有部分成为坏账，据此应对财务报表相关项目的数字进行调整。

【例15-13】2×24年某建筑公司对当年承建的合同总收入1 000万元、合同总成本800万元的一项建筑合同，在年度资产负债表日按履约进度20%确认报告年度的收入为200万元、毛利为40万元；2×25年2月根据修订后的工程进度报告书，该工程在2×24年12月31日已履约30%。在这种情况下，该建筑公司应对根据2×24年12月31日按履约进度确认的2×24年度的收益进行调整。

【例15-14】甲公司于2×24年10月销售给乙公司一批产品，销售价款100万元，增值税13万元，该批产品的生产成本为60万元，货款在2×24年12月31日尚未收到。2×24年12月20日接到乙公司通知，其在验收货物时发现该批产品存在严重质量问题，要求退货。甲公司希望协商解决问题，并与乙公司共同寻找解决办法。甲公司在12月31日编制资产负债表时，将该应收账款

113万元减去已计提的坏账准备后的金额（甲公司按应收账款年末余额的5%计提坏账准备）列示于资产负债表中的"应收账款"项目内，并将100万元的货款作为收入列入利润表。2×25年1月28日双方协商未达成一致，甲公司收到乙公司通知，该批产品已全部退回。甲公司在2×25年2月5日收到乙公司退回的产品和增值税专用发票的发票联、抵扣联。在这种情况下，甲公司就需要将该项退货作为资产负债表日后调整事项进行处理。

**延伸阅读15-2**

资产负债表日后发现了财务报表舞弊或差错

**（二）非调整事项**

资产负债表日后非调整事项，是指表明资产负债表日后所发生情况的事项。非调整事项的发生不影响资产负债表日企业的财务报表数字，只说明资产负债表日后发生了某些情况。对于财务报告使用者来说，非调整事项说明的情况有的重要，有的不重要；其中重要的非调整事项虽然与资产负债表日的财务报表数字无关，但可能影响资产负债表日以后的财务状况和经营成果，所以应在附注中适当披露。非调整事项的特点是：第一，资产负债表日并未发生或存在，完全是期后才发生的事项；第二，对理解和分析财务报告有重大影响的事项。

**【例15-15】** 债务人乙公司财务情况恶化导致债权人甲公司发生坏账损失。2×25年12月31日乙公司财务状况良好，甲公司预计应收账款可按时收回；乙公司一周后发生重大火灾，导致甲公司50%的应收账款无法收回。导致甲公司2×25年度应收账款损失的因素是火灾，应收账款发生损失这一事实在资产负债表日以后才发生，因此乙公司发生火灾导致甲公司应收账款发生坏账的事项属于非调整事项。

综上所述，调整事项和非调整事项的区别在于：调整事项是事项存在于资产负债表日或以前，资产负债表日后提供了证据对以前已存在的事项所作的进一步说明；而非调整事项是在资产负债表日尚未存在，但在财务报告批准报出日之前发生或存在。这两类事项的共同点在于：调整事项和非调整事项都是在资产负债表日后至财务报告批准报出日之间发生或存在的，对报告年度的财务报告所反映的财务状况、经营成果都将产生重大影响。

如何确定资产负债表日后发生的某一事项是调整事项还是非调整事项，是运用资产负债表日后事项准则的关键。某一事项究竟是调整事项还是非调整事项，取决于该事项表明的情况在资产负债表日或资产负债表日以前是否已经存在。若该情况在资产负债表日或之前已经存在，则属于调整事项；反之，则属于非调整事项。

### 三、资产负债表日后调整事项的会计处理

**（一）资产负债表日后调整事项的处理原则**

企业发生资产负债表日后调整事项，应当调整资产负债表日已编制的财务报表。对于年度财务报表而言，由于资产负债表日后事项发生在报告年度的次年，报告年度的有关账目已经结转，特别是损益类科目在结账后已无余额。因此，年度资产负债表日后发生的调整事项，应分别按以下情况进行处理：

（1）涉及损益的事项，通过"以前年度损益调整"科目处理。调整增加以前年度利润或调整减少以前年度亏损的事项，记入"以前年度损益调整"科目的贷方；反之，记入"以前年度损益调整"科目的借方。

需要注意的是，涉及损益的调整事项如果发生在资产负债表日所属年度（即报告年度）所得税汇算清缴前，应调整报告年度应纳税所得额和应纳所得税额；如果发生在报告年度所得税汇算清缴后，应调整本年度（即报告年度的次年）应纳税所得额和应纳所得税额。

（2）涉及利润分配调整的事项，直接在"利润分配——未分配利润"科目中处理。

（3）不涉及损益以及利润分配的事项，调整相关科目。

（4）通过上述账务处理后，还应同时调整财务报表相关项目的数字，包括资产负债表日编制的财务报表相关项目的期末余额或本年金额，当期编制的财务报表相关项目的期初余额或上年数；经过上述调整后，如果涉及财务报表附注内容，还应当调整报表附注相关项目的数字。

**（二）资产负债表日后调整事项释例**

**【例15-16】**甲公司因违约于2×24年12月被乙公司告上法庭。乙公司要求甲公司赔偿其160万元。2×24年12月31日法院尚未判决，甲公司按或有事项会计准则对该诉讼事项确认预计负债100万元。2×25年3月10日，经法院判决甲公司应赔偿乙公司120万元。甲、乙双方均服从判决。判决当日甲公司向乙公司支付赔偿款120万元。甲、乙两公司2×24年所得税汇算清缴在2×25年4月10日完成（假定该项预计负债产生的损失不允许税前扣除）。两公司财务报告批准报出日是次年3月31日，所得税税率为25%，按净利润的10%提取法定盈余公积，提取法定盈余公积后不再作其他分配；调整事项按税法规定均可调整应缴纳的所得税。

在本例中，2×25年3月10日的判决证实了甲、乙两公司在资产负债表日（即2×24年12月31日）分别存在现时赔偿义务和获赔权利，因此两公司都应将"法院判决"这一事项作为调整事项进行处理。

1.甲公司的账务处理

（1）2×25年3月10日，记录支付的赔款，并调整递延所得税资产。

①借：以前年度损益调整        200 000
 贷：其他应付款           200 000

②借：应交税费——应交所得税     50 000
 贷：以前年度损益调整（200 000×25%）  50 000

③借：应交税费——应交所得税（1 000 000×25%） 250 000
 贷：以前年度损益调整        250 000

④借：以前年度损益调整（1 000 000×25%） 250 000
 贷：递延所得税资产        250 000 (注①)

注①：2×24年年末因确认预计负债100万元时已确认相应的递延所得税资产，日后事项发生后递延所得税资产不复存在，故应冲销相应记录。

借：预计负债          1 000 000
 贷：其他应付款          1 000 000

借：其他应付款         1 200 000
 贷：银行存款          1 200 000 (注②)

注②：借记"其他应付款"科目，贷记"银行存款"科目这笔分录，由于涉及现金，不需要调整报告年度的财务报表项目。

（2）将"以前年度损益调整"科目余额转入未分配利润。

借：利润分配——未分配利润     150 000
 贷：以前年度损益调整        150 000

（3）因净利润变动调整盈余公积。

借：盈余公积（150 000×10%）     15 000
 贷：利润分配——未分配利润     15 000

中级财务会计

（4）调整报告年度财务报表。

①资产负债表项目年末数的调整。

调减递延所得税资产250 000元；调减预计负债1 000 000元；调增其他应付款1 200 000元；调减应交税费300 000元；调减盈余公积15 000元；调减未分配利润135 000元（150 000- 15 000）。

②利润表项目的调整。

调增营业外支出200 000元；调减所得税费用50 000元。

③所有者权益变动表项目的调整。

调减净利润150 000元；提取盈余公积项目中盈余公积一栏调减15 000元；未分配利润一栏调增15 000元。

2.乙公司的账务处理

（1）2×25年3月10日，记录收到的赔款。

| | | |
|---|---|---|
| 借：其他应收款 | 1 200 000 | |
| 　贷：以前年度损益调整 | | 1 200 000 |
| 借：以前年度损益调整（1 200 000×25%） | 300 000 | |
| 　贷：应交税费——应交所得税 | | 300 000 |
| 借：银行存款 | 1 200 000<sup>（注③）</sup> | |
| 　贷：其他应收款 | | 1 200 000 |

注③：借记"银行存款"科目，贷记"其他应收款"科目这笔分录，由于涉及现金，不需要调整报告年度的财务报表项目。

（2）将"以前年度损益调整"科目余额转入未分配利润。

| | | |
|---|---|---|
| 借：以前年度损益调整 | 900 000 | |
| 　贷：利润分配——未分配利润 | | 900 000 |

（3）因净利润增加，补提盈余公积。

| | | |
|---|---|---|
| 借：利润分配——未分配利润 | 90 000 | |
| 　贷：盈余公积（900 000×10%） | | 90 000 |

（4）调整报告年度财务报表。

①资产负债表项目年末数的调整。

调增其他应收款1 200 000元；调增盈余公积90 000元；调增未分配利润810 000元；调增应交税费300 000元。

②利润表项目的调整。

调增营业外收入1 200 000元；调增所得税费用300 000元。

③所有者权益变动表项目的调整。

调增净利润900 000元；提取盈余公积项目中盈余公积一栏调增90 000元；未分配利润一栏调减90 000元。

【例15-17】2×24年5月甲公司销售给乙公司一批产品，货款为113 000元（含增值税），乙公司于6月份收到所购物资并验收入库，按合同规定，乙公司应于收到所购物资后一个月内付款。乙公司由于财务状况不佳，到2×24年12月31日仍未付款。甲公司于12月31日编制2×24年度财务报表时，已为该项应收账款提取坏账准备5 650元；12月31日资产负债上"应收账款"项目的金额为152 000元，其中107 350元为该项应收账款。甲公司于2×25年2月2日（所得税汇算清缴前）收到法院通知，乙公司已宣告破产清算，无力偿还所欠部分货款。甲公司预计可收回应收账款的40%。甲公司财务报告批准报出日是次年3月31日，所得税税率为25%，按净利润的10%提取法定盈余公积，提取法定盈余公积后不再作其他分配；调整事项按税法规定均可调整应缴纳的所得税。

在本例中，甲公司在收到法院通知后，首先可判断该事项属于资产负债表日后调整事项，然后应根据调整事项的处理原则进行处理。具体过程如下：

（1）补提坏账准备。

应补提的坏账准备=113 000×60%-5 650=62 150（元）

借：以前年度损益调整　　　　　　　　　　　　　　　　　　　　　　62 150
　　贷：坏账准备　　　　　　　　　　　　　　　　　　　　　　　　　　62 150

（2）调整递延所得税资产。

借：递延所得税资产　　　　　　　　　　　　　　　　　　　　　　15 537.50
　　贷：以前年度损益调整（62 150×25%）　　　　　　　　　　　　　15 537.50

（3）将"以前年度损益调整"科目的余额转入利润分配。

借：利润分配——未分配利润　　　　　　　　　　　　　　　　　　46 612.50
　　贷：以前年度损益调整（62 150-15 537.50）　　　　　　　　　　46 612.50

（4）调整利润分配有关数字。

借：盈余公积（46 612.50×10%）　　　　　　　　　　　　　　　　4 661.25
　　贷：利润分配——未分配利润　　　　　　　　　　　　　　　　　　4 661.25

（5）调整报告年度财务报表相关项目的数字（财务报表略）。

①资产负债表项目的调整。

调减应收账款年末数62 150元；调增递延所得税资产15 537.50元；调减盈余公积4 661.25元；调减未分配利润41 951.25元。

②利润表项目的调整。

调增信用减值损失62 150元；调减所得税费用15 537.50元。

③所有者权益变动表项目的调整。

调减净利润46 612.50元；提取盈余公积项目中盈余公积一栏调减4 661.25元；未分配利润一栏调增4 661.25元。

### 四、资产负债表日后非调整事项的处理

#### （一）资产负债表日后非调整事项的处理原则

资产负债表日后发生的非调整事项，是表明资产负债表日后发生的情况的事项，与资产负债表日的存在状况无关，不应当调整资产负债表日的财务报表。但有的非调整事项会对财务报告使用者产生重大影响，如不加以说明，将不利于财务报告使用者作出正确估计和决策，因此，资产负债表日后非调整事项应在财务报表附注中披露重要的非调整事项的性质、内容，及其对财务状况和经营成果的影响。

#### （二）资产负债表日后非调整事项的处理方法

对于资产负债表日后发生的非调整事项，企业不必调整资产负债表日编制的年度财务报表中已确认的金额，但需要在财务报表附注中披露每项重要的资产负债表日后非调整事项的性质、内容，及其对财务状况和经营成果的影响。无法作出估计的，应当说明原因。资产负债表日后非调

整事项的主要例子有：（1）资产负债表日后发生重大诉讼、仲裁、承诺。（2）资产负债表日后资产价格、税收政策、外汇汇率发生重大变化。（3）资产负债表日后因自然灾害导致资产发生重大损失。（4）资产负债表日后发行股票和债券以及其他巨额举债。（5）资产负债表日后以资本公积转增资本。（6）资产负债表日后发生巨额亏损。（7）资产负债表日后发生企业合并或处置子公司。（8）资产负债表日后，企业利润分配方案中拟分配以及经审议批准宣告发放股利或利润。资产负债表日后，企业制订利润分配方案，拟分配或经审议批准宣告发放股利或利润的行为，并不会致使企业在资产负债表日形成现时义务，因此虽然发生该事项可导致企业负有支付股利或利润的义务，但支付义务在资产负债表日尚不存在，不应该调整资产负债表日的财务报告，因此，该事项为非调整事项。但由于该事项对企业资产负债表日后的财务状况有较大影响，可能导致现金较大规模流出、企业股权结构变动等，为便于财务报告使用者更充分地了解相关信息，企业需要在财务报告中适当披露该信息。

　　**【例 15-18】**甲公司拥有某外国乙企业 15% 的股权，无重大影响，投资成本 400 万元。乙企业的股票在国外的某家股票交易所上市交易。在编制 2×24 年 12 月 31 日的资产负债表时，甲公司对乙企业投资的账面价值按初始投资成本反映。2×25 年 1 月，该国发生海啸，乙企业的股票市场价值大幅下跌，甲公司对乙企业的股权投资遭受重大损失。

思政案例

因业绩承压还
是行业接轨

　　本例中海啸发生在 2×25 年 1 月，导致的资产重大损失对企业资产负债表日后财务状况的影响较大，如果不加以披露，有可能使财务报告使用者作出错误的决策，属于资产负债表日后才发生或存在的事项，应当作为非调整事项在 2×24 年度报表附注中进行披露。

## □ 复习思考题

　　1.什么是会计政策变更？举例说明。

　　2.什么是会计估计变更？举例说明。

　　3.在我国，具备什么条件才可以变更会计政策？

　　4.简述追溯调整法的调整步骤。

　　5.简述会计估计变更的会计处理方法。

　　6.前期差错的会计处理方法有哪些？

　　7.资产负债表日后事项是如何分类的？

　　8.简述资产负债表日后调整事项的处理原则。

　　9.简述资产负债表日后调整事项的会计处理方法。

　　10.简述资产负债表日后非调整事项的特点及处理方法。

自测题